Das Besoldungsgesetz

vom 15. Juli 1909

mit den Ausführungsbestimmungen für Preußen, Bayern, Sachsen und Württemberg, dem Reichsbeamtengesetz (Auszug), dem Offizierspensions- und dem Mannschaftsversorgungsgesetz.

Handausgabe

mit Erläuterungen und ausführlichem Sachregister

bearbeitet von

Dr. Hermann Gugel
Regierungsrat in Stuttgart.

München, Berlin und Leipzig.
J. Schweitzer Verlag (Arthur Sellier).
1910.

Druck von U. E. Sebald, Kgl. Bayer. Hofbuchdruckerei.

I. Einleitung.

Nachdem in den letzten Jahren der Wohnungsgeldzuschuß der Unterbeamten des Reichs erhöht worden ist und nachdem außerdem die Gehälter zahlreicher unterer und mittlerer Beamten des Reichs namentlich des Außendienstes, sowie die Pensions- und Hinterbliebenenbezüge der Offiziere, der Beamten und der Personen des Soldatenstandes eine Verbesserung erfahren haben, wurde durch das Besoldungsgesetz vom 15. Juli 1909 das bedeutsame Werk einer allgemeinen und einheitlichen Neuregelung der Einkommensbezüge der etatsmäßig angestellten Reichsbeamten, der Offiziere und der Unteroffiziere zum Abschluß gebracht und damit gleichzeitig eine Verbesserung der Einkommensverhältnisse der nichtetatsmäßigen Beamten verbunden. Das Besoldungsgesetz vom 15. Juli 1909 trifft in 48 Paragraphen zusammenfassende Bestimmungen über die Gehälter und Zulagen der Reichsbeamten, der Offiziere einschließlich der Sanitätsoffiziere und der Marineingenieure sowie der Unteroffiziere und regelt in gleicher Weise die Wohnungsgeldzuschüsse für sämtliche Angestellte dieser Klassen. Der umfassende Inhalt des Besoldungsgesetzes einerseits, die kurze und prägnante Fassung der einzelnen Bestimmungen desselben andererseits mögen eine Erläuterung der einzelnen Bestimmungen besonders an der Hand der Gesetzgebungsmaterialien sowohl für die unmittelbar Beteiligten, als für die Organe des Reichs und der Einzelstaaten, welche sich mit der Ausführung des Besoldungsgesetzes zu befassen haben, und für alle diejenigen Personen als wünschenswert erscheinen lassen, welchen daran liegt, daß die zahlreichen Kreise von Angestellten, welche unter das Gesetz fallen, in ihren Einkommensverhältnissen so gestellt werden, daß denselben eine den Zeitverhältnissen entsprechende Lebenshaltung ermöglicht und ihre Arbeitsfreudigkeit und Hingebung an die öffentlichen Interessen gehoben wird.

Diese Gesichtspunkte waren bei der Bearbeitung der Handausgabe leitend und veranlaßten den Herausgeber den einzelnen Bestimmungen des Besoldungsgesetzes nicht nur die zur Ausführung derselben aufgestellten Gehaltsvorschriften anzufügen, sondern auch auf die Ausführungsbestimmungen der in Betracht kommenden Bundesstaaten und auf die Erläuterungen hinzuweisen, welche teils in der Begründung zu dem Entwurf des Besoldungsgesetzes, teils in den Protokollen über die Kommissionsberatungen niedergelegt sind. Da in dem Besoldungsgesetz an einzelnen Stellen auf das Reichsbeamtengesetz Bezug genommen ist und da außerdem die Gesetze über die Pensionierung der Offiziere einschließlich der Sanitätsoffiziere des Reichsheeres, der Kaiserlichen Marine und der Kaiserlichen Schutztruppen, sowie über die Versorgung der Personen der Unterklassen der Reichsheers, der Kaiserlichen Marine und der Kaiserlichen Schutztruppen je vom 31. Mai 1906 in engem Zusammenhang mit dem Besoldungsgesetz stehen, sind diese Reichsgesetze je mit kurzen Erläuterungen zu den einzelnen Paragraphen dem Besoldungsgesetz als II. Teil der Handausgabe angefügt.

Die Ausführungsbestimmungen der kgl. preußischen, bayerischen, sächsischen und württembergischen Kriegsministerien sind dem Besoldungsgesetz als Beilagen I bis IV, die Gehaltsvorschriften, die Grundsätze für die Neufestsetzung des Besoldungsdienstalters der Beamten und für die Berechnung der Nachzahlungen aus Anlaß des Inkrafttretens des Besoldungsgesetzes, sowie die Diätenordnung für die nichtetatsmäßigen Beamten der Reichsverwaltung als Beilagen V bis VII unmittelbar angeschlossen.

Durch diese Gesamtdarstellung soll ein Überblick über die Rechtsverhältnisse der unter das Besoldungsgesetz fallenden Angestellten des Reichs in Hinsicht auf ihre Einkommensverhältnisse während ihrer dienstlichen Tätigkeit und nach ihrem Ausscheiden aus derselben ermöglicht werden.

Möge die Arbeit ihren Zweck erfüllen und insbesondere den Organen, welchen die Ausführung des Besoldungsgesetzes obliegt, ihre bezügliche Tätigkeit erleichtern!

Stuttgart, den 1. Februar 1910.

Dr. Hugel.

II. Inhaltsübersicht.

I. Gehalt und Zulagen.

II. Wohnungsgeldzuschüsse.

III. Übergangsvorschriften.

IV. Schlußvorschriften.

II. Teil.

III. Quellen-Angabe.

Die Gesetzgebungsmaterialien (Begründung und Kommissionsberichte
a) zu dem Besoldungsgesetz,
b) zu den Reichsgesetzen unter den Ziffern 2 u. 3 in Teil II,

nebst den

Ausführungsbestimmungen des Bundesrats vom 19. Juni 1906, Zentralblatt für das Deutsche Reich 1906 S. 659;

Ausführungsbestimmungen des K. Preuß. Kriegsministeriums vom 19. Juni 1906, ArmeeVOBl. 1906 Nr. 18, Beil. 1, S. 32 ff.;

Ausführungsbestimmungen des K. Bayer. Kriegsministeriums vom 5. Juli 1906, VOBl. vom 5. Juli 1906, Nr. 23, Anlage 1, S. 7 ff.;

Ausführungsbestimmungen des K. Sächs. Kriegsministeriums vom 30. Juni 1906, Sächs. MilitärVOBl. vom 30. Juni 1906, Nr. 27, S. 137;

Ausführungsbestimmungen des K. Württ. Kriegsministeriums vom 10. Juli 1906, MilitärVOBl. 1906 Nr. 19;

Dienstanweisung zur Beurteilung der Militärdienstfähigkeit und zur Ausstellung von militärärztlichen Zeugnissen vom 9. Februar 1909;

Pensionierungsvorschrift für das preußische Heer vom 4. August 1906;

Friedensbesoldungsvorschrift;

Arndt, Dr., Das Reichsbeamtengesetz 1908;

Buhrke, Bestimmungen über die Versorgung der Hinterbliebenen von Angehörigen des Reichsheeres 1906;

Daube, Das bürgerliche Rechtsverhältnis der Militärpersonen;

Fischer-Henle, Bürgerliches Gesetzbuch, 7. Aufl. 1906;

Gugel, Deutsche Wehrordnung 1908;

Kanngießer, Das Reichsbeamtengesetz;

Laband, Das Staatsrecht des deutschen Reichs, 4. Aufl. Bd. 4;
Meyer, Die staatrechtliche Stellung der deutschen Schutzgebiete, 1885;
Schulze, Dr., Das Reichsbeamtengesetz, 1908;
Siber, Gesetz über die Versorgung der Personen der Unterklassen, 1910.
Stengel, von, Rechtsverhältnisse der deutschen Schutzgebiete, 1901.
Zeitschriften: Deutsche Juristenzeitung;
Seufferts Blätter für Rechtsanwendung;
Warneyers Jahrbuch der Entscheidungen;
Wochenschrift, juristische.

IV. Abkürzungen.

Abs. = Absatz.
Anl. = Anlage.
Art. = Artikel.
Anm. = Anmerkung.
Ausf.-Best. = Ausführungsbestimmungen.
BGB. = Bürgerliches Gesetzbuch.
Beil. = Beilage.
Bundesr. = Bundesrat.
GehVorschr. = Gehaltsvorschriften.
KomBer. = Kommissionsbericht.
MStGB. = Militärstrafgesetzbuch.
OPG. = Offizierspensionsgesetz.
RBG. = Reichsbeamtengesetz.
Recht = Das Recht, Zeitschrift für den deutschen Juristenstand.
Reger = Reger, Entscheidungen der Gerichts- und der Verwaltungsbehörden.
RGSt. = Entscheidungen des Reichsgerichts in Strafsachen.
RGZ. = Entscheidungen des Reichsgerichts in Zivilsachen.
RGesBl. = Reichsgesetzblatt.
StGB. = Deutsches Strafgesetzbuch.
VO. = Verordnung.
Warneyer = Warneyers Jahrbuch der Entscheidungen, 1908 u. 1909.
WehrO. = Deutsche Wehrordnung.
Ziff. = Ziffer.
ZPO. = Zivilprozeßordnung.

V. Berichtigungen.

Die Gehaltsvorschriften,

die Grundsätze für die Neufestsetzung des Besoldungsdienstalters usw. und

die Diätenordnung sind dem Besoldungsgesetz nicht als Beilagen I, II und III, sondern als

Beilagen V, VI und VII angefügt;

Seite 61 Zeile 6 von unten ist zu setzen statt „der Reichskanzler“ „das Reichsmarineamt und das Reichskolonialamt.“

I. Besoldungsgesetz.

Wir **Wilhelm,**

von Gottes Gnaden Deutscher Kaiser, König von Preußen ꝛc.

verordnen im Namen des Reichs, nach erfolgter Zustimmung des Bundesrats und des Reichstags, was folgt:

I. Gehalt und Zulagen[1]).

1. Vorschriften für Reichsbeamte.

§ 1.

Die Gewährung des Gehalts .erfolgt an die etatsmäßigen Reichsbeamten[2]) mit Ausnahme der im Abs. 2 genannten auf Grund der beiliegenden Besoldungsordnung I.[3])

Die Gewährung des Gehalts an die etatsmäßigen gesandtschaftlichen und Konsularbeamten erfolgt auf Grund des Reichshaushalts-Etats, während für die Bewilligung des bei Berechnung der Pension zugrunde zu legenden Gehalts die beiliegende Besoldungsordnung II maßgebend ist.[4])[5])[6])[7])

1) **Allgemeine Vorbemerkungen.**

1) Die Gehälter der unter das Besoldungsgesetz fallenden Reichsbeamten, Offiziere und Unteroffiziere wurden bisher durch den Reichshaushaltsetat geregelt; eine gesetzliche Regelung haben vor dem Inkrafttreten des Besoldungsgesetzes nur die Wohnungsgeldzuschüsse für Offiziere und Beamte des Reichs erfahren. (Reichsgesetz vom 30. Juni 1873, Reichsgesetzbl. S. 166, abgeändert durch die Reichsgesetze vom 7. Juli 1902, Reichsgesetzbl. S. 239, und vom 9. Juni 1906, Reichsgesetzbl. S. 731.)

Der Umstand, daß das Gehalt einen Hauptbestandteil der Diensteinkünfte bildet, während der Wohnungsgeldzuschuß nur einen Nebenbestandteil derselben ausmacht, ließ die gesetzliche Regelung auch der Gehälter als wünschenswert erscheinen; was für die Nebenleistung nötig war, schien auch für die Hauptleistung angezeigt zu sein.

In der Regierungsvorlage für das Besoldungsgesetz war die Regelung der Gehälter und der Wohnungsgeldzuschüsse der Reichsbeamten, Offiziere und Unteroffiziere durch gemeinsame Bestimmungen vorgesehen; bei der Beratung über die Vorlage wurde die Trennung der Bestimmungen über Gehälter und Zulagen der Reichsbeamten von denjenigen für die Offiziere und Unteroffiziere für zweckmäßig erachtet, da für die unmittelbaren Reichsbeamten schon ein bestimmtes Beamtenrecht geschaffen sei, während für die Offiziere, welche nicht als Beamte im Sinne des Reichsbeamtengesetzes in Betracht kommen, sondern höchstens als mittelbare Reichsbeamte gelten können, besondere Bestimmungen noch zu treffen seien.

Die von der Kommission beantragte Trennung der Bestimmungen für die etatsmäßigen Reichsbeamten von denjenigen für die etatsmäßigen Offiziere des Reichsheeres, des Reichsmilitärgerichts, der Kaiserlichen Marine einschließlich der Sanitätsoffiziere und der Marine-Ingenieure sowie für nichtetatsmäßige Schutztruppenoffiziere beim Reichskolonialamt wurde in das Besoldungsgesetz übernommen.

An die Stelle der Regelung der Gehälter im Wege des Reichshaushaltsetats ist nunmehr diejenige im Wege des Gesetzes getreten. Hiedurch will für die Reichsbeamten und für die Offiziere eine größere Sicherheit und Stabilität bezüglich ihrer Besoldungsverhältnisse geschaffen werden. Das Besoldungsgesetz beschränkt sich aber darauf, die Gehaltssätze für die einzelnen Beamtenklassen zu bestimmen; die Regelung im einzelnen ist der Verwaltung überlassen.

Während sodann im § 2 der Regierungsvorlage die Bestimmung vorgesehen war, daß Änderungen in der Besoldungsordnung durch den Reichshaushaltsetat sollen vorgenommen werden können, wurde bei der Kommissionsberatung der Standpunkt vertreten, daß die durch das Besoldungsgesetz festgesetzten Gehälter nur an die in der gesetzlich festgestellten Besoldungsordnungen genannten Beamten zu bezahlen und daß bei Neuschaffung von Beamtenkategorien aus Anlaß von organisatorischen Neugestaltungen und von sonstigen Änderungen die erforderlichen neuen Gehaltssätze durch besonderes Gesetz zu regeln seien.

Die Gehaltsverhältnisse seien in befriedigender Höhe und auf eine längere Reihe von Jahren gesetzlich festzulegen und eine beständige nachträgliche Änderung durch den Etat auszuschließen; eine solche Regelung werde auch auf die Verringerung der Zahl der Petitionen um Gehaltsaufbesserung günstig einwirken. (Komm.-Ber. S. 8 u. 149.)

2) Der Anspruch auf Gewährung des mit dem Amte verbundenen Diensteinkommens beginnt in Ermangelung besonderer Festsetzungen mit dem Tag des Amtsantritts, in Betreff später bewil-

ligter Zulagen mit dem Tage der Bewilligung derselben. Durch die Besoldungsordnungen werden ebensowenig wie durch den Etat Privatrechte begründet oder aufgehoben; dieselben geben nur der Reichsverwaltung vorweg die Genehmigung, das Diensteinkommen nach Maßgabe ihrer Festsetzungen zu bewilligen. Erst mit dem Antritt des Amtes wird ein klagbarer Anspruch auf das mit demselben verbundene Diensteinkommen erworben.

3) Das Besoldungsgesetz unterscheidet zwischen dem Gehalt als dem Hauptbestandteil des Diensteinkommens und dem Wohnungsgeldzuschuß als einem Nebenbestandteil desselben, sowie zwischen Einheitsgehältern und Gehältern mit Dienstaltersstufen (aufsteigende Gehälter).

In beiden Fällen erfahren die Gehälter gesetzmäßig eine Ergänzung durch die pensionsfähigen Wohnungsgeldzuschüsse, soweit die einzelnen unter das Besoldungsgesetz fallenden Personen sich nicht im Genusse freier Dienstwohnungen befinden.

4) Bei den Unteroffizieren des Reichsheeres, des Reichskolonialamtes und der Kaiserlichen Marine wird in der Besoldungsordnung IV unterschieden zwischen solchen, welche als Löhnungsempfänger und solchen, welche als Gehaltsempfänger in Betracht kommen. Sämtliche Löhnungsempfänger haben Anspruch auf Unterkunft oder Servis. Daneben erhalten dieselben noch Naturalverpflegungsgebührnisse, Bekleidung oder Kleidergeld.

Von den Unteroffizieren als Gehaltsempfängern erhalten einzelne (die als Zeugsergeanten bezeichneten Schirrmeister) neben dem Gehalte Kleidergelder in jährlich fixierten Beträgen.

Zu der Kategorie der Unteroffiziere als Löhnungsempfänger gehören in der Verwaltung des Reichsheeres und des Reichskolonialamts auch die Unterärzte (in offenen Assistenzarztstellen) und die Unterveterinäre. Zu den Unteroffizieren als Gehaltsempfänger zählen die Musikmeister, Obermusikmeister, die Wallmeister und Oberwallmeister, sowie die Kompagnieverwalter bei der Hauptkadettenanstalt und bei den Voranstalten und bei dem Königlich sächsischen Kadettenkorps. In der Verwaltung der Kaiserlichen Marine gehören zu den Unteroffizieren als Löhnungsempfänger ebenfalls die Unterärzte (in offenen Assistenzarztstellen) und die Fähnriche zur See; zu den Unteroffizieren als Gehaltsempfänger die Musikmeister und Obermusikmeister der Marine-Infanterie, der Matrosendivisionen und der Matrosenartillerie-Abteilungen, sowie die Deck- und Oberdeckoffiziere.

5) Neben dem Gehalt sind in dem Reichshaushaltsetat für Reichsbeamte und besonders für die Heeresverwaltung noch Mittel für persönliche Zulagen vorgesehen.

Bezüglich solcher Zulagen führt die Begründung zum Entwurf des Besoldungsgesetzes S. 83 unter anderem aus, daß dieselben nicht ganz zu entbehren seien.

Sie finden ihre Begründung unter anderem in den besonderen Anforderungen, welche bestimmte Stellen an die Arbeitskraft, die Umsicht, die Verantwortlichkeit und dergleichen ihres Inhabers stellen. Die besonderen Schwierigkeiten solcher Stellen, die nach der ganzen Behördenorganisation mit anderen derartige Schwierigkeiten nicht bietenden Stellen gleichgestellt werden müssen, rechtfertigen diese Zulagen. Ohne Zulagen lasse sich besonders bei der Betriebsverwaltung der Reichseisenbahnen nicht auskommen. Bis jetzt, ist in der Begründung zum Entwurf des Besoldungsgesetzes hervorgehoben, beziehen die der Reichseisenbahnverwaltung unterstehenden Beamten gemäß § 9 des Gesetzes vom 30. Juni 1873 keinen Wohnungsgeldzuschuß. Statt dessen sei ihrem Gehalte der pensionsfähige Teil des Wohnungsgeldzuschusses der entsprechenden preußischen Beamten zugeschlagen und daneben werden ihnen nichtpensionsfähige Zulagen gewährt, die so bemessen seien, daß die Beamten — abgesehen von einigen Ausnahmen — in ihren Gesamtbezügen den entsprechenden Beamten der Wohnungsgeldzuschußklasse A gleichgestellt seien. Eine solche Regelung, die auf der geschichtlichen Entwickelung und der Anschauung beruht habe, daß das Leben in allen Orten Elsaß-Lothringens im wesentlichen gleich teuer sei, könne nicht aufrecht erhalten werden, wenn nach dem Vorschlage des Entwurfs der Wohnungsgeldzuschuß lediglich zur Bestreitung eines Teiles des tatsächlichen durchschnittlichen Wohnungsaufwandes bestimmt sei und den allgemein aufgestellten Grundsätzen gemäß bemessen werden solle. Die Sonderstellung der Eisenbahnbeamten in Elsaß-Lothringen habe überdies schon zu Verstimmungen bei den Postbeamten daselbst und den elsaß-lothringischen Landesbeamten geführt. Die Eisenbahnbeamten sollen deshalb einen Wohnungsgeldzuschuß erhalten, der nach dem tatsächlichen durchschnittlich erforderlichen Mietaufwande, wie er bei den stattgehabten Ermittlungen festgestellt sei, verschieden abgestuft sein solle. Daneben auf jeglichen Zuschuß zu verzichten, erscheine schon um deswillen nicht angängig, weil die Beamten an den Orten mit niedrigerem Wohnungsgeldzuschusse dadurch teilweise an ihrem Gesamteinkommen verlieren würden. Überdies müssen die Beamten der Reichseisenbahnbetriebsverwaltung bei den besonderen Verhältnissen in Elsaß-Lothringen etwas besser gestellt werden als ihre preußischen Berufsgenossen, aus denen sie sich zum großen Teile ergänzen. Eine solche Besserstellung erscheine auch im Interesse eines geeigneten Nachwuchses geboten. Die neben dem Gehalt und dem Wohnungsgeldzuschusse zu gewährende nichtpensionsfähige Zulage werde nur nach Tarifklassen und nicht auch nach Ortsklassen abgestuft sein dürfen, wenn das System des Wohnungsgeldzuschusses bei der Betriebsverwaltung nicht nur äußerlich eingeführt werden solle. Hinsichtlich der Abmessung der Zulagen sei es erforderlich und auch ausreichend, daß einerseits ein wirksamer Anreiz zum Eintritt und zum Verbleiben bei der Eisenbahnverwaltung gegeben, anderseits auch in den niedrigeren Ortsklassen möglichst niemand von der allgemeinen Einkommensaufbesserung ausgeschlossen werde. Bezüglich der Zulagen im Bereich der Heeresverwaltung ist auch hinzuweisen auf die §§ 13—20 der Besoldungsvorschrift für das preußische Heer im Frieden, genehmigt durch Kabinetts-Ordre des Kaisers vom 10. März 1898.

6) Der Berechnung der Pension der Reichsbeamten wird nach § 42—44 des RBG. in der Fassung vom 18. Mai 1907, RGesBl. S. 245, das von dem Beamten zuletzt bezogene Diensteinkommen, soweit dasselbe nicht zur Bestreitung von Repräsentations- oder Dienstaufwandskosten gewährt wird, nach Maßgabe der näheren Bestimmungen unter den Ziff. 1—6 des § 42 zu Grunde gelegt. Die Pension für die einstweilen in den Ruhestand versetzten Beamten wird von dem zur Zeit ihrer Versetzung in den Ruhestand bezogenen gesamten Diensteinkommen berechnet.

Bei der Versetzung in den dauernden Ruhestand wird naturgemäß nur dasjenige Diensteinkommen als Pension weiter gezahlt, welches für den Unterhalt der Person (persönliches Diensteinkommen), nicht für die Verwaltung des Amtes bestimmt ist. Es scheiden daher bei der Berechnung der Pension alle Bezüge aus, welche zur Bestreitung der Kosten der Repräsentation sowie des sonstigen Dienstaufwands gedient haben. Die Pension beträgt bei vollendeter zehnjähriger oder kürzerer Dienstzeit 20/60 und steigt nach vollendetem zehnten Dienstjahr mit jedem weiter zurückgelegten Dienstjahr bis zum vollendeten dreißigsten um 1/60 und von da ab um 1/120 des in den §§ 42—44 des RBesGes. bestimmten Diensteinkommens. Über den Betrag von 45/60 dieses Einkommens hinaus findet eine Steigerung nicht statt. Wird ein Beamter vor Vollendung des zehnten Dienstjahres dienstunfähig und deshalb in den Ruhestand versetzt, so kann demselben bei vorhandener Dienstunfähigkeit durch Beschluß des Bundesrats eine Pension entweder auf bestimmte Zeit oder lebenslänglich bewilligt werden. In diesen Fällen beträgt die Pension höchstens 20/60 des vorbezeichneten Diensteinkommens. In allen Fällen ist der Jahresbetrag der Pension nach oben so abzurunden, daß bei Teilung durch drei sich volle Markbeträge ergeben (§§ 41 und 39 RBG.).

Die näheren Bestimmungen über die Zurruhesetzung der Reichsbeamten und die Festsetzung des Ruhegehalts für dieselben siehe im RBG. unten Zweiter Teil I.

Die Offiziere des Friedensstandes einschließlich der Sanitätsoffiziere haben Anspruch auf lebenslängliche Pension, wenn sie nach einer Dienstzeit von mindestens zehn Jahren zur Fortsetzung des aktiven Militärdienstes dauernd unfähig geworden sind und deshalb aus diesem Dienste ausscheiden müssen. Bei kürzerer als zehnjähriger Dienstzeit haben diese Offiziere des Friedensstandes einschließlich der Sanitätsoffiziere Anspruch auf Pension, wenn sie infolge einer Dienstbeschädigung zu jedem Militärdienst unfähig werden. Die Pension wird jedoch nur solange gewährt, als die Dienstfähigkeit infolge der Dienstbeschädigung aufgehoben ist.

Eine Pension kann auch bei der Stellung zur Disposition gewährt werden. Die Pension beträgt bei vollendeter zehnjähriger oder kürzerer Dienstzeit jährlich 20/60 und steigt nach vollendetem zehnten Dienstjahr mit jedem weiteren Dienstjahr um 1/60 bis auf 45/60 des zuletzt bezogenen pensionsfähigen Diensteinkommens, jedoch mit der Maßgabe, daß in Stellen mit dem Diensteinkommen eines Regimentskommandeurs einschließlich aufwärts die Pension nach dem 30. Dienstjahr nur um 1/120. mit jedem weiteren Dienstjahr steigt. (§ 6 des Gesetzes vom 31. Mai 1906 (Offizierspensionsgesetz), betreffend die Pensionierung der Offiziere einschließlich der Sanitätsoffiziere des Reichsheeres, der Kaiserlichen Marine und der Kaiserlichen Schutztruppen RGesBl. S. 565).

Die näheren Bestimmungen über die Festsetzung der Pension und die Berechnung der Dienstzeit aus diesem Anlaß siehe im Gesetz unten II. Teil.

Die zur Klasse der Unteroffiziere und Gemeinen gehörenden Personen des Soldatenstandes haben bei Entlassung aus dem aktiven Dienst Anspruch auf eine Rente (Militärrente) wenn und solange ihre Erwerbsfähigkeit infolge einer Dienstbeschädigung aufgehoben oder um wenigstens zehn Prozent gemindert ist, nach Maßgabe des Gesetzes vom 31. Mai 1906 über die Versorgung der Personen der Unterklassen des Reichsheeres, der Kaiserlichen Marine und der Kaiserlichen Schutztruppen (RGesBl. S. 593).

2) „An die etatsmäßigen Reichsbeamten".

Als etatsmäßige Reichsbeamte kommen diejenigen in Betracht, welche in der Besoldungsordnung aufgeführt sind und eine im Besoldungsetat berücksichtigte Stelle bekleiden im Gegensatz zu solchen Beamten, welche eine Stelle versehen, welche im Besoldungsetat nicht vorgesehen ist, oder welche nur ein Nebenamt bekleiden, falls nicht ein etatsmäßiges Amt bleibend als Nebenamt verliehen ist (§ 44 des RBesGes.), oder welche ausdrücklich nur für eine bestimmte Zeit oder für ein seiner Natur nach vorübergehendes Geschäft angenommen werden.

Für den Begriff des etatsmäßigen Reichsbeamten ist es wesentlich, daß seine Dienstleistung eine entgeltliche ist.

3) „Auf Grund der beiliegenden Besoldungsordnung".

Bezüglich der bei der Aufstellung der Besoldungsordnungen in Berücksichtigung genommenen Gesichtspunkte und Verhältnisse enthält die Begründung zum Entwurf eines Besoldungsgesetzes unter anderem folgende Ausführungen:

„Bei der Aufstellung des Besoldungsplans ist auf eine erhebliche Aufbesserung der Unterbeamten der Hauptwert gelegt. Kein Unterbeamter soll mit einem geringeren Einkommen als 1000 Mark und dem Wohnungsgeldzuschusse mehr zu beginnen haben. Die Aufbesserung beträgt fast in allen Stufen durchweg 200 Mark. Wo eine solche Steigerung nicht vorgesehen ist, handelt es sich um Gruppen, welche in letzter Zeit bereits aufgebessert worden sind oder welche schon früher ihren Berufsgenossen unverhältnismäßig vorausgeeilt waren. Teilweise geht die Aufbesserung, so namentlich im Endgehalte weit über 200 Mark hinaus.

Ebenso wie bei den Unterbeamten gehen bei den mittleren Beamten die Aufbesserungsvorschläge Hand in Hand mit dem Entwurfe der neuen preußischen Besoldungsordnung. Es ist nicht angängig, daß das Reich hinter Preußen zurückbleibt, weil sonst der Ersatz im Reich gefährdet wäre. Anderseits kann auch nur in besonderen Ausnahmefällen über die preußischen Gehaltssätze hinausgegangen werden, wenn nicht berechtigte Unzufriedenheiten bei den preußischen Beamten hervorgerufen werden sollen. Im allgemeinen war bei den mittleren Beamten der Hauptwert auf die Erhöhung der Endgehälter zu legen. Die Anfangsgehälter sind hier so bemessen, daß die Beamten fast durchweg wenigstens eine Aufbesserung um die ihnen zweimal bewilligte einmalige Teuerungszulage von 150 Mark erfahren.

Die Teuerungszulagen werden mit der Gehaltsaufbesserung durchweg in Wegfall kommen müssen, da den Teuerungsverhältnissen durch die neue Bemessung der Bezüge Rechnung getragen ist. Auch die Zulagen, welche im Bereich der Heeresverwaltung den Kassenverwaltern für Mehrarbeiten während der Dauer von Bauausführungen gewährt werden (Kassenvergütungen) sollen wegfallen, worauf bei der Bemessung der künftigen Gehälter für die davon berührten Beamtenklassen Rücksicht genommen worden ist.

Im allgemeinen ist ein Gehalt von 7200 Mark als ein solches angesehen, das einer weiteren Erhöhung nicht mehr dringend bedarf. Aus diesem Grunde werden die höheren Beamten an der Gehaltsaufbesserung grundsätzlich nicht teilnehmen können. Eine Ausnahme ergibt sich indessen als notwendig aus der in Preußen erfolgten Gleichstellung der Richter erster Instanz mit den Regierungsräten, die wiederum die Aufbesserung aller Beamten in Lokalstellen, von denen eine akademische Vorbildung gefordert wird, zur Folge hat. Soweit sonst noch für höhere Beamte Aufbesserungen vorgeschlagen werden, handelt es sich teils nur um kleine Abrundungen, teils um Maßnahmen, die auch ohne eine allgemeine Besoldungsaufbesserung aus dienstlichen Gründen hätte vorgenommen werden müssen. Von dem zu Gehaltsaufbesserungen verlangten Mehraufwande sollen 52,51 % den unteren 43,49 % den mittleren und 4 % den höheren Beamten zugute kommen. Von den zu Erhöhung der Wohnungsgeldzuschüsse für Beamte und Offiziere geforderten Beträgen sollen 24,31 % den Unterbeamten, 55,12% den mittleren und 20,57 % den höheren Beamten und Offizieren zugute kommen.

Bei Aufstellung des Besoldungsplans ist es das Bestreben gewesen, unter Berücksichtigung der tatsächlich vorhandenen Verschiedenheiten zwischen den einzelnen Beamtenklassen in Bezug auf Vorbildung und Anforderungen, die an die Beamten gestellt werden, sowie durch Zusammenfassen der vielen bestehenden Gehaltsklassen den bisher sehr verwickelten und unübersichtlichen Ausbau des Besoldungssystems einheitlicher und gleichmäßiger zu gestalten, ohne dabei die Rücksicht auf die Erhaltung überkommener und bewährter Ordnungen aus dem Auge zu verlieren. Die naturgemäße Folge dieser Vereinfachung ist, daß die Erhöhung der Besoldungen nicht gleichmäßig auf die einzelnen Beamtenklassen sich verteilt, sondern die prozentuale Steigerung der Gehälter sich verschieden stellt. Ein Grund zur Klage kann hierin nicht gefunden werden. Diejenigen, welche sachlich unberechtigt vor den an Vorbildung und Arbeitsleistung ihnen gleichstehenden Beamten bevorzugt waren, haben dadurch kein Anrecht auf dauernde Besserstellung erworben.

Während es zurzeit, abgesehen von den Einzelgehältern, 160 Klassen gibt, soll deren Anzahl in dem neuen Besoldungsplan auf 69 zurückgeführt werden. Eine weitere Herabsetzung hat sich leider nicht erreichen lassen, und zwar namentlich um deswillen nicht, weil in vielen Fällen, so insbesondere bei den Beamten der Eisenbahnbetriebsverwaltung und bei den Lehrern, auf eine genaue Übereinstimmung mit den preußischen Sätzen Wert gelegt werden mußte.

Dem Wunsche, für gleich zu bewertende Beamtenklassen die gleichen Besoldungen auszubringen, entspricht der Vorschlag, die mit einzelnen Stellen verbundenen Emolumente hinfort nicht mehr neben dem Gehalte zu gewähren, sondern — soweit sie nicht überhaupt wegfallen — unter entsprechender Erhöhung des Gehalts den Anrechnungswert, der durch Dienstvorschriften zu bestimmen ist, vom Gehalt einzubehalten. Diese Änderung ist namentlich für den Heeres- und Marine-Etat von Bedeutung."

4) Zu Absatz 2 des § 1 enthält die Begründung zu dem Gesetzentwurf S. 87 folgende Ausführungen:

„Das tatsächliche Gehalt der Beamten des gesandtschaftlichen und des Konsulardienstes wird zurzeit durch den Reichshaushalts-Etat bestimmt; ebendort sind in einer Anmerkung zu dem entsprechenden Besoldungsetat die pensionsfähigen Bezüge des Diensteinkommens dieser Beamten angegeben. Die Unterscheidung zwischen tatsächlichen und pensionsfähigen Bezügen muß zurzeit noch aufrecht erhalten werden. Vielleicht gelingt es in Zukunft, den fraglichen Beamten stets ihr pensionsfähiges Diensteinkommen und daneben nach den Verhältnissen ihres Beschäftigungsorts abgestufte nicht pensionsfähige Zulagen zu bewilligen. Zurzeit bleibt nichts übrig als die tatsächlichen Gehälter nach wie vor durch den Reichshaushaltsetat zu bestimmen, die pensionsfähigen Gehälter aber sind in der Besoldungsordnung II aufgeführt. Für ihre Bemessung ist die Erwägung leitend gewesen, daß die Auslandsbeamten nach ihrer Pensionierung in die Heimat zurückzukehren pflegen, sodaß es der Billigkeit entspricht, ihnen möglichst die gleichen Pensionen zu gewähren, auf welche die betreffenden Inlandsbeamten bei gleicher Dienstzeit Anspruch haben. Hierauf beruht es, daß das pensionsfähige Gehalt grundsätzlich aus dem Gehalt und dem durchschnittlichen Wohnungsgeldzuschuß der Inlandsbeamten errechnet ist. Es empfiehlt sich, als Gehalt zahlenmäßig nicht den Einheitsbetrag anzugeben, weil dann jede Veränderung der Wohnungsgeldzuschüsse eine Änderung der in der Besoldungsordnung angegebenen Gehälter zur Folge haben müßte. Keineswegs aber ist mit dieser Teilung beabsichtigt, etwa als persönliches Gehalt nur den dem Gehalte der Inlandsbeamten entsprechenden Teil erscheinen zu lassen. In allen Fällen, wo die bestehenden Vorschriften von dem persönlichen oder von dem persönlichen pensionsberechtigenden Gehalt ausgehen, so z. B. wenn die Allerhöchste Verordnung vom 23. April 1879 den gesandtschaftlichen und konsularischen Beamten bei Beurlaubungen in gewissen Fällen nur ihr persönliches Gehalt ganz oder teilweise beläßt, ist darunter das in der Besoldungstafel angesetzte, gegebenenfalls um den entsprechenden Teil des Wohnungsgeldzuschusses der Inlandsbeamten vermehrte Gehalt zu verstehen."

5) Bezüglich Berechnung des Besoldungsdienstalters im Fall des Übertritts von Beamten des gesandtschaftlichen oder Konsulardienstes in eine Stelle des Inlandsdienstes siehe Anm. 2 Ziff. V zu § 11.

6) Bei den gesandtschaftlichen und Konsularbeamten erfolgt das Aufsteigen nach Dienstaltersstufen nur im pensionsfähigen Gehalte, während das tatsächliche Gehalt nach Maßgabe des Reichshaushaltsetats zu bestimmen ist.

7) Tritt ein Beamter aus dem gesandtschaftlichen oder Konsulardienst in eine Stelle des Inlandsdienstes, deren Gehalt nach Dienstaltersstufen geregelt ist, so erfolgt die Festsetzung des Besoldungsdienstalters nach Maßgabe des normalmäßig erlangten pensionsfähigen Gehalts ohne Berücksichtigung des dem pensionsfähigen Teile des Wohnungsgeldzuschusses der betreffenden übrigen Reichsbeamten entsprechenden Betrags und etwaiger Zulagen (Ziff. 57 Abs. 1 der Gehaltsvorschriften, Beil. I).

§ 2.

Beamten, welche gleichzeitig mehr als eine der in der Besoldungsordnung vorgesehenen Stellen bekleiden, wird das Gehalt nur einmal gewährt, und zwar für diejenige Stelle, für welche das höchste Gehalt vorgesehen ist. 1) 2) 3)

1) „Beamte, welche gleichzeitig mehr als eine der in der Besoldungsordnung vorgesehenen Stellen bekleiden."

Hierdurch soll nicht ausgeschlossen werden, daß ein Beamter mehr als eine Stelle versehe, sondern es soll nur erreicht werden, daß kein Beamter mehr als das Gehalt einer Stelle beziehe (Komm.-Bericht).

2) Eine gleiche Bestimmung ist in § 32 des Gesetzes bezüglich des Wohnungsgeldzuschusses für den Fall getroffen, daß ein Beamter oder ein Offizier mehr als eine Stelle bekleidet.

3) „Das höchste Gehalt."

Bei der Frage, welches Gehalt von mehreren das höchste sei, ist nur die Besoldungsordnung maßgebend. Zufällige Nebenbezüge bleiben außer Beachtung.

Fällt der dienstliche Wohnsitz bei den einzelnen Ämtern unter verschiedene Ortsklassen, so kommt § 32 des Besoldungsgesetzes zur Anwendung.

§ 3. 1)

Diensteinkommen für Nebenämter und Nebenbeschäftigungen 2) **können ebenso wie Zulagen nur insoweit** 3) **bewilligt werden, als der Reichshaushalts-Etat dies bestimmt oder besondere Fonds dazu zur Verfügung stellt.** 4)

1) Bei der Kommissionsberatung über diese Bestimmung wurde die Streichung der ganzen Bestimmung beantragt, da dieselbe eigentlich selbstverständlich sei und da aus dem Kommissionsbericht die Absicht hervorgehe, solche Zulagen nach Maßgabe der im Etat vorgesehenen Mittel zu bewilligen.

Ein Vertreter des Reichsschatzamts widersprach diesem Antrag, da eine Festlegung der Absicht des Reichstags im Protokoll einer Kommissionssitzung oder im Bericht über die Beratung eines Gesetzentwurfs im Laufe der Jahre nicht die Wirkung behalte, wie eine gesetzliche Festlegung. Außerdem müsse das Budgetrecht des Reichstags gewahrt bleiben und verhindert werden, daß Mittel, welche zwar im Etat verwilligt seien, aber nicht ausdrücklich für den in § 3 bestimmten Zweck, doch für einen gleichen Zweck verwendet würden (Komm.-Ber. S. 10).

2) „Für Nebenämter und Nebenbeschäftigungen."

Unter einem Nebenamt im Sinne des Reichsbeamtengesetzes ist jede auf förmlicher Anstellung beruhende Tätigkeit im Reichsdienst zu verstehen, während als Nebenbeschäftigung eine Tätigkeit in Betracht kommt, welche im einzelnen Fall ohne feste Anstellung geübt wird. Hierbei gilt eine Reihe von Einzelgeschäften als Nebenbeschäftigung, wenn sie sich als einheitliches Tun darstellt. Bezüglich des Erfordernisses der Genehmigung zur Übernahme von Nebenämtern und Nebenbeschäftigungen durch die Reichsbeamten siehe § 16 des RBGes.

3) „Nur insoweit" d. h. nur in solcher Höhe.

4) „Oder besondere Fonds dazu zur Verfügung stellt."

Inhaltlich des Kommissionsberichts muß aus dem Etat ausdrücklich ersichtlich sein, daß die betreffenden Fonds zur Gewährung von Zulagen zur Verfügung gestellt sind. Dann habe die Budgetkommission und der Reichstag bei der Etatsberatung Gelegenheit, die Natur der Zulage zu prüfen und ihre Höhe festzusetzen (Komm.-Ber. S. 150).

§ 4.

Die Gehälter der etatsmäßigen Beamten mit Ausnahme derjenigen der Beamten der Reichskanzlei werden, soweit sie nicht Einzelgehälter sind, nach Dienstaltersstufen geregelt. 1) 2) 3)

Das Gleiche gilt für die bei Berechnung der Pension zugrunde zu legenden Gehälter der gesandtschaftlichen und der Konsularbeamten. 4) 5)

1) Die Gehälter der etatsmäßigen Reichsbeamten sind gesetzlich geregelt, während die Regelung der Gehälter der nicht etatsmäßigen Beamten dem Reichskanzler überlassen ist, da sich die letzteren nicht für eine gesetzliche Bindung eignen.

Zu vergleichen bezüglich der nicht etatsmäßigen Reichsbeamten § 13 des Gesetzes.

Bezüglich der nach Dienstaltersstufen geregelten Gehälter der etatsmäßigen Reichsbeamten gelten folgende Grundsätze:

a) Die Aufrückungsfrist beträgt 3 Jahre; die hienach in den einzelnen dreijährigen Zeiträumen bis zur Erreichung des Höchstgehalts zu gewährenden Beträge sind in den Besoldungsordnungen I, und II angegeben. Eine Kürzung der Aufrückungsfrist kann in einzelnen Fällen eintreten durch die Vorrückung (Vordatierung) des Besoldungsdienstalters in den in dem Besoldungsgesetz vorgesehenen Fällen. Die Zeitabschnitte für das Verbleiben auf der untersten Gehaltsstufe und für das Vorrücken in die höheren Gehaltsstufen sind im übrigen — von der Vorrückung des Besoldungsdienstalters abgesehen — von dem Tage der Anstellung in der jeweiligen etatsmäßigen Stelle an zu berechnen.

Mit dem Tage der Anstellung in der jeweiligen etatsmäßigen Stelle beginnt das Besoldungsdienstalter, falls dasselbe nicht vorgerückt wird. Das Besoldungsdienstalter kommt nur für die Regelung der Gehaltsbezüge in Betracht und hat auf die sonstigen Verhältnisse des Beamten, insbesondere auf die Berechnung der Dienstzeit bei Pensionierungen, die Reihenfolge der Beförderungen, die Vorschläge für die Verleihung von Titeln, die Rangverhältnisse usw., keinen Einfluß.

b) Einen Rechtsanspruch auf die vorgeschriebene Gehaltsfestsetzung und die Gewährung von Gehaltszulagen haben nur die richterlichen Beamten (§ 11 Abs. 2 des Ges.). Den Beamten, welchen ein solcher Anspruch nicht eingeräumt ist, dürfen weder bei der Anstellung noch anderweit irgend welche Zusicherungen gemacht werden, auf welche ein solcher Anspruch etwa gegründet werden könnte.

Der Anspruch der richterlichen Beamten auf Gehaltszulagen ruht, solange ein Disziplinarverfahren oder wegen eines Verbrechens oder Vergehens ein Hauptverfahren oder eine Voruntersuchung schwebt. Führt das Verfahren zum Verlust des Amtes, so findet eine Nachbezahlung bezüglich des zurückbehaltenen Mehrbetrags nicht statt.

c) Eine Gehaltszulage kann versagt werden, wenn gegen das dienstliche oder außerdienstliche Verhalten des Beamten eine erhebliche Ausstellung vorliegt. Von Vorkommnissen, welche die Vorenthaltung einer Gehaltszulage als angezeigt erscheinen lassen, ist den Dienststellen, welche die Zulagebewilligung auszusprechen haben, Mitteilung zu machen. Wo ohne Kenntnis des nicht befriedigenden Verhaltens eines Beamten die Bewilligung einer Gehaltszulage verfügt worden ist, muß die Benachrichtigung des Beamten über die Zulagegewährung ausgesetzt werden.

d) Die einstweilige Vorenthaltung einer Zulage hat für sich allein nicht die Wirkung, daß dadurch der Zeitpunkt für das Aufsteigen in die nächstfolgende Gehaltsstufe hinausgeschoben wird.

e) Gehaltsaufbesserungen, die sich aus einer Änderung des etatsmäßigen Gehalts oder der Gehaltsstufen der Beamtenklasse ergeben, dürfen nicht wegen unbefriedigenden Verhaltens des Beamten versagt werden. (Zu vgl. hierüber und bezüglich des Verfahrens bei Versagung der Gehaltszulage die Ziff. 1—5 GehVorschr., Beil. I).

f) Wo sich infolge der Einführung des Altersstufensystems in einzelnen Fällen Härten ergeben würden, kann zu ihrem Ausgleich eine besondere Festsetzung des Besoldungsdienstalters oder die vorübergehende Bewilligung eines höheren Gehalts als die in den Besoldungsordnungen vorgesehenen Sätze behufs Ausgleichs von Einkommensausfällen durch die Oberste Reichsbehörde unter Beteiligung der Reichsfinanzverwaltung erfolgen. Nachzahlungen von Gehaltsteilen dürfen nicht über den Beginn desjenigen Rechnungsjahrs hinaus stattfinden, in dem die Vorrückung an zuständiger Stelle angeregt worden ist (Ziff. 67 GehVorschr., Beil. I).

g) Ist ein Besoldungsdienstalter vorschriftswidrig festgesetzt oder ein Gehaltssatz vorzeitig bewilligt, so hat die Berichtigung des vorgekommenen Versehens zu erfolgen. Zuviel gezahlte Beträge sind wieder einzuziehen (Ziff. 68 GehVorschr., Beil. I).

2) Die Beamten der Reichskanzlei werden nach dem Ermessen des Reichskanzlers in die Gehaltsstufen eingewiesen (§ 5 des Ges.). Tritt ein Beamter aus der Reichskanzlei in eine Stelle über, deren Gehalt nach Dienstaltersstufen geregelt ist, so wird das Besoldungsdienstalter durch die Oberste Reichsbehörde im Einvernehmen mit der Reichsfinanzverwaltung festgesetzt (Ziff. 56 GehVorschr., Beil. I).

3) Die Einzelgehälter der etatsmäßigen Reichsbeamten der Besoldungsordnung I sind unter lit. B unter den Ziffern 1 bis 22 aufgeführt.

4) Bei den gesandtschaftlichen und Konsularbeamten erfolgt das Aufsteigen nach Dienstaltersstufen nur im pensionsfähigen Gehalt, während der tatsächliche Gehalt nach Maßgabe des Reichshaushaltsetats zu bestimmen ist (Ziff. 1 GehVorschr., Beil. I).

Bei der Berechnung des pensionsfähigen Diensteinkommens tritt für die Beamten der Besoldungsordnung II zu Klasse 1 bis 8, auch wenn sie Anspruch auf freie Dienstwohnung haben, dem erdienten Gehalte der pensionsfähige Teil des Wohnungsgeldzuschusses für Inlandbeamten hinzu, und zwar für die Beamten zu Klasse 1 nach Tarifklasse VI, zu Klasse 2 und 3 nach Tarifklasse V, zu Klasse 4 bis 7 nach Tarifklasse III, zu Klasse 8 nach Tarifklasse II (zu vgl. die Schlußbestimmung zu der Besoldungsordnung II).

Tritt ein Beamter aus dem gesandtschaftlichen oder Konsulardienst in eine Stelle des Inlandsdiensts, deren Gehalt nach Dienstaltersstufen geregelt ist, so erfolgt die Festsetzung des Besoldungsdienstalters nach Maßgabe des normalmäßig erlangten pensionsfähigen Gehalts, ohne Berücksichtigung des dem pensionsfähigen Teile des Wohnungsgeldzuschusses der betreffenden übrigen Reichsbeamten entsprechenden Betrags und etwaiger Zulagen (Ziff. 57 GehVorschr., Beil. I).

5) Die Einreihung der gesandtschaftlichen und Konsularbeamten in die für dieselben festgesetzten Gehaltsstufen der Besoldungsordnung II soll in der Art erfolgen, daß sich in jeder Gehaltsstufe möglichst die gleiche Anzahl von Beamten befindet.

§ 5.

Bei den Beamten der Reichskanzlei erfolgt die Einweisung in die Gehaltsstufen nach dem Ermessen des Reichskanzlers. [1])

Die Bureaubeamten und Bureauvorsteher der Reichskanzlei sind in Klasse 64 der Besoldungsordnung I aufgeführt.

Bezüglich der Festsetzung des Besoldungsdienstalters dieser Beamten im Fall des Übertritts derselben in eine etatsmäßige Stelle mit Dienstaltersstufen siehe Anm. 2 zu § 4 des Gesetzes.

§ 6.

Das Besoldungsdienstalter beginnt mit dem Tage der Anstellung in der jeweiligen etatsmäßigen Stelle.[1][2] Von diesem Zeitpunkt ab sind die Zeitabschnitte für das Verbleiben in der untersten Gehaltsstufe und für das Aufsteigen in die höheren Gehaltsstufen zu rechnen.[3][4] Als Tag der Anstellung gilt der Tag, von dem ab das Diensteinkommen der Stelle bezogen wird.[5]

Bei der Festsetzung des Besoldungsdienstalters[6] für die höheren Beamten[7] ist von der im außeretatsmäßigen Reichsbeamtenverhältnisse bei dem gleichen Dienstzweige[8] zwischen der Erlangung der Befähigung zur Bekleidung des Amtes und der ersten etatsmäßigen Anstellung verbrachten Zeit, sofern das Anfangsgehalt der Stelle 3000 Mark nicht übersteigt, der über vier Jahre, sofern es 3600 Mark nicht übersteigt, der über sieben Jahre und im übrigen der über zehn Jahre hinausgehende Teil bis zur Höchstdauer von zwei Jahren auf das Besoldungsdienstalter anzurechnen.[9]

Bei den mittleren Beamten, die in einem Amte mit einem Anfangsgehalt über 2100 Mark Anstellung finden, kommt die zwischen dem Beginne des Diätariats in dem gleichen Dienstzweig und der ersten etatsmäßigen Anstellung liegende Zeit, insoweit sie acht Jahre übersteigt, bei den übrigen mittleren Beamten mit Ausnahme der Post- und Telegraphengehilfinnen,[10] bei den Kanzleibeamten sowie bei den Unterbeamten, insoweit sie fünf Jahre, bei den Post- und Telegraphengehilfinnen, insoweit sie neun Jahre übersteigt, unbeschränkt in Anrechnung.[11] Bei den Landbriefträgern[12] darf jedoch die Anrechnung des Diätariats nicht dahin führen, daß das Höchstgehalt früher als zehn Jahre nach der ersten etatsmäßigen Anstellung erreicht wird.

Das Besoldungsdienstalter der technischen und Elementarlehrer wird von der Vollendung einer vierjährigen Dienstzeit im öffentlichen Schuldienst ab gerechnet.[13][14]

1. „Das Besoldungsdienstalter beginnt".

Bezüglich der Festsetzung des Besoldungsdienstalters bei Beamten welche seit dem 15. Juli 1909 in etatsmäßigen Stellen zur Anstellung gelangen, gelten folgende Bestimmungen:

a) Das Besoldungsdienstalter beginnt mit dem Tage der Anstellung in der jeweiligen etatsmäßigen Stelle, soweit in den Gehaltsvorschriften (Beil. I) nicht Abweichendes vorgeschrieben oder zugelassen ist. Abweichungen können sich ergeben durch Vorrückung des Besoldungsdienstalters auf Grund des Besoldungsgesetzes, durch welche die Wartezeit auf der einzelnen Gehaltsstufe Änderungen erfährt. Das Besoldungsdienstalter ist nur maßgebend für die Regelung der Gehaltsbezüge; von dem Besoldungsdienstalter an sind die Zeitabschnitte für das Verbleiben in der untersten Gehaltsstufe und für das Aufsteigen in die höheren Gehaltsstufen zu berechnen. Über die Festsetzung des Besoldungsdienstalters ist der Beamte schriftlich zu benachrichtigen, wie demselben auch vor der Verfügung der Versagung der Gehaltszulage Gelegenheit zu geben ist, sich über die Gründe der beabsichtigten Maßregel zu äußern.

b) Das Besoldungsdienstalter ist in jedem Fall genau auf den Kalendertag, nicht auf den nächstfolgenden Vierteljahrsersten festzusetzen. Dienstzeiten, welche nicht volle Jahre, vom Tage des Dienstantritts an gerechnet, umfassen, sind nach Tagen und zwar einschließlich der 31 Monatstage zu berechnen. Mehrere getrennte Dienstzeiten sind rechnungsmäßig besonders zu behandeln. Bei der Zusammenrechnung werden je 365 Tage als ein Jahr angesetzt und zwar auch dann, wenn bei den einzelnen Dienstzeiten Schalttage zur Anrechnung gekommen sind.

c) Als Zeitpunkt der für den Beginn des Besoldungsdienstalters maßgebenden etatsmäßigen Anstellung gilt derjenige Tag, von dem ab der Beamte bei Verleihung der etatsmäßigen Stelle — sei es unwiderruflich, sei es auf Widerruf oder Kündigung — das damit verbundene Diensteinkommen erhält. Die probeweise oder widerrufliche Übertragung der Verwaltung einer etatsmäßigen Stelle bleibt auch dann außer Betracht, wenn der Beamte während dieser Zeit das volle Stelleneinkommen bezogen hat (siehe jedoch unten die Bestimmung über die Anrechnung der diätarischen Dienstzeit bei der Feststellung des Besoldungsdienstalters in diesem Fall). Jedoch gilt für den mit Vorbehalt einer Probezeit angestellten Beamten der erste Tag des Monats seiner Bestätigung in der Stelle als Tag der Anstellung.

Unter den Begriff der probeweisen Übertragung der Verwaltung einer Stelle und der Probezeit fällt sowohl die Anstellung auf Probe als auch die Probedienstleistung — §§ 19 und 21 der Anstellungsgrundsätze vom 20. Juni 1907 —.

Zu vgl. zu a bis c die Ziffern 3 und 9 bis 11 GehVorschr., Beil. I.

d) Hat sich die Verleihung einer etatsmäßigen Stelle an einen Beamten infolge eines verwaltungsseitigen Versehens verzögert, so ist zur Beseitigung eines Nachteils bei der Festsetzung des Besoldungsdienstalters die Genehmigung der Obersten Reichsbehörde nachzusuchen, wenn eine des Ausgleichs bedürfende Härte oder eine Unbilligkeit vorliegt. Die Vorrückung des Besoldungsdienstalters kann diesfalls nur unter Zustimmung der Reichsfinanzverwaltung erfolgen (Ziff. 13 GehVorschr., Beil. I).

c) Auf das Besoldungsdienstalter sind anzurechnen

aa) bei den Militäranwärtern die militärische Dienstzeit, falls die Militäranwärter 9 Jahre und darüber im Heere oder in der Marine gedient haben (zu vgl. hierüber die näheren Bestimmungen der Ziffern 14 bis 20 GehVorschr., Beil. I);

bb) bei den höheren und mittleren Beamten die diätarische Dienstzeit, d. h. die Zeit des Dienstes im außeretatsmäßigen Reichsbeamtenverhältnis bei dem gleichen Dienstzweig von der Erlangung der Befähigung zur Bekleidung des Amtes bis zur ersten etatsmäßigen Anstellung. Die näheren Bestimmungen über den Zeitpunkt des Beginns des Diätariendienstalters im Sinn der Gehaltsvorschriften bei den Bureau-Beamten, welche ihre Laufbahn als Zivilsupernumerare oder im ähnlichen Verhältnis begonnen und bestimmungsgemäß einen Vorbereitungskurs zu vollenden haben, bei Postillons in Privatposthaltereien, bei den forstversorgungsberechtigten Hilfsförstern und Förstern, sowie im Fall des Beginns eines Kalendermonats, in welchem der Dienst bei einer Behörde beabsichtigtermaßen angetreten werden sollte, mit einem Sonn- oder Festtag siehe in den Ziff. 21 bis 27 GehVorschr., Beil. I.

Eine etwaige Probedienstleistung, oder eine Beschäftigung gegen Lohn oder Schreibgebühren gilt nicht als eine diätarische Beschäftigung. Dagegen ist die Zeit einer zunächst probeweise oder unter Vorbehalt des Widerrufs erfolgten Verwaltung einer etatsmäßigen Stelle durch einen Diätar als diätarische Dienstzeit anzusehen (Ziff. 29 GehVorschr., Beil. I).

Über die Berechnung des Besoldungsdienstalters der technischen und Elementarlehrer siehe die Ziff. 9 Abs. 2 GehVorschr., Beil. I.

2) „mit dem Tag der Anstellung".

Siehe hierüber oben Anm. 1 lit. c.

3) „sind die Zeitabschnitte zu rechnen".

Bezüglich der Aufrückungsfrist siehe Anm. 1 lit. a zu § 4.

4) „in der untersten Gehaltsstufe".

Bei der ersten etatsmäßigen Anstellung erhält der Beamte in der Regel das tarifmäßige Mindestgehalt. Die Möglichkeit einer Berücksichtigung der Interessen und der Ansprüche des Beamten in Fällen des Übertritts aus einer etatsmäßigen Klasse in eine andere infolge Beförderung oder Verletzung aus dienstlichen Rücksichten läßt § 9 des Gesetzes zu (zu vgl. hierzu auch die Ziff. 30 bis 38 GehVorschr., Beil. I).

Als Normalgehalt der früheren Klasse kommt hierbei derjenige Gehalt in Betracht, welcher dem Besoldungsdienstalter des Beamten an demjenigen Tage entspricht, zu welchem die Beförderung oder Versetzung erfolgt. Ist die Beförderung oder Versetzung eines Beamten im Laufe eines Kalendervierteljahrs und zu einer Zeit erfolgt, zu welcher er die für das weitere Aufsteigen im Gehalte vorgeschriebene Dienstzeit schon zurückgelegt hatte, so gilt als Normalgehalt derjenige Gehaltssatz, welcher vom ersten Tage des nächsten Kalendervierteljahrs ab für ihn zahlbar zu machen gewesen wäre (Ziff. 39 GehVorschr.).

5) „Als Tag der Anstellung gilt der Tag, von dem ab das Diensteinkommen bezogen wird".

Nach § 4 Abs. 2 RBG. beginnt der Anspruch des Beamten auf Gewährung des mit dem Amte verbundenen Diensteinkommens in Ermanglung besonderer Festsetzungen mit dem Tage des Amtsantritts, in Betreff später bewilligter Zulagen mit dem Tag der Bewilligung. Das Beamtenverhältnis mit allen Rechten und Pflichten entsteht mit der Anstellung, d. h. mit der vorbehaltslosen Annahme der Anstellungsurkunde seitens des Anzustellenden; der Anspruch auf Gewährung des Diensteinkommens entsteht entweder mit dem in der Anstellungsurkunde oder sonst besonders bezeichneten Tag, welcher vor oder nach dem Amtsantritt liegen kann, oder in Ermanglung solcher besonderer Festsetzungen mit dem Tage des Amtsantritts, sei es daß das Amt infolge erstmaliger Anstellung oder infolge einer mit Gehaltsänderung verbundenen Versetzung oder Beförderung angetreten wird (RGZ. Bd. 6 S. 107). Ist der Beamte aus Gründen, welche in seiner Person liegen, z. B. infolge körperlicher oder geistiger Krankheit, oder infolge von Abwesenheit nicht imstande seinen Dienst anzutreten, so haben weder er, noch seine Erben trotz der erfolgten Anstellung einen Anspruch auf das mit dem Amte verbundene Diensteinkommen (RGZ. Bd. 11 S. 296; Bd. 13 S. 261; Bd. 15 S. 274). Kann aber der Beamte aus Gründen, welche nicht in seiner Person liegen, z. B. auf ausdrücklichen Befehl seiner vorgesetzten Behörde oder wegen höherer Gewalt seinen Dienst nicht rechtzeitig antreten, so hat er den Anspruch auf das Diensteinkommen mit dem Tage erworben, an welchem er seinen Dienst anzutreten bereit und imstande gewesen wäre, wenn jene Umstände nicht vorgelegen wären (JW. 00 S. 141; Kanngießer S. 31).

Für die Höhe des Gehalts des einzelnen Beamten ist dessen Besoldungsdienstalter maßgebend.

Bezüglich der Gehaltsbemessung beim Übertritt von Beamten aus einer Besoldungsklasse in eine andere infolge Beförderung oder Versetzung aus dienstlichen Gründen siehe die Ziff. 30 bis 38 Geh.-Vorschr. Beil. 1; bezüglich des zugrunde zu legenden Normalgehalts siehe die Ziff. 39 bis 40 und die Sondervorschriften unter den Ziff. 41 bis 43 a. a. O.; bezüglich der Gehaltsbemessung bei Versetzungen, welche lediglich auf Antrag des Beamten erfolgen, siehe die Ziff. 44 bis 46 a. a. O.; bezüglich der Gehaltsbemessung bei Wiederanstellung einstweilig in den Ruhestand versetzter und pensionierter Beamten siehe die Ziff. 47 bis 50 a. a. O.; bezüglich der Gehaltsbemessung bei der Wiederanstellung von Beamten, welche freiwillig ausgeschieden sind, oder deren früheres Beamtenverhältnis durch Dienstentlassung gelöst worden ist, siehe die Ziff. 51 bis 52 a. a. O.; bezüglich der Gehaltsbemessung bei Versetzungen auf Grund eines Disziplinarurteils siehe die Ziff. 53 bis 55 a. a. O.; bezüglich der Gehaltsbemessung beim Übertritte von Beamten aus Stellen des Reichsdienstes, für welche Altersstufen noch fehlen und aus dem Auslandsdienst in den Inlandsdienst, aus dem preußischen unmittelbaren Staatsdienst und aus dem unmittelbaren Landesdienst von Elsaß-Lothringen, aus dem Schutzgebietsdienste, aus dem unmittelbaren Staatsdienst anderer Bundesstaaten und aus dem Kommunal- und Schuldienst siehe die Ziff. 56 bis 66 a. a. O.

6) „Bei der Festsetzung des Besoldungsdienstalters".

Bezüglich der Neufestsetzung des Besoldungsdienstalters der Beamten und der Nachzahlungen aus Anlaß des Inkrafttretens des Besoldungsgesetzes vom 15. Juli 1909 gelten im allgemeinen folgende Grundsätze:

I. Besoldungsdienstalter der Beamten, die zum oder nach dem 1. April 1908 angestellt, befördert oder im dienstlichen Interesse aus einer Besoldungsklasse in eine andere versetzt sind.

1) Daraus, daß das Besoldungsgesetz mit Rückwirkung vom 1. April 1908 in Kraft getreten ist, ergibt sich, daß das Besoldungsdienstalter aller Beamten, die seit dem 1. April 1908 angestellt, im dienstlichen Interesse versetzt oder befördert worden sind, einer Nachprüfung zu unterziehen ist. Ihr Besoldungsdienstalter ist — gleichviel ob dies zum Vorteil oder zum Schaden der Beamten gereicht — so festzusetzen, als wenn seit dem 1. April 1908 durchweg schon die neuen Gehaltssätze und die Gehaltsvorschriften vom 24. Juli 1909 bestanden hätten.

Die im dienstlichen Interesse versetzten oder beförderten Beamten sind hiernach mit dem Gehalte in die neue Besoldungsklasse einzureihen, welches ihnen nach den neuen Gehaltssätzen in der früheren Besoldungsklasse bei Anwendung der Gehaltsvorschriften vom Tage der Versetzung oder Beförderung zugestanden hätte.

In denjenigen Fällen, in welchen im Einvernehmen mit der Reichsfinanzverwaltung aus Billigkeitsrücksichten eine Vordatierung des Besoldungsdienstalters stattgefunden hat, ist zu prüfen, ob die damals maßgebend gewesenen Grundsätze auch jetzt noch eine Vordatierung angezeigt erscheinen lassen.

2. Entsprechend den zu Ziff. 1 aufgestellten Grundsätzen ist insbesondere auch in denjenigen Fällen zu verfahren, in welchen Beamte der Bundesstaaten oder Nichtbeamte seit dem 1. April 1908 in den Reichsdienst übernommen sind. Hier wird namentlich die sich etwa daraus ergebende Sachlage zu berücksichtigen sein, daß seit diesem Zeitpunkt eine Gehaltsaufbesserung in dem betreffenden Bundesstaate stattgefunden hat.

II. Besoldungsdienstalter der Beamten, die vor dem 1. April 1908 angestellt, im dienstlichen Interesse versetzt oder befördert sind.

1. Grundsätzlich erhalten die Beamten die vom 1. April 1908 ab gültigen Gehaltssätze der neuen Besoldungsordnung nach Maßgabe ihres bisherigen Besoldungsdienstalters.

2) Für diejenigen Beamten, welche bisher ein Einzelgehalt bezogen haben und nunmehr aufsteigende Gehälter erhalten, wird das Besoldungsdienstalter auf den Tag des Einrückens in ihre Stelle festgesetzt.

Das Gleiche gilt für diejenigen Beamten, die bisher aufsteigende Gehälter ohne Altersstufen bezogen und für welche nunmehr Dienstaltersstufen eingeführt sind, insbesondere also für die gesandtschaftlichen und konsularischen Beamten hinsichtlich des pensionsfähigen Gehalts.

Der Direktor des Postzeitungsamts erhält das Besoldungsdienstalter, das er als Postdirektor gehabt hat.

3) Für diejenigen Beamten, deren Anfangsgehalt in der Besoldungsordnung herabgesetzt ist, ist folgendes bestimmt:

Für die Militärbeamten, welche bisher 150 Mark mehr als die entsprechenden Zivilbeamten bezogen haben, insbesondere also für die Intendanturräte, findet eine Vordatierung aus diesem Anlasse nicht statt. Das Gleiche gilt für die Beamten der Reichseisenbahnen hinsichtlich des bisher in ihrem Gehalte liegenden Teiles des Wohnungsgeldzuschusses.

Bezüglich der im einzelnen stattfindenden Vordatierungen siehe S. 2 bis 6 der Grundsätze für die Neufestsetzung des Besoldungsdienstalters unten Beil. II.

4) Die Vorrückungen von Besoldungsdienstaltern, welche auf Grund der Herabsetzung von Anfangsgehalt erfolgen, sind bei der Festsetzung des Besoldungsdienstalters vor etwaigen Vorrückungen aus anderem Anlasse vorzunehmen.

5) Zu berücksichtigen ist sodann § 38 BesoldGes. für diejenigen Beamten, welche sich nicht mehr in der Eingangsstelle befinden und deren Besoldungsdienstalter mit Rücksicht auf die seit dem 1. April 1906 eingetretenen Besoldungsaufbesserungen festgesetzt worden ist. Diese Vorschrift bezieht sich nicht nur auf diejenigen Beamten, die aus einer nach dem 1. April 1906 aufgebesserten Klasse befördert worden sind, sondern auch auf diejenigen Beamten, deren Besoldungsdienstalter aus Billigkeitsrücksichten, um Überholungen durch dienstjüngere Amtsgenossen zu vermeiden, oder aus anderen Gründen mit Rücksicht auf Gehaltsaufbesserungen in anderen Klassen vorgerückt worden ist. Insbesondere wird also das Besoldungsdienstalter der mit Rücksicht auf die Aufbesserung der Zahlmeistergehälter vordatierten Intendantursekretäre und Bureaubeamten der Zentralbehörden einer Nachprüfung zu unterziehen sein.

In allen diesen Fällen scheidet für die Nachprüfung das bisherige Besoldungsdienstalter völlig aus. Die Beamten, die aus einer nach dem 1. April 1906 aufgebesserten Klasse befördert worden sind, erhalten dasjenige Besoldungsdienstalter, das ihnen beizulegen gewesen sein würde, wenn die für die Festsetzung maßgebenden Stellen schon zur Zeit der Aufbesserung oder bei späterer Beförderung zur Zeit der Beförderung mit den in diesem Gesetze bestimmten Gehältern ausgestattet gewesen wären. Bei denjenigen Beamten, deren Besoldungsdienstalter aus Billigkeitsrücksichten, um Überholungen durch dienstjüngere Amtsgenossen zu vermeiden, oder aus anderen Gründen mit Rücksicht auf Gehaltsaufbesserungen in anderen Klassen vorgerückt worden ist, ist von dem Besoldungsdienstalter auszugehen, das sie ohne die Vorrückung gehabt haben oder gehabt hätten, und demnächst zu prüfen, ob und inwieweit die seinerzeit für die Vorrückung maßgebend gewesenen Grundsätze eine Vorrückung notwendig erscheinen lassen.

6) Weiter zu beachten bleibt der § 39 BesoldGes., welcher Ausnahmen von der Regel zu II, 1 zur Vermeidung von Überholungen durch dienstjüngere Amtsgenossen vorsieht und nach welchem das Besoldungsdienstalter derjenigen vor dem 1. April 1908 beförderten oder im dienstlichen Interesse versetzten Beamten, welche am 1. April 1908 ein geringeres pensionsfähiges Gehalt als in der vorher von ihnen bekleideten Stelle, falls sie in dieser verblieben wären, nach den neuen Gehaltssätzen zu beziehen haben würden, oder welche in der vorher bekleideten Stelle bei dem nächsten Aufrücken eine höhere Gehaltsstufe erreicht haben würden, als dies in der neuen Stelle der Fall sein würde, so festzusetzen ist, als wenn die Beamten erst am 1. April 1908 in die neue Gehaltsklasse befördert oder versetzt wären.

Für die Beamten der höheren Laufbahn bei der Reichs-Post- und Telegraphenverwaltung ist hierbei so zu verfahren, als wenn das Anfangsgehalt der den jetzigen Ober-Postpraktikanten entsprechenden Klassen schon zur Zeit ihrer Beförderung in diese 2500 Mark betragen hätte.

7. Bei der Neufestsetzung des Besoldungsdienstalters kommt sodann in Betracht, daß die Vorschriften über Anrechnung von Militärdienstzeit bei Militär- und Zivilanwärtern, sowie die Vorschriften über Anrechnung außeretatsmäßiger Dienstzeit, insbesondere von Diätariat (§ 6 Abs. 2, 3 und 4, §§ 7 und 8 BesoldGes.) rückwirkende Kraft erhalten haben. Das Besoldungsdienstalter ist also, insoweit dies nicht bereits geschehen ist, um soweit vorzudatieren, wie dies notwendig wäre, wenn diese Vorschriften und die bezüglichen Bestimmungen aus den Gehaltsvorschriften vom 24. Juli 1909 schon zur Zeit der ersten etatsmäßigen, bezw. § 8 BesoldGes. schon zur Zeit der Überführung aus einer Unterbeamtenklasse in eine Stelle des mittleren oder des Kanzleidienstes in Geltung ge-

wesen wären. Das Besoldungsdienstalter ehemaliger Zivilanwärter kann durch Anwendung des Allerhöchsten Erlasses vom 14. Dezember 1891 (zu vgl. Ziff. 24 Abs. 2 GehVorschr.) nicht früher als auf den 1. Januar 1892 bestimmt werden.

Rückwirkende Kraft erhält auch die Bestimmung in Ziff. 24 letzter Satz der Gehaltsvorschriften, nach welcher den Unterbeamten der Post- und Telegraphenverwaltung, welche während der Vorbereitungs- und Probezeit zur Erfüllung der Militärpflicht beurlaubt werden, der noch nicht abgeleistete Teil der Vorbereitungs- und Probezeit unter Gegenrechnung eines entsprechenden Teiles der Militärdienstzeit erlassen wird, während der Rest der Militärdienstzeit wie die in das Diätariat fallende Militärdienstzeit zu behandeln ist.

Rückwirkend gilt ferner die Bestimmung in Ziff. 43 GehVorschr., nach welcher den als Intendantursekretär des Heeres zur Anstellung gelangenden nicht zivilversorgungsberechtigten Anwärtern das Besoldungsdienstalter um diejenige Militärdienstzeit bis zur Dauer eines Jahres vorzudatieren ist, welche sie über die gesetzliche hinaus bestimmungsgemäß behufs Ermöglichung ihrer Anstellung haben zurücklegen müssen (zu vgl. die Grundsätze über die Festsetzung des Besoldungsdienstalters aus Anlaß des Inkrafttretens des BesoldGes., Beil. II S. 6 bis 8).

7) „für die höheren Beamten".

Die Begriffe höhere, mittlere und Unterbeamte sind im Gesetz nicht definiert.

Im Anschluß an die Ortsklasseneinteilung für den Wohnungsgeldzuschuß kommen als höhere Beamte in Betracht die den Ortsklassen I bis III zugehörenden Beamten; die Ortsklasse V enthält nur mittlere und die Ortsklasse VI nur Unterbeamte. Der Ortsklasse III sind außerdem zugeteilt die in Expedientenstellen usw. stehenden mittleren Beamten bei den Zentralbehörden.

Bezüglich der Einteilung der Diätare in höhere, mittlere, Kanzlei- und Unterbeamten siehe die Anlage zur Diätenordnung vom 28. Juli 1909, Beil. III.

Im allgemeinen stuft sich die Anrechnung der diätarischen Dienstzeit in der Weise ab, daß sie für Beamten, welche Stellen mit höherem Anfangsgehalt versehen, in geringerem Umfange zur Anrechnung auf das Besoldungsdienstalter kommt als bei Beamten mit geringerem Anfangsgehalt.

Durch die verschiedene Anrechnung der von einem Beamten im außeretatsmäßigen Reichsbeamtenverhältnis bei dem gleichen Dienstzweige zwischen der Erlangung der Befähigung zur Bekleidung des Amtes und der ersten etatsmäßigen Anstellung verbrachten Dienstzeit (diätarische Dienstzeit) soll die Verschiedenheit in den Wartezeiten bis zur ersten Anstellung, welche sich aus mancherlei Ursachen sowohl bei den gleichartigen Beamten der verschiedenen

Verwaltungen, als auch bei den nicht durch den ganzen Staat rangierenden Beamten derselben Verwaltung in den einzelnen Verwaltungsbezirken findet im wesentlichen ausgeglichen werden.

Eine Anrechnung diätarischer Beschäftigung kommt aber nur insoweit in Frage, als die etatsmäßige Anstellung durch den Mangel an offenen Stellen oder durch sonstige, von dem Zutun des Beamten unabhängige Gründe verzögert worden ist. Demnach sind auch Verzögerungen der etatsmäßigen Anstellung infolge des Vorrechts der vormaligen Unteroffiziere mit mindestens achtjähriger Militärdienstzeit gegenüber den nicht vorzugsberechtigten Militäranwärtern und Inhabern des Anstellungsscheins und den nicht anstellungsberechtigten Anwärtern (§ 22 Abs. 1 bis 3 der Anstellungsgrundsätze für Militäranwärter) zu berücksichtigen. Eine Anrechnung ist dagegen ausgeschlossen für die Zeit, um welche sich die etatsmäßige Anstellung infolge unzureichender Befähigung oder aus anderen allein in der Person des Beamten beruhenden Ursachen verzögert hat (Ziff. 22 GehVorschr., Beil. I).

8) „bei dem gleichen Dienstzweige".

Eine Petition von diätarisch beschäftigten Reichsbeamten wies daraufhin, daß durch die Beschränkung „bei dem gleichen Dienstzweig" Unbilligkeiten eintreten können für die aus bundesstaatlichem Dienst kommenden Diätare. Ein Diätar, welcher aus dem preußischen Eisenbahn- oder Justizdienst in den Reichsdienst eintrete, nachdem er vielleicht 3—4 Jahre im einzelstaatlichen Dienst Diätar gewesen sei, bleibe noch mehrere Jahre Diätar im Reichsdienst. Neu solle ihm nur die Zeit im gleichen Dienstzweig angerechnet werden. Daraus könnten Härten entstehen.

Von anderer Seite wurde geltend gemacht, daß, wenn das Diätariat im Bundesstaat beim Übertritt in den Reichsdienst nicht angerechnet werde, der Anreiz für den Übertritt aus Preußen in den Reichsdienst wegfalle, weil dort die Gehälter die gleichen seien. Es sei daher angezeigt, daß die Diätariatszeit im bundesstaatlichen Dienst in Anrechnung gebracht werde. Hierauf entgegnete ein Kommissar des Bundesrats, daß durchaus nicht die Absicht bestehe, die Beamten, welche aus den Bundesstaaten übertreten, schlechter zu stellen. Die Verhältnisse in den einzelnen Bundesstaaten seien aber so verschieden, daß sich schwer eine generelle Regelung treffen lassen werde. Die Regelung müsse durch Kaiserliche Verordnung erfolgen. Er bitte es bei den Beschlüssen der Kommission zu belassen und zu vertrauen, daß die Verwaltung allen billigen Wünschen Rechnung tragen werde (KommBer. S. 150). Bezüglich der Anrechnung diätarischer Dienstzeit im Fall des Übertritts eines außeretatsmäßigen Beamten aus dem unmittelbaren preußischen Staatsdienst oder aus dem unmittelbaren Landesdienst von Elsaß-Lothringen in eine außeretatsmäßige Stelle des Reichsdienstes siehe Ziff. 60 GehVorschr., Beil. I.

Diätarische Beschäftigung in einem anderen Dienstzweige derselben Verwaltung darf nur mit Genehmigung der Obersten Reichsbehörde, diätarische Beschäftigung in Dienstzweigen anderer Verwaltungen nur mit Genehmigung der Obersten Reichsbehörde unter Beteiligung der Reichsfinanzverwaltung angerechnet werden. Ihre Anrechnung ist ausgeschlossen, wenn der Übertritt in die neue Anwärterklasse für den Beamten mit Vorteilen im Gehaltsbezuge bei der etatsmäßigen Anstellung verbunden ist. Als Vorteil im Gehaltsbezug ist es auch anzusehen, wenn der Anwärter bei der ersten etatsmäßigen Anstellung zwar kein höheres Gehalt erhält, als er in dem Dienstzweige, dem er früher angehörte, erhalten haben würde, wohl aber die Aussicht erlangt, in kürzerer Zeit im Gehalt aufzusteigen oder ein höheres Höchstgehalt zu erreichen (Ziff. 23 a. a. O.).

Die Bezüge der Reichsbeamten von der erlangten Befähigung zur Bekleidung des Amtes bis zur etatsmäßigen Anstellung sind nach Dienstaltersstufen geregelt; die Diätensätze und die Aufrückungsfristen sind in der Anlage zur Diätenordnung vom 28. Juli 1909 (Beil. III) geregelt. In dieser Anlage sind die Diätare in 4 Beamtengruppen eingeteilt: in höhere und mittlere Beamte, und in Kanzlei- und Unterbeamte. Über die in der Anlage zur Diätenordnung angegebenen Sätze kann nur bei höheren und mittleren technischen Beamten mit Zustimmung der Reichsfinanzverwaltung dann hinausgegangen werden, wenn sich bei den festgesetzten Bezügen nicht genügend Anwärter melden. Die Diätenordnung erstreckt sich also nicht auf Fälle, in denen etatsmäßig angestellte Beamte in anderen Stellen diätarisch beschäftigt werden. Hier wird grundsätzlich das Gehalt einschließlich des Wohnungsgeldzuschusses der etatsmäßigen Stelle gewährt. Wie weit darüber hinaus noch Tagegelder gezahlt werden müssen oder können, bestimmt für die Reichsbeamten § 3 der Allerhöchsten Verordnung vom 25. Juni 1901. Dieser Bestimmung entsprechend ist bei bundesstaatlichen Beamten, die im Reichsdienste diätarisch beschäftigt werden, zu verfahren. Bei Beschäftigung in den Ministerien und Obersten Reichsbehörden kann denjenigen höheren und Bureaubeamten, die am Orte der Beschäftigung ihren dienstlichen Wohnsitz haben, eine Zulage gezahlt werden (Ministerialzulage).

Die Dienstalterszulagen sind bis zur Erreichung des Höchstbetrags stets vom Beginne desjenigen Kalendermonats ab zu bewilligen, an dessen erstem Tage die Beamten sich ein volles Jahr oder die sonst in der Anlage angegebene Frist in einer Diätenstufe befunden haben. Kein Diätar besitzt auf Diätenerhöhung Anspruch. Die Zulagen werden nur dann bewilligt, wenn der Diätar nach seinen bisherigen dienstlichen Leistungen und seinem gesamten Verhalten einer solchen Berücksichtigung würdig ist.

Bezüglich des Beginns des Diätariats, der Bezüge der nichtetatsmäßigen Landesbeamten der Schutzgebiete und über die Abwendung von Gehaltseinbußen bei Versetzungen der Diätare siehe die Ziff. 3b, 4 und 7 der Diätenordnung, Beil. III, und Ziff. 25 GehVorschr., Beil. I.

9) Die Bestimmungen über die Anrechnung diätarischer Dienstzeit finden dergestalt mit rückwirkender Kraft Anwendung, daß das Besoldungsdienstalter im Fall der Anstellung auf einer etatsmäßigen Stelle insoweit vordatiert wird, als eine Vordatierung erfolgt wäre, wenn diese Bestimmungen schon zur Zeit der ersten etatsmäßigen Anstellung der Beamten in Geltung gewesen wären (zu vgl. § 41 BesoldGes.).

10) Bezüglich des Beginns des Diätariendienstalters bei den in der Post- und Telegraphenverwaltung als Post- und Telegraphenbeamten angenommenen Beamten siehe Ziff. 25a GehVorschr., Beil. I.

Die Post- und Telegraphengehilfinnen beziehen Taggelder in der in der Anlage zur Diätenordnung B Ziff. 20 abgestuften Höhe.

11) „kommt unbeschränkt in Anrechnung".

Dies gilt auch für diejenige Dienstzeit, welche pensionierte, oder freiwillig — sei es aus dem Reichsdienst überhaupt, sei es nur aus einer Etatsstelle — ausgeschiedene Beamte nach dem Wiedereintritt in den Reichsdienst, oder nach dem Übertritt in einen anderen Dienstzweig im diätarischen Verhältnis daselbst zurückgelegt haben (Ziff. 21 Abs. 3 GehVorschr., Beil. I).

12) „Bei den Landbriefträgern".

Bezüglich der Festsetzung des Besoldungsdienstalters im Fall des Übertritts der etatsmäßigen Landbriefträger in die Schaffnerklasse siehe die Ziff. 33 GehVorschr., Beil. I (zu vgl. auch Ziff. 21 Abs. 4 GehVorschr., Beil. I).

13) Zu vgl. auch die Ziff. 9 Abs. 2 GehVorschr. (Beil. I).

14) Bezüglich des Beginns der diätarischen Dienstzeit in Fällen, in welchen der Dienstantritt deswegen verspätet erfolgte, weil der erste oder auch noch der zweite Tag des Monats auf einen Sonn- oder Festtag fiel siehe Ziff. 28 GehVorschr. (Beil. I).

§ 7.[1])

Den Militäranwärtern,[2]) die neun Jahre und darüber im Heere oder in der Marine gedient haben,[3]) wird bei der ersten etatsmäßigen Anstellung die Militär- und Marinedienstzeit

a) soweit diese und die nachfolgende Zivildienstzeit[4]) zwölf Jahre übersteigt, bis zu drei Jahren, mindestens jedoch mit einem Jahre,

b) soweit die Militär- und Marinedienstzeit und die nachfolgende Zivildienstzeit zwölf Jahre nicht übersteigt, mit einem Jahre

auf das Besoldungsdienstalter angerechnet.[5])

Den Militäranwärtern, die weniger als neun Jahre im Heere und in der Marine gedient haben, wird die tatsächlich abgeleistete Dienstzeit bei der ersten etatsmäßigen Anstellung als mittlere Beamte oder Kanzleibeamte bis zur Dauer eines Jahres auf das Besoldungsdienstalter angerechnet.[6])

Die vor dem vollendeten 17. Lebensjahre liegende Militär- und Marinedienstzeit bleibt außer Betracht.[7])[8])[9])

1) Der Kommissionsbericht zu dem Entwurf des Besoldungsgesetzes führt zu § 7 aus, daß bei der Regelung der Anrechnung von Militärdienstzeit auf das Besoldungsdienstalter dem Gesichtspunkt Rechnung getragen sei, daß die Militärnawärter unter normalen Verhältnissen nicht zu spät in den Genuß des Höchstgehalts gelangen. Dieser Gesichtspunkt weise ohne weiteres darauf hin, die Anrechnung der Militärdienstzeit mit der Berücksichtigung des Diätariats und der Vorbereitungszeit zu verbinden. Denn es sei für den Militäranwärter gleichgültig, ob der Militärdienst oder die Vorbereitung für die etatsmäßige Anstellung den Anlaß zu der verspäteten Einrückung in das Höchstgehalt gebe. Unter normalen Verhältnissen gelange der Militäranwärter mit 12 Jahren, also etwa mit dem 31. oder 32. Lebensjahre in den Besitz des Zivilversorgungsscheins. Werde nun die darüber hinausgehende Zeit bei Festsetzung des Besoldungsdienstalters bis zu 3 Jahren in Anrechnung gebracht, so rücke der Militäranwärter in der Regel, da die Aufrückungsfrist in der ersten etatsmäßigen Stelle grundsätzlich auf 21 Jahre bemessen sei, mit etwa 52 bis 53 Jahren in den Genuß des Höchstgehalts. Bei den Zivilanwärtern gestalte sich die Sache so, daß sie nach einer drei- bis vierjährigen Vorbereitungszeit, einem Militärdienstjahr und 5 Jahren Diätariat durchschnittlich zur ersten etatsmäßigen Anstellung gelangen. Hiernach sei zuzugeben, daß die Zivilanwärter durchschnittlich 3 Jahre früher zum Höchstgehalt gelangen, als die Militäranwärter. Dies könne aber nur durchaus als billig bezeichnet werden und zwar mit Rücksicht auf die wesentlichen Vorteile, welche die Laufbahn der Militäranwärter vor derjenigen der Zivilanwärter mit sich bringe. Als solche Vorteile seien zu erwähnen: die Vorbereitung beim Militär auf Kosten des Reichs, während der Zivilanwärter sich während der Vorbereitungszeit zum größten Teile selbst unterhalten müsse, der sofortige Bezug von Diäten bei Übernahme in den Zivildienst, die erleichterten Annahme- und Prüfungsbedingungen, die dem Militäranwärter zustehende Dienstprämie von 1000 Mark, der Bezug der Militärrente neben dem Diensteinkommen und schließlich das Alternat bei Beförderungen.

Wollte man alle diese Begünstigungen unberücksichtigt lassen, und eine Regelung treffen, welche die Militäranwärter das Höchstgehalt grundsätzlich in dem gleichen Lebensalter und mit erheblich geringerem Zivildienstalter als die Zivilanwärter erreichen lasse, so würde man damit eine Ungerechtigkeit gegenüber den Zivilanwärtern begehen (KommBer. S. 15).

2) „den Militäranwärtern".

Bestimmte mittlere, Kanzlei- und Unterbeamtenstellen bei den Reichsbehörden sind den Militäranwärtern ganz oder zum Teil vorbehalten (vgl. hierzu MannschaftsversGes. vom 31. Mai 1906 (RGBl. S. 593), §§ 15—23, 49, 63 und § 4 der VO. über die Rechtsverhältnisse der Landespolizei in Deutsch-Südwestafrika vom 4. Oktober 1907. Die Grundsätze über die Besetzung dieser Stellen sind im RZBl. 1907 S. 309—312 enthalten; diese Grundsätze haben den Charakter einer Rechtsverordnung (RGZ. 40₆₈, 48₈₄). Das neueste Verzeichnis der den Militäranwärtern und Inhabern von Anstellungsscheinen im Reichsdienst vorbehaltenen Stellen ist als Anlage F zu den genannten Grundsätzen im RZBl. 1907 S. 331 bis 335, das neueste Verzeichnis der Behörden, welche hierbei als Anstellungsbehörden anzusehen sind, im RZBl. 1907 S. 242—254 veröffentlicht.

Als Militäranwärter sind nicht anzusehen diejenigen Personen, welche nach § 10 der Anstellungsgrundsätze vom 20. Juni 1907 und den hierzu ergangenen besonderen Bestimmungen zu den den Militäranwärtern vorbehaltenen Stellen zugelassen werden können oder zuzulassen sind. Bei den im Zivildienste zur etatsmäßigen Anstellung kommenden verabschiedeten Offizieren und Deckoffizieren, denen beim Ausscheiden aus dem aktiven Dienste die Aussicht auf Anstellung im Zivildienste verliehen worden ist, findet daher eine Anrechnung von Militärdienstzeit auf das Besoldungsdienstalter grundsätzlich nicht statt (vgl. aber Ziff. 42 der GehVorschr., Beil. I), ebensowenig bei den Forstversorgungsberechtigten und den Inhabern der Anstellungsbescheinigung. Ferner gelten nicht als Militäranwärter die Inhaber des Anstellungsscheins (§ 17 MannschaftsversGes. vom 31. Mai 1906). Dagegen sind die früheren Angehörigen des Zeug-, Feuerwerks-, Torpeder- und Festungsbaupersonals, die Schirrmeister, die ehemaligen Registratoren bei den Generalkommandos, den Marine-Stationskommandos, der Inspektion des Bildungswesens der Marine und beim Flottenstabe, sowie die im Range der Unteroffiziere stehenden Verwalter des Kadettenkorps, sofern sie den Zivilversorgungsschein besitzen, auch dann als Militäranwärter anzusehen, wenn sie eine gemäß § 91 MilitärpensGes. vom 27. Juni 1871 (RGBl. S. 275) bezw. Art. 16 des Abänderungsgesetzes vom 22. Mai 1893 (RGBl. S. 171) nach den Bestimmungen des Reichsbeamtengesetzes berechnete Pension beziehen. Den Registratoren bei den Generalkommandos gleichzurechnen sind die Registratoren bei den Generalinspektionen der Kavallerie, der Fußartillerie sowie des Ingenieur- und Pionierkorps und der Festungen, bei den Inspektionen der Feldartillerie und der Verkehrstruppen, bei dem Gouvernement Berlin, sowie bei den Kommandanturen Berlin, Potsdam und Dresden.

Bezüglich der Sondervorschriften für die Gehaltsbemessung der vorgenannten Registratoren im Fall ihrer Anstellung als Intendantur-Registratoren siehe die Anm. 2 zu § 9.

Bezüglich der allgemeinen Grundsätze für die Besetzung der mittleren, Kanzlei- und Unterbeamtenstellen bei den Reichs-, Staats- und Kommunalbehörden siehe unten Anm. 1 zu § 40 Besold.-Ges.

3) Dem Militärdienst steht gleich der Dienst bei den kaiserlichen Schutztruppen, ferner bei den Polizeitruppen, sowie als Grenz- und Zollaufsichtsbeamter in den Schutzgebieten (Ziff. 17 GehVorschr., Beil. I).

4) „und die nachfolgende Zivildienstzeit".

Als Zivildienstzeit ist anzusehen die Zeit einer nach dem Ausscheiden aus dem Heere oder der Marine erfolgten informatorischen Beschäftigung, die Zeit des nach dem Ausscheiden aus dem Heere oder der Marine abgeleisteten Probedienstes (§ 19 der Anstellungsgrundsätze vom 20. Juni 1907), sowie eine diätarische Dienstzeit, in allen diesen Fällen jedoch nur dann, wenn die Dienstzeiten in demjenigen Verwaltungszweig, in dem die etatsmäßige Anstellung erfolgt, behufs ihrer Erlangung zurückgelegt sind. Mit Genehmigung der Obersten Reichsbehörde können indessen auch informatorische Beschäftigung, Probedienstzeit und diätarische Dienstzeit in einem anderen Dienstzweige derselben Verwaltung oder in einer anderen Verwaltung berücksichtigt werden.

Außer Betracht bleibt die Zeit, während welcher die etatsmäßige Anstellung wegen unzureichender Befähigung des Militäranwärters oder aus anderen in seiner Person beruhenden Ursachen ausgesetzt worden ist (Ziff. 14 GehVorschr., Beil. I).

Zu Ziff. 14 der Geh. Vorschr. siehe die näheren Bestimmungen: ArmeeVerordnBl. 1909 Nr. 16 S. 226 II Ziff. 14 lit. a bis g, des SächsVerordnBl. 1909 Nr. 25 S. 144, BayerVerordnBl. 1909 Nr. 31 S. 454 Ziff. 14 lit. a bis g, WürttMilitärVerordnBl. 1909 Nr. 29 S. 189 Ziff. 12 lit. a bis f.

5) „die Militär- und Marinedienstzeit wird auf das Besoldungsdienstalter angerechnet".

Die Bestimmungen über die erweiterte Anrechnung von Militärdienstzeit auf das Besoldungsdienstalter ehemaliger Militäranwärter (§§ 7 und 8 BesoldGes. und Ziff. 14 bis 20 GehVorschr.) finden dergestalt mit rückwirkender Kraft Anwendung, daß das Besoldungsdienstalter insoweit vordatiert wird, als eine Vordatierung erfolgt wäre, wenn diese Bestimmung schon zur Zeit der ersten etatsmäßigen Anstellung der Beamten oder ihrer Überführung aus einer Unterbeamtenstelle in eine Stelle des mittleren Dienstes oder des Kanzleidienstes in Geltung gewesen wären (zu vgl. §§ 40 und 41 BesoldGes.). Hierbei macht es keinen Unterschied, ob die Anstellung des Militäranwärters in einer dieser Klasse vorbehaltenen, oder in einer anderen Stelle erfolgt. Dagegen findet eine Anrechnung von Militärdienstzeit nicht statt:

A. bei Inhabern des Zivilversorgungsscheins, welche

a) schon vor dem Eintritt in das Heer oder in die Marine als Zivilanwärter bei einer Behörde beschäftigt waren, nach dem Ausscheiden aus dem Heere oder der Marine wieder in ihr früheres Dienstverhältnis zurückgetreten sind und demnächst gemäß der auf diesem Wege — vor oder nach Erlangung des Zivilversorgungsscheins — erworbenen Anwartschaft als Zivilanwärter etatsmäßig angestellt werden, oder

b) erst nach dem Ausscheiden aus dem Heere oder der Marine, aber bevor sie den Zivilversorgungsschein besaßen, als Zivilanwärter angenommen worden sind und demnächst gemäß der auf diesem Wege — vor oder nach der Erlangung des Zivilversorgungsscheins — erworbenen Anwartschaft als Zivilanwärter etatsmäßig angestellt werden, oder

c) erst nach dem Ausscheiden aus dem Heere oder der Marine und nach der Erlangung des Zivilversorgungsscheins für eine Laufbahn, deren Stellen zum Teil den Militäranwärtern vorbehalten sind, nicht nach den Anstellungsgrundsätzen für Militäranwärter, sondern auf ihren Wunsch unter den für Zivilanwärter vorgeschriebenen Bedingungen angenommen worden sind und demnächst auch als Zivilanwärter etatsmäßig angestellt werden;

B. bei solchen ehemaligen Militäranwärtern, die als etatsmäßige Beamte bereits pensioniert waren und von neuem etatsmäßig angestellt werden.

Die Anrechnung der aktiven Militärdienstzeit auf das Besoldungsdienstalter nach Maßgabe der vorstehenden Grundsätze findet auch statt, wenn eine etatsmäßige Stelle ohne Pension aufgegeben ist und demnächst eine anderweite etatsmäßige Anstellung auf Grund des Zivilversorgungsscheins erfolgt, ohne daß das Besoldungsdienstalter nach Maßgabe des früher bezogenen Gehalts bestimmt wird (Ziff. 18 und 19 GehVorschr., Beil. I).

6) Zu vergl. auch § 8 des BesGes. u. die Ziff. 20 der Gehaltsordnung (Beilage I).

7) „Die vor dem vollendeten 17. Lebensjahre liegende Militär- und Marinedienstzeit". Eine solche Dienstzeit kann in Betracht kommen bei jungen Leuten, welche in die Unteroffiziersvorschulen eingetreten sind.

8) Bezüglich der Anrechnung der diätarischen Dienstzeit neben der Anrechnung der Militärdienstzeit bei Militär- und Zivilanwärtern siehe unten Anm. 4 zu § 8 und Ziff. 24 GehVorschr., Beil. I.

9) Nach § 46 Ziff. 3 RBeamtGes. kommt bei Berechnung der Dienstzeit anläßlich der Pensionierung eines Beamten auch die Zeit zur Anrechnung, während welcher ein Beamter als anstellungs-

berechtigte ehemalige Militärperson nur vorläufig oder auf Probe im Zivildienst des Reichs, eines Bundesstaats oder der Regierung eines zu einem Bundesstaat gehörigen Gebiets beschäftigt worden ist, und zwar ist den Militäranwärtern eine solche widerrufliche Beschäftigung oder Probezeit auch dann als Dienstzeit anzurechnen, wenn sie damals überhaupt noch nicht angestellt, also in ein Beamtenverhältnis überhaupt noch nicht eingetreten waren. Ferner hat der Bundesrat durch Beschluß vom 6. Dezember 1873 den Reichskanzler ermächtigt, bei der Pensionierung den aus der Klasse der Militäranwärter hervorgegangenen Reichsbeamten die Zeit anzurechnen, während der sie sich im Inland im Gemeinde-, Kirchen- oder Schuldienst befunden haben, wenn ein solcher Dienst nicht bloß in einer nebenamtlichen Beschäftigung bestanden hat, ihre Bedürftigkeit bescheinigt und ihr ganzes Verhalten in und außer dem Amte pflichttreu gewesen ist.

§ 8.

Werden Unterbeamte[1]) aus der Klasse der ehemaligen Militäranwärter als mittlere Beamte oder Kanzleibeamte angestellt, so findet eine Anrechnung der Militär- und Marinedienstzeit insoweit statt, als nicht schon die bei der Anstellung als Unterbeamte stattgehabte Anrechnung zu einer gleichen Verbesserung des Diensteinkommens in der neuen Klasse führt.[2])[3])[4])

1) „Werden Unterbeamte".
Gemeint sind aktive und pensionierte.

2) „findet eine Anrechnung der Militär- und Marinedienstzeit insoweit statt".
Bezüglich der Art der Anwendung der Bestimmungen über die erweiterte Anrechnung von Militärdienstzeit auf das Besoldungsdienstalter ehemaliger Militäranwärter siehe oben Anm. 5 zu § 7.
Den Militäranwärtern, welche weniger als neun Jahre im Heere und in der Marine gedient haben, wird die tatsächlich abgeleistete Dienstzeit bei der ersten etatsmäßigen Anstellung als mittlere Beamte oder als Kanzleibeamte bis zur Dauer eines Jahres auf das Besoldungsdienstalter angerechnet (Ziff. 15 GehVorschr., Beil. I).

3) Zu vgl. auch die Ziff. 20 GehVorschr., Beil. I.

4) Bei der Neufestsetzung des Besoldungsdienstalters kommt in Betracht, daß die Vorschriften über Anrechnung von Militärdienstzeit bei Militär- und Zivilanwärtern, sowie die Vorschriften über Anrechnung außeretatsmäßiger Dienstzeit, insbesondere von Diätariat rückwirkende Kraft erhalten haben; das Besoldungsdienstalter ist also, insoweit dies nicht schon geschehen ist, um soweit vorzudatieren, wie dies notwendig wäre, wenn die bezüglichen Be-

stimmungen des Besoldungsgesetzes und der Gehaltsvorschriften vom 24. Juli 1909 schon zur Zeit der ersten etatsmäßigen, bezw. § 8 BesoldGes. schon zur Zeit der Überführung aus einer Unterbeamtenklasse in eine Stelle des mittleren oder des Kanzleidienstes in Geltung gewesen wären.

Das Besoldungsdienstalter ehemaliger Zivilanwärter kann durch Anwendung des Allerhöchsten Erlasses vom 14. Dezember 1891 (vgl. Ziff. 24 Abs. 2 GehVorschr., Beil. I) nicht früher als auf den 1. Januar 1892 bestimmt werden.

Bei Militäranwärtern erfolgt die Anrechnung der diätarischen Dienstzeit neben der Anrechnung von Militärdienstzeit.

Zivilanwärtern wird bei Berechnung der zu berücksichtigenden diätarischen Dienstzeit auch diejenige Dienstzeit bis zur Dauer eines Jahres angerechnet, um welche das Diätarendienstalter durch Anrechnung von Militärdienstzeit nach Ziff. 1 und 2 der Bestimmungen, betreffend die Anrechnung der Militärdienstzeit auf das Dienstalter der Zivilbeamten, vom 14. Dezember 1891*) vorgerückt worden ist. In gleicher Weise wird, wenn und insoweit der Zivilanwärter der Militärpflicht erst nach Beginn der diätarischen Dienstzeit genügt hat, die Zeit des gesetzlichen Militärdienstes in die diätarische Dienstzeit eingerechnet. Zu berücksichtigen bleibt hier ferner die Vorschrift, daß den Unterbeamten der Post- und Telegraphenverwaltung, welche während der Vorbereitungs- und Probezeit zur Erfüllung der Militärpflicht beurlaubt werden, der noch nicht abgeleistete Teil der Vorbereitungs- und Probezeit unter Gegenrechnung eines entsprechenden Teiles der Militärdienstzeit erlassen wird, während der Rest der Militärdienstzeit wie die in das Diätariat fallende Militärdienstzeit zu behandeln ist.

Die Bestimmung bezüglich der Unterbeamten der Post- und Telegraphenverwaltung im letzten Satz hat rückwirkende Kraft (zu vgl. II Ziff. 7 Abs. 2 der Grundsätze für die Neufestsetzung des Besoldungsdienstalters, Beil. II).

*) Ziffer 1 und 2 des Allerhöchsten Erlasses vom 14. Dezember 1891 lautet:

1) Den höheren Beamten, bei denen die Fähigkeit zur Bekleidung ihres Amtes von dem Bestehen einer Prüfung abhängig ist, wird bei Bestimmung des Dienstalters, sofern dieselbe gemäß dem Zeitpunkte des Bestehens der Prüfung zu erfolgen hat, die Zeit, welche sie während ihrer Studienzeit oder ihres Vorbereitungsdienstes in Erfüllung der aktiven Dienstpflicht im stehenden Heere oder in der Flotte gedient haben, insoweit in Anrechnung gebracht, als infolge der Erfüllung der aktiven Dienstpflicht die Ablegung der bezeichneten Prüfung später stattgefunden hat.

2) Den Subalternbeamten wird bei Feststellung des Dienstalters, welches für ihre Berufung zur ersten etatsmäßigen Anstellung in Betracht kommt, die Zeit, welche sie während ihrer Ausbildungs- oder Vorbereitungszeit in Erfüllung der aktiven Dienstpflicht im stehenden Heere oder in der Marine gedient haben, bis zum Höchstbetrage eines Jahres insoweit in Anrechnung gebracht, als sie infolge der Erfüllung der Dienstpflicht die Befähigung zur Bekleidung des betreffenden Amtes später erlangt haben.

§ 9.[1])

Beim Übertritte der Beamten aus einer etatsmäßigen Klasse in eine andere infolge Beförderung oder infolge Versetzung aus dienstlichen Rücksichten[2])[3]) — wozu auch Versetzungen aus Anlaß von Verwaltungsänderungen, dagegen nicht die wegen unbefriedigenden Verhaltens erfolgten Versetzungen[4]) zu rechnen sind — soll[5]) das Besoldungsdienstalter für die neue Klasse, sofern nicht deren Anfangsgehalt höher ist, als der Gehaltssatz, welchen der Beamte in der alten Klasse zur Zeit des Übertritts bezieht oder beim nächsten normalmäßigen Aufsteigen erreicht haben würde, wie folgt festgesetzt werden: Der Beamte tritt sogleich in die seinem Normalgehalt[6]) in der früheren Klasse entsprechende Gehaltsstufe der neuen Klasse oder, wenn ein diesem Gehalt entsprechender Gehaltssatz in der neuen Klasse nicht besteht, in die nächsthöhere Stufe ein. Er verbleibt in ihr die volle für das weitere Aufsteigen im Gehalte vorgeschriebene Zeit.[7]) Wäre er jedoch in der früheren Klasse bereits vor Ablauf dieser Zeit in die nächsthöhere Gehaltsstufe aufgestiegen und damit in den Bezug eines Gehalts gelangt, welches über das ihm in der neuen Klasse gewährte hinausgeht, so steigt er in letzterer bereits zu derjenigen Zeit in die nächsthöhere Gehaltsstufe, zu welcher er in der früheren Klasse aufgestiegen sein würde. Eine weitere Berücksichtigung der beim Verbleiben in der bisherigen Klasse erreichbar gewesenen Bezüge findet nicht statt.[8])

1) Bei der Kommissionsberatung wurde darauf aufmerksam gemacht, daß nicht bei allen Verwaltungen die gleiche Praxis in Bezug auf die Berechnung des Besoldungsdienstalters beim Übertritt eines Beamten aus einer etatsmäßigen Klasse in eine andere geübt zu werden scheine. Beim Proviantamt finde eine besondere Art der Berechnung statt. Dort könne unter Umständen ein Überspringen einer ganzen Gehaltsstufe vorkommen. Eine gleichmäßige Behandlung für alle Verwaltungen sei wünschenswert. Die Jahre, welche über drei hinaus auf einer Gehaltsstufe zugebracht seien, sollten bis zu 3 Jahren eingerechnet werden. Der finanzielle Effekt werde nicht schwerwiegend sein. Ein Kommissar des Bundesrats bemerkte hiezu, daß ein Beamter, wenn er das Höchstgehalt seiner Stufe erreicht habe und befördert werde und wenn der Höchstsatz, den er beziehe, ebenso hoch sei wie der Gehaltssatz in der Beförderungsstelle, nach den bestehenden Grundsätzen noch drei Jahre auf diesem Satz stehen bleiben müsse. Die Folge könne sein, daß ein

solcher Beamter weit länger als drei Jahre auf dem einen Gehaltssatz stehen bleibe. Das sei aber keine Härte. Unter dem früheren Besoldungssystem hätte jeder Beamte mit dem untersten Gehaltssatze anfangen müssen, wodurch oft bedeutende Gehaltsverluste eingetreten seien. Das neue System habe lediglich den Zweck, jemanden vor Schaden zu bewahren. (Komm.Ber S. 152.)

2) „Beim Übertritt der Beamten aus einer etatsmäßigen Klasse in eine andere infolge Beförderung usw."

Beim Übertritte der Beamten aus einer etatsmäßigen Klasse in eine andere infolge Beförderung oder infolge Versetzung aus dienstlichen Rücksichten — wozu auch Versetzungen aus Anlaß von Verwaltungsänderungen, dagegen nicht die wegen unbefriedigenden Verhaltens erfolgten Versetzungen zu rechnen sind — ist das Besoldungsdienstalter für die neue Klasse — sofern nicht deren Anfangsgehalt höher ist als der Gehaltssatz, welchen der Beamte in der alten Klasse zur Zeit des Übertritts bezieht oder beim nächsten normalmäßigen Aufsteigen erreicht haben würde — wie folgt festzusetzen: Der Beamte tritt sogleich in die seinem Normalgehalte, als welches dasjenige Gehalt zu verstehen ist, welches dem Besoldungsdienstalter des Beamten an demjenigen Tage entspricht, zu welchem die Beförderung erfolgt ist, in der früheren Klasse entsprechende Gehaltsstufe der neuen Klasse, oder wenn ein diesem Gehalt entsprechender Gehaltssatz in der neuen Klasse nicht besteht, in die nächsthöhere Stufe ein. Er verbleibt in ihr die volle für das weitere Aufsteigen im Gehalte vorgeschriebene Zeit. Wäre er jedoch in der früheren Klasse bereits vor Ablauf dieser Zeit in die nächsthöhere Gehaltsstufe aufgestiegen und damit in den Bezug eines Gehalts gelangt, welches über das ihm in der neuen Klasse gewährte hinausgeht, so steigt er in letzterer bereits zu derjenigen Zeit in die nächsthöhere Gehaltsstufe auf, zu welcher er in der früheren Klasse aufgestiegen sein würde. Eine weitere Berücksichtigung der beim Verbleiben in der bisherigen Klasse erreichbar gewesenen Bezüge findet nicht statt.

Bezog der Beamte in der früheren Klasse nach seinem Besoldungsdienstalter bereits das Höchstgehalt, so hat er in der Stufe, in welche er (Ziffer 30 GehVorschr.) eintritt, stets die volle für das weitere Aufsteigen im Gehalte vorgeschriebene Zeit zuzubringen.

Bezog der Beamte in der früheren Klasse ein höheres als das Normalgehalt, und ist aus diesem Grunde das sich nach Ziffer 30 GehVorschr. ergebende Gehalt der neuen Stelle niedriger als sein bisheriges Gehalt, so ist ihm letzteres so lange zu belassen, bis er in eine gleich hohe oder höhere Gehaltsstufe aufsteigt.

Hat zu einer im Interesse des Dienstes erfolgenden Versetzung eines Beamten dessen unbefriedigendes Verhalten Anlaß gegeben und kommt bei der Gehaltsbemessung in der neuen Klasse die Anrechnung früherer Dienstzeit in Frage, so ist die Entscheidung der obersten Reichsbehörde einzuholen. Zu vergleichen die Ziffern 30, 31, 35 und 36 der Gehaltsvorschriften, Beilage I.

Ausnahmen von den Grundsätzen in den Ziffern 30 und 31 GehVorschr. bestehen bezüglich der Landbriefträger, welche in die Schaffnerklasse übertreten, sowie bei einzelnen aufsteigenden Gruppen der Heeres- und Marineverwaltung, welchen, sofern es für die Beamten günstiger ist, die Vordienstzeit anzurechnen und das Besoldungsdienstalter auf denjenigen Tag festzusetzen ist, an welchem die Beamten die in den Gehaltsvorschriften bezeichnete Vordienstzeit zurückgelegt hatten. Nähere Bestimmungen bezüglich dieser Ausnahmen siehe in den Ziff. 33 und 34 GehVorschr., Beil. I.

Bei der Berechnung des Gehalts der neuen Klasse haben folgende Bestimmungen zur Anwendung zu kommen:

Der Wohnungsgeldzuschuß sowie Funktions- und andere Zulagen und etwaige Nebenbezüge sind, auch wenn sie pensionsfähig sind, außer Berechnung zu lassen.

Dem anrechnungsfähigen Gehalte hinzuzurechnen sind jedoch bei einer Versetzung aus einer Stelle mit Zulage in eine solche ohne Zulage:

a) die pensionsfähigen Besoldungszuschüsse der Abteilungschefs in den Kriegsministerien und dem Reichs-Marine-Amte sowie die pensionsfähigen Zulagen für Ober-Intendanturräte, für Betriebsdirektoren für Schiffbau, Maschinenbau und Hafenbau, für Oberpostträte und für Oberräte bei der Betriebsverwaltung der Eisenbahnen,

b) die in der Besoldungsordnung aufgeführten pensionsfähigen Zulagen von 600 M für Beamte der Besoldungsklassen 59, 60, 62 und 63,

c) die Zulagen, welche Beamten des Lokomotiv- und Zugbegleitungsdienstes, die für diesen Dienst untauglich werden, aber in etatsmäßigen Stellen eines anderen Dienstzweigs noch mit Nutzen zu verwenden sind, im Falle der Überführung in solche Stellen als Ersatz der früheren Nebenbezüge bis zur Höhe des pensionsfähigen Teiles der letzteren so lange gewährt werden, als es zur Abwendung einer andernfalls eintretenden Einbuße gegenüber ihrem letzten pensionsfähigen Diensteinkommen erforderlich ist (zu vgl. die Ziff. 37 verbunden mit Ziff. 40 GehVorschr., Beil. I).

Sondervorschriften sind getroffen:

a) bezüglich der als Anwärter für den Intendantur-Registraturdienst vorgemerkten Registratoren bei den Generalkommandos und der denselben gleichzurechnenden Registratoren bei den Generalinspektionen der Kavallerie, der Fußartillerie, sowie des Ingenieur- und Pionierkorps und der Festungen, bei den Inspektionen der

Feldartillerie und der Verkehrstruppen bei dem Gouvernement Berlin sowie bei den Kommendanturen Berlin, Potsdam und Dresden, ferner bei den Marine-Stationskommandos sowie bei der Inspektion des Bildungswesens der Marine und beim Flottenstabe, welche im Interesse des Dienstes in diesen Stellungen zurückgehalten sind und demgemäß erst später als jüngere Anwärter in den Intendanturdienst eintreten;

b) bezüglich der den Proviantämtern, den Garnisonverwaltungen und den Garnisonlazaretten als Inspektoren zur Anstellung gelangenden Anwärter aus dem Offiziersstande;

c) bezüglich der als Intendantursekretäre des Heeres zur Anstellung gelangenden nicht zivilversorgungsberechtigten Anwärter. Die näheren Bestimmungen der Sondervorschriften für a) bis c) siehe in den Ziff. 41—43 GehVorschr., Beil. I.

Die Bestimmung in § 43 GehVorschr., betreffend die als Intendantursekretäre des Heeres zur Anstellung gelangenden nicht zivilversorgungsberechtigten Anwärter, hat rückwirkende Kraft (zu vgl. II Ziff. 7 Abs. 3 der Grundsätze für die Neufestsetzung des Besoldungsdienstalters usw. Beil. II).

3) „Oder infolge Versetzung aus dienstlichen Gründen".

Bezüglich der Voraussetzungen für die Zulässigkeit einer solchen Versetzung siehe § 23 RBG.

Die Mitglieder des Reichsgerichts, des Reichsmilitärgerichts, des Bundesamts für das Heimatwesen, des Rechnungshofes des deutschen Reichs und die ihnen gleichstehenden richterlichen Beamten können wider ihren Willen nur bei Organisationsveränderungen, sonst nur kraft richterlicher Entscheidung und nur aus bestimmten (§ 158 RBG., § 8 GVG.), die unfreiwillige Versetzung von Oberkriegs- und Kriegsgerichtsräten kann, abgesehen von den Fällen der §§ 81, 95 und 96 MStGO. und vom Fall der Strafversetzung nur erfolgen, wenn sie nach Ausspruch des Disziplinarhofs durch das Interesse der Militärrechtspflege dringend geboten ist. Die Versetzung darf in diesen Fällen nur in eine andere Militärrichterstelle von gleichem Rang ohne Verminderung des Diensteinkommens erfolgen (§§ 32 und 33 DiszGes. vom 1. Dezember 1898, RGesBl. S. 1297). Die richterlichen Militärjustizbeamten der Marine können durch die oberste Marineverwaltungsbehörde (Reichsmarineamt) dem Befehlshaber einer Flotte oder eines Geschwaders zugeordnet werden, ohne ihre Zustimmung darf in Friedenszeiten dieses Dienstverhältnis die Dauer von drei Jahren nicht überschreiten (§ 96 Abs. 2 MRGO.).

Wegen der richterlichen Beamten in Elsaß-Lothringen siehe Art. IV des Ges. vom 23. Dezember 1873 (GesBl. für Elsaß-Lothringen S. 479); wegen der Professoren der Universität Straßburg siehe § 2 des Ges. vom 18. Juni 1890 (GesBl. für Elsaß-Lothringen S. 37). Landesbeamte im ostafrikanischen Schutzgebiete, welche nur für ein dortiges Amt (Tropendienst) unfähig werden, bleiben zur Annahme einer entsprechenden, mit gleichem oder höherem (pensionsfähigem § 23 RBG.) Diensteinkommen verbundenen Stelle im Reichs- und außerdem im Staats- und Kommunaldienst des Mutterlandes verpflichtet. Desgleichen dürfen sie ein Anerbieten, sie unter Wahrung ihres früheren Ranges und Dienstalters in den Reichs-, Staat- und Kommunaldienst des Mutterlandes aufzunehmen, nicht ablehnen. Im Weigerungsfall gehen die gegen das Schutzgebiet erworbenen Pensions- und Reliktenansprüche verloren, im Annahmefall bleiben sie soweit erhalten, als die aus dem neu- oder zurückerhaltenen Reichs-, Staats- oder Kommunalamte erwachsenden Pensions- und Reliktenrechte keinen Ersatz gewähren (Art. 6 der Verordn. vom 22. April 1984, RZBl. S. 116). Die Kommandoversetzungen (§ 31 Abs. 3 des Ges.) können wohl einen Einfluß auf die Höhe des Wohnungsgeldzuschusses ausüben, sind aber ohne Einfluß auf das Besoldungsdienstalter.

4) „Die wegen unbefriedigenden Verhaltens erfolgten Versetzungen".

Gelangt eine Versetzung auf Grund eines Disziplinarurteils in der Weise zur Ausführung, daß der Beamte in eine Stelle derselben Klasse oder in eine Stelle einer anderen Klasse mit gleichen Gehaltssätzen und Dienstaltersstufen versetzt wird, so ist

a) wenn auf Strafversetzung ohne Verminderung des Diensteinkommens erkannt ist, dem Beamten sein Gehalt und Besoldungsdienstalter auch in der neuen Stelle unverkürzt zu belassen;

b) wenn auf Strafversetzung mit Verminderung des Diensteinkommens erkannt ist, dem Beamten das Besoldungsdienstalter zwar ebenfalls unverkürzt zu belassen, in jeder Gehaltsstufe aber das ihm danach zustehende Gehalt um den Betrag der in dem Disziplinarurteile festgesetzten Einkommensminderung zu kürzen.

Kann die Strafversetzung nur in der Weise zur Ausführung gebracht werden, daß der Beamte in eine Klasse versetzt wird, für die andere Gehaltssätze oder Dienstaltersstufen bestehen, so ist über die Festsetzung des Besoldungsdienstalters der neuen Klasse die Entscheidung von der obersten Reichsbehörde unter Beteiligung der Reichsfinanzverwaltung zu treffen.

Wenn in den Fällen einer Strafversetzung mit Einkommensverminderung von der Kürzung des Gehalts, insbesondere nach Erreichung der höchsten Dienstaltersstufe, ganz oder zum Teil wieder abgesehen werden soll, so ist darüber die Entscheidung der obersten Reichsbehörde einzuholen (zu vgl. die Ziff. 53—55 GehVorschr., Beil. I).

5) „Soll das Besoldungsdienstalter".

In Ziff. 30 der GehVorschr. ist gesagt „ist das Besoldungsdienstalter". Das Wort „Soll" wurde gesetzt auf Anregung eines Vertreters des Bundesrats in der Kommissionsberatung, da diese Fassung zweckmäßig sei (KommBer. S. 19).

6) Bezüglich des Begriffs „Normalgehalt" siehe oben Anm. 2 und die Ziff. 39 und 40 GehVorschr., Beil. I).

7) „Die volle für das weitere Aufsteigen im Gehalt vorgeschriebene Zeit".

Das Aufsteigen im Gehalt erfolgt für sämtliche nicht mit einem Einzelgehalt ausgestatteten etatsmäßigen Reichsbeamten, mit Ausnahme der Beamten der Reichskanzlei und der gesandtschaftlichen und Konsularbeamten, nach Dienstaltersstufen. Die Beamten der Reichskanzlei werden nach dem Ermessen des Reichskanzlers in die Gehaltsstufen eingewiesen. Bei den gesandtschaftlichen und Konsularbeamten erfolgt das Aufsteigen nach Dienstaltersstufen nur im pensionsfähigen Gehalte, während das tatsächliche Gehalt nach Maßgabe des Reichshaushalts-Etats zu bestimmen ist.

Die Aufrückungsfrist beträgt drei Jahre; die hiernach in den einzelnen dreijährigen Zeiträumen bis zur Erreichung des Höchstgehalts zu gewährenden Beträge sind in den Besoldungsordnungen I und II angegeben (§ 10 des Ges. und Ziff. 1 GehVorschr., Beil. I).

8) „Der erreichbar gewesenen Bezüge".

Gemeint sind höherer Wohnungsgeldzuschuß, Funktions- und andere Zulagen, etwaige Nebenbezüge (zu vgl. Ziff. 40 Abs. 1 GehVorschr., Beil. I).

§ 10.

Soweit die Gehälter nach Dienstaltersstufen geregelt sind,[1]) sollen die Dienstaltersstufen von drei zu drei Jahren bis zur Erreichung des Höchstgehalts bewilligt werden[2]) und zwar dergestalt, daß Beamte, die im Laufe eines Kalendervierteljahrs eine höhere Dienstaltersstufe erreicht haben, die Gehaltszulage vom ersten Tage des folgenden Kalendervierteljahrs ab erhalten. Erreichen Beamte am ersten Tage eines Kalendervierteljahrs eine höhere Dienstaltersstufe, so ist die Gehaltszulage schon von diesem Tage ab[3]) zu bewilligen.

1) „Soweit die Gehälter nach Dienstaltersstufen geregelt sind."

Siehe hierüber § 4 Anm. 1 und 2.

Auf eine Anfrage bei der Kommissionsberatung dahin, ob denjenigen jungen Beamten, welche aus dem Dienst eines Bundesstaats in den Reichsdienst übertreten, ein Teil ihrer Dienstzeit im Bundesstaate auf ihr Besoldungsdienstalter im Reich angerechnet werde, erwiderte ein Kommissär des Bundesrats, daß die Frage da schwierig sei, wo die Gehälter des betreffenden Bundesstaats ganz verschieden bemessen seien von denen des Reichs. Einfacher sei es, wenn die Beamten aus dem preußischen Dienste kämen.

Wenn aber z. B. ein Beamter aus hamburgischem Dienst in den Reichsdienst übertrete, so müsse man alsdann unter Umständen vielleicht dem jüngsten Beamten das Höchstgehalt geben, was natürlich Ärgernis errege. Es müsse in diesen Fällen eine Prüfung von Fall zu Fall eintreten. Man suche einen Ausgleich herbeizuführen, durch den im Gesamteinkommen kein Nachteil eintrete. Wenn ein Beamter aus einem Staate komme, in welchem er bedeutend mehr erhalte, gehe man davon aus, dem Beamten dasjenige Gehalt zu geben, welches er im Reich haben würde, wenn er von Anfang an im Reichsdienst beschäftigt gewesen wäre.

Hierzu führte ein Kommissionsmitglied aus, daß die Beamten aus den süddeutschen Staaten, wenn sie in den Reichsdienst übertreten, benachteiligt würden. In Preußen daure z. B. die Zeit vom Referendar bis zum Assessor 4 Jahre, in Württemberg nur 2 Jahre. Wenn nun ein solcher württembergischer Assessor in den Reichsdienst berufen werde, verlange man, daß er mit der etatsmäßigen Anstellung entsprechend lange warte. Es sei nicht mehr als recht und billig, das Besoldungsdienstalter einfach vom zweiten Staatsexamen an zu berechnen. Ein Kommissar des Bundesrats erwiderte hierauf, daß man einen Unterschied machen müsse zwischen der Festsetzung des Besoldungsdienstalters im Falle der Anstellung und den Grundsätzen über die Neuschaffung etatsmäßiger Stellen. Das Besoldungsdienstalter werde möglichst so festgesetzt, daß der Beamte keine Einbuße an seinem heimatstaatlichen Einkommen erleide (KommBer. S. 19).

2) Wenn die Gehälter nach Altersstufen geregelt sind, dürfen den Beamten weder bei der Anstellung noch anderweit irgendwelche Zusicherungen gemacht werden, auf welche ein Rechtsanspruch auf Gehaltsvorrückung etwa gegründet werden könnte. Bezüglich der Zahlung der Gehaltszulagen siehe die Ziff. 6 GehVorschr., Beil. I. Bezüglich der Nachzahlung der Zulage im Fall der versehentlichen Versäumung der rechtzeitigen Anweisung und im Fall des Ablebens eines Beamten siehe die Ziff. 7 und 8 a. a. O.

3) „schon von diesem Tage ab".

Der erste Tag des Kalendervierteljahrs ist diesfalls in die Zahlung der Gehaltszulage einzubeziehen.

§ 11.[1])

Der Beamte ist über die Festsetzung seines Besoldungsdienstalters[2]) sowie über die Gewährung oder Versagung einer Dienstalterszulage[3]) schriftlich[4]) zu benachrichtigen.

Auf die vorgeschriebene Gehaltsfestsetzung und die Gewährung der Dienstalterszulagen haben nur die richterlichen Beamten[5]) einen Rechtsanspruch.[6]) Der Anspruch ruht,[7]) so lange ein Disziplinarverfahren[8]) oder wegen eines Verbrechens oder Vergehens ein Hauptverfahren oder eine Voruntersuchung schwebt.[9]) Führt das Verfahren zum Verluste des Amtes,[10]) so findet eine Nachzahlung des zurückbehaltenen Mehrgehalts nicht statt.[11])

1) Bei der Kommissionsberatung über § 11 wurde von einem Kommissionsmitglied ausgeführt, daß ein Rechtsanpruch auf die vorgeschriebene Gehaltsfestsetzung und die Gewährung der Gehaltszulage mit Ausnahme der richterlichen Beamten nicht gewährt werden könne; es könne sich nur darum handeln, den Beamten bestimmte Rechtsmittel an die Hand zu geben. Den wichtigsten Fortschritt würde man darin zu erblicken haben, wenn die Resolution des Reichstags, nach welcher die Personalakten den einzelnen betreffenden Beamten offenkundig gemacht werden sollten, verwirklicht würde.

Von einem Vertreter des Bundesrats wurde hierauf darauf aufmerksam gemacht, daß der Rechnungshof in jedem Falle über die Gewährung oder Nichtgewährung von Dienstalterszulagen die Kontrolle habe, und daß auch darin eine gewisse Garantie für die Beamten liege (KommBer. S. 20).

2) „Über die Festsetzung seines Besoldungsdienstalters".

Bei der Festsetzung des Besoldungsdienstalters eines Beamten handelt es sich entweder um Fälle, in welchen der einzelne Beamte schon bisher eine etatsmäßige Stelle im Reichsdienst versehen hat, oder um Fälle, in welchen ein Übertritt aus dem Auslandsdienst in den Inlandsdienst oder aus dem unmittelbaren Staatsdienst eines Bundesstaats oder aus dem Landesdienst von Elsaß-Lothringen erfolgt. Von dem Übertritt der Beamten aus einer etatsmäßigen Klasse in eine andere infolge Beförderung oder Versetzung aus dienstlichen Rücksichten handelt der § 9 des Gesetzes.

A. Die Festsetzung des Besoldungsdienstalters für Beamte, welche bisher schon in etatsmäßigen Stellen des Reichsdienstes verwendet waren. Es gehören hierher

1) die Gehaltsbemessung bei Versetzungen, welche lediglich auf Antrag des Beamten erfolgen;

2) die Gehaltsbemessung bei Wiederanstellung einstweilen in den Ruhestand versetzter und pensionierter Beamten;

3) die Gehaltsbemessung bei Wiederanstellung von Beamten, welche freiwillig ausgeschieden sind, oder deren früheres Beamtenverhältnis durch die Dienstentlassung gelöst worden ist;

4) die Gehaltsbemessung bei Versetzungen auf Grund eines Disziplinarurteils;

5) die Gehaltsbemessung beim Übertritt von Beamten in Fällen, in denen der Übertritt aus Stellen des Reichsdienstes erfolgt, für welche Altersstufen noch fehlen und aus dem Auslandsdienst in den Inlandsdienst.

I. Die Gehaltsbemessung bei Versetzungen, welche lediglich auf Antrag des Beamten erfolgen.

Etatsmäßige Beamte sollen in andere Beamtenklassen grundsätzlich nur übergeführt werden, wenn ein dienstliches Bedürfnis dazu vorliegt. Versetzungen lediglich zu dem Zwecke, dem Beamten Vorteile im Gehaltsbezuge zu gewähren, sind nicht zulässig. Die Anerkennung eines dienstlichen Bedürfnisses wird nicht dadurch ausgeschlossen, daß ein Beamter seine Überführung in einen anderen Dienstzweig selbst beantragt hat. Sollte in einem Einzelfall eine Überführung lediglich auf Antrag des Beamten — ohne daß gleichzeitig dienstliche Rücksichten vorliegen — in Erwägung genommen werden, so ist eine Anrechnung früherer Dienstzeit bei der Bemessung des Gehalts der neuen Stelle nur mit Genehmigung der Obersten Reichsbehörde unter Beteiligung der Reichsfinanzverwaltung gestattet, welche vor der Entscheidung über den Versetzungsantrag einzuholen ist. Wird die Vorrückung des Besoldungsdienstalters von der zuständigen Obersten Reichsbehörde nicht genehmigt, so darf die Versetzung nur verfügt werden, nachdem der Beamte auf den durch die bisherige Anstellung begründeten Gehaltssatz ausdrücklich verzichtet hat (Ziff. 44 bis 46 GehVorschr., Beil. I).

II. Gehaltsfestsetzung bei Wiederanstellung einstweilen in den Ruhestand versetzter und pensionierter Beamten.

a) Einstweilig in den Ruhestand versetzte Beamte.

Die Bestimmungen über die Festsetzung des Besoldungsdienstalters beim Übertritte von Beamten in andere Klassen finden sinngemäße Anwendung, wenn einem einstweilig in den Ruhestand versetzten Beamten eine etatsmäßige Stelle wieder übertragen wird. Dabei ist von der Zeit des einstweiligen Ruhestandes die Zeit einer etwaigen Beschäftigung im Reichsdienst als Dienstzeit in der früheren Stellung anzurechnen. Die übrige Zeit seit der Versetzung in den einstweiligen Ruhestand bleibt außer Betracht (Ziff. 47 GehVorschr., Beil. I).

b) Pensionierte Beamte.

Die Bestimmungen über die Festsetzung des Besoldungsdienstalters beim Übertritte von Beamten in andere Klassen (§ 9 des Gesetzes) finden sinngemäße Anwendung bei der etatsmäßigen Wiederanstellung von pensionierten Beamten. Die Zeit vom Ausscheiden aus der etatsmäßigen Stelle bis zur etatsmäßigen Wiederanstellung bleibt außer Betracht, soweit sie nicht nach den beiden letzten Sätzen der Ziff. 21 GehVorschr. in Anrechnung zu bringen ist. Etwaiges unbefriedigendes Verhalten des Beamten in der früheren Stelle schließt die Anrechnung der in dieser zurückgelegten Dienstzeit nicht aus. Bei der Berechnung des Normalgehalts der früheren Stelle sind ohne Rücksicht auf etwaige spätere allgemeine Besoldungsaufbesserungen diejenigen Grundsätze zugrunde zu legen, welche zur Zeit der Pensionierung des Beamten in Kraft waren. Ist die Pensionierung erfolgt, bevor für die Beamtenklasse die Gehaltsbemessung nach Dienstaltersstufen eingeführt war, so sind diejenigen Gehaltssätze zugrunde zu legen, welche bei der ersten Regelung der Gehälter dieser Beamtenklasse nach Dienstaltersstufen eingeführt wurden. Hat ein Beamter den Wiedereintritt in den Reichsdienst durch eigene Schuld, oder aus eigener Entschließung erheblich verzögert, so findet eine Anrechnung früherer Dienstzeit in der Regel nicht statt. Sollten ausnahmsweise Gründe für eine solche Anrechnung geltend zu machen sein, so ist die Entscheidung der Obersten Reichsbehörde einzuholen (Ziff. 48 bis 50 GehVorschr.).

III. Gehaltsbemessung bei der Wiederanstellung von Beamten, welche freiwillig ausgeschieden sind, oder deren früheres Beamtenverhältnis durch Dienstentlassung gelöst worden ist.

Ist ein Beamter aus einer etatsmäßigen Stelle des Reichsdienstes freiwillig ausgeschieden, oder ist sein früheres Beamtenverhältnis durch Dienstentlassung gelöst worden, so darf im Falle seiner Wiederanstellung bei der Festsetzung des Besoldungsdienstalters und des Gehalts der neuen Stelle auf das Besoldungsdienstalter und das Gehalt der früheren Stelle keine Rücksicht genommen werden. Beamte, welche ihre Stelle freiwillig aufgeben wollen, sind darauf ausdrücklich hinzuweisen. Sollten im einzelnen Falle besondere Gründe dafür geltend zu machen sein, von diesem allgemeinen Grundsatz ausnahmsweise abzuweichen, so ist vor der Wiederanstellung des Beamten die Entscheidung der Obersten Reichsbehörde und der Reichsfinanzverwaltung einzuholen (Ziff. 51 und 52 GehVorschr., Beil. I).

IV. Gehaltsbemessung bei Versetzungen auf Grund eines Disziplinarurteils.

Siehe hierüber § 9 Anm. 4.

V. Die Gehaltsbemessung beim Übertritt von Beamten in Fällen, in denen der Übertritt aus Stellen des Reichsdienstes erfolgt, für welche Altersstufen noch fehlen, sowie aus dem Auslandsdienst in den Inlandsdienst.

Tritt ein Beamter aus einer Stelle, die mit einem Einzelgehalt ausgestattet ist, oder aus der Reichskanzlei in eine Stelle über, deren Gehalt nach Dienstaltersstufen geregelt ist, so wird das Besoldungsdienstalter durch die Oberste Reichsbehörde im Einvernehmen mit der Reichsfinanzverwaltung festgesetzt.

Tritt ein Beamter aus dem gesandtschaftlichen oder Konsulardienst in eine Stelle des Inlandsdienstes, deren Gehalt nach Dienstaltersstufen geregelt ist, so erfolgt die Festsetzung des Besoldungsdienstalters nach Maßgabe des normalmäßig erlangten pensionsfähigen Gehalts ohne Berücksichtigung des dem pensionsfähigen Teile des Wohnungsgeldzuschusses der betreffenden übrigen Reichsbeamten entsprechenden Betrags und etwaiger Zulagen.

Das Besoldungsdienstalter der der Besoldungsordnung II Klasse 2 angehörenden Bureau- und Kanzleibeamten des Auslandsdienstes ist bei ihrem Übertritte zur Geheimen Kanzlei des Auswärtigen Amtes so festzusetzen, als ob sie von vornherein in der Kanzlei des Auswärtigen Amtes angestellt worden wären.

Etwaige Diätariatszeit, auch wenn sie 5 Jahre übersteigt, hat hierbei unberücksichtigt zu bleiben. Unberührt bleibt der Anspruch auf Fortgewährung des etwaigen bisherigen höheren pensionsfähigen Gehalts.

Beim Übertritt aus dem Schutzgebietsdienst in eine mit Dienstaltersstufen ausgestattete Stelle ist für die Regelung des Besoldungsdienstalters lediglich das normalmäßig erlangte pensionsfähige Gehalt, nicht das Auslandsgehalt maßgebend. Denjenigen Landesbeamten der Schutzgebiete, welche wegen vorübergehender Dienstunfähigkeit in den einstweiligen Ruhestand versetzt waren, kann das Besoldungsdienstalter unter Berücksichtigung der Zeit des einstweiligen Ruhestandes festgesetzt werden. Die Festsetzung erfolgt durch die Oberste Reichsbehörde unter Beteiligung der Reichsfinanzverwaltung (Ziff. 56—58 GehVorschr., Beil. I).

B. Die Festsetzung des Besoldungsdienstalters für Beamte, welche bisher im Reichsdienst noch nicht angestellt waren und in denselben eintreten. Es gehören hierher:

1. der Übertritt aus dem preußischen unmittelbaren Staatsdienst und aus dem unmittelbaren Landesdienst von Elsaß-Lothringen;

2. der Übertritt aus dem unmittelbaren Staatsdienst anderer Bundesstaaten;

3. der Übertritt aus dem Kommunal- und Schuldienst.

I. Die Gehaltsbemessung beim Übertritt etatsmäßiger Beamter aus dem preußischen unmittelbaren Staatsdienst und aus dem unmittelbaren Landesdienst von Elsaß-Lothringen.

In beiden Fällen wird das Besoldungsdienstalter im allgemeinen so festgesetzt, als wenn die betreffenden Beamten vorher im Reichsdienst angestellt gewesen wären. Bei den Elsaß-Lothringen'schen Landesbeamten wird das normalmäßig erreichte Gehalt um den pensionsfähigen Teil des Wohnungsgeldzuschusses gekürzt. Sind die Gehälter der Klasse, aus welcher der Austritt erfolgt, im preußischen Staatsdienst oder in Elsaß-Lothringen höher, als die Gehälter der gleichwertigen Beamtenklasse des Reichsdienstes, oder werden Zulagen, welche im Reiche als anrechnungsfähig gelten, in Preußen oder Elsaß-Lothringen nicht angerechnet, so sind bei Festsetzung des Normalgehalts der früheren Stelle die niedrigeren Gehälter der letzteren Beamtenklasse zugrunde zu legen und die Zulagen unberücksichtigt zu lassen (Ziff. 59 GehVorschr., Beil. I).

Handelt es sich um den Übertritt außeretatsmäßiger Beamter aus dem unmittelbaren preußischen Staatsdienst oder aus dem unmittelbaren Staatsdienst von Elsaß-Lothringen in eine außeretatsmäßige Stelle des Reichsdienstes, so finden bei der Festsetzung des Besoldungsdienstalters die Vorschriften über Anrechnung diätarischer Dienstzeit entsprechende Anwendung auf die im Staatsdienst verbrachte, außeretatsmäßige Dienstzeit (Ziff. 60 GehVorschr., Beil. I).

Bezüglich der Anrechnung der diätarischen Dienstzeit auf das Besoldungsdienstalter siehe oben Anm. 6 zu § 6 des Gesetzes.

Besondere Bestimmungen sind getroffen bezüglich der Gehaltsbemessung für ehemalige Gendarmen und Schutzmänner für den Fall der etatsmäßigen Anstellung als mittlere oder Kanzleibeamten, bezw. als Unterbeamte (zu vgl. die Ziff. 61 GehVorschr., Beil. I).

II. Die Gehaltsbemessung bei dem Übertritt aus dem unmittelbaren Staatsdienst anderer Bundesstaaten.

Beim Übertritte von Beamten aus dem unmittelbaren Staatsdienste der übrigen Bundesstaaten in den Reichsdienst hat die Feststellung des Besoldungsdienstalters, soweit eine Anrechnung frühere Dienstzeit in Frage kommt, durch die Oberste Reichsbehörde unter Beteiligung der Reichsfinanzverwaltung zu erfolgen. Bei der Gehaltsbemessung für ehemalige Angehörige der Gendarmerie und Schutzmannschaft ist so zu verfahren, als wenn sie aus dem preußischen Dienste überträten, und zwar beim Übertritte von Angehörigen der Schutzmannschaft in eine Unterbeamtenstelle unter Zugrundelegung des Normalgehalts der entsprechenden preußischen Beamten. Eine Beteiligung der Reichsfinanzverwaltung findet hierbei nicht statt (Ziff. 63 GehVorschr., Beil. I).

III. Die Gehaltsbemessung bei dem Übertritt aus dem Kommunal- und Schuldienste.

Für die aus dem Kommunaldienst und aus dem Schuldienst in den Reichsdienst übertretenden Beamten ist, sofern eine Anrechnung von Vordienstzeit in Frage kommt, das Besoldungsdienstalter von der Obersten Reichsbehörde unter Beteiligung der Reichsfinanzverwaltung festzusetzen. Bei Übernahme von Leitern und Lehrern der preußischen höheren Unterrichtsanstalten (Gymnasien, Realgymnasien, Oberrealschulen, Progymnasien, Realprogymnasien und Realschulen) aber erfolgt die Gehaltsfestsetzung durch die Oberste Reichsbehörde nach Maßgabe des preußischen Normaletats.

Bei der Anstellung von preußischen Lehrern der öffentlichen Volksschule als Elementarlehrer bei den Kadettenanstalten, sowie als Lehrer bei den Unteroffizierschulen, den Unteroffiziervorschulen, den Militär- und Soldaten-Knaben-Erziehungsanstalten, sowie den Garnisonschulen ist nicht das bisher bezogene Gehalt maßgebend, ihnen wird vielmehr die über vier Jahre im öffentlichen Schuldienste verbrachte Zeit auf das Besoldungsdienstalter angerechnet (Ziff. 64 bis 66 GehVorschr., Beil. I).

3) „über die Gewährung oder Versagung einer Dienstalterszulage“.

Die Gewährung einer Dienstalterszulage setzt, wie die Versagung derselben, eine Verwaltungsverfügung voraus. Auch die Gewährung der Dienstalterszulage kann dem Beamten Veranlassung zur Beschwerdeerhebung geben, wenn dieselbe z. B. nicht dem Besoldungsdienstalter entsprechend erfolgt, oder nicht rechtzeitig zur Ausbezahlung gelangt ist.

4) „schriftlich“.

Die Schriftform erfordert stets die Unterschrift des zur Vertretung der verfügenden Behörde legitimierten Beamten.

5) „nur die richterlichen Beamten“.

Richterliche Reichsbeamte sind nur der Präsident, die Senatspräsidenten und die Räte des Reichsgerichts; ferner die Präsidenten, Senatspräsidenten und Mitglieder des Reichsmilitärgerichts und die richterlichen Beamten der Marinegerichte. Dagegen sind die mit Gerichtsbarkeit ausgestatteten Reichskonsuln nicht richterliche Beamte, da die Titel 1 und 9 GVerfGes. auf die Konsulargerichte nicht für anwendbar erklärt sind. Die Mitglieder des Reichsgerichts und des Reichsmilitärgerichts beziehen Einzelgehälter (Besold.-Ordn., Beil. I). Da die Mitglieder des Bundesamts für das Heimatwesen und die richterlichen Militärjustizbeamten hinsichtlich der Versetzung auf ein anderes Amt, der einstweiligen und zwangsweisen Versetzung in den Ruhestand, der Disziplinarbestrafung und der vorläufigen Dienstenthebung durch § 158 RBG. den Mitgliedern des Reichsgerichts gleichgestellt sind, kommen dieselben ebenfalls als richterliche Beamte im Sinn des Abs. 2 in Betracht. Der Präsident des Bundesamts für das Heimatwesen bezieht aber ebenfalls einen Einzelgehalt.

6) „haben einen Rechtsanspruch“.

Nach § 149 RBG. findet über vermögensrechtliche Ansprüche der Reichsbeamten aus ihrem Dienstverhältnis, insbesondere über Ansprüche aus Besoldung, Wartgeld oder Pension der Rechtsweg statt. Die §§ 150—152 und 155 RBG. enthalten für die Fälle, in welchen Reichsbeamte aus ihrem Dienstverhältnisse vermögensrechtliche Ansprüche erheben, zivilprozessuale Sondervorschriften.

Unter Rechtsweg ist die ordentliche streitige Gerichtsbarkeit zu verstehen (vgl. GVG. § 12).

Durch den § 149 RBG. soll den Reichsbeamten eine Nachprüfung wenigstens ihrer Diensteinkünfte durch unabhängige Gerichte gewährleistet werden. Der nach § 149 RBG. zulässige Rechtsweg wird erheblich eingeschränkt in zeitlicher Beziehung durch § 150 und in materieller durch § 155 RBG. (vgl. hierzu RGZ. 12, 70).

Der Rechtsweg ist dadurch nicht ausgeschlossen, daß bei materieller Prüfung des Anspruchs sich dieser als unbegründet erweist, vielmehr ist dann der Anspruch durch richterliche Entscheidung zurückzuweisen (JW. 98$_{95}$).

Der Rechtsweg kann im einzelnen Fall nicht nur betreten werden, wenn die Dienstalterszulage versagt, sondern auch dann, wenn dieselbe nicht dem Gesetz entsprechend berechnet oder geschmälert wurde.

Den nichtrichterlichen Reichsbeamten ist ein solcher Rechtsanspruch nicht eingeräumt, es ist für sie daher der Rechtsweg im Fall der Versagung der Dienstalterszulagen ausgeschlossen. Dieselben haben nur eine Anwartschaft auf die Dienstalterszulage.

Durch die Einräumung eines Rechtsanspruchs an die richterlichen Beamten soll diesen eine erhöhte Garantie für ihre Unabhängigkeit gesichert werden.

7) Die Wirkung des Ruhens des Anspruchs ist das vorläufige Unterbleiben der Ausbezahlung der Dienstalterszulage.

Bezüglich der Bezahlung der Dienstalterszulage siehe die Ziff. 6 bis 8 GehVorschr., Beil. I.

8) „solange ein Disziplinarverfahren schwebt".

Bezüglich des förmlichen Disziplinarverfahrens siehe die §§ 84 ff. RBG. Die Einleitung des förmlichen Disziplinarverfahrens verfügt die Oberste Reichsbehörde (§ 159 RBG., verbunden mit der Verordn. vom 27. Dezember 1899, RGesBl. S. 730, abgeändert durch die Verordn. vom 14. Mai 1901, RGesBl. S. 173, vom 10. Februar 1904, 1. Juni 1906 und 24. April 1908, RGesBl. S. 159), bei Gefahr im Verzug die höhere Reichsbehörde vorbehaltlich der alsbald einzuholenden Genehmigung der Obersten Reichsbehörde (§ 85 Abs. 2 RBG.).

9) Bezüglich des Verhältnisses des Disziplinarverfahrens zum gerichtlichen Strafverfahren siehe die §§ 77 und 78 RGB.

Begrifflich besteht zwischen dem Disziplinarverfahren und dem gerichtlichen Verfahren keinerlei innerer Zusammenhang; beide sind in ihren Voraussetzungen, Zwecken und Wirkungen ganz unabhängig von einander, weshalb es ebensowohl möglich ist, daß das eine Verfahren eintritt, ohne das andere nach sich zu ziehen, als daß beide eingeleitet werden. Aus Zweckmäßigkeitsgründen ist aber dem Strafverfahren der Vorrang vor dem Disziplinarverfahren eingeräumt. Da jede nach dem StGB. strafbare Handlung zugleich ein Dienstvergehen darstellt, kann es vorkommen, daß sich ein Beamter wegen einer Tat sowohl vor dem Strafrichter als vor dem Disziplinarrichter zu verantworten hat.

Abgesehen aber davon, daß die strafrichterliche Entscheidung jedes Disziplinarverfahren überflüssig machen kann, liegt es sowohl im Interesse des Beamten als in demjenigen der Strafjustiz, daß nicht dieselbe Handlung zum Gegenstand einer doppelten Untersuchung gemacht wird (Laband I S. 460).

10) „Führt das Verfahren zum Verlust des Amtes."

Zum Verlust des Amtes kann das vorangegangene gerichtliche Verfahren führen durch Verurteilung des Beamten zur Zuchthausstrafe (StGB. § 31) oder dadurch, daß demselben die bürgerlichen Ehrenrechte oder die Fähigkeit zur Bekleidung öffentlicher Ämter aberkannt wird (StGB. §§ 32—35). In diesen Fällen kommt das Disziplinarverfahren als gegenstandslos in Wegfall. Falls das gerichtliche Verfahren diese Rechtsfolgen nicht hat, kann sich an dasselbe das Disziplinarverfahren anschließen. Dasselbe kann aber diesfalls nur darauf gerichtet sein, ob die Handlungsweise des Beamten sich als eine Verletzung der Dienstpflicht darstelle. Trotz der Freisprechung im gerichtlichen Verfahren kann der Beamte wegen derselben Handlung zu der schwersten Disziplinarstrafe, der Dienstentlassung, verurteilt werden.

11) Die Nachzahlung hat auch zu erfolgen im Fall der Verhängung einer bloßen Ordnungsstrafe; sie setzt eine Verfügung der obersten Reichsbehörde voraus, welche die Einleitung des förmlichen Disziplinarverfahrens verfügt hat.

§ 12.

Eine Dienstalterszulage kann versagt werden, wenn gegen das dienstliche oder außerdienstliche Verhalten des Beamten eine erhebliche Ausstellung vorliegt.[1])

Vor der Verfügung ist dem Beamten Gelegenheit zu geben, sich über die Gründe der beabsichtigten Maßregel zu äußern.[2]) Wird die Versagung verfügt, so sind dem Beamten die Gründe hierfür zu eröffnen.[3])

Gegen die Verfügung steht dem Beamten, sofern sie nicht von der obersten Reichsbehörde erlassen ist, die Beschwerde an diese zu.

Nach Behebung der Anstände[4]) ist die vorläufig versagte Zulage zu gewähren,[5]) und zwar, wenn die Bewilligungsverfügung an dem ersten Tage eines Kalendervierteljahrs ergeht, von diesem Tage, andernfalls von dem ersten Tage des folgenden Kalendervierteljahrs ab. Nur aus besonderen aktenkundig zu machenden Gründen ist die Gewährung von einem früheren Zeitpunkt ab[6]) zulässig. Eine Nachgewährung für rückliegende Rechnungsjahre bedarf der Genehmigung der obersten Reichsbehörde.[7])

Die einstweilige Versagung einer Zulage hat für sich allein nicht die Wirkung, daß dadurch der Zeitpunkt für das Aufsteigen in die nächstfolgende Gehaltsstufe hinausgeschoben wird.[8])[9])

1) „wenn gegen das dienstliche und außerdienstliche Verhalten eine erhebliche Ausstellung vorliegt".

Nach § 10 des RBG. hat sich der Beamte durch sein Verhalten in und auß erdem Amte der Achtung, die sein Beruf erfordert, würdig zu zeigen; er hat demgemäß innerhalb und außerhalb seines Amtes den Geboten der Schicklichkeit, der Sitte und Ehre mit besonderer Pünktlichkeit zu genügen. Zugleich verpflichtet ihn die angelobte Treue sich bei der Ausübung politischer Rechte auf die Betätigung seiner politischen Überzeugung zu beschränken und allen agitatorischen und reichsfeindlichen Bestrebungen völlig fern zu bleiben (Sten. Ber. 1872 S. 143 und 144); er macht sich durch Beleidigungen, die er gegen Vorgesetzte und andere Personen begeht regelmäßig disziplinarisch strafbar und kann sich auf den Schutz des § 193 StGB., der nur für den kriminellen Tatbestand der Beleidigung in Betracht kommt, nicht berufen. Der Beamte kann trotz tadelloser Erfüllung seiner amtlichen Obliegenheiten durch sein außeramtliches Verhalten seine Dienstpflicht verletzen. Ob im einzelnen Falle eine erhebliche Ausstellung, welche die Versagung der Dienstalterszulage rechtfertigt, gegen den Beamten vorliegt, hat die zur Verfügung der Versagung zuständige Behörde nach freiem Ermessen zu entscheiden. Eine zeitliche Einschränkung des Versagungsrechts ist durch das Gesetz nicht verfügt; die Versagung kann im einzelnen Fall solange andauern, als Anlaß zu einer erheblichen Ausstellung vorliegt. Der Versagungsverfügung wird in der Regel eine Disziplinarbestrafung vorangehen, es bildet eine solche aber nicht die Voraussetzung für die Versagungsverfügung, es kann sich aber ein Disziplinarverfahren an die Versagungsverfügung anschließen. Da die Verfügung der Versagung einen disziplinären Charakter trägt, kommt bezüglich der Handlungen oder Unterlassungen des Beamten, welche als erhebliche Ausstellungen geltend zu machen sind, die Verjährung nicht in Frage.

2) „Ist dem Beamten Gelegenheit zu geben sich zu äußern".

Dem Gesetz ist genügt, wenn dem Beamten Gelegenheit gegeben wird, sich über die Ausstellung und ihre Begründung zu äußern. Ob er von dieser Gelegenheit Gebrauch macht oder nicht, ist gleichgültig. Für die Vernehmung des Beamten ist im Zweifel der Beamte zuständig, der die Verfügung beantragt, bezw. dieselbe zu verhängen hat. Doch sind Übertragungen dieses Geschäfts nicht ausgeschlossen. Bestreitet der Beamte die Ausstellung, so sind Beweiserhebungen nötig; Zeugen sind in diesem Verfahren regelmäßig unbeeidigt zu vernehmen. Die Zeugenvernehmungen werden in der Regel schriftlich erfolgen, vorgeschrieben ist diese Form nicht. Wird dem Beamten keine Gelegenheit zur Äußerung gegeben, so ist die Verfügung in der Beschwerdeinstanz aufzuheben, da dieselbe nicht in giltiger Weise verfügt wurde. Die Aufhebung kann auch von Amts wegen nicht bloß auf erhobene Beschwerde verfügt werden.

3) Die schriftliche Eröffnung ist nicht vorgeschrieben, sie wird aber die Regel bilden.

4) „Nach Behebung der Anstände" d. h. wenn keine Veranlassung zu einer erheblichen Ausstellung gegen das dienstliche oder außerdienstliche Verhalten des Beamten mehr vorliegt und solange dies der Fall ist. Hierüber hat die Versagungsbehörde zu entscheiden.

5) „ist die vorläufig versagte Zulage zu gewähren". Eine endgültige Versagung tritt ein im Falle der endgültigen Entfernung des Beamten vom Amte infolge eines gerichtlichen oder eines Disziplinarurteils.

6) „Von einem früheren Zeitpunkt ab" als von dem ersten Tage des auf die Bewilligungsverfügung folgenden Kalendervierteljahres ab.

7) „bedarf der Genehmigung der obersten Reichsbehörde" auch wenn diese die Versagungsverfügung nicht selbst ausgesprochen hat.

8) Diese Wirkung tritt ein, wenn infolge des Fortdauerns der erheblichen Ausstellung über die Aufrückungsfrist auch die Versagung der Dienstalterszulage über die Aufrückungsfrist hinaus fortdauert.

9) Bezüglich der Versagung der Dienstalterszulage und bezüglich der Verpflichtung zur Mitteilung von Vorkommnissen, welche die Vorenthaltung einer Gehaltszulage als angezeigt erscheinen lassen an die zur Zulagebewilligung zuständigen Dienststellen siehe die Ausführungsbestimmungen: ArmeeVerordnBl. 1909 Nr. 16 II 17 S. 229; Bayer.VBl. 1909 Nr. 31 II 17 S. 457; Sächs. VerordnBl. 1909 Nr. 25 S. 143; Württ.MilitärVBl. 1909 Nr. 29 II 15 S. 191.

§ 13.[1])

Die Bezüge der nicht etatsmäßigen Beamten bestimmt der Reichskanzler.[2])[3])

1) Nach der Begründung zum Gesetzesentwurf eignen sich die Bezüge der nichtetatsmäßigen Beamten nicht für eine gesetzliche

Regelung. Bei der Kommissionsberatung wurde noch hervorgehoben, daß es wirksam sei, wenn bei einer Entscheidung über die Annahme nichtetatsmäßiger Beamter nicht allein der einzelne Ressortchef, sondern auch der Reichskanzler mitwirke, weil man, um dem Anwachsen des Beamtenkörpers entgegenwirken zu können, bei einer Beschränkung der Zahl der eingestellten Diätare anfangen müsse. Vielleicht könne man die Positionen des Etats, welche für Hilfsarbeiter vorgesehen seien, als nicht überschreitbar bezeichnen. Dann würde das Reichsschatzamt mitzuwirken haben.

Ein Vertreter des Bundesrats versprach diese Frage zu erwägen. Aus der Kommission wurde ferner betont, daß es sich hier keineswegs um rein administrative Angelegenheiten handle. Die Frage sei von weittragender finanzieller Wirkung und bei einer Reorganisation des Beamtenkörpers könne man nicht damit anfangen, Stellen zu streichen, sondern vielmehr den Zugang an Hilfskräften allmählich einzuschränken (KommBer. S. 21).

2) Über die Bezüge der Diätare siehe die Verordnung des Reichskanzlers vom 28. Juli 1909 Beil. III und bezüglich der K. Bayerischen Militärverwaltung den KMErl. vom 30. Oktober 1909 Nr. 21, 488 (KrMVBl. 1909 S. 510) und die Verordn. vom 20. September 1909 § 1 Abs. 2.

3) Die nicht etatsmäßigen Reichsbeamten erhalten keine Wohnungsgeldzuschüsse (§ 28 des Ges.).

2. Vorschriften für Offiziere einschließlich der Sanitätsoffiziere und der Marine-Ingenieure.[1])

§ 14.[2])

Die Gewährung des Gehalts[3]) erfolgt an die etatsmäßigen Offiziere[4]) des Reichsheeres,[3]) des Reichsmilitärgerichts, der Kaiserlichen Marine[5]) sowie an die etatsmäßigen Schutztruppenoffiziere beim Reichs-Kolonialamt[5]) auf Grund der beiliegenden Besoldungsordnung III[6]).

Soweit Stellengehälter vorgesehen sind,[7]) erfolgt die Gewährung des Gehalts spätestens[8]) von dem ersten Tage des zweiten Monats nach der dauernden Übertragung der Stelle ab.[9])

1) Die Vorschriften für Offiziere wurden bei der Beratung über den Entwurf eines Besoldungsgesetzes in der Kommission von denjenigen für Unteroffiziere getrennt. Hiebei wurde ausdrücklich hervorgehoben, daß, wo im Text allein von Offizieren die Rede sei, auch die Sanitätsoffiziere und Marine-Ingenieure mit inbegriffen seien (KommBer. S. 153).

2) „Allgemeine Bestimmungen".

I. Übergangsvorschriften: §§ 36, 43 ff. und 47 Abs. 2 des Ges.; bezüglich der nach dem 1. April 1908 in den Ruhestand getretenen oder verstorbenen Offiziere § 47 Abs. 4.

II. Bezüglich der Trennung der Vorschriften des Besoldungsgesetzes für die Offiziere einschließlich der Sanitätsoffiziere und Marineingenieure von denjenigen für die Reichsbeamten siehe Anm. 1 zu § 1 des Ges.

Für die Offiziere im Range der Hauptleute, Oberleutnants und Leutnants beim Reichsheere, beim Reichsmilitärgericht und beim Reichs-Kolonialamt sind die Dienstaltersstufen ähnlich wie bei den Reichsbeamten eingeführt, um auch den Offizieren das durch das Dienstaltersstufensystem gewährleistete regelmäßige Aufrücken in höhere Gehälter insoweit zugute kommen zu lassen, als dies die wesentlich anders gestalteten Verhältnisse des Offizierdienstes gestatten. Hiebei bilden die Kompagnieoffiziere aller Waffengattungen eine Besoldungsgemeinschaft, desgleichen die Assistenzärzte und die Oberärzte.

Während jedoch bei den Beamten für die Aufrückung in höhere Gehaltsstufen eine dreijährige Frist besteht, sind für die Dienstaltersstufen bei den Offizieren verschieden lange Zeiträume vorgesehen. Bei den unter B. Ziff 8 und 9 der Besoldungsordnung III aufgeführten Sanitäts- und Seeoffizieren (Stabsärzte und Kapitänleutnants) ist insofern eine Abweichung von dem Dienstaltersstufensystem getroffen, als hier ein Aufrücken im Gehalt nach einem Prozentualsystem stattfindet. Hiebei sind nach der Begründung zum Entwurf eines Besoldungsgesetzes die Prozentsätze so festgestellt, daß sich für die den Sätzen des Heeres gleichbemessenen Gehaltsstufen annähernd so viele Stellen ergeben, als auf sie im Heere nach Maßgabe des Dienstaltersstufensystems bei einigermaßen normalen Ersatz- und Aufrückungsverhältnissen entfallen.

III. Bei den Offizieren und Sanitätsoffizieren mit Dienstaltersstufen wird das Besoldungsdienstalter durch das Kriegsministerium festgesetzt; bei den Feuerwerks- und Zeugoffizieren durch die Feldzeugmeisterei, bei den Festungsbauoffizieren durch die Generalinspektion des Ingenieur- und Pionierkorps und der Festungen.

Zu Ziff. I und II siehe die AusfBest. des Kgl. preuß. Kriegsmin. A. Ziff. 1 und 3, des Kgl. bayer. Kriegsmin. A. Ziff. 1 und 3, des Kgl. sächs. Kriegsmin. Mil.Verordn.Bl. 1909 S. 143; des Kgl. württ. Kriegsmin. A. Ziff. 1 und 3.

3) „Die Gewährung des Gehalts erfolgt auf Grund der Besoldungsordnung III".

An Stelle der Besoldungsordnung III tritt für Bayern die Besoldungsordnung B (Beil. B zur Allerh. VO. vom 20. September 1909).

Bis auf weiteres erhalten bei allen Waffengattungen die zu Leutnants sowie die zu Assistenzärzten Beförderten Gehalt nach Maßgabe des Besoldungsgesetzes und der Friedensbesoldungsvorschrift.

Im einzelnen ist besonders hervorzuheben:

a) den vom 1. April 1908 ab vorhanden gewesenen und vorhandenen Oberleutnants und Leutnants — auch den zwecks Übertritts in den Friedensstand zu Dienstleistung bei Truppenteilen kommandierten Offizieren des Beurlaubtenstandes, welchen nach den bisherigen giltigen Bestimmungen infolge Erfüllung des Etats ihrer Waffe das Gehalt nicht gewährt wurde, ist dieses nachträglich zu gewähren. Sofern die Offiziere des Beurlaubtenstandes etwa Pension bezogen haben, sind sie zur Rückerstattung der empfangenen Pensionsbeträge verpflichtet.

b) Für Leutnants, Stabsärzte und Assistenzärzte, welche vom 1. April 1908 ab hiezu befördert worden sind und befördert werden, beginnt — falls nicht anderes bestimmt wird — das Besoldungsdienstalter vom 1. des Monats, aus dem ihr Patent datiert. Durch eine etwaige spätere Vorpatentierung wird das Besoldungsdienstalter nicht geändert.

Die Bewilligung der Dienstalterszulagen für Offiziere erfolgt durch den nächsten, mit mindestens der Disziplinarstrafgewalt eines Regimentskommandeurs versehenen Vorgesetzten, für Sanitätsoffiziere auf Ersuchen der militärischen Dienststelle, die das Gehalt zahlt, durch den Korpsarzt, für Sanitätsoffiziere der Kaiser Wilhelms-Akademie durch den Subdirektor der Kaiser Wilhelms Akademie oder, soweit sie diesem oder einem Korpsarzt nicht untergeordnet sind, durch den Generalstabarzt der Armee.

Die neuen Sätze für Gehaltsbezüge sind für die im Gehalt aufgebesserten Offiziere vom 1. April 1908 ab, im übrigen von der nächsten Gehaltszahlung ab zu berücksichtigen.

Vom 1. April 1908 fallen weg die den Offizieren, Sanitätsoffizieren und Militärbeamten in den Standorten der bisherigen Servisklasse A zugebilligten nicht pensionsfähigen Serviszulagen (Ziff. 7 der Allerh. Kabinettsordre vom 1. Juni 1906 und AusfBest. zu 7 b, AVBl. S. 136 und 140/140; AusfBest. preuß. C III Ziff. 1 a, bayer. C III Ziff. 1 a, württ. C III Ziff. 1 a).

4) „an die etatsmäßigen Offiziere".

Die etatsmäßigen Offiziere sind der Kategorie nach in der der BesoldOrd. III (in Bayern nach der BesoldOrd. B), der Zahl nach im Haushaltsetat aufgeführt.

Als nichtetatsmäßige Offiziere, welche keinen Gehalt beziehen, kommen in Betracht die à la suite geführten Offiziere und Sanitätsoffiziere, sowie die Offiziere, welche keine etatsmäßige Stelle innehaben und die Leutnants ohne Patent.

5) „des Reichsmilitärgerichts, der Kaiserlichen Marine".

Während die Standgerichte, Kriegsgerichte und Oberkriegsgerichte für das Heer auch nach der Militärstrafgerichtsordnung vom 1. Dezember 1898 Gerichte der Kontingentsherrn, also Gerichte der Einzelstaaten sind, ist der oberste Militärgerichtshof ein Reichsgericht. Der Präsident, welcher den Rang eines kommandierenden Generals hat und welchem die Leitung der Geschäfte, aber kein Anteil an der Rechtsprechung zusteht, wird vom Kaiser ernannt, ebenso sein Stellvertreter. Die Marinestrafgerichte sind im Gegensatz zu den Gerichten für das stehende Heer durchweg Reichsgerichte, da die Kriegsmarine eine Reichsanstalt ist.

Die Bestimmungen in Ziff. 70—72 GehVorschr. über die Festsetzung des Besoldungsdienstalters für Offiziere und Unteroffiziere des Reichsheeres, die Bewilligung der Dienstalterszulagen, über Versagung von Gehaltsaufbesserungen wegen unbefriedigenden Verhaltens, über die Zahlung der vor dem Ableben eines Beamten oder vor seinem Eintritt in den Ruhestand fällig gewordenen Zulagen finden auf die Offiziere des Reichsmilitärgerichts, die Offiziere und Unteroffiziere der Kaiserlichen Marine sowie auf die Schutztruppenoffiziere und -unteroffiziere beim Reichs-Kolonialamte mit der Maßgabe Anwendung, daß an die Stelle der obersten Militär-Verwaltungsbehörde des Kontingents der Präsident des Reichsmilitärgerichts, das Reichs-Marine-Amt und das Reichs-Kolonialamt tritt (Ziff. 73 GehVorschr., Beil. I).

6) „Auf Grund der Besoldungsordnung III".

Bezüglich der Regelung der Gehaltsverhältnisse der Offiziere usw. vor dem Inkraftreten des BesoldGes. siehe oben Anm. 1 zu § 1.

7) „Soweit Stellengehälter vorgesehen sind".

Stellengehälter sind vorgesehene in der BesoldOrd. III A (bezw. in Bayern in der BesoldOrd. B) von Nr. 8 an, in der BesoldOrd. IIIB in Nr. 5 und 6, sowie von Nr. 10 an.

8) „spätestens".

Von der Kommission für die Beratung des Entwurfs für das BesoldGes. war beantragt, dem § 14 einen Abs. 3 mit folgendem Inhalt anzufügen: „Die Gewährung des Gehalts der einzelnen Dienststellen im Reichsheer erfolgt von dem Tage der dauernden Übernahme der Befugnisse derselben ab".

Ein Vertreter der verbündeten Regierungen wandte gegen diesen Antrag ein, daß schon bei der Beratung der Militärpensionsgesetze die Frage angeregt worden sei, ob nicht gleich vom ersten des auf die Verabschiedung des betreffenden Offiziers folgenden Monats ab Pensionen bezahlt werden sollten. Damals habe die Budgetkommission und das Plenum des Reichstags sich auf den Standpunkt gestellt, daß man es im Interesse der Sparsamkeit bei dem bisherigen Verfahren bewenden lassen solle, d. h., daß der erste Monat der Pensionierung aus dem Stellengehalt des nachrückenden Offiziers bestritten werde. Bei der in der Zwischenzeit noch erheblich verschlechterten Finanzlage liege wohl kein Grund vor, die Sache jetzt zu ändern und teurer zu machen. Bei den Zivilbeamten finde die Pensionierung mit einem bestimmten Tage statt, genau wie bei der Heeresverwaltung; der neue Beamte rücke aber in die neue Stelle erst ein mit dem Tage, an dem die Pensionszahlung beginne. Nur ganz ausnahmsweise bei Persönlichkeiten in leitender oder halbleitender Stelle komme es bisweilen vor, daß das Gehalt außeretatsmäßig an den nachfolgenden Beamten neben dem Gehalt des abgehenden Beamten gezahlt werde, namentlich in Fällen, in denen man sich sagen müsse, daß eine Stelle nicht 3 Monate lang unbesetzt bleiben könne. Dann werde das Gehalt der nachrückenden Beamten außeretatsmäßig berechnet. Dieses Vorgehen finde sich auch mit Rücksicht auf die schwache Besetzung beim Reichsgericht. Sonst müsse derjenige Beamte, welcher für die betreffende Stelle in Aussicht genommen sei, warten, bis die Pensionierung beginne und trete erst dann in das Gehalt der Stelle ein. Bei der Heeresverwaltung liege die Sache insofern etwas anders, als das Heer im Interesse der Kriegsbereitschaft Stellen nie unbesetzt lassen dürfe. Aber die Heeresverwaltung habe im Etat nur Gehaltsstellen im Gegensatz zur Marine, wo es sich um Chargenstellen handle. Es stehe also gar nichts im Wege, wenn ein Hauptmann erster Klasse pensioniert werde, denjenigen Offizier, der seine Stelle übernehmen solle, sofort zum Hauptmann erster Klasse zu ernennen. Damit bekomme er noch keinen Anspruch auf das Stellengehalt. Er habe aus dem Etat durchaus keinen Anspruch, sondern bekomme den etatsmäßigen Satz erst, wenn er zum Kompagniechef ernannt ist (Komm.-Ber. S. 23/24).

9) „nach der dauernden Übertragung der Stelle", auch wenn der Antritt der Stelle zu diesem Zeitpunkt z. B. wegen Krankheit des Offiziers noch nicht eingetreten sein sollte.

§ 15.

Dienstzulagen sind insoweit zu gewähren, als sie in der Besoldungsordnung III aufgeführt sind.[1][2] Im übrigen findet § 3 entsprechende Anwendung.[3][4]

1) „Dienstzulagen."

Bei Neuordnungen der Besoldungsverhältnisse geht regelmäßig das Bestreben dahin, allen Angehörigen der gleichen Besoldungsklasse auch das gleiche Gehalt zu gewähren und Stellenzulagen möglichst zu vermeiden. Bei der vorliegenden Neuordnung ließen sich die Zulagen zwar vermindern, aber nicht völlig beseitigen.

Sämtliche Zulagen im BesoldGes. aufzuführen, hat sich als untunlich erwiesen, weshalb Vorsorge getroffen ist, daß Zulagen, deren Erwähnungen in der BesoldOrd. unterblieben ist, nur insoweit bewilligt werden können als der Etat hierfür Mittel zur Verfügung stellt.

Bezüglich des Bedürfnisses der Gewährung von Dienstzulagen im allgemeinen und deren Berechtigung siehe Anm. 1) III zu § 1. Bezüglich der Zulagen, welche vom 1. April 1908 an in Wegfall kommen oder in ihrer Höhe eine Änderung erfahren, siehe die Anlagen I zu den Verfügungen des K. preuß. Kriegsministeriums vom 3. August 1909; des K. bayer. Kriegsministeriums vom 22. September 1909; des K. sächs. Kriegsministeriums vom 11. August 1909; des K. württ. Kriegsministeriums vom 21. August 1909. Bezüglich des Wegfalls der Serviszulagen der Offiziere, Sanitätsoffiziere und Militärbeamten der bisherigen Servisklasse A siehe oben Anm. 3 zu § 14.

2) Die Dienstzulagen sind teils pensionsberechtigt, teils kommt denselben diese Bedeutung nicht zu.

Pensionsberechtigt sind nach § 9 Ziff. 4 des Ges. über die Pensionierung der Offiziere einschließlich der Sanitätsoffiziere des Reichsheeres, der Kaiserl. Marine und der Schutztruppe vom 31. Mai 1906 (Offizierspensionsgesetz), RGesBl. S. 565, die den Offizieren in Brigadekommandeur- und höheren Stellen ausgeworfenen Dienstzulagen, bei Dienstzulagen über 900 Mark jedoch nur $^{2}/_{3}$ dieser Zulagen. Die den Offizieren in Brigadekommandeur- und höheren Stellen in einzelnen Fällen etwa lediglich zu Repräsentationszwecken bewilligte außerordentliche Zulage bleibt bei der Berechnung des pensionsfähigen Diensteinkommens außer Ansatz.

3) Bezüglich der Fonds, welche im Reichshaushaltsetat für die Gewährung von Zulagen zur Verfügung gestellt sind, siehe oben Anm. 4 zu § 3.

4) Übergangsbestimmungen zu § 15 siehe in den §§ 46 und 47 des Gesetzes.

5) Bezüglich der Gnadenzulagen siehe auch die K. preuß., bayer. AusfBest. C 14 und die württ. AusfBest. C 15.

6) Hinsichtlich der nicht pensionsfähigen Zulage der pensionierten Sanitätsoffiziere bei den Bezirkskommandos siehe die Ausf.-Best. A 4.

§ 16.

Für die nach Dienstaltersstufen aufrückenden Offiziere [1]) beginnt das Besoldungsdienstalter [2]) mit dem ersten Tage [3]) des ersten Monats, in welchem sie eine etatsmäßige Stelle bekleiden und ein Patent des dieser Stelle entsprechenden Dienstgrads besitzen. [4])

1) Bezüglich der nach Dienstaltersstufen aufrückenden Offiziere siehe oben Anm. 2 II zu § 14; bezüglich der Festsetzung des Be-

soldungsdienstalters siehe die GehVorschr. Beil. I. Ziff. 70, die Ausf.-Best. A 3. Bezüglich der unrichtigen Festsetzung des Besoldungsdienstalters siehe die GehVorschr. Beil. I Ziff. 72, 7, 8 und 68; über die Vorrückung des Besoldungsdienstalters siehe die §§ 17 und 18 des Ges.; bezüglich der Dienstalterszulagen siehe die §§ 22 und 23 und die Übergangsvorschr. in §§ 43 ff. des Ges.

2) „Beginnt das Besoldungsdienstalter."

Von dem Beginn des Besoldungsdienstalters sind die Zeitabschnitte für das Verbleiben in der untersten Gehaltsstufe und für das Aufsteigen in die höheren Gehaltsstufen zu berechnen. Das Besoldungsdienstalter kommt nur für die Regelung der Gehaltsbezüge in Betracht und hat auf die sonstigen Verhältnisse, insbesondere auf die Berechnung der Dienstzeit bei Pensionierungen keinen Einfluß.

3) „mit dem ersten Tage."

Dieser erste Monatstag ist einzurechnen.

4) Zu § 16 führte ein Kommissär des Bundesrats aus, daß man 2 Fragen auseinanderhalten müsse, nämlich die Frage, welches Gehalt der betreffende Offizier sofort bekomme, nachdem ihm eine Stelle dauernd übertragen sei, und die Frage, wie sein Besoldungsdienstalter festgestellt werden solle. Die zweite Frage werde durch § 16 geklärt; die erste sei durch § 14 genügend geregelt. Die in § 16 vorgesehene Regelung schließe sich der für Beamte geltenden durchaus an. Es komme häufig vor, daß ein Beamter mit den Funktionen einer höheren Stelle beauftragt werde, ohne die Bezüge dieser Stelle zu erhalten. Das Besoldungsdienstalter könne aber niemals eher festgesetzt werden als auf den Tag, an welchem das Patent erteilt werde.

Ein Vertreter der verbündeten Regierungen erklärte noch, daß es früher vorgekommen sei, daß Offiziere, denen eine Stelle als Hauptmann übertragen worden sei, ihr Gehalt als Oberleutnant beibehalten hätten. Das sei jetzt abgeschafft worden. Es könne aber heute noch vorkommen, daß ein Hauptmann abkommandiert werde und ein Oberleutnant für ihn die Kompagnie führe, auf mehrere Monate, auf Jahre aber nicht. Ein solcher Oberleutnant habe überhaupt noch keinen Anspruch darauf, Hauptmann zu werden, er vertrete ihn nur. Die Stelle sei ihm nicht dauernd übertragen. Geschehe das, so müsse er unter allen Umständen das Gehalt bekommen.

§ 17.

I. Den Leutnants des Reichsheeres und der Marineinfanterie, die Abiturienten eines Gymnasiums, Realgymnasiums oder einer Oberrealschule waren, wird das Besoldungsdienstalter um 2 Jahre, denjenigen, die Abiturienten des

Kadettenkorps waren, um ein Jahr sieben Monate vorgerückt.[1][2][3])

II. Für Leutnants, die der Selekta des Kadettenkorps angehört haben und als Offiziere in das Reichsheer oder die Marineinfanterie eingetreten sind, beginnt das Besoldungsdienstalter erst drei Monate nach ihrem Einrücken in eine etatsmäßige Stelle ihres Dienstgrads.[4])

III. Das Besoldungsdienstalter der Leutnants zur See wird um drei Jahre vorgerückt. Außerdem wird vom Jahrgang 1909 ab für diejenigen Leutnants zur See, welche Abiturienten eines Gymnasiums, Realgymnasiums, einer Oberrealschule oder des Kadettenkorps waren und die in ihrer Gesamtbeurteilung als Fähnrichs zur See mindestens das Prädikat „gut“ erhalten haben, das Besoldungsdienstalter um ein weiteres Jahr vorgerückt.[5])

IV. Das Besoldungsdienstalter darf jedoch nicht auf einen früheren Tag festgesetzt werden, als auf den ersten Tag desjenigen Monats, in welchem das 17. Lebensjahr vollendet worden ist.[6][7][8])

1) „wird das Besoldungsdienstalter vorgerückt“. Da von dem Beginn des Besoldungsdienstalters sich die Zeitabschnitte für das Verbleiben in der untersten Gehaltsstufe berechnen, so ergibt sich als Folge des Vordatierens des Besoldungsdienstalters die Abkürzung der Wartezeit auf der untersten Gehaltsstufe.

Bezüglich der Vordatierung der Dienstzeit der Assistenzärzte siehe § 18.

2) Die Bestimmung des § 17 hinsichtlich des Vorrückens des Besoldungsdienstalters um 2 Jahre gilt auch für diejenigen Zeug-, Feuerwerks- und Festungsbauleutnants, welche Abiturienten eines Gymnasiums, Realgymnasiums oder einer Oberrealschule waren (AusfVerf. des K. preuß. Kriegsministeriums A Ziff. 3 Abs. 2, Armeeverordnungsbl. 1909 Nr. 16 S. 216, und ebenso in Ausf.-Verh. der sächs., bayer. und württ. Kriegsministerien).

3) Die jetzt geltenden Aufnahmebestimmungen für das Kadettenkorps sind durch Verordn. vom 1. Juli 1869 (Armeeverordnungsbl. S. 152) festgestellt. Ergänzung vom 11. Juli 1901 (Armeeverordnungsbl. S. 264). Über den Lehrplan vgl. die Kabinettsordre vom 18. Januar 1874 (Armeeverordnungsbl. S. 77) und vom 13. Februar 1890 (Armeeverordnungsbl. S. 27). Neuausgabe vom 18. November 1899 (Armeeverordnungsbl. S. 477).

4) „nach ihrem Einrücken in eine etatsmäßige Stelle ihres Dienstgrads“.

In diesen Fällen verlängert sich die Wartezeit auf der untersten Gehaltsstufe um 3 Monate.

5) Der Abs. 3 wurde auf Antrag eines Mitgliedes der Kommission zur Vorberatung des Gesetzentwurfs für das BesoldGes. in das Gesetz eingefügt.

Zur Begründung des Antrags wurde betont, daß man bei der ersten Lesung sich in ziemlicher Eile auf das Kompromiß geeinigt habe, 3 Jahre vorzudatieren. Nachher habe man für die Offiziere des Reichsheeres, soweit sie Abiturienten seien, eine Vordatierung von 2 Jahren bezw. von 1 Jahr und 7 Monaten beschlossen. Dadurch werde der Leutnant der Marine gegenüber seinen Kameraden zu Lande um 1 Jahr zurückgesetzt. Das solle verhindert werden. Es handle sich um diejenigen Abiturienten, welche ihr Fähnrichsexamen mit „gut" bestanden haben.

Aus der Kommission wurde bestätigt, daß der Antrag zweifellos eine gewisse Ungerechtigkeit beseitige. Aber es müsse immer wieder betont werden, daß das Anfangsgehalt für die Leutnants zu hoch angesetzt sei. Durch diesen Antrag werde es noch weiter erhöht (KommBer. S. 155).

6) Durch den Abs. 4 erleiden die Abs. 1 bis 3 eine Einschränkung; Gehalt kann von Leutnants auch vor Vollendung des 17. Lebensjahrs bezogen werden, nur das Besoldungsdienstalter beginnt erst mit dem 17. Lebensjahre.

7) Bezüglich der Kürzung der Vorrückungszeit der seit dem 1. April 1908 als Zivilabiturienten zu Leutnants des Reichsheeres und der Marineinfanterie beförderten Offiziere gegenüber den bis zum 31. März 1908 als Zivilabiturienten im Patent vorgerückten Leutnants siehe § 44 des BesoldGes.

8) Übergangsbestimmungen zu § 17 siehe in den §§ 43 und 44.

§ 18.

Das Besoldungsdienstalter der aus der Kaiser Wilhelms-Akademie hervorgegangenen Assistenzärzte, welche länger als ein Jahr zur Dienstleistung in der Charité kommandiert waren, wird um so viele Monate vorgerückt, als das Charitékommando ein Jahr überschritten hat.[1][2])

1) Die Bestimmungen über die Aufnahme in die militärärztlichen Bildungsanstalten sind zusammengestellt unter dem 22. Juni 1894 (ArmeeVBl. 1895 S. 14). Neue Bestimmungen über die Aufnahme von Studierenden in die Kaiser Wilhelms-Akademie vom 15. April 1896.

2) Außer in den Fällen der Kommandierung zur Dienstleistung in der Charité sind für Assistenzärzte Vordatierungen des Besoldungsdienstalters nicht vorgesehen. Als eine Härte kommt dies aus dem

Grunde nicht in Betracht, weil die Assistenzärzte nur 3 Gehaltsstufen haben und weil auch die Stufengehälter höher bemessen sind als bei den Leutnants und Oberleutnants. Gleichgestellt sind dagegen die Gehaltsstufen und die Stufengehälter bei den Stabsärzten und bei den Kompagnie-, Eskadrons- und Batteriechefs — Hauptleuten und Rittmeistern (BesoldOrd. III Nr. 7).

Abgesehen von der Kommandierung zur Dienstleistung in der Charité berechnet sich das Besoldungsdienstalter der nach Dienstaltersstufen vorrückenden Offiziere gemäß § 16 des Gesetzes.

§ 19.

Patentierte Hauptleute oder Rittmeister,[1]) denen eine etatsmäßige Stelle nicht sogleich dauernd übertragen werden konnte,[2]) erhalten nach dem Einrücken in eine solche Stelle[3]) ein Besoldungsdienstalter vom Ersten des Monats ab, in dem einem dem Dienstalter nach jüngeren Hauptmann oder Rittmeister, der in der Reihe[4]) zu diesem Dienstgrade mit Patent befördert wurde, eine etatsmäßige Stelle verliehen worden ist.[5])[6])

1) „Patentierte Hauptleute oder Rittmeister". Nach dem Datum des Patents bestimmt sich in jedem Dienstrang das Dienstalter eines Offiziers; soll das Patent auf den Beginn des Besoldungsdienstalters einwirken, so muß mit der Patentierung die dauernde Übertragung einer dem Patent entsprechenden etatsmäßigen Stelle verbunden sein (zu vgl. § 16).

2) „denen eine etatsmäßige Stelle nicht sogleich dauernd übertragen werden konnte". Als Gründe, welche die dauernde Übertragung einer dem Patent entsprechenden etatsmäßigen Stelle im einzelnen Fall ausschließen, können in Betracht kommen: das Nichtvorhandensein einer freien Etatsstelle oder die Verwendung außerhalb des Militärdienstes, z. B. im diplomatischen Dienst.

3) „nach dem Einrücken in eine solche". D. h. nach erfolgter Ernennung auf eine etatsmäßige Stelle.

4) „in der Reihe". Gemeint ist die dauernde Übertragung der etatsmäßigen Stelle unter Verleihung eines Patents in der regelmäßigen Reihenfolge.

5) Durch diese Voranstellung gegenüber einem dem Dienstalter nach jüngeren, schon mit Patent etatsmäßig angestellten Hauptmann oder Rittmeister wird das tatsächlich verspätet erfolgte Einrücken in eine dem Patent entsprechende etatsmäßige Stelle ausgeglichen.

6) „mit Patent befördert wurde".

Eine Beförderung zum Hauptmann oder Rittmeister ohne gleichzeitige Verleihung eines Patents für diesen Dienstgrad ist ohne Einfluß auf das Besoldungsdienstalter und erfordert bei früher patentierten Hauptleuten oder Rittmeistern kein Einrücken gemäß § 19 des Gesetzes.

§ 20.

I. Für aus besonderen Dienststellungen in den Heeres- oder Marinedienst zurücktretende Offiziere, die bis dahin ihre Gebührnisse nicht aus dem Militär- oder Marine-Etat erhielten [1]) und denen nicht bereits im Heere oder der Marine ein Besoldungsdienstalter [2]) beigelegt war,

für Offiziere des Beurlaubtenstandes, [3]) die im aktiven Dienste angestellt werden,

für Offiziere, die außer Dienst waren [4]) und im aktiven Dienste wieder angestellt werden,

für aus Beamtenstellen übergetretene Offiziere

wird das Besoldungsdienstalter nach Maßgabe der allgemeinen Dienstaltersverhältnisse geregelt. [5])

II. Wo bei Anwendung der vorstehenden Grundsätze im einzelnen Falle sich Härten ergeben sollten sowie in sonstigen besonderen Fällen wird das Besoldungsdienstalter nach Maßgabe der allgemeinen Dienstaltersverhältnisse geregelt. [5])

1) „Für aus besonderen Dienststellungen in den Heeres- oder Marinedienst zurücktretende Offiziere".

Als solche besondere Dienststellungen können z. B. in Betracht kommen Verwendungen im diplomatischen Dienst oder der Dienst in den Schutztruppen.

2) „und denen nicht bereits im Heere oder der Marine ein Besoldungsdienstalter beigelegt war".

Gemeint ist das Besoldungsdienstalter für den seit dem Austritt aus dem Dienst im Heere oder in der Marine erworbenen höheren Dienstgrad.

3) „für Offiziere des Beurlaubtenstandes".

Als Offiziere des Beurlaubtenstandes kommen die Reserve- und Landwehroffiziere in Betracht. Dieselben fallen nicht wie die Berufsoffiziere unter die Rechtskategorie der Beamten, sondern sie gehören zu den ihrer gesetzlichen Wehrpflicht genügenden Untertanen.

Aktive Offiziere können aus dem Dienst entlassen werden, ohne daß das Dienstverhältnis beendigt wird, indem sie entweder zu den Offizieren des Beurlaubtenstandes versetzt, oder zur Disposition gestellt werden. Durch die Versetzung zu den Offizieren des Beurlaubtenstandes hört die Zahlung von Gehalt und anderen Gebührnissen vollkommen auf, ebenso auch die Verpflichtung zu anderen Militärrenten als sie den Reserve- oder Landwehroffizieren gesetzlich obliegen. Die Versetzung zur Reserve oder Landwehr tritt nur auf Antrag ein. Auf Berufsoffiziere, welche in den Beurlaubtenstand versetzt werden, finden die Bestimmungen für die Reserve- und Landwehroffiziere Anwendung. Bezüglich der Ergänzung der Offiziere des Beurlaubtenstandes und des Übertritts von Offizieren des aktiven Dienststandes in den Beurlaubtenstand siehe die näheren Bestimmungen in den §§ 45 bis 49 HeerOrdn.; bezüglich der besonderen Dienstverhältnisse siehe ebendaselbst §§ 51 bis 53.

4) „Offiziere, die außer Dienst waren".

Hierzu gehören die zur Disposition gestellten und die mit Anspruch auf Pension, oder ohne einen solchen auf ihr Ansuchen verabschiedeten Offiziere.

5) „wird das Besoldungsdienstalter nach Maßgabe der allgemeinen Dienstaltersverhältnisse geregelt".

Unter den allgemeinen Dienstaltersverhältnissen in Abs. 1 werden die persönlichen allgemeinen Dienstverhältnisse des in den aktiven Dienst zurücktretenden Offiziers zu verstehen sein, während als allgemeine Dienstaltersverhältnisse in Abs. 2, welche zur Beseitigung von Härten und in besonderen Fallen in Berücksichtigung genommen werden sollen, diejenigen derselben Dienstgradkategorie in Betracht kommen.

§ 21.[1])

Die Vorrückung des Patents hat auf ein bereits festgesetztes Besoldungsdienstalter keinen Einfluß.

1) Der § 21 findet auf Offiziere Anwendung, welche schon ein Patent als Leutnant besitzen und für welche ein Besoldungsdienstalter schon festgesetzt ist. Unter Vorrückung des Patents ist eine solche innerhalb desselben Dienstgrads zu verstehen; der Vorgerückte erreicht den nächsten Dienstgrad um die Vorrückungszeit bälder.

Siehe hierzu auch die AusfBest. I 2.

§ 22.

1. Von dem Tage des Besoldungsdienstalters ab [1]) sind die Zeitabschnitte für das Verbleiben in der untersten Gehaltsstufe und das Aufsteigen in die höheren Gehaltsstufen zu rechnen. [2])

II. Die Dienstalterszulagen sollen in den in der Besoldungsordnung III angegebenen Fristen bis zur Erreichung des Höchstgehalts bewilligt werden.[3])

1) Bezüglich des Beginns des Besoldungsdienstalters für die nach Dienstaltersstufen vorrückenden Offiziere siehe § 16.

Über die Festsetzung des Besoldungsdienstalters siehe Anm. 2 III zu § 14.

2) Bezüglich der Abkürzungen der Wartezeit auf den einzelnen Gehaltsstufen infolge von Vorrückung des Besoldungsdienstalters siehe § 17 und die Anmerkungen Ziff. 1 bis 5 dazu.

3) „die Dienstalterszulagen sollen bewilligt werden".

Bezüglich der Bewilligung von Dienstalterszulage siehe Gehaltsvorschriften Ziff. 71 (Beil. I). Über die Bewilligung der Dienstalterszulagen siehe die AusfBest. I 3; bezüglich des Anspruchs auf die Dienstalterszulagen und die Versagung derselben siehe § 23 des Gesetzes.

Hierzu wurde von einem Mitglied des Bundesrats bei der Kommissionsberatung betont, daß das Gesetz lediglich Vorschriften für die Verwaltung enthalte. Die Verhältnisse in der Heeresverwaltung seien so vielgestaltig, daß dieselbe ohne weiteres in der Lage sein müsse, durch Verwaltungsvorschriften dem Offizier das Gehalt zu kürzen, bezw. das Aufrücken zu versagen. Einen Offizier, der fahnenflüchtig geworden, der auf längere Zeit beurlaubt sei, der sich in Untersuchungshaft befinde, werde man doch nicht in die höhere Stufe einrücken lassen, wenn gerade in dem Moment das Einrücken fällig sei (KommBer. S. 25).

An Stelle der Besoldungsordnung III tritt für Bayern die Besoldungsordnung B.

§ 23.

I. Auf die vorgeschriebene Gehaltsfestsetzung und die Gewährung von Dienstalterszulagen sowie das Aufrücken in höhere Gehaltsstufen haben die Offiziere keinen Rechtsanspruch.[1])

II. Eine Dienstalterszulage oder das Aufrücken in eine höhere Gehaltsstufe kann versagt werden,[2]) wenn gegen das dienstliche oder außerdienstliche Verhalten des Offiziers eine erhebliche Ausstellung[3]) vorliegt. Über die Versagung entscheidet bei den Offizieren des Reichsheeres die oberste Militärverwaltungsbehörde des Kontingents, bei den übrigen Offizieren[4]) die oberste Reichsbehörde.

III. Nach Behebung der Anstände[5]) ist die vorläufig versagte Zulage zu gewähren, und zwar vom ersten Tage des Monats ab, in welchem die Bewilligungsverfügung ergeht.[6])

1) „haben die Offiziere keinen Rechtsanspruch".

Es kann also weder die Gehaltsfestsetzung, noch das Aufrücken in höhere Gehaltsstufe im Wege der Klagerhebung erzwungen werden.

Die Frage, ob gegen die Verweigerung des Aufrückens in eine höhere Gehaltsstufe dem beteiligten Offizier ein Beschwerderecht zustehe, wurde von einem Vertreter des preuß. Kriegsministeriums bei der Kommissionsberatung verneint. Eine Beschwerde müßte an die Allerhöchste Stelle gerichtet werden; diese gäbe aber die Sache an das Kriegsministerium ab. Das Kriegsministerium müßte also entscheiden gegen seine eigene Entscheidung, die es auf Grund von Material getroffen habe, das meistens sehr klar sein werde, denn man werde niemals einem Offizier aus bösem Willen das Einrücken in das höhere Gehalt versagen (KommBer. .S 26).

2) „Eine Dienstalterszulage oder das Aufrücken kann versagt werden".

Es handelt sich um eine dem Ermessen anheimgegebene Verfügung auch in denjenigen Fällen, in welchen gegen das dienstliche oder außerdienstliche Verhalten eines Offiziers eine erhebliche Ausstellung vorliegt.

3) „eine erhebliche Ausstellung".

Von Vorkommnissen, welche die Vorenthaltung einer Gehaltszulage als angezeigt erscheinen lassen, ist den Dienststellen, welche die Zulagebewilligung auszusprechen haben, Mitteilung zu machen.

Wo ohne Kenntnis des nicht befriedigenden Verhaltens die Bewilligung einer Gehaltszulage verfügt worden ist, muß die Benachrichtigung über die Zulagegewährung bis zur gegenteiligen Verständigung der beteiligten Behörden ausgesetzt werden.

Siehe hierzu auch oben § 12 und beigefügten Anmerkungen.

4) „bei den übrigen Offizieren",

d. h. bei den Offizieren außer denjenigen des Reichsheeres. Als solche Offiziere kommen in Betracht die Offiziere des Reichsmilitärgerichts, der kaiserl. Marine einschließlich der Sanitätsoffiziere und der Marine-Ingenieure, sowie die etatsmäßigen Schutztruppenoffiziere beim Reichskolonialamt; als Oberste Reichsbehörde der Reichskanzler.

5) „Nach Behebung der Anstände ist die vorläufig versagte Zulage zu gewähren".

Siehe hierzu die Anmerkungen Ziff. 4 und 5 zu § 12.

6) Anträge auf Bewilligung der vorläufig versagten Dienstalterszulagen sind seitens des nächsten, mit mindestens der Diszipli-

narstrafgewalt eines Regimentskommandeurs versehenen Vorgesetzten, für Sanitätsoffiziere auf Ersuchen der militärischen Dienststelle, welche das Gehalt zahlt, durch den Korpsarzt, für Sanitätsoffiziere der Kaiser Wilhelms-Akademie durch den Subdirektor der Kaiser Wilhelms-Akademie dem zuständigen Kriegsministerium vorzulegen.

Vorschriften für Unteroffiziere.

§ 24.

Die Gewährung des Gehalts und der Löhnung[1]) erfolgt an die Unteroffiziere des Reichsheeres, der Kaiserlichen Marine sowie an die Schutztruppenunteroffiziere beim Reichs-Kolonialamt auf Grund der beiliegenden Besoldungsordnung IV.[2])[3])[4])[5])

1) „die Gewährung des Gehalts und der Löhnung".

Bezüglich der Unterscheidung zwischen Löhnungs- und Gehaltsempfängern bei den Unteroffizieren des Reichsheeres usw. siehe Anm. 1 III zu § 1.

Im einzelnen ist hier hervorzuheben:

a) Die als Gehaltsempfänger in Betracht kommenden Obermusikmeister, Musikmeister, Unterzahlmeister, Unterinspektoren bei den Proviantämtern, bei den Bekleidungsämtern, bei den Garnisonverwaltungen und bei den Garnisonlazaretten, sowie die Schirrmeister bei den Verkehrstruppen, den Traindepots, den Artilleriedepots und bei den Pionierbataillonen erhalten neben dem Gehalt noch Servis, dagegen kein Beköstigungsgeld und kein Brot oder Brotgeld. Ihre Uniform haben dieselben aus eigenen Mitteln zu beschaffen und zu unterhalten.

Hinsichtlich der ärztlichen Behandlung, der Lazarettaufnahme, der Versorgung mit Arznei, Verbandmitteln, künstlichen Gliedern und der zahnärztlichen Behandlung finden auf die Unteroffiziere als Gehaltsempfänger die in den §§ 4 Abs. 1, 64 Abs. 2, 17 Abs. 2 und 120 FriedensſanitätsOrdn. gegebenen Bestimmungen Anwendung; die militärärztliche Behandlung der Familienangehörigen dieser Personen regelt sich nach § 31 a. a. O.

Die genannten Unteroffiziere haben, wenn sie sich mit Familie auf den Truppenübungs- und Fußartillerieschießplätzen, dem Schießplatz Kummersdorf, den Übungsplätzen Clausdorf und Spernberg, sowie auf den Außenstationen der Militäreisenbahn befinden, auch fernerhin Anspruch auf die im ArmeeVBl. 1905 S. 79 Ziff. 11 und

ArmeeVBl. 1907 S. 168 Ziff. 31 erwähnte Zulage von monatlich 20 Mark.

b) Den Unteroffizieren der Halbinvaliden-Abteilungen, welche die Löhnung ihres Dienstgrads bei der Truppe bereits bezogen, haben, dürfen nach den näheren Festsetzungen der „Bestimmungen über die Beförderung der Unteroffiziere im Frieden, bei einer Aktivdienstzeit von $5^1/_2$ Jahren und darüber die Gebührnisse der Sergeanten, von 9 Jahren und darüber die Gebührnisse der Vizefeldwebel unter Beförderung zu diesen Dienstgraden gewährt werden. Für Unteroffiziere der Halbinvaliden-Abteilungen, welche bei der Truppe noch nicht die Unteroffizierlöhnung bezogen haben (überzählige Unteroffiziere usw.), findet diese Bestimmung erst Anwendung, wenn sie in eine offene Etatsstelle der Halbinvaliden-Abteilung eingerückt sind. Halbinvalide Hoboisten, Hornisten und Trompeter erhalten nur den Löhnungssatz, für Unteroffiziere (302,40 Mark); ein Aufrücken zu Sergeanten und Vizefeldwebeln mit den Gebührnissen dieser Dienstgrade findet nicht statt (zu vgl. zu den lit. a und b die Ziff. 5 und 7 der Verf. des K. preuß. Kriegsminist. vom 3. August 1909; ArmeeVBl. S. 261/217 und der gleichlautenden Verh. der K. sächs., bayer. und württ. Kriegsministerien).

2) Zu den Unteroffizieren als Löhnungsempfänger zählen auch die Unterärzte (in offenen Assistenzarztstellen) und die Unterveterinäre (BesoldOrdn. IV A. a) Nr. 7 und 8; B. a) Nr. 8).

Zu den Unteroffizieren als Gehaltsempfänger die Deck- und Oberdeckoffiziere (B. b N. 14 und 15).

3) Die Schutztruppen in den ostafrikanischen Schutzgebieten gehören nicht zum Reichsheer; sie werden dem Reichsheer in dem Gesetz vom 18. Juli 1896 (RGesBl. S. 653) und in allen anderen, die Schutztruppen betreffenden Gesetzen und Verordnungen entgegengesetzt; die reichsgesetzlichen Vorschriften über die Friedenspräsenzstärke, Organisation und Gliederung des Heeres finden auf sie keine Anwendung. Demgemäß ist auch die Besoldungsordnung IV auf die Unteroffiziere der Schutzgebiete nicht anwendbar. Die für die Löhnung und den Gehalt der Unteroffiziere in den Schutzgebieten erforderlichen Mittel werden im Anschluß an den Etat für die Schutzgebiete aufgebracht.

4) Die Erhöhung der Löhnung nach Maßgabe des BesoldGes. (BesoldOrdn. IV) beschränkt sich auf die Unteroffiziere des aktiven Dienststandes. Für die Unteroffiziere des Beurlaubtenstandes und des inaktiven Standes gelten während der Übungen usw. die bisherigen Löhnungssätze — 0,77 Mark oder 0,72 Mark täglich —.

An Stelle der BesoldOrdn. IV tritt für Bayern die Besold.-Ordn. C (Allerh. Verordn. vom 20. September 1909 § 2).

5) Übergangsvorschriften zu § 24 enthalten die §§ 36, 45 bis 47 des Gesetzes.

§ 25.

Das Besoldungsdienstalter der Unteroffiziere, welche Gehalt nach Dienstaltersstufen beziehen,[1]) beginnt mit dem ersten Tage des ersten Monats,[2]) in dem sie eine etatsmäßige Stelle ihrer Besoldungsgruppe bekleiden.[3])[4])

1) Bezüglich der zur Festsetzung des Besoldungsdienstalters, zur Anordnung des Aufrückens in höhere Gehaltsstufen und zur Entscheidung von Beschwerden wegen Versagung des Aufrückens in eine höhere Gehaltsstufe zuständigen Militärbehörden

a) gegenüber Unteroffizieren als Gehaltsempfänger siehe hinsichtlich der K. preuß. und sächs. ArmeeVBl. 1909 Nr. 16 S. 220 und 221, Beil. V; hinsichtlich der K. bayer. ArmeeVBl. 1909 Nr. 31 S. 444 und 445 Ziff. 5 bis 7, Beil. VII; bezüglich der K. württ. ArmeeMilitärVBl. 1909 Nr. 29 S. 183 Ziff. 5 bis 7, Beil. VIII; Bezüglich der Erhöhung

b) der Löhnung der Unteroffiziere nach Maßgabe des BesoldGes. (BesoldOrdn. IV), sowie bezüglich des Aufrückens in höhere Löhnungssätze nach der Dienstzeit und bezüglich der Entscheidung von Beschwerden von Unteroffizeiren über Versagung des Aufrückens in eine höhere Löhnungsstufe siehe bezüglich der K. preuß. Armee C. I Ziff. 8 bis 11 a. a. O.; bezüglich der K. sächs. Armee C. I Ziff. 8 bis 11 ebendaselbst; bezüglich der K. bayer. Armee C, I Ziff. 8 bis 11 a. a. O.; bezüglich der K. württ. Armee C. I Ziff. 8 bis 11 a. a. O.

2) „Das Besoldungsdienstalter beginnt mit dem ersten Tag des ersten Monats".

Auch dann, wenn die Ernennung auf die etatsmäßige Stelle in den Lauf des betreffenden Monats fällt.

3) „in dem sie eine etatsmäßige Stelle bekleiden", d. h. tatsächlich versehen.

4) „ihrer Besoldungsgruppe".

Im einzelnen gilt hier folgendes:

a) Soweit Stellen für Löhnungsempfänger durch das Besold.-Ges. oder schon früher in solche für Gehaltsempfänger umgewandelt worden sind, beginnt das Besoldungsdienstalter mit dem ersten Tage des Monats, in welchem das Einrücken in die entsprechende Löhnungsempfängerstelle erfolgt ist, z. B. für Unterzahlmeister oder Unterinspektoren mit dem ersten Tage des Monats, in dem sie die Stelle eines etatsmäßigen Zahlmeisteraspiranten oder Verwaltungsaspiranten eingerückt sind.

b) Ergibt sich bei der Festsetzung des Besoldungsdienstalters, daß das einem Unteroffizier zustehende Gehalt einschließlich des pensionsfähigen Gehaltszuschusses niedriger ist als das bis dahin bezogene Einkommen (Gehalt oder Löhnung einschließlich pensionsfähiger Zulagen und des Geldwerts der Naturalverpflegung und der Kleidung), so ist sein Besoldungsdienstalter so oft um je 3 Jahre zurückzudatieren, bis eine Schlechterstellung vermieden wird.

c) Sind Unteroffiziere als solche vor Erlaß des BesoldGes. aus einer in die andere Gehaltsempfängerklasse übergetreten, so erhalten sie das Besoldungsdienstalter, das sie beim Verbleiben in ihrer früheren Gehaltsempfängerklasse erreicht haben würden.

Bei künftigem Übertritt aus einer in die andere Gehaltsempfängerklasse finden die Ziff. 30, 31, 35 und 37 bis 40 GehVorschr. (Beil. I) sinngemäß mit der Maßgabe Anwendung, daß der Anlaß des Übertritts außer Betracht bleibt (zu vgl. ArmeeVBl. 1909 S. 220/221 Ziff. 6 a—c; Bayer.VBl. 1909 S. 444/445 Ziff. 6 a—c; Württ. MilitärVBl. 1909 S. 183 Ziff. 6 a—c.

§ 26.

Soweit Löhnungsempfänger nach Ablauf einer bestimmten Dienstzeit in höhere Löhnungssätze aufrücken,[1]) ist hierfür die gesamte aktive Dienstzeit im Reichsheer, in der Kaiserlichen Marine und in den Schutztruppen maßgebend.[2])

Das Gleiche gilt bei den Gehaltsempfängern hinsichtlich der Gehaltszuschüsse.[3])

1) Als Löhnungsempfänger, welche nach Ablauf einer bestimmten Dienstzeit in höhere Löhnungssätze aufrücken, kommen in Betracht die unter A. 1 Ziff. 3—5 und B. 1 Ziff. 1—3 aufgeführten Unteroffiziere.

2) „die gesamte aktive Dienstzeit".

Bezüglich der Berechnung der aktiven Dienstzeit gelten folgende Grundsätze:

a) Die aktive Dienstzeit wird nach dem wirklich erfolgten Diensteintritt mit der Maßgabe berechnet, daß diejenigen Mannschaften, welche in der Zeit vom 2. Oktober bis 31. März eingestellt werden, als am vorhergehenden 1. Oktober eingestellt gelten (zu vgl. § 6 WehrGes.);

b) Die aktive Dienstzeit der als unsichere Dienstpflichtige (im Reichsmilitärgesetz „unsichere Heerespflichtige" genannt) Eingestellten wird von dem auf ihre Einstellung folgenden Rekruteneinstellungstermine an berechnet (zu vgl. § 33 Abs. 2 RMilitärGes.);

c) Die Zeit einer Freiheitsstrafe von mehr als 6 Wochen wird auf die aktive Dienstzeit nicht angerechnet (zu vgl. § 18 MilStGB.).

Dasselbe gilt von der Zeit einer Fahnenflucht, einer unerlaubten Entfernung, einer Urlaubsüberschreitung, sofern dieserhalb gerichtliche Bestrafung erfolgt ist, ohne Rücksicht auf ihre Dauer;

d) Die aktive Dienstzeit der auf eigenen Wunsch gemäß § 81 Ziff. 4 WehrO. vorzeitig eingestellten brotlosen Rekruten wird wie die Dienstzeit der am Rekruteneinstellungstermine eingestellten Rekruten berechnet;

e) Der Zeitraum, um welchen sich die aktive Dienstzeit verlängert, ist nicht von dem in den Rekrutierungsbestimmungen festgesetzten Entlassungstage der zur Reserve zu beurlaubenden Mannschaften der betreffenden Jahresklasse, sondern von dem Ablauf der Dienstzeit nach dem wirklich erfolgten Diensteintritt, bezw. soweit der 1. Oktober als Einstellungstermin gilt, vom 1. Oktober ab zu berechnen;

f) Als unsichere Dienstpflichtige später aufgegriffene Rekruten oder als brotlose Rekruten eingestellte Mannschaften haben eine Freiheitsstrafe von längerer als sechswöchiger Dauer nicht nachzudienen, falls dieselbe vor dem auf ihre Einstellung folgenden Rekruten-Einstellungstermin verbüßt worden ist;

g) Ehemalige Unteroffizierschüler usw., welche während der Erfüllung ihrer besonderen Dienstpflichten, und Kapitulanten, welche während ihrer Kapitulationszeit Freiheitsstrafen über sechs Wochen verbüßten, haben die Dauer derselben nicht nachzudienen;

h) Untersuchungshaft gilt als Dienstzeit, sofern sie nicht durch gerichtliches Erkenntnis auf eine Freiheitsstrafe von mehr als sechswöchiger Dauer angerechnet und damit für die im Urteil ausgesprochene Dauer in Strafzeit umgewandelt ist;

i) Eine im Gnadenweg erlassene Strafe ist nicht nachzudienen;

k) Werden Mannschaften, welche in Berücksichtigung bürgerlicher Verhältnisse vorzeitig, oder als Volksschullehrer nach zehnwöchiger Dienstzeit zur Reserve beurlaubt waren, zur Erfüllung des Restes ihrer aktiven Dienstzeit gemäß § 82 Ziff. 5 lit. c, bezw. § 9 Ziff. 2 WehrO. herangezogen, so findet nur die infolge ihrer ersten Einstellung bei einem Truppenteil abgeleistete nach Maßgabe der lit. a berechnete Dienstzeit, nicht aber die Zeit, während welcher sie von der Fahne abwesend waren, auf die voll abzuleistende Dienstzeit Anrechnung.

Für die Berechnung der Reservepflicht findet in diesen Fällen § 11 Ziff. 1 der WehrO. unter Zugrundlegung der ersten Einstellung Anwendung.

Diese Mannschaften gehören daher zu der durch die erste Einstellung bedingten Jahresklasse.

l) Werden Mannschaften, welche zur Disposition der Ersatzbehörden entlassen waren, wieder eingestellt, so findet die schon früher beim Tuppenteil wirklich abgeleistete aktive Dienstpflicht nach Tagen berechnet auf die aktive Dienstpflicht mit der Maßgabe Anrechnung, daß die Entlassung nach beendeter aktiver Dienstpflicht um so viele Tage früher zu erfolgen hat, als die Entlassung der Jahresklasse, zu welcher der Wiedereingestellte durch seine zweite Einstellung gehört.

War die Entlassung zur Disposition der Ersatzbehörden aus einer Unteroffiziersschule erfolgt, so findet die in derselben zugebrachte Zeit bei späterer Erfüllung der aktiven Dienstpflicht keine Anrechnung;

m) Die Zeit eines erteilten Urlaubs wird in die aktive Dienstzeit eingerechnet, nur bei Volksschullehrern und Einjährig-Freiwilligen findet ein Urlaub von mehr als 14 Tagen auf die einjährige aktive Dienstzeit keine Anrechnung. Zu vgl. § 13 Ziff. 2 und § 19 Ziff. 3 der HeerOrd.

3) „Gehaltszuschüsse".

Solche sind in der BesoldOrd. IV vorgesehen für die Schirrmeister als Panzerturmwärter (A Nr. 11) und für die Artilleriewarte als Panzerturmwärter (B 11 Nr.).

§ 27.

Die §§ 15, 22, 23[1]) finden entsprechende Anwendung. Im Falle des § 23 Abs. 2 kann die oberste Militärverwaltungsbehörde[2]) des Kontingents und die oberste Reichsbehörde ihre Befugnisse auf andere Behörden übertragen.

1) Bezüglich des den Unteroffizieren im Fall der Versagung des Aufrückens in eine höhere Gehalts- oder Löhnungsstufe zustehenden Beschwerderechts und der zur Entscheidung der Beschwerden im einzelnen Fall zuständigen Militärbehörde ist hinzuweisen auf das ArmeeVBl. 1909 S. 221 Ziff. 11; auf das Bayer. VBl. 1909 S. 446 Ziff. 11; auf das Württ. MilitärVBl. 1909 S. 184 Ziff. 11.

2) „die oberste Militärverwaltungsbehörde" d. h. das Kriegsministerium; bezüglich der Fälle, in welchen die oberste Reichsbehörde in Betracht kommt, siehe oben Anm. 4 zu § 23.

II. Wohnungsgeldzuschüsse[1]).

§ 28.

I. Die etatsmäßigen Reichsbeamten und Offiziere des Reichsheeres, des Reichsmilitärgerichts, der Kaiserlichen Marine einschließlich der Sanitätsoffiziere und der Marineingenieure sowie die etatsmäßigen Schutztruppenoffiziere beim Reichs-Kolonialamt[2]) erhalten, wenn sie ihren dienstlichen Wohnsitz im Deutschen Reiche[3]) haben, einen Wohnungsgeldzuschuß nach Maßgabe des als Beilage V beigefügten Tarifs.

II. Nur die etatsmäßigen Beamten der Betriebsverwaltung der Reichseisenbahnen erhalten den Wohnungsgeld zuschuß auch dann, wenn sie ihren dienstlichen Wohnsitz außerhalb [4]) des deutschen Reichs haben.

Keinen Wohnungsgeldzuschuß erhalten diejenigen Reichsbeamten und Offiziere, denen auf Grund des Reichshaushalts-Etats ein Anspruch auf freie Dienstwohnung eingeräumt werden kann [5]) [6]).

Keinen Wohnungsgeldzuschuß erhalten diejenigen Reichsbeamten, welche im Reichsdienste nur ein Nebenamt bekleiden. [7]) [8]) [9])

1) Allgemeine Vorbemerkungen.

a) Die Wohnungsgeldzuschüsse für Offiziere und Beamte des Reichs wurden durch das Gesetz vom 30. Juni 1873 (ReichsGesetzbl. S. 166) eingeführt. Dieses Gesetz hat durch das Gesetz vom 7. Juli 1902 (Reichs-Gesetzbl. S. 239) und durch das Gesetz vom 9. Juni 1906 (Reichs-Gesetzbl. S. 731) Änderungen erfahren. Ersteres hat die in der letzten Servisklasse stehenden Orte der vorletzten Servisklasse zugewiesen, letzteres hat eine Erhöhung der Wohnungsgeldzuschüsse für Leutnants und Unterbeamte gebracht. Nach § 3 des Reichsgesetzes vom 30. Juni 1873 ist für die Einteilung der Orte in Servisklassen, von denen die Höhe der den Offizieren und den Reichsbeamten zu gewährenden Wohnungsgeldzuschüsse abhängt, bis zu anderweitiger gesetzlicher Regelung die Einteilung der Orte maßgebend, nach welchen die Serviskompetenzen der Militärpersonen bemessen werden. Von dem Gehalt unterscheiden sich die Wohnungsgeldzuschüsse hauptsächlich dadurch, daß sie keine festen, sondern veränderliche Bestandteile des persönlichen Diensteinkommens sind, welche sich bei Versetzung an einen Ort mit einer anderen Klasseneinteilung ändern. Voraussetzung für die Gewährung eines Wohnungsgeldzuschusses ist im allgemeinen, daß der Beamte seinen dienstlichen Wohnsitz innerhalb des deutschen Reichs hat, daß er eine etatsmäßige Stelle bekleidet und daß er eine Besoldung aus der Reichskasse bezieht.

Gemäß § 2 des Reichsgesetzes, betreffend den Servistarif und die Klasseneinteilung der Orte, vom 17. Mai 1906 (Reichs-Gesetzbl. S. 473) mußte die nächste Revision des Servistarifs und der Ortsklasseneinteilung mit Wirkung vom 1. April 1908 erfolgen. Da durch dieses Gesetz der Naturalquartierservis für das ganze Reich einheitlich bemessen, und da ferner seit dem 1. April 1906 der Personalservis der Offiziere sowie der Militär- und Marinebeamten beseitigt ist, hat die Klasseneinteilung der Orte nur noch für die Wohnungsgeldzuschüsse Bedeutung. Um für die Folgezeit Wohnungsgeldzuschüsse im Anschluß an die Klasseneinteilung der Orte entsprechend den tatsächlichen Verhältnissen zu gestalten, wurden aus Anlaß der Aufstellung des Entwurfs für das BesoldGes. eingehende

Erhebungen über die tatsächlich zu bezahlenden Mietpreise gemacht, welche sich erstreckt haben:

a) auf sämtliche etatsmäßig angestellte, am Ort ihrer Dienststelle wohnenden Offiziere sowie höheren, mittleren und unteren Beamten des Reichs, die den Wohnungsgeldzuschußtarifklassen III, V und VI angehören und mit Familie einen eigenen Hausstand führen, jedoch weder eine Wohnung im eigenen Hause noch eine Dienstwohnung innehaben, auch keine Wohn- oder Schlafräume an Aftermieter, Pensionäre, Schlafgänger und dergleichen abgeben,

b) auf alle Orte des Reichs, in denen Offiziere oder Beamte, die unter das Wohnungsgeldzuschußgesetz fallen, ihren dienstlichen Wohnsitz haben,

c) auf den tatsächlichen Wohnungsaufwand.

Jeder der in Betracht kommenden Offiziere und Beamten hatte seiner vorgesetzten Dienststelle die Anzahl der von ihm am 1. Januar 1907 gemieteten Wohn- und Schlafräume (Küche, Kammern, Nebengelasse und dergleichen sind unberücksichtigt geblieben) sowie den gezahlten Mietzins ausschließlich der Nebenabgaben anzugeben. Auf Grund dieser Ermittlungen wurde ein durchschnittlicher Einheitszimmerpreis für jeden Ort berechnet.

Weiter wurden durch Vermittlung der Ortspolizeibehörden für rund 2300 Orte Erhebungen ebenfalls über die örtlichen Mietpreise veranstaltet in der Weise, daß in jedem Orte, wenn möglich, die Wohnungsverhältnisse von mindestens 10 nicht im Reichsdienst stehenden Personen berücksichtigt wurden, welche ein Jahreseinkommen zwischen 1200 Mark und 3000 Mark bezogen, mit Familie einen eigenen Hausstand führten und Mietwohnungen ohne Verbindung mit Gewerberäumen inne hatten. Aus den Durchschnittszimmerpreisen nach den Angaben der Offiziere und Beamten und denen der Ortspolizeibehörden wurde sodann das Mittel genommen. Für Orte, von welchen keine brauchbaren Angaben von Offizieren oder Beamten vorlagen, wurden allein die Ermittlungen der Polizeibehörde berücksichtigt.

Nachdem das Verzeichnis in dieser Art aufgestellt war, wurden weiter zum Vergleiche die den neuerlichen Wohnungsgeldzuschußgesetzen in Bayern, Württemberg, Sachsen, Baden und Hessen zugrunde liegenden Ortsklasseneinteilungen herangezogen.

d) Im Anschluß an die Klasseneinteilung der Orte für die Regelung der Wohnungsgeldzuschüsse wurde auch die Frage erwogen, ob nicht etwa der Wohnungsgeldzuschuß überhaupt zu beseitigen und nur in einzelnen besonders teueren Orten sogenannte Ortszulagen zu gewähren sein möchten. Dieser Weg wurde aber nicht als entsprechend erfunden. Er erforderte, wie angenommen, daß dem Gehalte mindestens der pensionsfähige Teil des Wohnungsgeldzuschusses hinzugeschlagen würde. Jeder Beamte würde demnach den pensionsfähigen Teil des Wohungsgeldzuschusses auch tatsächlich gezahlt erhalten, während zurzeit in den meisten Orten weniger an Wohnungsgeldzuschuß gezahlt werde. Die Kosten einer solchen Maßnahme würden sehr beträchtlich sein und überdies hauptsächlich den in den kleineren und billigeren Orten stationierten Offizieren und Beamten zugute kommen. Diese erhielten eine stärkere Aufbesserung als die in teuereren Orten stationierten, wodurch gerechter Anlaß zu Verstimmungen gegeben wäre. Auch zeigen die Ermittelungen, daß die Mieten, welche zu den erheblichsten Ausgabeposten jeder Haushaltung gehören, in den einzelnen Orten so beträchtlich voneinander abweichen, daß eine möglichste Gleichstellung der Beamten ohne einen durchweg abgestuften Wohnungsgeldzuschuß nicht erreicht werden könne.

e) Gegenüber dem Einwand, daß die Festsetzung des Wohnungsgeldzuschusses nach der Ortsklasseneinteilung nur Rücksicht auf die Mietpreise, nicht aber auch auf sonstige Teuerungsverhältnisse Rücksicht nehme, führt die Begründung zum BesoldGes. u. a. folgendes aus:

„Gewiß wäre es erwünscht, wenn auch letztere in Betracht gezogen werden könnten. Die Verwaltung wird aber durch ein solches Verlangen vor eine Aufgabe gestellt, die sie in brauchbarer Weise überhaupt nicht, geschweige denn in der Zeit, die ihr zur Vorlage eines neuen Wohnungsgeldzuschußgesetzes zur Verfügung stand, zu lösen vermöchte. Es handelt sich um 12 718 Orte, die in Betracht kommen. In der im Auftrage des Verbandes Deutscher Post- und Telegraphenassistenten den obersten Reichsbehörden und dem Reichstag überreichten Denkschrift, betreffend die Neuregelung des Wohnungsgeldzuschusses, wird z. B. bloß zur Ermittelung der ungefähren Kosten der Ernährung die Feststellung der Durchschnittspreise an jedem Orte verlangt für: Schweinefleisch, Rindfleisch, Kalbfleisch, Hammelfleisch, Kartoffeln, Milch, Butter, Eier, Weizenmehl, Zucker, Kaffee, Roggenbrot. Als Verbrauchsmengen für eine Familie von 4 Köpfen sollen dann 40 kg Schweinefleisch, 50 kg Rindfleisch, 20 kg Kalbfleisch, 10 kg Hammelfleisch, 50 kg Butter, 50 kg Weizenmehl, 40 kg Zucker, 10 kg Kaffee, 230 kg Roggenbrot, 7 Zentner Kartoffeln, 600 Liter Milch und 11½ Schock Eier angesetzt und dem so ermittelten Betrag, um den Gesamtbetrag der Ernährungskosten zu erhalten, noch 65 vom Hundert hinzugezählt werden. Wie in den in Frage kommenden 12 718 Orten die Durchschnittspreise aller dieser Lebensmittel ermittelt werden sollen, steht dahin. Amtliche Notierungen sind meist nicht vorhanden, und die Angaben einzelner Beamten dürften als eine genügende Grundlage nicht anzusehen sein. Wo aber amtliche Notierungen vorhanden sind, stehen die Höchst- und Mindestpreise so weit auseinander, daß die Mindestpreise in angeblich teueren Orten bei weitem von den Höchstpreisen in angeblich billigen Orten übertroffen werden. Es besteht also an beiden die Möglichkeit, zu gleichen Preisen zu kaufen. Nur die Qualität der zu gleichen Preisen erhältlichen Waren wird eine verschiedene sein. Dieser Unterschied läßt sich zahlenmäßig nicht ausdrücken. Vor allen Dingen aber sind die Preise der einzelnen Lebensmittel beständigem Wechsel unterworfen; der Wechsel ist sowohl für die einzelnen Lebensmittel als auch für die einzelnen Orte ganz ungleichartig. Die Sätze einer bestimmten zeitlichen Preislage wären in kurzer Zeit sowohl absolut als verhältnismäßig nicht mehr zutreffend. Die Eröffnung einer neuen Verkehrsstraße, schon das Entstehen eines neuen geschäftlichen Unternehmens rufen häufig ganz plötzliche Änderungen hervor. Weiterhin ist es nicht angängig, für ganz Deutschland einen Normalverbrauch der einzelnen Arten von Lebensmitteln zu konstruieren. Dem wirklichen Sachverhalte widerspricht es, anzunehmen, daß in allen Gemeinden Deutschlands der Verbrauch bestimmter Lebensmittel normalerweise der gleiche sei, oder allen Beamtenkategorien dieselben Mengen in denselben Qualitäten zuzubilligen.

Die Steuerverhältnisse in den einzelnen Orten zu berücksichtigen, wie dies die erwähnte Denkschrift des Verbandes Deutscher Post- und Telegraphenassistenten gleichfalls verlangt, erscheint einmal nicht erforderlich, weil es sich hier doch nur um Abweichungen in solchen Zahlungen handelt, die im Verhältnisse zu dem sonstigen notwendigen Aufwande nicht so sehr in das Gewicht fallen, und dürfte ferner praktisch kaum durchführbar sein. Jene Denkschrift zeigt hierzu keinen Weg. Auch hier handelt es sich um Verhältnisse, die oftmals dem Wechsel unterworfen sind.

Die Bemessung des Wohnungsgeldzuschusses und die Klasseneinteilung der Orte sind Maßnahmen, die für eine längere Reihe von Jahren Bestand haben müssen. Sie können sich deshalb nicht auf Verhältnisse gründen, welche häufigem Wechsel unterliegen, sondern verlangen eine Unterlage, von längerem im wesentlichen gleichbleibenden Bestande, wie solche allein in den Wohnungsmieten gegeben ist. Der Wohnungsgeldzuschuß wird damit, was sein Wortlaut besagt, ein Zuschuß zu dem Wohnungsaufwande. Eine allzu große Abweichung von der zurzeit bestehenden Auffassung tritt hierdurch nicht ein. Allerdings ist der Zuschuß früher als ein Ausgleich für den Unterschied in den gesamten Kosten der Lebenshaltung an den verschiedenen Orten bezeichnet, aber in Wirklichkeit ist bei der Einrangierung der Orte in höhere Klassen, namentlich seit dem Jahre 1897 fast nur auf die Höhe des erforderlichen Mietaufwandes gesehen worden. Auch in den Wohnungsgeldzuschußgesetzen von Sachsen und Württemberg, welche Staaten Ermittelungen über Lebensmittelpreise, Sachsen auch über Kohlenpreise, Steuer- und Schulverhältnisse vor Aufstellung ihrer Entwürfe veranstaltet haben, ist namentlich nach der Gestaltung, welche die Entwürfe schließlich erhalten haben, diesen Faktoren trotzdem eigentlich gar keine Rechnung getragen. Bayern, Baden und Hessen haben ihre Berechnungen und ihre Ortsklasseneinteilung lediglich auf dem Wohnungsaufwand aufgebaut. Ein derartiges Vorgehen hat auch der Reichstagsabgeordnete Hofmann in einer Rede vom 3. Mai 1902 (Sten. Ber. S. 5271 A), die sich eingehend mit den Grundsätzen beschäftigt, nach denen ein Wohnungsgeldzuschußgesetz gestaltet sein müsse, als richtig bezeichnet. Er sagte:

„Nun bin ich der Ansicht, daß, wenn die Gesichtspunkte der Teuerungsverhältnisse in Zukunft aufrecht erhalten werden sollen, wir überhaupt zu einer einigermaßen vernünftigen Regelung des Wohnungsgeldzuschusses nicht kommen werden, denn die Teuerungsverhältnisse des einzelnen Ortes sind so mannigfacher Natur und so verschieden von anderen Orten, daß, wenn man die Verhältnisse jedes einzelnen Ortes berücksichtigen will, man zehn Jahre lang Erhebungen veranstalten müßte, die schließlich nach Vollendung der Arbeit nicht einmal mehr passen würden.... Wenn man alle diese kleinlichen Verhältnisse berücksichtigen will, kommt man überhaupt nicht zum Ziele. Wenn man aber richtig verfahren will, so darf man nicht für jeden einzelnen Ort nur die Teuerungsverhältnisse berücksichtigen, sondern doch auch die Verhältnisse, die billiger sind; denn diese wirken ausgleichend. Alle diese Erhebungen anzustellen, ist einfach unmöglich. Man muß dann zu dem Mittel greifen, daß man nur einzelne Normalorte herausgreift und nach diesen generalisiert. Das führt aber immer zu Ungerechtigkeiten und nicht richtigen Schlußfolgerungen. Ich stelle daher die Forderung auf, daß die gesamten anderen Teuerungsverhältnisse bei der Abmessung des Wohnungsgeldzuschusses außer Betracht zu bleiben haben, und daß lediglich berücksichtigt werde die tatsächliche Höhe der Wohnungsmieten, welche dem normalen Wohnungsbenürfnisse jeder einzelnen Beamtenkategorie in den einzelnen Orten entsprechen."

Schließlich dürften im allgemeinen die Wohnungsmieten und die sonstigen Lebensverhältnisse in einem Ort nicht unabhängig voneinander sein. Wo die Wohnung teuer, ist das Leben nicht billig, und selten wohl auch umgekehrt. Die Berücksichtigung der sonstigen Lebensverhältnisse würde deshalb die Ortsklasseneinteilung wohl kaum wesentlich beeinflussen.

Gegen die Grundlage der Ortsklasseneinteilung ist weiter der Vorwurf erhoben, daß sie die billigeren staatseigenen Miet- und Baugenossenschaftswohnungen nicht ausgeschlossen habe (so in Nr. 11 der Zeitschrift für die deutschen mittleren Beamten aus dem Zivilanwärterstande vom 1. Juni 1907). Dieser Vorwurf geht grundsätzlich fehl, weil bei einer Durchschnittsberechnung ebensowenig die billigen wie die teueren Wohnungen außer Betracht bleiben dürfen, gleichgültig, auf welchen Ursachen die Preise beruhen. Entscheidend ist allein, daß die billigen Wohnungen den Beamten zugängig sind. Überdies dürfte bei der Menge der berücksichtigten Wohnungen gerade in größeren Orten die Frage kaum von erheblicher Tragweite sein.

Der fernere, in derselben Zeitschrift daraus hergeleitete Einwand, daß die Ermittelungen sich nicht auf das Stockwerk der Wohnungen, Flächeninhalt, Vorhandensein von Badeeinrichtungen, Gärten u. a. m. erstreckt haben, stellt die Verwaltung vor Aufgaben, die bei der großen Zahl der Orte und der Menge der Beamten schlechterdings nicht zu erfüllen sind. Gerade die Menge der befragten Beamten in den Orten, wo die beregten Punkte von Erheblichkeit sein könnten, läßt überdies die Erwartung berechtigt erscheinen, daß die ermittelten Durchschnittszahlen auch mit Rücksicht hierauf das Richtige treffen. Die nach den entwickelten Grundsätzen bewirkte Neugestaltung der Ortsklassen würde die Herabsetzung einzelner Orte in eine Klasse mit sich bringen, für welche ein geringerer Zuschuß gewährt wird als bisher. In der Herabsetzung eines Ortes in eine niedrigere Servisklasse kann eine Härte an sich nicht gefunden werden. Ein Ort kann kein Anrecht darauf besitzen, daß die in ihm stationierten Beamten niemals in dem Wohnungsgeldzuschusse gemindert werden. Auch bei den früheren Revisionen des Servistarifs und der Klasseneinteilung der Orte sind Herabsetzungen nicht gefürchtet worden (zu vgl. Drucks. des RT. Nr. 226 von 1885/86, Nr. 6 von 1886/87, Nr. 20 von 1887, Nr. 782 von 1895/97).

Eine Härte wäre aber nur dann vorhanden, wenn ein Beamter oder Offizier in folgender Herabsetzung in seinen Gesamtbezügen eine Einbuße erlitte".

f) Bezüglich der Frage, ob es entsprechend sei, bei der Bemessung des Wohnungsgeldzuschusses zu unterscheiden zwischen Verheirateten und Unverheirateten, enthält die Begründung zum Entwurf eines Besoldungsgesetzes u. a. folgende Ausführungen:

„Eine verschiedene Bemessung des Wohnungsgeldzuschusses für verheiratete und für ledige Beamten findet im Reich und in Preußen, in Württemberg und in Baden zurzeit nicht statt. Wohl aber besteht ein solcher Unterschied in Sachsen und Hessen und bis zum 1. Januar 1909 auch in Bayern.

In Bayern waren durch K. Verordn. vom 11. August 1904 (GVBl. S. 336) den pragmatischen und nichtpragmatischen Beamten nichtpensionsfähige außerordentliche Zulagen verliehen worden, welche den Charakter von Wohnungsgeldzuschüssen an sich tragen. Die ledigen Beamten erhielten, auch soweit sie an Orten der I. Ortsklasse ihren dienstlichen Wohnsitz hatten, nur die Zulagesätze II. Klasse; des weiteren wurden die ledigen Beamten erst vom 1. Januar 1905 an, die übrigen Beamten schon vom 1. Januar 1904 an in den Genuß der Zulagen gesetzt. Durch die neue Gehaltsgesetzgebung ist der Wohnungsgeldzuschuß in Bayern beseitigt.

In Sachsen erhielten unverheiratete Beamte nur die Hälfte des tarifmäßigen nichtpensionsfähigen Wohnungsgeldzuschusses; im Falle des Bedürfnisses konnte dieser ihnen bis zum vollen Satze gewährt werden (Gesetz vom 16. Juli 1902 § 7 Abs. 5 — GVBl. S. 289 —). Die sich aus dieser Vorschrift ergebenden Schwierigkeiten haben schon bald die Regierung veranlaßt, bei den Ständen eine Abänderung des Gesetzes dahin anzuregen, daß unverheiratete Beamte nur, sofern sie das 35. Lebensjahr noch nicht vollendet haben, den halben Wohnungsgeldzuschuß erhalten, vom 35. Lebensjahr aber den ganzen, und irgendwelche Ausnahmen zugunsten der ledigen Beamten vor dem 35. Lebensjahre nicht zulässig sein sollten (Dekret Nr. 25 an die Stände vom 15. Oktober 1907). Allerdings hat diese Anregung nicht die Zustimmung der Stände gefunden. Das Gesetz vom 20. Dezember 1907 zur Abänderung des Gesetzes vom 16. Juli 1902 (GVBl. S. 288) hat § 7 Abs. 5 aus letzterem übernommen.

In Hessen erhalten nach dem Gesetze vom 28. März 1907 (RegBl. S. 247) Beamte, die weder verheiratet sind noch verheiratet waren, die Hälfte des nichtpensionsfähigen Wohnungsgeldzuschusses; jedoch wird ihnen ausnahmsweise der volle Betrag gewährt, wenn sie ihren Eltern, anderen nahen Verwandten oder Pflegekindern in ihrem eigenen Hausstande Wohnung und Unterhalt zuteil werden lassen.

Die Berechtigung einer unterschiedlichen Bemessung der Bezüge wird damit begründet, daß das Diensteinkommen eines Beamten keine privatrechtliche Bezahlung geleisteter Dienste, sondern die öffentlichrechtliche Gegenleistung dafür darstelle, daß der Beamte regelmäßig seine ganze Persönlichkeit in den Dienst des Reichs oder Staates stellt.

So richtig nun auch dieser Satz ist, so folgt daraus doch nur, daß das Diensteinkommen eines jeden Beamten so bemessen sein muß, daß es ihm einen angemessenen Lebensunterhalt gewährleistet. Keineswegs aber ist aus ihm herzuleiten, niemals dürfe einem Beamten mehr gewährt werden, als eine angemessene Lebensführung unbedingt erfordert, so daß derjenige, der nur für sich zu sorgen hat, weniger erhalten müsse als derjenige, dem zugleich die Sorge für eine Familie obliegt. Die unterschiedliche Behandlung der Verheirateten und Unverheirateten würde schwerlich bei dem Wohnungsgeldzuschusse stehen bleiben können, sondern müßte hinsichtlich des gesamten Diensteinkommens Platz greifen; denn es ist nicht nur die größere Wohnung, die den verheirateten Beamten zu Mehrausgaben gegenüber dem ledigen zwingt. Weiter müßte bei den verheirateten Beamten auf den Familienstand Rücksicht genommen werden, da die Zahl der Kinder für den notwendigen Aufwand von bestimmendem Einfluß ist. Auch die gesetzlichen Ansprüche der übrigen unterstützungsberechtigten Verwandten könnten nicht außer

Betracht bleiben. Das erstmalige Abweichen von dem Grundsatze, daß Beamte in gleicher Rang- und Amtsstellung gleichmäßig abzufinden sind, würde immer weitere Bestrebungen nach Differenzierungen zeitigen und schließlich die Verwaltung vor Aufgaben stellen, die sie bei der Menge der vorhandenen Beamten und im Hinblick auf die stetig wechselnden Verhältnisse derselben in befriedigender Weise zu lösen außerstande wäre. Statt Befriedigung zu schaffen, wäre damit eine Quelle steter neuer Anforderungen, nie abbrechender Klagen und dauernder tiefgehender Mißstimmungen geöffnet, die schwerlich jemals wieder zu schließen sein möchte. Einen Ausblick auf das, was kommen würde, gewähren schon die Anforderungen, die bei der Erörterung der vorliegenden Frage in der Presse erhoben werden: Nicht nur eine Differenzierung der Gehaltssätze unter dem Gesichtspunkte des Verheiratet- oder Unverheiratetseins, nicht nur eine genaue Berücksichtigung der jeweiligen wirtschaftlichen Teuerungsverhältnisse der einzelnen Orte hinsichtlich der Wohnung, der Lebensmittel, der Kohlenpreise, der Steuern, des Schulgeldes usw. wird verlangt, sondern auch Erziehungsbeihilfen, bemessen nach der Anzahl der Kinder, Beschulungsbeihilfen, bemessen nach der Anzahl der schulpflichtigen Kinder, Schwierigkeitszulagen, abhängig von der Schwierigkeit des Dienstes, weiten mit der Arbeit verbundenen Wegestrecken u. a. m. spielen bereits jetzt eine Rolle.

Auch die an eine unterschiedliche Behandlung der Diensteinkünfte geknüpfte Erwartung, daß dadurch das Heiraten bei den Beamten gefördert werden würde, dürfte nicht einmal sich verwirklichen. Eine Differenzierung des Wohnungsgeldzuschusses allein wäre darauf gewiß nicht von Einfluß. Die Erfahrung lehrt, daß es durchaus nicht gerade die geringer entlohnten oder die unbemittelten Beamten sind, welche der Ehe fern bleiben, so daß für die Entschließung häufig wohl andere Erwägungen maßgebend sind als die Furcht vor den mit ihr verknüpften Aufwendungen. Die einem unverheirateten Beamten über den notwendigen Aufwand hinaus gewährten höheren Einkünfte und die infolgedessen gemachten Ersparnisse können ihm zuweilen erst die Möglichkeit schaffen, eine Ehe zu schließen, weil er auf diese Weise in den Stand gesetzt worden ist, die Mittel zur Deckung der mit der erstmaligen Einrichtung verbundenen einmaligen Ausgaben zu ersparen. Das Zurückschrauben seiner Einkünfte auf das zu seinem Lebensunterhalt unbedingt Notwendige könnte somit unter Umständen gerade das Gegenteil des gewünschten Erfolges herbeiführen.

Soll das Reich oder der Staat einem Beamten aber nur gewähren, was gerade dieser Beamte zu seiner angemessenen Lebensführung gebraucht, so wäre schließlich nicht einmal abzusehen, warum nicht ebenso wie auf seine Familienverhältnisse auch auf seine Vermögensverhältnisse Rücksicht genommen würde, und damit wäre jeder Boden für eine gerechte und befriedigende Gehaltsbemessung verlassen und dem Gehalte mehr oder weniger der Charakter einer Unterstützung gegeben.

Weitere Schwierigkeiten würden sich auch auf dem Gebiete des Pensionsrechts ergeben. Das tatsächlich bezogene Gehalt bildet die Grundlage der Pension. Mithin würde das Ruhegehalt eines ledigen Beamten geringer sein als das eines verheirateten. Diese Kürzung dürfte sich kaum rechtfertigen lassen. Die ledigen Pensionäre haben meist, wie übrigens auch schon die älteren ledigen Beamten, einen eigenen Haushalt und für Bedienung und Verpflegung dieselben Auslagen wie verheiratete Pensionäre, während für letztere der Aufwand für die Kinder in der Regel fortgefallen ist. Es kommt auch vor, daß Pensionäre noch eine Ehe eingehen. Soll nunmehr ihre Pension erhöht werden? Ein Pensionär wird Witwer. Soll jetzt die Pension gekürzt werden? Zurzeit richtet die Höhe der Pension sich lediglich nach den bei der Pensionierung vorhandenen Verhältnissen. Die Gerechtigkeit würde verlangen, daß hiermit gebrochen würde. Eine unterschiedliche Behandlung der Verheirateten und der Ledigen würde eine ständige Kontrolle der persönlichen Verhältnisse der Beamten nicht nur während des Dienstes, sondern auch darüber hinaus nach ihrer Pensionierung erfordern.

Eine solche Maßnahme würde zunächst auch keinerlei Ersparnisse, sondern ganz unübersehbare finanzielle Aufwendungen mit sich bringen. Den Ledigen wird von dem, was sie besitzen und nach den jetzigen Gehaltsabstufungen im regelmäßigen Aufrücken zu erwarten haben, schwerlich etwas genommen werden können. Die bestehenden Diensteinkünfte würden deshalb schließlich als das für einen ledigen Beamten Angemessene betrachtet werden, und demgemäß würde gefordert werden, daß den Verheirateten das zum Unterhalte der Familie Erforderliche darüber hinaus gewährt werden sollte. Will man nicht so weit gehen und die Aufbesserung der Verheirateten mit einer Herabsetzung der Ledigen in ihren Einkünften Hand in Hand gehen lassen, so könnten die gekürzten Sätze jedenfalls nur für die neu angestellten Beamten in Frage kommen, während die vorhandenen in ihren derzeitigen Einkünften oder in ihren erwarteten Mehreinnahmen nicht geschmälert werden dürften. Damit aber wäre für lange Jahre hinaus noch ein Unterschied in der Entlohnung lediger Beamten geschaffen, so daß in jeder Beamtengruppe nicht nur zwei, sondern drei Kategorien sich befänden, die trotz gleicher Stellung und gleicher dienstlicher Verpflichtungen verschieden entlohnt würden. Daß hierdurch ein unerwünschter und mit Weiterungen verbundener Zustand geschaffen wäre, der nirgends befriedigte, bedarf keiner Ausführung. Die Erfahrungen mit der sogenannten Berliner Zulage an die bei den Mittelbehörden in Berlin vor dem 1. April 1897 angestellten Bureaubeamten bieten hierfür den besten Beweis.

Abgesehen von diesen allgemeinen Bedenken, die einer unterschiedlichen Behandlung der verheirateten und der ledigen Beamten entgegenstehen, sei hier noch insbesondere auf Schwierigkeiten hingewiesen, die sich bei der Differenzierung des Wohnungsgeldzuschusses ergeben.

Darüber, ob den ledigen Beamten die verwitweten und geschiedenen gleichzustellen sind, gehen die Gesetzgebungen in Bayern, Sachsen und Hessen auseinander. Den Verheirateten müßten jedenfalls diejenigen Ledigen, Verwitweten und Geschiedenen beigezählt werden, welche mit Familienangehörigen einen eigenen Hausstand führen. Sogleich taucht hier die Frage auf, bis zu welchem Grade der Verwandtschaft die Rücksichtnahme gelten soll. Auch sei darauf hingewiesen, daß z. B. von zwei Brüdern, welche Beamte und nicht verheiratet sind, solange sie nicht miteinander einen Haushalt führen, jeder den geringeren Wohnungsgeldzuschuß beziehen würde; sobald sie aber zusammenziehen und damit die Kosten des Lebensunterhalts verringern, jeder Anspruch auf den höheren Wohnungsgeldzuschuß besäße. Ähnliche Beispiele, die die Schwierigkeit einer gerechten Vorschrift dartun, ließen sich leicht finden.

Fernerhin wäre Bestimmung zu treffen, von welchem Zeitpunkt ab eine Änderung in den einschlägigen Verhältnissen ihre Wirkung äußern sollte. Gerade in dieser Beziehung besteht ein wesentlicher Unterschied zwischen der hier zur Entscheidung stehenden Frage und der unterschiedlichen Bemessung der Umzugskostenentschädigung für Verheiratete und Unverheiratete nach der Allerhöchsten Verordnung vom 25. Juni 1901 (RGesBl. S. 241). Denn bei einem Umzug ist der maßgebende Zeitpunkt für dieses einmalige Ereignis ohne weiteres gegeben. Beim Wohnen aber handelt es sich um einen dauernden Zustand, der in seinen in Betracht kommenden Einzelheiten in kurzen Zeiträumen Veränderungen unterliegen kann. Soll hier allmonatlich, vierteljährlich oder jährlich eine Nachprüfung eintreten? Beschränkt man sich auf einen bestimmten Zeitpunkt innerhalb eines Jahres, so entständen dadurch Ungerechtigkeiten und Härten.

Die Gewährung eines höheren Wohnungsgeldes an die verheirateten und diejenigen ledigen Beamten, welche mit Familienangehörigen einen eigenen Hausstand führen, dürfte eine große Ungerechtigkeit gegen alle diejenigen ledigen Beamten in sich schließen, welche für Angehörige zu sorgen haben, ohne mit ihnen zusammen wohnen und leben zu können. Obwohl hierdurch genötigt, für zwei Wohnungen zu zahlen, würden diese Beamten nur den geringeren Wohnungsgeldzuschuß erhalten. Um diese offenbare Ungerechtigkeit zu beseitigen, wäre die Zuwendung des höheren Wohnungsgeldzuschusses an alle erforderlich, welche für Angehörige zu sorgen haben oder zum mindesten, wie dies auch das sächsische Gesetz vom 16. Juli 1902 vorgesehen hat, eine Bestimmung zu treffen, nach welcher im Falle des Bedürfnisses der höhere Wohnungsgeldzuschuß gewährt werden darf. Alle derartige Vorschriften bergen den Grund zu Mißstimmungen in sich. Wann ein Bedürfnis anzuerkennen, wie weit der Kreis der zu berücksichtigenden Verwandten zu ziehen, läßt sich allgemein gar nicht regeln. Eine gerechte Prüfung der einschlägigen Verhältnisse könnte auch an den Vermögensverhältnissen der Verwandten nicht vorübergehen; durch derartige Nachforschungen würde die Verwaltung sich in weiten Kreisen unbeliebt machen, ohne immer zur richtigen Erkenntnis zu gelangen. Die in Sachsen gemachten Erfahrungen, die der Regierung eine Änderung der fraglichen Bestimmung erwünscht erscheinen ließen, liefern für das Gesagte den Beweis.

Auch der Umstand, daß im Reiche die Wohnungsgeldzuschüsse pensionsfähige Gebührnisse sind, bietet besondere Schwierigkeiten. Bei der Zuwendung pensionsberechtigender Gehaltsteile wird es schwerlich den Behörden überlassen werden dürfen, nach Billigkeitsrücksichten zu verfahren.

Endlich sei noch darauf hingewiesen, daß die Beamten zu einem beträchtlichen Teile Dienstwohnungen erhalten und daß diese Dienstwohnungen so zur Verfügung gestellt werden müssen, wie sie einmal vorhanden sind. Auf das Verheiratet- oder Ledigsein der Inhaber kann hierbei keine Rücksicht genommen werden. Sobald also eine Dienstwohnung gestellt wird, sind die dem Beamten zustehenden Gegenleistungen für seine Dienste gleich, mag er verheiratet oder ledig sein. Hiermit stände eine Differenzierung bei den Beamten, die sich nicht im Besitz einer Dienstwohnung befinden, nicht im Einklange.

Sprechen nach Vorstehendem überwiegende Gründe gegen eine differentielle Behandlung der unverheirateten Beamten, so möchten die Unzuträglichkeiten und Schwierigkeiten höchstens dann in den Kauf genommen werden können, wenn die dadurch erzielte Kostenersparnis so erheblich wäre, daß nur durch sie eine sachgemäße Aufbesserung der Wohnungsgeldzuschüsse für die Verheirateten erzielt werden könnte. Nur aus diesen Gründen haben auch Bayern, Sachsen und Hessen sich zu entsprechenden Maßnahmen entschlossen, ohne von ihrer inneren Berechtigung oder Zweckmäßigkeit überzeugt zu sein. Insbesondere zeigen die Verhandlungen der zweiten hessischen Kammer vom 19. März 1907 (Prot. S. 1279) und der ersten hessischen Kammer vom 25. März 1907 (Prot. S. 113), daß lediglich finanzielle Erwägungen die hessische Regierung zu ihren Vorschlägen und die Kammer zu deren Annahme bestimmt haben.

Im Reiche wird eine angemessene Lösung der Wohnungsgeldzuschußfrage eintreten können, auch ohne daß die sachlich nicht für gerechtfertigt erachtete verschiedenartige Behandlung der Verheirateten und Ledigen mit in den Kauf genommen zu werden braucht. Nach den stattgehabten Ermittelungen waren im Reiche von den am 1. Januar 1906 vorhandenen 170 052 etatsmäßigen Offizieren und Beamten verheiratet oder führten mit Familienangehörigen einen eigenen Hausstand 142 930, das sind 84,05 Prozent. Das Verhältnis stellt sich bei den einzelnen Tarifklassen folgendermaßen:

	In den Tarifklassen					
	I.	II.	III.	IV.	V.	VI.
Bei den Offizieren %	91,66	86,31	72,58	23,77	—	—
Bei den Beamten %	88,89	85,68	84,58	—	86,27	95,07

Das Verhältnis gestaltet sich aber noch anders, wenn man die weiblichen Beamten, welche im Falle ihrer Verheiratung entlassen werden, und die Leutnants, deren Wohnungsgeldzuschuß schon jetzt nicht auf einen eigenen Hausstand zugeschnitten ist, außer Betracht läßt. Dann ergibt sich ein Prozentverhältnis der Verheirateten zu den Unverheirateten im obigen Sinne von 91,85.

Die Unverheirateten im obigen Sinne beziehen zurzeit an Wohnungsgeldzuschuß insgesamt 5 321 497 Mark. Würde ihnen jede Verbesserung versagt, so ließen dadurch zunächst nur rund 1½ Millionen Mark sich ersparen. Würde weiter in Aussicht genommen, daß mit der Zeit kein Unverheirateter mehr als die Hälfte des Wohnungsgeldzuschusses eines Verheirateten haben soll, so würde mit einer allmählichen Steigerung der Ersparnis bis zum Höchstbetrage von rund 3½ Millionen Mark in mehr als 40 Jahren zu rechnen sein.

In Preußen führen von 236 078 Beamten 219 006 mit Familie einen eigenen Hausstand, während bei nur 17 072, also nur bei 7,2 vom Hundert der Gesamtzahl dies nicht der Fall ist. Der Prozentsatz der Beamten mit Familie ist also hier noch höher als unter den Reichsbeamten und Offizieren (92,80 vom Hundert).

Eine Unterscheidung, wie sie in Sachsen vorgeschlagen worden ist, dahin zu machen, daß unverheirateten Beamten nur bis zur Vollendung des 35. Lebensjahrs ein niedrigerer Wohnungsgeldzuschuß gezahlt werde, würde für das Reich geringe finanzielle Ersparnisse herbeiführen, da nur verhältnismäßig wenige, insbesondere wenig höhere Beamte längere Zeit vor dem vollendeten 35. Lebensjahr etatsmäßig angestellt werden."

Der Einreihung der Orte in die einzelnen Ortsklassen ist nunmehr ein durchschnittlicher Einheitszimmerpreis zugrunde gelegt: Es sind zugewiesen

1. der Ortsklasse A alle Orte mit einem buchschnittlichen Einheitszimmerpreis von 221 Mark und mehr;
2. der Ortsklasse B alle Orte mit einem durchschnittlichen Einheitszimmerpreis von 161 Mark bis 220 Mark;

3. der Ortsklasse C alle Orte mit einem durchschnittlichen Einheitszimmerpreis von 121 Mark bis 160 Mark;

4. der Ortsklasse D alle Orte mit einem durchschnittlichen Einheitszimmerpreis von 81 Mark bis 120 Mark;

5. der Ortsklasse E alle Orte mit einem durchschnittlichen Einheitszimmerpreis von 80 Mark und darunter.

Die nächste Revision des Ortsklassenverzeichnisses soll mit Wirkung vom 1. April 1918 erfolgen; es ist aber der Bundesrat ermächtigt, bei hervortretendem Bedürfnis in besonderen Ausnahmefällen schon vorher der Einrechnung einzelner Orte in eine andere Ortsklasse anzuordnen.

An Stelle des Wohnungsgeldzuschusses kann auch eine Dienstwohnung gewährt werden. Zu unterscheiden ist hierbei zwischen dem Anspruch auf Dienstwohnung und dem Anspruch auf freie Dienstwohnung. Wer Anspruch auf freie Dienstwohnung hat, erhält, solange ihm eine solche nicht gewährt werden kann, Mietentschädigung von Höhe des Etat bestimmt".

2) „die etatsmäßigen Schutztruppenoffiziere beim Reichskolonialamt".

Nicht kommen hier in Betracht die bei den Schutztruppen selbst aktiv dienenden Offiziere.

3) „wenn sie ihren dienstlichen Wohnsitz im deutschen Reich haben".

Die Beamten der deutschen Schutztruppengebiete haben ihren Wohnsitz nicht außerhalb des deutschen Reichs, da die Schutzgebiete einen Teil des Reichsgebiets bilden, also zum Inland gehören (§ 9 Abs. 3 des Ges. vom 25. Juli 1900, RGesBl. S. 813).

Der dienstliche Wohnsitz bestimmt sich nach dem Sitz der Behörde, bei welcher der Beamte angestellt ist, bezw. nach dem Sitz des Amtes, das er verwaltet und bei Militärpersonen nach dem Garnisonort, also nicht nach ihrem möglicherweise — mit Genehmigung der vorgesetzten Behörde — davon verschiedener tatsächlicher Wohnort.

Eine Ausnahme von Abs. 1 statuiert Abs. 2.

4) „außerhalb des deutschen Reichs".

Gemeint sind nur die Orte an der luxemburgischen Eisenbahn und Basel, weil in Basel auch Eisenbahnbeamte wohnen (Komm.-Ber. S. 30).

Von der Vorschrift, daß nur die Beamten im Inland Wohnungsgeldzuschuß erhalten sollen, eine Ausnahme zu machen, ist im vorliegenden Fall gerechtfertigt, weil das Gehalt dieser Beamten im Ausland gleich demjenigen der Inlandsbeamten bemessen ist, und da diese im Ausland wohnenden Beamten sonst einen Nachteil den Inlandsbeamten gegenüber erleiden würden.

5) „Keinen Wohnungsgeldzuschuß erhalten".

Ein Kommissionsmitglied wollte hinter „erhalten" die Worte „aus Reichsmitteln" eingeschoben sehen, weil man den Satz sonst so auslegen könne, daß die dort aufgeführten Beamten überhaupt keinen Wohnungsgeldzuschuß erhalten sollten.

Ein Kommissar des Bundesrats hielt diesen Zusatz für überflüssig, da es sich für ein Reichsgesetz selbstverständlich nur darum handle, welche Bezüge einem Beamten aus Reichsmitteln gewährt werden könnten; was er aus anderen Bezügen einnehme sei für das Reichsgesetz ganz gleichgültig (KommBer. S. 28).

Keinen Wohnungsgeldzuschuß erhalten die höchsten Beamten und Offiziere, welche fast sämtlich im Genuß einer Dienstwohnung stehen, und außeretatsmäßige Beamte.

6) „Denen ein Anspruch auf freie Dienstwohnung eingeräumt werden kann" (und auch tatsächlich eingeräumt wird.)

Ein Beamter oder Offizier, welcher eine Dienstwohnung eingeräumt erhält, hat keinen Anspruch auf den Wohnungsgeldzuschuß. Bei der Beratung in der Kommission wurde bei der Besprechung der Dienstwohnungsfrage für Beamte und Offiziere auch der Überlassung von Wohnungen an solche in fiskalischen Gebäuden gegen Bezahlung von Miete Erwähnung getan. Es komme häufig vor, wurde bemerkt, daß ein Beamter dadurch, daß er sich mit einer bescheidenen Wohnung begnüge, an seinem Wohnungsgeldzuschuß eine Ersparnis erziele. Wenn man nun einen Beamten veranlasse, in einem fiskalischen Gebäude eine Wohnung von der Verwaltung zu mieten, so müsse man auf die Möglichkeit, daß er sich irgendwo bei bescheidenen Ansprüchen eine billigere Wohnung mieten und eine Ersparnis an seinem Wohnungsgeldzuschuß erzielen könne, Rücksicht nehmen und dürfe ihm durch Einbehaltung des ganzen Wohnungsgeldzuschusses diese Möglichkeit nicht nehmen. Der Staat dürfe, wenn er Wohnungen an Beamten vermiete, sich an seinen Beamten nicht bereichern und von den Beamten nicht mehr Miete verlangen, als von irgend einem andern (KommBer. S. 37).

7) Bei der Festsetzung des Normalgehalts einer Stelle (Ziff. 39 der GehVorschr.) ist der Wohnungsgeldzuschuß außer Berechnung zu lassen (Ziff. 40 der GehVorschr.).

8) Bezüglich des Begriffs „Nebenamt" siehe oben Anm. 2 zu § 3.

Nach Abs. 4 setzt der Begriff eines Wohnungsgeldzuschusses das Bekleiden eines Hauptamts im Reichsdienst voraus.

9) Auf die gesandtschaftlichen und Konsularbeamten, welche ihren dienstlichen Wohnsitz außerhalb des Deutschen Reichs haben, findet der Abschnitt über Wohnungsgeldzuschüsse keine Anwendung. Inwieweit aber bei Bemessung ihres pensionsfähigen Gehalts darauf, daß die Inlandsbeamten einen im Durchschnitte pensions-

fähigen Wohnungsgeldzuschuß erhalten, Rücksicht genommen ist, siehe oben Anm. 4 zu § 1 Abs. 2 des Ges.

10) Bezüglich der Anrechnung des Wohnungsgeldzuschusses bei Berechnung der Pension siehe unten § 35; bezüglich der Höhe des Wohnungsgeldzuschusses bei Inhabern mehrerer Stellen siehe § 32 des Ges.

§ 29.

Welche Beamten und Offiziere den im Tarif angegebenen Tarifklassen beizuzählen sind, bestimmen die Besoldungsordnungen. [1] [2] [3] [4]

1) Bei der Kommissionsberatung wurde hervorgehoben, daß man sich eingehend darüber unterhalten habe, ob es zweckmäßiger sei, die einzelnen Beamtenkategorien durch den Etat den Tarifklassen des Wohnungsgeldzuschusses zuzuteilen, oder ob dies in der BesoldOrd. festzulegen sei. Die Regelung durch den Etat habe einen gewissen Vorteil, weil sie beweglicher sei und nachträgliche Änderungen zulasse, sodaß Beamte nachträglich vielleicht heraufgesetzt werden könnten. Die Regelung durch die BesoldOrd. des Ges. biete den Vorzug der Stetigkeit und schneide Petitionen ab.

2) Bei der Beurteilung der Einreihung der Orte in die einzelnen Ortsklassen ist zu berücksichtigen, daß der Wohnungsgeldzuschuß nicht ein Zuschuß zum Gehalt sein soll, der den gesamten Wohnungsaufwand deckt, sondern nur ein Zuschuß zu dem erforderlichen Wohnungsaufwand.

3) „Bestimmen die Besoldungsordnungen“. Keinen Wohnungsgeldzuschuß erhalten die in den BesoldOrd. nicht aufgeführten außeretatsmäßigen Beamten.

4) Die Gewährung und Zahlung des Wohnungsgeldzuschusses erfolgt nach denselben Grundsätzen wie die Zahlung des Gehalts.

Bezüglich der Bezahlung aus Anlaß von Kommandoversetzungen siehe unten § 31 Abs. 3.

§ 30.

Für die Einteilung der Orte in Ortsklassen, auf welche der Tarif Bezug nimmt, ist das als Beilage VI beigefügte Ortsklassenverzeichnis maßgebend. [1]

Welcher Ortsklasse ein außerhalb des Deutschen Reichs gelegener Ort zuzuweisen ist, bestimmt der Reichskanzler. [2]

Militärische Anstalten, die außerhalb des Gemeindebezirkes des Garnisonorts liegen, zu dem sie gehören, fallen der Ortsklasse des letzteren zu, sofern der Ort, in dessen Bezirke sie sich befinden, nicht selbst Garnisonort ist. [3]

Die nächste Revision[4]) des Ortsklassenverzeichnisses erfolgt mit Wirkung vom 1. April 1918. In der Zwischenzeit ist der Bundesrat ermächtigt,[5]) bei hervortretendem Bedürfnis in besonderen Ausnahmefällen[5]) die Einreihung einzelner Orte oder Ortsteile in eine andere Ortsklasse anzuordnen.

Die auf Grund der Abs. 2 und 4 getroffenen Anordnungen sind dem Reichstage mitzuteilen.[6])

1) Bezüglich der Art der Feststellung des Ortsklassenverzeichnisses siehe oben die Anm. 1a zu § 28.

2) „Welcher Ortsklasse ein außerhalb des Deutschen Reichs gelegener Ort zuzuweisen ist". Siehe hierüber oben Anm. 4 zu § 28.

3) „Militärische Anstalten, die außerhalb des Gemeindebezirks des Garnisonsorts liegen, fallen der Ortsklasse des letzteren zu".

Falls solche Anstaltsbetriebe sich auf eine Mehrzahl von Garnisonsorten verteilen, fallen die einzelnen Anstaltsteile den Ortsklassen des Garnisonsorts des Hauptbetriebs zu.

Die Vorschrift, wonach militärische Anstalten, welche außerhalb des Garnisonsorts liegen, zu dem sie gehören, der Ortsklasse des letzteren zufallen, sofern der Ort, in dessen Bezirk sie liegen, nicht selbst Garnisonsort ist, ist der Schlußbemerkung der Klasseneinteilung des Ges. vom 6. Juli 1904, RGesBl. S. 272, entnommen.

4) „Die nächste Revision des Ortsklassenverzeichnisses erfolgt".

Änderungen im Ortsklassenverzeichnis haben im Wege der Gesetzgebung zu erfolgen, nachdem dieser Weg auch bei der nunmehrigen Feststellung eingehalten worden ist.

5) „In der Zwischenzeit".

Die bezüglichen bundesrätlichen von Fall zu Fall ergehenden Einzelverordnungen haben einen provisorischen Charakter. Welche Fälle als besondere Ausnahmefälle in Betracht zu ziehen sind, ist diesfalls dem Ermessen des Bundesrats anheimgegeben. Von der erteilten Ermächtigung ist nur ausnahmsweise Gebrauch zu machen, wenn die jetzt vorgenommene Einreihung zu großen Härten führen würde.

6) „Die Anordnungen sind dem Reichstag mitzuteilen".

Sollen dieselben aus Anlaß der Revision des Ortsklassenverzeichnisses in das Verzeichnis selbst übergehen, so ist Zustimmung des Reichstags erforderlich.

§ 31.

Der Wohnungsgeldzuschuß wird nach dem Ortssatze des dienstlichen Wohnsitzes gewährt.[1])

Bei einer Versetzung erlischt[2]) der Anspruch auf den dem bisherigen dienstlichen Wohnsitz entsprechenden Satz des Wohnungsgeldzuschusses mit dem Zeitpunkte, mit welchem der Bezug des Gehalts der bisherigen Dienststelle aufhört.[3]) [4])

Bei Kommandos, die eine Verlegung des dienstlichen Wohnsitzes zur Folge haben (Versetzungskommandos), wird der Wohnungsgeldzuschuß vom Ersten des auf die Änderung des dienstlichen Wohnsitzes folgenden Monats nach dem Ortssatze des Kommandoorts gezahlt. Findet die Änderung des dienstlichen Wohnsitzes am Ersten eines Monats statt, so tritt der Wechsel im Ortssatze schon mit diesem Monat ein.[4]) [5])

Hat die Versetzung an einen Ort, der zu einer niedrigeren Ortsklasse gehört, eine Verminderung des Wohnungsgeldzuschusses zur Folge, so wird hierdurch ein Entschädigungsanspruch nicht begründet.[6])

1) „wird nach dem Ortssatz des dienstlichen Wohnsitzes gewährt".

Dienstlicher Wohnsitz im Gegensatz zum tatsächlichen Wohnsitz.

Über den Begriff „dienstlicher Wohnsitz" siehe oben Anm. 3 zu § 28.

Im Fall der Änderung des Ortsklassenverzeichnisses (§ 30 Abs. 4 des Ges.) ist der Zeitpunkt des Inkrafttretens des neuen Satzes besonders zu bestimmen.

Auch schon nach dem bisherigen Recht richtete sich die Höhe des Wohnungsgeldzuschusses nach dem dienstlichen Wohnsitz.

2) Bezüglich der Versetzungen siehe auch oben Anm. 3 zu § 9.

3) Bei der Feststellung von Diensteinkommensverbesserungen bleiben Erhöhungen des Wohnungsgeldzuschusses oder der Mietentschädigungen insoweit außer Anrechnung, als sie lediglich die Folge der Versetzung des Beamten an einen Ort einer höheren Ortsklasse sind. Die an dem Orte, wohin der Beamte versetzt worden ist, auf Grund des BesoldGes. eingetretene Erhöhung des Wohnungsgeldzuschusses gilt nicht als eine Erhöhung des Diensteinkommens: der versetzte Beamte muß sich vielmehr die Tariferhöhung in gleicher Weise anrechnen lassen, wie die Beamten, welche schon am 1. April 1908 in der höheren Ortsklasse ihren Wohnsitz hatten. Wenn und solange Beamte Dienstwohnungen innehaben, bleibt für sie die Erhöhung des tarifmäßigen Wohnungsgeldzuschusses außer Berechnung (ArmeeVBl. 1909 Nr. 16 S. 222 II Ziff. 1; Bayer. VBl. 1909 Nr. 31 S. 448; Württ. MilitärVBl. 1909 Nr. 29 Seite 185).

4) „mit dem Zeitpunkt, mit welchem der Bezug des Gehalts der bisherigen Dienststelle aufhört".

Der Tag, von dem ab das Diensteinkommen der Stelle bezogen wird, gilt als Tag der Anstellung.

Der Bezug des Gehalts der bisherigen Dienststelle hört auf mit dem Tag der bleibenden Übernahme der Dienststelle, auf welche die Versetzung erfolgt ist; von diesem Zeitpunkt ab beginnt auch der Bezug des Satzes des Wohnungsgeldzuschusses der neuen Stelle.

Bei den Versetzungskommandos, welche eine Verlegung des dienstlichen Wohnsitzes zur Folge haben, beginnt der Bezug des Wohnungsgeldzuschusses nach dem Ortssatze des Kommandoorts stets mit dem Ersten eines Monats und zwar mit dem Ersten des auf die Verlegung des dienstlichen Wohnsitzes folgenden Monats, wenn die Versetzung während des Laufs eines Monats erfolgte, mit dem Ersten des Versetzungsmonats, wenn die Verlegung des dienstlichen Wohnsitzes am Ersten desselben erfolgte.

5) „mit diesem Monat"
d. h. unter Einrechnung des ersten Monatstags.

6) „so wird hierdurch ein Entschädigungsanspruch nicht begründet".

Das schließt nicht aus, daß im einzelnen Fall aus Gründen der Billigkeit ein Ausgleich eingeräumt wird.

Der Rechtsweg ist in solchen Fällen ausgeschlossen.

§ 32.

Beamte oder Offiziere, welche mehr als eine Stelle bekleiden, erhalten den Wohnungsgeldzuschuß nur einmal, und zwar für diejenige Stelle, welche auf den höchsten Satz Anspruch gibt.[1][2][3]

1) Bezüglich des nur einmaligen Gehaltsbezugs im Falle der Bekleidung einer Mehrzahl von Stellen durch einen und denselben Beamten trifft § 2 Bestimmung. Siehe auch die Anmerkungen 1 bis 3 zu diesem Paragraphen.

2) „oder Offiziere".
Siehe hiezu Anm. 1 zu § 14.

3) „welche auf den höchsten Satz Anspruch gibt".
Eine Änderung kann während des Bezugs eintreten infolge Änderung des Ortsklassenverzeichnisses (vgl. oben § 30 Abs. 3) und infolge von Versetzungen.

§ 33.

Wird ein Gehalt teils aus Reichsmitteln, teils aus Staatsmitteln bestritten, so erhält der Empfänger von dem tarifmäßigen Wohnungsgeldzuschusse seiner Stelle (§ 28) aus Reichsmitteln nur einen dem auf die Reichskasse übernommenen Gehaltsteil entsprechenden Teilbetrag.

§ 34.[1])

Beamten und Offizieren, welche eine Dienstwohnung innehaben,[2]) wird der Wohnungsgeldzuschuß nicht gewährt.

Beamte und Offiziere, denen nach dem Reichshaushalts-Etat eine Dienstwohnung gewährt werden könnte,[3]) erhalten, sofern dies nicht geschieht, vorbehaltlich einer etwa weitergehenden Ermächtigung durch den Reichshaushalts-Etat nur den Wohnungsgeldzuschuß.

Haben sie Anspruch auf Dienstwohnung, so erhalten sie, solange ihnen eine solche nicht gewährt werden kann, vorbehaltlich einer etwa weitergehenden Ermächtigung durch den Reichshaushalts-Etat eine den Wohnungsgeldzuschuß um $^1/_8$ übersteigende Mietentschädigung.[4])

Haben sie Anspruch auf freie Dienstwohnung, so erhalten sie, solange ihnen eine solche nicht gewährt werden kann, Mietentschädigung, deren Höhe der Reichshaushalts-Etat bestimmt.[1])[5])

1) Der § 34 entspricht dem § 11 des Entwurfs eines Besoldungsgesetzes. Die Begründung enthält hierzu u. a. folgende Ausführungen:

„Ein rechtlicher klagbarer Anspruch eines Beamten auf eine Dienstwohnung entsteht nur durch die Bewilligung einer solchen falls die Bewilligung wie die Bewilligung des Gehalts oder von Gehaltszulagen mit der Zuwendung ausdrücklich ausgesprochen wurde.

Derjenige Offizier und Beamte, dem ohne Anspruch darauf eine Dienstwohnung zur Verfügung gestellt ist, hat, falls solche fernerhin nicht gewährt werden kann, nur Anspruch auf den gesetzlichen Wohnungsgeldzuschuß. Hat jemand Anspruch auf Dienstwohnung, so muß ihm in dem Falle, daß eine Dienstwohnung nicht zur Verfügung gestellt werden kann, entweder der ganze notwendige Mietaufwand erstattet, oder eine Mietentschädigung gezahlt werden. Preußen hat den letzteren Weg gewählt.

Die Gewährung eines Anspruchs auf Dienstwohnung erscheint nicht etwa schon dann gerechtfertigt, wenn die Einräumung einer Dienstwohnung aus dienstlichen Gründen erforderlich ist, denn grundsätzlich sollen Dienstwohnungen überhaupt nicht eingerichtet werden, wenn nicht ein dienstliches Interesse dies gebietet. Maßgebend ist vielmehr insbesondere der Gesichtspunkt, ob das

Gehalt mit Rücksicht auf die Dienstwohnung derart bemessen ist, daß an den Offizier oder Beamten, falls er aus seinem Diensteinkommen auch noch eine Wohnung zu bezahlen hätte, Anforderungen gestellt werden würden, die ihm billigerweise nicht zugemutet werden könnten. Es kommen hiernach hauptsächlich nur diejenigen Offiziere und Beamte in Frage, von welchen im dienstlichen Interesse eine gewisse Repräsentation gefordert werden muß.

Eine Sonderstellung nehmen diejenigen Beamten und Offiziere ein, denen Anspruch auf freie Dienstwohnung zusteht. Sie werden von dem Wohnungsgeldzuschuß überhaupt nicht betroffen, folgerichtig kann der Wohnungsgeldzuschuß für sie weder bei ihrer Pensionierung, noch für den Fall in Betracht gezogen werden, daß ihnen eine Dienstwohnung nicht gestellt wird. Erfährt der ihnen zustehende Anspruch auf freie Dienstwohnung keine Erfüllung in natura, so bleibt nichts übrig als die angemessen aufgewendeten Kosten aus Reichsmitteln zu erstatten (Begr. S. 101/102).

Bezüglich der Anrechnung der freien Dienstwohnung als pensionsfähiges Einkommen der Offiziere siehe § 9 Ziff. 2 des OffizierspensGes. vom 31. Mai 1906, RGesBl. S. 565; bezüglich der Dienstwohnungen der Reichsbeamten siehe § 42 Ziff. 2 des RBGes. in der Fassung vom 18. Mai 1907, RGesBl. S. 245.

2) „welche eine Dienstwohnung innehaben".

Ob die Dienstwohnungen in reichseigenen Gebäuden liegen, oder gemietet sind, ist bedeutungslos. Innehaben einer Wohnung ist gleichbedeutend mit dem tatsächlichen Benützen derselben.

Der Wohnungsgeldzuschuß kommt auch in den Fällen in Wegfall, wenn sich mit Rücksicht auf die besonderen Verhältnisse eines Beamten oder Offiziers die Dienstwohnung als räumlich unzureichend erweist.

3) „denen nach dem Reichshaushaltetat eine Dienstwohnung gewährt werden könnte".

Demgemäß ist bei jeder Klasse von Offizieren und Beamten im Reichshaushaltsetat anzugeben, wie viele derselben eine Dienstwohnung besitzen und wie vielen ein Anspruch auf eine Dienstwohnung eingeräumt werden darf. Ein rechtlicher Anspruch auf eine Dienstwohnung kann aber durch den Etat nicht geschaffen werden, sondern nur durch die Bewilligung, welche mit der Zuwendung ausdrücklich ausgesprochen werden muß. Derjenige Offizier oder Beamte, dem ohne Anspruch darauf eine Dienstwohnung zur Verfügung gestellt ist, hat, falls solche fernerhin nicht mehr gewährt werden kann, nur Anspruch auf den gesetzlichen Wohnungsgeldzuschuß (zu vgl. auch die Vorschr. über die Dienstwohnungen der Reichsbeamten vom 16. Februar 1903, Zentralbl. f. d. Deutsche Reich S. 63 § 20).

4) „eine den Wohnungsgeldzuschuß um 1/3 übersteigende Mietentschädigung".

In Preußen gibt der Staatshaushalt die Mietentschädigungssätze für diejenigen Beamten an, welche tatsächlich Mietentschädigung beziehen; in jedem neuen Falle des Bedürfnisses zur Gewährung einer Mietentschädigung wird diese, falls nicht ihre Höhe bereits für einen Beamten der gleichen Art unter entsprechenden Verhältnissen festgesetzt ist, unter den beteiligten Ressortchefs besonders vereinbart und bei nächster Gelegenheit auf den Etat gebracht.

5) Bezüglich der Berücksichtigung des Wohnungsgeldzuschusses, des Benützens einer Dienstwohnung und der Mietentschädigung bei der Bemessung der Pension siehe § 35.

§ 35.

Bei Bemessung der Pension[1]) wird der Durchschnittssatz des Wohnungsgeldzuschusses für sämtliche Ortsklassen in Anrechnung gebracht.[2]) Dies gilt auch für diejenigen Beamten und Offiziere, welche eine Dienstwohnung innehaben[3]) oder eine Mietentschädigung beziehen, jedoch nicht für Admirale und für diejenigen Beamten und Offiziere, welche nach § 28 Abs. 3 keinen Wohnungsgeldzuschuß zu erhalten haben.[4])

Abgesehen von der Pensionierung gilt der tatsächlich bezogene Wohnungsgeldzuschuß mit der im § 31 bestimmten Maßgabe als Bestandteil des Gehalts, soweit nicht Abweichendes ausdrücklich bestimmt ist.[5])

1) „Bei der Bemessung der Pension".

Bezüglich des Betrags der Pension und des Pensionszuschusses bei den Offizieren siehe § 6 des OffiziersPensGes. vom 31. Mai 1906, RGesBl. S. 565; bezüglich des Betrags und der Berechnung der Pension bei den Reichsbeamten siehe die §§ 41 und 42 des RBGes. in der Fassung vom 18. Mai 1907, RGesBl. S. 245.

2) „wird der Durchschnittssatz für sämtliche Ortsklassen in Anrechnung gebracht."

Bezüglich der Jahressätze an Wohnungsgeldzuschuß siehe die Beil. V zum BesoldGes., RGesBl. S. 627.

Für die Beurteilung der Frage, in welcher Höhe dem Wohnungsgeldzuschuß Pensionsfähigkeit zuzuerkennen sei, war die Erwägung maßgebend, daß der Pensionär nicht wie der Beamte an der freien Wahl seines Wohnorts gehindert ist; aus diesem Grunde erscheine der Durchschnitt der verschiedenen Klassen gerechtfertigt. Etwa den Wohnungsgeldzuschuß des Ortes zu Grunde zu legen, an dem der Beamte zuletzt stationiert war oder an dem er als Pensionär seinen ersten Wohnsitz nimmt, könnte zu Härten führen. Die Pension aber jedesmal umzurechnen, sobald der Pensionär seinen Wohnsitz verlegt, stößt nicht nur auf geschäftliche Schwierigleiten, sondern steht auch mit dem Grundsatze nicht im Einklange, daß die Anrechte des Pensionärs bei seinem Ausscheiden ein für allemal festgesetzt werden.

Mit Recht ist die Nichtberücksichtigung der Klasse A, wie sie das bisher geltende Recht vorschreibt, als eine Härte empfunden und eine Änderung des bestehenden Rechtes nach dieser Richtung in Beamtenkreisen gefordert. Ein sehr beträchtlicher Teil von Beamten und Offizieren hat seinen dienstlichen Wohnsitz in Berlin und den diesem gleichgestellten Städten (von etatsmäßigen Offizieren und Reichsbeamten allein, die keine Dienstwohnung haben, mehr als 22 600). Erfahrungsgemäß verbleiben die Pensionäre nach ihrer Verabschiedung gern an ihrem letzten dienstlichen Wohnort, an den sie Familien- und gesellschaftliche Beziehungen fesseln. Es wird deshalb vorgeschlagen, auch die Ortsklasse A bei der Durchschnittsberechnung in Betracht zu ziehen (Begr. S. 93).

3) „welche eine Dienstwohnung innehaben".

Siehe hierüber § 34 Abs. 1 des Ges. u. Anm. 2 dazu.

4) „welche nach § 28 Abs. 3 keinen Wohnungsgeldzuschuß zu erhalten haben".

Siehe hierzu oben Anm. 1 zu § 34.

5) „Abgesehen von der Pensionierung gilt der Wohnungsgeldzuschuß als Bestandteil des Gehalts".

Bei der Festsetzung des Normalgehalts der früheren Klasse, welches dem Besoldungsdienstalter an demjenigen Tage entspricht, zu welchem die Beförderung oder Versetzung eines Beamten erfolgt ist, bleibt der Wohnungsgeldzuschuß außer Berechnung (Ziff. 39 und 40 der GehVorschr., Beil. I). Als Bestandteil des Gehalts finden auch die auf die Gehaltszahlung, auf die Pfändung und Beschlagnahme des Gehalts geltenden Vorschriften auf den Wohnungsgeldzuschuß Anwendung.

Bezüglich der Pfändung des Diensteinkommens der Offiziere, Militärärzte, Deckoffiziere und der Beamten siehe ZPO. § 850 Abs. 1 Ziff. 8 und Abs. 2.

III. Übergangsvorschriften.

§ 36.

Die zur Zeit des Inkrafttretens dieses Gesetzes im Dienste befindlichen Beamten, Offiziere und Unteroffiziere erhalten von diesem Zeitpunkt ab die diesem Gesetz entsprechenden Diensteinkünfte. [1] [2] [3] [4]

1) Bezüglich der aus Anlaß des Inkrafttretens des BesoldGes. zutreffenden Übergangsvorschriften enthält die Begründung zum Gesetzentwurf S. 102 folgende Ausführungen:

„Da das Gesetz eine Besoldungsaufbesserung der Beamten bezweckt, müssen seine Vorschriften auf alle zur Zeit seines Inkrafttretens im Dienste befindlichen Beamten ebenso wie auf die später zur Anstellung gelangenden Anwendung finden.

Maßgebend für die Einweisung in die neuen Gehaltsstufen wird grundsätzlich das bisherige Besoldungsdienstalter sein. Dies entspricht der bisher bei allen Besoldungsaufbesserungen im Gegensatze zu Gehaltsveränderungen bei organisatorischen Maßnahmen befolgten und sachlich gerechtfertigten Übung. Sie verhütet im allgemeinen, daß ein Beamter durch die Neuregelung in seinem pensionsfähigen Gehalt eine Einbuße erleidet. Nur dann wäre dies möglich, wenn eine Beamtengruppe im Anfangsgehalte herabgesetzt ist. In solchem Falle müßte durch Vordatierung des Besoldungsdienstalters geholfen werden. Künftig wegfallende pensionsfähige Zulagen, die durch die Gehaltserhöhung nicht von vornherein ausgeglichen werden, sind so lange und so weit fortzugewähren, bis der Ausgleich durch das normalmäßige Aufsteigen im Gehalt eintritt.

Die Ausführung im einzelnen bleibt wie bisher der Verwaltung überlassen.

Einer ausdrücklichen gesetzlichen Bestimmung bedarf es nur zur Sicherung der Beamten, Offiziere und Unteroffiziere, daß die Neuregelung ihnen an keiner Stelle zum Nachteile gereichen kann. Beim Vergleiche zwischen den früheren und späteren Bezügen haben die als Anerkennung für besondere Leistungen aus den Remunerationsfonds gemachten Zuwendungen und die Unterstützungen aus den laufenden Unterstützungsfonds außer Betracht zu bleiben, weil die Gründe solcher grundsätzlich einmaligen Zuwendungen mit der eigentlichen Gehaltsbemessung nichts zu tun haben. Außer dem Gehalt und dem Wohnungsgeldzuschusse sind aber alle Zulagen, so auch die Funktions- und Stellenzulagen und die anläßlich der Aufhebung des Personalservises für einzelne Orte geschaffenen, nunmehr wieder fortfallenden Serviszulagen zu berücksichtigen, ebenso die durch den Etat für 1908 bereitgestellten einmaligen Teuerungsbeihilfen, weil diese gewissermaßen als eine vorweggenommene Gehaltsaufbesserung angesehen worden sind.

Bei der nur kleinen Zahl der Fälle, um die es sich hierbei handeln kann, und bei der Geringfügigkeit der in Betracht kommenden Ausgabenbeträge wird es keinem Bedenken begegnen, von der Einstellung eines besonderen Ausgleichsfonds in den Etat Abstand zu nehmen und die überetatsmäßige Verrechnung ausnahmsweise zuzulassen.

An dieser Stelle war auch noch der pensionierten und demnächst wieder angestellten Offiziere und Beamten zu gedenken, die infolge der Vorschriften der Pensionsgesetze über die Kürzung der Pension bei Wiederanstellung im Zivildienst ohne eine entsprechende Anordnung Schaden erleiden könnten. Es beruht dies meist darauf, daß der pensionsfähige Betrag des Wohnungsgeldzuschusses durch dieses Gesetz höher wird und daß die Höhe des neben einem neuen Diensteinkommen nicht ruhenden Pensionsteils teilweise von der Höhe des neuen Diensteinkommens abhängt, daß hierbei aber grundsätzlich die nichtpensionsfähigen Einkommensteile außer Betracht bleiben. So kann über die im § 24 Ziff. 3 des Offizierspensionsgesetzes gezogenen Grenzen hinaus der Unterschied zwischen dem tatsächlichen und dem pensionsfähigen Teile des Wohnungsgeldzuschusses gezahlt werden. Daraus ergibt sich, daß die Erhöhung des pensionsfähigen Teiles des Wohnungsgeldzuschusses und damit die Verringerung des Unterschieds zwischen dem tatsächlichen und dem pensionsfähigen Wohnungsgeldzuschusse der Pensionierten und als Beamte wieder Angestellten zum Nachteile gereichen könnte."

Bezüglich der Pensionäre siehe § 46 Abs. 2 des Ges.

Bei der Beratung über die Übergangsvorschriften in der Kommission (KommBer. S. 40) wurde angefragt, ob diese auch auf die nichtetatsmäßigen Diätare Anwendung finden sollen; in der Besprechung zu diesem Paragraphen sei hierüber nichts gesagt, im Gegensatz zu dem Entwurfe des preußischen BesoldGes., wo ausdrücklich in der Begründung zum Ausdruck gebracht sei, daß sich diese Übergangsvorschrift gleichmäßig auf etatsmäßige Beamte wie auf Diätare erstrecken solle. Man dürfe wohl annehmen, daß dieselbe Absicht auch auf Seite der Reichsverwaltung bestehe, es erscheine aber wünschenswert dies ausdrücklich festzustellen.

Ein Kommissar des Bundesrats bestätigte hierauf ausdrücklich, daß dieselbe Absicht wie in Preußen bestehe. Wenn kein besonderer Vermerk darüber in das Gesetz bezw. dessen Begründung aufgenommen sei, so beruhe dies darauf, daß die Bezüge der Diätare durch den Reichskanzler bestimmt werden sollen, weshalb es einer besonderen gesetzlichen Vorschrift für das Reich nicht bedürfe.

Bezüglich der Festsetzung des Diätariendienstalters und der nachzuzahlenden Beträge siehe IV Ziff. 1 und 2 der Grundsätze für die Neufestsetzung des Besoldungsdienstalters usw.

Bezüglich der verabschiedeten Offiziere, welche sich in Zivilstellungen befinden, führte ein Kommissar des Reichsschatzamts aus, müsse man 2 Fragen unterscheiden; die eine Frage betreffe diejenigen pensionierten Offiziere, welche eine Anstellung als Beamte gefunden hätten; es sei im gewissen Sinne richtig, daß diese durch die neue Gehaltsaufbesserung keinen Vorteil hätten. Für alle diejenigen Offiziere, welche sich an der Höchstgrenze in ihren Gehaltsbezügen befänden, innerhalb deren Zivileinkommen und Militärpension gezahlt werden dürfe, werde natürlich durch die Aufbesserung keine für sie in Betracht kommende Einkommensverbesserung erzielt, weil nach dem OffizierspensGes. dasjenige, was mehr gegeben werde, von der Militärpension einbehalten werden müsse. In diese Vorschrift einzugreifen liege keine Veranlassung vor. Als im Jahre 1906 diese Kürzungsgrenze für die Offiziere bei der Wiederanstellung im Zivildienst gezogen worden sei, habe man diese Grenze mit Rücksicht darauf gezogen, daß sie für ein Gesamteinkommen als angenehm zu erachten sei, gleichviel ob dieses Gesamteinkommen aus einer Militärpension, oder aus einem Zivildiensteinkommen fließen. Beide Bestandteile und die darauf beruhenden gesetzgeberischen Maßnahmen müsse man einheitlich betrachten. Man könne unmöglich jetzt, nachdem man mit der Gehaltsaufbesserung der Pensionsaufbesserung folge, sagen, es müßten nun auch diejenigen, die der Staat im Jahre 1906 schon vollkommen abgefunden habe, eine neue Aufbesserung erfahren. Anders und schwieriger liege die zweite Frage bezüglich der Offiziere, die bereits Anstellung gefunden hätten und sich im Besitz einer Dienstwohnung befänden. Nach den Kürzungsvorschriften des Militärpensionsgesetzes müsse das frühere Diensteinkommen dem jetzigen Diensteinkommen einschließlich Pension gegenübergestellt werden und auf das jetzige Diensteinkommen sei auch der pensionsfähige Teil des Wohnungsgeldzuschusses anzurechnen. Soweit sich nun der pensionsfähige Teil des Wohnungsgeldzuschusses infolge des neuen BesoldGes. erhöhe, habe der Dienstwohnungsinhaber insgesamt zwar denselben Einkommenswert, aber es werde ihm weniger gezahlt, da die Dienstwohnung in Gestalt des einzubehaltenden höheren Wohnungsgeldzuschusses höher in Anrechnung gebracht werde. Deshalb würde er unter Umständen einen Ausfall erleiden, wenn nicht die Übergangsvorschrift Abhilfe verschaffe (KommBer. S. 41 und 42).

2) Da das Besoldungsgesetz mit Rückwirkung vom 1. April 1908 in Kraft getreten ist, ist das Besoldungsdienstalter aller im Dienst befindlichen Beamten, Offizieren und Unteroffizieren, welche seit dem 1. April 1908 angestellt, im dienstlichen Interesse versetzt oder befördert wurden, an das Besoldungsgesetz anzupassen und demgemäß einer Nachprüfung zu unterziehen. Ihr Besoldungsdienstalter ist, gleichviel ob dies zum Vorteil oder Nachteil der Beamten gereicht, so festzusetzen, als wenn seit dem 1. April 1908 durchweg schon die neuen Gehaltssätze und die Gehaltsvorschriften vom 24. Juli 1909 bestanden hätten.

Die im dienstlichen Interesse versetzten oder beförderten Beamten sind hiernach mit dem Gehalt in die neue Besoldungsklasse einzureihen, welches ihnen nach den neuen Gehaltssätzen in der früheren Besoldungsklasse bei Anwendung der Gehaltsvorschriften vom Tage der Versetzung oder Beförderung zugestanden hätte. In denjenigen Fällen, in welchen im Einvernehmen mit der Reichsfinanzverwaltung aus Billigkeitsrücksichten eine Vordatierung des Besoldungsdienstalters stattgefunden hat, ist zu prüfen, ab die damals maßgebend gewesenen Grundsätze auch jetzt noch eine Vordatierung als angezeigt erscheinen lassen.

Das Besoldungsdienstalter der bisherigen Proviantamts-Rendanten und -Kontrolleure, der Kontrolleure bei den Bekleidungsämtern, der Garnisonverwaltungs-Inspektoren und -Kontrolleuren und der Lazarettverwaltungs-Inspektoren, welche mit den bisherigen Assistenten, Kasernen-Inspektoren usw. unter der Benennung „Inspektoren" zu einer Besoldungsklasse vereinigt worden sind, ist so festzusetzen, als ob diese Organisationsänderung schon zur Zeit ihrer ersten etatsmäßigen Anstellung als obere Proviantamts- usw. Beamte bestanden hätte (zu vgl. ArmeeVBl. 1909 Nr. 16 S. 226 Ziff. 11; Bayer. VBl. 1909 Nr. 31 S. 453 Ziff. 12; Württ. Militär-VBl. 1909 Nr. 29 S. 188 Ziff. 10, sowie III Ziff. 6 der Grundsätze für die Neufestsetzung des Besoldungsdienstalters usw. Beil. II).

Wegen Vordatierung des Besoldungsdienstalters der in solchen Stellen befindlichen verabschiedeten Offiziere siehe Nr. 42 der GehVorschr.

Für diejenigen Beamten, welche bisher ein Einzelgehalt bezogen haben und nunmehr aufsteigende Gehälter erhalten, wird das Besoldungsdienstalter auf den Tag des Einrückens in ihre Stelle festgesetzt. Dasselbe gilt für diejenigen Beamten, die bisher aufsteigende Gehälter ohne Altersstufen bezogen und für welche nunmehr Dienstaltersstufen eingeführt sind, insbesondere also für die gesandtschaftlichen und konsularischen Beamten hinsichtlich des pensionsfähigen Gehalts.

3) Bezüglich der Festsetzung des Besoldungsdienstalters bei den Militär- und Zivilanwärtern unter Anrechnung der diätarischen Dienstzeit und der Militärdienstzeit siehe oben Anm. 4 zu § 8; bezüglich der allgemeinen Grundsätze für die Festsetzung des Besoldungsdienstalters der Beamten und die Berechnung der Nachzahlungen aus Anlaß des Inkrafttretens des BesoldGes. siehe oben Anm. 6 zu § 6 und die Beil. II.

4) Auf die Einkommensverbesserungen sind insbesondere anzurechnen: die wegfallenden Serviszulagen und Ausfallentschädigungen für Kassenbeamte, die ebenfalls wegfallenden Naturaliendeputate und alle Zulagen, welche neben den erhöhten Gehältern nicht mehr bezahlt werden dürfen und für 1908 auch die Teuerungsbeihilfen. Sind die wegfallenden Beträge höher als die Diensteinkommensverbesserung an Gehalt, Zulagen, Wohnungsgeldzuschuß oder Mietentschädigung oder an diätarischen Diensteinkünften, so ist der Unterschiedsbetrag als nicht pensionsfähiger Zuschuß bis zu dem im § 46 BesoldGes. bezeichneten Zeitpunkt über den Etats zu gewähren (zu vgl. Ziff. III 4 der Grundsätze für die Neufestsetzung des Besoldungsdienstalters usw., Beil II).

Bezüglich der Fälle, in welchen Erhöhungen des Wohnungsgeldzuschusses oder der Mietentschädigung bei Berechnung der

Diensteinkommensverbesserungen außer Anrechnung bleiben, siehe oben Anm. 3 zu § 31; bezüglich der Jahressätze für wegfallende Deputate an Feuerungs- und Beleuchtungsmaterial siehe ArmeeVBl. 1909 Nr. 16 S. 223; Bayer. VBl. 1909 Nr. 31 S. 449; Württ. MilitärVBl. Nr. 29 S. 186.

Die Ostmarkenzulagen werden auch ferner gezahlt. Die sich aus der Gehaltsaufbesserung ergebenden Mehrbeträge sind bei der Anweisung der Diensteinkommensverbesserungen mitzuberücksichtigen (ArmeeVBl. 1909 Nr. 16 S. 224; zu vgl. auch Grundsätze für die Neufestsetzung des Besoldungsdienstalters Beil. II Ziff. III 2 S. 8).

§ 37.

Die Beamten behalten ihr bisheriges Besoldungsdienstalter mit den aus den nachstehenden Vorschriften sich ergebenden Ausnahmen.[1][2][3][4][5][6]

1) Bei der Berechnung des Besoldungsdienstalters schon angestellter Beamter infolge des Inkrafttretens des Besoldungsgesetzes kann sich für den einzelnen Beamten ergeben

a) ein Vorteil,

b) ein Nachteil, da das Besoldungsdienstalter so festzusetzen ist, als wenn seit dem 1. April 1908 die neuen Gehaltssätze und die neuen GehVorschr. schon bestanden hätten.

Hierbei ist ein beförderter Beamter so anzusehen als ob er bis zum Tage der Aufbesserung, also dem 1. April 1908, in der verlassenen Stelle verblieben sei, als ob er also erst am 1. April 1908 befördert worden wäre. Hiervon ausgehend muß er das Gehalt, das er nach dieser Fiktion in der verlassenen Stelle gehabt haben würde, mit in die neue Stelle hinübernehmen und das Besoldungsdienstalter ist diesfalls vorzudatieren (zu vgl. auch § 39 des Ges.).

Für Fälle in welchen sich bei der Festsetzung des Gehalts nach Maßgabe des BesoldGes. ein geringeres Gehalt im einzelnen Falle ergibt sind im Gesetze Vordatierungen des Besoldungsdienstalters vorgesehen (zu vgl. § 42 des Ges.). — Allen Beamten, auch wenn sie sich in Beförderungsstellen befinden, wird in das Besoldungsdienstalter eingerechnet das Diätariat, die zwischen dem Beginn des Diätariats und der ersten etatsmäßigen Anstellung liegende Zeit und bei technischen und Elementarlehrern die von der etatsmäßigen Anstellung liegende vierjährige Dienstzeit im öffentlichen Schuldienst (zu vgl. § 41 des Ges.).

2) Bezüglich der Grundsätze, welche bei der Festsetzung des Besoldungsdienstalters derjenigen Beamten zur Anwendung zu bringen sind, welche zur Zeit des Inkrafttretens des BesoldGes. schon angestellt waren siehe oben Anm. 6 zu § 6.

3) Bei denjenigen Beamten der Bundesstaaten, welche seit dem 1. April 1908 in den Reichsdienst übernommen worden sind, ist besonders auch zu berücksichtigen, daß seit diesem Zeitpunkt eine Gehaltsaufbesserung in dem betreffenden Bundesstaate stattgefunden hat.

Im übrigen finden auf solche Beamte die unter Anm. 2 genannten Grundsätze Anwendung. Dasselbe gilt von Nichtbeamten, welche seit dem 1. April 1908 als Beamte in den Reichsdienst übernommen worden sind.

4) „mit den sich ergebenden Ausnahmen".

Als Ausnahmen kommen diejenigen Fälle in Betracht, in denen den einzelnen Beamten auf Grund des BesoldGes. bezüglich des Besoldungsdienstalters günstigere Verhältnisse einzuräumen sind, als ihnen solche vor dem Inkrafttreten des BesoldGes. zugekommen wären.

5) In den mit Dienstaltersstufen ausgestatteten Besoldungsklassen bleibt im allgemeinen das bisherige Besoldungsdienstalter der Beamten auch für ihr Aufsteigen in den erhöhten Gehältern maßgebend, sofern das Anfangsgehalt bei der Aufbesserung erhöht oder unverändert gelassen worden ist. Ausnahmen siehe jedoch Anm. 3 zu § 39.

6) Die in den folgenden Paragraphen für Beamte getroffenen Bestimmungen finden, soweit sie für die Verhältnisse der Offiziere und Unteroffiziere in Betracht kommen, auf diese sinngemäße Anwendung, wie z. B. diejenigen über die Gewährung des nach § 46 Abs. 1 BesoldGes. zu zahlenden Mehrbetrags an Gebührnissen als nichtpensionsfähiger Zuschuß u. a. m. (ArmeeVBl. 1909 Nr. 16 S. 222 Ziff. 14; Bayer.VBl. 1909 Nr. 31 S. 447 Ziff. 14; Württ. MilitärVBl. 1909 Nr. 29 S. 185).

§ 38.

Diejenigen Beamten, welche sich nicht mehr in der Eingangsstelle befinden,[1]) und deren Besoldungsdienstalter mit Rücksicht auf die seit dem 1. April 1906 eingetretenen Besoldungsaufbesserungen in einer von ihnen früher bekleideten oder einer anderen Stelle festgesetzt worden ist, erhalten das Besoldungsdienstalter, das ihnen beizulegen gewesen sein würde, wenn die für die Festsetzung maßgebenden Stellen schon zur Zeit der Aufbesserung oder bei späterer Beförderung zur Zeit der Beförderung mit den in diesem Gesetze bestimmten Gehältern ausgestattet gewesen wären.[2])

1) „diejenigen Beamten, welche sich nicht mehr in der Eingangsstelle befinden".

Die Vorschrift des § 38 bezieht sich nicht nur auf diejenigen Beamten, welche aus einer nach dem 1. April 1906 aufgebesserten

Klasse befördert worden sind, sondern auch auf diejenigen, deren Besoldungsdienstalter aus Billigkeitsrücksichten, um Überholungen durch dienstjüngere Amtsgenossen zu vermeiden, oder aus anderen Gründen mit Rücksicht auf Gehaltsaufbesserungen in anderen Klassen vorgerückt worden ist.

Insbesondere bedarf also das Besoldungsdienstalter der wegen der Aufbesserung der Zahlmeistergehälter in ihrem Besoldungsdienstalter vordatierten Intendantursekretäre und Bureaubeamten des Kriegsministeriums der Nachprüfung.

2) In allen diesen Fällen scheidet für die Nachprüfung das bisherige Besoldungsdienstalter völlig aus (näheres siehe oben Anm. 6 II Ziff. 5 zu § 6 und ArmeeVBl. 1909 Nr. 16 S. 225 Ziff. 9; Bayer.-VBl. 1909 Nr. 31 S. 452 Ziff. 9).

§ 39.[1])

Das Besoldungsdienstalter derjenigen vor dem 1. April 1908 beförderten[2]) oder im dienstlichen Interesse versetzten Beamten, welche am 1. April 1908 ein geringeres pensionsfähiges Gehalt als in der vorher von ihnen bekleideten Stelle, falls sie in dieser verblieben wären, nach den neuen Gehaltssätzen zu beziehen haben würden, oder welche in der vorher bekleideten Stelle bei dem nächsten Aufrücken eine höhere Gehaltsstufe erreicht haben würden, als dies in der neuen Stelle der Fall sein würde, ist so festzusetzen, als wenn die Beamten erst am 1. April 1908 in die neue Gehaltsklasse befördert oder versetzt wären.[3])

Hierbei wird für die Beamten der höheren Laufbahn bei der Reichs-Post- und Telegraphenverwaltung unterstellt, daß das Anfangsgehalt der den jetzigen Ober-Postpraktikanten entsprechenden Klassen schon zur Zeit ihrer Beförderung in diese 2500 Mark betragen hat.[4])

1) Der § 39 sieht Ausnahmen von der Regel vor, wonach die Beamten grundsätzlich die vom 1. April 1908 ab gültigen Gehaltssätze der neuen BesoldOrdn. nach Maßgabe ihres bisherigen Besoldungsdienstalters erhalten.

Durch die Bestimmungen des § 39 sollen Überholungen der einzelnen Beamten durch dienstjüngere Amtsgenossen vermieden werden (näheres siehe oben in Anm. 6 II zu § 6).

2) Ein beförderter Beamter ist so anzusehen, als ob er bis zum Tage der Aufbesserung, also dem 1. April 1908, in der verlassenen Stelle verblieben sei, als ob er also erst am 1. April 1908 befördert worden wäre. Durch § 39 kann es nicht eintreten, daß irgend ein Beamter durch eine Beförderung geschädigt werde. Wenn z. B.

ein Beamter in der verlassenen Stelle schon 7200 Mark erreicht haben würde und er stehe jetzt auf 6000 Mark, so würde sein Besoldungsdienstalter so vordatiert werden, als ob er am 1. April 1908 mit 7200 Mark befördert worden wäre (KommBer. S. 157).

3) In den mit Dienstaltersstufen ausgestatteten Besoldungsklassen bleibt im allgemeinen das bisherige Besoldungsdienstalter der Beamten auch für ihr Aufsteigen in den erhöhten Gehältern maßgebend, sofern das Anfangsgehalt bei der Aufbesserung erhöht, oder unverändert gelassen worden ist. Sollte sich jedoch für einzelne, vor dem 1. April 1908 beförderte oder im dienstlichen Interesse versetzte Beamte ergeben, daß ihr pensionsfähiges Gehalt in der jetzigen Stelle nach den neuen Grundsätzen am 1. April 1908 hinter dem zurückbleibt, das sie in der früher von ihnen bekleideten Stelle erhalten haben würden, oder daß sie in der alten Stelle beim nächsten Gehaltsaufrücken nach dem 1. April 1908 einen höheren Gehaltssatz erreicht hätten, als er ihnen zu demselben Zeitpunkt in der neuen Stelle zusteht, so ist (nach § 39) das Besoldungsdienstalter dergestalt festzusetzen, daß angenommen wird, die Beamten wären erst am 1. April 1908 in die neue Gehaltsklasse versetzt oder befördert worden.

4) Bezüglich der Beamten der höheren Laufbahn bei der Reichspost- und Telegraphenverwaltung siehe oben Anm. 6 II 6 zu § 6.

§ 40.

Den Beamten aus der Klasse der ehemaligen Militäranwärter,[1]) auch wenn sie sich in Beförderungsstellen befinden,[2]) wird das Besoldungsdienstalter insoweit vorgerückt, wie eine Vorrückung erfolgt wäre, wenn die §§ 7 und 8 schon zur Zeit der ersten etatsmäßigen Anstellung oder der Überführung aus einer Unterbeamtenstelle in eine Stelle des mittleren oder Kanzleidienstes in Geltung gewesen wären.[3]) [4])

1) „den Beamten aus der Klasse der Militäranwärter".

Militäranwärter heißt der Inhaber eines Zivilversorgungsscheins.

Bezüglich der den Militäranwärtern zugänglichen Stellen im Zivilstaatsdienst siehe die §§ 15 ff. RGes. vom 31. Mai 1906, über die Versorgung der Personen der Unterklassen des Reichsheers, der kaiserlichen Marine und der kaiserlichen Schutztruppe (RGesBl. S. 593 und oben Anm. 2 zu § 7). Über die allgemeinen Grundsätze für die Besetzung der mittleren, Kanzlei- und Unterbeamtenstellen bei den Reichs-, Staats- und Kommunalbehörden, bei den Versicherungsanstalten für die Invalidenversicherung, sowie bei ständischen oder solchen Instituten, welche ganz oder zum Teil aus

Mitteln des Reichs, Staates, oder der Gemeinde unterhalten werden, mit Inhabern des Zivilversorgungsscheins und Inhabern des Anstellungsscheins siehe die vom Bundesrat in neuer Fassung aufgestellten „Grundsätze" vom 20. Juni 1907 für die Besetzung der mittleren Kanzlei- und Unterbeamtenstellen bei den Reichs- und Staatsbehörden mit Militäranwärtern und Inhabern des Anstellungsscheins nebst Anlagen und Erläuterungen (abgedruckt im Württ. RegBl. 1907 S. 790 ff.).

Diese Grundsätze haben den Charakter einer Rechtsverordnung.

Bezüglich der Militärpersonen, welche nicht als Militäranwärter anzusehen sind siehe oben Anm. 2 zu § 7.

2) „auch wenn sie sich in Beförderungsstellen befinden".

Als Beförderungsstellen gelten im allgemeinen solche, von welchen aus eine Beförderung auf eine Stelle erfolgen kann, mit welcher ein höheres Endgehalt verbunden ist; als Beamte für Beförderungsstellen kommen solche in Betracht, welche nicht bloß die Qualifikation für eine bestimmte Stelle besitzen, so daß die Übertragung einer anderen Stelle an dieselben im Wege der Beförderung ausgeschlossen ist. Ein Beamter befindet sich auf einer Beförderungsstelle, wenn ihm dieselbe im Wege der Beförderung übertragen worden ist.

3) „wird das Besoldungsdienstalter insoweit vorgerückt".

Die Bestimmungen über die erweiterte Anrechnung von Militärdienstzeit auf das Besoldungsdienstalter ehemaliger Militäranwärter (§§ 7 und 8 BesoldGes. und Ziff. 14 bis 20 GehVorschr.) finden dergestalt mit rückwirkender Kraft Anwendung, daß das Besoldungsdienstalter gemäß § 40 vordatiert wird.

Das Besoldungsdienstalter ist bei den einzelnen Beamten einschließlich der nach dem 1. April 1908 in den Ruhestand getretenen, oder der seit dem 1. April 1908 verstorbenen Beamten nachzuprüfen und gegebenen Falles neu festzusetzen. Nachzahlungen finden nur für die Zeit vom 1. April 1908 ab statt.

4) Bezüglich der Anwendung der Ziff. 14 GehVorschr. siehe oben Anm. 3 zu § 7 BesoldGes.

§ 41.[1][2])

Allen Beamten, auch wenn sie sich in Beförderungsstellen befinden,[3]) wird das Besoldungsdienstalter insoweit vorgerückt, wie eine Vorrückung erfolgt wäre, wenn § 6 Abs. 2, 3 und 4 schon zur Zeit der ersten etatsmäßigen Anstellung in Geltung gewesen wäre.[4])

1) Der § 41 handelt von der Einrechnung der diätarischen Dienstzeit in das Besoldungsdienstalter.

Bezüglich der diätarischen Dienstzeit siehe oben § 6 und die demselben beigefügten Anmerkungen.

2) Die Bestimmungen über die Anrechnung diätarischer Dienstzeit finden dergestalt mit rückwirkender Kraft Anwendung, daß das Besoldungsdienstalter im einzelnen Fall insoweit vordatiert wird, als eine Vordatierung erfolgt wäre, wenn diese Bestimmungen schon zur Zeit der ersten etatsmäßigen Anstellung der Beamten in Geltung gewesen waren.

3) „Auch wenn sie sich in Beförderungsstellen befinden".

Siehe hierüber oben Anm. 2 zu § 40.

4) Über die Bezüge der Diätare siehe oben § 13.

§ 42.

Für diejenigen Beamtengruppen, deren Anfangsgehalt in der Besoldungsordnung gegenüber dem früheren herabgesetzt ist oder für welche bis zur Verkündung dieses Gesetzes Einzelgehälter vorgesehen waren, bestimmt der Reichskanzler, ob und inwieweit eine Vorrückung des Besoldungsdienstalters erfolgen soll. [1] [2]

Der Reichskanzler wird ermächtigt, denjenigen Beamten, welche infolge der vorstehenden Vorschriften ein geringeres pensionsfähiges Gehalt beziehen als bis zur Verkündung dieses Gesetzes, das Mehr über die in der Besoldungsordnung angegebenen Stufen hinaus bis zu ihrem normalmäßigen Aufrücken in eine höhere Stufe zu bewilligen. [3] [4]

1) In den mit Dienstaltersstufen ausgestatteten Besoldungsklassen bleibt im allgemeinen das bisherige Besoldungsdienstalter der Beamten auch für ihr Aufsteigen in den erhöhten Gehältern maßgebend, sofern das Anfangsgehalt bei der Aufbesserung erhöht oder unverändert gelassen worden ist. Falls sich jedoch für einzelne vor dem 1. April 1908 beförderte oder im dienstlichen Interesse versetzte Beamte ergibt, daß ihr pensionsfähiges Gehalt in der jetzigen Stelle nach den neuen Gehaltssätzen am 1. April 1908 hinter dem zurückbleibt, welches sie in der früheren Stelle erhalten haben würden, oder daß sie in der alten Stelle beim nächsten Gehaltsvorrücken nach dem 1. April 1908 einen höheren Gehaltssatz erreicht hätten, als er ihnen zu demselben Zeitpunkt in der neuen Stelle zusteht, so ist nach § 39 BesoldGes. das Besoldungsdienstalter dergestalt neu festzusetzen, daß angenommen wird, die Beamten wären erst am 1. April 1908 in die neue Gehaltsklasse versetzt oder befördert worden.

2) Für Beamte, welche bisher ein Einzelgehalt bezogen haben und nunmehr aufsteigende Gehälter erhalten, ist das Besoldungsdienstalter durch auf Grund des § 42 Abs. 1 BesoldGes. vom Reichskanzler getroffene Bestimmung auf den Tag des Einrückens in ihre Stelle festgesetzt

Dasselbe gilt für diejenigen Beamten, welche bisher aufsteigende Gehälter ohne Altersstufen bezogen und für welche nunmehr Dienstaltersstufen eingeführt sind, insbesondere also für die gesandtschaftlichen und konsularischen Beamten hinsichtlich des pensionsfähigen Gehalts.

Hinsichtlich der vom Reichskanzler für diejenigen Beamten, deren Anfangsgehalt in der Besoldungsordnung herabgesetzt ist, getroffene Bestimmungen siehe II Ziff. 3 und 4 und III Ziff. 1 bis 3 der Grundsätze für die Neufestsetzung des Besoldungsdienstalters usw., Beil. II.

Im Anschluß hieran siehe ArmeeVBl. 1909 Nr. 16 S. 225 Ziff. 8; Bayer.VBl. 1909 Nr. 31 S. 451 Ziff. 8; Württ. MilitärVBl. 1909 Nr. 29 S. 188 Ziff. 7.

3) Der Absatz 2 des § 42 findet nach einer Erklärung eines Kommissärs des Bundesrats bei der Kommissionsberatung auch Anwendung auf diejenigen Beamten, welche sich bereits im Besitz des Höchstgehalts befinden. Einem Oberintendanturrat, der jetzt im Höchstgehalt etwas herabgesetzt werden solle, könne der Reichskanzler, wenn er sich im Besitz des Höchstgehalts befindet, über diesen Gehaltssatz hinaus das höhere Gehalt belassen; das werde geschehen. Er bekomme den vollen erhöhten Wohnungsgeldzuschuß. Die vorgeschlagene Bestimmung werde nur Platz greifen, wenn neben diesem Höchstgehalt auch noch Zulagen in Betracht kämen. Auf diese Zulagen würde der erhöhte Wohnungsgeldzuschuß nach § 46 angerechnet werden. Es sei nicht einzusehen, warum man eine solche Anrechnung bei niedrigeren Gehältern und nicht bei höheren stattfinden lassen solle (KommBer. S. 159).

4) „bis zu ihrem normalmäßigen Aufrücken in eine höhere Stufe".

Diese Worte haben nach einer Erklärung eines Kommissärs des Bundesrats bei der Kommissionsberatung nur Bedeutung für den Fall, daß ein solches Aufrücken nicht stattfinden könne. Wenn es nicht stattfinde, behalte der Beamte das Mehr eben immer, weil dann die Bedingung des Wegfalls nicht eintrete (KommBer. S. 159).

§ 43.

Das Besoldungsdienstalter der vor dem 1. April 1908 zu Hauptleuten, Rittmeistern, Leutnants, Stabsärzten, Assistenzärzten mit Patent beförderten[1])[2]) Offiziere und Sanitätsoffiziere rechnet vom ersten Tage des Monats ab, aus

dem das Patent datiert, welches sie am 31. März 1908 besaßen. Den beim Inkrafttreten dieses Gesetzes vorhandenen Leutnants und Oberleutnants zur See wird das Besoldungsdienstalter um drei Jahre vorgerückt.[3])

1) „das Besoldungsdienstalter der zu Leutnants, Stabsärzten, Assistenzärzten beförderten Offizieren".

Gemeint sind hier sowohl diejenigen des Reichsheers als der Marine und der Marineinfanterie.

Die Oberleutnants und Oberärzte sind nicht besonders aufgeführt, weil dieselben die Gehaltsstufen der Leutnants und der Assistenzärzte teilen.

2) „mit Patent beförderten".

Die Beförderung ohne Patenterteilung ist ohne Einfluß auf das Besoldungsdienstalter.

3) „den am 1. April 1908 vorhandenen Leutnants und Oberleutnants zur See wird das Besoldungsdienstalter um 3 Jahre vorgerückt".

Diese Offiziere rücken also am 1. April 1908 mindestens in die 2. Gehaltsstufe ein; vom 7. Dienstjahr ab erhalten dieselben außerdem eine nichtpensionsfähige Zulage von jährlich 180 Mark.

Das Vorrücken des Besoldungsdienstalters geschieht ebenfalls vom ersten Tage des Monats ab, aus dem das Patent datiert.

§ 44.

Den Leutnants des Reichsheeres und der Marineinfanterie, die seit dem 1. April 1908 zu diesem Dienstgrade befördert sind und als Abiturienten eines Gymnasiums, Realgymnasiums oder einer Oberrealschule gemäß § 17 im Besoldungsdienstalter vorzurücken sind, wird die Vorrückung derart gekürzt, daß sie vor den bis zum 31. März 1908 als Zivilabiturienten im Patente vorgerückten Leutnants keinen Vorteil erhalten.[1])[2])

1) Bei den Leutnants zur See, ist eine Ausgleichung der Vorrückungszeit, wie solche bei den vor und vom 1. April 1908 zu Leutnants des Reichsheeres und der Marineinfanterie mit Patent beförderten Zivilabiturienten vorgesehen ist, nicht in Rechnung genommen.

2) Da die Bestimmung des § 17 BesoldGes. hinsichtlich des Vorrückens des Besoldungsdienstalters um 2 Jahre auch für diejenigen Zeug-, Feuerwerks- und Festungsleutnants gilt, welche Abiturienten eines Gymnasiums, Realgymnasiums oder einer Oberrealschule waren, so bezieht sich auch die Ausgleichung der Vorrückungszeit nach § 44 auf diese Offiziere (zu vgl. auch oben Anm. 2 zu § 17 BesoldGes.).

§ 45.

Über die Festsetzung des Besoldungsdienstalters für diejenigen Unteroffiziere, welche bereits Gehaltsempfänger sind oder es durch dieses Gesetz werden,[1]) wird durch den Reichskanzler, beim Reichsheere durch die oberste Verwaltungsbehörde des Kontingents, Bestimmung getroffen.[2])

1) „oder es durch das Gesetz werden".
Bezüglich der erfolgten Umwandlung von Unteroffiziersstellen für Löhnungsstellen in solche für Gehaltsempfänger siehe ArmeeVBl. 1909 Nr. 16 S. 216 Ziff. 5; Bayer.VBl. 1909 Nr. 31 S. 437 Ziff. 5; Württ. MilitärVBl. 1909 Nr. 29 S. 178 Ziff. 6.

2) Bezüglich der Festsetzung des Besoldungsdienstalters für Unteroffiziere als Gehaltsempfänger siehe ArmeeVBl. 1909 Nr. 16 S. 220 Ziff. 5 und 6; Bayer.VBl. 1909 Nr. 31 S. 444 Ziff. 5 und 6; Württ. MilitärVBl. 1909 Nr. 29 S. 183 Ziff. 5 und 6.

§ 46.

Der Reichskanzler und auf dem Gebiete der Militärverwaltung die oberste Militärverwaltungsbehörde des Kontingents werden ermächtigt, Beamten, Offizieren und Unteroffizieren, welche in den Rechnungsjahren 1908 oder 1909 infolge dieses Gesetzes sowie des zu seiner Ausführung verkündeten Nachtrags-Etats an Gehalt, Löhnung, Zulagen, Wohnungsgeldzuschuß oder Mietentschädigung zusammen weniger beziehen würden, als ihnen sonst an Gehalt, Löhnung, Zulagen einschließlich der nicht mehr zu gewährenden Serviszulagen und Naturaliendeputate und im Rechnungsjahr 1908 auch einschließlich der durch den Reichshaushalts-Etat für 1908 bereitgestellten einmaligen Teuerungsbeihilfen, an Wohnungsgeldzuschuß oder Mietentschädigung zu gewähren gewesen wäre, den Unterschied als nichtpensionsfähigen Zuschuß über den Etat zu bewilligen. Der bewilligte Zuschuß wird bis zu dem Zeitpunkte gewährt, mit dem durch Gehalts- oder Löhnungserhöhung oder durch Aufsteigen in dem Gehalt oder der Löhnung, durch Zulagen, durch höheren Wohnungsgeldzuschuß oder höhere Mietentschädigung ein Ausgleich eintritt. Hierbei bleiben Erhöhungen des Wohnungsgeldzuschusses oder der Mietentschädigung insoweit außer Anrechnung, als sie lediglich infolge der Versetzung an einen Ort einer höheren Ortsklasse eintreten.

In gleicher Weise kann den Pensionären, welche im Reichsdienste wieder angestellt worden sind, ein etwaiger Ausfall an Pension und Diensteinkommen bis zu dem angegebenen Zeitpunkt überetatsmäßig ersetzt werden.

1) Bei der Beratung über § 46 (§ 13 der Regierungsvorlage) in der Kommission erklärte ein Kommissar des Bundesrats auf eine bezügliche Anfrage, daß die zum Ausgleich von etwaigen Ausfällen dienende Übergangsvorschrift auch auf die nicht etatsmäßigen Diätare Anwendung finden solle. Wenn kein besonderer Vermerk hierüber in das Gesetz, bezw. dessen Begründung aufgenommen sei, so beruhe dies darauf, daß die Bezüge der Diätare durch den Reichskanzler bestimmt werden sollen. Es bedürfe daher einer besonderen Vorschrift für das Reich nicht (zu vgl. hierzu IV der Grundsätze für Neufestsetzung des DienstBesoldungsalters usw., Beil. II).

2) Bezüglich der Anrechnungen auf Einkommensverbesserungen siehe ArmeeVBl. 1909 Nr. 16 S. 222 I 1, 3 und 4; Bayer.VBl. 1099 Nr. 31 S. 448; Württ. MilitärVBl. 1909 Nr. 29 S. 185 II 1 und 3.

3) Bezüglich des Wegfall der Serviszulagen und der Anrechnung der wegfallenden Naturaliendeputate siehe ArmeeVBl. 1909 Nr. 16 S. 223, 230 III 1 a und b; Bayer. VBl. 1909 Nr. 31 S. 458 III 1 a und b und S. 449; Württ. MilitärVBl. 1909 Nr. 29 S. 192 III 1 a und b und S. 186.

IV. Schlußvorschriften.

§ 47.

Dieses Gesetz tritt mit Wirkung vom 1. April 1908 in Kraft.

Neben den den Beamten, Offizieren und Unteroffizieren für 1908 zukommenden Nachzahlungen an Gehalt, Löhnung und Wohnungsgeldzuschuß oder Mietentschädigung sind auch die Zulagen zu gewähren, welche in dem Nachtrags-Etat für 1909 vorgesehen sind.

Auf die den Beamten zukommenden Nachzahlungen sind alle sonstigen Zulagen, die auf Grund der fortan geltenden Vorschriften und Bestimmungen neben den erhöhten Gehältern nicht mehr gezahlt werden dürfen, in Anrechnung zu bringen; auf die Nachzahlungen für 1908 außerdem die auf Grund des Reichshaushalts-Etats für 1908 gewährten einmaligen Teuerungsbeihilfen.

Sind Beamte, Offiziere und Unteroffiziere, die am 1. April 1908 im Dienste waren, seitdem in den Ruhestand getreten oder verstorben, so werden ihre Pensionen oder Renten und die Versorgungsansprüche ihrer Hinterbliebenen so festgesetzt, wie wenn sie die ihnen nach diesem Gesetze zustehenden Diensteinkünfte noch bezogen hätten, sofern dies für sie günstiger ist.

§ 34 Abs. 1 tritt für die Beamten der Betriebsverwaltung der Reichseisenbahnen mit Ausnahme des Präsidenten der Generaldirektion erst am 1. April 1917 in Kraft. Bis dahin bestimmt der Reichskanzler, wieviel den Dienstwohnungsinhabern vom Wohnungsgeldzuschuß einzubehalten ist.

Zu § 47 (§ 14 des Entwurfs) enthält die Begründung folgende Ausführungen:

Das Gesetz soll mit dem 1. April 1908 in Kraft treten. Die Bezüge sowohl der noch im aktiven Dienste befindlichen, als auch der Pensionäre und der Hinterbliebenen müssen demnach nachträglich entsprechend neu festgestellt werden.

Die Beamten der Betriebsverwaltung der Reichseisenbahnen, die bisher keinen Wohnungsgeldzuschuß beziehen, bezahlen als Vergütung für eine Dienstwohnung

in Orten von mehr als 50 000 Einwohnern 10 vom Hundert
in Orten von 10 000 bis 50 000 Einwohnern 7½ vom Hundert
in Orten von weniger als 10 000 Einwohnern 5 vom Hundert

ihres Diensteinkommens. Dies sind Beträge, welche weit hinter dem Wohnungsgeldzuschusse zurückbleiben, den dieses Gesetz ihnen gewährt. So willkommen ein höherer Wohnungsgeldzuschuß im allgemeinen auch ist, so nachteilig würde er doch zu Ungunsten derjenigen Eisenbahnbeamten wirken, die sich im Besitz einer Dienstwohnung befinden, falls der Abs. 1 des § 11 (§ 34 Abs. 1 BesoldGes.) auf sie Anwendung fände und sie den gesamten Wohnungsgeldzuschuß als Vergütung für die Dienstwohnung zurücklassen müßten. Die sofortige Einführung dieser Vorschrift würde für die meisten von ihnen zur Folge haben, daß ihnen eine Einkommensverbesserung überhaupt nicht zuteil würde. Dies erscheint nicht angängig. Die Vorschrift des § 11 Abs. 1 (§ 34 Abs. 1 BesoldGes.) soll deshalb für die Beamten der Betriebsverwaltung der Reichseisenbahnen erst am 1. April 1917 in Kraft treten. Bis dahin haben die Beamten fast durchweg drei Aufrückungen in ihrem Gehalt erfahren. Eine allmähliche Heraufsetzung der Vergütungen für Dienstwohnungen auf den Satz des § 11 Abs. 1 (§ 34 Abs. 1 BesoldGes.) wird bis zu diesem Zeitpunkt ohne Härten erfolgen können. Die näheren Bestimmungen müssen dem Reichskanzler überlassen bleiben.

§ 48.

Die Ausführungsbestimmungen zu diesem Gesetze werden für das gesamte Reichsgebiet, mit Ausschluß Bayerns, durch Verordnung des Kaisers, für Bayern durch Königliche Verordnung erlassen.

In dieser Verordnung ist insbesondere über die Berechnung des Normalgehalts, die Anrechnung von Militärdienstzeit bei den Zivilanwärtern, die Festsetzung des Besoldungsdienstalters beim Übertritt eines Landesbeamten oder Offiziers in den Reichsdienst oder in sonstigen ähnlich liegenden Fällen sowie über die Vorrückung des Besoldungsdienstalters aus Billigkeitsrücksichten und über die vorübergehende Zahlung von Gehalt über die in den Besoldungsordnungen vorgesehenen Stufen hinaus zur Vermeidung von Einkommensausfällen Bestimmung zu treffen.

Urkundlich unter Unserer Höchsteigenhändigen Unterschrift und beigedrucktem Kaiserlichen Insiegel

Gegeben Berlin im Schloß, den 15. Juli 1909.

(L. S.) **Wilhelm.**

von Bethmann Hollweg.

Beilage I.

Ausführungsbestimmungen.

1. Preußen.

Ausführung des Besoldungsgesetzes vom 15. Juli 1909 usw.

(Siehe ANBl. 1909 S. 212.)

Dieser Nummer des Armee-Verordnungsblatts sind die der Ausführung des Besoldungsgesetzes vom 15. Juli 1909 zugrunde zu legenden Bestimmungen:

die Allerhöchst genehmigten Gehalts-Vorschriften,

die Grundsätze für die Neufestsetzung des Besoldungs-Dienstalters der Beamten und die Berechnung der Nachzahlungen aus Anlaß des Inkrafttretens des Besoldungsgesetzes vom 15. Juli 1909 und

die Diätenordnung für die nicht etatsmäßigen Beamten der Reichsverwaltung

als besondere Beilagen I bis III beigefügt.

Diese Beilagen sind in der Reichsdruckerei vorrätig und können unmittelbar von dort beschafft werden.

Auf Befehl Seiner Majestät des Kaisers und Königs wird zur Ausführung des Besoldungsgesetzes, sowie zur Neuregelung des Zulagewesens und der Fonds „Adjutanturoffiziere“ und „Offiziere in besonderen Stellungen“ außerdem nachstehendes bekannt gegeben:

A. Mit Gültigkeit vom 1. April 1908 ab.

1. Die Kompagnie- usw. Offiziere: Leutnants und Oberleutnants aller Waffengattungen bilden eine Besoldungsgemeinschaft, desgleichen die Assistenzärzte und Oberärzte — lfd. Nr. A 1 und 2 der Besoldungsordnung III —.
2. Als Entschädigung für die Pferdehaltung erhalten jährlich bei der Kavallerie und reitenden Feldartillerie:

   die Rittmeister und Hauptleute mit einem Gehalt von 5100 Mark oder 4600 Mark je 300 Mark,

   die Rittmeister und Hauptleute mit einem Gehalt von 3400 Mark . . . . je 360 Mark.

Im übrigen bleiben die Festsetzungen über die Entschädigung für die Pferdehaltung unverändert mit der Maßgabe, daß die Entschädigung von je 180 Mark jährlich vom 1. August 1909 ab nur an die gleiche Anzahl von Oberleutnants der Kavallerie und reitenden Feldartillerie und die aus diesen beiden Waffen hervorgegangenen Oberleutnants in besonderen Stellungen gezahlt werden darf, wie dies im Monat Juli 1909 geschehen ist.

Die Oberleutnants, denen die Entschädigung für die Pferdehaltung im Monat Juli 1909 zustand, beziehen sie nach den Bestimmungen der Pferdegeldvorschrift weiter. Für die Folge regelt die Bewilligung der Entschädigung an die Oberleutnants das Kriegsministerium.

3. Das Besoldungsdienstalter der nach Dienstaltersstufen im Gehalt aufrückenden Offiziere und Sanitätsoffiziere wird durch das Kriegsministerium festgesetzt, das der Zeug- und Feuerwerksoffiziere durch die Feldzeugmeisterei, das der Festungsbauoffiziere durch die General-Inspektion des Ingenieur- und Pionierkorps und der Festungen.

Die Bestimmung des § 17 des Besoldungsgesetzes hinsichtlich des Vorrückens des Besoldungsdienstalters um 2 Jahre gilt auch für diejenigen Zeug-, Feuerwerks- und Festungsbauleutnants, die Abiturienten eines Gymnasiums, Realgymnasiums oder einer Oberrealschule waren.

4. Die nichtpensionsfähige Zulage der pensionierten Sanitätsoffiziere bei den Bezirkskommandos erhöht sich auf 1422 Mark jährlich.

5. Es werden aus Stellen für Löhnungsempfänger in solche für Gehaltsempfänger umgewandelt diejenigen
   - der Obermusikmeister und Musikmeister,
   - der Feldwebel als Schirrmeister bei den Verkehrstruppen und
   - der Schirrmeister bei den Traindepots.

Neben dem Gehalt erhalten diese Unteroffiziere noch Servis, dagegen kein Beköstigungsgeld und kein Brot oder Brotgeld. Ihre Uniform haben sie aus eigenen Mitteln zu beschaffen und zu unterhalten.

Auf die nachzuzahlenden Gehälter sind die empfangenen Gebührnisse: Löhnung, Löhnungszuschüsse, Zulagen, der Geldwert der Naturalverpflegung und des Brotes, sowie die Bekleidungsentschädigung in Anrechnung zu bringen.

Die Obermusikmeister und Musikmeister, sowie die Schirrmeister bei den Verkehrstruppen und den Traindepots sind zu Einzahlungen in die Kleiderkasse verpflichtet, und zwar erstere mit 12 Mark, letztere mit 6 Mark monatlich.

Hinsichtlich der ärztlichen Behandlung, der Lazarettaufnahme, der Versorgung mit Arznei, Verbandmitteln, künstlichen Gliedern usw. und der zahnärztlichen Behandlung finden auf die Unteroffiziere als Gehaltsempfänger die in den §§ 4, 1, 64, 2, 17, 2 und 120, 1 der Friedens-Sanitätsordnung gegebenen Bestimmungen Anwendung. Die militärärztliche Behandlung der Familienangehörigen dieser Personen regelt sich nach § 31 a. a. O.

Die genannten Unteroffiziere haben, wenn sie sich mit Familie auf den Truppenübungs- und Fußartillerie-Schießplätzen, dem Schießplatze Kummersdorf, den Übungsplätzen Clausdorf und Sperenberg, sowie auf den Außenstationen der Militär-Eisenbahn befinden, auch fernerhin Anspruch auf die im Armee-Verordnungsblatt 1905 Seite 79 Ziffer 11 und Armee-Verordnungsblatt 1907 Seite 168 Ziffer 31 erwähnte Zulage von monatlich 20 Mark.

Über die sonstigen persönlichen und dienstlichen Verhältnisse der Schirrmeister bei den Verkehrstruppen und bei den Traindepots ergehen vom Kriegsministerium noch besondere Bestimmungen.

6. Das Gesamteinkommen für die zur Vorbildung und Probedienstleistung kommandierten Militäranwärter, bis zu dessen Erreichung neben dem Einkommen aus der Zivilstelle ein Zuschuß gewährt wird, beträgt monatlich, je nachdem sie Familie haben oder nicht:

für Oberwallmeister und Wallmeister . . . . 175 oder 165 Mark,
„ Obermusikmeister und Musikmeister . . . . 165 „ 155 „

für Unterzahlmeister, Unterinspektoren, Zeugfeldwebel, Oberfeuerwerker, Festungsbaufeldwebel, Schirrmeister, Kompagnieverwalter bei den Kadettenanstalten	160	oder	150	Mark,
„ Feuerwerker	100	„	90	„
„ Feldwebel	120	„	110	„
„ Vizefeldwebel	95	„	80	„
„ Sergeanten	87	„	67	„
„ Unteroffiziere	73	„	53	„
„ Gemeine	60	„	40	„

Der Bestimmung unter Ziffer 22n auf Seite 143 des Armee-Verordnungsblattes 1906 entsprechend ist der Einkommenszuschuß für Unteroffiziere als Gehaltsempfänger mit 4/5 bei den Besoldungsfonds und mit 1/5 bei dem Servisfonds zu verrechnen.

Den Unteroffizieren der Halbinvaliden-Abteilungen, die die Löhnung ihres Dienstgrades bei der Truppe bereits bezogen haben, dürfen nach den näheren Festsetzungen der „Bestimmungen über die Beförderung der Unteroffiziere im Frieden" bei einer aktiven Dienstzeit

von 5 1/2 Jahren und darüber die Gebührnisse der Sergeanten,

von 9 Jahren und darüber die Gebührnisse der Vizefeldwebel

unter Beförderung zu diesen Dienstgraden gewährt werden.

Für Unteroffziere der Halbinvaliden-Abteilungen, die bei der Truppe noch nicht die Unteroffizierlöhnung bezogen haben (überzählige Unteroffiziere usw.), findet diese Bestimmung erst Anwendung, wenn sie in eine offene Etatsstelle der Halbinvaliden-Abteilung eingerückt sind. Halbinvalide Hoboisten, Hornisten und Trompeter erhalten nur den Löhnungssatz für Unteroffiziere (von 302,40 Mark); ein Aufrücken zu Sergeanten und Vizefeldwebeln mit den Gebührnissen dieser Dienstgrade findet nicht statt.

Anlage 1 zu der Nummer 16 des Verordnungsblattes vom 5. August 1909 (hier nicht abgedruckt) enthält diejenigen Zulagen usw., welche gemäß § 47 des Besoldungsgesetzes vom 1. April 1908 ab wegfallen oder in ihrer Höhe eine Änderung erfahren und somit auf die Nachzahlungen an Gehalt, Löhnung usw. in Anrechnung zu kommen haben.

Wegen Anrechnung und Verrechnung der einzuziehenden Zulage- usw. Beträge siehe die nachfolgenden Bestimmungen unter I, 9 und 14, II, 1 und III, 7.

B. Mit Gültigkeit vom 1. April 1909 ab.

9. Der Etat an Offizieren erhöht sich:

a) bei der Infanterie um
42 Majore,
41 Hauptleute,;

b) bei der Feldartillerie um
8 Majore,
9 Hauptleute.

Diese Offiziere treten nach Maßgabe der hierüber ergehenden Allerhöchsten Kabinetts-Ordres zu den Stäben von Infanterie-Regimentern, von Jäger-Bataillonen und von Feldartillerie-Regimentern.

Für die hinzutretenden Offizierstellen wird das Gehalt bei Kapitel 24 Titel 1 vorgesehen. An Rationen beziehen in diesen Stellen:

die Majore und Hauptleute der Infanterie, sowie die Hauptleute der Feldartillerie je 1,
die Majore der Feldartillerie je 2

nach dem für ihren Truppenteil zuständigen Satze.

10. Dem Etat des Kadettenkorps tritt das Tischgeld für 87 Oberleutnants oder Leutnants als Kompagnieoffiziere, Adjutanten und etatsmäßige Erzieher mit je 60 Mark jährlich beim Kapitel 35 Titel 20 hinzu.

11. Die bisher bei Kapitel 21 Titel 2 bei und Kapitel 24 Titel 1 (vgl. auch Friedens-Besoldungsetats für 1908, S. 184—186) angesetzten Stellen für Adjutanten bei höheren Militär- und Kommandobehörden werden bei Kapitel 21 Titel 2 „Adjutanten bei höheren Militärbehörden" vereinigt in der Zahl von Stellen für:

74 Majore,
200 Hauptleute und Rittmeister,
30 Oberleutnants oder Leutnants.

Die bisherigen Stellenansätze hierfür bei Kapitel 21 Titel 2 und bei Kapitel 24 Titel 1 fallen weg; auch kommt in Wegfall die an der letzteren Stelle enthaltene Ermächtigung, wonach anstatt der Hauptleute usw. auch Stabsoffiziere und anstatt der Oberleutnants auch Hauptleute usw. als Adjutanten verwendet werden durften, wenn dienstliche Rücksichten dies erforderlich machten.

Das Gehalt für die vorstehend erwähnten Adjutanten bei höheren Militär- und Kommandobehörden ist nicht mehr bei Kapitel 21 Titel 2 und Kapitel 24 Titel 1, sondern bei Kapitel 21 Titel 2a zu verrechnen, desgleichen die bisher bei Kapitel 24 Titel 1 angesetzte Zulage von je 206 Mark jährlich für Adjutanten als Oberleutnants oder Leutnants. Die Umbuchung ist durch die Intendanturen zu veranlassen.

Die bisher den Intendanturen vom Kriegsministerium usw. mitgeteilten Gehaltsveränderungs-Nachweisungen für die nunmehr aus Kapitel 21 Titel 2a zu besoldenden Adjutanten, sowie für die Platzmajore kommen in Wegfall. Die Intendanturen haben die Anweisung der Gebührnisse unter Beachtung der Allerhöchsten Kabinetts-Ordres, des Besoldungsgesetzes mit Ausführungsbestimmungen und der Besoldungsvorschrift für das preußische Heer im Frieden selbständig vorzunehmen.

Die Rationsgebühr ändert sich nicht.

C. Mit Gültigkeit vom heutigen Tage ab.

12. Die §§ 6, 1 Absatz 2, 10 und 49, 2 Absatz 1 der Friedens-Besoldungsvorschrift — Gehaltsabzüge bei Urlaub usw. betreffend — erhalten die aus der Anlage 2 (nicht abgedruckt) ersichtliche Fassung.

Die neuen Sätze für Gehaltsabzüge sind für die im Gehalt aufgebesserten Offiziere usw. vom 1. April 1908 ab, im übrigen von der nächsten Gehaltszahlung ab zu berücksichtigen.

13. Zur Teilnahme an dem Offizierunterstützungsfonds sind von den Offizieren und Sanitätsoffizieren des Friedensstandes diejenigen mit einem Gehalte von nicht mehr als 3400 Mark jährlich berechtigt.

14. Zur Bewilligung von Gnadenzulagen dürfen auch die Oberleutnants in Vorschlag gebracht werden, sofern sie nicht mehr als 1900 Mark Gehalt jährlich beziehen; letztere Beschränkung gilt auch für Leutnants.

15. Hauptleute, Rittmeister und Stabsärzte haben beim Nachsuchen der Erlaubnis zur Verheiratung den vorgeschriebenen Nachweis eines außerdienstlichen Einkommens zu führen, wenn sie das Gehalt von 3400 Mark beziehen.

16. In Anlehnung an die für die oberen Garnisonverwaltungsbeamten festgesetzten Titel wird die Dienstbezeichnung „Unterinspektor im Garnisonverwaltungsdienst" in „Garnisonverwaltungs-Unterinspektor" geändert.

Die Proviantamts- und Bekleidungsamts-Unterassistenten erhalten die Dienstbezeichnung „Proviantamts-Unterinspektor" und „Bekleidungsamts-Unterinspektor". An der bisherigen Bezeichnung „Lazarett-Unterinspektor" ändert sich nichts.

17. Die Schirrmeister bei den Verkehrstruppen tragen die in der Anlage 3 zu der Nummer 16 des Armeeverordnungsblattes vom 5. August 1909 (hier nicht abgedruckt) näher bezeichnete Uniform.

18. Die Schirrmeister bei den Traindepots erhalten den Rang eines Wachtmeisters. Sie tragen die Uniform des betreffenden Train-Bataillons unter Wegfall der Nummer auf den Schulterklappen, des Haarbusches und des Bandeliers mit Kartusche. An Stelle des Säbelkoppels, der Reithosen und der hohen Stiefel treten schwarzlackiertes Unterschnallkoppel nach der Probe vom 17. September 1898 (für Unterzahlmeister) lange Tuchhosen und kurze Stiefel mit Sporen.

Der Rücktritt der Schirrmeister bei den Traindepots in den praktischen Dienst ist ausgeschlossen.

19. Die bisherigen Zeugsergeanten erhalten sämtlich die Dienstbezeichnung „Schirrmeister". Als solche tragen

sie den Infanterie-Offizierdegen an einem schwarzlackierten Unterschnallkoppel nach der Probe vom 17. September 1898 (für Unterzahlmeister). Außerdem wird ihnen der Rang eines Feldwebels beigelegt, jedoch mit der Maßgabe, daß sie nach wie vor Untergebene der Zeugfeldwebel bleiben, die mit ihnen bei derselben Dienstbehörde angestellt sind.

20. Die bisherigen Wallmeister als Schirrmeister bei den Pionier-Bataillonen und die Wallmeister als Vorsteher von Brieftaubenstationen erhalten die Dienstbezeichnung „Schirrmeister bei den Pionier-Bataillonen" und „Schirrmeister als Vorsteher von Brieftaubenstationen". Letztere tragen statt der bisherigen Schulterklappen von schwarzem Samt solche nach Farbe und Form der für die Schirrmeister bei den Pionier-Bataillonen vorgeschriebenen Schulterklappen, jedoch ohne Nummer. Die bisherigen Schulterklappen können bis zum 1. April 1910 aufgetragen werden.

21. Die unter Ziffer 18 und 19 genannten Schirrmeister beziehen Servis nach A. 4 a des Tarifs wie die übrigen Schirrmeister.

22. Bei den Bezirkskommandos dürfen Zahlmeisteraspiranten von allen Waffengattungen in offene Unteroffizierstellen eingestellt werden (AVBl. 1884 S. 122).

23. Zu den in Klasse 24 der Besoldungsordnung I aufgeführten Inspektoren zählen:

	mit dem fortan zu führenden Titel:
a) bei den Proviantämtern: die bisherigen Rendanten, Kontrolleure und Assistenten	Proviantamts-Inspektor;
b) bei den Bekleidungsämtern: die bisherigen Kontrolleure und Assistenten	Bekleidungsamts-Inspektor;
c) bei den Garnisonverwaltungen: bisherigen Verwaltungsinspektoren, Kontrolleure und Kaserneninspektoren	Garnisonsverwaltungs-Inspektor;
d) bei den Lazaretten: die bisherigen Verwaltungsinspektoren und Lazarettinspektoren	Lazarett-Inspektor;

	mit dem fortan zu führenden Titel:
e) bei den Remontedepots: die bisherigen Sekretäre und Wirtschaftsinspektoren	Remontedepot-Inspektor;
f) bei der Kriegsakademie, der Militärtechnischen Akademie und der Militärveterinär-Akademie: die bisherigen Hausinspektoren und Kassenkontrolleure, bei den Kadettenanstalten: die Hausinspektoren . . .	Inspektor.

Alle vorgenannten Beamten erhalten gleichen Rang.

Im Rangdienstalter gehen bisherige Rendanten, Verwaltungsinspektoren und die unter a bis c aufgeführten Kontrolleure den übrigen Inspektoren (bisherigen Assistenten, Kasernen- und Lazarettinspektoren) vor.

24. Proviantamts-, Bekleidungsamts-, Garnisonsverwaltungs- und Lazarettinspektoren sowie der Inspektor beim Invalidenhause in Berlin mit einem Stellendienstalter von mehr als 6 Jahren tragen eine Rosette.

25. Die bisherigen Maschinenheizer bei den technischen Instituten der Infanterie erhalten die Dienstbezeichnung „Maschinenwärter".

Im Anschlusse hieran wird noch folgendes bestimmt:

I. Offiziere und Unteroffiziere.

1. Bis auf weiteres steht bei allen Waffen den zu Leutnants sowie den zu Assistenzärzten Beförderten Gehalt nach Maßgabe des Besoldungsgesetzes und der Bestimmungen der Friedens-Besoldungsvorschrift zu. Die bisherigen, besonderen Einweisungen in das Gehalt seitens des Kriegsministeriums kommen in Wegfall.

Den vom 1. April 1908 ab vorhanden gewesenen und vorhandenen Oberleutnants und Leutnants — auch den zwecks Übertritts in den Friedensstand zur Dienstleistung bei Truppenteilen kommandierten Offizieren des Beurlaubtenstandes —, denen nach den bisher gültigen Bestimmungen infolge Erfüllung des Etats ihrer Waffe das Gehalt nicht gewährt wurde, ist dieses nachträglich zu zahlen. Sofern die kommandierten Offiziere des Beurlaubtenstandes etwa Pension weiter bezogen haben, sind sie zur Rückerstattung der empfangenen Pensionsbeträge verpflichtet.

2. Für die Leutnants, Stabsärzte und Assistenzärzte, die vom 1. April 1908 ab hierzu befördert worden sind und befördert werden, beginnt — falls nicht anderes bestimmt wird — das Besoldungsdienstalter mit dem 1. des Monats, aus dem ihr Patent datiert. Durch eine etwaige, spätere Vorpatentierung wird das Besoldungsdienstalter nicht geändert.

Das Besoldungsdienstalter der Hauptleute und Rittmeister, die vom 1. April 1908 ab hierzu befördert worden sind und befördert werden, wird durch das Armee-Verordnungsblatt bekannt gegeben.

3. Die Bewilligung der Dienstalterszulagen für Offiziere erfolgt durch den nächsten, mit mindestens der Disziplinarstrafgewalt eines Regimentskommandeurs versehenen Vorgesetzten, für Sanitätsoffiziere auf Ersuchen der militärischen Dienststelle, die das Gehalt zahlt, durch den Korpsarzt, für Sanitätsoffiziere der Kaiser Wilhelms-Akademie durch den Subdirektor der Kaiser Wilhelms-Akademie oder, soweit sie diesem oder einem Korpsarzt nicht untergeordnet sind, durch den Generalstabsarzt der Armee.

Insoweit nichtregimentierte Offiziere und Sanitätsoffiziere sowie Offiziere des Ingenieur- und Pionierkorps in Frage kommen, ist die Bewilligung rechtzeitig der zuständigen Intendantur mitzuteilen, die daraufhin die Anweisung veranlaßt. Hinsichtlich der Zeug-, Feuerwerks- und Festungsbauoffiziere ist eine derartige Mitteilung nicht erforderlich.

Anträge auf Versagung von Dienstalterszulagen für Offiziere und Sanitätsoffiziere — § 23 des Besoldungsgesetzes — sind seitens der oben genannten Vorgesetzten dem Kriegsministerium vorzulegen, desgleichen Anträge auf Bewilligung der vorläufig versagten Dienstalterszulagen.

4. Die durch Ziffer 3 des Erlasses vom 5. September 1902 (AVBl. S. 276/277) und durch Ziffer 3 des

Erlasses vom 31. August 1897 (ABBl. S. 256) vorgeschriebenen Anzeigen sind nicht mehr zu erstatten. Dagegen ist das Freiwerden des Gehalts von Offizieren bis zum Major mit Stabsoffiziergehalt abwärts infolge Todesfalls oder gerichtlichen Urteils von dem das Gehalt zahlenden Truppenteil oder der anweisenden Intendantur umgehend der Kassen-Abteilung des Kriegsministeriums mitzuteilen. Desgleichen ist das Freiwerden des Gehalts von Sanitätsoffizieren infolge Todesfalls oder gerichtlichen Urteils der Medizinal-Abteilung des Kriegsministeriums mitzuteilen.

5. Die Festsetzung des Besoldungsdienstalters der Unteroffiziere als Gehaltsempfänger erfolgt für:
   a) die Unterzahlmeister und Unterinspektoren durch die Korpsintendanturen oder die Intendantur der Verkehrstruppen,
   b) die Obermusikmeister und Musikmeister durch die Regiments- usw. Kommandeure,
   c) die Schirrmeister bei den Verkehrstruppen durch die Inspektion der Verkehrstruppen,
   d) die Schirrmeister bei den Traindepots durch die Train-Inspektion,
   e) die Kompagnieverwalter bei den Kadettenanstalten durch das Kommando des Kadettenkorps,
   f) das Zeug- und Feuerwerks-Unterpersonal sowie die dahin gehörigen Schirrmeister durch die Feldzeugmeisterei,
   g) die Festungsbaufeldwebel, Oberwallmeister und Wallmeister, Schirrmeister bei den Pionier-Bataillonen und als Vorsteher der Brieftaubenstationen durch die General-Inspektion des Ingenieur- und Pionierkorps und der Festungen.

6. Für Unteroffiziere als Gehaltsempfänger ist das Besoldungsdienstalter in jedem Falle nach Maßgabe des Besoldungsgesetzes — §§ 25 und 45 — und der nachfolgenden Bestimmungen festzusetzen:
   a) Soweit Stellen für Löhnungsempfänger durch das Besoldungsgesetz oder schon früher in solche für Gehaltsempfänger umgewandelt worden sind, beginnt das Besoldungsdienstalter mit dem ersten Tage des Monats, in dem das Ein-

rücken in die entsprechende Löhnungsempfängerstelle erfolgt ist, z. B. für Unterzahlmeister oder Unterinspektoren mit dem ersten des Monats, in dem sie in die Stelle eines etatsmäßigen Zahlmeisteraspiranten oder Verwaltungsaspriantenten eingerückt sind.

b) Ergibt sich bei der Festsetzung des Besoldungsdienstalters, daß das einem Unteroffizier bei Inkrafttreten des Besoldungsgesetzes zustehende Gehalt einschließlich des pensionsfähigen Gehaltszuschusses niedriger ist als das bis dahin bezogene Einkommen (Gehalt oder Löhnung einschließlich pensionsfähiger Zulagen und des Geldwertes der Naturalverpflegung und Bekleidung — nach den Sätzen für Linie —), so ist sein Besoldungsdienstalter so oft um je 3 Jahre zurückzudatieren, bis eine Schlechterstellung vermieden wird.

Bezüglich der Kompagnieverwalter bei den Kadettenanstalten siehe Bemerkung zur Besoldungsordnung IV, A Ziffer 14.

c) Sind Unteroffiziere als solche vor Erlaß des Besoldungsgesetzes aus einer in die andere Gehaltsempfängerklasse übergetreten, z. B. Unterzahlmeister in Unterinspektorstellen, so erhalten sie das Besoldungsdienstalter, das sie nach vorstehendem beim Verbleiben in ihrer früheren Gehaltsempfängerklasse erreicht haben würden.

Bei künftigem Übertritt aus einer in die andere Gehaltsempfängerklasse von Unteroffizieren finden die Ziffern 30, 31, 35 und 37 bis 40 der Gehaltsvorschriften sinngemäß Anwendung mit der Maßgabe, daß der Anlaß des Übertritts außer Betracht bleibt.

Auch Ziffer 51 — Satz 1 — der Gehaltsvorschriften findet auf Unteroffiziere als Gehaltsempfänger entsprechende Anwendung.

7. Das Aufrücken in höhere Gehaltsstufen ordnen an — dem festgesetzten Besoldungsdienstalter entsprechend — für:

a) die Unterzahlmeister bei den Intendanturen, die Unterinspektoren bei den Proviantämtern, Garnisonverwaltungen und Lazaretten die Korpsintendanturen, die Intendanturen der Verkehrstruppen und der militärischen Institute,
b) die Schirrmeister bei den Verkehrsoffizieren vom Platz die letzteren,
c) die sämtlichen übrigen Unteroffiziere als Gehaltsempfänger der nächste mit Disziplinarstrafgewalt eines Regimentskommandeurs versehene Vorgesetzte. Bei abkommandierten Unteroffizieren hat sich der Vorgesetzte vor Anordnung des Aufrückens zu vergewissern, daß gegen das dienstliche oder außerdienstliche Verhalten der Betreffenden seitens des Truppenteils oder der Militärbehörde, der sie im Kommandoverhältnis unterstellt sind, eine erhebliche Ausstellung nicht vorliegt.

Den Dienststellen zu a bis c steht auch die Befugnis zum Versagen des Aufrückens in eine höhere Gehaltsstufe zu (§§ 23, 2 und 27 des Besoldungsgesetzes), zu a jedoch nach Einholung der Zustimmung des kommandierenden Generals.

8. Die Erhöhung der Löhnung nach Maßgabe des Besoldungsgesetzes — Besoldungsordnung IV — beschränkt sich auf die Unteroffiziere des aktiven Dienststandes. Für die Unteroffiziere des Beurlaubten- und des inaktiven Standes gelten während der Übungen usw. die bisherigen Löhnungssätze — 0,77 Mk. oder 0,72 Mk. täglich —.
9. Die vom 1. April 1908 ab gezahlten Beträge an Löhnungszuschuß für Sergeanten sind auf die nachzugewährenden Löhnungsmehrbeträge anzurechnen.
10. Für das Aufrücken in höhere Löhnungssätze nach Dienstzeit sind die Bestimmungen über die Beförderung der Unteroffiziere im Frieden und der Friedens-Besoldungsvorschrift maßgebend.
11. Bei Beschwerden von Unteroffizieren über Versagung des Aufrückens in eine höhere Gehalts- oder Löhnungsstufe entscheidet endgültig

a) bei den Löhnungsempfängern und den im Truppenverbande stehenden Gehaltsempfängern das Generalkommando — dessen Entscheidung auch inbetreff der Versagung des Aufrückens der den nicht im Truppenverbande stehenden Unterzahlmeistern und den Unterinspektoren (vgl. Ziffer I, 7 a), eine endgültige ist —,
b) bei dem Zeug- und Feuerwerkspersonal sowie den dahin gehörigen Schirrmeistern und den Schirrmeistern bei den Traindepots die Feldzeugmeisterei,
c) im übrigen die oberste Waffenbehörde (General-Inspektion des Ingenieur- und Pionierkorps und der Festungen, des Militär-Erziehungs- und Bildungswesens und Inspektion der Verkehrstruppen).

12. Von den Berechnungen über die Nachzahlungen und den Ausgleichsberechnungen für die Offiziere und Sanitätsoffiziere haben die jetzigen Regimentskommandeure usw. der Beteiligten (siehe Ziffer I, 3) Kenntnis zu nehmen.

13. In dem Besoldungs- und Verpflegungs-Rapport sind künftig die Hauptleute in einer Spalte, die Oberleutnants und Leutnants zusammen in einer Spalte, in dem Forderungsnachweis über Besoldung die Hauptleute unter einem Abschnitt, die Oberleutnants und Leutnants zusammen unter einem Abschnitt zu führen.

In dem Forderungsnachweis über Besoldung tritt bei den nach Dienstaltersstufen im Gehalt aufrückenden Offizieren, Beamten und Unteroffizieren eine Spalte „Besoldungsdienstalter" hinzu.

Bei den nicht regimentierten Offizieren ist das Besoldungsdienstalter in der Kapitalrechnung der Korpszahlungsstelle ersichtlich zu machen.

Dem Besoldungs- und Verpflegungs-Rapport für den ersten Monat des Rechnungsjahres ist künftig — für das laufende Rechnungsjahr einem der nächsten Rapporte — eine Nachweisung des Besoldungsdienstalters aller nach Dienstaltersstufen im Gehalt aufrückenden Offiziere, Beamten sowie Unteroffiziere als Gehaltsempfänger beizufügen. In den Rapporten selbst wird das Besoldungsdienstalter — auch bei den Beamten — nur bei Zugängen angegeben.

Der Titel 3 des Kapitels 24 erhält die Bezeichnung „Beamte und Unteroffiziere als Gehaltsempfänger". Der Rapport und der Forderungsnachweis über Besoldung ändern sich dementsprechend.

Alte Formulare von Rapporten sowie von Forderungsnachweisen über Besoldung können nach Abänderung aufgebraucht werden.

14. Im übrigen finden die nachstehend für Beamte gegebenen Bestimmungen, soweit sie für die Verhältnisse der Offiziere und Unteroffiziere in Betracht kommen, sinngemäß Anwendung, wie z. B. diejenigen über die Gewährung des nach § 46 Absatz 1 des Besoldungsgesetzes zu zahlenden Mehrbetrages an Gebührnissen als nichtpensionsfähiger Zuschuß u. a. m.

II. Beamte.

1. Die Diensteinkommensverbesserungen der etatsmäßigen Beamten sind vom 1. April 1908 ab zahlbar zu machen. Dasselbe gilt von den Diätenerhöhungen der nicht etatsmäßigen Beamten, wie sie sich aus der Diätenordnung ergeben. Auf die Einkommensverbesserungen sind insbesondere anzurechnen: die wegfallenden Serviszulagen und Ausfallentschädigungen für Kassenbeamte, die ebenfalls wegfallenden Naturalien-Deputate und alle Zulagen, die neben den erhöhten Gehältern usw. nicht mehr gezahlt werden dürfen (vgl. auch Anlage 1), für 1908 auch die einmaligen Teuerungsbeihilfen.

Sind die wegfallenden Beträge höher als die Diensteinkommensverbesserung an Gehalt, Zulagen, Wohnungsgeldzuschuß oder Mietentschädigung oder an diätarischen Diensteinkünften, so ist der Unterschiedsbetrag als nichtpensionsfähiger Zuschuß bis zu dem im § 46 des Besoldungsgesetzes bezeichneten Zeitpunkte über den Etat zu gewähren (vgl. Ziffer III, 4 der Grundsätze für die Neufestsetzung des Besoldungsdienstalters usw.). Erhöhungen des Wohnungsgeldzuschusses oder der Mietentschädigung bleiben insoweit außer Anrechnung, als sie lediglich die Folge der Versetzung der Beamten an einen Ort einer höheren Ortsklasse sind. Die an dem Orte, wohin der Beamte versetzt worden ist, durch das Besoldungsgesetz eingetretene Erhöhung des Wohnungsgeldzuschuß-Tarifs gilt aber nicht als Erhöhung in diesem Sinne; der versetzte Beamte muß sich vielmehr die Tariferhöhung in gleicher Weise anrechnen lassen, wie die Beamten, die schon am 1. April 1908 in der höheren Ortsklasse ihren Wohnsitz hatten. Wenn und solange Beamte Dienstwohnungen innehaben, bleibt für sie die Erhöhung des tarifmäßigen Wohnungsgeldzuschusses außer Berechnung.

Mietentschädigungen sind in die Ausgleichsberechnungen mit dem Jahressatze einzustellen, der am 1. April 1908, bei späterem Beginn des Anspruchs auf Mietentschädigung am ersten Tage ihrer Zuständigkeit, zahlbar war.

Die wegfallenden Deputate an Feuerungs- und Beleuchtungsmaterial sind für 1908 mit folgenden Jahressätzen anzurechnen:

für:	Jahressätze:
a) alle aus den Kapiteln 16, 27, 29 und 35 bis 37 der fortdauernden Ausgaben des ordentlichen Etats besoldeten Unterbeamten, soweit sie nachstehend nicht besonders genannt sind, je	34 Mk.
b) Hausdiener der Generalmilitärkasse je .	74 „
c) Förster auf den Truppenübungsplätzen je	77 „
d) bisherige Kasernen- und Lazarettinspektoren je	51 „
e) Garnisonsverwaltungs- und Lazarett-Oberinspektoren, bisherige Garnison- und Lazarett-Verwaltungsinspektoren, bisherige Garnisonsverwaltungs-Kontrolleure, den Rendanten und den bisherigen Hausinspektor der Militär-Veterinär-Akademie je	68 „
f) Garnison- und Lazarett-Verwaltungsdirektoren, den Rendanten bei der Kaiser Wilhelms-Akademie je	85 „

für:	Jahressätze:
g) Remontedepot-Beamte, und zwar:	
Administratoren je	902 Mk.
Inspektoren, Oberstabs-, Stabs- und und Oberveterinäre je	482 „
Futtermeister je	336 „
h) Unterbeamte der Kriegsakademie je . .	68 „
i) den Rendanten und den bisherigen Hausinspektor bei der Kriegsakademie je . .	135 „
k) Unterbeamte der Militärtechnischen Akademie je	44 „
l) den Rendanten und den bisherigen Hausinspektor bei der Militärtechnischen Akademie je	88 „
m) Unterbeamte bei dem Kommando des Kadettenkorps und der Hauptkadettenanstalt	99 „
n) Unterbeamte der Kadettenhäuser (Voranstalten) je	84 „
o) bisherige Hausinspektoren der Kadettenhäuser (Voranstalten) je.	168 „
p) Rendanten der Kadettenhäuser (Voranstalten), den Kassenkontrolleur der Hauptkadettenanstalt, Rendanten der Unteroffizierschulen, der Militär-Knaben-Erziehungsanstalt in Annaburg, der Festungsgefängnisse und des Militärversuchsamts je	215 „
q) den Rendanten der Hauptkadettenanstalt	371 „
r) Zivilerzieher bei den Kadettenanstalten je	40 „
s) Kassen- und Kanzleisekretäre bei dem Kommando des Kadettenkorps und der Hauptkadettenanstalt; bisherige Hausinspektoren der Hauptkadettenanstalt je	197 „
t) den Sekretär und den Registrator beim Kommando des Kadettenkorps je . . .	310 „
u) Unterbeamte der Militär-Turnanstalt je	67 „
v) den Gärtner der Militär-Knaben-Erziehungsanstalt in Annaburg	65 „
w) die vor 1890 angestellten Lehrer der Militär-Knaben-Erziehungsanstalt in Annaburg je	81 „

für:	Jahressätze:
x) Inspektoren, den bisherigen Sekretär und die nach 1890 angestellten Lehrer der Militär-Knaben-Erziehungsanstalt in Annaburg je	56 Mk.
y) den katholischen Geistlichen der Militär-Knaben-Erziehungsanstalt in Annaburg je	85 „
z) den Elementarlehrer der Garnisonschule in Frankfurt a. O.	148 „
aa) Unterbeamte des Invalidenhauses in Berlin je	75 „
bb) den Inspektor des Invalidenhauses in Berlin je	116 „
cc) den Rendanten des Invalidenhauses in Berlin je	210 „

2. Ob über die Verpflichtung oder Berechtigung von Beamten, Feuerungs- und Beleuchtungsmaterial künftig gegen Bezahlung aus fiskalischen Beständen zu beziehen, besondere Bestimmungen zu erlassen sein werden, bleibt weiterer Entschließung vorbehalten.

Einstweilen sind alle Unterbeamten, die nach den für ihre Klasse geltenden Dienstvorschriften zu Leistungen bei der Verwaltung von Feuerungs- oder Beleuchtungsmaterial herangezogen werden können, bei Bewilligung der ersten auf Grund des Besoldungsgesetzes eintretenden Gehaltserhöhung, bei Neuanstellung durch die Anstellungsverfügung zu verpflichten, auf Verlangen der vorgesetzten Dienststelle ihren Hausbedarf an dem genannten Material aus Beständen der Verwaltung zu entnehmen und die dafür zur Festsetzung kommende Vergütung zu entrichten.

Die für das Rechnungsjahr 1909 verabreichten Feuerungs- und Beleuchtungsmaterialien-Deputate verbleiben den Empfängern gegen Erstattung der Selbstkosten. Die zu erstattenden Geldbeträge sind den in Betracht kommenden Fonds als Rückeinnahmen zuzuführen.

3. Die im § 91 Ziffer 1 bis 7 der Militär-Bauordnung vorgesehenen Kassenvergütungen sind vom 1. Aug. 1909

ab nicht mehr zuständig. Die bis dahin gezahlten Vergütungen sind weder auf die Diensteinkommensverbesserungen anzurechnen, noch begründen sie Zuschußgewährungen auf Grund des § 46 des Besoldungsgesetzes.

4. Die Ostmarkenzulagen werden auch ferner gezahlt. Die sich aus der Gehaltsaufbesserung ergebenden Mehrbeträge sind bei der Anweisung der Diensteinkommensverbesserungen mit zu berücksichtigen.

5. Die rückwirkende Kraft der Diensteinkommensverbesserungen gilt nach § 47 des Besoldungsgesetzes auch hinsichtlich der Beamten, die am 1. April 1908 im Dienste waren, inzwischen aber in den Ruhestand versetzt worden oder verstorben sind. Ihre Pensionen und die Versorgungsansprüche ihrer Hinterbliebenen sollen — sofern es für sie günstiger ist — so festgesetzt werden, als ob diese Beamten die nach dem Besoldungsgesetze zuständigen Diensteinkünfte nach bezogen hätten. Welche Behörden für die Neufestsetzung zuständig sind, ist unter Abschnitt III dieses Erlasses bestimmt. Die Mehrbeträge für die verflossene Zeit sind alsbald nachzuzahlen. Im übrigen ist folgendes zu beachten:

a) Das Mehr an Diensteinkünften für die Zeit vom 1. April 1908 bis zum Tage des Übertritts des Beamten in den Ruhestand oder bis zum Ablaufe des Gnadenvierteljahres ist ebenfalls nachzuzahlen.

b) Die einmalige Teuerungsbeihilfe wird auf die Nachzahlung voll angerechnet, jedoch nur auf das bis zum Tage der Pensionierung oder bis zum Ablaufe des Gnadenvierteljahres erwachsende Mehr an Diensteinkünften, nicht aber auf die Erhöhung der Pension oder der Hinterbliebenenbezüge. Soweit die einmalige Teuerungsbeihilfe nicht durch die bis zum Tage der Pensionierung oder bis zum Ablaufe des Gnadenvierteljahres anteilig zu verrechnende Diensteinkommensverbesserung gedeckt wird, ist von ihrer Wiedereinziehung abzusehen.

c) Ist ein Beamter nach dem 31. März 1908 im aktiven Dienste verstorben, so gebühren die vor seinem Tode fällig gewordenen Raten der nachzuzahlenden Besoldungsaufbesserung seinen Erben; für die Nachzahlung der auf das Gnadenvierteljahr entfallenden Beträge sind die §§ 7 und 8 des Reichsbeamtengesetzes maßgebend.

Ist ein nach dem 1. April 1908 in den Ruhestand getretener Beamter inzwischen verstorben, so gebühren der für seine aktive Dienstzeit nachzuzahlende Besoldungsbetrag und der nachzuzahlende Pensionsbetrag, soweit diese Beträge vor seinem Tode fällig geworden sind, seinen Erben. Die Nachzahlung der auf das Gnadenvierteljahr entfallenden Beträge regelt sich nach § 69 des Reichsbeamtengesetzes.

6. Für Beamte, die neben ihrem Zivildiensteinkommen eine Militärpension, Militärinvalidenpension oder Militärrente beziehen, wird infolge der Diensteinkommensverbesserungen in vielen Fällen eine Neuregelung ihres Pensions- oder Rentenbezuges vom 1. April 1908 ab notwendig werden. Diese Beamten sind bei der Benachrichtigung über die Nachzahlung der Diensteinkommensverbesserungen darauf hinzuweisen, daß sie die nach der Neuregelung wegfallenden Pensions- usw. Beträge zu erstatten verpflichtet sind, damit die Rückzahlung demnächst sofort erfolgen kann.

7. In den mit Dienstaltersstufen ausgestatteten Besoldungsklassen bleibt im allgemeinen das bisherige Besoldungsdienstalter der Beamten auch für ihr Aufsteigen in den erhöhten Gehältern maßgebend, sofern das Anfangsgehalt bei der Aufbesserung erhöht oder unverändert gelassen worden ist (§§ 37 und 42 des Besoldungsgesetzes). Sollte sich jedoch für einzelne, vor dem 1. April 1908 beförderte oder im dienstlichen Interesse versetzte Beamte ergeben, daß ihr pensionsfähiges Gehalt in der jetzigen Stelle nach den neuen Gehaltssätzen am 1. April 1908 hinter dem zurückbleibt, das sie in der früher von ihnen bekleideten Stelle erhalten haben würden, oder daß sie in der alten Stelle beim nächsten Gehaltsaufrücken nach dem

1. April 1908 einen höheren Gehaltssatz erreicht hätten, als er ihnen zu demselben Zeitpunkt in der neuen Stelle zusteht, so ist nach § 39 des Besoldungsgesetzes — damit Überholungen der vor dem 1. April 1908 beförderten oder im dienstlichen Interesse versetzten Beamten durch später beförderte oder im dienstlichen Interesse versetzte gleichaltrige oder dienstjüngere Beamte derselben Klasse verwieden werden — das Besoldungsdienstalter dergestalt neu festzusetzen, daß angenommen wird, die Beamten wären erst am 1. April 1908 in die neue Gehaltsklasse versetzt oder befördert worden.

Für Beamte, die bisher ein Einzelgehalt bezogen haben und nunmehr aufsteigende Gehälter erhalten, wird das Besoldungsdienstalter durch die auf Grund des § 42 Absatz 1 des Besoldungsgesetzes von dem Herrn Reichskanzler getroffene Bestimmung auf den Tag des Einrückens in ihre Stelle festgesetzt.

8. Wegen des Besoldungsdienstalters der im § 42 Abs. 1 des Besoldungsgesetzes gedachten Beamtengruppen, deren Anfangsgehalt gegenüber dem früheren herabgesetzt worden ist, hat der Herr Reichskanzler folgendes bestimmt:

Für Militärbeamte, die bisher 150 Mark mehr bezogen haben, als die entsprechenden Zivilbeamten, findet eine Vordatierung aus diesem Anlaß nicht statt. Ebenso wird nicht vordatiert das Besoldungsdienstalter der Lazarettverwaltungsdirektoren, des Oberingenieurs (Elektrotechnikers) beim Kriegsministerium, der Betriebsleiter bei den technischen Instituten, der Konstrukteure II. Klasse beim Artillerie-Konstruktionsbureau, der wissenschaftlichen Mitglieder beim Militärversuchsamt, der Korpsstabsapotheker, des Oberstabsapothekers beim Kriegsministerium, der Betriebsdirektoren II. Klasse beim Kriegsministerium, bei der Feldzeugmeisterei und den technischen Instituten, der Konstrukteure I. Klasse beim Artillerie-Konstruktionsbureau und der Abteilungsvorstände beim Militärversuchsamt.

Eine Vordatierung um 3 Jahre tritt dagegen ein für folgende Beamte, soweit sie vor dem 1. April 1908 angestellt, befördert oder im dienstlichen Interesse versetzt sind:

a) Materialienverwalter beim Militärversuchsamt (Klasse 17 Nr. 2),
b) Kanzlisten bei den Intendanturen (Klasse 17 Nr. 3),
c) Sekretär und Registrator bei der General-Inspektion des Militär-Erziehungs- und Bildungswesens (Klasse 35 a Nr. 5),
d) Technische Inspektoren, Vorstand der Druckerei und Oberphotograph bei dem Generalstabe und der Landesaufnahme (Klasse 41 Nr. 5),
e) Kassiere bei den Oberbuchhaltereien der General-Militärkasse und den Rendanten der Militär-Pensionskasse (Klasse 49 Nr. 1 und 2),
f) Militärbauinspektoren (Klasse 57 Nr. 12),
g) Oberintendanturräte (Klasse 59 Nr. 1),
h) Militär-Oberpfarrer (Klasse 59 Nr. 2).

Diese Vordatierungen haben bei der Festsetzung des Besoldungsdienstalters vor etwa sonst noch aus anderem Anlaß vorzunehmenden Vordatierungen zu erfolgen.

9. Über die Regelung des Besoldungsdienstalters der — nicht mehr in der Eingangsstelle befindlichen — Beamten, deren Besoldungsdienstalter mit Rücksicht auf die seit dem 1. April 1906 eingetretenen Besoldungsaufbesserungen in einer von ihnen früher bekleideten oder in einer anderen Stelle festgesetzt worden ist, trifft der § 38 des Besoldungsgesetzes Bestimmung. Jene frühere Festsetzung des Besoldungsdienstalters scheidet danach für die jetzt vorzunehmende Nachprüfung völlig aus.

Die Vorschrift des § 38 des Besoldungsgesetzes bezieht sich nicht nur auf Beamte, die aus einer nach dem 1. April 1906 aufgebesserten Klasse befördert worden sind, sondern auch auf Beamte, deren Besoldungsdienstalter aus Billigkeitsrücksichten — um Überholungen durch dienstjüngere Amtsgenossen zu vermeiden — oder aus anderen Gründen mit Rücksicht auf Gehaltsaufbesserungen in anderen Klassen vorgerückt worden ist. Insbesondere bedarf also das Besoldungsdienstalter der wegen der Aufbesserung der Zahlmeistergehälter in ihrem Besoldungsdienstalter vordatierten Intendantursekretäre und Bureaubeamten des Kriegsministeriums der Nachprüfung.

10. Die zum oder nach dem 1. April 1908 beförderten oder im dienstlichen Interesse versetzten Beamten sind ohne Rücksicht darauf, ob es ihnen zum Vorteil oder Nachteil gereicht, mit dem Gehalt in die neue Besoldungsklasse einzureihen, das ihnen nach den neuen Gehaltssätzen in der früheren Besoldungsklasse zugestanden hätte. Danach ist unter Anwendung der allgemeinen Grundsätze das Besoldungsdienstalter neu festzusetzen. Wo im Einvernehmen mit der Reichsfinanzverwaltung aus Billigkeitsrücksichten eine Vordatierung des Besoldungsdienstalters stattgefunden hat, ist zu prüfen, ob die damals maßgebend gewesenen Gründe auch jetzt noch eine Vordatierung angezeigt erscheinen lassen. Bejahendenfalls ist ein entsprechender Antrag an das zuständige Departement usw. des Kriegsministeriums zu richten.

11. Die Bestimmungen über die erweiterte Anrechnung von Militärdienstzeit auf das Besoldungsdienstalter ehemaliger Militäranwärter (§§ 7 und 8 der Besoldungsgesetzes und Nr. 14 bis 20 der Gehaltsvorschriften), über die Anrechnung diätarischer Dienstzeit (§ 6 des Besoldungsgesetzes und Nr. 21 ff. der Gehaltsvorschriften) und über die Anrechnung von Militärdienstzeit auf das Besoldungsdienstalter der aus nicht zivilversorgungsberechtigten Anwärtern hervorgehenden Intendantursekretäre des Heeres (Nr. 43 der Gehaltsvorschriften) finden dergestalt mit rückwirkender Kraft Anwendung, daß das Besoldungsdienstalter insoweit vordatiert wird, als eine Vordatierung erfolgt wäre, wenn diese Bestimmungen schon zur Zeit der ersten etatsmäßigen Anstellung der Beamten oder ihrer Überführung aus einer Unterbeamtenstelle in eine Stelle des mittleren Dienstes oder des Kanzleidienstes (§ 8 des Besoldungsgesetzes) in Geltung gewesen wären. Zu vgl. §§ 40 und 41 des Besoldungsgesetzes. Das Besoldungsdienstalter der in Betracht kommenden Beamten (einschließlich der nach dem 1. April 1908 in den Ruhestand getretenen oder der seit dem 1. April 1908 verstorbenen Beamten) ist nachzuprüfen und ge-

gebenenfalls neu festzusetzen. Nachzahlungen finden nur für die Zeit vom 1. April 1908 ab statt.

12. Das Besoldungsdienstalter der bisherigen Proviantamts-Rendanten und -Kontrolleure, Kontrolleure bei den Bekleidungsämtern, Garnisonsverwaltungs-Inspektoren und -Kontrolleure und Lazarettverwaltungs-Inspektoren, die mit den bisherigen Assistenten, Kasernen-Inspektoren usw. unter der Benennung „Inspektoren" zu einer Besoldungsklasse vereinigt worden sind, ist so festzusetzen als ob diese Organisationsänderung schon zur Zeit ihrer ersten etatsmäßigen Anstellung als obere Proviantamts- usw. Beamte bestanden hätte. Wegen der Vordatierung des Besoldungsdienstalters der in solchen Stellen befindlichen verabschiedeten Offiziere siehe Nr. 42 der Gehaltsvorschriften.

13. Auf Grund des § 42 Absatz 2 des Besoldungsgesetzes hat der Herr Reichskanzler bestimmt, daß allen Beamten — mögen sie vor dem 1. April 1908 oder später angestellt, befördert oder im dienstlichen Interesse versetzt worden sein — denen nach ihrem Besoldungsdienstalter ein geringeres pensionsfähiges Gehalt zustehen würde, als sie tatsächlich bis zur Verkündung des Gesetzes bezogen haben, das einmal bewilligte Gehalt nicht zu kürzen, sondern das Mehr, das sich über das aus der Besoldungsordnung und dem Besoldungsdienstalter ermittelte Gehalt hinaus ergibt, bis zum normalmäßigen Aufsteigen der Beamten in ein höheres Gehalt weiter zu zahlen ist.

14. Betreffs der Anrechnung von Militärdienstzeit auf das Besoldungsdienstalter ehemaliger Militäranwärter ist zu beachten:

a) Nach Nr. 14 ff. der Gehaltsvorschriften ist für Militäranwärter, die mindestens 9 Jahre im Heere oder in der Marine aktiv gedient haben, die bisher nur den mittleren und den Kanzleibeamten gewährte Vergünstigung der Anrechnung von Militärdienstzeit auf die Unterbeamten ausgedehnt und zugleich das Höchstmaß der anzurechnenden Dienstzeit von 1 Jahr auf 3 Jahre erhöht worden. Es soll fortan die Militärdienstzeit, soweit sie und die nachfolgende Zivildienstzeit

12 Jahre übersteigt, bis zu 3 Jahren, mindestens mit 1 Jahre, soweit sie

12 Jahre nicht übersteigt, mit 1 Jahre

auf das Besoldungsdienstalter angerechnet werden. Danach sind beispielsweise anzurechnen, wenn die etatsmäßige Anstellung erfolgt nach

12 oder 13 Militärdienstjahren 1 Jahr,
14 Militärdienstjahren 2 Jahre,
14 $^{280}/_{365}$ Militärdienstjahren 2 Jahre und 280 Tage,
15 Militärdienstjahren 3 Jahre,
18 Militärdienstjahren 3 Jahre,
9 Militärdienstjahren und 4 $^{120}/_{365}$ Zivildienstjahren 1 Jahr und 120 Tage,
9 Militärdienstjahren und 5 Zivildienstjahren 2 Jahre,
9 Militärdienstjahren und 6 Zivildienstjahren 3 Jahre,
12 Militärdienstjahren und 1 Zivildienstjahr 1 Jahr,
13 Militärdienstjahren und 1 $^{300}/_{365}$ Zivildienstjahren 2 Jahre und 300 Tage,
13 Militärdienstjahren und 2 Zivildienstjahren 3 Jahre,
14 Militärdienstjahren und 4 Zivildienstjahren 3 Jahre.

b) Neben der Anrechnung von Militärdienstzeit und unabhängig davon wird auch die nach Nr. 21 ff. der Gehaltsvorschriften anzurechnende diätarische Dienstzeit berücksichtigt (vgl. Nr. 24 a. a. O.).

Wird beispielsweise ein Militäranwärter mit einer Militärdienstzeit von 9 Jahren und einer Zivildienstzeit von 6 Jahren in einer Stelle, deren Anfangsgehalt 2100 Mark nicht übersteigt, etatsmäßig angestellt, so sind ihm 3 Militärdienstjahre und 1 Jahr Diätariat, zusammen also 4 Jahre auf das Besoldungsdienstalter anzurechnen.

Wegen Berechnung der Dienstzeiten, die keine vollen Jahre ausmachen, siehe Nr. 10 der Gehaltsvorschriften.

Was als Zivildienstzeit gilt, ist im 2. Absatze der Nr. 14 der Gehaltsvorschriften bestimmt. Die dort erwähnte diätarische Dienstzeit rechnet nach Nr. 25 d daselbst von dem Tage ab, wo der Militäranwärter endgültig in den Zivildienst übernommen worden ist. Eine Beschäftigung gegen Lohn oder Schreibgebühren gilt nicht als diätarische Beschäftigung. Wo es nach den Umständen angezeigt erscheint, auch Dienstzeiten — informatorische Beschäftigung, Probedienst, diätarische Dienstzeit —, die in einem anderen Dienstzweige der Heeresverwaltung oder in einer anderen Verwaltung zurückgelegt worden sind, anzurechnen, ist dazu die Genehmigung des Kriegsministeriums nachzusuchen.

Informatorische Beschäftigungen oder Probedienstzeiten, die ein Militäranwärter vor seinem Ausscheiden aus dem Heere oder der Marine abgeleistet hat, gelten als Militärdienstzeit. Zu ihrer Anrechnung bedarf es daher auch dann nicht der kriegsministeriellen Genehmigung, wenn sie in einem anderen Dienstzweige der Heeresverwaltung oder in einer anderen Verwaltung zurückgelegt worden sind.

c) Nach dem letzten Absatze der Nr. 14 der Gehaltsvorschriften bleibt die Zeit außer Betracht, während welcher die etatsmäßige Anstellung eines Militäranwärters wegen seiner unzureichenden Befähigung oder aus anderen in seiner Person beruhenden Ursachen ausgesetzt worden ist. Die volle Anrechnung der Militärdienstzeit in den bestimmungsmäßigen Grenzen hängt also unter Umständen davon ab, daß der Beamte keinen Anlaß gegeben hat, ihn vorübergehend von der etatsmäßigen Anstellung auszuschließen.

d) Den Militäranwärtern, die weniger als 9 Jahre im Heere oder in der Marine aktiv gedient haben, wird bei ihrer ersten etatsmäßigen

Anstellung als mittlere Beamte oder als Kanzleibeamte, wie bisher, die tatsächlich abgeleistete aktive Militärdienstzeit bis zur Dauer eines Jahres angerechnet (Nr. 15 der Gehaltsvorschriften).

Im Unterbeamtendienste findet eine Anrechnung von Militärdienstzeit auf das Besoldungsdienstalter dieser Militäranwärter auch künftig nicht statt.

e) Nach dem Inhalte der Nr. 61 a in Verbindung mit Nr. 14 ff. der Gehaltsvorschriften sind zivilversorgungsberechtigte Gendarmen beim Übertritt in andere Stellen des Zivildienstes und zivilversorgungsberechtigte Schutzmänner, die als mittlere Beamte oder Kanzleibeamte zur Anstellung kommen, hinsichtlich der Anrechnung von Militärdienstzeit den Militäranwärtern der Truppe gleich zu behandeln, wobei die in der Gendarmerie oder in der Schutzmannschaft verbrachte Dienstzeit als Militärdienstzeit anzusehen ist. Die bisherige Bestimmung, wonach Gendarmen und Schutzmänner ihr Gehalt in der neuen Stelle, insoweit es deren Höchstgehalt nicht überstieg, weiter zu beziehen haben und wonach ihr Besoldungsdienstalter unter Zugrundelegung ihres Normalgehalts als Gendarm oder Schutzmann festzusetzen war, findet dagegen beim Übertritt von Schutzmännern in den Unterbeamtendienst Anwendung, und zwar unter Ausschluß der Anrechnung von Militärdienstzeit. Es beträgt also beispielsweise die anzurechnende Militärdienstzeit im Falle der Anstellung nach

10 Militär- und 3 Gendarmeriedienstjahren 1 Jahr,

9 Militär- und 4 Gendarmeriedienstjahren und 3 Zivildienstjahren 3 Jahre,

9 Militär- und 5 Schutzmannsdienstjahren im mittleren Dienste und im Kanzleidienste 2 Jahre,

im Unterbeamtendienste infolge der Gehaltsmitnahme nichts.

Wegen des Übertritts von Gendarmerieoberwachtmeistern, Polizeiwachtmeistern und Polizeioberwachtmeistern in Zivildienststellen des Reichs vgl. Ziffer 61 b γ der Gehaltsvorschriften.

f) Wegen der rückwirkenden Kraft der neuen Vorschriften über die Anrechnung von Militärdienstzeit auf das Besoldungsdienstalter der Militäranwärter siehe Nr. II, 11 dieser Ausführungsbestimmungen. Die im letzten Absatze der Nr. 4 der kriegsministeriellen Verfügung vom 19. März 1894 (ABBl. Seite 111) enthaltene Anordnung, daß das Besoldungsdienstalter in der Eingangsstelle durch Anrechnung von Militärdienstzeit nicht auf einen früheren Zeitpunkt als auf den 1. Januar 1892 festgesetzt werden dürfe, ist aufgehoben. Gehaltsnachzahlungen finden aber nur für die Zeit vom 1. April 1908 ab statt.

Es wird noch besonders darauf aufmerksam gemacht, daß den in Beförderungsstellen befindlichen ehemaligen Militäranwärtern die Militärdienstzeit nach den neuen Grundsätzen nicht auf ihr Besoldungsdienstalter in diesen Stellen, sondern unter der Fiktion, die neuen Grundsätze hätten schon damals bestanden, auf das ihnen bei ihrer ersten etatsmäßigen Anstellung beigelegte Besoldungsdienstalter anzurechnen ist (vgl. § 40 des Besoldungsgesetzes und Nr. II, 11 dieser Ausführungsbestimmungen). Von dem sich danach für die Eingangsstelle ergebenden Besoldungsdienstalter ausgehend, ist sodann festzustellen, wie sich in den einzelnen von den Beamten bekleideten Stellen Gehalt und Besoldungsdienstalter nach Maßgabe des Zeitpunktes der Beförderungen und der Gehaltssätze, die zu derselben Zeit galten, gestellt haben würden.

g) Die rückwirkende Kraft der neuen Bestimmungen gilt auch für die seit dem 1. April 1908 aus ihrem etatsmäßigen Anstellungsverhältnis ausgeschiedenen ehemaligen Militäranwärter. Sie hat zugleich die Wirkung, daß die Pensionen der nach dem 1. April 1908 in den Ruhestand getretenen Beamten und die Versorgungsansprüche der Hinterbliebenen der seit dem 1. April 1908 verstorbenen Beamten anderweitig festgesetzt werden; auf die zum 1. April 1908 oder vorher aus ihrem etatsmäßigen Anstellungsverhältnis ausgeschiedenen ehemaligen Militäranwärter sowie auf die Hinterbliebenen solcher Beamten und auf die Hinterbliebenen der vor dem 1. April 1908 verstorbenen ehemaligen Militäranwärter erstreckt sich die rückwirkende Kraft nicht.

15. Zur Verteilung der in der Besoldungsordnung I für bestimmte Beamte bis zu einem Drittel der etatsmäßigen Stellen vorgesehenen pensionsfähigen **Zulagen** von je 600 Mark werden für den Bereich der Heeresverwaltung folgende Gruppen gebildet:
   a) Intendanturräte,
   b) Intendantur- und Bauräte,
   c) Militär-Oberpfarrer,
   d) Betriebsdirektoren II. Klasse, Abteilungsvorstände Konstrukteure I. Klasse bei den technischen Instituten.

   Die beim Kriegsministerium als Hilfsreferenten in etatsmäßigen Stellen verwendeten gleichartigen Beamten (Betriebsdirektor II. Klasse, Intendanturräte, Intendantur- und Baurat) sowie der Betriebsdirektor II. Klasse bei der Feldzeugmeisterei werden nach ihrem Dienstalter in die entsprechenden Gruppen eingereiht. Ist die Zahl der Beamten in den einzelnen Gruppen nicht durch 3 teilbar, so erfolgt Abrundung nach oben. Der Zulagebezug wird vom Kriegsministerium geregelt.

16. Die Ausführung des Besoldungsgesetzes usw. und die spätere Einweisung der Beamten in höhere Gehaltsstufen liegt den Behörden ob, die schon bisher mit der Regelung des Gehaltsaufrückens der Beamten betraut waren. Für die Kalkulatoren beim Kriegsministerium und die Sekretariats-, Registratur- und Kanzleibeamten der Intendanturen geschieht die Ausführung des Gesetzes durch die für die Anstellung zuständigen Departements des Kriegsministeriums. Hinsichtlich der nachbezeichneten Beamten, deren Gehalts-

aufrücken bisher von den Departements usw. des Kriegsministeriums verfügt worden ist, geht die Ausführung auf andere Behörden usw. über, und zwar:

a) auf die Korpsintendanturen, die Intendantur der militärischen Institute und die Intendantur der Verkehrstruppen hinsichtlich der
   mittleren Beamten der Zahlungsstelle XIV. Armeekorps,
   Oberzahlmeister und Zahlmeister,
   oberen Proviantamts-,
   Garnisonverwaltungs- und
   Lazarettbeamten einschließlich der Beamten der Kaiser Wilhelms-Akademie,
   mittleren Beamten der Bekleidungsämter,
   Intendantur-Bausekretäre,
   Militär-Bausekretäre und -Bauregistratoren,
   mittleren, Kanzlei- und Unterbeamten der General-Inspektion des Militär-Erziehungs- und Bildungswesens,
   mittleren Beamten und Kanzleibeamten der Ober-Militär-Prüfungskommission,
   Rendanten bei den Festungsgefängnissen,
   mittleren Beamten beim Invalidenhause in Berlin,

b) auf den Rendanten der General-Militärkasse hinsichtlich der ihm unter- der ihm unterstellten Beamten;

c) auf den Chef des Generalstabes der Armee hinsichtlich
   der Beamten des Generalstabes und des Landesvermessungswesens;

d) auf die Intendantur der Verkehrstruppen hinsichtlich
   der Werkstättenvorsteher beim Luftschiffer-Bataillon und bei der Militär-Eisenbahn,
   der Maschinenmeister bei den Verkehrsoffizieren vom Platz und
   des Materialienverwalters des Luftschiffer-Bataillons.

17. Von Vorkommnissen, die die Vorenthaltung einer Gehaltszulage angezeigt erscheinen lassen (Nr. 3 der Gehaltsvorschriften), ist den Dienststellen, die die Zulagebewilligung auszusprechen haben, Mitteilung zu machen.

Wo ohne Kenntnis des nicht befriedigenden Verhaltens eines Beamten die Bewilligung einer Gehaltszulage verfügt worden ist, muß die Benachrichtigung des Beamten über die Zulagegewährung bis zur gegenseitigen Verständigung der beteiligten Behörden oder bis zum Eingang der kriegsministeriellen Entscheidung ausgesetzt werden.

Die einstweilige Vorenthaltung und die spätere Bewilligung einer einstweilen vorenthaltenen Gehaltszulage bedarf bei höheren und mittleren Beamten sowie bei Kanzleibeamten der Genehmigung des Kriegsministeriums. Wird einem Unterbeamten eine Gehaltszulage einstweilen vorenthalten, so ist hiervon der zuständigen Abteilung des Kriegsministeriums Mitteilung zu machen.

18. Die Regelung des Diensteinkommens der Beamten, die nach dem 1. April 1908 in andere Dienststellen übergeführt oder versetzt worden sind, liegt den Behörden usw. ob, deren Geschäftsbereich die Beamten in Beziehung auf die Gehaltsfestsetzung gegenwärtig angehören.

19. Die Nachweisungen über die Neufestsetzung des Besoldungsdienstalters der Proviantamtsdirektoren, Proviantmeister, Garnisonverwaltungs-Direktoren, Garnisonverwaltungs-Oberinspektoren, Lazarett-Verwaltungs-Direktoren und Lazarett-Oberinspektoren sind den zuständigen Abteilungen des Kriegsministeriums nach erfolgter Anweisung der Gebührnisse zur Nachprüfung vorzulegen, von den gleichartigen Nachweisungen für die übrigen mittleren Beamten sowie für die Kanzleibeamten ist Abschrift einzureichen.

Die erwähnte Nachprüfung wird sich lediglich auf die richtige und gleichmäßige Anwendung der einschlägigen Bestimmungen beziehen, die Intendanturen aber in keiner Weise von der Verantwortlichkeit für die Richtigkeit der Daten und Berechnungen befreien.

Auch künftig ist den zuständigen Abteilungen des Kriegsministeriums in jedem Falle das für einen mittleren Beamten oder Kanzleibeamten festgesetzte Besoldungsdienstalter mitzuteilen.

20. Neue Bestallungen werden aus Anlaß der Titeländerungen nicht erteilt.

21. Nach ihrer Diensttätigkeit werden unterschieden:
Proviantamts-Inspektor und Amtsvorstand,
Proviantamts-Inspektor und Vorstand der Zweigverwaltung,
Proviantamts-Inspektor und Kontrolleführer,
Proviantamts-Inspektor,
Bekleidungsamts-Inspektor und Kontrolleführer,
Bekleidungsamts-Inspektor,
Garnisonsverwaltungs-Inspektor und Amtsvorstand,
Garnisonsverwaltungs-Inspektor und Kontrolleführer,
Garnisonsverwaltungs-Inspektor;
Lazarett-Inspektor und Kassenvorstand,
Lazarett-Inspektor;
Remontedepot-Inspektor für den Kassen- usw. Verkehr,
Remontedepot-Inspektor für den Wirtschaftsbetrieb.

Die unterscheidenden Zusätze „Amtsvorstand" usw. sind in allen amtlichen Schriftstücken anzuwenden, aber nur von Beamten, die das Kriegsministerium endgültig zur Wahrnehmung der entsprechenden Stellen berufen hat. Mit dem Ausscheiden aus einer derartigen Stelle fällt der Zusatz weg.

III. Allgemeine Bestimmungen.

1. a) Vom 1. April 1908 ab fallen weg die den Offizieren, Sanitätsoffizieren und Militärbeamten in den Standorten der bisherigen Servisklasse A zugebilligten nichtpensionsfähigen Serviszulagen

— Ziffer 7 der Allerhöchsten Kabinetts-Ordre vom 1. Juni 1906 und Ausführungsbestimmungen zu 7 b (AVBl. S. 136 und 140/141) —.

b) Die den auf Selbsteinmietung angewiesenen Feldwebeln, Fähnrichen, Vizefeldwebeln und Unteroffizieren in den Orten der früheren Servisklasse A gewährten besonderen Servissätze (Ausführungsbestimmungen zur Allerhöchsten Kabinetts-Ordre vom 1. Juni 1906 zu 7 h nebst Anlage 11 Nr. 1 bis 3 Spalte 3, sowie Ziffer 3 a der Verfügung vom 25. Juli 1906 Nr. 590/7. 06 B. 5 (AVBl. S. 141, 186 und 284) sind zunächst als vom 1. April 1908 ab wegfallend zu betrachten.

Für die genannten Dienstgrade gelten vorläufig lediglich die für die übrigen Standorte (S. 186 Spalte 4 und S. 284 unter 3 b) festgesetzten Servisbeträge. Weitere Bestimmung bleibt vorbehalten.

2. Die Pensionen der nach dem 1. April 1908 aus dem aktiven Militärdienst ausgeschiedenen Offiziere, Sanitätsoffiziere und der in den Ruhestand getretenen Beamten des Reichsheeres werden ohne Antrag der Beteiligten anderweit festgesetzt, und zwar:

a) für Offiziere, Sanitätsoffiziere und obere Beamte von der Pensionsabteilung des Kriegsministeriums,

b) für Unterbeamte von der Intendantur, der nach Anlage 3 zu der Nummer 16 des Armeeverordnungsblattes vom 5. August 1909 (hier nicht abgedruckt) Spalte 3 der Pensionierungsvorschrift die Zahlbarmachung der Pensionen obliegt.

Zum 5. Oktober 1909 haben die Intendanturen eine Nachweisung der für Unterbeamte angewiesenen Beträge nach beiliegendem Muster der Pensions-Abteilung des Kriegsministeriums einzusenden.

3. Die Rente der nach dem 1. April 1908 aus dem aktiven Militärdienste entlassenen Gehaltsempfänger, die nach dem Besoldungsgesetz ein höheres Einkommen erhalten, und der Löhnungsempfänger, die vom

1. April 1908 ab Gehaltsempfänger geworden sind, ist nach den vom 1. April 1908 ab zuständigen höheren Gebührnissen neu festzustellen. Zu diesem Zwecke haben die Bezirkskommandos den Generalkommandos über die in Betracht kommenden Personen alsbald Rentennachlisten vorzulegen.

4. Die Neufestsetzung des Witwen- und Waisengeldes erfolgt von Amts wegen
   a) für die Hinterbliebenen der seit dem 1. April 1908 im aktiven Dienst gestorbenen sowie der seitdem pensionierten und im Pensionsstande gestorbenen Offiziere und oberen Heeresbeamten durch die Versorgungs-Abteilung des Kriegsministeriums,
   b) für die Hinterbliebenen der seit dem gleichen Zeitpunkte und unter gleichen Verhältnissen gestorbenen Unteroffiziere und Unterbeamten durch die Intendanturen,

   gegebenenfalls unter Berücksichtigung des § 31 Absatz 2 des Militärhinterbliebenengesetzes vom 17. Mai 1907 und des § 15 des Beamtenhinterbliebenengesetzes vom 17. Mai 1907.

5. Soweit eine Erhöhung der Gnadengebührnisse eintritt, sind die nach § 29 Nr. 2 des Militärhinterbliebenengesetzes für die ersten zwei Monate des Bezugs von Witwen- und Waisengeld zustehenden höheren Bezüge gleichzeitig mit den Gnadengebührnissen aus den Truppenkassen zu zahlen und nach Prüfung der Quittungen bei der Versorgungs-Abteilung des Kriegsministeriums oder bei der zuständigen Intendantur zur Herbeiführung der Erstattung anzufordern.

6. Erhöhungen der Pensionen, die auf Grund des § 37 Satz 2 und § 39 des Reichsbeamtengesetzes, sowie Hinterbliebenenbezüge die auf Grund der §§ 9 und 10 des Beamtenhinterbliebenengesetzes bewilligt worden sind, sind beim Kriegsministerium anzuregen, sofern die seinerzeit bewilligten Pensionen usw. den nach den früheren Dienstbezügen gesetzlich zulässigen Höchstbeträgen entsprechen und ein dringendes Bedürfnis zu ihrer Erhöhung vorliegt.

7. Es sind zu verrechnen:

a) für 1908:

die Diensteinkommensverbesserungen, nach Abzug der anzurechnenden Beträge und die Ausgleichszuschüsse von den zuständigen Korps- usw. Zahlungsstellen beim Kapitel 16 Titel 5 a der einmaligen Ausgaben für 1909, die gleichen Ausgaben für Rechnung des Etats für die Expedition nach Ostasien von der Zahlungsstelle des Gardekorps beim Kapitel 16 Titel 18 der einmaligen Ausgaben für 1909, die Erhöhung der Pensionen und der Hinterbliebenenbezüge (siehe die Festsetzungen zu II, 5) sowie die betreffenden Ausgaben der Invalideninstitute von den zuständigen Regierungen usw. beim Kapitel 16 Titel 13 der einmaligen Ausgaben unter Abschnitt A „Verwaltung des Reichsheeres“ bezw. unter Abschnitt E a „Invalidenpensionen usw.“ infolge der Expedition nach Ostasien und Abschnitt G „Invalideninstitute“, — soweit die Pensionen jedoch zu Lasten des Reichsinvalidenfonds stehen, bei den entsprechenden Titeln des Kapitels 83 der fortdauernden Ausgaben.

b) für 1909:

sämtliche bei der Ausführung des Besoldungsgesetzes usw. sich ergebenden Zahlungen bis zur Verabschiedung des in Vorbereitung befindlichen Nachtragsetats bei den zuständigen Kapiteln und Titeln des Etats für 1909 — nötigenfalls überetatsmäßig. Insoweit eine zuständige Verrechnungsstelle noch nicht besteht, hat der Nachweis vorläufig außeretatsmäßig zu geschehen.

Die auf die Zahlungen für 1909 anzurechnenden, nicht mehr zuständigen Beträge (Serviszulagen usw.) sind bei den Fonds, bei denen sie verausgabt waren, in Rückeinnahme zu stellen.

Etwaige nach § 46 des Besoldungsgesetzes zahlbare Beträge an nichtpensionsfähigem Zuschuß sind bei den betreffenden Besoldungstiteln — außeretatsmäßig — zu verrechnen.

8. Es ist dafür Sorge zu tragen, daß die Auszahlungen an alle Beteiligten einer Dienststelle möglichst gleichzeitig erfolgen.

9. Soweit durch vorstehende Bestimmungen Änderungen von Druckvorschriften erforderlich werden, behält das Kriegsministerium sich die Ausgabe von Deckblättern usw. vor.

v. Einem.

Beilage II.

Ausführungsbestimmungen.

2. Bayern.

Königlich Allerhöchste Verordnung, die Anwendung des Besoldungsgesetzes vom 15. Juli 1909 auf das bayerische Heer betreffend.

(Siehe Verordnungsblatt 1909 Nr. 31 S. 435.)

Im Namen Seiner Majestät des Königs.

Luitpold,

von Gottes Gnaden Königlicher Prinz von Bayern, Regent.

Wir finden Uns bewogen, im Hinblicke auf Abschnitt III § 5 Ziffer III des Bündnisvertrages vom 23. November 1870, zugleich auf Grund des § 48 des Besoldungsgesetzes vom 15. Juli 1909 — Reichsgesetzblatt Nr. 38 — zu verordnen, was folgt:

§ 1.

Die Vorschriften des vorbezeichneten Besoldungsgesetzes sowie der erste Teil der durch das Verordnungsblatt Nr. 27 für 1909 zur vorläufigen Kenntnis der Armee gebrachten Gehaltsvorschriften und die ebendort bekannt gegebenen Grundsätze für die Neufestsetzung des Besoldungsdienstalters der Beamten usw. finden auf die Beamten der bayerischen Militärverwaltung sinngemäße Anwendung.

An Stelle der auf Grund des § 13 des Besoldungsgesetzes vom Reichskanzler erlassenen Diätenordnung werden für den Bereich der bayerischen Militärverwaltung vom Kriegsministerium besondere Bestimmungen getroffen.

§ 2.

Das Besoldungsgesetz gilt auch für die Offiziere einschließlich der Sanitätsoffiziere und die Unteroffiziere des bayerischen Heeres; auch ist auf sie der zweite Teil der in § 1 bezeichneten Gehaltsvorschriften gleichmäßig anzuwenden.

§ 3.

Die Gewährung der Gehälter und Löhnungen erfolgt an die Angehörigen des bayerischen Heeres auf Grund der angefügten Besoldungsordnungen A mit C.

Gegeben zu München, den 20. September 1909.

Luitpold,

Prinz von Bayern,

des Königreichs Bayern Verweser.

Frhr. v. Horn.

Auf Allerhöchsten Befehl:

Der Chef der Zentralabteilung:

von Beckenbauer,

Generalmajor.

Nr. 19182. München, 22. September 1909.

Kriegsministerium.

Betreff: Ausführungsbestimmungen zum Besoldungsgesetz.

Mit Bezug auf vorstehende Königlich Allerhöchste Verordnung wird mit Allerhöchster Genehmigung zur Ausführung des Besoldungsgesetzes sowie zur Neuregelung des Zulagewesens und der Fonds „Adjutanturoffiziere" und „Offiziere in besonderen Stellungen" nachstehendes bekannt gegeben:

A. Mit Gültigkeit vom 1. April 1908 ab.

1. Die Kompagnie- usw. Offiziere: Leutnants und Oberleutnants aller Waffengattungen bilden eine Besoldungsgemeinschaft, desgleichen die Assistenzärzte und Oberärzte — lfd. Nr. 1 und 2 der Besoldungsordnung B —.

2. Als Entschädigung für die Pferdehaltung erhalten jährlich bei der Kavallerie und reitenden Feldartillerie:

die Rittmeister und Hauptleute mit
einem Gehalt von 5100 Mark
oder 4600 Mark . . . . . je 300 Mark,
die Rittmeister und Hauptleute mit
einem Gehalt von 3400 Mark je 360 Mark.

Im übrigen bleiben die Festsetzungen über die Entschädigung für die Pferdehaltung unverändert. Wegen der Anzahl der vom 1. 8. 09 ab an die Oberleutnants der Kavallerie und reitenden Feldartillerie und die aus diesen Waffen hervorgegangenen Oberleutnants in besonderen Stellungen zahlbaren Entschädigungen, wegen des Weiterbezuges der Entschädigung durch die Oberleutnants, denen sie im Monat Juli 1909 zustand und wegen der künftigen Regelung der Bewilligung durch das Kriegsministerium wird auf den KME. vom 27. August 1909 Nr. 16683, VBl. Nr. 28. Bezug genommen.

3. Das Besolgundsdienstalter der nach Dienstaltersstufen im Gehalt aufrückenden Offiziere, der Zeug-, Feuerwerks- und Festungsbauoffiziere, dann der Sanitätsoffiziere wird durch das Kriegsministerium festgesetzt. Hiebei kann auch das Besoldungsdienstalter der vor dem 1. April 1908 mit Patent beförderten Leutnants aus Billigkeitsrücksichten vorgerückt werden.

Die Bestimmung des § 17 des Besoldungsgesetzes hinsichtlich des Vorrückens des Besoldungsdienstalters um 2 Jahre gilt auch für diejenigen Zeug-, Feuerwerks- und Festungsbauleutnants, die Abiturienten eines Gymnasiums, Realgymnasiums oder einer Oberrealschule waren.

4. Die nichtpensionsfähige Zulage der pensionierten Sanitätsoffiziere bei den Bezirkskommandos erhöht sich auf 1422 Mark jährlich.

5. Es werden aus Stellen für Löhnungsempfänger in solche für Gehaltsempfänger umgewandelt diejenigen

der Obermusikmeister und Musikmeister,
der Feldwebel als Schirrmeister bei den Eisenbahn- und Telegraphentruppen und
der Schirrmeister bei den Traindepots.

Neben dem Gehalt erhalten diese Unteroffiziere noch Servis, dagegen kein Beköstigungsgeld und kein Brot oder Brotgeld. Ihre Uniformen haben sie aus eigenen Mitteln zu beschaffen und zu unterhalten.

Auf die nachzuzahlenden Gehälter sind die empfangenen Gebührnisse: Löhnung, Löhnungszuschüsse, Zulagen, der Geldwert der Naturalverpflegung und des Brotes sowie die Bekleidungsentschädigung in Anrechnung zu bringen.

Die Obermusikmeister und Musikmeister sowie die Schirrmeister bei den Verkehrstruppen und den Traindepots sind zu Einzahlungen in die Kleiderkasse verpflichtet, und zwar erstere mit 12 Mark, letztere mit 6 Mark monatlich.

Hinsichtlich der ärztlichen Behandlung, der Lazarettaufnahme, der Versorgung mit Arznei, Verbandmitteln, künstlichen Gliedern usw. und der zahnärztlichen Behandlung finden auf die Unteroffiziere als Gehaltsempfänger die in den §§ 4,[1], 64,[2], 17,[2] und 120,[1] der Friedens-Sanitätsordnung gegebenen Bestimmungen Anwendung. Die militärärztliche Behandlung der Familienangehörigen dieser Personen regelt sich nach § 31 a. a. O.

Die genannten Unteroffiziere haben, wenn sie sich mit Familie auf den Truppenübungsplätzen befinden, auch fernerhin Anspruch auf die im Verordnungsblatt 1905 Seite 103 Ziff. 10 erwähnte Zulage von monatlich 20 Mark.

Über die sonstigen persönlichen und dienstlichen Verhältnisse der Schirrmeister bei den Verkehrstruppen und bei den Traindepots ergehen vom Kriegsministerium noch besondere Bestimmungen.

6. Das Gesamteinkommen für die zur Vorbildung und Probedienstleistung kommandierten Militäranwärter, bis zu dessen Erreichung neben dem Einkommen aus der Zivilstelle ein Zuschuß gewährt wird, beträgt monatlich, je nachdem sie Familie haben oder nicht:

für Oberwallmeister und Wallmeister . . . . 175 oder 165 Mark,
„ Obermusikmeister u. Musikmeister . . . . 165 „ 155 „

für Unterzahlmeister, Unterinspektoren, Zeugfeldwebel, Oberfeuerwerker, Festungsbaufeldwebel, Schirrmeister, Kompagnieverwalter bei dem Kadettenkorps	160	oder	150	Mark,
„ Feuerwerker	100	„	90	„
„ Feldwebel	120	„	110	„
„ Vizefeldwebel	95	„	80	„
„ Sergeanten	87	„	67	„
„ Unteroffiziere	73	„	53	„
„ Gemeine	60	„	40	„

Der Bestimmung unter Ziffer 17n auf Seite 185 des Verordnungsblattes 1906 entsprechend ist der Einkommenszuschuß für Unteroffiziere als Gehaltsempfänger mit 4/5 bei den Besoldungsfonds und mit 1/5 bei dem Servisfonds zu verrechnen.

7. Den Unteroffizieren der Halbinvaliden-Abteilungen, die die Löhnung ihres Dienstgrades bei der Truppe bereits bezogen haben, dürfen nach den näheren Festsetzungen der „Bestimmungen über die Beförderung der Unteroffiziere im Frieden" bei einer aktiven Dienstzeit

von 5 1/2 Jahren und darüber die Gebührnisse der Sergeanten,

von 9 Jahren und darüber die Gebührnisse der Vizefeldwebel

unter Beförderung zu diesen Dienstgraden gewährt werden.

Für Unteroffiziere der Halbinvaliden-Abteilungen, die bei der Truppe noch nicht die Unteroffizierlöhnung bezogen haben (überzählige Unteroffiziere usw.), findet diese Bestimmung erst Anwendung, wenn sie in eine offene Etatstelle der Halbinvaliden - Abteilung eingerückt sind. Halbinvalide Hoboisten, Hornisten und Trompeter erhalten nur den Löhnungssatz für Unteroffiziere (von 302,40 Mark); ein Aufrücken zu Sergeanten und Vizefeldwebeln mit den Gebührnissen dieser Dienstgrade findet nicht statt.

8. Anlage 1 zu Nr. 31 des Verordnungsblatts vom 22. September 1909 (hier nicht abgedruckt) enthält diejenigen Zulagen usw., die in Anwendung des § 47 des Besoldungsgesetzes vom 1. April 1908 ab wegfallen oder in ihrer Höhe eine Änderung erfahren und somit auf die Nachzahlungen an Gehalt, Löhnung usw. in Anrechnung zu kommen haben.

Wegen Anrechnung und Verrechnung der einzuziehenden Zulage- usw. Beträge siehe die nachfolgenden Bestimmungen unter I, 9 und 14, II, 1 und III, 7.

B. Mit Gültigkeit vom 1. April 1909 ab.

9. Der Truppenetat erhöht sich um:

7 Majore,
7 Hauptleute.

Diese Offiziere treten nach Maßgabe der hierüber ergehenden Allerhöchsten Verfügungen zu den Stäben der Truppen.

Für die hinzutretenden Offizierstellen wird das Gehalt bei Kapitel 11 Titel 1 vorgesehen. An Rationen beziehen in diesen Stellen die Majore und Hauptleute je 1 nach dem für ihren Truppenteil zuständigen Satze.

10. —

11. Die bisher bei Kapitel 8 Titel 2 und bei Kapitel 11 Titel 1 (vgl. auch Friedens-Besoldungsetat für 1908, S. 111) angesetzten Stellen für Adjutanten bei höheren Militär- und Kommandobehörden werden bei Kapitel 8 Titel 2a „Adjutanten bei höheren Militärbehörden" vereinigt in

der Zahl der Stellen für:

11 Majore,
28 Hauptleute und Rittmeister,
5 Oberleutnants oder Leutnants.

Die bisherigen Stellenansätze hiefür bei Kapitel 8 Titel 2 und bei Kapitel 11 Titel 1 fallen weg; auch kommt in Wegfall die an der letzteren Stelle enthaltene Ermächtigung, wonach anstatt der Hauptleute usw. auch Stabsoffiziere und anstatt der

Oberleutnants auch Hauptleute usw. als Adjutanten verwendet werden durften, wenn dienstliche Rücksichten dies erforderlich machten.

Das Gehalt für die vorstehend erwähnten Adjutanten bei höheren Militär- und Kommandobehörden ist nicht mehr bei Kapitel 8 Titel 2 und Kapitel 11 Titel 1, sondern bei Kapitel 8 Titel 2a zu verrechnen, desgleichen die bisher bei Kapitel 11 Titel 8 angesetzte Zulage von je 216 Mark jährlich für Adjutanten als Oberleutnants oder Leutnants. Über die Vornahme der Umbuchung wird vom Kriegsministerium verfügt.

Die Rationsgebühr ändert sich nicht.

C. Mit Gültigkeit vom heutigen Tage ab.

12. Die §§ 6,1 Absatz 2, 10 und 49,2 Absatz 1 der Friedens-Besoldungsvorschrift — Gehaltsabzüge bei Urlaub usw. betreffend — erhalten die aus der Anlage 2 zu Nr. 31 des Verordnungslatts vom 22. September 1909 (hier nicht abgedruckt) ersichtliche Fassung.

Die neuen Sätze für Gehaltsabzüge sind für die im Gehalt aufgebesserten Offiziere usw. vom 1. April 1908 ab, im übrigen von der nächsten Gehaltszahlung ab zu berücksichtigen.

13. Zur Teilnahme an dem Etatsunterstützungsfonds sind von den Offizieren und Sanitätsoffizieren des Friedensstandes die mit einem Gehalte von nicht mehr als 3400 Mark jährlich berechtigt*).

14. Zur Bewilligung von Gnadenzulagen dürfen auch die Oberleutnants in Vorschlag gebracht werden, sofern sie nicht mehr als 1900 Mark Gehalt jährlich beziehen; letztere Beschränkung gilt auch für Leutnants.

15. Hauptleute und Rittmeister haben beim Nachsuchen der Erlaubnis zur Verheiratung den vorgeschriebenen Nachweis eines außerdienstlichen Einkommens zu führen, wenn sie das Gehalt von 3400 Mark beziehen.

---

* Der Anspruch der Offiziere usw. im Bezuge des Gehalts von 3402 Mk. besteht fort.

16. In Anlehnung an die für die oberen Garnisonverwaltungsbeamten festgesetzten Titel wird die Dienstbezeichnung „Unterinspektor im Garnisonverwaltungsdienst" in „Garinsonverwaltungs-Unterinspektor "geändert.

Die Proviantamts- und Bekleidungsamts-Unterassistenten erhalten die Dienstbezeichnung „Proviantamts-Unterinspektor" und „Bekleidungsamts-Unterinspektor". An der bisherigen Bezeichnung „Lazarett-Unterinspektor" ändert sich nichts.

17. Die Schirrmeister bei den Verkehrstruppen tragen die Uniform der Wallmeister mit den folgenden Änderungen:

Schulterklappen von hochrotem Tuch ohne Abzeichen, Kragen vorn eckig, daran und an den Ärmelaufschlägen Litzen wie die Unteroffiziere der Verkehrstruppen.

18. Die Schirrmeister bei den Traindepots erhalten den Rang eines Wachtmeisters. Sie tragen die Uniform des betreffenden Train-Bataillons unter Wegfall der Nummer auf den Schulterklappen, des Haarbusches und des Bandeliers mit Kartusche. An Stelle der Säbelkoppel, der Reithosen und der hohen Stiefel treten schwarzlackierte Unterschnallkoppel nach KME. v. 27. 10. 98 Nr. 14 866 — VBl. S. 313 — (für Unterzahlmeister), lange Tuchhosen und kurze Stiefel mit Sporen.

Der Rücktritt der Schirrmeister bei den Traindepots in den praktischen Dienst ist ausgeschlossen.

19. Die bisherigen Zeugsergeanten erhalten sämtlich die Dienstbezeichnung „Schirrmeister". Als solche tragen sie den Infanterieoffiziersäbel an einer schwarzlackierten Unterschnallkoppel nach KME. v. 27. 10. 98 Nr. 14 866 — VBl. S. 313 — (für Unterzahlmeister). Außerdem wird ihnen der Rang eines Feldwebels beigelegt, jedoch mit der Maßgabe, daß sie nach wie vor Untergebene der Zeugfeldwebel bleiben, die mit ihnen bei derselben Dienstbehörde angestellt sind.

20. Die bisherigen Wallmeister als Schirrmeister bei den Pionier-Bataillonen und der Luftschiffer-Abteilung

sowie der Wallmeister als Vorsteher der Brieftaubenstation erhalten die Dienstbezeichnung „Schirrmeister bei den Pionier-Bataillonen“, „Schirrmeister bei der Luftschiffer-Abteilung“ und „Schirrmeister als Vorsteher der Brieftaubenstation“. Letzterer trägt statt der bisherigen Schulterklappen von schwarzem Samt solche nach Farbe und Form der für die Schirrmeister bei den Pionier-Bataillonen vorgeschriebenen Schulterklappen, jedoch ohne Nummer. Die bisherigen Schulterklappen können bis zum 1. April 1910 aufgetragen werden.

21. Die unter Ziffer 18 und 19 genannten Schirrmeister beziehen Servis nach A. 4a des Tarifs wie die übrigen Schirrmeister.

22. Bei den Bezirkskommandos dürfen Zahlmeisteraspiranten von allen Waffengattungen in offene Unteroffizierstellen eingestellt werden (VBl. 1884 S. 320).

23. Zu den in Klasse 24 der Besoldungsordnung A aufgeführten Inspektoren zählen:

a) bei den Proviantämtern: die bisherigen Rendanten, Kontrolleure und Assistenten . .	Proviantamts-Inspektor;
b) bei den Bekleidungsämtern die bisherigen Kontrolleure und Assistenten	Bekleidungsamts-Inspektor;
c) bei den Garnisonverwaltungen: die bisherigen Verwaltungsinspektoren, Kontrolleure und Kaserneninspektoren	Garnison-verwaltungs-Inspektor;
d) bei den Lazaretten: die bisherigen Verwaltungsinspektoren und Lazarettinspektoren	Lazarett-Inspektor;
e) bei den Remontedepots und der Remonte-Inspektion: die bisherigen Sekretäre, Wirtschaftsinspektoren und Verwaltungs-Assistenten	Remontedepot-Inspektor;

f) bei der Inspektion der Militärbildungsanstalten: die bisherigen Hausinspektoren und der Kontrolleur . . . . . . } Inspektor;

Alle vorgenannten Beamten erhalten gleichen Rang.

Im Rangdienstalter gehen bisherige Rendanten, Verwaltungsinspektoren und die unter a bis c aufgeführten Kontrolleure den übrigen Inspektoren (bisherigen Assistenten, Kasernen- und Lazarettinspektoren vor.

24. Proviantamts-, Bekleidungsamts-, Garnisonverwaltungs- und Lazarettinspektoren sowie die Inspektoren der Remontedepot-Verwaltung und der kontrolleführende Inspektor bei der Inspektion der Militärbildungsanstalten mit einem Stellendienstalter von mehr als 6 Jahren tragen eine Rosette.

Das von einzelnen dieser Beamten nach kürzerer Stellendienstzeit schon erworbene Recht zum Tragen einer Rosette wird hievon nicht berührt.

25. Der bisherige Maschinenheizer bei der Gewehrfabrik erhält die Dienstbezeichnung „Maschinenwärter".

Im Anschlusse hieran wird folgendes bestimmt:

I. Offiziere und Unteroffiziere.

1. Bis auf weiteres erhalten bei allen Waffen die zu Leutnants sowie die zu Assistenzärzten Beförderten Gehalt nach Maßgabe des Besoldungsgesetzes und der Bestimmungen der Friedens-Besoldungsvorschrift.

Den vom 1. April 1908 ab vorhanden gewesenen und vorhandenen Oberleutnants und Leutnants, denen nach den bisher gültigen Bestimmungen infolge Erfüllung des Etats ihrer Waffe des Gehalt nicht gewährt wurde, wird dieses nachträglich bewilligt werden.

2. Für die Leutnants, Stabsärzte und Assistenzärzte, die vom 1. April 1908 ab hierzu befördert worden sind und befördert werden, beginnt — falls nicht anders bestimmt wird — das Besoldungsdienstalter

mit dem 1. des Monats, aus dem ihr Patent datiert. Durch eine etwaige, spätere Vorpatentierung wird das Besoldungsdienstalter nicht geändert.

3. Die Dienstalterszulagen für Offiziere und Sanitätsoffiziere werden in der Folge durch den nächsten, mit mindestens der Disziplinarstrafgewalt eines Regimentskommandeurs versehenen Vorgesetzten bewilligt.

Für Offiziere usw., die von den Korpszahlungsstellen ihr Gehalt beziehen, ist die Bewilligung rechtzeitig der zuständigen Intendantur mitzuteilen, die daraufhin die Anweisung veranlaßt. Für die bei der Generalmilitärkasse ihr Gehalt beziehenden Offiziere usw. erfolgt diese Anweisung durch das Kriegsministerium.

Anträge auf Versagung von Dienstalterszulagen für Offiziere und Sanitätsoffiziere — § 23 des Besoldungsgesetzes — sind seitens der oben genannten Vorgesetzten dem Kriegsministerium vorzulegen, desgleichen Anträge auf Bewilligung der vorläufig versagten Dienstalterszulagen.

4. —

5. Die Festsetzung des Besoldungsdienstalters der Unteroffiziere als Gehaltsempfänger erfolgt für:

a) die Unterzahlmeister und Unterinspektoren durch die Korpsintendanturen oder die Intendantur der militärischen Institute,

b) die Obermusikmeister und Musikmeister durch die Regiments- usw. Kommandeure,

c) die Schirrmeister bei den Traindepots durch die Artillerie- und Traindepot-Direktion,

d) die Kompagnieverwalter bei dem Kadettenkorps durch die Inspektion der Militärbildungsanstalten,

e) das Zeug- und Feuerwerks-Unterpersonal sowie die dahin gehörigen Schirrmeister durch die Feldzeugmeisterei,

f) die Festungsbaufeldwebel, Oberwallmeister und Wallmeister, Schirrmeister bei den Pionier-Bataillonen und Verkehrs-Truppen sowie als Vorsteher der Brieftaubenstation durch die Inspektion des Ingenieurkorps und der Festungen.

6. Für Unteroffiziere als Gehaltsempfänger ist das Besoldungsdienstalter in jedem Falle nach Maßgabe des Besoldungsgesetzes — §§ 25 und 45 — und der nachfolgenden Bestimmungen festzusetzen:

a) Soweit Stellen für Löhnungsempfänger in Anwendung des Besoldungsgesetzes oder schon früher in solche für Gehaltsempfänger umgewandelt worden sind, beginnt das Besoldungsdienstalter mit dem ersten Tage des Monats, in dem das Einrücken in die entsprechende Löhnungsempfängerstelle erfolgt ist, z. B. für Unterzahlmeister oder Unterinspektoren mit dem ersten des Monats, in dem sie in die Stelle eines etatmäßigen Zahlmeisteraspiranten oder Verwaltungsaspiranten eingerückt sind.

b) Ergibt sich bei der Festsetzung des Besoldungsdienstalters, daß das einem Unteroffizier bei Inkrafttreten des Besoldungsgesetzes zustehende Gehalt einschließlich des pensionsfähigen Gehaltszuschusses niedriger ist als das bis dahin bezogene Einkommen (Gehalt oder Löhnung einschließlich pensionsfähiger Zulagen und des Geldwertes der Naturalverpflegung und Bekleidung), so ist sein Besoldungsdienstalter so oft um je 3 Jahre zurückzudatieren, bis eine Schlechterstellung vermieden wird.

Bezüglich der Kompagnieverwalter bei dem Kadettenkorps siehe Bemerkung zur Besoldungsordnung C Ziff. 14.

c) Sind Unteroffiziere als solche vor Erlaß des Besoldungsgesetzes aus einer in die andere Gehaltsempfängerklasse übergetreten, z. B. Unterzahlmeister in Unterinspektorstellen, so erhalten sie das Besoldungsdienstalter, das sie nach vorstehendem beim Verbleiben in ihrer früheren Gehaltsempfängerklasse erreicht haben würden.

Beim künftigen Übertritt aus einer in die andere Gehaltsempfängerklasse von Unteroffizieren finden die Ziffern 30, 31, 35 und 37 bis 40 der Gehaltsvorschriften sinngemäß Anwendung mit der Maßgabe, daß der Anlaß des Übertritts außer Betracht bleibt.

Auch Ziffer 51 — Satz 1 — der Gehaltsvorschriften findet auf Unteroffiziere als Gehaltsempfänger entsprechende Anwendung.

7. Das Aufrücken in höhere Gehaltsstufen ordnen an — dem festgesetzten Besoldungsdienstalter entsprechend — für:

a) die Unterzahlmeister bei den Intendanturen, die Unterinspektoren bei den Proviantämtern, Garnisonverwaltungen und Lazaretten die Korpsintendanturen und die Intendantur der militärischen Institute,

b) die sämtlichen übrigen Unteroffiziere als Gehaltsempfänger der nächste mit Disziplinarstrafgewalt eines Regimentskommandeurs versehene Vorgesetzte. Bei abkommandierten Unteroffizieren hat sich der Vorgesetzte vor Anordnung des Aufrückens zu vergewissern, daß gegen das dienstliche oder außerdienstliche Verhalten der Betreffenden seitens des Truppenteils oder der Militärbehörde, der sie im Kommandoverhältnis unterstellt sind, eine erhebliche Ausstellung nicht vorliegt.

Den Dienststellen zu a und b steht auch die Befugnis zum Versagen des Aufrückens in eine höhere Gehaltsstufe zu (§§ 23,2 und 27 des Besoldungsgesetzes), zu a jedoch nach Einholung der Zustimmung des kommandierenden Generals.

8. Die Erhöhung der Löhnung nach Maßgabe des Besoldungsgesetzes — Besoldungsordnung C — beschränkt sich auf die Unteroffiziere des aktiven Dienststandes. Für die Unteroffiziere des Beurlaubten- und des inaktiven Standes gelten während der Übungen usw. die bisherigen Löhnungssätze — 0,77 Mark oder 0,72 Mark täglich —

9. Die vom 1. April 1908 ab gezahlten Beträge an Löhnungszuschuß für Sergeanten sind auf die nachzugewährenden Löhnungsmehrbeträge anzurechnen.

10. Für das Aufrücken in höhere Löhnungssätze nach Dienstzeit sind die Bestimmungen über die Beförderung der Unteroffiziere im Frieden und der Friedens-Besoldungsvorschrift maßgebend.

11. Bei Beschwerden von Unteroffizieren über Versagens des Aufrückens in eine höhere Gehalts- oder Löhnungsstufe entscheidet endgültig:
a) bei den Löhnungsempfängern und den im Truppenverbande stehenden Gehaltsempfängern das Generalkommando — dessen Entscheidung auch inbetreff der Versagung des Aufrückens bei den nicht im Truppenverbande stehenden Unterzahlmeistern und den Unterinspektoren (vgl. Ziffer I 7a) eine endgültige ist —,
b) bei dem Zeug- und Feuerwerkspersonal sowie den dahin gehörigen Schirrmeistern und den Schirrmeistern der bei Traindepots die Feldzeugmeisterei,
c) im übrigen die oberste Waffenbehörde (Inspektion des Ingenieurkorps und der Festungen, Inspektion der Militärbildungsanstalten).

12. Von den Berechnungen über die Nachzahlungen und den Ausgleichsberechnungen für die Offiziere und Sanitätsoffiziere haben die jetzigen Regimentskommandeure usw. der Beteiligten (siehe Ziffer I, 3) Kenntnis zu nehmen.

13. In dem Besoldungs- und Verpflegungs-Rapport sind künftig die Hauptleute in einer Spalte, die Oberleutnants und Leutnants zusammen in einer Spalte, in dem Forderungsnachweis über Besoldung die Hauptleute unter einem Abschnitt, die Oberleutnants und Leutnants zusammen unter einem Abschnitt zu führen.

In dem Forderungsnachweis über Besoldung tritt bei den nach Dienstaltersstufen im Gehalt aufrückenden Offizieren, Beamten und Unteroffizieren eine Spalte „Besoldungsdienstalter" hinzu.

Bei den nicht regimentierten Offizieren ist das Besoldungsdienstalter in der Kapitelrechnung der Korpszahlungsstelle usw. ersichtlich zu machen.

Dem Besoldungs- und Verpflegungs-Rapport für den ersten Monat des Rechnungsjahres ist künftig — für das laufende Rechnungsjahr einem der nächsten Rapporte — eine Nachweisung des Besoldungsdienstalters aller nach Dienstaltersstufen im Gehalt aufrückenden Offiziere, Beamten sowie Unteroffiziere als Gehaltsempfänger beizufügen. In den Rapporten selbst wird das Besoldungsdienstalter — auch bei den Beamten — nur bei Zugängen angegeben.

Der Titel 3 des Kapitels 11 erhält die Bezeichnung „Beamte und Unteroffiziere als Gehaltsempfänger". Der Rapport und der Forderungsnachweis über Besoldung ändern sich dementsprechend.

Alte Formulare von Rapporten sowie von Forderungsnachweisen über Besoldung können nach Abänderung aufgebraucht werden.

14. Im übrigen finden die nachstehend für Beamte gegebenen Bestimmungen, soweit sie für die Verhältnisse der Offiziere und Unteroffiziere in Betracht kommen, sinngemäß Anwendung, wie z. B. diejenigen über die Gewährung des nach § 46 Absatz 1 des Besoldungsgesetzes zu zahlenden Mehrbetrages an Gebührnissen als nichtpensionsfähiger Zuschuß u. a. m.

II. Beamte.

1. Die Diensteinkommensverbesserungen der etatmäßigen Beamten sind vom 1. April 1908 ab zahlbar zu machen.

An neuen Zulagen usw. wrden im Nachtragsetat 1909 vorgesehen:

a) je 1200 Mark pensionsfähige Zulage für die Oberintendanturräte,
b) je 600 Mark pensionsfähige Zulage für Intendanturräte und Intendantur- und Bauräte bis zu einem Drittel der etatmäßigen Stellen.
c) je 150 Mark nicht pensionsfähige Zulage für die Ober-Intendantursekretäre und Intendantursekretäre, die Ober-Intendanturregistratoren und Intendanturregistratoren,
d) je 150 Mark nicht pensionsfähige Zulage für die aus den Intendantursekretären hervorgegangenen Kalkulatoren, soweit nicht ihr Gehalt das beim Verbleiben bei der Intendantur zuständige Gehalt zuzüglich der Zulage von 150 Mark für Intendantursekretäre übersteigt,

e) je 30 Mark nicht pensionsfähiges Bekleidungsgeld für die Militärgerichtsboten.

Auf die Einkommensverbesserungen sind insbesondere anzurechnen: die wegfallenden Servis-zulagen und Ausfallentschädigungen für Kassenbeamte, die ebenfalls wegfallenden Naturalien-Deputate und alle Zulagen, die neben den erhöhten Gehältern usw. nicht mehr gezahlt werden dürfen (vgl. auch Anlage 1), für 1908 auch die einmaligen Teuerungsbeihilfen; die übrigen Zulagen sind wie bisher zahlbar.

Sind die wegfallenden Beträge höher als die Diensteinkommensverbesserung an Gehalt, Zulagen, Wohnungsgeldzuschuß oder Mietentschädigung, so ist der Unterschiedsbetrag als nicht pensionsfähiger Zuschuß bis zu dem im § 46 des Besoldungsgesetzes bezeichneten Zeitpunkte über den Etat zu gewähren (vgl. Ziffer III,4 der Grundsätze für die Neufestsetzung des Besoldungsdienstalters usw.). Erhöhungen des Wohnungsgeldzuschusses oder der Mietentschädigung bleiben insoweit außer Anrechnung, als sie lediglich die Folge der Versetzung des Beamten an einen Ort einer höheren Ortsklasse sind. Die an dem Orte, wohin der Beamte versetzt worden ist, durch das Besoldungsgesetz eingetretene Erhöhung des Wohnungsgeldzuschuß-Tarifs gilt aber nicht als Erhöhung in diesem Sinne; der versetzte Beamte muß sich vielmehr die Tariferhöhung in gleicher Weise anrechnen lassen, wie die Beamten, die schon am 1. April 1908 in der höheren Ortsklasse ihren Wohnsitz hatten. Wenn und solange Beamte Dienstwohnungen innehaben, bleibt für sie die Erhöhung des tarifmäßigen Wohnungsgeldzuschusses außer Berechnung.

Mietentschädigungen sind in die Ausgleichsberechnungen mit dem Jahressatze einzustellen, der am 1. April 1908, bei späterem Beginn des Anspruchs auf Mietentschädigung am ersten Tage ihrer Zuständigkeit, zahlbar war.

Die wegfallenden Deputate an Feuerungs- und Beleuchtungsmaterial usw. sind für 1908 mit folgenden Jahressätzen anzurechnen:

für:	Jahressätze:
a) alle aus den Kapiteln 14, 16, 20 und 22 der fortdauernden Ausgaben des ordentlichen Etats besoldeten Unterbeamten, soweit sie nachstehend nicht besonders genannt sind, je	32 Mark,
b) bisherige Kasernen- und Lazarettinspektoren, den bisherigen Hausinspektor und den Maschinenmeister bei der Inspektion der Militärbildungsanstalten je	47 "
c) Garnisonverwaltungs- und Lazarett-Oberinspektoren, bisherige Garnison- und Lazarett-Verwaltungsinspektoren, den bisherigen Kontrolleur und den Rendanten bei der Inspektion der Militärbildungsanstalten, dann den Rendanten bei den militärischen Strafanstalten je	62 "
d) Garnison- und Lazarett-Verwaltungsdirektoren je	78 "
e) Remontedepot-Beamte, und zwar:	
Administratoren je	902 "
Inspektoren, Oberstabs- und Stabsveterinäre, je	482 "
Futtermeister je	308 "
Remontewärter je	154 "

2. Ob über die Verpflichtung oder Berechtigung von Beamten, Feuerungs- und Beleuchtungsmaterial künftig gegen Bezahlung aus fiskalischen Beständen zu beziehen, besondere Bestimmungen zu erlassen sein werden, bleibt weiterer Entschließung vorbehalten.

Einstweilen sind alle Unterbeamten, die nach den für ihre Klasse geltenden Dienstvorschriften zu Leistungen bei der Verwaltung von Feuerungs- oder Beleuchtungsmaterial herangezogen werden können, bei Bewilligung der ersten auf Grund des Besoldungsgesetzes eintretenden Gehaltserhöhung, bei Neuanstellung durch die Anstellungsverfügung zu verpflichten, auf Verlangen der vorgesetzten

Dienststelle ihren Hausbedarf an dem genannten Material aus Beständen der Verwaltung zu entnehmen und die dafür zur Festsetzung kommende Vergütung zu entrichten.

Die für das Rechnungsjahr 1909 verabreichten Feuerungs- und Beleuchtungsmaterialien-Deputate verbleiben den Empfängern gegen Erstattung der Selbstkosten. Die zu erstattenden Geldbeträge sind den in Betracht kommenden Fonds als Rückeinnahmen zuzuführen. Soweit an Stelle der Verabreichung in Natur Geldentschädigungen gewährt waren, sind der Rückvereinnahmung die in vorstehender Ziffer 1 festgestellten Sätze zugrunde zu legen.

3. Bezüglich der im § 91 Ziffer 1 bis 7 der Militär-Bauordnung vorgesehenen Kassenvergütungen wird auf den KME. v. 18. 8. 09 Nr. 16 922 Bezug genommen.

4. —

5. Die rückwirkende Kraft der Diensteinkommensverbesserungen gilt nach § 47 des Besoldungsgesetzes auch hinsichtlich der Beamten, die am 1. April 1908 im Dienste waren, inzwischen aber in den Ruhestand versetzt worden oder verstorben sind. Ihre Pensionen und die Versorgungsansprüche ihrer Hinterbliebenen sollen — sofern es für sie günstiger ist — so festgesetzt werden, als ob diese Beamten die nach dem Besoldungsgesetze zuständigen Diensteinkünfte noch bezogen hätten. Die Neufestsetzung erfolgt durch das Kriegsministerium. Die Mehrbeträge für die verflossene Zeit sind baldtunlichst nachzuzahlen. Im übrigen ist folgendes zu beachten:

a) Das Mehr an Diensteinkünften für die Zeit vom 1. April 1908 bis zum Tage des Übertritts des Beamten in den Ruhestand oder bis zum Ablaufe des Gnadenvierteljahres ist ebenfalls nachzuzahlen.

b) Die einmalige Teuerungsbeihilfe wird auf die Nachzahlung voll angerechnet, jedoch nur auf das bis zum Tage der Pensionierung oder bis zum Ablaufe des Gnadenvierteljahres erwachsende Mehr an Diensteinkünften, nicht aber auf die Erhöhung der Pension oder der Hinterbliebenenbezüge. Soweit die einmalige Teuerungsbeihilfe nicht durch die bis zum Tage der Pensionierung oder bis zum Ablaufe des Gnadenvierteljahres anteilig zu verrechnende Diensteinkommensverbesserung gedeckt wird, ist von ihrer Wiedereinziehung abzusehen.

c) Ist ein Beamter nach dem 31. März 1908 im aktiven Dienste verstorben, so gebühren die vor seinem Tode fällig gewordenen Raten der nachzuzahlenden Besoldungsaufbesserung seinen Erben; für die Nachzahlung der auf das Gnadenvierteljahr entfallenden Beträge ist § 32 der Friedens-Besoldungsvorschrift maßgebend.

Ist ein nach dem 1. April 1908 in den Ruhestand getretener Beamter inzwischen verstorben, so gebühren der für seine aktive Dienstzeit nachzuzahlende Besoldungsbetrag und der nachzuzahlende Pensionsbetrag, soweit diese Beträge vor seinem Tode fällig geworden sind, seinen Erben. Die Nachzahlung der auf das Gnadenvierteljahr entfallenden Beträge regelt sich nach § 35 der Pensionsverordnung für die Beamten der bayerischen Militärverwaltung (Anlage zum KME. v. 17. Juli 1907 Nr. 4727 JA. — VBl. Nr. 20).

6. Für Beamte, die neben ihrem Zivildiensteinkommen eine Militärpension, Militärinvalidenpension oder Militärrente beziehen, wird infolge der Diensteinkommensverbesserungen in vielen Fällen eine Neuregelung ihres Pensions- oder Rentenbezuges vom 1. April 1908 ab notwendig werden. Diese Beamten sind bei der Benachrichtigung über die Nachzahlung der Diensteinkommensverbesserungen darauf hinzuweisen, daß sie die nach der Neuregelung wegfallenden Pensions- usw. Beträge zu erstatten verpflichtet sind, damit die Rückzahlung demnächst sofort erfolgen kann.

7. In den mit Dienstaltersstufen ausgestatteten Besoldungsklassen bleibt im allgemeinen das bisherige Besoldungsdienstalter der Beamten auch für ihr Aufsteigen in den erhöhten Gehältern maßgebend, sofern das Anfangsgehalt bei der Aufbesserung erhöht oder unverändert gelassen worden ist (§§ 37

und 42 des Besoldungsgesetzes). Sollte sich jedoch für einzelne, vor dem 1. April 1908 beförderte oder im dienstlichen Interesse versetzte Beamte ergeben, daß ihr pensionsfähiges Gehalt in der jetzigen Stelle nach den neuen Gehaltssätzen am 1. April 1908 hinter dem zurückbleibt, das sie in der früher von ihnen bekleideten Stelle erhalten haben würden, oder daß sie in der alten Stelle beim nächsten Gehaltsaufrücken nach dem 1. April 1908 einen höheren Gehaltssatz erreicht hätten, als er ihnen zu demselben Zeitpunkt in der neuen Stelle zusteht, so ist nach § 39 des Besoldungsgesetzes — damit Überholungen der vor dem 1. April 1908 beförderten oder im dienstlichen Interesse versetzten Beamten durch später beförderte oder im dienstlichen Interesse versetzte gleichaltrige oder dienstjüngere Beamte derselben Klasse vermieden werden — das Besoldungsdienstalter dergestalt neu festzusetzen, daß angenommen wird, die Beamten wären erst am 1. April 1908 in die neue Gehaltsklasse versetzt oder befördert worden.

8. Wegen des Besoldungsdienstalters der im § 42 Absatz 1 des Besoldungsgesetzes gedachten Beamtengruppen, deren Anfangsgehalt gegenüber dem früheren herabgesetzt worden ist, gilt nach Ziffer II 3 der „Grundsätze für die Neufestsetzung des Besoldungsdienstalters der Beamten usw." folgendes:

Für Militärbeamte, die bisher 150 Mark mehr bezogen haben, als die entsprechenden Zivilbeamten, findet eine Vordatierung aus diesem Anlaß nicht statt. Ebenso wird nicht vordatiert das Besoldungsdienstalter der Lazarettverwaltungsdirektoren, der Korpsstabsapotheker und der Ingenieure und Chemiker bei den technischen Instituten.

Eine Vordatierung um 3 Jahre tritt dagegen ein für folgende Beamte, soweit sie vor dem 1. April 1908 angestellt, befördert oder im dienstlichen Interesse versetzt sind:

a) Kanzlisten (Klasse 17 Nr. 3),
b) Technischer Inspektor beim topographischen Bureau (Klasse 41 Nr. 5),

c) Militärbauinspektoren (Klasse 57 Nr. 12),
d) Oberintendanturräte (Klasse 59 Nr. 1).

Diese Vordatierungen haben bei der Festsetzung des Besoldungsdienstalters vor etwa sonst noch aus anderem Anlaß vorzunehmenden Vordatierungen zu erfolgen.

9. Über die Regelung des Besoldungsdienstalters der — nicht mehr in der Eingangsstelle befindlichen — Beamten, deren Besoldungsdienstalter mit Rücksicht auf die seit dem 1. April 1906 eingetretenen Besoldungsaufbesserungen in einer von ihnen früher bekleideten oder in einer anderen Stelle festgesetzt worden ist, trifft der § 38 des Besoldungsgesetzes Bestimmung. Jene frühere Festsetzung des Besoldungsdienstalters scheidet danach für die jetzt vorzunehmende Nachprüfung völlig aus.

Die Vorschrift des § 38 des Besoldungsgesetzes bezieht sich nicht nur auf Beamte, die aus einer nach dem 1. April 1906 aufgebesserten Klasse befördert worden sind, sondern auch auf Beamte, deren Besoldungsdienstalter aus Billigkeitsrücksichten — um Überholungen durch dienstjüngere Amtsgenossen zu vermeiden — oder aus anderen Gründen mit Rücksicht auf Gehaltsaufbesserungen in anderen Klassen vorgerückt worden ist.

10. Die zum oder nach dem 1. April 1908 beförderten oder im dienstlichen Interesse versetzten Beamten sind ohne Rücksicht darauf, ob es ihnen zum Vorteil oder Nachteil gereicht, mit dem Gehalt in die neue Besoldungsklasse einzureihen, das ihnen nach den neuen Gehaltssätzen in der früheren Besoldungsklasse zugestanden hätte. Danach ist unter Anwendung der allgemeinen Grundsätze das Besoldungsdienstalter neu festzusetzen. Wo aus Billigkeitsrücksichten eine Vordatierung des Besoldungsdienstalters stattgefunden hat, ist zu prüfen, ob die damals maßgebend gewesenen Gründe auch jetzt noch eine Vordatierung angezeigt erscheinen lassen.

11. Die Bestimmungen über die erweiterte Anrechnung von Militärdienstzeit auf das Besoldungsdienstalter ehemaliger Militäranwärter (§§ 7 und 8 des Be-

soldungsgesetzes und Nr. 14 bis 20 der Gehaltsvorschriften), über die Anrechnung diätarischer Dienstzeit (§ 6 des Besoldungsgesetzes und Nr. 21 ff. der Gehaltsvorschriften) und über die Anrechnung von Militärdienstzeit auf das Besoldungsdienstalter der aus nicht zivilversorgungsberechtigten Anwärtern hervorgehenden Intendantursekretäre des Heeres (Nr. 43 der Gehaltsvorschriften) finden dergestalt mit rückwirkender Kraft Anwendung, daß das Besoldungsdienstalter insoweit vordatiert wird, als eine Vordatierung erfolgt wäre, wenn diese Bestimmungen schon zur Zeit der ersten etatmäßigen Anstellung der Beamten oder ihrer Überführung aus einer Unterbeamtenstelle in eine Stelle des mittleren Dienstes oder des Kanzleidienstes (§ 8 des Besoldungsgesetzes) in Geltung gewesen wären. Zu vgl. §§ 40 und 41 des Besoldungsgesetzes. Das Besoldungsdienstalter der in Betracht kommenden Beamten (einschließlich der nach dem 1. April 1908 in den Ruhestand getretenen oder der seit dem 1. April 1908 verstorbenen Beamten ist nachzuprüfen und gegebenenfalls neu festzusetzen. Nachzahlungen finden nur für die Zeit vom 1. April 1908 ab statt.

12. Das Besoldungsdienstalter der bisherigen Proviantamts-Rendanten und -Kontrolleure, Kontrolleure bei den Bekleidungsämtern, Garnisonverwaltungs-Inspektoren und -Kontrolleure und Lazarettverwaltungs-Inspektoren, die mit den bisherigen Assistenten, Kasernen-Inspektoren usw. unter der Benennung „Inspektoren“ zu einer Besoldungsklasse vereinigt worden sind, ist so festzusetzen, als ob diese Organisationsänderung schon zur Zeit ihrer ersten etatmäßigen Anstellung als obere Proviantamts- usw. Beamte bestanden hätte. Wegen der Vordatierung des Besoldungsdienstalters der in solchen Stellen befindlichen verabschiedeten Offiziere siehe Nr. 42 der Gehaltsvorschriften.

13. Nach Ziffer III 1 der „Grundsätze für die Neufestsetzung des Besoldungsdienstalters der Beamten usw.“ ist allen Beamten — mögen sie vor dem 1. April 1908 oder später angestellt, befördert oder im dienstlichen

Interesse versetzt worden sein —, denen nach ihrem Besoldungsdienstalter ein geringeres pensionsfähiges Gehalt zustehen würde, als sie tatsächlich bis zur Verkündung des Gesetzes bezogen haben, das einmal bewilligte Gehalt nicht zu kürzen, sondern das Mehr, das sich über das aus der Besoldungsordnung und dem Besoldungsdienstalter ermittelte Gehalt hinaus ergibt, bis zum normalmäßigen Aufsteigen der Beamten in ein höheres Gehalt weiter zu zahlen.

14. Betreffs der Anrechnung von Militärdienstzeit auf das Besoldungsdienstalter ehemaliger Militäranwärter ist zu beachten:

a) Nach Nr. 14 ff. der Gehaltsvorschriften ist für Militäranwärter, die mindestens 9 Jahre im Heere oder in der Marine aktiv gedient haben, die bisher nur den mittleren und den Kanzleibeamten gewährte Vergünstigung der Anrechnung von Militärdienstzeit auf die Unterbeamten ausgedehnt und zugleich das Höchstmaß der anzurechnenden Dienstzeit von 1 Jahr auf 3 Jahre erhöht worden. Es soll fortan die Militärdienstzeit, soweit sie und die nachfolgende Zivildienstzeit

12 Jahre übersteigt, bis zu 3 Jahren, mindestens 1 mit Jahre, soweit sie

12 Jahre nicht übersteigt, mit 1 Jahre

auf das Besoldungsdienstalter angerechnet werden. Danach sind beispielsweise anzurechnen, wenn die etatmäßige Anstellung erfolgt nach

12 oder 13 Militärdienstjahren 1 Jahr,
14 Militärdienstjahren 2 Jahre,
14 280/365 Militärdienstjahren 2 Jahre und 280 Tage,
15 Militärdienstjahren 3 Jahre,
18 " 3 ",
9 " und 4 120/365 Zivildienstjahren 1 Jahr und 120 Tage
9 " und 5 Zivildienstjahren 2 Jahre,
9 " und 6 Zivildienstjahren 3 Jahre,
12 " u. 1 Zivildienstjahr 1 Jahr,

13 Militärdienstjahren	und 1 300/365 Zivildienstjahren 2 Jahre u. 300 Tage,	
13	"	und 2 Zivildienstjahren 3 Jahre,
14	"	und 4 Zivildienstjahren 3 Jahre.

b) Neben der Anrechnung von Militärdienstzeit und unabhängig davon wird auch die nach Nr. 21 ff. der Gehaltsvorschriften anzurechnende diätarische Dienstzeit berücksichtigt (vgl. Nr. 24 a. a. O.).

Wird beispielsweise ein Militäranwärter mit einer Militärdienstzeit von 9 Jahren und einer Zivildienstzeit von 6 Jahren in einer Stelle, deren Anfangsgehalt 2100 Mark nicht übersteigt, etatmäßig angestellt, so sind ihm 3 Militärdienstjahre und 1 Jahr Diätariat, zusammen also 4 Jahre auf das Besoldungsdienstalter anzurechnen.

Wegen Berechnung der Dienstzeiten, die keine vollen Jahre ausmachen, siehe Nr. 10 der Gehaltsvorschriften.

Was als Zivildienstzeit gilt, ist im 2. Absatze der Nr. 14 der Gehaltsvorschriften bestimmt. Die dort erwähnte diätarische Dienstzeit rechnet nach Nr. 25d daselbst von dem Tage ab, wo die Militäranwärter endgültig in den Zivildienst übernommen worden ist. Eine Beschäftigung gegen Lohn oder Schreibgebühren gilt nicht als diätarische Beschäftigung. Wo es nach den Umständen angezeigt erscheint, werden auch Dienstzeiten — informatorische Beschäftigung, Probedienstzeit, diätarische Dienstzeit —, die in einem anderen Dienstzweige der Heeresverwaltung oder in einer anderen Verwaltung zurückgelegt worden sind, angerechnet.

Informatorische Beschäftigungen oder Probedienstzeiten, die ein Militäranwärter vor seinem Ausscheiden aus dem Heere oder der Marine abgeleistet hat, gelten als Militärdienstzeit. Sie werden daher angerechnet, gleichviel ob sie in einem anderen Dienstzweige der Heeresverwaltung oder in einer anderen Verwaltung zurückgelegt worden sind.

c) Nach dem letzten Absatze der Nr. 14 der Gehaltsvorschriften bleibt die Zeit außer Betracht, während welcher die etatmäßige Anstellung eines Militäranwärters wegen seiner unzureichenden Befähigung oder aus anderen in seiner Person beruhenden Ursachen ausgesetzt worden ist. Die volle Anrechnung der Militärdienstzeit in den bestimmungsmäßigen Grenzen hängt also unter Umständen davon ab, daß der Beamte keinen Anlaß gegeben hat, ihn vorübergehend von der etatmäßigen Anstellung auszuschließen.

d) Den Militäranwärtern, die weniger als 9 Jahre im Heere oder in der Marine aktiv gedient haben, wird bei ihrer ersten etatmäßigen Anstellung als mittlere Beamte oder als Kanzleibeamte, wie bisher, die tatsächlich abgeleistete aktive Militärdienstzeit bis zur Dauer eines Jahres angerechnet (Nr. 15 der Gehaltsvorschriften).

Im Unterbeamtendienste findet eine Anrechnung von Militärdienstzeit auf das Besoldungsdienstalter dieser Militäranwärter auch künftig nicht statt.

e) —

f) Wegen der rückwirkenden Kraft der neuen Vorschriften über die Anrechnung von Militärdienstzeit auf das Besoldungsdienstalter der Militäranwärter siehe Nr. II, 11 dieser Ausführungsbestimmungen. Die im letzten Absatze der Nr. 4 der Anlage zum KME. vom 15. 6. 94 Nr. 13448 — BBl. Nr. 19 — enthaltene Anordnung, daß das Besoldungsdienstalter in der Eingangsstelle durch Anrechnung von Militärdienstzeit nicht auf einen früheren Zeitpunkt als auf den 1. Januar 1892 festgesetzt werden dürfe, ist aufgehoben. Gehaltsnachzahlungen finden aber nur für die Zeit vom 1. April 1908 ab statt.

Es wird noch besonders darauf aufmerksam gemacht, daß den in Beförderungsstellen befindlichen ehemaligen Militäranwärtern die Militärdienstzeit nach den neuen Grundsätzen nicht auf ihr Besoldungsdienstalter in diesen Stellen, sondern unter der Fiktion, die neuen Grundsätze hätten schon damals bestanden, auf das ihnen bei ihrer ersten etatmäßigen Anstellung beigelegte Besoldungsdienstalter anzurechnen ist (vgl. § 40 des Besoldungsgesetzes und Nr. 2 II,1 dieser Ausführungsbestimmungen). Von dem sich danach für die Eingangsstelle ergebenden Besoldungsdienstalter ausgehend, ist sodann festzustellen, wie sich in den einzelnen von den Beamten bekleideten Stellen Gehalt und Besoldungsdienstalter nach Maßgabe des Zeitpunktes der Beförderungen und der Gehaltssätze, die zu derselben Zeit galten, gestellt haben würden.

g) Die rückwirkende Kraft der neuen Bestimmungen gilt auch für die seit dem 1. April 1908 aus ihrem etatmäßigen Anstellungsverhältnis ausgeschiedenen ehemaligen Militäranwärter. Sie hat zugleich die Wirkung, daß die Pensionen der nach dem 1. April 1908 in den Ruhestand getretenen Beamten und die Versorgungsansprüche der Hinterbliebenen der seit dem 1. April 1908 verstorbenen Beamten anderweitig festgesetzt werden; auf die zum 1. April 1908 oder vorher aus ihrem etatmäßigen Anstellungsverhältnis ausgeschiedenen ehemaligen Militäranwärter sowie auf die Hinterbliebenen solcher Beamten und auf die Hinterbliebenen der vor dem 1. April 1908 verstorbenen ehemaligen Militäranwärter erstreckt sich die rückwirkende Kraft nicht.

15. Zur Verteilung der in der Besoldungsordnung A für bestimmte Beamte bis zu einem Drittel der etatmäßigen Stellen vorgesehenen pensionsfähigen Zulagen von je 600 Mark werden für den Bereich der Heeresverwaltung folgende Gruppen gebildet:
a) Intendanturräte,
b) Intendantur- und Bauräte.

Die beim Kriegsministerium als Hilfsreferenten in etatmäßigen Stellen verwendeten gleichartigen Beamte werden nach ihrem Dienstalter in die entsprechenden Gruppen eingereiht. Ist die Zahl der Beamten in den einzelnen Gruppen nicht durch 3 teilbar, so erfolgt Abrundung nach oben. Der Zulagebezug wird vom Kriegsministerium geregelt.

16. Die Festsetzung des Besoldungsdienstalters und die Einweisung in die erstmals zuständigen Gehälter und in höhere Gehaltsstufen erfolgt:
   1. für die oberen Beamten durch das Kriegsministerium,
   2. für die Unterbeamten:
      a) für die Zeughausbüchsenmacher und die Unterbeamten bei den technischen Instituten durch die Feldzeugmeisterei,
      b) für die Unterbeamten im Bereiche der Militärbildungsanstalten mit Ausnahme der Maschinisten, Heizer und Kasernenwärter durch die Inspektion der Militärbildungsanstalten,
      c) für die Büchsenmacher der Unteroffiziersschule und der Militärschießschule durch die Anstellungsbehörden,
      d) für die Büchsenmacher der Truppen, die Regimentssattler und die Waffenmeister durch die Korpsintendanturen,
      e) für die übrigen Unterbeamten durch das Kriegsministerium.

17. Von Vorkommnissen, die die Vorenthaltung einer Gehaltszulage angezeigt erscheinen lassen (Nr. 3 der Gehaltsvorschriften), ist dem Kriegsministerium oder den sonst zur Zulagebewilligung zuständigen Dienststellen Mitteilung zu machen.

Wo ohne Kenntnis des nicht befriedigenden Verhaltens eines Beamten die Bewilligung einer Gehaltszulage verfügt worden ist, muß die Benachrichtigung des Beamten über die Zulagegewährung bis zur gegenseitigen Verständigung der beteiligten Behörden oder bis zum Eingang der kriegsministeriellen Entscheidung ausgesetzt werden.

Wird einem Unterbeamten eine Gehaltszulage von der zur Zulagebewilligung zuständigen äußeren Dienststellen einstweilen vorenthalten, so ist hiervon dem Kriegsministerium Mitteilung zu machen.

18. Die Regelung des Diensteinkommens der Unterbeamten, die nach dem 1. April 1908 in andere Dienststellen übergeführt oder versetzt worden sind, liegt den Stellen ob, deren Geschäftsbereich die

Beamten in Beziehung auf die Gehaltsfestsetzung gegenwärtig angehören.

19. —

20. Neue Anstellungsurkunden werden aus Anlaß der Titeländerungen nicht erteilt.

21. Nach ihrer Diensttätigkeit werden unterschieden:
Proviantamts-Inspektor und Amtsvorstand,
Proviantamts-Inspektor und Vorstand der Zweigverwaltung,
Proviantamts-Inspektor und Kontrolleführer,
Proviantamts-Inspektor;
Bekleidungsamts-Inspektor und Kontrolleführer,
Bekleidungsamts-Inspektor;
Garnisonverwaltungs-Inspektor und Amtsvorstand,
Garnisonverwaltungs-Inspektor und Kontrolleführer,
Garnisonverwaltungs-Inspektor;
Lazarett-Inspektor und Kassenvorstand,
Lazarett-Inspektor;
Remontedepot-Inspektor für den Wirtschaftsbetrieb,
Remontedepot-Inspektor für den Kassen- usw. Verkehr;
bei der Inspektion der Militärbildungsanstalten:
Inspektor und Kontrolleführer,
Inspektor.

Die unterscheidenden Zusätze „Amtsvorstand" usw. sind in allen amtlichen Schriftstücken anzuwenden, aber nur von Beamten, die das Kriegsministerium endgültig zur Wahrnehmung der entsprechenden Stellen berufen hat. Mit dem Ausscheiden aus einer derartigen Stelle fällt der Zusatz weg.

III. Allgemeine Bestimmungen.

1. a) Vom 1. April 1908 ab fallen weg die den Offizieren, Sanitätsoffizieren und Militärbeamten in den Standorten der bisherigen Servisklasse A zugebilligten nichtpensionsfähigen Serviszulagen (Ziffer 3 des KME. v. 6. 7. 06 Nr. 12 240 — VBl. Seite 180 —).

b) Die den auf Selbsteinmietung angewiesenen Feldwebeln, Fähnrichen, Vizefeldwebeln und Unteroffizieren in den Orten der früheren Servisklasse A gewährten besonderen Servissätze (Ziffer 11 a. a. O. nebst Anlage 7 Nr. 1 bis 3 Spalte 3, sowie Ziffer 3a des KME. v. 7. 8. 60 Nr. 14 132 — VBl. Seite 238 —) sind zunächst als vom 1. April ab wegfallend zu betrachten.

Für die genannten Dienstgrade gelten vorläufig lediglich die für die übrigen Standorte (VBl. 1906 Seite 200 Spalte 4 und VBl. 1906 Seite 238 unter 3b) festgesetzten Servisbeträge. Weitere Bestimmung bleibt vorbehalten.

2. Die Pensionen der nach dem 1. April 1908 aus dem aktiven Militärdienst ausgeschiedenen Offiziere, Sanitätsoffiziere und der in den Ruhestand getretenen Beamten des Heeres werden ohne Antrag der Beteiligten anderweit festgesetzt, und zwar:

a) für Offiziere, Sanitätsoffiziere und obere Beamte vom Kriegsministerium,

b) für Unterbeamte von jenen Behörden, denen nach Anlage 3 Spalte 3 der Pensionierungsvorschrift die Zahlbarmachung der Pensionen obliegt.

3. Die Rente der nach dem 1. April 1908 aus dem aktiven Militärdienste entlassenen Gehaltsempfänger, die nach dem Besoldungsgesetz ein höheres Einkommen erhalten, und der Löhnungsempfänger, die vom 1. April 1908 ab Gehaltsempfänger geworden sind, ist nach den vom 1. April 1908 ab zuständigen höheren Gebührnissen neu festzustellen. Zu diesem Zwecke haben die Bezirkskommandos den Generalkommandos über die in Betracht kommenden Personen alsbald Rentennachlisten vorzulegen.

4. Die Neufestsetzung des Witwen- und Waisengeldes für die Hinterbliebenen der seit dem 1. April 1908 im aktiven Dienst gestorbenen sowie der seitdem pensionierten und im Pensionsstande gestorbenen Offiziere und oberen Heeresbeamten, dann für die Hinterbliebenen der seit dem gleichen Zeitpunkte und unter gleichen Verhältnissen gestorbenen Unter-

offiziere und Unterbeamten erfolgt durch das Kriegsministerium.

5. Soweit eine Erhöhung der Gnadengebührnisse eintritt, sind die nach § 29 Nr. 2 des Militärhinterbliebenengesetzes für die ersten zwei Monate des Bezugs von Witwen- und Waisengeld zustehenden höheren Bezüge gleichzeitig mit den Gnadengebührnissen aus den Truppenkassen zu zahlen und beim Kriegsministerium anzufordern.

6. —

7. In Bezug auf rechnerisches Verfahren und Kassenzuständigkeit ist folgendes zu beachten:

   a) Der Gebührenregelung für 1908 und für die Zeit vom 1. April 1909 bis 30. September 1909 sind — für die beiden Zeitabschnitte getrennt — Abgleichungen zugrunde zu legen, die alle einschlägigen Verhältnisse genau ersehen lassen.

   Die Aufstellung der Abgleichungen obliegt den Kassen und Kassenverwaltungen, von denen die Offiziere usw. ihre Gebührnisse beziehen oder zuletzt bezogen haben. Soweit die Gebührnisse von den Korpszahlungsstellen und der Generalmilitärkasse zu zahlen und zu verrechnen sind, sind die Abgleichungen von den mit der Aufstellung der Gehaltsnachweisungen betrauten besonderen Organen, andernfalls von den Kassen selbst aufzustellen.

   Die Entwürfe der Abgleichungen sind bei den abrechnenden Stellen gesammelt zu registrieren.

   b) Bei Erstellung der Gebührnisabgleichungen sind auch die Fondsbeiträge zu regeln.

   c) Für 1908 verbleibt es bei der stattgehabten Gebührenverrechnung. Die Nachzahlung von Ausgleichszuschüssen (§ 46 des Besoldungsgesetzes) und von Mehrbewilligungen an pensionsfähigem Gehalt (§ 42 Absatz 2 des bez. Gesetzes) kommt sohin nicht in Betracht.

   Die Nachzahlungen auf die Diensteinkommensverbesserungen haben die Kassen und Kassenverwaltungen, aus denen die Offiziere usw. zur

Zeit der Abrechnung ihre Gebührnisse beziehen, vorschüßlich zu leisten[1]).

Über die gezahlten Beträge sind dem Kriegsministerium Forderungsnachweise durch die Prüfungsbehörden zum 1. Januar 1910 einzureichen[2]). Zum gleichen Termine sind durch die Prüfungsbehörden dem Kriegsministerium kapitel- und titelweise erstellte Nachweisungen über diejenigen Beträge vorzulegen, die von den für 1908 in Ausgabe belassenen Gebühren sich als Ausgleichszuschüsse oder als Mehr des früheren gegenüber dem neuen pensionsfähigen Gehalt darstellen.

d) Für 1909 sind die auf Grund der Abgleichungen für die Zeit vom 1. April 1909 bis 30. September 1909 sich ergebenden Nachzahlungen an Diensteinkommensverbesserungen bei den einschlägigen Kapiteln und Titeln über den Etat in Ausgabe zu stellen[3]); nicht mehr zuständige Gebührnisse sind bei den betreffenden Fonds wieder zu vereinnahmen (vgl. unter b oben).

Hinsichtlich der Kassenzuständigkeit gilt die Bestimmung unter c Absatz 2 oben.

e) Vom 1. Oktober 1909 ab sind die neuen Gebühren (Gehalt, Löhnung, Wohnungsgeldzuschuß, Zulagen) zu zahlen und in Rechnung zu stellen. Soweit bis dahin die Einweisung in die neuen Gehälter und die Feststellung des Besoldungsdienstalters noch nicht erfolgt ist, sind vorbehaltlich der nachträglichen Ergänzung die bisherigen Gehälter zu zahlen; wegfallende Gebühren sind nicht mehr zahlbar.

f) Ausgleichszuschüsse sind für 1909 nur insoweit zu zahlen, als sich solche nach der Gesamtgebühr für dieses Rechnungsjahr gegenüber der bisherigen Gebühr ergeben. Die Zahlung erfolgt für Rechnung der Besoldungstitel über den Etat.

---

1) Die Angaben der einschlägigen Kapitel und Titel des Etats in den Gehaltseinweisungen beziehen sich sohin nur auf die Verrechnung vom 1. 4. 09 ab.

2) Dies gilt auch für die vom 1. 4. 08 mit 31. 3. 09 an bisher überzählig gewesene Leutnants nachzuzahlenden Gehälter usw. Die Anforderung umfaßt für 1908 nach Obigem nur die nach Anrechnung der gezahlten Unteroffiziergebührnisse verbleibenden Restbeträge. Für 1909 ist nach lit. d zu verfahren.

3) Siehe Anmerkung 1) auf Seite 460.

g) Dem Kriegsministerium sind durch die Prüfungsstellen vorzulegen:

1. zum 1. Januar 1901:

kapitel- und titelweise geordnete Ausweise über die in der Zeit vom 1. April 1909 mit 30. September 1909 auf Gebührenmehrung gezahlten und die in Rückeinnahme gestellten Beträge;

2. zum 15. Mai 1910:

α) Ausweise über die auf die Zeit vom 1. Oktober 1909 mit 31. März 1910 als Gebührenmehrung treffenden Beträge;

β) Nachweisungen über die im Rechnungsjahre 1909 gezahlten Ausgleichszuschüsse und

γ) Nachweisungen über das in den für 1909 gezahlten Gehältern enthaltene Mehr des früheren gegenüber dem neuen pensionsfähigen Gehalt.

Den Vorlagen sind Ausfertigungen der einschlägigen Gebührnisabgleichungen beizulegen.

8. Es ist dafür Sorge zu tragen, daß die Auszahlungen an alle Beteiligten einer Dienstesstelle möglichst gleichzeitig erfolgen.

Die sämtlichen Zahlungen erfolgen vorbehaltlich der gesetzlichen Genehmigung des Nachtragsetats für 1909.

9. Soweit durch vorstehende Bestimmungen Änderungen von Druckvorschriften erforderlich werden, behält sich das Kriegsministerium die Ausgabe von Deckblättern usw. vor.

Frhr. v. Horn.

Nr. 6684 JA. München, 22. September 1909.

Kriegsministerium.

Betreff: Pensionsfähiges Diensteinkommen der Offiziere usw. auf Grund des Besoldungsgesetzes (RG. v. 15. 7. 09) und der hienach zuständigen Pensionsbeträge.

Infolge des Besoldungsgesetzes vom 15. Juli 1909 (VBl. 1909 S. 275 ff.) tritt an Stelle der Beilage zu den Ausführungsbestimmungen zum Gesetze vom 31. Mai 1906 über die Pensionierung der Offiziere einschließlich Sanitätsoffiziere usw. (Beilage zum VBl. Nr. 23 vom 5. 7. 06 S. 177 usw.) vom 1. April 1908 ab die anliegende Nachweisung.

Frhr. v. Horn.

Bayern.

Besoldungsordnung A.

(Die Numerierung der Klassen schließt sich der Besoldungsordnung I für die Reichsbeamten an.)

A. Aufsteigende Gehälter.

Wohnungsgeldzuschuß Tarifklasse.

Klassen 1, 2, 3 a, 3 b.

—

Klasse 4 a.

1 100—1 180—1 250—1 320—1 390—1 460—1 530—1 600 ℳ.

		Wohnungsgeldzuschuß Tarifklasse
1.	Bureaudiener bei den Proviantämtern.	VI
2.	Lagerdiener bei den Bekleidungsämtern.	VI
3.	—	
4.	Kasernenwärter.	VI
5.	Hausdiener bei den Lazaretten.	VI
6.	—	
7.	Futtermeister, Remontewärter bei den Remontedepots.	VI
8.	Bureau- und Hausdiener, Pförtner, Aufwärter bei der Inspektion der Militärbildungsanstalten, bei der Krigsakademie, der Artillerie- und Ingenieurschule, der Kriegsschule, und dem Kadettenkorps.	VI
9./10.	—	
11.	Pförtner, Nachtwächter, Hausdiener bei den technischen Instituten.	
12./14.	—	

	Wohnungsgeldzuschuß-Tarifklasse.
Klassen 4 b, 5.	
—	
Klasse 6 a.	
1 200—1 280—1 350—1 420—1 490—1 560—1 630—1 700 ℳ	
1./2. —	
3. Unterbeamte, soweit sie nicht anderweit aufgeführt sind.	VI
4/5.	
Klassen 6 b, 7, 8.	
—	
Klasse 9.	
1 400—1 480—1 560—1 620—1 680—1 740—1 800 ℳ	
1. Maschinenwärter bei der Gewehrfabrik.	VI
2./3. —	
Klasse 10.	
1 400—1 500—1 600—1 680—1 760—1 840—1 920—2 000 ℳ	
1. Unterbeamte beim Kriegsministerium, soweit sie nicht anderweit aufgeführt sind.	VI
2. Maschinisten und Heizer.	VI
3. —	
4. Kassendiener bei der Generalmilitärkasse.	VI
5. Hausmeister beim Armeemuseum, Operationsdiener und Hauswart beim Operationskurs.	
6. Magazin-Oberaufseher bei den Proviantämtern.	VI
7./12. —	
Klassen 11 a, 11 b.	
—	

Wohnungsgeldzuschuß-Tarifklasse.

Klasse 12.

1 600—1 700—1 800—1 900—2 000—2 100—2 200 ℳ.

1.	Waffenmeister, Regimentssattler, Backmeister.	VI
2.	Büchsenmacher.	VI
3.	—	

Klasse 13.

1 650—1 800—1 950—2 100—2 200—2 300 ℳ.

1.	Kanzleifunktionäre (soweit vor dem 1. 4. 09 etatmäßig).	VI
2./3.	—	
4.	Oberdrucker, Drucker.	VI
5./10.	—	
11.	Mühlenmeister.	VI
12.	Zeughausbüchsenmacher.	VI
13./14.	—	

Klassen 14, 15, 16.

—

Klasse 17.

1 650—1 850—2 050—2 250—2 450—2 650—2 850—3 000 ℳ.

1./2.	—	
3.	Kanzlisten.	V
4./5.	—	

Klasse 18.

—

Klasse 19.

2 400—2 700—3 000—3 200 ℳ.

1.	Oberveterinäre.	V

Klasse 20.

2 500—2 700—2 900—3 100—3 200 ℳ.

1.	—	
2.	Kupferstecher, Lithographen, Werkmeister, Photograph beim Topographischen Bureau des Generalstabes.	V

	Wohnungsgeldzuschuß-Tarifklasse.
3. Maschinenmeister (Elektrotechniker) bei der Inspektion der Militärbildungsanstalten, Revisionsbeamte, Meister bei den technischen Instituten.	V
4./6. —	

Klasse 21.

1 800—2 050—2 300—2 500—2 700—2 900—3 100—3 300 ℳ.

1./2. —	
3. Militärgerichtsschreibergehilfen.	V
4./13. —	

Klasse 22.

—

Klasse 23.

1 800—2 100—2 400—2 700—3 000—3 300—3 600 ℳ.

1. —	
2. Militär-Bausekretäre und -Bauregistratoren.	V

Klasse 24.

2 000—2 250—2 500—2 750—3 000—3 200—3 400—3 600 ℳ.

1. Inspektoren bei den Proviantämtern, bei den Bekleidungsämtern, bei den Garnisonverwaltungen, bei den Lazaretten, bei der Remonte-Inspektion, bei den Remontedepots, bei der Inspektion der Militärbildungsanstalten.	V
2./3. —	

Klasse 25 a.

2 100—2 350—2 600—2 850—3 100—3 350—3 600 ℳ.

1. Registrator bei der Feldzeugmeisterei.	V
2. —	

	Wohnungsgeldzuschuß-Tarifklasse.
Klasse 25 b.	
2100—2500—2900—3300—3600 ℳ.	
1. Buchhalter bei der General-Militärkasse.	V
2. Buchhalter bei den Korpszahlungsstellen.	
3. Rendant beim Generalstab.	
Klasse 26 a.	
1 800—22—2 600—3 000—3 400—3 700—4 000 ℳ.	
1. —	
2. Kanzleisekretäre beim Kriegsministerium, Werkmeister in der Druckerei des Kriegsministeriums, Kanzleisekretäre und Registratoren beim Generalstab und bei der Remonte-Inspektion.	V
3. —	
Klasse 26 b.	
—	
Klasse 27.	
2 100—2 400—2 700--3 000—3 300—3 600—3 900 ℳ.	
1. Technische Assistenten bei den technischen Instituten.	V
Klasse 28.	
—	
Klasse 29 a.	
1 800—2 100—2 400—2 700—3 000—3 300—3 600—3 800—4 000—4 200 ℳ.	
1. Realienlehrer bei der Unteroffizierschule und Unteroffiziervorschule.	V
Klassen 29 b, 30.	
—	

	Wohnungsgeldzuschuß-Tarifklasse.
Klasse 31 a.	
2 800—3 100—3 400—3 700—4 000—4 200 *M.*	
1. Oberzahlmeister und Zahlmeister.	V
Klasse 31 b.	
2 800—3 300—3 800—4 200 *M.*	
1. Rendant bei den militärischen Strafanstalten auf Oberhaus.	V
2./4. —	
Klasse 32.	
3 000—3 600—4 200 *M.*	
1. Intendanturassessoren.	III
Klasse 33.	
—	
Klasse 34.	
1 800—2 100—2 500—2 900—3 300—3 600—3 900—4 200—4 500 *M.*	
1. Militärgerichtsschreiber bei den Divisions- und Brigadekommandeuren und bei dem Gouverneur von Ingolstadt.	V
Klasse 35 a.	
2 100—2 500—2 900—3 300—3 600—3 900—4 200 4500 *M.*	
1. —	
2. Ober-Intendantur- und Intendantur-Sekretäre und -Registratoren.	V
3. Militär-Gerichtsschreiber bei den kommandierenden Generalen.	V
4. Intendantur-Bausekretäre.	V
5./6. —	

	Wohnungsgeld-zuschuß-Tarifklasse.
7. Festungsoberbauwarte und Festungsbauwarte.	V
8./11. —	

Klasse 35 b.

2 100—2 500—2 900—3 300—3 700—4 100—4 500 ℳ

1./4. —	
5. Kalkulatoren, Bausekretär im Kriegsministerium.	V
6./14. —	

Klasse 36.

—

Klasse 37.

2 700—3 300—3 900—4 500 ℳ

1. Stabsapotheker.	III

Klasse 38.

3 000—3 400—3 800—4 200—4 500 ℳ

1. Garnisonverwaltungsoberinspektoren.	V
2. Lazarettoberinspektoren.	V
3./4. —	

Klasse 39.

—

Klasse 40.

3 600—4 000—4 400—4 800 ℳ

1. Kassier bei der Militär-Pensionskasse.	III
2. Erste Buchhalter bei der General-Militärkasse.	III
3. Rendanten bei den Korpszahlungsstellen.	III
4./5. —	

		Wohnungsgeldzuschuß-Tarifklasse.
	Klasse 41.	
	2 100—2 600—3 100—3 600—4 100—4 600—5 000 ℳ.	
1./4.	—	
5.	Technischer Inspektor, Topographen beim topographischen Bureau des Generalstabes.	V
6./7.	—	
	Klasse 42.	
	—	
	Klasse 43 a.	
	3 200—3 600—4 000—4 400—4 700—5 000 ℳ.	
1.	—	
2.	Rendant bei der Inspektion der Militärbildungsanstalten.	V
3./4.	—	
	Klasse 43 b.	
	3 300—3 800—4 400—5 000 ℳ.	
1.	—	
2.	Proviantmeister.	V
3.	Rendanten bei den Bekleidungsämtern.	V
4.	Lazarettverwaltungsdirektoren.	V
5.	—	
6.	Betriebsinspektoren und Erste Revisionsbeamte, Obermeister bei den technischen Instituten.	V
7./9.	—	
	Klasse 44.	
	3 400—4 000—4 600—5 100 ℳ.	
1.	Oberstabs- und Stabsveterinäre.	III
	Klasse 45 a.	
	4 400—4 800—5 200—5 500 ℳ.	
1.	Administratoren bei den Remontedepots.	V

Wohnungsgeldzuschuß-Tarifklasse.

Klasse 45 b.

4 400—5 000—5 500 ℳ

1.	—	
2.	Proviantamts- und Garnisonverwaltungsdirektoren.	V
3./4.	—	

Klassen 46, 47, 48.

—

Klasse 49.

4 700—5 100—5 500—5900 ℳ

1.	—	
2.	Pensionszahlmeister bei der Generalmilitärkasse.	III
3./4.	—	

Klasse 50.

5 400—5 700—6 000 ℳ

1.	Korpsstabsveterinäre.	III

Klasse 51.

—

Klasse 52.

3 000—3 600—4 200—4 800—5 400—6 000—6 600 ℳ

1.	—	
2.	Expedienten, Registratoren, Kanzleivorsteher beim Kriegsministerium.	III
3./4.	—	
5.	Expedienten bei dem bayerischen Militärbevollmächtigten in Berlin und bei der Inspektion des Ingenieurkorps und der Festungen.	III
6./9.	—	

Klassen 53, 54.

—

		Wohnungsgeldzuschuß-Tarifklasse.
	Klasse 55.	
	5 400—6 000—6 600 ℳ	
1./2.	—	
3.	Kontrolleur bei der Generalmilitärkasse.	III
4./8.	—	
	Klasse 56.	
	5 400—6 000—6 600—7 200 ℳ	
1.	Rat der Remontedepotverwaltung.	III
	Klasse 57.	
	4 000—3 600—4 200—4 800—5 400—6 000—6 600—7 200 ℳ	
1.	—	
2.	Kriegsgerichtsräte.	III
3.	Korpsstabsapotheker.	III
4.	—	
5.	Ingenieure und Chemiker bei den technischen Instituten.	III
6./11.	—	
12.	Militär-Bauinspektoren.	III
	Klasse 58.	
	—	
	Klasse 59.	
	4 200—4 800—5 400—6 000—6 600—7 200 ℳ	
1.	Oberintendanturräte, Intendanturräte, Intendantur- und Bauräte.	III
2./11.	—	
	Die Oberintendanturräte erhalten je 1200 Mark pensionsfähige Zulage. Die Intendanturräte und Intendantur- und Bauräte erhalten bis zu einem Drittel der etatsmäßigen Stellen je 600 Mark pensionsfähige Zulage.	

Wohnungsgeld-zuschuß-Tarifklasse.

Klassen 60, 61.

—

Klasse 62.

6 000—6 600—7 200 ℳ

1./2. —
3. Oberingenieur bei der Inspektion der technischen Institute. | III
4. —

Der Oberingenieur bei der Inspektion der technischen Institute erhält eine pensionsfähige Zulage von 600 Mark.

Klassen 63, 64, 65.

—

Klasse 66.

6 600—7 200—7 800 ℳ

1. Oberkriegsgerichtsräte. | III

Klassen 67, 68.

—

Klasse 69.

8 000—3 500—11 000—12 000 ℳ

1. —
2. Vortragende Räte. | II
3. —
4. Intendanten. | II

5./8. —

Klasse 70.

—

B. Einzelgehälter.

1./6. —
7. 7200 Mark.
Generalkriegszahlmeister und Rendant der Generalmilitärkasse. | III

		Wohnungsgeldzuschuß-Tarifklasse.
8./14.	—	
15.	13 000 Mark.	
	Reichsmilitärgerichtsräte des bayerischen Senats beim Reichsmilitärgericht.	II
	Militäranwalt des bayerischen Senats beim Reichsmilitärgericht.	II
16.	—	
17.	15 000 Mark.	
	Senatspräsident des bayerischen Senats beim Reichsmilitärgericht.	II
18./22.	—	

Besoldungsordnung B.

(Offiziere.)

Lfd. Nr.	Dienststellung	Gehalt M.	Dienst-zulage M.	Wohnungsgeldzuschuß Tarif-Klasse
1.	Kompagnie- usw. Offiziere: Leutnants, Oberleutnants; Sousbrigadier und Premierbrigadier der Leibgarde der Hartschiere			IV
	vom 1. bis 3. Jahre	1500		
	„ 4. „ 6. „	1700		
	„ 7. „ 9. „	1900		
	„ 10. „ 12. „	2100		
	„ 13. Jahre ab	2400		
	Die Gebührnisse ihres Dienstgrades erhalten:			
	a) ein Hauptmann in der Adjutantenstelle beim Stabe der IV. Armee-Inspektion;			
	b) Hauptleute als Direktionsoffiziere bei der Artillerie- und Ingenierschule;			
	c) ein Hauptmann in der Leutnantsstelle bei der Inspektion der technischen Institute.			
2.	Assistenzärzte, Oberärzte			V
	vom 1. bis 3. Jahre	1700		
	„ 4. „ 6. „	2100		
	„ 7. Jahre ab	2400		
3. bis 4.	—			
5.	Zeug- und Feuerwerks-Leutnants und -Oberleutnants, Festungsbau-Leutnants und -Oberleutnants			V
	vom 1. bis 3. Jahre	2000		
	„ 4. „ 6. „	2300		
	„ 7. „ 9. „	2600		

Lfd. Nr.	Dienststellung	Gehalt ℳ	Dienst-zulage ℳ	Wohnungsgeldzuschuß Tarifklasse
	vom 10. „ 12. Jahre	2900		
	„ 13. Jahre ab	3100		
6.	Zweite Offiziere bei den Traindepots			IV
	vom 1. bis 3. Jahre	2600		
	„ 4. „ 6. „	2750		
	„ 7. „ 9. „	2900		
	„ 10. „ 12. „	3050		
	„ 13. Jahre ab	3200		
7.	Kompagnie-, Eskadrons- und Batteriechefs usw. — Hauptleute, Rittmeister, Stabsärzte			III
	vom 1. bis 4. Jahre	3400		
	„ 5. „ 8. „	4600		
	„ 9. Jahre ab	5100		
	Einem der Hauptleute bei der Inspektion der Technischen Institute und dem Stabsarzt bei den Militärbildungsanstalten kann, wenn sie an der Reihe zur Beförderung stehen, das Stabsoffizier- usw. Gehalt (lfd. Nr. 8) gewährt werden.			
8.	Bataillons-, Abteilungskommandeure und Offiziere in Stellen mit gleichen Gebührnissen, Kornett und Exempt der Leibgarde der Hartschiere, Oberstleutnants, Oberstabsärzte, Generaloberärzte	6552		III
	a) In der Stelle des Direktors des Topographischen Bureaus erhält ein Stabsoffizier mit dem Range und den Gebührnissen eines Regimentskommandeurs die Gebührnisse seines Dienstgrades.			
	b) Ein Hauptmann auf der Stelle eines Linienkommandanten oder eines der Zentralstelle des Generalstabes zugeteilten zur Eisenbahn-Abteilung des Preußischen Großen Generalstabes kommandierten Stabsoffiziers bezieht neben dem Gehalte seines Dienstgrades eine Zulage von 900 ℳ.			

Lfd. Nr.	Dienststellung	Gehalt ℳ	Dienstzulage ℳ	Wohnungsgeldzuschuß Tarifklasse
	c) Ein aus dem Generalstab hervorgegangener Militärlehrer kann auf Rechnung von Ersparnissen des Besoldungsfonds für die Offiziere des Generalstabs die Gebührnisse eines Regimentskommandeurs erhalten.			
	d) In der Stelle des Kommandeurs der Kriegsschule oder des Kadettenkorps, ferner in der Stelle des Kommandeurs der Equitationsanstalt und der Militärschießschule können vorübergehend die Gebührnisse eines Regimentskommandeurs gewährt werden.			
	e) Die Gebührnisse eines Regimentskommandeurs (lfd. Nr. 9) können erhalten, wenn sie nach ihrem Dienstalter zur Beförderung zum Regimentskommandeur an der Reihe sind: 1. der Stabsoffizier von der Feldartillerie als Inspizient des Feldartilleriegeräts bei der Inspektion der Technischen Institute; 2. einer der Direktoren der Technischen Institute.			
9.	Regimentskommandeure und Offiziere in Stellen mit gleichen Gebührnissen, Sekondleutenant der Leibgarde der Hartschiere, Generalärzte.	8772		II
	a) Ein Generalmajor oder ein Stabsoffizier mit dem Range und den Gebührnissen eines Brigadekommandeurs in der Stelle des etatmäßigen militärischen Mitglieds beim bayerischen Senat des Reichsmilitärgerichts bezieht — unter Wegfall der Zulage — das Gehalt seines Dienstgrades und eine Dienstzulage von 900 ℳ; der			

Lfd. Nr.	Dienststellung	Gehalt M.	Dienst-zulage M.	Wohnungsgeldzuschuß Tarifklasse
	Stabsoffizier außerdem den Unterschied zwischen dem zuständigen und dem Gehalte eines Brigadekommandeurs als nicht pensionsfähigen Zuschuß. b) Steht ein Generalmajor oder ein Stabsoffizier mit dem Range und den Gebührnissen eines Brigadekommandeurs in der Stelle eines Abteilungschefs beim Generalstab oder eines Chefs des Generalstabes bei den Generalkommandos, so bezieht er innerhalb des Besoldungsfonds für die Offiziere des Generalstabes das Gehalt seines Dienstgrades und eine Dienstzulage von 900 M.; der Stabsoffizier außerdem den Unterschied zwischen dem zuständigen und dem Gehalte eines Brigadekommandeurs als nicht pensionsfähigen Zuschuß. c) Der Militärbevollmächtigte in Berlin erhält als Stabsoffizier mit den Gebührnissen eines Regimentskommandeurs eine Zulage von 8700 M. Als Stabsoffizier mit dem Range und den Gebührnissen eines Brigadekommandeurs erhält er die Gebührnisse eines solchen — einschließlich 1200 M. als nicht pensionsfähigen Gehaltszuschuß —, dagegen nach seiner Beförderung zum Generalmajor oder Generalleutnant die Gebührnisse seines Dienstgrades. In den beiden ersten Fällen vermindert sich die Zulage von 8700 auf 7500 M. einschließlich 900 M. pensionsfähige Dienstzulage, nach seiner Beförderung zum Generalleutnant von 8700 auf			

Lfd. Nr.	Dienststellung	Gehalt M.	Dienstzulage M.	Wohnungsgeldzuschuß Tarifklasse
	4500 M. einschließlich 3000 M. pensionsfähige Dienstzulage.			
	d) Einer der drei Stabsoffiziere mit Regimentskommandeur-Gebührnissen bei der Inspektion des Ingenieurkorps kann als Generalmajor die Gebührnisse eines Brigadekommandeurs erhalten.			
	e) Der Direktor der Kriegsakademie kann, solange ihm auch die Wahrnehmung der Geschäfte des Direktors der Artillerie- und Ingenieurschule obliegt, die Gebührnisse eines Brigadekommandeurs erhalten.			
	f) Steht in der Stelle des Inspekteurs der Technischen Institute ein Generalmajor oder ein Oberst mit dem Range und den Gebührnissen eines Brigadekommandeurs, so erhält er das Gehalt seines Dienstgrades und eine Dienstzulage von 900 M.; der Stabsoffizier außerdem den Unterschied zwischen dem zuständigen und dem Gehalte eines Brigadekommandeurs als nicht pensionsfähigen Zuschuß.			
10.	Kommandanten von Germersheim und Ingolstadt	9024		—
	Stehen in den Stellen Generalmajore, so beziehen sie das Gehalt als solche und eine Dienstzulage von 900 M.			
11.	Brigadekommandeure und Offiziere in Stellen mit gleichen Gebührnissen, Generalstabsarzt der Armee, Sanitätsinspekteur	10260	900	I
	Der Inhaber der etatsmäßigen Generalmajorstelle bei den Abteilungschefs im Kriegsministerium, der Inspekteur der Kavallerie und der Feldzeugmeister beziehen das Gehalt ihres Dienstgrades;			

Lfd. Nr.	Dienststellung	Gehalt M	Dienst-zulage M	Wohnungsgeldzuschuß Tarif-klasse
	sie erhalten als Generalleutnants eine Dienstzulage von 4 500 M, wenn ein dem Patent nach jüngerer General als Divisionskommandeur diese Zulage empfängt, als Generalmajore ein Gehalt von 10554 M und die bezeichnete höhere Zulage, wenn ein dem Patent nach jüngerer General, beauftragt mit der Führung einer Division, im Genusse der gleichen Zulage steht.			
12.	Kommandant von München . . . . . . Der Kommandant von München bezieht als Generalleutnant ein Gehalt von 13 260 M.	10260	1900	—
13.	Premierleutnant der Leibgarde der Hartschiere	10260		I
14.	Divisionskommandeure, Chef des Generalstabes der Armee, Chef des Ingenieurkorps und Inspekteur der Festungen . . Der Chef des Generalstabes der Armee und der Chef des Ingenieurkorps und Inspekteur der Festungen beziehen als Generalmajore neben dem Gehalte dieses Dienstgrades eine Zulage von 900 M.	13554	4500	I
15.	Gouverneur von Ingolstadt . . . . . . Als Generalmajor bezieht der Gouverneur das Gehalt des Dienstgrades und eine Dienstzulage von 900 M	13554	4500	—
16.	Generalkapitän der Leibgarde der Hartschiere	13554		I
17. bis 18.	—			
19.	Offiziere der Königlichen Adjutantur in den Dienststellen vom Hauptmann (Rittmeister) bis zum General der Infanterie, Kavallerie oder Artillerie . . . . Der Generaladjutant erhält eine Dienstzulage von 900 bezw. 4500 oder 9000 M, wenn ein dem Patent nach	3400 bis 13980		III bis I

Lfd. Nr.	Dienststellung	Gehalt ℳ	Dienstzulage ℳ	Wohnungsgeldzuschuß Tarifklasse
	jüngerer Offizier als Brigade- bezw. Divisionskommandeur oder Kommandierender General (bezw. beauftragt mit der Führung einer Brigade usw.) die zuständige Zulage empfängt; ebenso kann ein Flügeladjutant als Generalmajor oder als Oberst mit dem Range und den Gebührnissen eines Brigadekommandeurs eine Dienstzulage von 900 ℳ. erhalten.			
20.	Adjutanturoffiziere und Offiziere in besonderen Stellungen, insoweit der Militäretat Mittel hiezu zur Verfügung stellt .	1500 bis 10260	900 für Offiziere mit Brigadekommandeurgebührnissen	IV bis I
21.	Kommandierende Generale	13980	18000	—
22. bis 24.	Der Kriegsminister (ohne Rücksicht auf den Dienstgrad)	24000 (vorbehaltlich der gesetzlichen Genehmigung durch den Etat 1909).	6000	—

Anmerkung. Offiziere, die den dem etatsmäßigen Gehalte der Stelle entsprechenden Dienstgrad noch nicht besitzen, beziehen das Gehalt ihres Dienstgrades (als Obersten mit den Gebührnissen der Brigadekommandeure 9060 ℳ., als Generalmajore in Stellen mit den Gebührnissen der Divisionskommandeure 10 554 ℳ) und außerdem den Unterschied zwischen diesem Gehalte und dem des nächsthöheren Dienstgrades (als Obersten in Stellen mit den Gebührnissen der Divisionskommandeure 10 554 ℳ) als nicht pensionsfähigen Zuschuß.

Besoldungsordnung C.

(Unteroffiziere.)

Lfd. Nr.	Dienststellung	Gehalt oder Löhnung ℳ	Bemerkungen
	a) Unteroffiziere als Löhnungsempfänger.		Sämtliche Unteroffiziere haben Anspruch auf Unterkunft oder Servis.
1.	Hoboisten, Hornisten und Trompeter	187,20	Zu 1 bis 6. Erhalten neben der Löhnung noch Naturalverpflegungsgebührnisse und Bekleidung.
2.	Fähnriche	302,40	
3.	Unteroffiziere und Bataillonstambours mit weniger als 5½jähriger Dienstzeit	302,40	Zu 1. Halbinvalide Hoboisten usw. erhalten den Löhnungssatz für Unteroffiziere von 302,40 ℳ
4.	Sergeanten, Unteroffiziere usw. nach 5½jähriger Dienstzeit	475,20	
5.	Vizefeldwebel, Vizewachtmeister, Sergeanten, Unteroffiziere usw. nach 9jähriger Dienstzeit	565,20	
6.	Feldwebel und Wachtmeister . . .	745,20	
7.	Unterärzte (in offenen Assistenzarztstellen) . . . . Mit Wahrnehmung einer offenen Oberarzt- oder Assistenzarztstelle beauftragte Unterärzte beziehen aus dem ersparten Gehalt als einzige Gebührnis als Selbstmieter. . . 1700 ℳ „ Kasernenquartierinhaber . . . . 1355 ℳ	745,20	Zu 7. Erhalten neben der Löhnung noch Naturalverpflegungsgebührnisse und 126 ℳ Kleidergeld.

Lfd. Nr.	Dienststellung	Gehalt oder Löhnung ℳ	Bemerkungen
	b) Unteroffiziere als Gehaltsempfänger.		
8.	Hartschiere	1008	Zu 8. Erhalten neben dem Gehalt noch eine Zulage von 144 ℳ und Bekleidung.
9.	Feuerwerker		
	vom 1. bis 3. Jahre	1000	
	„ 4. Jahre	1100	
10.	Unterzahlmeister; Unterinspektoren: bei den Privatämtern, bei den Bekleidungsämtern, bei den Garnisonverwaltungen und bei den Lazaretten; Zeugfeldwebel, Oberfeuerwerker, Festungsbaufeldwebel		
	vom 1. bis 3. Jahre	1300	
	„ 4. „ 6. „	1550	
	„ 7. Jahre ab	1800	
11.	Schirrmeister		Zu den Schirrmeistern gehören: die Feldwebel als Schirrmeister b. den Verkehrstruppen, die Schirrmeister bei den Traindepots, die Zeugsergeanten, der Wallmeister als Vorsteher der Militärbrieftaubenstation, die Schirrmeister bei den Pionierbataillonen. Die bisher als „Zeugsergeanten" bezeichneten Schirrmeister erhalten neben dem Gehalte Kleidergelder von je 48 ℳ jährlich.
	vom 1. bis 3. Jahre	1200	
	„ 4. „ 6. „	1300	
	„ 7. „ 9. „	1400	
	„ 10. „ 12. „	1500	
	„ 13. „ 15. „	1600	
	„ 16. „ 18. „	1700	
	„ 19. „ 21. „	1800	
	„ 22. „ 24. „	1900	
	„ 25. Jahre ab	2000	
12.	Obermusikmeister und Musikmeister		
	vom 1. bis 3. Jahre	1050	
	„ 4. „ 6. „	1230	
	„ 7. „ 9. „	1410	
	„ 10. „ 12. „	1590	
	„ 13. „ 15. „	1770	
	„ 16. „ 18. „	1950	
	„ 19. „ 21. „	2130	
	„ 22. Jahre ab	2250	

Lfd. Nr.	Dienststellung	Gehalt oder Löhnung ℳ	Bemerkungen
13.	Oberwallmeister und Wallmeister		
	vom 1. bis 3. Jahre	1260	Zu 13. Das Gehalt der Wallmeister erhalten auch die noch vorhandenen Zeugfeldwebel alter Ordnung.
	„ 4. „ 6. „	1410	
	„ 7. „ 9. „	1530	
	„ 10. „ 12. „	1660	
	„ 13. „ 15. „	1760	
	„ 16. „ 18. „	1860	
	„ 19. „ 21. „	1960	
	„ 22. „ 24. „	2060	
	„ 25. Jahre ab	2160	
14.	Kompagnieverwalter beim Kadettenkorps		
	vom 1. bis 3. Jahre. . . .	1600	Zu 14. Dem älteren der beiden Kompagnieverwalter wird das Besoldungsdienstalter soweit zurückdatiert, daß er zu dem gleichen Zeitpunkte, zu dem er das bisherige Höchstgehalt erreicht hätte, in das neue Höchstgehalt einrückt.
	„ 4. „ 6. „	1700	
	„ 7. „ 9. „	1800	
	„ 10. „ 12. „	1900	
	„ 13. „ 15. „	2000	
	„ 16. „ 18. „	2100	
	„ 19 Jahre ab	2200	

Beilage III.

Ausführungsbestimmungen.

3. Sachsen.

Ausführung des Besoldungsgesetzes vom 15. Juli 1909

(s. AVBl. 1909 Seite 212).

Die Bestimmungen in dem Erlaß Nr. 1123/7. 09. K. M. vom 3. 8. 09. (AVBl. 1909 Nr. 205) finden mit nachstehenden Änderungen und Zusätzen auch im diesseitigen Verwaltungsbereiche Anwendung.

1. Zu Ziffer A 3. Das Besoldungsdienstalter der Zeug-, Feuerwerks- und Festungsbau-Offiziere setzt das Kriegsministerium fest.
2. Zu Ziffer A 8. Für Sachsen gilt die beigefügte Anlage.
3. Zu Ziffer B 9. Der Etat an Offizieren erhöht sich:

   a) bei der Infanterie um

   7 Majore,
   3 Hauptleute.

   b) bei der Feldartillerie um

   2 Hauptleute.
4. Zu Ziffer B 10. Entfällt für Sachsen.
5. Zu Ziffer B 11. Für Sachsen:

   9 Majore,
   14 Hauptleute und Rittmeister,
   2 Oberleutnants und Leutnants.

Zu vergleichen ist für Sachsen: Friedens-Besoldungsetat für 1908, Seite 66.

6. Zu Ziffer C 18 und 19. Für „17. September 1898" ist zu setzen: „1. Dezember 1898".
7. Zu Ziffer C 23 f. Hierzu zählen: Der bisherige Hausinspektor beim Kadettenkorps und der bisherige Hausinspektor bei der Soldatenknaben-Erziehungsanstalt Kleinstruppen mit dem fortan zu führenden Titel „Inspektor".

8. Zu Ziffer I. 2. Insoweit das Besoldungsdienstalter der Leutnants, Stabsärzte und Assistenzärzte, die seit dem 1. 4. 1908 hierzu befördert worden sind oder befördert werden, nicht mit dem 1. des Monats zu beginnen hat, aus dem ihr Patent datiert, erfolgt die Bestimmung desselben durch das Militär-Verordnungsblatt.

Das Besoldungsdienstalter der Hauptleute und Rittmeister, die vom 1. 4. 1908 ab hierzu befördert worden sind oder befördert werden, wird durch das Militär-Verordnungsblatt bekannt gegeben.

9. Zu Ziffer I. 3. An Stelle des Generalstabsarztes der Armee tritt das Kriegsministerium.

Die Bewilligung der Dienstalterszulagen für die Offiziere im Bereiche der Zeugmeisterei (Kap. 30, 37 und 38) erfolgt durch den Oberzeugmeister, für den Festungsbauoffizier durch den Kommandeur der Pioniere.

10. Zu Ziffer I. 4. Die gemäß Militär-Verordnungsblatt 1902 Seite 163 Verfügung Nr. 176 letzter Satz vorgeschriebenen Anzeigen sind nicht mehr zu erstatten.

An Stelle der Kassenabteilung tritt die Armee-Verwaltungs-Abteilung des Kriegsministeriums.

11. Zu Ziffer I. 5. Die Festsetzung des Besoldungsdienstalters erfolgt für:

die Schirrmeister bei den Traindepots, das Zeug- und Feuerwerks-Unterpersonal sowie die dahin gehörigen Schirrmeister durch die Zeugmeisterei,

den Festungsbaufeldwebel und die Schirrmeister bei den Pionier-Bataillonen durch das Kommando der Pioniere.

12. Zu Ziffer I. 7 c. Das Aufrücken in höhere Gehaltsstufen ordnen an für:

die Schirrmeister bei den Traindepots, das Zeug- und Feuerwerks-Unterpersonal sowie die dahin gehörigen Schirrmeister die Zeugmeisterei,

den Festungsbaufeldwebel und die Schirrmeister bei den Pionier-Bataillonen das Kommando der Pioniere.

13. Zu Ziffer I, IIb und c. Bei Beschwerden von Unteroffizieren des Zeug- und Feuerwerkspersonals, der dahin gehörigen Schirrmeister, der Schirrmeister bei den Traindepots, des Festungsbaufeldwebels und der Schirrmeister bei den Pionier-Bataillonen sowie von Unteroffizieren der Infanterieschulen über Versagen des Aufrückens in eine höhere Gehaltsstufe entscheidet das Kriegsministerium endgültig.

14. Zu Ziffer II, 1. Die wegfallenden Deputate an Feuerungs- und Beleuchtungsmaterial sind für 1908 mit folgenden Jahressätzen anzurechnen:

für:	Jahressätze:
a) alle aus den Etatskapiteln 16, 27 und 29 besoldeten Unterbeamten und die aus dem Etatskapitel 35 besoldeten Unterbeamten mit Ausnahme derjenigen des Kadettenkorps	41 Mk.
b) die Unterbeamten des Kadettenkorps	69 „
c) Förster	133 „
d) Kassensekretär, bisheriger Kanzleisekretär und bisheriger Hausinspektor des Kadettenkorps	140 „
e) Bisherige Kasernen- und Lazarettinspektoren	56 „
f) Garnisonverwaltungs- und Lazarett-Oberinspektoren, bisherige Garnison- und Lazarettverwaltungs-Inspektoren, bisherige Garnisonverwaltungs-Kontrolleure	77 „
g) Remontedepotbeamte und zwar:	
Administratoren je	902 „
Inspektoren, Oberstabs-, Stabs- und Oberveterinäre je	482 „
Futtermeister je	336 „
h) die vor dem 1. 4. 1897 angestellten Lehrer der Soldatenknaben-Erziehungs-Anstalt Kleinstruppen und der Garnisonschule auf Festung Königstein	102 „
i) Bisheriger Hausinspektor der Soldatenknaben-Erziehungsanstalt Kleinstruppen...........	70 „
k) Rendanten der Unteroffizier-Vorschule und des Festungsgefängnisses................	188 „
l) Garnison- und Lazarettverwaltungsdirektoren	95 „
m) Rendamt beim Kadettenkorps	219 „

15. Zu Ziffer II. 8. 2. Absatz. Eine Vordatierung des Besoldungsdienstalters ist auch bei dem Betriebsleiter der elektrischen Zentrale in Leipzig ausgeschlossen.

Im 3. Absatz tritt unter e hinzu:

Kassier beim Kriegszahlamt.

16. Zu Ziffer II. 9. Schlußsatz. Der Nachprüfung bedarf auch das Besoldungsdienstalters der betreffenden Beamten des Kriegszahlamts.

17. Zu Ziffer II. 16 a. Zu den mittleren Beamten der Bekleidungsämter rechnet auch der Maschinenmeister der elektrischen Zentrale in Leipzig.

Hinzutreten:

die mittleren, Kanzlei- und Unterbeamten des Kadettenkorps, der Infanterieschulen und der Garnisonschule auf der Festung Königstein.

An Stelle von Ziffer II. 16 b ist zu setzen:

auf den Kriegszahlmeister hinsichtlich der Beamten und Unterbeamten des Kriegszahlamts.

Zu Ziffer II. 16 c. An Stelle der Worte „auf den Chef des Generalstabes der Armee" ist zu setzen: „auf den Chef des Königlich Sächsischen Generalstabes".

18. Zu Ziffer III, 2a und 4a verbunden mit Ziffer I, 3 und II, 1 und 5.

Zum Zwecke der anderweiten Festsetzung der Pensionen der nach dem 1. April 1908 aus dem aktiven Militärdienst ausgeschiedenen Offiziere, Sanitätsoffiziere und der in den Ruhestand getretenen oberen Beamten, sowie zur Neufeststellung des Witwen- und Waisengeldes für die Hinterbliebenen der seit dem 1. April 1908 im aktiven Dienste gestorbenen Offiziere, Sanitätsoffiere und oberen Beamten, haben die Dienststellen, die die Gebührnisse bewilligen, die neuen Einkommensſätze der in Betracht kommenden Personen der Justiz- und Versorgungs-Abteilung des Kriegsministeriums alsbald mitzuteilen.

19. Zu Ziffer III, 7a.
An Stelle von Kapitel 16 Titel 5a tritt Kapitel 16 Titel 5b.

20. In der Einführungsverordnung zur Fr. Bes. V. (Neudruck v. J. 1906) sind die Ziffern 3 bis 5 zu streichen. Bei Ziffer 10 ist für „§ 10, $_9$ Abs. 1“ zu setzen: „§ 10, $_{10}$“.

Kriegsministerium.

Frh. v. Hausen.

Beilage IV.

Ausführungsbestimmungen.

4. Württemberg.

Ausführung des Besoldungsgesetzes vom 15. Juli 1909.

(Siehe MVBl. 1909 S. 137.)

Dieser Nummer des Militär-Verordnungsblatts sind die der Ausführung des Besoldungsgesetzes vom 15. Juli 1909 zugrunde zu legenden Bestimmungen:

die von Seiner Majestät dem Kaiser genehmigten Gehaltsvorschriften,

die Grundsätze für die Neufestsetzung des Besoldungs-Dienstalters der Beamten und die Berechnung der Nachzahlungen aus Anlaß des Inkrafttretens des Besoldungsgesetzes vom 15. Juli 1909 und

die Diätenordnung für die nicht etatsmäßigen Beamten der Reichsverwaltung

als besondere Beilagen I bis III beigefügt.

Diese Beilagen sind in der Reichsdruckerei vorrätig und können unmittelbar von dort beschafft werden.

Zur Ausführung des Besoldungsgesetzes sowie zur Neuregelung des Zulagewesens und der Fonds „Adjutanturoffiziere" und „Offiziere in besonderen Stellungen" wird außerdem nachstehendes bekannt gegeben:

A. Mit Gültigkeit vom 1. April 1908 ab.

1. Die Kompagnie- usw. Offiziere: Leutnants und Oberleutnants aller Waffengattungen bilden eine Besoldungsgemeinschaft, desgleichen die Assistenzärzte und Oberärzte — lfd. Nr. A 1 und 2 der Besoldungsordnung III —.
2. Als Entschädigung für die Pferdehaltung erhalten jährlich bei der Kavallerie:

   die Rittmeister mit einem Gehalt von 5100 Mark oder 4600 Mark . . . je 300 Mark,

   die Rittmeister mit einem Gehalt von 3400 Mark . . . . je 360 Mark.

Im übrigen bleiben die Festsetzungen über die Entschädigung für die Pferdehaltung unverändert mit der Maßgabe, daß die Entschädigung von je 180 Mark jährlich vom 1. August 1909 ab nur an die gleiche Anzahl von Oberleutnants der Kavallerie und die aus dieser Waffe hervorgegangenen Oberleutnants in besonderen Stellungen gezahlt werden darf, wie dies im Monat Juli 1909 geschehen ist.

Die Oberleutnants, denen die Entschädigung für die Pferdehaltung im Monat Juli 1909 zustand, beziehen sie nach den Bestimmungen der Pferdegeldvorschrift weiter. Für die Folge regelt die Bewilligung der Entschädigung an die Oberleutnants das Kriegsministerium.

3. Das Besoldungsdienstalter der nach Dienstaltersstufen im Gehalt aufrückenden Offiziere und Sanitätsoffiziere sowie der Zeug- und Feuerwerksoffiziere wird durch das Kriegsministerium festgesetzt.

Die Bestimmung des § 17 des Besoldungsgesetzes hinsichtlich des Vorrückens des Besoldungsdienstalters um 2 Jahre gilt auch für diejenigen Zeug- und Feuerwerksleutnants, die Abiturienten eines Gymnasiums, Realgymnasiums oder einer Oberrealschule waren.

4. Die nichtpensionsfähige Zulage des pensionierten Sanitätsoffiziers beim Bezirkskommando Stuttgart erhöht sich auf 1422 Mark jährlich.

5. Die Ober-Intendantursekretäre und Intendantursekretäre sowie die Ober-Intendanturregistratoren und Intendanturregistratoren erhalten vom 1. April 1908 ab 150 Mark nicht pensionsfähige Zulage.

6. Es werden aus Stellen für Löhnungsempfänger in solche für Gehaltsempfänger umgewandelt diejenigen
der Obermusikmeister und Musikmeister, sowie
der Schirrmeister beim Traindepot.

Neben dem Gehalt erhalten diese Unteroffiziere noch Servis, dagegen kein Beköstigungsgeld und kein Brot oder Brotgeld. Ihre Uniformen haben sie aus eigenen Mitteln zu beschaffen und zu unterhalten.

Auf die nachzuzahlenden Gehälter sind die empfangenen Gebührnisse: Löhnung, Löhnungszuschüsse,

Zulagen, der Geldwert der Naturalverpflegung und des Brotes sowie die Bekleidungsentschädigung in Anrechnung zu bringen.

Die Obermusikmeister und Musikmeister sowie die Schirrmeister beim Traindepot sind zu Einzahlungen in die Kleiderkasse verpflichtet, und zwar erstere mit 12 Mark, letztere mit 6 Mark monatlich.

Hinsichtlich der ärztlichen Behandlung, der Lazarettaufnahme, der Versorgung mit Arznei, Verbandmitteln, künstlichen Gliedern usw. und der zahnärztlichen Behandlung finden auf die Unteroffiziere als Gehaltsempfänger die in den §§ 4,1, 64,2, 17,2, und 120,1 der Friedens-Sanitätsordnung gegebenen Bestimmungen Anwendung. Die militärärztliche Behandlung der Familienangehörigen dieser Personen regelt § 31 a. a. O.

Die genannten Unteroffiziere haben, wenn sie sich mit Familie auf dem Truppenübungsplatz befinden auch fernerhin Anspruch auf die im Militär-Verordnungsblatt 1905 Seite 72 Ziffer 8 erwähnte Zulage von monatlich 20 Mark.

Über die sonstigen persönlichen und dienstlichen Verhältnisse der Schirrmeister beim Traindepot ergehen noch besondere Bestimmungen.

7. Das Gesamteinkommen für die zur Vorbildung und Probedienstleistung kommandierten Militäranwärter, bis zu dessen Erreichung neben dem Einkommen aus der Zivilliste ein Zuschuß gewährt wird, beträgt monatlich, je nachdem sie Familie haben oder nicht:

	Mark		
für Obermusikmeister u. Musikmeister	165	oder	155
„ Unterzahlmeister, Unterinspektoren, Zeugfeldwebel, Oberfeuerwerker, Schirrmeister	160	„	150
„ Feuerwerker	100	„	90
„ Feldwebel	120	„	110
„ Vizefeldwebel	95	„	80
„ Sergeanten	87	„	67
„ Unteroffiziere	73	„	53
„ Gemeine	60	„	40

Die Ziffer 13 n letzter Absatz, auf Seite 87 des Militär-Verordnungsblattes 1906 entsprechend ist der Einkommenszuschuß für Unteroffiziere als Gehaltsempfänger mit $^4/_5$ bei den Besoldungsfonds und mit $^1/_5$ bei dem Servisfonds zu verrechnen.

8. Der Feldwebel-Leutnant der Schloßgarde-Kompagnie erhält vom 1. April 1908 ab 745,20 Mark Löhnung und 360 Mark pensionsfähige Zulage.

9. Den Unteroffizieren der Halbinvaliden-Abteilung, die die Löhnung ihres Dienstgrades bei der Truppe bereits bezogen haben, dürfen nach den näheren Festsetzungen der „Bestimmungen über die Beförderung der Unteroffiziere im Frieden“ bei einer aktiven Dienstzeit

von $5^1/_2$ Jahren und darüber die Gebührnisse der Sergeanten,

von 9 Jahren und darüber die Gebührnisse der Vizefeldwebel

unter Beförderung zu diesen Dienstgraden gewährt werden.

Für Unteroffiziere der Halbinvaliden-Abteilung die bei der Truppe noch nicht die Unteroffizierslöhnung bezogen haben (überzählige Unteroffiziere usw.), findet diese Bestimmung erst Anwendung, wenn sie in eine offene Etatsstelle der Halbinvaliden-Abteilung eingerückt sind. Halbinvalide Hoboisten, Hornisten und Trompeter erhalten nur den Löhnungssatz für Unteroffiziere (von 302,40 Mark), ein Aufrücken zu Sergeanten und Vizefeldwebeln mit den Gebührnissen dieser Dienstgrade findet nicht statt.

10. Anlage 1 zum Militärverordnungsblatt Nr. 29 vom 21. August 1909 (hier nicht abgedruckt) enthält diejenigen Zulagen usw., welche gemäß § 47 des Besoldungsgesetzes vom 1. April 1908 ab wegfallen und somit auf die Nachzahlungen an Gehalt, Löhnung usw. in Anrechnung zu kommen haben.

Wegen Anrechnung und Verrechnung der einzuziehenden Zulage- usw. Beträge siehe die nachfolgenden Bestimmungen unter I, 9 und 14, II, 1 und III, 6.

B. Mit Gültigkeit vom 1. April 1909 ab.

11. Der Etat an Offizieren erhöht sich:
   a) bei der Infanterie um
      3 Majore,
      2 Hauptleute;
   b) bei der Feldartillerie um
      1 Hauptmann.

Diese Offiziere treten nach Maßgabe der hierüber ergehenden Allerhöchsten Ordres zu den Stäben von Infanterie- und von Feldartillerie-Regimentern.

Für die hinzutretenden Offizierstellen wird das Gehalt bei Kapitel 24 Titel 1 vorgesehen. An Rationen beziehen in diesen Stellen:
die Majore und Hauptleute der Infanterie sowie der Hauptmann der Feldartillerie je 1
nach dem für ihren Truppenteil zuständigen Satze.

12. Die bisher bei Kapitel 24 Titel 1 (vgl. auch Friedens-Besoldungsetats für 1907, Seite 44) angesetzten Stellen für Adjutanten bei höheren Kommandobehörden werden bei Kapitel 21 Titel 2a „Adjutanten bei höheren Kommandobehörden" vereinigt in der Zahl von Stellen für:
   4 Majore,
   7 Hauptleute und Rittmeister,
   1 Oberleutnant oder Leutnant.

Die bisherigen Stellenansätze hierfür bei Kapitel 24 Titel 1 fallen weg; auch kommt die Ermächtigung in Wegfall, wonach anstatt der Hauptleute usw., auch Stabsoffiziere und anstatt der Oberleutnants auch Hauptlente usw. als Adjutanten verwendet werden durften, wenn dienstliche Rücksichten dies erforderlich machten.

Das Gehalt für die vorstehend erwähnten Adjutanten bei höheren Kommandobehörden ist nicht mehr bei Kapitel 24 Titel 1, sondern bei Kapitel 21 Titel 2a zu verrechnen, desgleichen die bisher bei Kapitel 24 Titel 8 angesetzte Zulage von 216 Mark jährlich für 1 Adjutanten als Oberleutnant oder Leutnant. Die Umbuchung ist durch die Intendantur zu veranlassen.

Die bisher der Intendantur vom Kriegsministerium mitgeteilten Gehaltsveränderungs-Nachweisungen für die nunmehr aus Kapitel 21 Titel 2a zu besoldenden Adjutanten sowie für die Platzmajore kommen in Wegfall. Die Intendantur hat die Anweisung der Gebührnisse unter Beachtung der Allerhöchsten Ordres, des Besoldungsgesetzes mit Ausführungsbestimmungen und der Friedensbesoldungsvorschrift selbständig vorzunehmen.

Die Rationsgebühr ändert sich nicht.

C. Mit Gültigkeit vom heutigen Tage ab.

13. Die §§ 6,1 Absatz 2, 10 und 49,2 Absatz 1 der Friedens-Besoldungsvorschrift — Gehaltsabzüge bei Urlaub usw. betreffend — erhalten die aus der Anlage 2 zum Militärverordnungsblatt Nr. 29 vom 21 August 1909 (hier nicht abgedruckt) ersichtliche Fassung.

Die neuen Sätze für Gehaltsabzüge sind für die im Gehalt aufgebesserten Offiziere usw. vom 1. April 1908 ab, im übrigen von der nächsten Gehaltszahlung ab zu berücksichtigen.

14. Zur Teilnahme an dem Offiziersunterstützungsfonds sind von den Offizieren und Sanitätsoffizieren des Friedensstandes diejenigen mit einem Gehalte von nicht mehr als 3400 Mark jährlich berechtigt.

15. Zur Bewilligung von Gnadenzulagen dürfen auch die Oberleutnants in Vorschlag gebracht werden, sofern sie nicht mehr als 1900 Mark Gehalt jährlich beziehen; letztere Beschränkung gilt auch für Leutnants.

16. Hauptleute, Rittmeister und Stabsärzte haben beim Nachsuchen der Erlaubnis zur Verheiratung den vorgeschriebenen Nachweis eines außerdienstlichen Einkommens zu führen, wenn sie das Gehalt von 3400 Mark beziehen.

17. In Anlehnung an die für die oberen Garnisonsverwaltungsbeamten festgesetzten Titel wird die Dienstbezeichnung „Unterinspektor im Garnisonverwaltungsdienst“ in „Garnisonverwaltungs-Unterinspektor“ geändert.

Die Proviantamts- und Bekleidungsamts-Unterassistenten erhalten die Dienstbezeichnung „Proviantamts-Unterinspektor“ und „Bekleidungsamts-Unterinspektor“. An der bisherigen Bezeichnung „Lazarett-Unterinspektor“ ändert sich nichts.

18. Die Schirrmeister beim Traindepot erhalten den Rang eines Wachtmeisters. Sie tragen die Uniform des Train-Bataillons unter Wegfall der Nummer auf den Schulterklappen, des Haarbusches und des Bandeliers mit Kartusche. An Stelle des Säbelkoppels, der Reithosen und der hohen Stiefel treten schwarzlackiertes Unterschnallkoppel nach der Probe vom 4. November 1898 (für Unterzahlmeister), lange Tuchhosen und kurze Stiefel mit Sporen.

Der Rücktritt der Schirrmeister beim Traindepot in den praktischen Dienst ist ausgeschlossen.

19. Die bisherigen Zeugsergeanten erhalten sämtlich die Dienstbezeichnung „Schirrmeister“. Als solche tragen sie den Infanterie-Offiziersdegen an einem schwarzlackierten Unterschnallkoppel nach der Probe vom 4. November 1898 (für Unterzahlmeister). Außerdem wird ihnen der Rang eines Feldwebels beigelegt, jedoch mit der Maßgabe, daß sie nach wie vor Untergebene der Zeugfeldwebel bleiben, die mit ihnen bei derselben Dienstbehörde angestellt sind.

20. Der bisherige Wallmeister als Schirrmeister beim Pionier-Bataillon erhält die Dienstbezeichnung „Schirrmeister beim Pionier-Bataillon“.

21. Die unter Ziffer 18 und 19 genannten Schirrmeister beziehen Servis nach A. 4a des Tarifs.

22. Bei den Bezirkskommandos dürfen Zahlmeisteraspiranten von allen Waffengattungen in offene Unteroffizierstellen eingestellt werden (MVBl. 1884 U. 117).

23. Zu den in Klasse 24 der Besoldungsordnung I aufgeführten Inspektoren zählen:

	mit dem fortan zu führenden Titel:
a) bei den Proviantämtern: die bisherigen Rendanten, Kontrolleure und Assistenten . .	Proviantamts-Inspektor;

	mit dem fortan zu führenden Titel:
b) beim Bekleidungsamt: der bisherige Kontrolleur und die Assistenten	Bekleidungsamts-Inspektor;
c) bei den Garnisonverwaltungen: die bisherigen Verwaltungsinspektoren, Kontrolleure und Kaserneninspektoren	Garnison-verwaltungs-Inspektor;
d) bei den Lazaretten: die bisherigen Verwaltungsinspektoren und Lazarettinspektoren	Lazarett-Inspektor;
e) beim Remontedepot: der bisherige Sekretär	Remontedepot-Inspektor.

Alle vorgenannten Beamten erhalten gleichen Rang.

Im Rangdienstalter gehen bisherige Rendanten, Verwaltungsinspektoren und die unter a bis c aufgeführten Kontrolleure den übrigen Inspektoren (bisherigen Assistenten, Kasernen- und Lazarettinspektoren) vor.

24. Proviantamts-, Bekleidungsamts-, Garnisonverwaltungs- und Lazarett-Inspektoren mit einem Stellendienstalter von mehr als 6 Jahren tragen eine Rosette.

Im Anschlusse hieran wird noch folgendes bestimmt:

I. Offiziere und Unteroffiziere.

1. Bis auf weiteres steht bei allen Waffen den zu Leutnants sowie den zu Assistenzärzten Beförderten Gehalt nach Maßgabe des Besoldungsgesetzes und der Bestimmungen der Friedens-Besoldungsvorschrift zu. Die bisherigen, besonderen Einweisungen in das Gehalt seitens des Kriegsministeriums kommen in Wegfall.

Den vom 1. April 1908 ab vorhanden gewesenen und vorhandenen Oberleutnants und Leutnants — auch den zwecks Übertritts in den Friedensstand zur Dienstleistung bei Truppenteilen kommandierten Offizieren des Beurlaubtenstandes —, denen nach den bisher gültigen Bestimmungen infolge Erfüllung des Etats ihrer Waffe das Gehalt nicht gewährt wurde, ist dieses nachträglich zu zahlen. Sofern die kommandierten Offiziere des Beurlaubtenstandes etwa Pension weiterbezogen haben, sind sie zur Rückerstattung der empfangenen Pension verpflichtet.

2. Für die Leutnants, Stabsärzte und Assistenzärzte, die vom 1. April 1908 ab hierzu befördert worden sind und befördert werden, beginnt — falls nicht anders bestimmt wird — das Besoldungsdienstalter mit dem 1. des Monats, aus dem ihr Patent datiert. Durch eine etwaige spätere Vorpatentierung wird das Besoldungsdienstalter nicht geändert.

Das Besoldungsdienstalter der Hauptleute und Rittmeister, die vom 1. April 1908 ab hierzu befördert worden sind und befördert werden, wird durch das Militär-Verordnungsblatt bekannt gegeben.

3. Die Bewilligung der Dienstalterszulagen für Offiziere erfolgt durch den nächsten, mit mindestens der Disziplinarstrafgewalt eines Regimentskommandeurs versehenen Vorgesetzten, für Sanitätsoffiziere auf Ersuchen der militärischen Dienststelle, die das Gehalt zahlt durch den Korpsarzt, für Sanitätsoffiziere der Kaiser Wilhelms-Akademie durch den Subdirektor der Kaiser Wilhelms-Akademie.

Insoweit nichtregimentierte Offiziere und Sanitätsoffiziere sowie Pionieroffiziere in Frage kommen, ist die Bewilligung rechtzeitig der Korpsintendantur mitzuteilen, die daraufhin die Anweisung veranlaßt.

Für Zeug- und Feuerwerksoffiziere erfolgt die Bewilligung der Dienstalterszulagen durch die Abteilung für Waffen und Feldgerät des Kriegsministeriums.

Anträge auf Versagung von Dienstalterszulagen für Offiziere und Sanitätsoffiziere — § 23 des Besoldungsgesetzes — sind seitens der oben genannten Vorgesetzten dem Kriegsministerium vorzulegen, desgleichen Anträge auf Bewilligung der vorläufig versagten Dienstalterszulagen.

4. Die durch Ziffer 3 des Erlasses vom 17. September 1902 (MVBl. S. 157/158) und durch den letzten Absatz des Erlasses vom 25. September 1897 (M. VBl. S. 166) vorgeschriebenen Anzeigen sind nicht mehr zu erstatten. Dagegen ist das Freiwerden des Gehalts von Offizieren bis zum Major mit Stabsoffiziersgehalt abwärts, sowie von Sanitätsoffizieren infoge Todesfalls oder gerichtlichen Urteils von dem das Gehalt zahlenden Truppenteil oder der anweisenden Intendantur umgehend der Abteilung für allgemeine Armee- und für persönliche Angelegenheiten des Kriegsministeriums mitzuteilen.

5. Die Festsetzung des Besoldungsdienstalters der Unteroffiziere als Gehaltsempfänger erfolgt für:

a) die Unterzahlmeister und Unterinspektoren durch die Korpsintendantur,

b) die Obermusikmeister und Musikmeister durch die Regiments- usw. Kommandeure,

c) das Zeug- und Feuerwerksunterpersonal und die dahin gehörigen Schirrmeister (bisher Zeugsergeanten), sowie die Schirrmeister beim Traindepot und beim Pionier-Bataillon 13 durch die Abteilung für Waffen und Feldgerät des Kriegsministeriums.

6. Für Unteroffiziere als Gehaltsempfänger ist das Besoldungsdienstalter in jedem Falle nach Maßgabe des Besoldungsgesetzes — §§ 25 und 45 — und der nachfolgenden Bestimmungen festzusetzen:

a) Soweit Stellen für Löhnungsempfänger durch das Besoldungsgesetz oder schon früher in solche für Gehaltsempfänger umgewandelt worden sind, beginnt das Besoldungsdienstalter mit dem ersten Tage des Monats, in dem das Einrücken in entsprechende Löhnungsempfängerstelle erfolgt ist, z. B. für Unterzahlmeister oder Unterinspektoren mit dem ersten des Monats, in dem sie in die Stelle eines etatsmäßigen Zahlmeisteraspiranten oder Verwaltungsaspiranten eingerückt sind.

b) Ergibt sich bei der Festsetzung des Besoldungsdienstalters, daß das einem Unteroffizier bei Inkrafttreten des Besoldungsgesetzes zustehende Gehalt einschließlich des pensionsfähigen Gehaltszuschusses niedriger ist als das bis dahin bezogene Einkommen (Gehalt oder Löhnung einschließlich pensionsfähiger Zulagen und des Geldwertes der Naturalverpflegung und Bekleidung — nach den Sätzen für Linie —), so ist sein Besoldungsdienstalter so oft um je 3 Jahre zurückzudatieren, bis eine Schlechterstellung vermieden wird.

c) Sind Unteroffiziere als solche vor Erlaß des Besoldungsgesetzes aus einer in die andere Gehaltsempfängerklasse übergetreten, z. B. Unterzahlmeister in Unterinspektorstellen, so erhalten sie das Besoldungsdienstalter, das sie nach vorstehendem beim Verbleiben in ihrer früheren Gehaltsempfängerklasse erreicht haben würden.

Bei künftigem Übertritt aus einer in die andere Gehaltsempfängerklasse von Unteroffizieren finden die Ziffern 30, 31. 35 und 37 bis 40 der Gehaltsvorschriften sinngemäß Anwendung mit der Maßgabe, daß der Anlaß des Übertritts außer Betracht bleibt.

Auch Ziffer 51 — Satz 1 — der Gehaltsvorschriften findet auf Unteroffiziere als Gehaltsempfänger entsprechende Anwendung.

7. Das Aufrücken in höhere Gehaltsstufen ordnen an — dem festgesetzten Besoldungsdienstalter entsprechend — für:

a) den Unterzahlmeister bei der Intendantur, die Unterinspektoren bei den Proviantämtern, Garnisonverwaltungen und Lazaretten die Korpsintendantur,

b) das Zeug- und Feuerwerks-Unterpersonal und die dahin gehörigen Schirrmeister der Vorstand des Artilleriedepots,

c) die sämtlichen übrigen Unteroffiziere als Gehaltsempfänger der nächste mit Disziplinarstrafgewalt eines Regimentskommandeurs versehene Vorgesetzte.

Bei abkommandierten Unteroffizieren hat sich der Vorgesetzte vor Anordnung des Aufrückens zu vergewissern, daß gegen das dienstliche oder außerdienstliche Verhalten der Betreffenden seitens des Truppenteils oder der Militärbehörde, der sie im Kommandoverhältnis unterstellt sind, eine erhebliche Ausstellung nicht vorliegt.

Den Dienststellen zu a und c steht auch die Befugnis zum Versagen des Aufrückens in eine höhere Gehaltsstufe zu (§§ 23, 2 und 27 des Besoldungsgesetzes), zu a jedoch nach Einholung der Zustimmung des kommandierenden Generals. Bezüglich der Unteroffiziere zu b entscheidet die Abteilung für Waffen und Feldgerät des Kriegsministeriums.

8. Die Erhöhung der Löhnung nach Maßgabe des Besoldungsgesetzes — Besoldungsordnung IV — beschränkt sich auf die Unteroffiziere des aktiven Dienststandes. Für die Unteroffiziere des Beurlaubten- und des inaktiven Standes gelten während der Übungen usw. die bisherigen Löhnungssätze — 0,77 Mark oder 0,72 Mark täglich —.

9. Die vom 1. April 1908 ab gezahlten Beträge an Löhnungszuschuß für Sergeanten sind auf die nachzugewährenden Löhnungsmehrbeträge anzurechnen.

10. Für das Aufrücken in höhere Löhnungssätze nach Dienstzeit sind die Bestimmungen über die Beförderung der Unteroffiziere im Frieden und der Friedens-Besoldungsvorschrift maßgebend.

11. Bei Beschwerden von Unteroffizieren über Versagung des Aufrückens in eine höhere Gehalts- oder Löhnungsstufe entscheidet endgültig

a) bei den Löhnungsempfängern und den im Truppenverbande stehenden Gehaltsempfängern das Generalkommando — dessen Entscheidung auch inbetreff der Versagung des Aufrückens bei den nicht im Truppenverbande stehenden Unterzahlmeistern und den Unterinspektoren (vgl. Ziffer 1, 7a) eine endgültige ist —,

b) bei dem Zeug- und Feuerwerks-Personal sowie den dahin gehörigen Schirrmeistern und dem Schirrmeister beim Traindepot das Kriegsministerium.

12. Von den Berechnungen über die Nachzahlungen und den Ausgleichsberechnungen für die Offiziere und Sanitätsoffiziere haben die jetzigen Regimentskommandeure usw. der Beteiligten (siehe Ziffer I, 3) Kenntnis zu nehmen.

13. In dem Besoldungs- und Verpflegungs-Rapport sind künftig die Hauptleute in einer Spalte, die Oberleutnants und Leutnants zusammen in einer Spalte, in dem Forderungsnachweis über Besoldung die Hauptleute unter einem Abschnitt, die Oberleutnants und Leutnants zusammen unter einem Abschnitt zu führen.

In dem Forderungsnachweis über Besoldung tritt bei den nach Dienstaltersstufen im Gehalt aufrückenden Offizieren, Beamten und Unteroffizieren eine Spalte „Besoldungsdienstalter" hinzu.

Bei den nichtregimentierten Offizieren ist das Besoldungsdienstalter in der Kapitelrechnung des Kriegszahlamts ersichtlich zu machen.

Dem Besoldungs- und Verpflegungs-Rapport für den ersten Monat des Rechnungsjahres ist künftig — für das laufende Rechnungsjahr einem der nächsten Rapporte — eine Nachweisung des Besoldungsdienstalters aller nach Dienstaltersstufen im Gehalt aufrückenden Offiziere, Beamten sowie Unteroffiziere als Gehaltsempfänger beizufügen. In den Rapporten selbst wird das Besoldungsdienstalter — auch bei den Beamten — nur bei Zugängen angegeben.

Der Titel 3 des Kapitels 24 erhält die Bezeichnung „Beamte und Unteroffiziere als Gehaltsempfänger". Außer dem Gehalt der Unterzahlmeister ist daher vom 1. April 1909 ab bei diesem Titel auch das Gehalt der Obermusikmeister und Musikmeister zu verrechnen. Der Rapport und der Forderungsnachweis über Besoldung ändern sich dementsprechend.

Alte Formulare von Rapporten sowie von Forderungsnachweisen über Besoldung können nach Abänderung aufgebraucht werden.

14. Im übrigen finden die nachstehend für Beamte gegebenen Bestimmungen, soweit sie für die Verhältnisse der Offiziere und Unteroffiziere in Betracht kommen, sinngemäß Anwendung, wie z. B. diejenigen über die Gewährung des nach § 46 Absatz 1 des Besoldungsgesetzes zu zahlenden Mehrbetrages an Gebührnissen als nicht pensionsfähiger Zuschuß u. a. m.

II. Beamte.

1. Die Diensteinkommensverbesserungen der etatsmäßigen Beamten sind vom 1. April 1908 ab zahlbar zu machen. Dasselbe gilt von den Diätenerhöhungen der nicht etatsmäßigen Beamten, wie sie sich aus der Diätenordnung ergeben. Auf die Einkommensverbesserungen sind insbesondere anzurechnen: die wegfallenden Serviszulagen und Ausfallentschädigungen für Kassenbeamte, die ebenfalls wegfallenden Naturalien-Deputate und alle Zulagen, die neben den erhöhten Gehältern usw. nicht mehr gezahlt werden dürfen (vgl. auch Anlage 1), für 1908 auch die einmaligen Teuerungsbeihilfen.

Sind die wegfallenden Beträge höher als die Diensteinkommensverbesserung an Gehalt, Zulagen, Wohnungsgeldzuschuß oder Mietentschädigung oder an diätarischen Diensteinkünften, so ist der Unterschiedsbetrag als nichtpensionsfähiger Zuschuß bis zu dem im § 46 des Besoldungsgesetzes bezeichneten Zeitpunkte über den Etat zu gewähren (vgl. Ziffer III, 4 der Grundsätze für die Neufestsetzung des Besoldungsdienstalters usw.). Erhöhungen des Wohnungsgeldzuschusses oder der Mietentschädigung bleiben insoweit außer Anrechnung, als sie lediglich die Folge der Versetzung des Beamten an einen Ort einer höheren Ortsklasse sind. Die an dem Orte, wohin der Beamte versetzt worden ist, durch das Besoldungsgesetz eingetretene Erhöhung des Wohnungsgeldzuschuß-Tarifs gilt aber nicht als Erhöhung in diesem Sinne; der versetzte Beamte muß sich vielmehr die Tariferhöhung in gleicher Weise anrechnen lassen, wie die Beamten, die schon am 1. April 1908 in der höheren Ortsklasse ihren Wohnsitz hatten. Wenn und solange Beamte Dienstwohnungen innehaben, bleibt für sie die Erhöhung des tarifmäßigen Wohnungsgeldzuschusses außer Berechnung.

Mietentschädigungen sind in die Ausgleichsberechnungen mit dem Jahressatze einzustellen, der am 1. April 1908, bei späterem Beginn des Anspruchs auf Mietentschädigung am ersten Tage ihrer Zuständigkeit, zahlbar war.

Die wegfallenden Deputate an Feuerungs- und Beleuchtungsmaterial sind für 1908 mit folgenden Jahressätzen anzurechnen:

für:	Jahressätze:
a) alle aus den Kapiteln 27 und 29 der fortdauernden Ausgaben besoldeten Unterbeamten, je	36 Mark
b) den Waldmeister auf dem Truppenübungsplatz	90 „
c) bisherige Kasernen- und Lazarettinspektoren je	55 „
d) Garnisonverwaltungs- und Lazarett-Oberinspektoren, bisherige Garnison- und Lazarett-Verwaltungsinspektoren, bisherige Garnisonverwaltungs-Kontrolleure, je	71 „
e) Garnison- und Lazarett-Verwaltungsdirektoren, je	84 „

Bezüglich der Remontedepot-Beamten erfolgt besondere Bestimmung.

2. Ob über die Verpflichtung oder Berechtigung von Beamten, Feuerungs- und Beleuchtungsmaterial künftig gegen Bezahlung aus fiskalischen Beständen zu beziehen, besondere Bestimmungen zu erlassen sein werden, bleibt weiterer Entschließung vorbehalten.

Einstweilen sind alle Unterbeamten, die nach den für ihre Klasse geltenden Dienstvorschriften zu Leistungen bei der Verwaltung von Feuerungs- oder Beleuchtungsmaterial herangezogen werden können, bei Bewilligung der ersten auf Grund des Besoldungsgesetzes eintretenden Gehaltserhöhung, bei Neuanstellung durch die Anstellungsverfügung zu verpflichten, auf Verlangen der vorgesetzten Dienststelle ihren Hausbedarf an dem genannten Material aus Beständen der Verwaltung zu entnehmen und die dafür zur Festsetzung kommende Vergütung zu entrichten.

Die für das Rechnungsjahr 1909 verabreichten Feuerungs- und Beleuchtungsmaterialien-Deputate verbleiben den Empfängern gegen Erstattung der Selbstkosten. Die zu erstattenden Geldbeträge sind den in Betracht kommenden Fonds als Rückeinnahme zuzuführen.

3. Die im § 91 Ziffer 1 bis 7 der Militär-Bauordnung vorgesehenen Kassenvergütungen sind vom 1. August 1909 ab nicht mehr zuständig. Die bis dahin gezahlten Vergütungen sind weder auf die Diensteinkommensverbesserungen anzurechnen, noch begründen sie Zuschußgewährungen auf Grund des § 46 des Besoldungsgesetzes.

4. Die rückwirkende Kraft der Diensteinkommensverbesserungen gilt nach § 47 des Besoldungsgesetzes auch hinsichtlich der Beamten, die am 1. April 1908 im Dienste waren, inzwischen aber in den Ruhestand versetzt worden oder verstorben sind. Ihre Pensionen und die Versorgungsansprüche ihrer Hinterbliebenen sollen — sofern es für sie günstiger ist — so festgesetzt werden, als ob diese Beamten die nach dem Besoldungsgesetze zuständigen Diensteinkünfte nach bezogen hätten. Welche Behörden für die Neufestsetzung zuständig sind, ist unter Abschnitt III dieses Erlasses bestimmt. Die Mehrbeträge für die verflossene Zeit sind alsbald nachzuzahlen. Im übrigen ist folgendes zu beachten:

   a) Das Mehr an Diensteinkünften für die Zeit vom 1. April 1908 bis zum Tage des Übertritts des Beamten in den Ruhestand oder bis zum Ablaufe des Gnadenvierteljahres ist ebenfalls nachzuzahlen.

b) Die einmalige Teuerungsbeihilfe wird auf die Nachzahlung voll angerechnet, jedoch nur auf das bis zum Tage der Pensionierung oder bis zum Ablaufe des Gnadenvierteljahres erwachsende Mehr an Diensteinkünften, nicht aber auf die Erhöhung der Pension oder der Hinterbliebenenbezüge. Soweit die einmalige Teuerungsbeihilfe nicht durch die bis zum Tage der Pensionierung oder bis zum Ablaufe des Gnadenvierteljahres anteilig zu verrechnende Diensteinkommensverbesserung gedeckt wird, ist von ihrer Wiedereinziehung abzusehen.

c) Ist ein Beamter nach dem 31. März 1908 im aktiven Dienste verstorben, so gebühren die vor seinem Tode fällig gewordenen Raten der nachzuzahlenden Besoldungsaufbesserung seinen Erben; für die Nachzahlung der auf das Gnadenvierteljahr entfallenden Beträge sind die §§ 7 und 8 des Reichsbeamtengesetzes maßgebend.

Ist ein nach dem 1. April 1908 in den Ruhestand getretener Beamter inzwischen verstorben, so gebühren der für seine aktive Dienstzeit nachzuzahlende Besoldungsbetrag und der nachzuzahlende Pensionsbetrag, soweit diese Beträge vor seinem Tode fällig geworden sind, seinen Erben. Die Nachzahlung der auf das Gnadenvierteljahr entfallenden Beträge regelt sich nach § 69 des Reichsbeamtengesetzes.

5. Für Beamte, die neben ihrem Zivildiensteinkommen eine Militärpension, Militärinvalidenpension oder Militärrente beziehen, oder seit 1. April 1908 bezogen haben, wird infolge der eintretenden Diensteinkommensverbesserungen in einzelnen Fällen eine Neuregelung des Pensions- oder Rentenbezuges notwendig werden.

Die Regelung der Pensionen der im Zivildienst angestellten Offiziere erfolgt durch das Kriegsministerium.

Die Regelung der Militärinvalidenpensionen und Militärrenten der im Militärverwaltungsdienst angestellten Mannschaften vom Feldwebel abwärts hat die Korpsintendantur im Sinne der Verfügung vom 17. Juli 1909 Nr. 2121 C vorzunehmen.

Die Besoldungskassen haben darauf zu achten, daß an Beamte, bei denen eine Regelung in Betracht kommt, die Gehaltsnachzahlungen erst erfolgen, nachdem von der Korpsintendantur Anweisung ergangen ist, welcher Betrag an Pensionsgebührnissen einzubehalten und an das Kriegszahlamt im Weg der Abrechnung abzuführen ist.

6. In den mit Dienstaltersstufen ausgestatteten Besoldungsklassen bleibt im allgemeinen das bisherige Besoldungsdienstalter der Beamten auch für ihr Aufsteigen in den erhöhten Gehältern maßgebend, sofern das Anfangsgehalt bei der Aufbesserung erhöht oder unverändert gelassen worden ist (§§ 37 und 42 des Besoldungsgesetzes). Sollte sich jedoch für einzelne, vor dem 1. April 1908 beförderte oder im dienstlichen Interesse versetzte Beamte ergeben, daß ihr pensionsfähiges Gehalt in der jetzigen Stelle nach den neuen Gehaltssätzen am 1. April 1908 hinter dem zurückbleibt, das sie in der früher von ihnen bekleideten Stelle erhalten haben würden, oder daß sie in der alten Stelle beim nächsten Gehaltsaufrücken nach dem 1. April 1908 einen höheren Gehaltssatz erreicht hätten, als er ihnen zu demselben Zeitpunkt in der neuen Stelle zusteht, so ist nach § 39 des Besoldungsgesetzes — damit Überholungen der vor dem 1. April 1908 beförderten oder im dienstlichen Interesse versetzten Beamten durch später beförderte oder im dienstlichen Interesse versetzte gleichaltrige oder dienstjüngere Beamte derselben Klasse vermieden werden — das Besoldungsdienstalter dergestalt neu festzusetzen, daß angenommen wird, die Beamten wären erst am 1. April 1908 in die neue Gehaltsklasse versetzt oder befördert worden.

Für Beamte, die bisher ein Einzelgehalt bezogen haben und nunmehr aufsteigende Gehälter erhalten, wird das Besoldungsdienstalter durch die auf Grund des § 42 Absatz 1 des Besoldungsgesetzes von dem Herrn Reichskanzler getroffene Bestimmung auf den Tag des Einrückens in ihre Stelle festgesetzt.

7. Wegen des Besoldungsdienstalters der im § 42 Absatz 1 des Besoldungsgesetzes gedachten Beamtengruppen, deren Anfangsgehalt gegenüber dem früheren herabgesetzt worden ist, hat der Herr Reichskanzler folgendes bestimmt:

Für Militärbeamte, die bisher 150 Mark mehr bezogen haben, als die entsprechenden Zivilbeamten, findet eine Vordatierung aus diesem Anlaß nicht statt. Ebenso wird das Besoldungsdienstalter der Lazarettverwaltungsdirektoren und Korpsstabsapotheker nicht vordatiert.

Eine Vordatierung um 3 Jahre tritt dagegen ein für folgende Beamte, soweit sie vor dem 1. April 1908 angestellt, befördert oder im dienstlichen Interesse versetzt sind:

a) Kanzlisten bei den Intendanturen (Klasse 17),
b) Militärbauinspektoren (Klasse 57),
c) Oberintendanturräte (Klasse 59).

Diese Vordatierungen haben bei der Festsetzung des Besoldungsdienstalters vor etwa sonst noch aus anderem Anlaß vorzunehmenden Vordatierungen zu erfolgen.

8. Die zum oder nach dem 1. April 1908 beförderten oder im dienstlichen Interesse versetzten Beamten sind ohne Rücksicht darauf, ob es ihnen zum Vorteil oder Nachteil gereicht, mit dem Gehalt in die neue Besoldungsklasse einzureihen, das ihnen nach den neuen Gehaltssätzen in der früheren Besoldungsklasse zugestanden hätte. Danach ist unter Anwendung der allgemeinen Grundsätze das Besoldungsdienstalter neu festzusetzen.

9. Die Bestimmungen über die erweiterte Anrechnung von Militärdienstzeit auf das Besoldungsdienstalter ehemaliger Militäranwärter (§§ 7 und 8 des Besoldungsgesetzes und Nr. 14 bis 20 der Gehaltsvorschriften), über die Anrechnung diätarischer Dienstzeit (§ 6 des Besoldungsgesetzes und Nr. 21 ff. der Gehaltsvorschriften) und über die Anrechnung von Militärdienstzeit auf das Besoldungsdienstalter der aus nicht zivilversorgungsberechtigten Anwärtern hervorgehenden Intendantursekretäre des Heeres (Nr. 43

der Gehaltsvorschriften) finden dergestalt mit rückwirkender Kraft Anwendung, daß das Besoldungsdienstalter insoweit vordatiert wird, als eine Vordatierung erfolgt wäre, wenn diese Bestimmungen schon zur Zeit der ersten etatsmäßigen Anstellung der Beamten oder ihrer Überführung aus einer Unterbeamtenstelle in eine Stelle des mittleren Dienstes oder des Kanzleidienstes (§ 8 des Besoldungsgesetzes) in Geltung gewesen wären. Zu vergl. §§ 40 und 41 des Besoldungsgesetzes. Das Besoldungsdienstalter der in Betracht kommenden Beamten (einschließlich der nach dem 1. April 1908 in den Ruhestand getretenen oder der seit dem 1. April 1908 verstorbenen Beamten) ist nachzuprüfen und gegebenenfalls neu festzusetzen. Nachzahlungen finden nur für die Zeit vom 1. April 1908 ab statt.

10. Das Besoldungsdienstalter der bisherigen Proviantamts-Rendanten und -Kontrolleure, des Kontrolleurs beim Bekleidungsamt, der Garnisonverwaltungs-Inspektoren und -Kontrolleure und Lazarettverwaltungs-Inspektoren, die mit den bisherigen Assistenten, Kasernen-Inspektoren usw. unter der Benennung „Inspektoren" zu einer Besoldungsklasse vereinigt worden sind, ist so festzusetzen, als ob diese Organisationsänderung schon zur Zeit ihrer ersten etatsmäßigen Anstellung als obere Proviantamts- usw. Beamte bestanden hätte. Wegen der Vordatierung des Besoldungsdienstalters der in solchen Stellen befindlichen verabschiedeten Offiziere siehe Nr. 42 der Gehaltsvorschriften.

11. Auf Grund des § 42 Absatz 2 des Besoldungsgesetzes hat der Herr Reichskanzler bestimmt, daß allen Beamten — mögen sie vor dem 1. April 1908 oder später angestellt, befördert oder im dienstlichen Interesse versetzt worden sein — denen nach ihrem Besoldungsdienstalter ein geringeres pensionsfähiges Gehalt zustehen würde, als sie tatsächlich bis zur Verkündung des Gesetzes bezogen haben, das einmal bewilligte Gehalt nicht zu kürzen, sondern das Mehr, das sich über das aus der Besoldungsordnung und dem Besoldungsdienstalter ermittelte Gehalt hinaus ergibt,

bis zum normalmäßigen Aufsteigen der Beamten in ein höheres Gehalt weiter zu zahlen ist.

12. Betreffs der Anrechnung von Militärdienstzeit auf das Besoldungsdienstalter ehemaliger Militäranwärter ist zu beachten:

a) Nach Nr. 14 ff. der Gehaltsvorschriften ist für Militäranwärter, die mindestens 9 Jahre im Heere oder in der Marine aktiv gedient haben, die bisher nur den mittleren und den Kanzleibeamten gewährte Vergünstigung der Anrechnung von Militärdienstzeit auf die Unterbeamten ausgedehnt und zugleich das Höchstmaß der anzurechnenden Dienstzeit von 1 Jahre auf 3 Jahre erhöht worden. Es soll fortan die Militärdienstzeit, soweit sie und die nachfolgende Zivildienstzeit

12 Jahre übersteigt, bis zu 3 Jahren, mindestens mit 1 Jahre, soweit sie

12 Jahre nicht übersteigt, mit 1 Jahre

auf das Besoldungsdienstalter angerechnet werden. Danach sind beispielsweise anzurechnen, wenn die etatsmäßige Anstellung erfolgt nach

12 oder 13 Militärdienstjahren 1 Jahr,

14 Militärdienstjahren 2 Jahre,

14 280/365 Militärdienstjahren 2 Jahre und 280 Tage,

12 Militärdienstjahren 3 Jahre,

18 Militärdienstjahren 3 Jahre,

9 Militärdienstjahren und 4 120/365 Zivildienstjahren 1 Jahr und 120 Tage,

9 Militärdienstjahren und 5 Zivildienstjahren 2 Jahre,

9 Militärdienstjahren und 6 Zivildienstjahren 3 Jahre,

12 Militärdienstjahren und 1 Zivildienstjahr 1 Jahr,

13 Militärdienstjahren und 1 300/365 Zivildienstjahren 2 Jahre und 300 Tage,

13 Militärdienstjahren und 2 Zivildienstjahren 3 Jahre,

14 Militärdienstjahren und 4 Zivildienstjahren 3 Jahre.

b) Neben der Anrechnung von Militärdienstzeit und unabhängig davon wird auch die nach Nr. 21 ff. der Gehaltsvorschriften anzurechnende diätarische Dienstzeit berücksichtigt (vgl. Nr. 24 a. a. O.). Wird beispielsweise ein Militäranwärter mit einer Militärdienstzeit von 9 Jahren und einer Zivildienstzeit von 6 Jahren in einer Stelle, deren Anfangsgehalt 2100 Mark nicht übersteigt, etatsmäßig angestellt, so sind ihm 3 Militärdienstjahre und 1 Jahr Diätariat, zusammen also 4 Jahre auf das Besoldungsdienstalter anzurechnen

Wegen Berechnung der Dienstzeiten, die keine vollen Jahre ausmachen, siehe Nr. 10 der Gehaltsvorschriften.

Was als Zivildienstzeit gilt, ist im 2. Absatze der Nr. 14 der Gehaltsvorschriften bestimmt. Die dort erwähnte diätarische Dienstzeit rechnet nach Nr. 25d daselbst von dem Tage ab, wo der Militäranwärter endgültig in den Zivildienst übernommen worden ist. Eine Beschäftigung gegen Lohn oder Schreibgebühren gilt nicht als diätarische Beschäftigung. Wo es nach den Umständen angezeigt erscheint, auch Dienstzeiten — informatorische Beschäftigung, Probedienst, diätarische Dienstzeit —, die in einem anderen Dienstzweige der Heeresverwaltung oder in einer anderen Verwaltung zurückgelegt worden sind, anzurechnen, ist dazu die Genehmigung des Kriegsministeriums nachzusuchen.

Informatorische Beschäftigungen oder Probedienstzeiten, die ein Militäranwärter vor seinem Ausscheiden aus dem Heere oder der Marine abgeleistet hat, gelten als Militärdienstzeit. Zu ihrer Anrechnung bedarf es daher auch dann nicht der kriegsministeriellen Genehmigung, wenn sie in einem anderen Dienstzweige der Heeresverwaltung oder in einer anderen Verwaltung zurückgelegt worden sind.

c) Nach dem letzten Absatze der Nr. 14 der Gehaltsvorschriften bleibt die Zeit außer Betracht, während welcher die etatsmäßige Anstellung eines Militäranwärters wegen seiner unzureichenden Befähigung oder aus anderen in seiner Person beruhenden Ursachen ausgesetzt worden ist. Die volle Anrechnung der Militärdienstzeit in den bestimmungsmäßigen Grenzen hängt also unter Umständen davon ab, daß der Beamte keinen Anlaß gegeben hat, ihn vorübergehend von der etatsmäßigen Anstellung auszuschließen.

d) Den Militäranwärtern, die weniger als 9 Jahre im Heere oder in der Marine aktiv gedient haben, wird bei ihrer ersten etatsmäßigen Anstellung als mittlere Beamte oder als Kanzleibeamte, wie bisher, die tatsächlich abgeleistete aktive Militärdienstzeit bis zur Dauer eines Jahres angerechnet (Nr. 15 der Gehaltsvorschriften).

Im Unterbeamtendienste findet eine Anrechnung von Militärdienstzeit auf das Besoldungsdienstalter dieser Militäranwärter auch künftig nicht statt.

e) Wegen der rückwirkenden Kraft der neuen Vorschriften über die Anrechnung von Militärdienstzeit auf das Besoldungsdienstalter der Militäranwärter siehe Nr. 11, 9 dieser Ausführungsbestimmungen. Die im letzten Absatze der Nr. 4 der Anlage 2 zur Verfügung vom 25. März 1894 (MVBl. S. 78) enthaltene Anordnung, daß das Besoldungsdienstalter in der Eingangsstelle durch Anrechnung von Militärdienstzeit nicht auf einen früheren Zeitpunkt als auf den 1. Januar 1892 festgesetzt werden dürfe, ist aufgehoben. Gehaltsnachzahlungen finden aber nur für die Zeit vom 1. April 1908 ab statt.

Es wird noch besonders darauf aufmerksam gemacht, daß den in Beförderungsstellen befindlichen ehemaligen Militäranwärtern die Militärdienstzeit nach den neuen Grundsätzen nicht auf ihr Besoldungsdienstalter in diesen Stellen, sondern unter der Annahme, die neuen Grundsätze hätten schon damals bestanden, auf das ihnen bei ihrer ersten etatsmäßigen Anstellung beigelegte Besoldungsdienstalter anzurechnen ist (vgl. § 40 des Besoldungsgesetzes und Nr. 11, 9 dieser Ausführungsbestimmungen). Von dem sich danach für die Eingangsstelle ergebenden Besoldungsdienstalter ausgehend, ist sodann festzustellen, wie sich in den einzelnen von den Beamten bekleideten Stellen Gehalt und Besoldungsdienstalter nach Maßgabe des Zeitpunktes der Beförderungen und der Gehaltssätze, die zu derselben Zeit galten, gestellt haben würden.

f) Die rückwirkende Kraft der neuen Bestimmungen gilt auch für die seit dem 1. April 1908 aus ihrem etatsmäßigen Anstellungsverhältnis ausgeschiedenen ehemaligen Militäranwärter. Sie hat zugleich die Wirkung, daß die Pensionen der nach dem 1. April 1908 in den Ruhestand getretenen Beamten und die Versorgungsansprüche der Hinterbliebenen der seit dem 1. April 1908 verstorbenen Beamten anderweitig festgesetzt werden; auf die zum 1. April 1908 oder vorher aus ihrem etatsmäßigen Anstellungsverhältnis ausgeschiedenen Militäranwärter sowie auf die Hinterbliebenen solcher Beamten und auf die Hinterbliebenen der vor dem 1. April 1908 verstorbenen ehemaligen Militäranwärter erstreckt sich die rückwirkende Kraft nicht.

13. Zur Verteilung der in der Besoldungsordnung I für bestimmte Beamte bis zu einem Drittel der etatsmäßigen Stellen vorgesehenen pensionsfähigen Zulagen von je 600 Mark werden für den Bereich der Heeresverwaltung folgende Gruppen gebildet:
a) Intendanturräte,
b) Intendantur- und Bauräte.

Ist die Zahl der Beamten in den einzelnen Gruppen nicht durch 3 teilbar, so erfolgt Abrundung nach oben. Der Zulagebezug wird vom Kriegsministerium geregelt.

14. Die Ausführung des Besoldungsgesetzes usw. und die spätere Einweisung der Beamten in höhere Gehaltsstufen liegt den Behörden ob, die schon bisher mit der Regelung des Gehaltsaufrückens der Beamten betraut waren. Hinsichtlich der nachbezeichneten

Beamten, deren Gehaltsaufrücken bisher vom Kriegsministerium oder General-Kommando verfügt worden ist, geht die Ausführung auf die Korpsintendantur über, und zwar für:

Oberzahlmeister und Zahlmeister,
mittlere Beamte des Bekleidungsamts,
Intendantur-Bausekretäre.

Die Festsetzung des Besoldungsdienstalters der richterlichen Militärjustizbeamten erfolgt durch das Kriegsministerium, die Einweisung in die nach dem Dienstalter zuständigen Gehaltsstufen durch die Korpsintendantur, sofern nicht der Anspruch auf Vorrücken gemäß § 11 2. Abs. des Besoldungsgesetzes ruht. Der Korpsintendantur ist daher von Einleitung eines Disziplinar- oder gerichtlichen Verfahrens gegen richterliche Militärjustizbeamte Mitteilung zu machen.

15. Von Vorkommnissen, die die Vorenthaltung einer Gehaltszulage angezeigt erscheinen lassen (Nr. 3 der Gehaltsvorschriften), ist den Dienststellen, die die Zulagebewilligung auszusprechen haben, Mitteilung zu machen.

Wo ohne Kenntnis des nicht befriedigenden Verhaltens eines Beamten die Bewilligung einer Gehaltszulage verfügt worden ist, muß die Benachrichtigung des Beamten über die Zulagegewährung bis zur gegenseitigen Verständigung der beteiligten Behörden oder bis zum Eingang der kriegsministeriellen Entscheidung ausgesetzt werden.

Die einstweilige Vorenthaltung und die spätere Bewilligung einer einstweilen vorenthaltenen Gehaltszulage bedarf bei höheren und mittleren Beamten sowie bei Kanzleibeamten der Genehmigung des Kriegsministeriums. Wird einem Unterbeamten eine Gehaltszulage einstweilen vorenthalten, so ist hiervon der zuständigen Abteilung des Kriegsministeriums Mitteilung zu machen.

16. Die Regelung des Diensteinkommens der Beamten, die nach dem 1. April 1908 in andere Dienststellen übergeführt oder versetzt worden sind, liegt den Behörden usw. ob, deren Geschäftsbereich die Beamten in Beziehung auf die Gehaltsfestsetzung gegenwärtig angehören.

17. Die Nachweisungen über die Neufestsetzung des Besoldungsdienstalters — Anlage zur Ausgabeanweisung über das erhöhte Diensteinkommen etatsmäßiger Beamten — für sämtliche Beamte sind nach erfolgter Anweisung der Gebührnisse der zuständigen Abteilung des Kriegsministeriums zur Nachprüfung vorzulegen.

Die Nachprüfung wird sich lediglich auf die richtige und gleichmäßige Anwendung der einschlägigen Bestimmungen beziehen, die gehaltsregelnde Behörde (Ziffer 14) aber in keiner Weise von der Verantwortlichkeit für die Richtigkeit der Daten und Berechnungen befreien. Nach Rückgabe sind diese Nachweisungen den Zahlungsanweisungen beizufügen.

Künftig ist jede Neufestsetzung oder Änderung des Besoldungsdienstalters eines Beamten infolge Neu- oder Wiederanstellung, Übertritts in eine andere Besoldungsklasse usw. der zuständigen Abteilung des Kriegsministeriums durch die gehaltsregelnde Behörde — Ziffer 14 — mitzuteilen (Meldezettel).

18. Neue Bestallungen werden aus Anlaß der Titeländerungen nicht erteilt.

19. Nach ihrer Diensttätigkeit werden unterschieden:
Proviantamts-Inspektor und Amtsvorstand,
Proviantamts-Inspektor und Kontrolleführer,
Proviantamts-Inspektor;
Bekleidungsamts-Inspektor und Kontrolleführer,
Bekleidungsamts-Inspektor,
Garnisonverwaltungs-Inspektor und Amtsvorstand
Garnisonverwaltungs-Inspektor und Kontrolleführer,
Garnisonverwaltungs-Inspektor,
Lazarett-Inspektor und Kassenvorstand,
Lazarett-Inspektor.

Die unterscheidenden Zusätze „Amtsvorstand“ usw. sind in allen amtlichen Schriftstücken anzuwenden, aber nur von Beamten, die das Kriegsministerium endgültig zur Wahrnehmung der entsprechenden Stellen berufen hat. Mit dem Ausscheiden aus einer derartigen Stelle fällt der Zusatz weg.

III. Allgemeine Bestimmungen.

1. a) Vom 1. April 1908 ab fallen weg die den Offizieren, Sanitätsoffizieren und Militärbeamten in den Standorten der bisherigen Servisklasse A zugebilligten nichtpensionsfähigen Serviszulagen — Ziffer 6b des Erlasses vom 8. Juni 1906 Nr. 939 V. (MVBl. 1906 S. 82/83) —.

b) Die den auf Selbsteinmietung angewiesenen Feldwebeln, Fähnrichen, Vizefeldwebeln und Unteroffizieren in den Orten der früheren Servisklasse A gewährten besonderen Servissätze (Ziffer 6g des Erlasses vom 8. Juni 1906 Nr. 939 V. nebst Anlage 3 Nr. 1 bis 3 Spalte 3, sowie Ziffer 3a des Erlasses vom 4. August 1906 Nr. 1565 B. — MVBl. 1906 S. 83, 96 und 155 —) sind als vom 1. April 1908 ab wegfallend zu betrachten.

Für die genannten Dienstgrade sind vom 1. April 1908 ab nur die für die übrigen Standorte (MVBl. 1906 S. 96 Spalte 3 und S. 155 unter 3b) festgesetzten Servisbeträge zuständig. Die zuviel gezahlten Beträge kommen auf die Gehalts- oder Löhnungsaufbesserung in Anrechnung.

2. Die Pensionen der nach dem 1. April 1908 aus dem aktiven Militärdienst ausgeschiedenen Offiziere, Sanitätsoffiziere und der in den Ruhestand getretenen Beamten des Reichsheeres werden ohne Antrag der Beteiligten vom Kriegsministerium neu festgesetzt.

3. Die Rente der nach dem 1. April 1908 aus dem aktiven Militärdienste entlassenen Gehaltsempfänger, die nach dem Besoldungsgesetz ein höheres Einkommen erhalten, und der Löhnungsempfänger, die vom 1. April 1908 ab Gehaltsempfänger geworden sind, ist nach den vom 1. April 1908 ab zuständigen höheren Gebührnissen neu festzustellen. Zu diesem Zwecke haben die Bezirkskommandos den Generalkommandos über die in Betracht kommenden Personen alsbald Rentennachlisten vorzulegen.

4. Die Neufestsetzung des Witwen- und Waisengeldes erfolgt ohne Antrag der Beteiligten durch das Kriegsministerium.

5. Soweit eine Erhöhung der Gnadengebührnisse eintritt, sind die nach § 29 Nr. 2 des Militärhinterbliebenengesetzes für die ersten zwei Monate des Bezugs von Witwen- und Waisengeld zustehenden höheren Bezüge gleichzeitig mit den Gnadengebührnissen aus den Truppenkassen zu zahlen und nach Prüfung der Quittungen durch die zuständige Intendantur bei der Versorgungs- und Justizabteilung des Kriegsministeriums zur Erstattung aufzufordern.

6. Es sind zu verrechnen:

a) für 1908:

die Diensteinkommensverbesserungen, nach Abzug der anzurechnenden Beträge und die Ausgleichszuschüsse vom Kriegszahlamt beim Kapitel 16 Titel 5c der einmaligen Ausgaben für 1909, die Erhöhung der Pensionen und der Hinterbliebenenbezüge (siehe die Festsetzungen zu II,4) beim Kapitel 16 Titel 13 der einmaligen Ausgaben unter Abschnitt A „Verwaltung des Reichsheeres“ oder unter Abschnitt Ea „Invalidenpensionen usw.“ infolge der Expedition nach Ostasien, — soweit die Pensionen jedoch zu Lasten des Reichsinvalidenfonds stehen, bei den entsprechenden Titeln des Kapitels 83 der fortdauernden Ausgaben.

b) für 1909:

sämtliche bei der Ausführung des Besoldungsgesetzes usw. sich ergebenden Zahlungen bis zur Verabschiedung des Nachtragsetats bei den zuständigen Kapiteln und Titeln des Etats für 1909 — nötigenfalls überetatsmäßig. Insoweit eine zuständige Verrechnungsstelle noch nicht besteht, hat der Nachweis vorläufig außeretatsmäßig zu geschehen.

Die auf die Zahlungen für 1909 anzurechnenden, nicht mehr zuständigen Beträge (Serviszulagen usw.) sind bei den Fonds, bei denen sie verausgabt waren, in Rückeinnahme zu stellen.

Etwaige nach § 46 des Besoldungsgesetzes zahlbare Beträge an nicht pensionsfähigem Zuschuß sind bei den betreffenden Besoldungstiteln — außeretatsmäßig zu verrechnen.

7. Es ist dafür Sorge zu tragen, daß die Auszahlungen an alle Beteiligten einer Dienststelle möglichst gleichzeitig erfolgen.

8. Soweit durch vorstehende Bestimmungen Änderungen von Druckvorschriften erforderlich werden, behält das Kriegsministerium sich die Ausgabe von Deckblättern usw. vor.

v. Marchtaler.

Gehaltsvorschriften.

Erster Teil. Beamte.

A. Allgemeines.

1. Das Aufsteigen im Gehalt erfolgt für sämtliche nicht mit einem Einzelgehalt ausgestatteten etatsmäßigen Reichsbeamten, mit Ausnahme der Beamten der Reichskanzlei und der gesandtschaftlichen und Konsularbeamten, nach Dienstaltersstufen. Die Beamten der Reichskanzlei werden nach dem Ermessen des Reichskanzlers in die Gehaltsstufen eingewiesen. Bei den gesandtschaftlichen und Konsularbeamten erfolgt das Aufsteigen nach Dienstaltersstufen nur im pensionsfähigen Gehalte, während das tatsächliche Gehalt nach Maßgabe des Reichshaushalts-Etats zu bestimmen ist.

Die Aufrückungsfrist beträgt drei Jahre; die hiernach in den einzelnen dreijährigen Zeiträumen bis zur Erreichung des Höchstgehalts zu gewährenden Beträge sind in den Besoldungsordnungen I und II — Beilagen I und II zum Besoldungsgesetz — angegeben.

2. Einen Rechtsanspruch auf die vorgeschriebene Gehaltsfestsetzung und die Gewährung von Gehaltszulagen haben nur die richterlichen Beamten. Den Beamten dürfen weder bei der Anstellung noch anderweit irgendwelche Zusicherungen gemacht werden, auf die ein solcher Anspruch etwa gegründet werden könnte.

Der Anspruch der richterlichen Beamten auf Gehaltszulagen ruht, solange ein Disziplinarverfahren, oder wegen eines Verbrechens oder Vergehens ein Hauptverfahren oder eine Voruntersuchung schwebt. Führt das Verfahren zum Verluste des Amtes, so findet eine Nachzahlung des zurückbehaltenen Mehrgehalts nicht statt.

3. Eine Gehaltszulage kann versagt werden, wenn gegen das dienstliche oder außerdienstliche Verhalten des Beamten eine erhebliche Ausstellung vorliegt.

Vor der Verfügung ist dem Beamten Gelegenheit zu geben, sich über die Gründe der beabsichtigten Maßregel zu äußern. Wird die Versagung verfügt, so sind dem Beamten die Gründe hierfür unter Feststellung zu den Personalakten von Amts wegen zu eröffnen.

Gegen die Verfügung steht dem Beamten, sofern sie nicht von der obersten Reichsbehörde erlassen ist, die Beschwerde an diese zu.

Nach Behebung der Anstände ist die vorläufig versagte Zulage zu gewähren, und zwar, wenn die Bewilligungsverfügung an dem ersten Tage eines Kalendervierteljahrs ergeht, von diesem Tage, andernfalls von dem ersten Tage des folgenden Kalendervierteljahrs ab. Nur aus besonderen, aktenkundig zu machenden Gründen ist die Gewährung von einem früheren Zeitpunkt ab zulässig. Eine Nachgewährung für rückliegende Rechnungsjahre bedarf der Genehmigung der obersten Reichsbehörde.

Ob die einstweilige Vorenthaltung einer Zulage und die spätere Bewilligung einer vorläufig versagten Zulage höherer Genehmigung bedarf oder höheren Orts anzuzeigen ist, bleibt der Bestimmung der obersten Reichsbehörde vorbehalten.

Die infolge einer gerichtlichen Untersuchung oder Voruntersuchung oder eines förmlichen Disziplinarverfahrens den nichtrichterlichen Beamten vorenthaltenen Zulagen sind nachzuzahlen, wenn das Verfahren eingestellt oder der Beamte freigesprochen worden ist und die etwa zur Beurteilung übrigbleibenden Pflichtwidrigkeiten an sich keinen Anlaß geboten haben würden, die Zulagen vorzuenthalten.

4. Die einstweilige Vorenthaltung einer Zulage hat für sich allein nicht die Wirkung, daß dadurch der Zeitpunkt für das Aufsteigen in die nächstfolgende Gehaltsstufe hinausgeschoben wird.

5. Gehaltsaufbesserungen, die sich aus einer Änderung des etatsmäßigen Gehalts oder der Gehaltsstufen der Beamtenklasse ergeben, sollen nicht wegen unbefriedigenden Verhaltens des Beamten versagt werden.

B. Zahlung der Gehaltszulagen.

6. Die Gehaltszulagen sind vom ersten Tage des demjenigen Kalendervierteljahre folgenden Kalendervierteljahrs ab zu bewilligen, in dessen Laufe die Beamten nach ihrem Besoldungsdienstalter (Ziffer 9) eine höhere Dienstaltersstufe erreicht haben. Erreichen Beamte am ersten Tage eines Kalendervierteljahrs eine höhere Dienstaltersstufe, so ist die Gehaltszulage schon von diesem Tage ab zu bewilligen. Künftig wegfallende Dienstbezüge sind, soweit ihre Einziehung nach den Bestimmungen des Etats nicht erst bei einer Neubesetzung der Stelle zu erfolgen hat, bei der Bewilligung der Gehaltszulagen durch Anrechnung auf diese in Wegfall zu bringen.

7. Sofern die rechtzeitige Anweisung einer Gehaltszulage versehentlich unterblieben ist oder erst nachträglich Umstände bekannt geworden sind, die eine Vorrückung des Besoldungsdienstalters bedingen, kann die Nachzahlung verfügt werden, für zurückliegende Rechnungsjahre jedoch nur mit Genehmigung der obersten Reichsbehörde.

8. Die vor dem Ableben eines Beamten oder vor seinem Eintritt in den Ruhestand nach dem Besoldungsdienstalter zur Zahlung (vgl. Ziffer 6) fällig gewordenen Zulagen sind, wenn ihre rechtzeitige Anweisung unterblieben ist, nachträglich zu bewilligen. In solchen Fällen ist daher der Gehaltsunterschied nachzuzahlen und der erhöhte Gehaltssatz bei der Festsetzung der Pension sowie des Witwen- und Waisengeldes und bei der Anweisung der Gnadenbezüge zugrunde zu legen. Soweit es sich um eine Zahlung für zurückliegende Rechnungsjahre handelt, bedarf es der Genehmigung der obersten Reichsbehörde. Ausgeschlossen ist eine solche nachträgliche Berücksichtigung fällig gewordener Zulagen, wenn in dem Verhalten des Beamten ein nachgewiesener Anlaß gegeben war, ihm am Fälligkeitstage die Zulage vorzuenthalten. Tritt ein Beamter mit dem Ende des Vierteljahrs, nach dessen Ablauf ihm eine Gehaltszulage hätte gewährt werden können, in den Ruhestand, so unterbleibt deren Bewilligung, und es wird die Pension nach dem bisherigen Gehalte berechnet.

C. Grundsätze für die Festsetzung des Besoldungsdienstalters.

a) Begriff des Besoldungsdienstalters.

9. Das Besoldungsdienstalter beginnt mit dem Tage der Anstellung in der jeweiligen etatsmäßigen Stelle (Ziffer 12), soweit in diesen Vorschriften nichts Abweichendes bestimmt oder zugelassen ist. Von diesem Zeitpunkt ab sind die Zeitabschnitte für das Verbleiben in der untersten Gehaltsstufe und für das Aufsteigen in die höheren Gehaltsstufen zu rechnen.

Das Besoldungsdienstalter der technischen und Elementarlehrer wird von der Vollendung einer vierjährigen Dienstzeit im öffentlichen Schuldienst ab gerechnet.

Der Beamte ist über die Festsetzung des Besoldungsdienstalters schriftlich zu benachrichtigen.

10. Das Besoldungsdienstalter ist in jedem Falle genau auf den Kalendertag, nicht auf den nächstfolgenden Vierteljahrsersten festzusetzen. Dienstzeiten, welche nicht volle Jahre, vom Tage des Dienstantritts an gerechnet, umfassen, sind nach Tagen und zwar einschließlich der 31 Monatstage zu berechnen. Mehrere getrennte Dienstzeiten sind rechnungsmäßig besonders zu behandeln. Bei der Zusammenrechnung werden je 365 Tage als ein Jahr angesetzt, und zwar auch dann, wenn bei den einzelnen Dienstzeiten Schalttage zur Anrechnung gekommen sind.

11. Das Besoldungsdienstalter kommt nur für die Regelung der Gehaltsbezüge in Betracht und hat auf die sonstigen Verhältnisse des Beamten, insbesondere auf die Berechnung der Dienstzeit bei Pensionierungen, die Reihenfolge der Beförderungen, die Vorschläge für die Verleihung von Titeln, die Rangverhältnisse usw. keinen Einfluß.

b) Beginn des etatsmäßigen Anstellungsverhältnisses.

12. Als Zeitpunkt der etatsmäßigen Anstellung gilt derjenige Tag, von dem ab der Beamte bei Verleihung der etatsmäßigen Stelle — sei es unwiderruflich, sei es auf Widerruf oder Kündigung — das damit verbundene Dienst-

einkommen erhält. Die probeweise*) oder widerrufliche Übertragung der Verwaltung einer etatsmäßigen Stelle bleibt auch dann außer Betracht, wenn der Beamte während dieser Zeit das volle Stelleneinkommen bezogen hat. Jedoch gilt für den mit Vorbehalt einer Probezeit angestellten Beamten der erste Tag des Monats seiner Bestätigung in der Stelle als Tag der Anstellung.

13. Hat die Verleihung einer etatsmäßigen Stelle an einen Beamten sich infolge eines verwaltungsseitigen Versehens verzögert, so ist zur Beseitigung eines Nachteils bei der Festsetzung des Besoldungsdienstalters die Genehmigung der obersten Reichsbehörde nachzusuchen, wenn eine des Ausgleichs bedürfende Härte oder Unbilligkeit vorliegt. Die Vorrückung des Besoldungsdienstalters kann nur unter Zustimmung der Reichsfinanzverwaltung erfolgen.

c) Anrechnung von Militärdienstzeit.

14. Den Militäranwärtern**), die neun Jahre und darüber im Heere oder in der Marine gedient haben, wird

---

*) Unter den Begriff der probeweisen Übertragung der Verwaltung einer Stelle und der Probezeit fällt sowohl die Anstellung auf Probe als auch die Probedienstleistung — §§ 19 ¹ und 21 der Anstellungsgrundsätze vom 20. Juni 1907. —

**) Als Militäranwärter sind nicht anzusehen diejenigen Personen, welche nach § 10 der Anstellungsgrundsätze vom 20. Juni 1907 und den hierzu ergangenen besonderen Bestimmungen zu den den Militäranwärtern vorbehaltenen Stellen zugelassen werden können oder zuzulassen sind. Bei den im Zivildienste zur etatsmäßigen Anstellung kommenden verabschiedeten Offizieren und Deckoffizieren, denen beim Ausscheiden aus dem aktiven Dienste die Aussicht auf Anstellung im Zivildienste verliehen worden ist, findet daher eine Anrechnung von Militärdienstzeit auf das Besoldungsdienstalter grundsätzlich nicht statt (vgl. aber Ziffer 42), ebensowenig bei den Forstversorgungsberechtigten und den Inhabern der Anstellungsbescheinigung. Ferner gelten nicht als Militäranwärter die Inhaber des Anstellungsscheins (§ 17 des Mannschafts-Versorgungsgesetzes vom 31. Mai 1906). Dagegen sind die früheren Angehörigen des Zeug-, Feuerwerks-, Torpeder- und Festungsbaupersonals, die Schirrmeister, die ehemaligen Registratoren bei den Generalkommandos, den Marine-Stationskommandos, der Inspektion des Bildungswesens der Marine und beim Flottenstabe sowie die im Range der Unteroffiziere stehenden Verwalter des Kadettenkorps, sofern sie den Zivilversorgungsschein besitzen, auch dann als Militäranwärter anzusehen, wenn sie eine gemäß § 91 des Militärpensionsgesetzes vom 27. Juni 1871 (Reichs-Gesetzbl. S. 275) beziehungsweise Artikel 16 des Abänderungsgesetzes vom 22. Mai 1893 (Reichs-Gesetzbl. S. 171) nach den Bestimmungen des Reichsbeamtengesetzes berechnete Pension beziehen. Den Registratoren bei den Generalkommandos gleichzurechnen sind die Registratoren bei den Generalinspektionen der Kavallerie, der Fußartillerie sowie des Ingenieur- und Pionierkorps und der Festungen, bei den Inspektionen der Feldartillerie und der Verkehrstruppen, bei dem Gouvernement Berlin sowie bei den Kommandanturen Berlin, Potsdam und Dresden.

bei der ersten etatsmäßigen Anstellung die Militär- und Marinedienstzeit

a) soweit diese und die nachfolgende Zivildienstzeit zwölf Jahre übersteigt, bis zu drei Jahren, mindestens jedoch mit einem Jahre,

b) soweit die Militär- und Marinedienstzeit und die nachfolgende Zivildienstzeit zwölf Jahre nicht übersteigt, mit einem Jahre

auf das Besoldungsdienstalter angerechnet.

Als Zivildienst ist anzusehen die Zeit einer nach dem Ausscheiden aus dem Heere oder der Marine erfolgten informatorischen Beschäftigung, die Zeit des nach dem Ausscheiden aus dem Heere oder der Marine abgeleisteten Probedienstes (§ 19 der Anstellungsgrundsätze vom 20. Juni 1907), sowie eine diätarische Dienstzeit, in allen diesen Fällen jedoch nur dann, wenn die Dienstzeiten in demjenigen Verwaltungszweig, in dem die etatsmäßige Anstellung erfolgt, behufs ihrer Erlangung zurückgelegt sind. Mit Genehmigung der obersten Reichsbehörde können indessen auch informatorische Beschäftigung, Probedienstzeit und diätarische Dienstzeit in einem anderen Dienstzweige derselben Verwaltung oder in einer anderen Verwaltung berücksichtigt werden.

Außer Betracht bleibt die Zeit, während welcher die etatsmäßige Anstellung wegen unzureichender Befähigung des Militäranwärters oder aus anderen in seiner Person beruhenden Ursachen ausgesetzt worden ist.

15. Den Militäranwärtern, die weniger als neun Jahre im Heere und in der Marine gedient haben, wird die tatsächlich abgeleistete Dienstzeit bei der ersten etatsmäßigen Anstellung als mittlere Beamte oder Kanzleibeamte bis zur Dauer eines Jahres auf das Besoldungsdienstalter angerechnet.

16. Die vor dem vollendeten 17. Lebensjahre liegende Militär- und Marinedienstzeit bleibt außer Betracht.

17. Dem Militärdienste steht gleich der Dienst bei den Kaiserlichen Schutztruppen, ferner bei den Polizeitruppen, sowie als Grenz- und Zollaufsichtsbeamter in den Schutzgebieten.

18. Es macht keinen Unterschied, ob die Anstellung des Militäranwärters in einer dieser Klasse vorbehaltenen oder in einer anderen Stelle erfolgt. Dagegen findet eine Anrechnung von Militärdienstzeit nicht statt

A. bei Inhabern des Zivilversorgungsscheins, die

a) schon vor dem Eintritt in das Heer oder die Marine als Zivilanwärter bei einer Behörde beschäftigt waren, nach dem Ausscheiden aus dem Heere oder der Marine wieder in ihr früheres Dienstverhältnis zurückgetreten sind und demnächst gemäß der auf diesem Wege — vor oder nach der Erlangung des Zivilversorgungsscheins — erworbenen Anwartschaft als Zivilanwärter etatsmäßig angestellt werden, oder

b) erst nach dem Ausscheiden aus dem Heere oder der Marine, aber bevor sie den Zivilversorgungsschein besaßen, als Zivilanwärter angenommen worden sind und demnächst gemäß der auf diesem Wege — vor oder nach der Erlangung des Zivilversorgungsscheins — erworbenen Anwartschaft als Zivilanwärter etatsmäßig angestellt werden, oder

c) erst nach dem Ausscheiden aus dem Heere oder der Marine und nach der Erlangung des Zivilversorgungsscheins für eine Laufbahn, deren Stellen zum Teil den Militäranwärtern vorbehalten sind, nicht nach den Anstellungsgrundsätzen für Militäranwärter, sondern auf ihren Wunsch unter den für Zivilanwärter vorgeschriebenen Bedingungen angenommen worden sind und demnächst auch als Zivilanwärter etatsmäßig angestellt werden;

B. bei solchen ehemaligen Militäranwärtern, die als etatsmäßige Beamte bereits pensioniert waren und von neuem etatsmäßig angestellt werden.

Vgl. jedoch Ziffer 20.

19. Die Anrechnung der aktiven Militärdienstzeit auf das Besoldungsdienstalter nach Maßgabe der vorstehenden Grundsätze findet auch statt, wenn eine etatsmäßige Stelle ohne Pension aufgegeben ist und demnächst eine anderweite

etatsmäßige Anstellung auf Grund des Zivilversorgungsscheins erfolgt, ohne daß das Besoldungsdienstalter nach Maßgabe des früher bezogenen Gehalts bestimmt wird.

20. Werden aktive oder pensionierte Unterbeamte aus der Klasse der ehemaligen Militäranwärter als mittlere Beamte oder Kanzleibeamte angestellt, so findet eine Anrechnung der Militär- und Marinedienstzeit nach Maßgabe der vorstehenden Bestimmungen insoweit statt, als nicht schon die bei der Anstellung als Unterbeamte stattgehabte Anrechnung von Militär- und Marinedienstzeit zu einer gleichen Verbesserung des Diensteinkommens in der neuen Klasse führt.

d) Anrechnung diätarischer Dienstzeit.

21. Bei der Festsetzung des Besoldungsdienstalters für die höheren Beamten ist von der im außeretatsmäßigen Reichsbeamtenverhältnisse bei dem gleichen Dienstzweige zwischen der Erlangung der Befähigung zur Bekleidung des Amtes und der ersten etatsmäßigen Anstellung verbrachten Zeit, sofern das Anfangsgehalt der Stelle 3000 Mark nicht übersteigt, der über vier Jahre, sofern es 3600 Mark nicht übersteigt, der über sieben Jahre und im übrigen der über zehn Jahre hinausgehende Teil bis zur Höchstdauer von zwei Jahren auf das Besoldungsdienstalter anzurechnen.

Bei den mittleren Beamten, die in einem Amte mit einem Anfangsgehalt über 2100 Mark Anstellung finden, kommt die zwischen dem Beginne des Diätariats in dem gleichen Dienstzweig und der ersten etatsmäßigen Anstellung liegende Zeit, insoweit sie acht Jahre übersteigt, bei den übrigen mittleren Beamten mit Ausnahme der Post- und Telegraphengehilfinnen, bei den Kanzleibeamten sowie bei den Unterbeamten, insoweit sie fünf Jahre, bei den Post- und Telegraphengehilfinnen, insoweit sie neun Jahre übersteigt, unbeschränkt in Anrechnung.

Dies gilt auch für diejenige Dienstzeit, welche pensionierte oder freiwillig — sei es aus dem Reichsdienst überhaupt, sei es nur aus einer Etatsstelle — ausgeschiedene Beamte nach dem Wiedereintritt in den Reichsdienst oder nach dem Übertritt in einen anderen Dienstzweig im diätarischen Verhältnisse daselbst zurückgelegt haben.

Bei den Landbriefträgern muß jedoch das Dienstalter so festgesetzt werden, daß das Höchstgehalt nicht früher als zehn Jahre nach der ersten etatsmäßigen Anstellung, dem Wiedereintritt oder dem Übertritt, erreicht wird.

22. Eine Anrechnung diätarischer Beschäftigung kommt nur insoweit in Frage, als die etatsmäßige Anstellung durch den Mangel an offenen Stellen oder durch sonstige, von dem Zutun des Beamten unabhängige Gründe verzögert worden ist. Demnach sind auch Verzögerungen der etatsmäßigen Anstellung infolge des Vorrechts der vormaligen Unteroffiziere mit mindestens achtjähriger Militärdienstzeit gegenüber den nicht vorzugsberechtigten Militäranwärtern und Inhabern des Anstellungsscheins und den nicht anstellungsberechtigten Anwärtern (§ 22 Abs. 1 bis 3 der Anstellungsgrundsätze für Militäranwärter) zu berücksichtigen. Eine Anrechnung ist dagegen ausgeschlossen für die Zeit, um welche sich die etatsmäßige Anstellung infolge unzureichender Befähigung oder aus anderen allein in der Person des Beamten beruhenden Ursachen verzögert hat.

23. Diätarische Beschäftigung in einem anderen Dienstzweige derselben Verwaltung darf nur mit Genehmigung der obersten Reichsbehörde, diätarische Beschäftigung in Dienstzweigen anderer Verwaltungen nur mit Genehmigung der obersten Reichsbehörde unter Beteiligung der Reichsfinanzverwaltung angerechnet werden. Ihre Anrechnung ist ausgeschlossen, wenn der Übertritt in die neue Anwärterklasse für den Beamten mit Vorteilen im Gehaltsbezuge bei der etatsmäßigen Anstellung verbunden ist. Als Vorteil im Gehaltsbezug ist es auch anzusehen, wenn der Anwärter bei der ersten etatsmäßigen Anstellung zwar kein höheres Gehalt erhält, als er in dem Dienstzweige, dem er früher angehörte, erhalten haben würde, wohl aber die Aussicht erlangt, in kürzerer Zeit im Gehalt aufzusteigen oder ein höheres Höchstgehalt zu erreichen.

24. Bei Militäranwärtern erfolgt die Anrechnung der diätarischen Dienstzeit neben der Anrechnung von Militärdienstzeit.

Zivilanwärtern wird bei Berechnung der zu berücksichtigenden diätarischen Dienstzeit auch diejenige Dienstzeit bis zur Dauer eines Jahres angerechnet, um welche das Diätariendienstalter durch Anrechnung von Militärdienstzeit nach Ziffer 1 und 2 der Bestimmungen, betreffend die Anrechnung der Militärdienstzeit auf das Dienstalter der Zivilbeamten, vom 14. Dezember 1891*) vorgerückt worden ist. In gleicher Weise wird, wenn und insoweit der Zivilanwärter der Militärpflicht erst nach Beginn der diätarischen Dienstzeit genügt hat, die Zeit des gesetzlichen Militärdienstes in die diätarische Dienstzeit eingerechnet. Zu berücksichtigen bleibt hier ferner die Vorschrift, daß den Unterbeamten der Post- und Telegraphenverwaltung, welche während der Vorbereitungs- und Probezeit zur Erfüllung der Militärpflicht beurlaubt werden, der noch nicht abgeleistete Teil der Vorbereitungs- und Probezeit unter Gegenrechnung eines entsprechenden Teiles der Militärdienstzeit erlassen wird, während der Rest der Militärdienstzeit wie die in das Diätariat fallende Militärdienstzeit zu behandeln ist.

25. a) Als Zeitpunkt für den Beginn der diätarischen Beschäftigung (Diätariendienstalter im Sinne dieser Gehaltsvorschriften) gilt bei den Bureaubeamten, welche ihre Laufbahn als Zivilsupernumerare oder im ähnlichen Verhältnisse begonnen und bestimmungsgemäß einen Vorbereitungsdienst zu vollenden haben, der Ablauf von drei Jahren und in der Post- und Telegraphenverwaltung bei den als Post- oder Telegraphengehilfen angenommenen Beamten der Ablauf von vier Jahren seit Antritt des Vorbereitungsdienstes. Soweit jedoch der Vorbereitungsdienst aus einer in der Person des Beamten beruhenden

*) Ziffer 1 und 2 des Allerhöchsten Erlasses vom 14. Dezember 1891 lautet:

1. Den höheren Beamten, bei denen die Fähigkeit zur Bekleidung ihres Amtes von dem Bestehen einer Prüfung abhängig ist, wird bei Bestimmung des Dienstalters, sofern dieselbe gemäß dem Zeitpunkte des Bestehens der Prüfung zu erfolgen hat, die Zeit, welche sie während ihrer Studienzeit oder ihres Vorbereitungsdienstes in Erfüllung der aktiven Dienstpflicht im stehenden Heere oder in der Flotte gedient haben, insoweit in Anrechnung gebracht, als infolge der Erfüllung der aktiven Dienstpflicht die Ablegung der bezeichneten Prüfung später stattgefunden hat.
2. Den Subalternbeamten wird bei Feststellung des Dienstalters, welches für ihre Berufung zur ersten etatsmäßigen Anstellung in Betracht kommt, die Zeit, welche sie während ihrer Ausbildungs- oder Vorbereitungszeit in Erfüllung der aktiven Dienstpflicht im stehenden Heere oder in der Marine gedient haben, bis zum Höchstbetrage eines Jahres insoweit in Anrechnung gebracht, als sie infolge der Erfüllung der Dienstpflicht die Befähigung zur Bekleidung des betreffenden Amtes später erlangt haben.

Ursache über die Dauer von drei Jahren oder bei den Post- und Telegraphengehilfen von vier Jahren hinaus verlängert ist, wird der Beginn des Diätariendienstalters entsprechend hinausgeschoben*). Den Bureaubeamten stehen bei der Reichseisenbahnverwaltung die Beamten des Bahnhofs- und Abfertigungsdienstes gleich.

Den nicht zivilversorgungsberechtigten Militär-Intendantursekretariats-Diätaren und Marine-Intendantursekretariats-Assistenten ist das Diätariat vom Tage des Bestehens der Sekretariatsprüfung ab zu rechnen.

b) Bei den nicht unter a fallenden Zivilanwärtern für mittlere Beamtenstellen ist der Tag der definitiven Annahme als Diätar, bei den nicht anstellungsberechtigten Anwärtern für nichttechnische Beamtenstellen der Reichseisenbahnverwaltung jedoch der Tag maßgebend, auf welchen das Anwärterdienstalter dieser Beamten für die erste etatsmäßige Anstellung festgesetzt ist.

c) Bei den Zivilanwärtern des Unterbeamtendienstes wird von derjenigen Dienstzeit, welche der ersten etatsmäßigen Anstellung vorangegangen ist, allgemein vorweg ein Zeitraum von einem Jahre als Vorbereitungs- und Probezeit in Abzug gebracht, sofern nicht, wie bei dem Unterpersonale der Reichseisenbahnverwaltung, vor Übernahme in den Beamtendienst die hierfür vorgeschriebene Probezeit bereits erfüllt ist. Wegen Anrechnung von Militärdienstzeit auf Vorbereitungs- und Probezeit siehe Ziffer 24 a. E. Erst nach Beendigung der Vorbereitungs- und Probezeit beginnt das Diätariat. Die vor den Beginn des 21. Lebensjahres fallende Dienstzeit wird in ihrem ganzen Umfang, also auch soweit sie mehr als ein Jahr beträgt, lediglich als Vorbereitungs- und Probezeit, nicht als diätarische Dienstzeit angesehen. Ein Zivilanwärter des Unterbeamtendienstes kann sonach frühestens mit Beginn des 21. Lebensjahrs Diätar werden oder geworden sein.

d) Bei den aus der Klasse der Militäranwärter hervorgegangenen Beamten, und zwar sowohl des mittleren wie des Kanzlei- und Unterbeamtendienstes, gilt als Zeitpunkt für den Beginn der diätarischen Beschäftigung der Tag

*) Sofern nach den für einzelne Verwaltungen getroffenen Bestimmungen Verlängerungen des Vorbereitungsdienstes aus Anlaß militärischer Übungen ohne Einfluß auf das Diätariendienstalter bleiben sollen, behält es hierbei sein Bewenden.

der endgültigen Übernahme in den Zivildienst und, soweit Beamte des mittleren Dienstes sowie des Kanzlei- und Lademeisterdienstes der Betriebsverwaltung der Eisenbahnen in Frage kommen, der Ablauf von 6 Monaten seit dem Antritt ihrer Beschäftigung in diesem Dienstzweige.

e) Das nach den Vorschriften zu a bis d ermittelte Diätariendienstalter ist, sofern die für die Erlangung der Befähigung zur etatsmäßigen Anstellung vorgeschriebene Prüfung aus einer in der Person des Beamten beruhenden Ursache nicht zu dem frühesten zulässigen Zeitpunkte mit Erfolg abgelegt worden ist, um den Zeitraum der Verzögerung zu kürzen. Diese Bestimmung findet indes keine Anwendung auf diejenigen Beamtenklassen, deren Vorbereitungsdienst erst durch die Ablegung der erforderlichen Prüfung abgeschlossen wird.

26. Die Beschäftigung eines Postillons in Privatposthaltereien wird wie Diätariendienstzeit behandelt.

27. Bei der ersten etatsmäßigen Anstellung von Forstversorgungsberechtigten als Hilfsförster oder als Förster wird bei Berechnung des Diätariats diejenige diätarische Dienstzeit berücksichtigt, welche sie nach Erlangung des Forstversorgungsscheins im Staatsforstdienst oder im berufsmäßigen Gemeinde-, Anstalts- oder Privatforstdienste zugebracht haben.

28. Wenn ein Beamter den Dienst bei einer Behörde beabsichtigtermaßen mit dem Beginn eines Kalendermonats antreten sollte, ihn aber, weil der erste oder auch noch der zweite Tag des Monats ein Sonn- oder Festtag war, erst am darauffolgenden Werktag antreten konnte, so ist der Beginn der diätarischen Beschäftigung so festzusetzen, als ob der Dienstantritt am ersten Tage des Kalendermonats erfolgt wäre.

29. Eine etwaige Probedienstleistung oder eine Beschäftigung gegen Lohn oder Schreibgebühren gilt nicht als diätarische Beschäftigung. Dagegen ist die Zeit einer zunächst probeweise oder unter Vorbehalt des Widerrufs erfolgten Verwaltung einer etatsmäßigen Stelle durch einen Diätar als diätarische Dienstzeit anzusehen.

D. Gehaltsbemessung beim Übertritte von Beamten aus einer Besoldungsklasse in eine andere infolge Beförderung oder Versetzung aus dienstlichen Rücksichten.

a) Vorrückung des Besoldungsdienstalters zur Abwendung einer Gehaltseinbuße.

30. Beim Übertritte der Beamten aus einer etatsmäßigen Klasse in eine andere infolge Beförderung oder infolge Versetzung aus dienstlichen Rücksichten — wozu auch Versetzungen aus Anlaß von Verwaltungsänderungen, dagegen nicht die wegen unbefriedigenden Verhaltens erfolgten Versetzungen zu rechnen sind — ist das Besoldungsdienstalter für die neue Klasse — sofern nicht deren Anfangsgehalt höher ist als der Gehaltssatz, welchen der Beamte in der alten Klasse zur Zeit des Übertritts bezieht oder beim nächsten normalmäßigen Aufsteigen erreicht haben würde — wie folgt festzusetzen: Der Beamte tritt sogleich in die seinem Normalgehalte (vgl. Ziffer 38) in der früheren Klasse entsprechende Gehaltsstufe der neuen Klasse, oder wenn ein diesem Gehalt entsprechender Gehaltssatz in der neuen Klasse nicht besteht, in die nächsthöhere Stufe ein. Er verbleibt in ihr die volle für das weitere Aufsteigen im Gehalte vorgeschriebene Zeit. Wäre er jedoch in der früheren Klasse bereits vor Ablauf dieser Zeit in die nächsthöhere Gehaltsstufe aufgestiegen und damit in den Bezug eines Gehalts gelangt, welches über das ihm in der neuen Klasse gewährte hinausgeht, so steigt er in letzterer bereits zu derjenigen Zeit in die nächsthöhere Gehaltsstufe auf, zu welcher er in der früheren Klasse aufgestiegen sein würde. Eine weitere Berücksichtigung der beim Verbleiben in der bisherigen Klasse erreichbar gewesenen Bezüge findet nicht statt.

31. Bezog der Beamte in der früheren Klasse nach seinem Besoldungsdienstalter bereits das Höchstgehalt, so hat er in der Stufe, in welche er nach Ziffer 30 eintritt, stets die volle für das weitere Aufsteigen im Gehalte vorgeschriebene Zeit zuzubringen.

32. Post- und Telegraphendirektoren und Vizedirektoren erhalten beim Übertritt in die höhere Besoldungsklasse ihr bisheriges Besoldungsdienstalter.

33. Bei dem Übertritte der etatsmäßigen Landbriefträger in die Schaffnerklasse wird, falls dies für den Beamten günstiger ist, in Abweichung von den Vorschriften zu 30 und 31, die gesamte vorher verbrachte etatsmäßige Dienstzeit wie Diätariat angesehen und das Besoldungsdienstalter so festgesetzt, als wenn der Beamte zur ersten etatsmäßigen Anstellung gelangte.

34. Eine Ausnahme von den Grundsätzen zu 30 und 31 besteht ferner bei einigen aufsteigenden Gruppen der Heeres- und Marineverwaltung. Danach ist, sofern es für die Beamten günstiger ist, anzurechnen:

a) den Proviantmeistern der Heeresverwaltung
die über zwölf Jahre als oberer Proviantamtsbeamter,
den Proviantamtsdirektoren der Heeresverwaltung
die über einundzwanzig Jahre als oberer Proviantamtsbeamter,

b) den Garnisonverwaltungsoberinspektoren der Heeres- und Marineverwaltung
die über zwölf Jahre als oberer Garnisonverwaltungsbeamter,
den Garnisonverwaltungsdirektoren der Heeres- und Marineverwaltung
die über einundzwanzig Jahre als oberer Garnisonverwaltungsbeamter,

c) den Lazarettoberinspektoren der Heeres- und Marineverwaltung
die über zwölf Jahre als oberer Lazarettverwaltungsbeamter,

d) den Buchhaltern der General-Militärkasse
die über zwölf Jahre als Geheimer Sekretär,
den Kassieren der General-Militärkasse
die über neun Jahre als Buchhalter

e) den Expedienten und Registratoren des Generalstabs und des Landesvermessungswesens
die über neun Jahre als Kanzleisekretär,

f) den Bekleidungsamts-Rendanten der Heeresverwaltung
die über achtzehn Jahre als oberer Bekleidungsamtsbeamter,

g) den Rendanten und dem Kassenkontrolleur im Kadettenkorps, den Rendanten bei der Kriegsakademie, der militärtechnischen Akademie, der Militär-Veterinär-Akademie, den Unteroffiziervorschulen und der Militär-Knaben-Erziehungs-Anstalt
die über zwölf Jahre als Inspektor bei der Militär-Veterinär-Akademie oder bei der Militär-Knaben-Erziehungs-Anstalt

verbrachte Vordienstzeit. Das Besoldungsdienstalter ist hiernach auf denjenigen Tag festzusetzen, an welchem die Beamten die vorstehend angegebene Vordienstzeit zurückgelegt hatten.

35. Bezog der Beamte in der früheren Klasse ein höheres als das Normalgehalt, und ist aus diesem Grunde das sich nach Ziffer 30 ergebende Gehalt der neuen Stelle niedriger als sein bisheriges Gehalt, so ist ihm letzteres so lange zu belassen, bis er in eine gleich hohe oder höhere Gehaltsstufe aufsteigt.

36. Hat zu einer im Interesse des Dienstes erfolgenden Versetzung eines Beamten dessen unbefriedigendes Verhalten Anlaß gegeben, und kommt bei der Gehaltsbemessung in der neuen Klasse die Anrechnung früherer Dienstzeit in Frage, so ist die Entscheidung der obersten Reichsbehörde einzuholen.

37. Bei Berechnung des Gehalts der neuen Klasse finden die Vorschriften Ziffer 40 Abs. 1 Anwendung.

38. Ein höheres Gehalt als das Höchstgehalt der neuen Klasse darf in keinem Falle bewilligt werden.

b) Begriff des Normalgehalts.

39. Unter dem Normalgehalte der früheren Klasse ist dasjenige Gehalt zu verstehen, welches dem Besoldungsdienstalter des Beamten an demjenigen Tage entspricht, zu welchem die Beförderung oder Versetzung erfolgt. Ist

die Beförderung oder Versetzung eines Beamten im Laufe eines Kalendervierteljahrs und zu einer Zeit erfolgt, zu welcher er die für das weitere Aufsteigen im Gehalte vorgeschriebene Dienstzeit schon zurückgelegt hatte, so gilt als Normalgehalt derjenige Gehaltssatz, welcher vom ersten Tage des nächsten Kalendervierteljahrs ab für ihn zahlbar zu machen gewesen wäre.

40. Der Wohnungsgeldzuschuß sowie Funktions- und andere Zulagen und etwaige Nebenbezüge sind, auch wenn sie pensionsfähig sind, außer Berechnung zu lassen.

Dem anrechnungsfähigen Gehalte hinzuzurechnen sind jedoch bei einer Versetzung aus einer Stelle mit Zulage in eine solche ohne Zulage

a) die pensionsfähigen Besoldungszuschüsse der Abteilungschefs in den Kriegsministerien und dem Reichs-Marine-Amte sowie die pensionsfähigen Zulagen für Ober-Intendanturräte, für Betriebsdirektoren für Schiffbau, Maschinenbau und Hafenbau, für Oberposträte und für Oberräte bei der Betriebsverwaltung der Eisenbahnen,

b) die in der Besoldungsordnung aufgeführten pensionsfähigen Zulagen von 600 Mark für Beamte der Besoldungsklassen 59, 60, 62 und 63,

c) die Zulagen, welche Beamten des Lokomotiv- und Zugbegleitungsdienstes, die für diesen Dienst untauglich werden, aber in etatsmäßigen Stellen eines anderen Dienstzweigs noch mit Nutzen zu verwenden sind, im Falle der Überführung in solche Stellen als Ersatz der früheren Nebenbezüge bis zur Höhe des pensionsfähigen Teiles der letzteren so lange gewährt werden, als es zur Abwendung einer andernfalls eintretenden Einbuße gegenüber ihrem letzten pensionsfähigen Diensteinkommen erforderlich ist.

c) Sondervorschriften.

41. Den als Anwärter für den Intendantur-Registraturdienst vorgemerkten Registratoren bei den Generalkommandos und den diesen gleichzurechnenden Registratoren der am Schlusse der Fußnote zu Ziffer 14 bezeichneten höheren

Kommandobehörden, ferner bei den Marine-Stationskommandos sowie bei der Inspektion des Bildungswesens der Marine und beim Flottenstabe, welche im Interesse des Dienstes in diesen Stellungen zurückgehalten sind und demgemäß erst später als jüngere Anwärter in den Intendanturdienst eintreten, ist bei der Anstellung als Intendantur-Registrator folgendes Gehalt zu gewähren:

a) von 2500 Mark, wenn sie eine Dienstzulage von 1500 oder 1725 Mark bezogen haben, dagegen
b) von 2900 Mark, wenn ihre Zulage bereits 1950 Mark betragen hat, und endlich
c) von 3300 Mark, wenn sie sich schon im Genusse einer Zulage von 2175 Mark oder des Höchstsatzes der Zulage von 2400 Mark befunden haben.

Befand sich ein solcher Intendantur-Registrator in seiner Vordienststellung als Generalkommando- usw. Registrator noch im Genusse der pensionsfähigen Dienstzulage von 1950 Mark, so darf ihm von dem Tage ab, an dem er die Zulage von 2175 Mark erlangt haben würde, das Gehalt von 3300 Mark gewährt werden.

Für die Feststellung des entsprechenden Besoldungsdienstalters ist in allen Fällen Voraussetzung, daß die älteren Anwärter auf die Intendanturregistratorstellung, welche vor den betreffenden Generalkommando- und Stationskommando- usw. Registratoren die Prüfung abgelegt haben und zur Anstellung gelangt sind, nach Maßgabe ihrer Anstellung ein solches Dienstalter erreicht haben. Sofern die obigen Gehaltssätze von 2500, 2900 und 3300 Mark den gemäß dem Anwärterdienstalter zu ermittelnden normalmäßigen Gehaltssatz übersteigen, verbleiben die Beteiligten auf der Stufe von 2500, 2900 und 3300 Mark, bis sie normalmäßig in die höhere Gehaltsstufe aufrücken können.

42. Den bei den Proviantämtern, den Garnisonverwaltungen und den Garnisonlazaretten als Inspektoren zur Anstellung gelangenden Anwärtern aus dem Offizierstande wird das Besoldungsdienstalter um 6 Jahre vorgerückt. Hiervon ausgeschlossen sind die Anwärter des Offizierstandes, denen Allerhöchsten Orts die Aussicht auf

Anstellung im Zivildienste nur für eine bestimmte Stelle oder einen bestimmten Dienstzweig verliehen worden ist, ferner Zeug-, Feuerwerks-, Festungsbau- und Torpederoffiziere, Marine-Ingenieure und Torpedo-Ingenieure, Deckoffiziere.

43. Den als Intendantursekretär des Heeres zur Anstellung gelangenden nicht zivilversorgungsberechtigten Anwärtern wird das Besoldungsdienstalter um diejenige Militärdienstzeit bis zur Dauer eines Jahres vorgerückt, welche sie über die gesetzliche hinaus bestimmungsgemäß behufs Ermöglichung ihrer Anstellung haben zurücklegen müssen.

E. Gehaltsbemessung bei Versetzungen, welche lediglich auf Antrag des Beamten erfolgen.

44. Etatsmäßige Beamte sollen in andere Beamtenklassen grundsätzlich nur übergeführt werden, wenn ein dienstliches Bedürfnis dazu vorliegt. Versetzungen lediglich zu dem Zwecke, dem Beamten Vorteile im Gehaltsbezuge zu gewähren, sind nicht zulässig. Die Anerkennung eines dienstlichen Bedürfnisses wird nicht dadurch ausgeschlossen, daß ein Beamter seine Überführung in einen anderen Dienstzweig selbst beantragt hat.

45. Sollte in einem Einzelfall eine Überführung lediglich auf Antrag des Beamten — ohne daß gleichzeitig dienstliche Rücksichten vorliegen — in Erwägung genommen werden, so ist eine Anrechnung früherer Dienstzeit bei der Bemessung des Gehalts der neuen Stelle nur mit Genehmigung der obersten Reichsbehörde unter Beteiligung der Reichsfinanzverwaltung gestattet, die vor der Entscheidung über den Versetzungsantrag einzuholen ist.

46. Wird die Vorrückung des Besoldungsdienstalters von der zuständigen obersten Reichsbehörde nicht genehmigt, so darf die Versetzung nur verfügt werden, nachdem der Beamte auf den durch die bisherige Anstellung begründeten Gehaltssatz ausdrücklich verzichtet hat.

F. Gehaltsbemessung bei Wiederanstellung einstweilig in den Ruhestand versetzter und pensionierter Beamten.

a) Einstweilig in den Ruhestand versetzte Beamte.

47. Die Bestimmungen über die Festsetzung des Besoldungsdienstalters beim Übertritte von Beamten in andere Klassen (Abschnitt D) finden sinngemäße Anwendung, wenn einem einstweilig in den Ruhestand versetzten Beamten eine etatsmäßige Stelle wieder übertragen wird. Dabei ist von der Zeit des einstweiligen Ruhestandes die Zeit einer etwaigen Beschäftigung im Reichsdienst als Dienstzeit in der früheren Stellung anzurechnen. Die übrige Zeit seit der Versetzung in den einstweiligen Ruhestand bleibt außer Betracht.

b) Pensionierte Beamte.

48. Die Bestimmungen über die Festsetzung des Besoldungsdienstalters beim Übertritte von Beamten in andere Klassen (Abschnitt D) finden sinngemäße Anwendung bei der etatsmäßigen Wiederanstellung von pensionierten Beamten. Die Zeit vom Ausscheiden aus der etatsmäßigen Stelle bis zur etatsmäßigen Wiederanstellung bleibt außer Betracht, soweit sie nicht nach den beiden letzten Sätzen der Ziffer 21 in Anrechnung zu bringen ist. Etwaiges unbefriedigendes Verhalten des Beamten in der früheren Stelle schließt die Anrechnung der in dieser zurückgelegten Dienstzeit nicht aus.

49. Bei der Berechnung des Normalgehalts der früheren Stelle sind ohne Rücksicht auf etwaige spätere allgemeine Besoldungsaufbesserungen diejenigen Gehaltssätze zugrunde zu legen, welche zur Zeit der Pensionierung des Beamten in Kraft waren. Ist die Pensionierung erfolgt, bevor für die Beamtenklasse die Gehaltsbemessung nach Dienstaltersstufen eingeführt war, so sind die Gehaltssätze zugrunde zu legen, die bei der ersten Regelung der Gehälter dieser Beamtenklassen nach Dienstaltersstufen eingeführt wurden.

50. Hat ein Beamter den Wiedereintritt in den Reichsdienst durch eigene Schuld oder aus eigener Entschließung erheblich verzögert, so findet eine Anrechnung früherer Dienstzeit in der Regel nicht statt. Sollten ausnahmsweise Gründe für eine solche Anrechnung geltend zu machen sein, so ist die Entscheidung der obersten Reichsbehörde einzuholen.

G. Gehaltsbemessung bei der Wiederanstellung von Beamten, welche freiwillig ausgeschieden sind oder deren früheres Beamtenverhältnis durch Dienstentlassung gelöst worden ist.

51. Ist ein Beamter aus einer etatsmäßigen Stelle des Reichsdienstes freiwillig ausgeschieden oder ist sein früheres Beamtenverhältnis durch Dienstentlassung gelöst worden, so darf im Falle seiner Wiederanstellung bei der Festsetzung des Besoldungsdienstalters und des Gehalts der neuen Stelle auf das Besoldungsdienstalter und das Gehalt der früheren Stelle keine Rücksicht genommen werden. Beamte, die ihre Stelle freiwillig aufgeben wollen, sind hierauf ausdrücklich hinzuweisen.

52. Sollten im einzelnen Falle besondere Gründe dafür geltend zu machen sein, von diesem allgemeinen Grundsatz ausnahmsweise abzuweichen, so ist vor der Wiederanstellung des Beamten die Entscheidung der obersten Reichsbehörde und der Reichsfinanzverwaltung einzuholen.

H. Gehaltsbemessung bei Versetzungen auf Grund eines Disziplinarurteils.

53. Gelangt eine Versetzung auf Grund eines Disziplinarurteils in der Weise zur Ausführung, daß der Beamte in eine Stelle derselben Klasse oder in eine Stelle einer anderen Klasse mit gleichen Gehaltssätzen und Dienstaltersstufen versetzt wird, so ist,

a) wenn auf Strafversetzung ohne Verminderung des Diensteinkommens erkannt ist, dem Beamten sein Gehalt und Besoldungsdienstalter auch in der neuen Stelle unverkürzt zu belassen;

b) wenn auf Strafversetzung mit Verminderung des Diensteinkommens erkannt ist, dem Beamten das Besoldungsdienstalter zwar ebenfalls unverkürzt zu belassen, in jeder Gehaltsstufe aber das ihm danach zustehende Gehalt um den Betrag der in dem Disziplinarurteile festgesetzten Einkommensverminderung zu kürzen.

54. Kann die Strafversetzung nur in der Weise zur Ausführung gebracht werden, daß der Beamte in eine Klasse versetzt wird, für die andere Gehaltssätze oder Dienstaltersstufen bestehen, so ist über die Festsetzung des Besoldungsdienstalters der neuen Klasse die Entscheidung von der obersten Reichsbehörde unter Beteiligung der Reichsfinanzverwaltung zu treffen.

55. Wenn in den Fällen einer Strafversetzung mit Einkommensverminderung von der Kürzung des Gehalts, insbesondere nach Erreichung der höchsten Dienstaltersstufe, ganz oder zum Teil wieder abgesehen werden soll, so ist darüber die Entscheidung der obersten Reichsbehörde einzuholen.

J. Gehaltsbemessung beim Übertritte von Beamten in Fällen, in denen die vorstehenden Bestimmungen nur beschränkt und nicht ohne weiteres Anwendung finden.

a) Übertritt aus Stellen des Reichsdienstes, für welche Altersstufen noch fehlen, und aus dem Auslandsdienst in den Inlandsdienst.

56. Tritt ein Beamter aus einer Stelle, die mit einem Einzelgehalt ausgestattet ist, oder aus der Reichskanzlei in eine Stelle über, deren Gehalt nach Dienstaltersstufen geregelt ist, so wird das Besoldungsdienstalter durch die oberste Reichsbehörde im Einvernehmen mit der Reichsfinanzverwaltung festgesetzt.

57. Tritt ein Beamter aus dem gesandtschaftlichen oder Konsulardienst in eine Stelle des Inlandsdienstes,

deren Gehalt nach Dienstaltersstufen geregelt ist, so erfolgt die Festsetzung des Besoldungsdienstalters nach Maßgabe des normalmäßig erlangten pensionsfähigen Gehalts ohne Berücksichtigung des dem pensionsfähigen Teile des Wohnungsgeldzuschusses der betreffenden übrigen Reichsbeamten entsprechenden Betrags und etwaiger Zulagen.

Das Besoldungsdienstalter der der Besoldungsordnung II Klasse 2 angehörenden Bureau- und Kanzleibeamten des Auslandsdienstes ist bei ihrem Übertritte zur Geheimen Kanzlei des Auswärtigen Amtes so festzusetzen, als ob sie von vornherein in der Geheimen Kanzlei des Auswärtigen Amtes angestellt worden wären. Etwaige Diätariatszeit, auch wenn sie fünf Jahre übersteigt, hat hierbei unberücksichtigt zu bleiben. Unberührt bleibt der Anspruch auf Fortgewährung des etwaigen bisherigen höheren pensionsfähigen Gehalts.

b) Übertritt aus dem Schutzgebietsdienste.

58. Beim Übertritt aus dem Schutzgebietsdienst in eine mit Dienstaltersstufen ausgestattete Stelle ist für die Regelung des Besoldungsdienstalters lediglich das normalmäßig erlangte pensionsfähige Gehalt, nicht das Auslandsgehalt maßgebend.

Denjenigen Landesbeamten der Schutzgebiete, die weden vorübergehender Dienstunfähigkeit in den einstweiligen Ruhestand versetzt waren, kann das Besoldungsdienstalter in Abweichung von Ziffer 47 auch unter Berücksichtigung der Zeit des einstweiligen Ruhestandes festgesetzt werden.

Die Festsetzung erfolgt durch die oberste Reichsbehörde unter Beteiligung der Reichsfinanzverwaltung.

c) Übertritt aus dem preußischen unmittelbaren Staatsdienst und aus dem unmittelbaren Landesdienste von Elsaß-Lothringen.

59. Beim Übertritte von Beamten aus dem preußischen unmittelbaren Staatsdienste wird das Besoldungsdienstalter im allgemeinen so festgesetzt, als wenn die betreffenden Beamten vorher im Reichsdienst angestellt gewesen wären.

Das Gleiche gilt beim Übertritte von Beamten aus dem unmittelbaren Landesdienste von Elsaß-Lothringen, jedoch mit der Maßgabe, daß das normalmäßig erreichte Gehalt um den pensionsfähigen Teil des Wohnungsgeldzuschusses der entsprechenden Reichsbeamten gekürzt wird, und daß die Bestimmung des Dienstalters durch die oberste Reichsbehörde im Einvernehmen mit der Reichsfinanzverwaltung erfolgt.

Sind die Gehälter der Klasse, aus welcher der Austritt erfolgt, im preußischen Staatsdienst oder in Elsaß-Lothringen höher als die Gehälter der gleichwertigen Beamtenklasse des Reichsdienstes oder werden Zulagen, die im Reiche als anrechnungsfähig gelten, in Preußen oder Elsaß-Lothringen nicht angerechnet, so sind bei Festsetzung des Normalgehalts der früheren Stelle die niedrigeren Gehälter der letzteren Beamtenklasse zugrunde zu legen und die Zulagen unberücksichtigt zu lassen.

60. Ist ein außeretatsmäßiger Beamter aus dem unmittelbaren preußischen Staatsdienst oder aus dem unmittelbaren Landesdienste von Elsaß-Lothringen in eine außeretatsmäßige Stelle des Reichsdienstes übergetreten, so finden bei der Festsetzung seines Besoldungsdienstalters anläßlich seiner ersten etatsmäßigen Anstellung die Vorschriften über Anrechnung diätarischer Dienstzeit (Ziffer 21 ff.) entsprechende Anwendung auf die im Staatsdienste verbrachte außeretatsmäßige Dienstzeit.

61. Bei der Gehaltsbemessung für ehemalige Gendarmen und Schutzmänner ist nach folgenden Grundsätzen zu verfahren:

a) bei der etatsmäßigen Anstellung eines preußischen Gendarmen oder Schutzmanns als mittlerer oder Kanzleibeamter sowie bei der Anstellung eines preußischen Gendarmen als Unterbeamter findet eine Vorrückung des Besoldungsdienstalters zur Abwendung von Gehaltseinbußen nicht statt. Der Dienst in der Gendarmerie oder Schutzmannschaft wird wie Militärdienst behandelt. Wegen der Anrechnung der Militärdienstzeit siehe Ziffer 14 ff.;

b) bei der etatsmäßigen Anstellung eines preußischen Schutzmanns in einer Unterbeamtenstelle findet, auch wenn sich der Schutzmann bereits vor seinem Eintritt in die Schutzmannschaft im Besitze des Zivilversorgungsscheins befunden hat, eine Anrechnung von Militärdienstzeit nicht statt. In solchem Falle erfolgt die Regelung des Besoldungsalters und des Gehalts nach folgenden Bestimmungen:

α) Bei der Übernahme ist das Vorhandensein dienstlicher Rücksichten (Ziffer 30) auch dann anzunehmen, wenn die Übernahme lediglich auf Antrag des Schutzmanns erfolgt. Der Austritt aus der Stellung der Schutzmänner behufs Übertritts in den Reichsdienst ist daher als ein freiwilliges Ausscheiden im Sinne des Abschnitts G nicht anzusehen, es sei denn, daß der Ausgetretene den Übertritt durch eigene Schuld oder aus eigener Entschließung erheblich verzögert hat.

β) Zur Ermittelung des Normalgehalts der früheren Stelle ist das Besoldungsdienstalter der früheren Stelle so weit zu kürzen, daß nur die nach der Erlangung des Zivilversorgungsscheins in der Schutzmannschaft zurückgelegte Dienstzeit berücksichtigt wird. Bei Beamten, die aus ihrer etatsmäßigen Stelle als Schutzmann behufs Probedienstleistung oder informatorischer Beschäftigung beurlaubt waren, ist hierbei die Zeit dieser Beschäftigung als Dienstzeit in der früheren etatsmäßigen Stelle anzurechnen. Nach dem in dieser Weise ermittelten Normalgehalt ist das Besoldungsdienstalter der neuen Stelle festzusetzen, dessen ungeachtet aber den ehemaligen Schutzleuten der höhere Gehaltssatz der früheren Stelle, soweit er das Höchstgehalt der neuen Stelle nicht übersteigt, bis zum Aufsteigen in die entsprechende höhere Dienstaltersstufe der neuen Stelle — ohne Abrundung — fortzugewähren. Auf Polizeiwachtmeister findet diese Ausnahmebestimmung keine Anwendung, vielmehr ist hier das letzte normalmäßige Stellengehalt maßgebend.

γ) Beim Übertritte von Gendarmerieoberwachtmeistern, Polizeiwachtmeistern und Polizeioberwachtmeistern in Zivildienststellen des Reichs ist für die Festsetzung des Besoldungsdienstalters das letzte normalmäßige Stellengehalt maßgebend. Daneben und unabhängig von der Mitnahme des Gehalts erfolgt eine Anrechnung der Militärdienstzeit, wobei die in der Gendarmerie oder in der Schutzmannschaft verbrachte Zeit als Militärdienstzeit anzusehen ist.

c) Wenn Angehörige der elsaß-lothringischen Landgendarmerie oder Schutzmannschaft im Reichsdienst etatsmäßig angestellt werden, so erfolgt die Bemessung ihres Besoldungsdienstalters nach den für die Angehörigen der preußischen Landgendarmerie und Schutzmannschaft erlassenen Vorschriften, für die Angehörigen der Schutzmannschaft beim Übertritt in eine Unterbeamtenstelle unter Zugrundelegung des Normalgehalts der entsprechenden preußischen Beamten.

62. Den aus dem Reichsdienst in den preußischen unmittelbaren Staatsdienst und in den unmittelbaren Landesdienst von Elsaß-Lothringen übergetretenen Beamten ist beim Rücktritt in den Reichsdienst, wenn sie in diesem schon vorher etatsmäßig angestellt waren, ihr früheres Besoldungsdienstalter, andernfalls aber dasjenige Dienstalter beizulegen, welches sie erhalten haben würden, wenn sie anstatt des in der Anwartschaft zur etatsmäßigen Anstellung ihnen unmittelbar folgenden Beamten derselben Anwärterklasse angestellt worden wären. Sind die zurücktretenden Beamten nach ihrer früheren Anwartschaft zur etatsmäßigen Anstellung noch nicht an der Reihe, so ist ihr Besoldungsdienstalter bei der späteren Anstellung so festzusetzen, als wenn sie ununterbrochen im Reichsdienste verblieben wären.

d) Übertritt aus dem unmittelbaren Staatsdienst anderer Bundesstaaten.

63. Beim Übertritte von Beamten aus dem unmittelbaren Staatsdienste der übrigen Bundesstaaten in den Reichsdienst hat die Feststellung des Besoldungsdienstalters, soweit eine Anrechnung früherer Dienstzeit in Frage kommt, durch die oberste Reichsbehörde unter Beteiligung der Reichsfinanzverwaltung zu erfolgen.

Bei der Gehaltsbemessung für ehemalige Angehörige der Gendarmerie und Schutzmannschaft ist so zu verfahren, als wenn sie aus dem preußischen Dienste überträten, und zwar beim Übertritte von Angehörigen der Schutzmannschaft in eine Unterbeamtenstelle unter Zugrundelegung des Normalgehalts der entsprechenden preußischen Beamten. Eine Beteiligung der Reichsfinanzverwaltung findet hierbei nicht statt.

e) Übertritt aus dem Kommunal- und Schuldienste.

64. Für die aus dem Kommunaldienst und aus dem Schuldienst in den Reichsdienst übertretenden Beamten ist, sofern eine Anrechnung von Vordienstzeit in Frage kommt, das Besoldungsdienstalter von der obersten Reichsbehörde unter Beteiligung der Reichsfinanzverwaltung festzusetzen.

65. Bei Übernahme von Leitern und Lehrern der preußischen höheren Unterrichtsanstalten (Gymnasien, Realgymnasien, Oberrealschulen, Progymnasien, Realprogymnasien und Realschulen) aber erfolgt die Gehaltsfestsetzung durch die oberste Reichsbehörde nach Maßgabe des preußischen Normaletats. Hinsichtlich der Marine-Oberlehrer gilt jedoch auch hier die Bestimmung zu Ziffer 64.

66. Bei der Anstellung von preußischen Lehrern der öffentlichen Volksschule als Elementarlehrer bei den Kadettenanstalten sowie als Lehrer bei den Unteroffizierschulen, den Unteroffiziervorschulen, den Militär- und Soldaten-Knaben-Erziehungsanstalten sowie den Garnisonschulen ist nicht das bisher bezogene Gehalt maßgebend, ihnen wird vielmehr die über vier Jahre im öffentlichen Schuldienste verbrachte Zeit auf das Besoldungsdienstalter angerechnet.

K. Ausnahmefestsetzungen.

67. Wo infolge Einführung des Altersstufensystems sich im einzelnen Falle Härten ergeben würden, kann zu ihrem Ausgleich eine besondere Festsetzung des Besoldungsdienstalters oder die vorübergehende Bewilligung eines höheren Gehalts als die in den Besoldungsordnungen vorgesehenen Sätze behufs Ausgleichs von Einkommensausfällen durch die oberste Reichsbehörde unter Beteiligung der Reichsfinanzverwaltung erfolgen. Nachzahlungen von Gehaltsteilen dürfen nicht über den Beginn desjenigen Rechnungsjahrs hinaus stattfinden, in dem die Vorrückung an zuständiger Stelle angeregt worden ist.

L. Widerruf unrichtiger Gehaltsbewilligungen.

68. Ist ein Besoldungsdienstalter vorschriftswidrig festgesetzt oder ein Gehaltssatz vorzeitig bewilligt, so hat die Berichtigung des vorgekommenen Versehens zu erfolgen. Zuviel gezahlte Beträge sind wieder einzuziehen. Über die einzuziehenden Beträge ist der obersten Reichsbehörde unter Angabe der Berechnungsweise Anzeige zu erstatten.

M. Schlußvorschrift.

69. In Fällen, die durch die vorstehenden Bestimmungen nicht geregelt sind, erfolgt die Festsetzung des Besoldungsdienstalters durch die oberste Reichsbehörde unter Beteiligung der Reichsfinanzverwaltung.

Zweiter Teil. Offiziere einschließlich der Sanitätsoffiziere und der Marine-Ingenieure und Unteroffiziere.

70. Das Besoldungsdienstalter für die Offiziere und Unteroffiziere des Reichsheers wird durch die oberste Militär-Verwaltungsbehörde des Kontingents oder die von letzterer beauftragte Behörde festgesetzt.

71. In gleicher Weise hat die oberste Militär-Verwaltungsbehörde des Kontingents wegen Bewilligung der

Dienstalterszulagen für Offiziere und Unteroffiziere des Reichsheers Bestimmung zu treffen.

72. Die Bestimmungen im Teile I Ziffer 5, 7, 8 und 68 — Ziffer 8 jedoch mit Ausnahme des Schlußsatzes — finden sinngemäß Anwendung.

73. Die Bestimmungen in Ziffer 70 bis 72 finden auf die Offiziere des Reichsmilitärgerichts, die Offiziere und Unteroffiziere der Kaiserlichen Marine sowie auf die Schutztruppenoffiziere und -Unteroffiziere beim Reichs-Kolonialamte mit der Maßgabe Anwendung, daß an die Stelle der obersten Militär-Verwaltungsbehörde des Kontingents der Präsident des Reichsmilitärgerichts, das Reichs-Marine-Amt und das Reichs-Kolonialamt tritt.

Grundsätze

für die Neufestsetzung des Besoldungsdienstalters der Beamten und die Berechnung der Nachzahlungen aus Anlaß des Inkrafttretens des Besoldungsgesetzes vom 15. Juli 1909.

I. Besoldungsdienstalter der Beamten, die zum oder nach dem 1. April 1908 angestellt, befördert oder im dienstlichen Interesse aus einer Besoldungsklasse in eine andere versetzt sind.

1. Das Besoldungsgesetz ist mit Rückwirkung vom 1. April 1908 in Kraft getreten. Hieraus ergibt sich, daß das Besoldungsdienstalter aller Beamten, die seit dem 1. April 1908 angestellt, im dienstlichen Interesse versetzt oder befördert worden sind, einer Nachprüfung zu unterziehen ist. Ihr Besoldungsdienstalter ist — gleichviel ob dies zum Vorteil oder zum Schaden der Beamten gereicht — so festzusetzen, als wenn seit dem 1. April 1908 durchweg schon die neuen Gehaltssätze und die Gehaltsvorschriften vom 24. Juli 1909 bestanden hätten.

Die im dienstlichen Interesse versetzten oder beförderten Beamten sind hiernach mit dem Gehalt in die neue Besoldungsklasse einzureihen, welches ihnen nach den neuen Gehaltssätzen in der früheren Besoldungsklasse bei Anwendung der Gehaltsvorschriften und der Bestimmungen zu II dieser Verfügung vom Tage der Versetzung oder Beförderung zugestanden hätte.

In denjenigen Fällen, in welchen im Einvernehmen mit der Reichsfinanzverwaltung aus Billigkeitsrücksichten eine Vordatierung des Besoldungsdienstalters stattgefunden hat, ist zu prüfen, ob die damals maßgebend gewesenen Grundsätze auch jetzt noch eine Vordatierung angezeigt erscheinen lassen, und gegebenenfalls mit der Reichsfinanzverwaltung in Benehmen zu treten.

2. Entsprechend den zu 1 aufgestellten Grundsätzen ist insbesondere auch in denjenigen Fällen zu verfahren, in welchen Beamte der Bundesstaaten oder Nichtbeamte seit dem 1. April 1908 in den Reichsdienst übernommen sind. Hier wird namentlich die sich etwa daraus ergebende Sachlage zu berücksichtigen sein, daß seit diesem Zeitpunkt eine Gehaltsaufbesserung in dem betreffenden Bundesstaate stattgefunden hat.

II. Besoldungsdienstalter der Beamten, die vor dem 1. April 1908 angestellt, im dienstlichen Interesse versetzt oder befördert sind.

1. Grundsätzlich erhalten die Beamten die vom 1. April 1908 ab gültigen Gehaltssätze der neuen Besoldungsordnung nach Maßgabe ihres bisherigen Besoldungsdienstalters.

2. Für diejenigen Beamten, welche bisher ein Einzelgehalt bezogen haben und nunmehr aufsteigende Gehälter erhalten, wird das Besoldungsdienstalter auf den Tag des Einrückens in ihre Stelle festgesetzt.

Das Gleiche gilt für diejenigen Beamten, die bisher aufsteigende Gehälter ohne Altersstufen bezogen und für welche nunmehr Dienstaltersstufen eingeführt sind, insbesondere also für die gesandtschaftlichen und konsularischen Beamten hinsichtlich des pensionsfähigen Gehalts.

Der Direktor des Postzeitungsamts erhält das Besoldungsdienstalter, das er als Postdirektor gehabt hat.

3. Für diejenigen Beamten, deren Anfangsgehalt in der Besoldungsordnung herabgesetzt ist, wird folgendes bestimmt:

Für die Militärbeamten, welche bisher 150 Mark mehr als die entsprechenden Zivilbeamten bezogen haben, insbesondere also für die Intendanturräte, findet eine Vordatierung aus diesem Anlasse nicht statt. Das Gleiche gilt für die Beamten der Reichseisenbahnen hinsichtlich des bisher in ihrem Gehalte liegenden Teiles des Wohnungsgeldzuschusses.

Es findet eine Vordatierung statt für:

1. Maschinisten der Garnisonverwaltung in Wilhelmshaven, der Marineakademie und -Schule, bei den Lazaretten der Marine

sofern sie jetzt ein Gehalt von 1500 Mark haben,	um	3 Jahre,
sofern sie ein Gehalt von 1650 Mark haben	„	6 „ ,
sofern sie ein solches von 1800 Mark haben	„	9 „ ,
sofern sie ein solches von 1950 Mark haben	„	12 „ ;
2. die der Klasse 14 angehörigen mittleren Beamten der Kanal- und der Marineverwaltung, welche bisher Unterbeamte waren	um	nichts;
3. bisherige Kanalmeister I. Klasse beim Kanalamte (Kl. 17 Nr. 1)	„	3 Jahre;
4. Materialienverwalter beim Militär-Versuchsamte (Kl. 17 Nr. 2)	„	3 „ ;
5. Kanzlisten bei den Intendanturen (Kl. 17 Nr. 3)	„	3 „ ;
6. Zeichner für Garnisonbauwesen (Kl. 17 Nr. 5), sofern der Beamte ein Besoldungsdienstalter von weniger als 3 Jahren besitzt .	„	den an 3 Jahren fehlenden Zeitraum,
im übrigen	„	nichts;
7. Kanzleisekretäre beim Admiralstabe, soweit sie nicht dem vormaligen Oberkommando der Marine entnommen sind (Kl. 18 Nr. 1)	„	6 Jahre;
8. Wasserwerkinspektor, Werkmeister beim Garnisonbauwesen der Marineverwaltung (Kl. 21 Nr. 6)	„	6 „ ,

9. Werkmeister bei der ständigen, Ausstellung für Arbeiterwohlfahrt (Kl. 22 Nr. 1) . . . . um 3 Jahre;

10. Zeichner beim Kanalamte (Kl. 23 Nr. 1), falls sie ein Besoldungsdienstalter von weniger als 3 oder von mindestens 3, aber weniger als 6 Jahren besitzen . „ den an 3 oder 6 Jahren fehlenden Zeitraum,

im übrigen . . . . „ nichts;

11. Garnisonbauwarte der Marine (Kl. 26b) . . . . „ 6 Jahre;

12. Werkmeister bei den Werften (Kl. 27 Nr. 1) . . . . „ nichts;

13. Sekretär und Registrator bei der Generalinspektion des Militär-Erziehungs- und Bildungswesens (Kl. 35a Nr. 5) . . . „ 3 Jahre;

14. Oberbahnhofsvorsteher, Obergütervorsteher, Oberkassenvorsteher (Kl. 35a Nr. 11) . . „ 6 „ ;

15. Eisenbahnbetriebskontrolleure (Kl. 35a Nr. 11) . . . . . . „ 6 „ ;

16. Technische Inspektoren, Vorstand der Druckerei, Oberphotograph bei der Landesaufnahme und dem Generalstabe (Kl. 41 Nr. 5) . . . . „ 3 „ ;

17. Lazarettverwaltungsdirektoren (Kl. 43b Nr. 4) . . . . „ nichts;

18. Oberrevisor bei der Reichsdruckerei (Kl. 47 Nr. 2) . . . „ 3 Jahre,

19. Inspektor des Postzeitungsamts (Kl. 48 Nr. 4) . . . . „ 9 „ ;

20. Vorsteher von Militärpostämtern (Kl. 48 Nr. 5):

a) soweit sie bisher 4400 bis 5400 Mark Gehalt hatten	um	9 Jahre,
b) soweit sie bisher 3800 bis 5000 Mark Gehalt hatten	„	6 „ ,
c) soweit sie bisher 3400 bis 4600 Mark Gehalt hatten	„	3 „ ;
21. Kassiere bei den Oberbuchhaltereien der Generalmilitärkasse in Preußen und des Kriegszahlamts in Dresden und Rendant der Militärpensionskasse (Kl. 49 Nr. 1 und 2) . . .	„	3 „ ;
22. Physiker für das Torpedowesen und Chemiker bei der Reichsdruckerei (Kl. 51 Nr. 3 und 5).		
Falls die Beamten ein Besoldungsdienstalter von weniger als 3 oder von mindestens 3, aber weniger als 6 Jahre besitzen	um	den an 3 oder 6 Jahren fehlenden Zeitraum,
andernfalls	„	nichts;
23. Oberbibliothekare, Bibliothekare beim Reichstag und beim Reichsgericht (Kl. 56 Nr. 1).		
Falls sie ein Besoldungsdienstalter von weniger als 3 oder von mindestens 3, aber weniger als 6 Jahren besitzen	„	den an 3 oder 6 Jahren fehlenden Zeitraum,
im übrigen	„	nichts;
24. Oberingenieur (Elektrotechniker) beim Kriegsministerium (Kl. 57 Nr. 1), Konstrukteure 2. Klasse der Heeresverwaltung (Nr. 4), Betriebsleiter bei den technischen Instituten der Heeresverwaltung und bei der elek-		

	trischen Zentrale in Leipzig (Nr. 5) und Wissenschaftliche Mitglieder des Militärversuchsamts (Nr. 6)	um nichts;
25.	Korpsstabsapotheker und Oberstabsapotheker bei den Marinesanitätsämtern (Kl. 57 Nr. 3 und 7)	„ nichts;
26.	Baumeister für Hafenbau, Vorsteher des technischen Baubureaus beim Reichspostamt und Bauinspektoren mit Ausnahme derer beim Kanalamte (Kl. 57 Nr. 8, 9, 11, 12) .	„ 3 Jahre;
27.	Bauinspektoren beim Kanalamte (Kl. 57 Nr. 12) . . .	„ 6 „ ;
28.	Oberlehrer bei der Marineverwaltung (Kl. 58 Nr. 3) .	„ 3 „ ;
29.	Oberintendanturräte (Kl. 59 Nr. 1)	„ 3 „ ;
30.	Militär- und Marine-Oberpfarrer (Kl. 59 Nr. 2) . . .	„ 3 „ ;
31.	Vorstand des Torpedolaboratoriums (Kl. 59 Nr. 6) . . .	„ 3 Jahre;
32.	Oberstabsapotheker beim Kriegsministerium, Betriebsdirektoren 2. Klasse bei der Heeresverwaltung, Abteilungsvorstände und Konstrukteure 1. Klasse bei den technischen Instituten der Heeresverwaltung (Kl. 62 Nr. 1, 3, 4)	„ nichts.

4. Die Vorrückungen von Besoldungsdienstalter, welche auf Grund der Herabsetzung von Anfangsgehalt erfolgen, sind bei der Festsetzung des Besoldungsdienstalters vor etwaigen Vorrückungen aus anderem Anlasse vorzunehmen.

5. Zu berücksichtigen ist sodann § 38 BG. für diejenigen Beamten, welche sich nicht mehr in der Eingangs-

stelle befinden und deren Besoldungsdienstalter mit Rücksicht auf die seit dem 1. April 1906 eingetretenen Besoldungsaufbesserungen festgesetzt worden ist. Diese Vorschrift bezieht sich nicht nur auf diejenigen Beamten, die aus einer nach dem 1. April 1906 aufgebesserten Klasse befördert worden sind, sondern auch auf diejenigen Beamten, deren Besoldungsdienstalter aus Billigkeitsrücksichten, um Überholungen durch dienstjüngere Amtsgenossen zu vermeiden, oder aus anderen Gründen mit Rücksicht auf Gehaltsaufbesserungen in anderen Klassen vorgerückt worden ist. Insbesondere wird also das Besoldungsdienstalter der mit Rücksicht auf die Aufbesserung der Zahlmeistergehälter vordatierten Intendantursekretäre und Bureaubeamten der Zentralbehörden einer Nachprüfung zu unterziehen sein.

In allen diesen Fällen scheidet für die Nachprüfung das bisherige Besoldungsdienstalter völlig aus. Die Beamten, die aus einer nach dem 1. April 1906 aufgebesserten Klasse befördert worden sind, erhalten dasjenige Besoldungsdienstalter, das ihnen beizulegen gewesen sein würde, wenn die für die Festsetzung maßgebenden Stellen schon zur Zeit der Aufbesserung oder bei späterer Beförderung zur Zeit der Beförderung mit den in diesem Gesetze bestimmten Gehältern ausgestattet gewesen wären. Bei denjenigen Beamten, deren Besoldungsdienstalter aus Billigkeitsrücksichten, um Überholungen durch dienstjüngere Amtsgenossen zu vermeiden, oder aus anderen Gründen mit Rücksicht auf Gehaltsaufbesserungen in anderen Klassen vorgerückt worden ist, ist von dem Besoldungsdienstalter auszugehen, das sie ohne die Vorrückung gehabt haben oder gehabt hätten, und demnächst zu prüfen, ob und inwieweit die seinerzeit für die Vorrückung maßgebend gewesenen Grundsätze eine Vorrückung notwendig erscheinen lassen.

6. Weiter zu beachten bleibt der § 39 BG., der Ausnahmen von der Regel zu II, 1 zur Vermeidung von Überholungen durch dienstjüngere Amtsgenossen vorsieht und nach welchem das Besoldungsdienstalter derjenigen vor dem 1. April 1908 beförderten oder im dienstlichen Interesse versetzten Beamten, welche am 1. April 1908 ein geringeres pensionsfähiges Gehalt als in der vorher von ihnen bekleideten Stelle, falls sie in dieser verblieben wären, nach

den neuen Gehaltssätzen zu beziehen haben würden, oder welche in der vorher bekleideten Stelle bei dem nächsten Aufrücken eine höhere Gehaltsstufe erreicht haben würden, als dies in der neuen Stelle der Fall sein würde, so festzusetzen ist, als wenn die Beamten erst am 1. April 1908 in die neue Gehaltsklasse befördert oder versetzt wären.

Für die Beamten der höheren Laufbahn bei der Reichs-Post- und Telegraphenverwaltung ist hierbei so zu verfahren, als wenn das Anfangsgehalt der den jetzigen Ober-Postpraktikanten entsprechenden Klassen schon zur Zeit ihrer Beförderung in diese 2500 Mark betragen hätte.

7. Bei der Neufestsetzung des Besoldungsdienstalters kommt sodann in Betracht, daß die Vorschriften über Anrechnung von Militärdienstzeit bei Militär- und Zivilanwärtern sowie die Vorschriften über Anrechnung außeretatsmäßiger Dienstzeit, insbesondere von Diätariat (§ 6 Abs. 2, 3 und 4, §§ 7 und 8 des Besoldungsgesetzes) rückwirkende Kraft erhalten haben. Das Besoldungsdienstalter ist also, insoweit dies nicht bereits geschehen ist, um soweit vorzudatieren, wie dies notwendig wäre, wenn diese Vorschriften und die bezüglichen Bestimmungen aus den Gehaltsvorschriften vom 24. Juli 1909 schon zur Zeit der ersten etatsmäßigen, bezw. § 8 des Besoldungsgesetzes schon zur Zeit der Überführung aus einer Unterbeamtenklasse in eine Stelle des mittleren oder des Kanzleidienstes in Geltung gewesen wären. Das Besoldungsdienstalter ehemaliger Zivilanwärter kann durch Anwendung des Allerhöchsten Erlasses vom 14. Dezember 1891 (zu vgl. Ziffer 24 Abs. 2 der Gehaltsvorschriften) nicht früher als auf den 1. Januar 1892 bestimmt werden.

Rückwirkende Kraft erhält auch die Bestimmung in Ziffer 24 letzter Satz der Gehaltsvorschriften, nach welcher den Unterbeamten der Post- und Telegraphenverwaltung, welche während der Vorbereitungs- und Probezeit zur Erfüllung der Militärpflicht beurlaubt werden, der noch nicht abgeleistete Teil der Vorbereitungs- und Probezeit unter Gegenrechnung eines entsprechenden Teiles der Militärdienstzeit erlassen wird, während der Rest der Militärdienstzeit wie die in das Diätariat fallende Militärdienstzeit zu behandeln ist.

Rückwirkend gilt ferner die Bestimmung in Ziffer 43 der Gehaltsvorschriften, nach welcher den als Intendantursekretär des Heeres zur Anstellung gelangenden nicht zivilversorgungsberechtigten Anwärtern das Besoldungsdienstalter um diejenige Militärdienstzeit bis zur Dauer eines Jahres vorzudatieren ist, welche sie über die gesetzliche hinaus bestimmungsgemäß behufs Ermöglichung ihrer Anstellung haben zurücklegen müssen.

III. Allgemeine Bestimmungen.

1. Sofern einem Beamten nach seinem Besoldungsdienstalter ein geringeres pensionsfähiges Gehalt zustehen würde, als er tatsächlich bis zur Verkündung dieses Gesetzes bezogen hat, bewillige ich auf Grund des § 42 Abs. 2 des Besoldungsgesetzes, daß eine Kürzung des einmal bewilligten Gehalts nicht eintritt, den Beamten vielmehr das Mehr über das aus der Besoldungsordnung und dem Besoldungsdienstalter sich ergebende Gehalt hinaus bis zum normalmäßigen Aufrücken in ein höheres Gehalt gezahlt wird.

Den Beamten der Betriebsverwaltung der Reichseisenbahnen wird hierbei von dem tatsächlich bezogenen Gehalte derjenige darin inbegriffene Betrag abgerechnet, welcher dem pensionsfähigen Teile des Wohnungsgeldzuschusses der übrigen Reichsbeamten entspricht.

2. Neben dem Gehalte sind sowohl für 1908 als auch für die Zeit vom 1. April 1909 bis 1. Oktober 1909 die Wohnungsgeldzuschüsse nach Maßgabe des Besoldungsgesetzes, die Ostmarkenzulage nach Maßgabe des Gehalts und die sonstigen Zuschüsse und Zulagen, insbesondere Stellenzulagen, nach Maßgabe des durch den Entwurf zum Nachtragsetat umgestalteten Etats für 1909 zur Zahlung anzuweisen, gleich als wenn der Entwurf des Nachtragsetats schon verabschiedet wäre und auch für 1908 Geltung hätte.

3. Die hiernach nicht mehr oder nur in unveränderter Höhe zahlbaren Gebührnisse, insbesondere also die Wohnungsgeldzuschüsse, die Stellenzulagen und sonstige Zulagen, die nicht pensionsfähigen Zuschüsse der Beamten der Betriebsverwaltung der Reichseisenbahnen, der Wert

der etatsmäßigen Feuerungs-, Beleuchtungs- und sonstigen Deputate sowie die Entschädigung für nicht in natura gelieferte Deputate und Dienstwohnungen, die aus fortlaufenden Fonds den Unterbeamten bewilligten Teuerungszulagen sowie die Serviszulagen in den Orten der Tarifklasse A sind, soweit sie im Rechnungsjahre 1908 und seit dem 1. April 1909 bis 1. Oktober 1909 bezogen worden sind, auf die zustehenden Gebührnisse der einzelnen Jahre anzurechnen. Auf die für 1908 nachzuzahlenden Beträge kommen ferner die für dieses Jahr gewährten einmaligen außerordentlichen Beihilfen in Anrechnung.

4. Ergibt sich aus der angeordneten Berechnung der Gebührnisse, daß ein Beamter für 1908 insgesamt weniger erhalten würde, als er im Jahre 1908 zuzüglich der einmaligen Teuerungsbeihilfe tatsächlich bezogen hat, oder vom 1. April 1909 bis zum 1. Oktober 1909 insgesamt weniger erhalten würde, als ihm nach den geltenden Bestimmungen bis dahin zugestanden hat, so bewillige ich ihm auf Grund des § 46 Abs. 1 des Besoldungsgesetzes den Unterschiedsbetrag als nichtpensionsfähigen Zuschuß. Vom 1. Oktober 1909 ab bis zu dem Zeitpunkte, mit dem durch Gehaltserhöhung oder Aufsteigen im Gehalte, durch Zulagen, höheren Wohnungsgeldzuschuß oder Mietentschädigung ein Ausgleich eintritt, ist ferner ein Zuschuß insoweit zu bewilligen, als erforderlich ist, um den Beamten vor einem Rückgang in seinen gesamten Diensteinkünften zu bewahren.

Das Entsprechende bewillige ich den Pensionären, welche im Reichsdienste wieder angestellt sind, auf Grund des § 46 Abs. 2.

Erhöhungen des Wohnungsgeldzuschusses oder der Mietentschädigung bleiben insoweit außer Anrechnung, als sie lediglich infolge der Versetzung des Beamten an einen Ort einer höheren Wohnungsgeldzuschußklasse eintreten. Die an letzterem Orte infolge der Änderung des Wohnungsgeldzuschußgesetzes eintretende Tariferhöhung ist nicht eine solche Erhöhung, die „lediglich“ infolge der Versetzung eintritt: der versetzte Beamte muß sich daher diese Erhöhung auf den Zuschuß anrechnen lassen, ebenso wie auch bei denjenigen Beamten, die schon am 1. April 1908 am

Orte der höheren Wohnungsgeldzuschußklasse ihren Wohnsitz hatten, eine Berechnung der einmaligen Zulage auf die Tariferhöhung stattfindet.

Wenn und solange Beamte Dienstwohnungen innehaben, ist ihnen die Erhöhung des tarifmäßigen Wohnungsgeldzuschusses nicht auf die einmalige Zulage anzurechnen.

Bei der Betriebsverwaltung der Reichseisenbahnen ist den Gebührnissen, die die Dienstwohnungsinhaber künftig beziehen werden, die nach den bisherigen Bestimmungen entrichtete Mietvergütung zuzurechnen.

5. Für die Besoldungsklassen 59, 62, 63 ist in der Besoldungsordnung I bestimmt, daß Beamte bis zu einem Drittel pensionsfähige Zulagen von je 600 Mark erhalten. Dieses Drittel ist für die Beamten jedes Ressorts gesondert zu berechnen. Ob und inwieweit in jedem Ressort Gruppen zu bilden sind, bleibt, sofern dieserhalb nicht der Nachtragsetat bereits Vorsorge trifft, der Entscheidung der obersten Reichsbehörde überlassen. Ist die Zahl der in Frage kommenden Beamten nicht durch 3 ohne Rest teilbar, so kann Aufrundung nach oben erfolgen.

Von einer nachträglichen Zahlbarmachung der Zulage wird insoweit abzusehen sein, als für die rückliegende Zeit nicht mit Sicherheit festzustellen ist, wer von den Beamten in dem zum Genusse der Zulage berechtigten Stellung gewesen sein würde.

6. Die in die neugebildete Gehaltsklasse der Inspektoren bei der Heeres- und der Marineverwaltung einrückenden Beamten erhalten das Mehr derjenigen Bezüge nachgezahlt, welche sie erhalten haben würden, wenn die organisatorische Änderung bereits am 1. April 1908 erfolgt wäre. Ihr Besoldungsdienstalter ist — abweichend von der zu II, 1 gegebenen allgemeinen Regel — unter Zugrundelegung ihrer Anstellung in der bisherigen Assistentenklasse festzusetzen. Für die vor dem Tage der Verkündung des Gesetzes angestellten bisherigen Kaserneninspektoren, Lazarettinspektoren und Sanitätsdepotinspektoren der Marineverwaltung gilt jedoch die Vorschrift unter II, 1 und III, 1.

IV. Bestimmungen für die außeretatsmäßig, insbesondere diätarisch im Reichsdienste beschäftigte Beamten.

1. Die nachzuzahlenden Beträge und das Diätariendienstalter sind so festzusetzen, als wenn die neue Diätenordnung schon am 1. April 1908 in Kraft getreten wäre. Nachzahlungen an außeretatsmäßige Beamte oder Diätare, die zur Zeit der Verkündung des Besoldungsgesetzes nicht mehr Reichs-, Staats- oder Schutzgebietsbeamte gewesen sind, finden nicht statt.

Von mittleren, Kanzlei- und Unterbeamten sind hierbei alle diejenigen zu berücksichtigen, welchen beim Vorliegen der sonstigen Voraussetzungen im Jahre 1908 die einmaligen außerordentlichen Teuerungsbeihilfen zuzuwenden gewesen sind oder wären.

2. Die Bestimmungen zu III, 2, 3 und 4 finden sinngemäß Anwendung.

V. Bestimmungen für Pensionäre und Hinterbliebene.

1. Bei der Neufestsetzung der nachzuzahlenden Beträge an Pensionen für Beamte, die noch am 1. April 1908 im Dienste waren und seitdem in den Ruhestand getreten sind, und der nachzuzahlenden Beträge an Bezügen für ihre Hinterbliebenen ist von einem nach den vorstehenden Grundsätzen berechneten pensionsfähigen Gehalt, und dem neuen pensionsfähigen Durchschnittssatze des Wohnungsgeldzuschusses und den neuen sonstigen pensionsfähigen Diensteinkünften auszugehen, sofern die hiernach zu berücksichtigenden pensionsfähigen Bezüge insgesamt höher sind als die Summe der schon berücksichtigten.

2. Die Mehrbeträge, welche den nach dem 1. April 1908 in den Ruhestand getretenen Beamten für die Zeit vom 1. April 1908 bis zur Pensionierung zugestanden hätten, sind diesen nachzuzahlen. Ebenso sind die Mehrbeträge, welche den nach dem 31. März 1908 verstorbenen Beamten für die Zeit vom 1. April 1908 bis zu ihrem Tode zugestanden hätten, den Erben und die Mehrbeträge, welche deren Hinterbliebenen oder sonstigen Berechtigten für das

Gnadenvierteljahr zugestanden hätten, diesen nachzuzahlen. Die dem Beamten etwa gezahlte einmalige außerordentliche Beihilfe ist nur auf die der Stelle zukommende Einkommensverbesserung, nicht auch auf die sich daraus ergebende Erhöhung der Pension bezw. der Hinterbliebenenbezüge anzurechnen.

3. Erhöhungen der Pensionen, die auf Grund des § 37 Satz 2 und § 39 des Reichsbeamtengesetzes, sowie der Hinterbliebenenbezüge, welche auf Grund der §§ 9 und 10 Beamtenhinterbliebenengesetzes bewilligt sind, sind bei der obersten Reichsbehörde anzuregen, sofern seinerzeit die nach den früheren Dienstbezügen gesetzlich zulässigen Höchstbeträge bewilligt worden sind und ein dringendes Bedürfnis zu ihrer Erhöhung vorliegt.

4. Für die Beamten und Pensionäre, welche Empfänger von Militärpensionen oder Militärrenten sind, kann ebenso wie für Beamte, die als Zivilpensionäre wieder angestellt sind, durch die Diensteinkommensverbesserung eine anderweite Regelung der Pensionsbezüge und die Erstattung für die Zeit seit dem 1. April 1908 etwa zuviel gezahlter Beträge in Frage kommen. Entsprechendes gilt für Hinterbliebene, die zwei Versorgungen nebeneinander beziehen. Die Pensions- usw. Regelung ist zugleich mit der sonstigen Regelung zu veranlassen. Es empfiehlt sich, die Beteiligten hierauf bei der Benachrichtigung über die ihnen zukommenden Aufbesserungen hinzuweisen.

VI.

Von einer Neufestsetzung der bis zum Tage der Verkündung des Besoldungsgesetzes angewiesenen Beträge an

1. allgemeinen Umzugskosten der Ministerresidenten, Generalkonsuln, Konsuln und mit selbständigem Exequatur versehenen Vizekonsuln,
2. Urlaubsbezügen der Auslandsbeamten,
3. Dienstaufwandsentschädigungen der Geschäftsträger bei den Ministerresidenturen

ist abzusehen.

VII.

Die Erhöhung der von Dienstwohnungsinhabern zu zahlenden Vergütung für Gewährung von Feuerungsmaterialien tritt erst vom 1. Oktober 1909 ab ein.

VIII.

Von allen zur weiteren Ausführung der Besoldungsordnung ergehenden allgemeinen Verfügungen ist dem Rechnungshof und der Reichsfinanzverwaltung Mitteilung zu machen.

Beilage VII.

Diätenordnung
für die nicht etatsmäßigen Beamten der Reichsverwaltung.

Auf Grund des § 13 des Besoldungsgesetzes vom 15. Juli 1909 (RGBl. S. 573) bestimme ich mit Wirkung vom 1. April 1908 ab folgendes:

1. Die Bezüge der Reichsbeamten von der erlangten Befähigung zur Bekleidung des Amtes bis zur etatsmäßigen Anstellung (Diätariat) werden nach Dienstaltersstufen geregelt.

   Die Diätensätze und die Aufrückungsfristen sind in der Anlage bestimmt.

2. Über die in der Anlage angegebenen Sätze kann nur bei höheren und mittleren technischen Beamten mit Zustimmung der Reichsfinanzverwaltung dann hinausgegangen werden, wenn bei den festgesetzten Bezügen nicht genügend Anwärter sich melden.

3. a) Die Neuordnung der Diäten hat nur Bezug auf Beamte, die noch bei keiner Behörde etatsmäßig angestellt sind. Sie erstreckt sich also nicht auf Fälle, in denen etatsmäßig angestellte Beamte in anderen Stellen diätarisch beschäftigt werden. Hier wird grundsätzlich das Gehalt einschließlich des Wohnungsgeldzuschusses der etatsmäßigen Stelle zu gewähren sein. Wie weit darüber hinaus noch Tagegelder gezahlt werden müssen oder können, bestimmt für die Reichsbeamten § 3 der Allerhöchsten Verordnung vom 25. Juni 1901. Dieser Bestimmung entsprechend ist bei bundesstaatlichen Beamten, die im Reichsdienste diätarisch beschäftigt werden, zu verfahren. Bei Beschäftigung in den Ministerien und obersten Reichsbehörden kann denjenigen höheren und Bureaubeamten, die am Orte der Beschäftigung ihren dienstlichen Wohnsitz haben, eine Zulage gezahlt werden (Ministerialzulage).

Etatsmäßige Beamte der Schutzgebiete erhalten im Falle einer diätarischen Beschäftigung im Inland entweder das Auslandsgehalt ohne Kolonialdienstzulage bzw. Ortszulage oder — mit ihrer ausdrücklichen Zustimmung — die pensionsfähigen Bezüge. Ist Auslandseinkommen nicht in Auslandsgehalt und das Kolonialdienstzulage bzw. Ortszulage getrennt, so sind nur die pensionsfähigen Bezüge zu gewähren. Ministerialzulage kann nur neben den pensionsfähigen Bezügen gezahlt werden. Soweit die dienstliche Beschäftigung im Inland in die ersten 6 Monate eines Heimaturlaubs fällt, wird neben den nach der Urlaubsordnung zustehenden vollen Dienstbezügen keine weitere Vergütung gewährt.

b) Den diätarisch beschäftigten nicht etatsmäßigen Beamten anderer Verwaltungen sind, abgesehen von den ihnen etwa verordnungsmäßig zustehenden Tagegeldern, grundsätzlich die heimischen Gebührnisse zu zahlen. Wegen der Zulage bei Beschäftigung in den Ministerien und obersten Reichsbehörden gilt die Bestimmung im letzten Satze von Ziffer a Absatz 1.

Die nicht etatsmäßigen Landesbeamten der Schutzgebiete sind in ihren Bezügen im allgemeinen den etatsmäßigen Landesbeamten der Schutzgebiete gleichzustellen. Jedoch treten bei einer dienstlichen Beschäftigung im Inlande während eines Heimaturlaubs (z. vgl. a Abs. 2) an Stelle der Bezüge für die etatsmäßigen Beamten die in der Urlaubsordnung für die nicht etatsmäßigen Beamten vorgesehenen.

Für den Fall, daß ein diätarisch beschäftigter nicht etatsmäßiger Beamter bei seiner Heimatbehörde etatsmäßig angestellt wird oder angestellt werden würde, falls er nicht zu einem anderen Dienste beurlaubt worden wäre, werden seine Bezüge nach den vorstehend für diätarisch beschäftigte etatsmäßige Beamte gegebenen Bestimmungen bemessen. Das Gleiche gilt für dauernd in den Reichsdienst übernommene nicht etatsmäßige Beamte. Kann nicht festgestellt werden, in welchem Orte ein Beamter im Heimatdienste zur Anstellung gekommen wäre, so ist der Wohnungsgeldzuschuß des letzten dienstlichen Wohnsitzes zugrunde zu legen.

4. Das Diätariat beginnt mit dem in der Anlage etwa angegebenen Zeitpunkt. Im übrigen gelten für den Beginn des Diätariats und für die Berücksichtigung der Militärdienstzeit die Vorschriften in Ziffer 24 Absatz 2 und Ziffer 25 der Gehaltsvorschriften vom 24. Juli 1909, für die Betriebsverwaltung der Reichseisenbahnen jedoch mit der Maßgabe, daß bei den Militäranwärtern der Beginn des Diätariats auf den Tag der endgültigen Annahme als Diätar nach Beendigung der Probedienstzeit festzusetzen ist, und daß bei den nicht anstellungsberechtigten Anwärtern für nichttechnische mittlere Beamtenstellen der Tag der Annahme als Diätar den Zeitpunkt zu bilden hat, von dem ab das Aufsteigen zu den höheren Stufen zu rechnen ist.

Bei den höheren und mittleren technischen Beamten kann, sofern bei den festgesetzten Bezügen nicht genügend Anwärter sich melden, mit Genehmigung der obersten Reichsbehörde eine Anrechnung von Vordienstzeit, die bei der Reichsverwaltung außerhalb des Beamtenverhältnisses abgeleistet ist, auf das Diätariat stattfinden.

Den Unterbeamten der Reichs-Eisenbahnverwaltung kann mit Zustimmung der obersten Reichsbehörde die außerhalb des Beamtenverhältnisses bei der Verwaltung abgeleistete Vordienstzeit insoweit angerechnet werden, als erforderlich ist, um zu verhindern, daß die Übernahme in das diätarische Beamtenverhältnis für die Beteiligten mit einem Einkommensrückgange verbunden ist.

Für den Fall, daß ausnahmsweise die Vergütung während der Vorbereitungszeit den Anfangssatz der Diäten überstiegen hat, kann die Einweisung in die Diätenstufen mit Zustimmung der obersten Reichsbehörde so erfolgen, daß ein Einnahmeausfall nicht entsteht.

5. Die Dienstalterszulagen sind bis zur Erreichung des Höchstbetrags stets vom Beginne desjenigen Kalendermonats ab zu bewilligen, an dessen erstem Tage die Beamten sich ein volles Jahr oder die sonst in der Anlage angegebene Frist in einer Diätenstufe befunden haben.

Hat ein Diätar sogleich höhere Diäten erhalten, als gemäß Ziffer 4 Absatz 1 zustehen, so hat er auf der ihm zugewiesenen Stufe so lange zu verbleiben, bis sein Aufsteigen in eine höhere Stufe bei normalmäßiger Einweisung erfolgt wäre.

6. Kein Diätar besitzt auf Diätenerhöhung Anspruch. Die Zulagen werden nur dann bewilligt, wenn der Diätar nach seinen bisherigen dienstlichen Leistungen und seinem gesamten Verhalten einer solchen Berücksichtigung würdig ist.

7. Die für die etatsmäßigen Beamten geltenden Vorschriften über die Abwendung von Gehaltseinbußen bei Versetzungen finden auf Diätare entsprechende Anwendung. Der Übertritt von Militäranwärtern aus einer Diätarstelle in eine andere ist im Sinne dieser Vorschriften dann einer Versetzung aus dienstlichen Gründen gleichzustellen, wenn die Militäranwärter nicht sogleich bei ihrem Ausscheiden aus dem Militärdienst in die andere Diätarstelle (oder in den Vorbereitungsdienst hierzu) mangels Freiseins einer Stelle haben eintreten können.

8. Diese Vorschriften sind auch auf die beim Inkrafttreten der Neuregelung vorhandenen nicht etatsmäßigen Beamten der Reichsverwaltung anzuwenden. Die Einweisung in die Diätenstufen erfolgt nach Maßgabe des Diätariendienstalters, sofern nicht eine der vorstehend gegebenen Sonderbestimmungen für die Beteiligten günstiger ist. Denjenigen Diätaren, welche bereits ein höheres Einkommen an Diäten und Zulagen einschließlich der im Jahre 1908 gewährten einmaligen Beihilfen beziehen, als ihnen nach der neuen Ordnung zusteht, ist dieses zu belassen, bis sie etatsmäßig angestellt werden oder nach den Vorschriften dieser Diätenordnung unter Zugrundelegung ihres Dienstalters in eine höhere Diätenstufe aufsteigen können.

Berlin, den 28. Juli 1909.

Der Reichskanzler:
von Bethmann Hollweg.

Diätensätze

für die

nicht etatsmäßigen Beamten der Reichsverwaltung.

Laufende Nr.	Beamtengruppe	Diätensätze vom 1. Diätariats-	2.	3.	4.	5.
		ℳ	ℳ	ℳ	ℳ	ℳ
	A. Höhere Beamte.					
1.	Assessoren:					
	a) beim Auswärtigen Amte	3000	3300	3600	3900	—
	b) bei der Reichs-Eisenbahnverwaltung . .	2700	3000	3300	3600	3600
	c) bei den übrigen Verwaltungen	2400	2700	3000	3300	3600
2.	Regierungs-Baumeister soweit sie nicht der Gruppe 6 angehören.	2700	3075	3450	—	—
3.	Betriebsassistenten bei den Technischen Instituten der Militärverwaltung	2600	2800	3000	3200	3300
4.	Hilfsgeistliche bei der Militär- und Marineverwaltung	2400	2600	2800	3000	3200
5.	Wissenschaftliche Hilfslehrer bei der Haupt-Kadettenanstalt . . .	2400	2600	2800	3000	3200

Beginne des 6. jahrs ab	7.	8.	9.	10.	11.	Bemerkungen
ℳ	ℳ	ℳ	ℳ	ℳ	ℳ	
—	—	—	—	—	—	Zu a) Vom Eintritt in das Amt ab gerechnet. Nicht hierunter fallen die im Auswärtigen Amt als Hilfsarbeiter beschäftigten Vizekonsuln. Diesen werden Diäten von 4200, 4800, 5400 und 6000 ℳ jährlich gewährt.
3600	3900	—	—	—	—	
3900	—	—	—	—	—	
						Zu b und c. Vom Dienstalter als Assessor ab gerechnet. Bei Beschäftigung in den Zentralstellen außerdem eine Zulage, die im ersten Jahre 600 ℳ beträgt und alljährlich um 100 ℳ bis zur Erreichung eines Gesamteinkommens von 5000 Mark steigt. Die Assessoren bei der Reichs-Eisenbahnbetriebsverwaltung erhalten eine Zulage von 300 ℳ
—	—	—	—	—	—	Vom Dienstalter als Regierungsbaumeister ab gerechnet. Bei der Reichs-Eisenbahnbetriebs-Verwaltung außerdem eine Zulage von 300 ℳ
—	—	—	—	—	—	Vom Eintritt in das Amt ab gerechnet.
—	—	—	—	—	—	Vom Eintritt in das Amt ab gerechnet.

Laufende Nr.	Beamtengruppe	Diätensätze vor 1. Diätariats ℳ	2. ℳ	3. ℳ	4. ℳ	5. ℳ
6.	Technische (wissenschaftliche) Hilfsarbeiter bei den dem Reichsamte des Innern nachgeordneten Behörden . . . . . Technische (wissenschaftliche) Hilfsarbeiter bei der Seewarte (z. vgl. B 1) Pharmazeutische Hilfsarbeiter	2400	2600	2800	3000	3200
	B. Mittlere Beamte.					
1.	Technische Hilfsarbeiter bei der Seewarte, soweit sie nicht zu der Klasse A 6 gehören. .	2400	2600	2800	3000	3200
2.	Hilfs-Landmesser bei der Reichs-Eisenbahn-Betriebsverwaltung . .	1800	1950	2100	2250	2400
3.	Meister und Revisoren bei den Technischen Instituten der Militärverwaltung	2250	2300	2350	2400	2450
4.	Kupferstecher und Lithographen bei der Landesaufnahme, sowie Hilfskupferstecher b. Reichs-Marine-Amt und Admiralstabe	2000	2200	2350	2500	—
5.	Bureaudiätare a) beim Auswärtigen Amte, beim Reichs-Kolonialamte, beim Reichs-Justizamt und beim Reichs-Eisenbahnamte . .	1800	2000	2200	2350	2500

Beginne des 6. Jahrs ab ℳ	7. ℳ	8. ℳ	9. ℳ	10. ℳ	11. ℳ	Bemerkungen
—	—	—	—	—	—	Vom Eintritt in das Amt ab gerechnet.
—	—	—	—	—	—	Vom Eintritt in das Amt ab gerechnet.
2550	2700	—	—	—	—	Außerdem 180 ℳ Zulage
2500	—	—	—	—	—	
—	—	—	—	—	—	
—	—	—	—	—	—	Außerdem eine Ministerialzulage von 360 ℳ

Laufende Nr.	Beamtengruppe	Diätensätze vom 1.	2.	3.	4.	5. Diätariats-
		ℳ	ℳ	ℳ	ℳ	ℳ
	b) für Sekretärstellen bei den dem Reichsamte des Innern und dem Reichs-Schatzamte nachgeordneten Behörden (ausgenommen Kanalamt) c) bei den Militär-Intendanturen, sowie bei dem Großen Generalstab und der Landesaufnahme .	Zivilanwärter:				
		1800	2000	2200	2350	2500
		Militäranwärter:				
		2000	2200	2350	2500	—
	d) bei den Werften. . e) beim Reichsgericht .	1800	2000	2200	2350	2500
	f) für Sekretärstellen beim Kanalamte. .	Zivilanwärter:				
		1600	1800	2000	2200	—
		Militäranwärter				
		1800	2000	2200	—	—
6. 7.	Intendantursekretariatsassistenten bei der Marine . . . . Hilfstrigonometer, Hilfstopographen und Hilfskartographen bei der Militärverwaltung sowie Hilfskartographen bei der Marine . . .	Zivilanwärter:				
		1800	2000	2200	2350	2500
		Militäranwärter:				
		2000	2200	2350	2500	—
8.	Konstruktionshilfszeichner bei den Technischen Instituten der Militärverwaltung	1800	2000	2200	2350	2500
9.	Technische Praktikanten bei der Reichs-Eisenbahn-Betriebsverwaltung	1500	1700	1900	2100	—

…eginne des 6. …ahrs ab M	7. M	8. M	9. M	10. M	11. M	Bemerkungen
—	—	—	—	—	—	
—	—	—	—	—	—	
—	—	—	—	—	—	
—	—	—	—	—	—	
—	—	—	—	—	—	
—	—	—	—	—	—	
—	—	—	—	—	—	
—	—	—	—	—	—	
—	—	—	—	—	—	Außerdem 180 M Zulage.

Laufende Nr.	Beamtengruppe	Diätensätze vom 1. Diätariatsjahre ℳ	2. ℳ	3. ℳ	4. ℳ	5. ℳ
10.	Werkmeisterdiätare bei der Reichs-Eisenbahnverwaltung	1500	1650	1800	1900	2000
11.	Bureaudiätare für Sekretariatsassistentenstellen bei den dem Reichsamte des Innern nachgeordneten Behörden (ausgenommen Kanalamt.	Zivilanwärter:				
		1800	1900	2000	2100	2200
		Militäranwärter:				
		1900	2000	2100	2200	—
12.	Hilfszeichner beim Kanalamte	1600	1800	2000	2100	2200
13.	Bureaudiätare für Sekretariatsassistentenstellen beim Kanalamte	Zivilanwärter:				
		1450	1550	1650	1750	—
		Militäranwärter:				
		1550	1650	1750	—	—
14.	Nichttechnische Bureaudiätare . . Stationsdiätare . Materalienverwalterdiätare . (bei der Reichs-Eisenbahn-Verwaltung)	Zivilanwärter mit einer höheren Anwartschaft als derjenigen für eine Etatsstelle mit 1800 ℳ Anfangsgehalt und Militäranwärter:				
		1500	1575	1650	1800	—
		Sonstige Zivilanwärter:				
		1320	1440	1560	1650	1800
	Technische Bureaudiätare . . . . Bahmeisterdiätare Telegraphenkontolleurdiätare (bei der Reichs-Eisenbahn-Verwaltung)	1500	1575	1650	1800	—

Beginne des 6. jahrs ab ℳ	7. ℳ	8. ℳ	9. ℳ	10. ℳ	11. ℳ	Bemerkungen
—	—	—	—	—	—	Außerdem 180 ℳ Zulage.
—	—	—	—	—	—	
—	—	—	—	—	—	
—	—	—	—	—	—	
—	—	—	—	—	—	
—	—	—	—	—	—	
—	—	—	—	—	—	Außerdem 180 ℳ Zulage
—	—	—	—	—	—	Außerdem 180 ℳ Zulage.
—	—	—	—	—	—	Außerdem 180 ℳ Zulage.

Laufende Nr.	Beamtengruppe	Diätensätze vom 1. Diätariats- ℳ	2. ℳ	3. ℳ	4. ℳ	5. ℳ
		Zivilanwärter: Tagegelder von				
15.	Post- und Telegraphen-assistenten	3,75	4,00	4,25	4,50	4,75
		oder in Jahressummen umgerechnet:				
		1368,75	1460,00	1551,25	1642,50	1733,75
		Militäranwärter:				
		1500	1575	1650	1800	—
16.	Werfthilfstechniker . . . / Torpedohilfstechniker . .	1400	1500	1600	1700	1800
17.	Hilfsmechaniker bei der Technisch-Physikalischen Reichsanstalt	1500	1580	1660	1740	1800
18.	Hilfslotsen beim Kanalamte					
19.	Telegraphen-Hilfsmechaniker bei der Reichs-Post- und Telegraphen-Verwaltung	Tagegelder von:				
		4,00	4,25	4,50	—	—
	Hilfsmaschinisten bei der Reichs-Post- und Telegraphenverwaltung. .	oder in Jahressummen umgerechnet:				
		1460,00	1551,25	1642,50	—	—
		Tagegelder von:				
20.	Post- und Telegraphen-gehilfinnen	2,75	2,90	3,05	3,20	3,35
		oder in Jahressummen umgerechnet:				
		1003,75	1058,50	1113,25	1168,00	1222,75
	G. **Kanzleibeamte.**					
	Kanzleidiätare:					
	a) beim Auswärtigen Amte	1800	2000	2200	2400	2600

Beginne des 6. jahrs ab	7.	8.	9.	10.	11.	Bemerkungen
ℳ	ℳ	ℳ	ℳ	ℳ	ℳ	
5,00	—	—	—	—	—	
1825,00	—	—	—	—	—	
—	—	—	—	—	—	
1900	2000	2100	2200	2300	2400	
—	—	—	—	—	—	
—	—	—	—	—	—	
—	—	—	—	—	—	
3,50	3,65	3,80	—	—	—	
1277,50	1332,25	1387,00	—	—	—	
—	—	—	—	—	—	

Laufende Nr.	Beamtengruppe	Diätensätze vom 1. Diätariats- ℳ	2. ℳ	3. ℳ	4. ℳ	5. ℳ
	b) bei den anderen Zentralbehörden*) c) bei den dem Reichsamte des Innern und dem Reichs-Schatzamte nachgeordneten Behörden (ausgenommen Kanalamt) d) bei dem Großen Generalstab und der Landesaufnahme sowie beim Admiralstabe . . . . . . e) beim Reichsgerichte	1600	1800	2000	2100	2200
	f) beim Kanalamte. . g) bei den Intendanturen (Heer und Marine)	1450	1550	1650	1750	—
	h) bei der Reichs-Eisenbahnbetriebsverwaltung	1500	1575	1650	—	—
	D. Unterbeamte.					
1.	Hilfswerkführer bei der Marine*).	1650	1700	1750	1800	1850
2.	Drucker u. Photographen bei der Landesaufnahme	1650	1750	1850	—	—
3.	Hilfsmaschinisten beim Kanalamte	1400	1550	1700	—	—
4. 5.	Telegraphendiätare Steuermannanwärter Maschinistenassistentenanwärter } b. Kanalamte Hilfsbrückenwärter Magazinhilfsaufseher . . . . . Lotsenaspiranten . } bei der Marine-Verwaltung	1350	1425	1500	—	—

Beginne des 6. Jahrs ab M	7. M	8. M	9. M	10. M	11. M	Bemerkungen
—	—	—	—	—	—	*) Die Diätenfestsetzung für diese Gruppe hat nur insoweit Bedeutung, als der Grundsatz noch nicht durchgeführt ist, daß die Stellen der Kanzleibeamten bei den Zentralbehörden als Beförderungsstellen gelten sollen.
—	—	—	—	—	—	
—	—	—	—	—	—	Außerdem 180 M Zulage
1900	1950	2000	—	—	—	Den aus den Arbeitern der Marineverwaltung hervorgegangenen Hilfswerkführern können erhöhte Diäten bis zum Jahresbetrage von 2400 M gewährt werden, wenn der Werkführer im Arbeitsverhältnisse bereits mehr als 2000 M an Lohn jährlich bezogen hat oder beim weiteren Verbleiben im Arbeitsverhältnis unter normaler Aufrückung einen derartigen Lohn erhalten haben würde. Auch kann bei Ernennung eines Arbeiters zum
—	—	—	—	—	—	
—	—	—	—	—	—	
—	—	—	—	—	—	

Laufende Nr.	Beamtengruppe	Diätensätze vo 1. Diätariat ℳ	2. ℳ	3. ℳ	4. ℳ	5. ℳ
6.	Hilfskanzleidiener und Hilfshausdiener bei den Zentralbehörden . . .	1300	1400	1500	—	—
7.	Hilfsdrucker beim Auswärtigen Amte und Reichs-Kolonialamte .					
8.	Werkführerdiätare, Lademeisterdiätare, Schirrmeisterdiätare . . . ., Wagenmeisterdiätare . . . ., Maschinenwärterdiätare . . . . (bei der Reichs-Eisenbahn-Verwaltung)	1200	1300	1400	—	—
9.	Technische Gehilfen bei der Landesaufnahme .	1200	1300	1400	—	—
10.	Hilfskanzleidiener bei den dem Reichsamte des Innern und dem Reichs-Schatzamte nachgeordneten Behörden . . .	1250	1300	1350	—	—
	Hilfskanzleidiener und Hilfsdrucker beim Admiralstabe					
	Hilfskanzleidiener beim Kanalamte	1100	1150	1200	—	—
11.	Lokomotivheizerdiätare . . ., Fahrkarten- und Steindruckerdiätare . . ., Magazinaufseherdiätare, Bureau- u. Hauptkassendienerdiätare . . . (bei der Reichs-Eisenbahn-Verwaltung)	1100	1150	1200	—	—

egiune des 6. ihrs ab	7.	8.	9.	10.	11.	Bemerkungen
ℳ	ℳ	ℳ	ℳ	ℳ	ℳ	
—	—	—	—	—	—	Hilfswerkführer die Einweisung sogleich in diejenige Diätenstufe erfolgen, die seinem durchschnittlichen Jahresarbeitsverdienst in den letzten drei Jahren entspricht; jedoch darf der Anfangssatz nicht höher als auf 2100 ℳ festgesetzt werden.
—	—	—	—	—	—	Außerdem 90 ℳ Zulag
—	—	—	—	—	—	
—	—	—	—	—	—	
—	—	—	—	—	—	
—	—	—	—	—	—	Außerdem 90 ℳ Zulage.

Laufende Nr.	Beamtengruppe	Diätensätze vom 1. ℳ	2. ℳ	3. ℳ	4. ℳ	5. ℳ Diätariats-
12.	Weichenstellerdiätare, Wagenwärterdiätare, Rottenführerdiätare, Bahnsteigschaffnerdiätare, Schaffnerdiätare, Bremserdiätare, Schirrmännerdiätare, Portiersdiätare, Bahnwärterdiätare, Nachtwächterdiätare ... bei der Reichs-Eisenbahnverwaltung	1000	1050	1100	—	—
13.	Postboten und Postillone der reichseigenen Posthaltereien	Tagegeldsätze von 2 bis 3 ℳ (je nach den Alterszulagen von je				
14.	Telegraphenvorarbeiter .	Die Sätze der Postboten und daneben zum Beschäftigung im Telegraphenbau einen Zu- Gewährung eines Zehrgeldes zu vgl. die (Reichs-Gesetzbl. S. 491)				
15.	Fahrkartenausgeberinnen bei der Reichseisenbahn-Verwaltung ...., Telegraphengehilfinnen bei der Reichseisenbahn-Verwaltung	840	960	1080	1200	—

Beginne des 6. jahrs ab	7.	8.	9.	10.	11.	Bemerkungen
ℳ	ℳ	ℳ	ℳ	ℳ	ℳ	
—	—	—	—	—	—	Außerdem 90 ℳ Zulage.

Teuerungsverhältnissen der Orte) und 8jährliche 10 Pfg. für den Tag.

Ausgleiche für besondere Aufwendungen bei der schuß von 1,50 ℳ für den Tag. [Wegen der Kaiserliche Verordnung vom 27. Juni 1894 § 3 a letzter Absatz.]

—	—	—	—	—	—

II. Teil.

1. Beamtengesetz für Reichsbeamte.

(Auszug.)

Pensionierung der Beamten. Anspruch auf Pension.

§ 34.[1][2])

Jeder Beamte, welcher sein Diensteinkommen aus der Reichskasse bezieht, erhält aus der letzteren eine lebenslängliche Pension, wenn er nach einer Dienstzeit von wenigstens zehn Jahren[3]) infolge eines körperlichen Gebrechens oder wegen Schwäche seiner körperlichen oder geistigen Kräfte zu der Erfüllung seiner Amtspflichten dauernd unfähig ist[4])[5]) und deshalb in den Ruhestand versetzt wird.[6])[7])

1) Die Pensionsverhältnisse der Reichsbeamten sind durch das Reichsrecht erschöpfend geregelt, so daß landesgesetzliche Bestimmungen nicht zur Anwendung kommen können (RGZ. 43, 131).

2) Der § 34 regelt die allgemeinen, die §§ 34a bis 38 die besonderen Voraussetzungen für den im Rechtsweg verfolgbaren Anspruch auf Pension.

3) „von wenigstens 10 Jahren".

Vor dieser Zeit hat der Beamte einen Pensionsanspruch nur in den Fällen der §§ 35 und 36 RBGes.

4) „zur Erfüllung seiner Amtspflichten dauernd unfähig ist".

Unfähigkeit zur Wahrnehmung jeden Amts ist nicht gefordert (RGZ. 44, 42).

Voraussetzung für den Pensionsanspruch der Beamten der Kaiserlichen Schutztruppen ist dauernde Unfähigkeit zur Fortsetzung des Dienstes in der Heimat; die Tropendienstunfähigkeit allein genügt nicht (§ 72 Ziff. 1 OPG.).

5) „infolge eines körperlichen Gebrechens oder wegen Schwäche seiner körperlichen oder geistigen Kräfte".

Die Ursache des Gebrechens oder der Schwäche ist bei mehr als 10jähriger Dienstzeit ohne Bedeutung.

6) „und deshalb in den Ruhestand versetzt wird".

Die Versetzung in den Ruhestand bildet die Voraussetzung für den Pensionsbezug.

Die Versetzung in den Ruhestand kann beim Zutreffen der Voraussetzungen des § 34 erfolgen, ein Recht auf Versetzung in den Ruhestand steht dem Beamten nicht zu.

7) Die Pensionsverhältnisse der Militärbeamten regeln sich im allgemeinen nach dem RBGes.; die Militärbeamten haben aber ihre Pensionsansprüche rechtzeitig gemäß § 2 OPG. zu erheben und erhalten außer ihrer Beamtenpension unter den Voraussetzungen des OPG. Verstümmelungs-, Kriegs-, Alters- und Tropenzulagen, sowie Pensionserhöhungen im Betrage der Kriegszulage nach § 49 OPG (OPG. §§ 32, 11 bis 13 und wegen der Marinebeamten und der Beamten der Kaiserlichen Schutztruppen §§ 45, 59, 72). Besondere Bestimmungen sind getroffen für die Fälle, daß Beamte des Reichsheeres auf dienstlichen Seereisen oder in außereuropäischen Ländern verwendet worden sind (OPG. § 44 und besonders §§ 49 und 62).

§ 34a. [1])

Bei denjenigen aus dem Dienste scheidenden Beamten, welche das fünfundsechzigste Lebensjahr vollendet haben, ist eingetretene Dienstunfähigkeit nicht Vorbedingung des Anspruchs auf Pension.[2])

1) Durch § 34a soll den über 65 Jahre alten Reichsbeamten die Möglichkeit gegeben werden, Antrag auf Versetzung in den Ruhestand ohne das Eingeständnis ihrer Dienstunfähigkeit zu stellen.

Bezüglich der Beamten der Kaiserlichen Schutztruppen siehe OPG. § 72 Ziff. 8 und § 63 Abs. 2.

2) Einen Anspruch auf Versetzung in den Ruhestand haben die Reichsbeamten auch in den Fällen des § 34a nicht.

§ 36.[1])

Ist die Dienstunfähigkeit (§ 34) die Folge einer Krankheit, Verwundung oder sonstigen Beschädigung, welche der Beamte bei Ausübung des Dienstes oder aus Veranlassung desselben ohne eigene Verschuldung[2]) sich zugezogen hat, so

tritt die Pensionsberechtigung auch bei kürzerer als zehnjähriger Dienstzeit ein.

1) In § 36 handelt es sich um Fälle, in welchen ein Pensionsanspruch besteht, ohne daß die Voraussetzung einer zehnjährigen Dienstzeit gegeben ist. Die übrigen Voraussetzungen des § 34 müssen aber zutreffen; der Beamte muß sich die Krankheit, welche Dienstunfähigkeit zur Folge hat, entweder bei Ausübung oder aus Veranlassung des Dienstes zugezogen haben, es muß also ein Kausalzusammenhang zwischen der Dienstverrichtung und der Dienstunfähigkeit vorhanden sein.

In Fällen des § 36 beträgt die Pension $^1/_8$ des nach den §§ 42 bis 44 RBGes. zu bestimmenden Diensteinkommens.

2) „ohne eigene Verschuldung".

Schon ein geringes Verschulden schließt den Anspruch aus.

3) Neben § 36 ist für alle in reichsgesetzlich der Unfallversicherung unterliegenden Betrieben beschäftigte Zivil- und Militärbeamte das Unfallfürsorgegesetz vom 18. Juni 1901 (RGesBl. S. 211) getreten, welches innerhalb seines Bereichs alle Beamten, also auch die nicht pensionsberechtigten, berücksichtigt und dessen Wohltaten nicht schon bei geringem Verschulden, sondern erst bei Vorsatz oder solchem Verschulden verloren gehen, wegen dessen auf Dienstentlassung gegen den Beamten erkannt, oder ihm die Fähigkeit zur Beschäftigung in einem öffentlichen Dienstzweige aberkannt werden kann (§ 7 des Unfallfürsorgeges.).

§ 37.

Die unter dem Vorbehalte des Widerrufs oder der Kündigung angestellten Beamten haben einen Anspruch auf Pension nach Maßgabe dieses Gesetzes nur dann, wenn sie eine in den Besoldungs-Etats aufgeführte Stelle bekleiden;[1]) es kann ihnen jedoch, wenn sie eine solche Stelle nicht bekleiden, bei ihrer Versetzung in den Ruhestand eine Pension bis auf Höhe der durch dieses Gesetz bestimmten Sätze bewilligt werden.[2])[3])

1) Für die unter dem Vorbehalt des Widerrufs oder der Kündigung angestellten Beamten tritt bezüglich ihrer Pensionsansprüche zu den in den §§ 34, 34a, 36 und 38 RBGes. genannten Voraussetzungen noch die hinzu, daß sie eine in den Besoldungsetats aufgeführte Stelle bekleiden, d. h. eine Stelle, mit welcher ein etatsmäßiges Stelleneinkommen verbunden ist. Wird eine solche Stelle nicht bekleidet, so besteht auch kein Rechtsanspruch auf Pension, es kann aber eine solche im Gnadenwege beim Zutreffen der

Voraussetzungen in den §§ 34, 34a, 36 und 38 RBGes. verliehen werden.

2) Bedürftigkeit ist diesfalls nicht Voraussetzung einer solchen Gnadenbewilligung.

Die Gnadenpension des § 37 wird im Gegensatz zu der des § 39 RBGes. stets lebenslänglich gewährt.

3) Wird ein Beamter vor zurückgelegtem 10. Dienstjahre pensioniert, so beträgt die Pension in den Fällen der §§ 35 und 36 RBGes. ein Drittel und im Falle des § 39 RBGes. höchstens ein Drittel des nach den §§ 42 bis 44 RBGes. zu bestimmenden Diensteinkommens.

§ 38.[1])

Reichsbeamte, deren Zeit und Kräfte durch die ihnen übertragenen Geschäfte nur nebenbei[2]) in Anspruch genommen, oder welche ausdrücklich nur auf eine bestimmte Zeit oder für ein seiner Natur nach vorübergehendes Geschäft angenommen werden, erwerben keinen Anspruch auf eine Pension nach den Bestimmungen dieses Gesetzes.

Darüber, ob eine Dienststellung eine solche ist, daß sie die Zeit und Kräfte eines Beamten nur nebenbei in Anspruch nimmt, entscheidet bei der Dienstübertragung die dem Beamten vorgesetzte Dienstbehörde.[3])

1) Der § 38 handelt von Nebenämtern, welche ohne Hauptamt bekleidet werden, während § 44 RBGes. Nebenämter im Auge hat, welche neben einem Hauptamt versehen werden.

2) Zu den Nebenämtern im Sinn des § 38 gehören z. B. die von Privatpersonen neben ihrer Hauptprivaterwerbstätigkeit übernommenen Ämter. Als Beispiele werden in den Motiven 1872 genannt Gewerbetreibende oder andere Ortseinwohner, welche Stellen bei der Post als Nebengeschäfte wahrnehmen, z. B. als Postagenten.

Darüber, ob im einzelnen Fall die Dienststellung die Kräfte und die Zeit des Beamten nur nebenbei in Anspruch nimmt, entscheidet die vorgesetzte Dienstbehörde bei der Dienstübertragung, d. h. im Anstellungsvertrag.

3) Die Bewilligung einer Pension im Gnadenwege ist in den Fällen des § 38 ausgeschlossen.

§ 39.

Wird außer dem im § 36 bezeichneten Falle ein Beamter vor Vollendung des zehnten Dienstjahres dienst-

unfähig [1]) und deshalb in den Ruhestand versetzt, so kann demselben bei vorhandener Bedürftigkeit durch Beschluß des Bundesrats eine Pension entweder auf bestimmte Zeit oder lebenslänglich bewilligt werden. [2]) [3])

1) Wenn ein Reichsbeamter vor Ablauf des zehnten Dienstjahres aus anderen als den in § 36 RBGes. genannten Gründen dienstunfähig wird und deshalb in den Ruhestand versetzt wird, hat er zwar keinen Rechtsanspruch auf Pension, es kann ihm aber im Gnadenweg unter Ausschluß des Rechtswegs eine Pension verwilligt werden. Voraussetzung hierfür ist aber, daß er dienstunfähig ist, ein Einkommen aus der Reichskasse bezieht und lebenslänglich, oder zwar widerruflich aber etatsmäßig angestellt ist. Die nicht etatsmäßig auf Widerruf oder Kündigung angestellten Beamten sind auf die Gnadenbewilligung des § 37 Satz 2 RBGes. beschränkt.

2) Voraussetzung für die Bewilligung einer Gnadenpension nach § 39 ist im Gegensatz zu § 37 Bedürftigkeit des Beamten; die Bewilligung wird im einzelnen Fall nicht dadurch ausgeschlossen, daß der Beamte seine Dienstunfähigkeit selbst verschuldet und daher keinen Pensionsanspruch nach § 36 RBGes. hat.

In welcher Höhe und auf welche Zeit die Pension zu gewähren sei, bestimmt der Bundesrat, es darf aber die Pension den Mindestbetrag der gesetzlichen Pension von $^{20}/_{60}$ des Diensteinkommens nicht überschreiten (§ 41 Abs. 3 RBGes.).

Wird die Pension nicht auf Lebenszeit gewährt, so darf für den Wegfall des Bezugs nur ein bestimmter Zeitpunkt festgesetzt, der Wegfall selbst also nicht von einer Bedingung abhängig gemacht werden.

3) Als Rechtsfolgen ergibt sich aus der Verwilligung einer lebenslänglichen Pension der Anspruch der Witwe und der Waisen des Pensionärs auf Witwen- und Waisengeld.

Anspruch auf Umzugskosten.

§ 40. [1])

Hat der in den Ruhestand oder in den einstweiligen Ruhestand versetzte Beamte seinen dienstlichen Wohnsitz im Auslande, [2]) so sind demselben die Kosten des Umzugs nach dem innerhalb des Reichs von ihm gewählten Wohnorte zu gewähren.

1) Unter dem Wohnsitz ist im allgemeinen der Ort der ständigen Niederlassung zu verstehen, bei Militärbeamten der Garnisonort oder, wenn ihr Truppenteil keinen Garnisonort im Inland hat,

der letzte inländische Garnisonort des Truppenteils (BGB. §§ 7, 9). Für die Militärbeamten gilt der Garnisonort als gesetzlicher oder dienstlicher Wohnort auch dann, wenn sie sich an diesem Ort nicht wirklich niedergelassen haben.

Da es für die Reichsbeamten außer den Militärbeamten keinen gesetzlichen Wohnsitz gibt, kann ihr Wohnsitz vom Amtssitz verschieden sein. Dieser Amtssitz ist der sog. dienstliche Wohnsitz (RGZ. 20, 268).

2) Zu „im Ausland".

Als Ausland kommen auch die Schutzgebiete in Betracht. Nach dem OPG. § 72 Ziff. 7 bestimmt der Reichskanzler in wieweit einem Schutzgebietsbeamten die Kosten des Umzugs nach einem für den Ruhestand innerhalb des Reichs gewählten Wohnort zu gewähren sind. Im übrigen sind die Umzugskosten nach den Vorschriften der Verordn. vom 25. Juni 1901 (RGesBl. S. 241) zu bestimmen.

Betrag der Pension.

§ 41.[1][2])

Die Pension beträgt[3]) bei vollendeter zehnjähriger oder kürzerer Dienstzeit $^{20}/_{60}$ und steigt nach vollendetem zehnten Dienstjahre mit jedem weiter zurückgelegten Dienstjahre bis zum vollendeten dreißigsten Dienstjahr um $^{1}/_{60}$ und von da ab um $^{1}/_{120}$ des in den §§ 42 bis 44 bestimmten Diensteinkommens.

Über den Betrag von $^{45}/_{60}$ dieses Einkommens hinaus findet eine Steigerung nicht statt.

In dem im § 39 erwähnten Falle beträgt die Pension höchstens $^{20}/_{60}$ des vorbezeichneten Diensteinkommens.[4])

Der Jahresbetrag der Pension ist nach oben so abzurunden, daß bei Teilung durch drei sich volle Markbeträge ergeben.

1) Nach Abs. 1 und 2 des § 41 ist der Höchstbetrag der Pension mit $^{45}/_{60}$ nach 40 Dienstjahren erreicht; gerechnet werden nur volle Dienstjahre.

2) Vertragsbestimmungen, durch welche die Vorschriften des § 41 abgeändert werden wollen, sind rechtsunwirksam; der § 41 enthält zwingendes Recht (Kanngießer S. 128).

3) „die Pension beträgt".

Der Betrag der Pension richtet sich nach der Höhe des Diensteinkommens und nach der Zahl der vollendeten Dienstjahre, sodaß der über die vollen Dienstjahre hinaus im Dienst verbrachte Zeitraum unberücksichtigt bleibt. Eine Pensionserhöhung aus Gründen der Billigkeit, wie solche im § 7 OPG. vorgesehen ist, kennt das RBGes. nicht. Es kann aber pensionierten Beamten, welche nicht unter die Novelle vom 17. Mai 1907 fallen, unter den Voraussetzungen des letzten Absatzes des Art. 2 der Novelle und innerhalb der in Art. 2 festgestellten Grenzen eine Pensionserhöhung besonders in Fällen bewilligt werden, in denen das jährliche Gesamteinkommen hinter den Pensionsgebührnissen nach der Novelle von 1907 und hinter 3000 Mark zurückbleibt.

Für die Pension der Militärbeamten ist das Vorliegen einer Dienstbeschädigung von besonderer Bedeutung:

Eine Dienstbeschädigung ist bei schweren Verletzungen Voraussetzung für die Gewährung der Verstümmelungszulage (§ 11 OPG.); wird eine Dienstbeschädigung im Krieg erlitten, so gebührt dem Militärbeamten neben der Pension eine Kriegszulage (zu vgl. die §§ 12, 32 Abs. 7 und 59 Abs. 3 OPG.).

Erreicht das jährliche Gesamteinkommen eines Kriegspensionärs nicht 3000 Mark, so kann ihm nach § 13 OPG. eine Alterszulage gewährt werden (zu vgl. §§ 13, 32 Abs. 1 und 8).

Verstümmelungs-, Kriegs- und Alterszulage haben je das Bestehen eines Pensionsanspruchs zur Voraussetzung. Pensionserhöhungen werden wegen der erhöhten Gefahren auf dienstlichen Reisen oder in außereuropäischen Ländern den dort verwendeten Heeresbeamten, den Marinebeamten und den Beamten der Kaiserlichen Schutztruppen im Betrag der Kriegszulage oder Tropenzulagen gewährt (zu vgl. die §§ 44, 49, 59, 66 bis 68, 72 Abs. 1 Ziff. 8 und Abs. 2 OPG.).

Da durch die Pension jeder Schaden ausgeglichen wird, welcher auf den Dienst zurückgeführt werden kann, kann kein Reichsbeamter gegen den Reichsfiskus wegen Dienstbeschädigungen auf Grund des Dienstverhältnisses Schadensersatzansprüche geltend machen (DJZ. 1907 S. 191; RG. in JW. 1907 S. 287).

Bezüglich der Pensionserhöhungen auf Grund der Novelle zum RBGes. vom 18. Mai 1907 (RGesBl. S. 245), gegenüber Pensionären siehe § 70 RBGes. in der neuen Fassung.

§ 42.

Der Berechnung der Pension wird das von dem Beamten zuletzt bezogene gesamte Diensteinkommen nach Maßgabe der folgenden näheren Bestimmungen zugrunde gelegt:[1])

1. Der Wohnungsgeldzuschuß kommt nach den hierfür geltenden gesetzlichen Bestimmungen zur Anrechnung;

ist im Reichshaushalts-Etat für eine freie Dienstwohnung ein Wert ausdrücklich als anrechnungsfähig bezeichnet, so kommt dieser zur Anrechnung.

2. Funktions-, Stellen-, Teuerungs- und andere Zulagen[2]) kommen, sofern im Haushalts-Etat nicht etwas anderes bestimmt ist, dann zur Anrechnung, wenn sie unter den Besoldungstiteln angebracht sind.

3. Weitere feststehende Bezüge, namentlich Feuerungs- und Erleuchtungsmaterial, Naturalbezüge an Getreide, Winterfutter und dergleichen, sowie der Ertrag von Dienstgrundstücken[3]) kommen nur insoweit zur Anrechnung, als ihr Wert im Reichshaushalts-Etat unter den Besoldungstiteln auf die Geldbesoldung in Rechnung gestellt oder zu einem bestimmten Geldbetrag als anrechnungsfähig bezeichnet ist.

4. Bezüge, die ihrer Natur nach steigend und fallend sind,[4]) werden nur, sofern sie als pensionsfähig gewährt oder im Reichshaushalts-Etat unter gewährt oder im Reichshaushalts-Etat bezeichnet sind, zur Anrechnung gebracht, und zwar nach den im Reichshaushalts-Etat unter den Besoldungstiteln oder sonst bei Verleihung des Rechtes auf sie deshalb getroffenen Festsetzungen oder in Ermangelung solcher Festsetzungen nach ihrem durchschnittlichen Betrage während der drei letzten Rechnungsjahre vor dem Rechnungsjahr, in welchem die Pension festgesetzt wird.

5. Die zur Bestreitung von Dienstaufwands- und Repräsentationskosten bestimmten Einkünfte sowie die Ortszulage der Auslandsbeamten kommen nicht zur Anrechnung.

6. Bloß zufällige Diensteinkünfte, wie widerrufliche Gewinnanteile, Auftragsgebühren außerordentliche Remunerationen und dergleichen kommen nicht zur Anrechnung[5]).

Die Pension für die einstweilen in den Ruhestand versetzten Beamten wird von dem zur Zeit ihrer Versetzung in den Ruhestand bezogenen gesamten Diensteinkommen berechnet.

1) Nur dasjenige Diensteinkommen kann als Pension weiter gezahlt werden, welches für den Unterhalt der Person (persönliches Diensteinkommen) nicht für die Verwaltung des Amtes bestimmt ist. Das pensionsfähige Gehalt ist das von dem Beamten

zuletzt, d. h. zu derjenigen Zeit bezogene Diensteinkommen, zu der ihm seine Versetzung in den Ruhestand bekannt gemacht wird. Gehaltsaufbesserungen, die in der Zeit nach der Bekanntgabe bis zum Übertritt in den Ruhestand eintreten, bleiben unberücksichtigt.

2) Ob die Ortszulagen zum persönlichen oder sachlichen Diensteinkommen gehören, ist, wenn nicht der Etat über ihre Anrechnungsfähigkeit Auskunft gibt, zu untersuchen (RGZ. 7, 73). Zumeist werden dieselben als Entschädigungen für einen außerordentlichen, dienstlich gebotenen Aufwand zu gelten haben und deshalb zum sachlichen Diensteinkommen gehören.

Die sog. Funktionszulagen sind nicht pensionsberechtigt, wenn sie bloß als zufällige Diensteinkünfte anzusehen sind; ob dies zutrifft, ist im einzelnen Fall zu prüfen.

Repräsentationsgelder sind Entschädigungen für unvermeidlichen Dienstaufwand eines an einem bestimmten Orte fungierenden Beamten.

3) „Dienstgrundstücke".

Der Ertrag derselben kann auch in Geld bestehen, z. B. im Fall der Verpachtung.

4) „Bezüge, die ihrer Natur nach steigend und fallend sind".

Für die Anrechnungsfähigkeit dieser Bezüge ist vorausgesetzt, daß sie entweder als pensionsfähige gewährt, oder im Reichshaushaltsetat bezeichnet sind.

5) Über die Anrechnungsfähigkeit der einzelnen Teile des Diensteinkommens kann der Rechtsweg betreten werden.

§ 43.[1])

Ein Beamter, welcher früher ein mit einem höheren Diensteinkommen verbundenes Amt bekleidet und dieses Einkommen wenigstens ein Jahr bezogen hat, erhält, sofern der Eintritt[2]) oder die Versetzung in ein Amt von geringerem Diensteinkommen nicht lediglich auf seinen im eigenen Interesse gestellten Antrag erfolgt[3]) oder aber als Strafe auf Grund des § 75 gegen ihn verhängt ist, bei seiner Versetzung in den Ruhestand eine nach Maßgabe des früheren höheren Diensteinkommens[4]) unter Berücksichtigung der gesamten Dienstzeit berechnete Pension. Jedoch soll die gesamte Pension das letzte pensionsberechtigte Diensteinkommen nicht übersteigen.[5])

1) § 43 kommt nicht zur Anwendung wenn die Verminderung des Diensteinkommens auf eine Strafversetzung zurückzuführen ist und in Fällen der Versetzung auf Antrag des Beamten.

2) „Eintritt".

Gemeint ist der Eintritt in ein anderes Amt an demselben Dienstorte.

3) „nicht lediglich auf seinen im eigenen Interesse gestellten Antrag".

Es muß auch ein Interesse der Verwaltung beteiligt sein.

4) „nach Maßgabe des früheren Diensteinkommens".

Die Anwendbarkeit der Bestimmung setzt voraus, daß auch das frühere Diensteinkommen ebenso wie das zuletzt bezogene mit Pensionsberechtigung bezogen worden sei.

5) „soll nicht übersteigen".

Es wollte verhindert werden, daß ein Beamter als Pensionär ein höheres Einkommen bezieht, als er es am Ende seiner Aktivität hatte.

§ 44.

Das mit Nebenämtern[1]) oder Nebengeschäften verbundene Einkommen begründet nur dann einen Anspruch auf Pension, wenn eine etatsmäßige Stelle als Nebenamt bleibend verliehen ist.[2])[3])

1) „mit Nebenämtern".

Das Nebenamt setzt ein Hauptamt voraus. Dasselbe kann ein Reichsamt oder ein Amt im unmittelbaren oder mittelbaren Dienst eines Bundesstaates sein (RGZ. 43, 132).

Wird ein Hauptamt nicht bekleidet, so kommt § 38 zur Anwendung.

2) „bleibend", d. h. lebenslänglich.

3) Durch die Versetzung aus dem Hauptamt muß auch das bleibend verliehene Nebenamt mit dem Pensionsrechte verloren gehen, wenn mit der Versetzung ein solcher Wechsel des Wohnorts verbunden ist, daß die fernere Versehung des Nebenamts dadurch ausgeschlossen ist.

Berechnung der Dienstzeit.

§ 45.

Die Dienstzeit wird vom Tage der ersten eidlichen Verpflichtung[1]) für den Reichsdienst an[2]) gerechnet.

Kann jedoch ein Beamter nachweisen, daß seine Vereidigung erst nach seinem Eintritt in den Reichsdienst stattgefunden hat, so wird die Dienstzeit von dem letzteren Zeitpunkt an gerechnet.[3])[4])

Unberücksichtigt bleibt diejenige Zeit, in welcher der Beamte ohne bleibende Verleihung einer etatsmäßigen Stelle nur in der im § 38 angegebenen Weise beschäftigt gewesen ist. Die Zeit unentgeltlicher Beschäftigung wird nur insoweit berücksichtigt, als die Beschäftigung zur Erreichung eines mit einem Diensteinkommen aus der Reichskasse verbundenen Amtes bestimmt war.[5])[6])

1) „der ersten eidlichen Verpflichtung".

Die eidliche Verpflichtung kommt als spätester Anfangstermin für die Berechnung der Dienstzeit in Betracht (RGZ. 51, 297). Ist die Vereidigung unterblieben, so wird die Dienstzeit vom Dienstantritt an gerechnet.

2) „vom Tage — an".

Der Tag der eidlichen Verpflichtung ist der erste Tag der Dienstzeit. Ist die Beeidigung erst am zweiten erfolgt, weil der erste Tag des Monats, an dem der Dienstantritt erfolgte, ein Feiertag war, so ist die Dienstzeit vom ersten Monatstag an zu berechnen (zu vgl. BGB. § 193).

3) Die Dienstzeit wird regelmäßig durch Krankheit und Urlaub, bezw. durch ein Fernbleiben vom Amt, für welches ein Urlaub nicht erforderlich war, nicht unterbrochen (RGZ. 41, 110).

Unter Dienstzeit ist nicht nur die Zeit zu verstehen, in welcher ein Beamter seinen Dienstgeschäften obliegt, sondern überhaupt die ganze Zeit, in welcher ein Dienstpflichten begründendes Beamtenverhältnis besteht (RGZ. 51, 305).

4) Über das Ende der Dienstzeit siehe § 55 RBGes.

5) In die Dienstzeit wird auch eingerechnet der Tag des Dienstaustritts.

6) Über Fragen aus §§ 45 ff., betreffend Anrechnung der Dienstzeit ist der Rechtsweg zulässig.

§ 46.

Bei Berechnung der Dienstzeit kommt auch die Zeit in Anrechnung, während welcher ein Beamter

1. unter Bezug von Wartegeld im einstweiligen Ruhestand,[1]) oder
2. im Dienste eines Bundesstaats[2]) oder der Regierung eines zu einem Bundesstaate gehörenden Gebiets sich befunden hat, oder
3. als anstellungsberechtigte ehemalige Militärperson[3]) nur vorläufig oder auf Probe im Zivildienste des Reichs, eines Bundesstaats, oder der Regierung eines

zu einem Bundesstaate gehörenden Gebiets beschäftigt worden ist, oder

4. eine praktische Beschäftigung[4]) außerhalb des Dienstes des Reichs oder eines Bundesstaats ausübte, insofern und insoweit diese Beschäftigung vor Erlangung der Anstellung in einem Reichs oder unmittelbaren Staatsamte behufs der technischen Ausbildung in den Prüfungsvorschriften ausdrücklich angeordnet ist.

Im Falle der Nr. 2 wird die Dienstzeit nach den für die Berechnung der Dienstzeit im Reichsdienste gegebenen Bestimmungen berechnet.[5])

1) „im einstweiligen Ruhestand".
Da die im einstweiligen Ruhestand verbrachte Dienstzeit vom Beamten nicht verschuldet ist, und dadurch die Versetzung in den einstweiligen Ruhestand die allgemeine Dienstpflicht nicht aufgehoben wird (RGZ. 51, 308), hat diese Zeit zur Anrechnung zu kommen.

2) „im Dienste eines Bundesstaats".
Gemeint ist nur der unmittelbare Staatsdienst. Der Bundesstaatsdienst ist dem Reichsdienst gleichgestellt. Die Frage, ob ein unmittelbarer Staatsdienst vorliegt, ist nach den betreffenden Landesgesetzen zu beurteilen.

3) „als ehemalige Militärperson".
Eine solche widerrufliche oder zur Probe erfolgte Beschäftigung von Militäranwärtern ist auch dann als Dienstzeit anzusehen, wenn dieselben noch nicht angestellt waren.

4) „eine praktische Beschäftigung".
Die Studienzeit kommt nie zur Anrechnung.

Bezüglich der Frage, ob und wie lange ein Dienstverhältnis im Sinn der Ziff. 2 und 3 und eine praktische Beschäftigung im Sinn der Ziff. 4 bestanden hat, ist der Rechtsweg zulässig (RGZ. 6, 105).

5) „nach den für die Berechnung der Dienstzeit im Reichsdienst gegebenen Bestimmungen".
Siehe die §§ 45 bis 52 RBGes.

§ 47.

Der Zivildienstzeit wird die Zeit des aktiven Militärdienstes[1]) hinzugerechnet.[2])

1) „des aktiven Militärdienstes".
Hierunter ist der Heeres-, Marine- und Schutztruppendienst zu verstehen. Die Zeit des Beurlaubtenstandes kommt nicht in Betracht.

2) Bei der Pensionierung eines Reichszivilbeamten ist dessen Militärdienstzeit nach Maßgabe des RBGes. (§§ 45, 48, 49, 51) zu berechnen, da die bezüglichen Bestimmungen im OPG. und MBG. auf Militärbeamte nur eine beschränkte Anwendung finden und mangels einer besonderen Vorschrift auf Zivilbeamte überhaupt nicht anzuwenden sind. (Zu vgl. OPG. §§ 36 Abs. 1 und 2, 59 Abs. 1 und 72 Abs. 1 Ziff. 8).

§ 48.

Die Dienstzeit, welche vor den Beginn des achtzehnten Lebensjahres fällt, bleibt außer Berechnung.[1])

Nur im Kriegsfalle wird die Militärdienstzeit vom Beginne des Krieges, beim Eintritt in den Militärdienst während des Krieges vom Tage des Eintritts ab gerechnet.

Als Kriegszeit gilt in dieser Beziehung die Zeit vom Tage einer angeordneten Mobilmachung, auf welche ein Krieg folgt, bis zum Tage der Demobilmachung.[2])

1) Außer den Kriegszeiten ist die Dienstzeit vor Beginn des 18. Lebensjahrs bei der Berechnung der Pension eines Beamten außer Berechnung zu lassen; bei der Berechnung der Militärpensionen kommt die Dienstzeit schon mit dem Beginn des 18. Lebensjahrs in Anrechnung (OPG. § 14 Abs. 2).

Die Militärdienstzeit gelangt hiernach verschieden zur Anrechnung, je nachdem es sich um eine Zivilpension, oder um eine Militärpension handelt.

2) Der Abs. 2 handelt nur von der Militärdienstzeit; es kann also eine Dienstzeit im Zivildienst vor dem 18. Lebensjahr bei der Berechnung der Pension nie in Betracht kommen.

3) Der Abs. 3 ist gleichlautend mit § 14 Abs. 3 OPG. (zu vgl. auch die Anmerkungen zu diesem Paragraphen).

§ 49.

Für jeden Krieg, an welchem ein Beamter im Reichsheer, in der Kaiserlichen Marine oder bei den Kaiserlichen Schutztruppen oder in der bewaffneten Macht eines Bundesstaats teilgenommen hat, wird zu der wirklichen Dauer der Dienstzeit ein Jahr (Kriegsjahr) hinzugerechnet; jedoch ist für mehrere in ein Kalenderjahr fallende Kriege die Anrechnung nur eines Kriegsjahrs zulässig.

Wer als Teilnehmer an einem Kriege anzusehen ist, unter welchen Voraussetzungen bei Kriegen von längerer

Dauer mehrere Kriegsjahre anzurechnen sind, welche militärische Unternehmung als ein Krieg im Sinne dieses Gesetzes anzusehen und welche Zeit als Kriegszeit zu rechnen ist, wenn keine Mobilmachung oder Demobilmachung stattgefunden hat, dafür ist die nach § 17 des Offizierpensionsgesetzes vom 31. Mai 1906 in jedem Falle ergehende Bestimmung des Kaisers maßgebend. Für die Vergangenheit bewendet es bei den hierüber in den einzelnen Bundesstaaten getroffenen Bestimmungen.

Diese Bestimmungen sind durch die Novelle zum RBGes. vom 17. Mai 1907 ganz an das OPG. (§§ 16 u. 17) angepaßt worden.

§ 50.

Inwieweit die Zeit eines Festungsarrestes oder einer Kriegsgefangenschaft angerechnet werden könne, ist nach den für die Pensionierung der Militärpersonen des Reichsheeres und der Kaiserlichen Marine geltenden gesetzlichen Bestimmungen zu bemessen.

Siehe hierzu die §§ 18, 54 und 70 OPG. und die Anmerkungen zu diesen Paragraphen.

§ 51.[1])

Den Beamten, welche in außereuropäischen Ländern eine längere als einjährige Verwendung gefunden haben, wird die daselbst zugebrachte Dienstzeit bei Verwendung in Ost- und Mittelasien, Mittel- und Südamerika bei der Pensionierung doppelt in Anrechnung gebracht.

Bei Verwendung von Beamten in anderen außereuropäischen Ländern als den vorbezeichneten ist es dem Beschlusse des Bundesrats vorbehalten, dem Vorstehenden entsprechende Bestimmungen zu treffen.[2])

1) Durch diese Bestimmungen soll den in außereuropäischen Ländern beschäftigten Beamten eine Entschädigung geboten werden für die Gefahren des Klimas und die weite Entfernung von der Heimat.

2) Als Beschlüsse des Bundesrats sind zu nennen derjenige vom 18. November 1880 (RZentralBl. S. 773) und der vom 12. Oktober 1905 (RZentralBl. 1906 S. 2), betreffend die besoldeten gesandtschaftlichen und Konsularbeamten.

Bezüglich der Beamten des Reichsheeres siehe die §§ 36 Abs. 2, 16 Abs. 2 OPG.

Bezüglich der Marinebeamten siehe §§ 53 und 59 Abs. 1; bezüglich der Beamten der Schutztruppen §§ 69 und 72 Ziff. 8 OPG.

§ 52.[1])

Mit Genehmigung des Bundesrats kann nach Maßgabe der Bestimmungen in den §§ 45 bis 49 die Zeit angerechnet werden, während welcher ein Beamter

1. sei es im In- oder Ausland als Sachwalter oder Notar fungiert, im Gemeinde-, Kirchen- oder Schuldienst[2]) oder im Dienste einer landesherrlichen Haus- oder Hofverwaltung sich befunden, oder
2. im Dienste eines dem Reiche nichtangehörigen Staates gestanden hat, oder
3. außerhalb des Dienstes des Reichs oder eines Bundesstaats praktisch beschäftigt gewesen ist,[3]) insofern und insoweit diese Beschäftigung vor Erlangung der Anstellung in einem Reichs- oder unmittelbaren Staatsamte herkömmlich war,
4. vor seiner Anstellung ununterbrochen im privatrechtlichen Vertragsverhältnis eines Dienstverpflichteten dem Reiche oder einem Bundesstaate gegen unmittelbare Bezahlung aus der Reichs- oder einer Staatskasse Dienste geleistet hat, insofern er mit Aussicht auf dauernde Verwendung ständig und hauptsächlich mit den Dienstverrichtungen eines Beamten betraut gewesen ist und diese Beschäftigung zu seiner Anstellung geführt hat.[4])

1) Der § 52 steht in Beziehung zu § 46 RBGes., wo die Tätigkeiten bezeichnet sind, welche als Dienstzeiten anzurechnen **sind**. Hier sind die Dienstzeiten bestimmt, welche angerechnet werden **können**.

2) Unter Gemeinde-, Kirchen- und Schuldienst ist jeder mittelbare Staatsdienst zu verstehen. Der Dienst bei den Handels- und Gewerbekammern gehört nicht hierher.

3) „**praktisch beschäftigt gewesen ist**".

Hiernach kann eine praktische Beschäftigung **vor** der Anstellung auch dann als Dienstzeit angerechnet werden, wenn sie nicht der technischen Ausbildung dient und nicht in den Prüfungsverordnungen ausdrücklich vorgeschrieben ist, vorausgesetzt, daß sie herkömmlich ist. Eine **über die herkömmliche** Zeit sich hieraus erstreckende Beschäftigungszeit kann also niemals angerechnet werden. Die Herkömmlichkeit steht im engsten Zusammenhang mit der Notwendigkeit einer, einer solchen Anstellung vorausgehenden praktischen Tätigkeit.

4) Durch die Ziff. 4 sollen hauptsächlich untere und mittlere Beamte, welche aus dem Arbeiterverhältnis hervorgegangen sind, berücksichtigt werden.

Nachweis der Dienstunfähigkeit.

§ 53.1)2)

Zum Erweise der Dienstunfähigkeit eines seine Versetzung in den Ruhestand nachsuchenden Reichsbeamten ist die Erklärung der demselben unmittelbar vorgesetzten Dienstbehörde erforderlich,3) daß sie nach pflichtmäßigem Ermessen den Beamten für unfähig halte, seine Amtspflichten ferner zu erfüllen.

Inwieweit andere Beweismittel zu erfordern oder der Erklärung der unmittelbar vorgesetzten Behörde entgegen für ausreichend zu erachten sind, hängt von dem Ermessen der über die Versetzung in den Ruhestand entscheidenden Behörde ab.4)

1) Die Behörde, welche über die Versetzung in den Ruhestand zu befinden hat (§ 54) ist an die Äußerung der unmittelbaren vorgesetzten Dienstbehörde nicht gebunden und kann deren Ergänzung z. B. durch ärztliche Zeugnisse anordnen.

2) Die Feststellung der Dienstunfähigkeit durch die für die Versetzung in den Ruhestand zuständige Behörde ist auch für den Richter maßgebend.

3) Handelt es sich um Wartgeldempfänger, welche in den bleibenden Ruhestand zu versetzen sind, so ist das Zeugnis von der zuletzt vorgesetzten Dienstbehörde auszustellen.

4) Über die Frage, ob der Beamte dienstunfähig und deshalb in den bleibenden Ruhestand zu versetzen sei, ist der Rechtsweg nicht zulässig. Ist aber die Dienstunfähigkeit im Verwaltungsweg festgestellt, so kann bezüglich der Frage, in welcher Höhe die Pension zu gewähren ist, der Rechtsweg betreten werden. Wenn dagegen auf Grund des Unfallfürsorgegesetzes wegen einer durch einen Betriebsunfall hervorgerufenen Erwerbsunfähigkeit oder Beschränkung der Erwerbsfähigkeit Pensionsansprüche erhoben werden, hat das Gericht zu beurteilen, ob und inwieweit eine Erwerbsunfähigkeit eingetreten ist (JW. 1907 S. 495).

§ 54.

Die Bestimmung darüber, ob und zu welchem Zeitpunkte dem Antrag eines Beamten auf Versetzung in den Ruhestand stattzugeben ist, sowie ob und welche Pension demselben zusteht, erfolgt durch die oberste Reichsbehörde, welche die Befugnis zu solcher Bestimmung auf die höhere Reichsbehörde übertragen kann. Bei denjenigen Beamten, welche eine Kaiserliche Bestallung erhalten haben, ist die Genehmigung des Kaisers zur Versetzung in den Ruhestand erforderlich.[1][2][3][4]

1) Gegen die Entscheidung der Obersten Reichsbehörde gibt es kein Rechtsmittel, weder Beschwerde, noch Klage im ordentlichen Rechtsweg. Gegen die Entscheidung der höheren Reichsbehörde findet Beschwerde an die Oberste Reichsbehörde statt. Eine solche Beschwerde ist an keine Frist gebunden und hat auch keine aufschiebbare Wirkung. Wenn sie aber nicht binnen 6 Monaten nach Bekanntgabe der Entscheidung der höheren Behörde erhoben wird, geht das nach § 149 RBGes. zustehende Klagrecht verloren (§ 150 RBGes.).

2) Der Kaiser genehmigt nur die Versetzung in den Ruhestand; über die Berechtigung der Pensionierung und über die Festsetzung der Pension entscheidet die Verwaltungsbehörde.

3) Während eines Straf- oder Disziplinarverfahrens darf einem Pensionierungsgesuch nicht stattgegeben werden, da eine einmal bewilligte Pension im Straf- oder Disziplinarverfahren nicht wieder entzogen werden kann.

4) Bei Versetzung in den Ruhestand behalten die Beamten ihren Titel, wenn ihnen nicht aus Anlaß der Pensionierung ein höherer Titel verliehen wird.

Zahlbarkeit der Pensionen.

§ 55.

Die Versetzung in den Ruhestand tritt, sofern nicht auf den Antrag oder mit ausdrücklicher Zustimmung des Reichsbeamten ein früherer Zeitpunkt festgesetzt wird,[2] mit dem Ablaufe des Vierteljahrs ein,[1] welches auf den Monat folgt, in welchem dem Beamten die Entscheidung über seine Versetzung in den Ruhestand und die Höhe der ihm etwa zustehenden Pension (§ 54) bekannt gemacht worden ist.[3][4]

1) „mit dem Ablauf des Vierteljahrs".
Es handelt sich nicht um ein Kalendervierteljahr, sondern um einen Zeitraum von 3 Monaten. Erst in diesem Zeitpunkt treten

alle Wirkungen der Versetzung in den Ruhestand ein. Vor Eintritt dieses Zeitpunkts bestehen noch alle Rechte und Pflichten für den Beamten. Wird bis zu diesem Zeitpunkt ein Urteil rechtskräftig, durch welches dem Beamten die Fähigkeit zur Bekleidung öffentlicher Ämter entzogen, oder durch welches er aus dem Dienste entlassen wird, so geht er auch der Pension verlustig; stirbt der Beamte vor Eintritt dieses Zeitpunkts, so erhalten seine Hinterbliebenen das Gnadenvierteljahr gemäß § 7 RBGes. nicht aber die Leistungen gemäß § 69 RBGes.

Der Zweck der Bestimmung in § 55 liegt darin, daß der Beamte längere Zeit vorher über den Zeitpunkt seiner Pensionierung unterrichtet wird, damit er sich auf die durch die Pensionierung etwa bedingten veränderten Lebensverhältnisse vorbereiten kann.

2) „Sofern nicht ein früherer Zeitpunkt festgesetzt wird".

Erfolgte diese Festsetzung gesetzwidrig ohne Zustimmung des Beamten, so ist die betreffende Verfügung im Beschwerdeweg, nicht aber im Rechtsweg anfechtbar (RGZ. 38, 293).

3) „bekannt gemacht worden ist".

Die Bekanntmachung erfolgt bei dieser freiwilligen Pensionierung auf dem gewöhnlichen Verwaltungsweg. Diese Bestimmung gilt auch für die ordentlichen Pensionen der Militärbeamten.

Wird ein früherer Zeitpunkt für den Beginn des Ruhestands festgesetzt, so muß der Termin für den Beginn des Ruhestandes in der Pensionsentscheidung besonders erwähnt werden; ist ein solcher früherer Termin nicht bestimmt, so regelt sich der Beginn des Ruhestands nach dem Gesetz. Eine Beschwerde, welche gegen die Pensionierung durch eine höhere Behörde erhoben wird, hindert den Eintritt der Wirkungen der Pensionierung mit dem Ablauf des in § 55 festgesetzten Vierteljahrs nicht (ROHG. 24, 411).

4) Handelt es sich um auf Kündigung angestellte Beamte, so wird regelmäßig die Entscheidung über ihre Pensionierung mit der Kündigung des Dienstverhältnisses verbunden. Soweit diese Beamten einen Rechtsanspruch auf Pension haben, findet auf sie § 55 Anwendung.

§ 56.

Die Pensionen werden vierteljährlich im voraus gezahlt.[1] [2] [3]

1) „vierteljährlich".

Durch die Novelle vom 17. Mai 1907 ist vierteljährliche Vorauszahlung angeordnet.

Die Militärpension wird monatlich bezahlt (OPG. § 20, MBG. § 32 Abs. 1).

Die Militärbeamten erhalten ihre Pension nach dem RBGes.; die Heeresbeamten des Beurlaubtenstandes monatlich (OPG. § 33 Abs. 2 in Verb. mit § 20); die Pensionszulagen der Militärbeamten sind neben der Pension vierteljährlich voraus zu zahlen; die Pensionen auf Grund des Beamtenunfallfürsorgegesetzes vom 18. Juni 1901 (RGesBl. S. 211) sind nach § 9 dieses Ges. an die Beamten selbst vierteljährlich, an ihre Hinterbliebenen aber monatlich zu zahlen.

2) Rückständige Pensionen verjähren in 4 Kalenderjahren nach der Fälligkeit (BGB. §§ 197, 201).

3) Bezüglich der Pfändbarkeit der Pensionsansprüche siehe § 850 Ziff. 8 ZPO. Soweit die Pensionen der Pfändung nicht unterliegen, können dieselben auch nicht abgetreten oder durch Rechtsgeschäfte verpfändet werden, wie auch ein Nießbrauch an denselben nicht bestellt werden kann; ebenso kann der Reichsfiskus gegen diese Ansprüche mit Gegenforderungen nicht aufrechnen (§ 394 BGB.). Nur im Fall der Suspendeirung eines Beamten kommt die Beschränkung der Aufrechnungsmöglichkeit im Anschluß an die §§ 128 bis 130 RBGes. in Wegfall.

Zur Konkursmasse gehören die Pensionsansprüche nur insoweit als sie pfändbar sind.

Kürzung, Einziehung und Wiedergewährung der Pensionen.

§ 57.

Das Recht auf den Bezug der Pension ruht:[1])

1. wenn ein Pensionär das deutsche Indigenat verliert,[2]) bis zu etwaiger Wiedererlangung desselben;
2. wenn und solange ein Pensionär im Reichs- oder im Staatsdienst[3]) ein Diensteinkommen bezieht, insoweit, als der Betrag dieses neuen Diensteinkommens unter Hinzurechnung der Pension den Betrag des von dem Beamten vor der Pensionierung bezogenen Diensteinkommens übersteigt.

Als Reichs- oder Staatsdienst im Sinne dieser Vorschrift gilt neben dem Militärdienste jede Anstellung oder Beschäftigung als Beamter oder in der Eigenschaft eines Beamten im Reichs-, Staats- oder Kommunaldienste, bei den Versicherungsanstalten für die Invalidenversicherung, bei ständischen oder solchen Instituten, welche ganz oder zum Teil aus Mitteln des Reichs, eines Bundesstaats oder einer Gemeinde unterhalten werden.

Bei Berechnung des früheren und des neuen Diensteinkommens sind diejenigen Beträge, welche für die Bestreitung von Dienstaufwands- oder Repräsentationskosten sowie zur Entschädigung für außergewöhnliche Teuerungsverhältnisse gewährt werden, und die Ortszulagen der Auslandsbeamten nicht in Ansatz zu bringen; die Dienstwohnung ist mit dem pensionsfähigen oder sonst hierfür festgesetzten Werte, der Wohnungsgeldzuschuß oder eine dementsprechende Zulage mit dem pensionsfähigen Betrag oder, sofern er nicht pensionsfähig ist, mit dem Durchschnittssatz anzurechnen. Ist jedoch bei dem neuen Diensteinkommen der wirkliche Betrag des Wohnungsgeldzuschusses oder der Zulage geringer, so ist nur dieser anzurechnen.[4])

1) „das Recht auf den Bezug der Pension ruht". Während des Ruhens des Rechts kann dasselbe bis zum Wegfall des Grundes für das Ruhen nicht geltend gemacht werden; im Fall des Wegfalls des Grundes lebt das Bezugsrecht von selbst wieder auf. Ein Erlöschen des Bezugsrechts tritt nur ein durch den Tod des Pensionärs und durch Verzicht.

2) „wenn ein Pensionär das deutsche Indigenat verliert".

Die Pension soll nur Reichsangehörigen zugute kommen.

Bezüglich des Verlusts der Reichsangehörigkeit siehe Anm. 2 zu § 23 des OPG.

Die weiblichen Pensionäre verlieren außerdem die Reichsangehörigkeit durch ihre Verheiratung mit einem Ausländer und uneheliche Kinder durch Legitimation, wenn der Vater ein Ausländer ist.

Wiedererlangt wird die Reichsangehörigkeit durch Naturalisation oder durch die Anstellung in einem deutschen Reichs-, Staats- oder Gemeindedienst; im letzteren Fall ruht aber die Pension nach § 57 Ziff. 2.

3) „im Reichs- oder Staatsdienst".

Nach Abs. 2 fällt hierunter:

a) der Militärdienst im Heer, in der Marine und bei den Schutztruppen. Erhält jedoch ein Beamter gemäß §§ 32 bis 34 OPG. Pensionsgebührnisse und wird er wieder in Stellen des aktiven Militärdienstes eingestellt, mit denen der Bezug von Gehalt verbunden ist, so erlischt das Recht auf den Bezug dieser Gebührnisse (OPG. § 22 Ziff. 1, § 36 Abs. 3);

b) die Anstellung als Beamter im Reichs-, Staats- oder Kommunaldienst. Die Anstellung bei einer öffentlichen, nur aus privaten Mitteln unterhaltenen Anstalt hat keinen Einfluß auf die

Pension (RGZ. 36, 151). Der Dienst bei den Schutztruppen und der Landesdienst in den Schutzgebieten ist dem Reichsdienst gleichgestellt (OPG. § 72 Ziff. 5);

c) die Beschäftigung als Beamter oder in der Eigenschaft eines Beamten im Reichs-, Staats- oder Kommunaldienst. Dies kann auch dadurch geschehen, daß der Pensionär einen auf eine solche Beschäftigung gerichteten privatrechtlichen Dienstvertrag eingeht.

Damit ein Ruhen der Pension bewirkt werde, muß die neue Stelle mit einem pensionsfähigen oder nichtpensionsfähigen Diensteinkommen verbunden und deren Erhalt der Pensionierung nachgefolgt sein.

Bei der Berechnung des neuen Diensteinkommens kommt alles in Betracht, was zur Besoldung im Sinn des § 7 RBGes. gehört.

Die Fälle unter Ziff. 1 des § 57 bewirken ein gänzliches Ruhen, die Fälle unter Ziff. 2 unter Umständen nur ein teilweises. In den Fällen der Ziff. 2 lebt der ruhende Pensionsanspruch wieder ganz auf, wenn der Pensionär aus dem neuen Dienst freiwillig oder unfreiwillig ausscheidet. Bezüglich der Versetzung in den bleibenden Ruhestand aus dem neuen Dienst siehe die §§ 58 und 59 des Gesetzes.

Ohne Einfluß auf die Anwendung des § 57 ist es, ob die Pensionen auf einem Rechtsanspruch beruhen, oder ob dieselben im Gnadenweg bewilligt oder gemäß § 75 RBGes. letzter Absatz bei der Dienstentlassung durch Disziplinarurteil belassen wurden.

Ein Ruhen des Rechts auf den Bezug einer Pension tritt nur ein in den Fällen des § 57. Nur bezüglich der Pensionszulagen der Militärbeamten (OPG. §§ 32, 44, 49, 59, 66 bis 68, 72), der Pensionsgebührnisse der Militärbeamten des Beurlaubtenstandes (OPG. § 33) und der Pensionsansprüche der Zivilbeamten gegen den Militärfiskus, falls dieselben bei einem Kriege als Feldbeamte verwendet worden sind, tritt ein Ruhen auch aus den in § 23 Ziff. 2 OPG. genannten Gründen ein (vgl. hierzu die §§ 36 Abs. 3, 45 und 62 OPG.).

Für die Militärbeamten ruht das Recht auf die Pensionszulagen in den Fällen des § 57 Ziff. 2 nicht.

Stirbt ein Pensionär während des Ruhens seines Pensionsanspruchs, so ist das Witwen- und Waisengeld dennoch von der vollen Pension zu berechnen (§ 2 des Beamtenhinterbliebenengeſ. vom 17. Mai 1907, RGesBl. S. 208).

4) Bezüglich der Frage, ob die Pension ruht, kann der Rechtsweg beschritten werden (RGZ. 36, 78).

§ 58.

Ein Pensionär, welcher in eine an sich zur Pension berechtigende Stellung des Reichsdienstes wieder eingetreten

ist (§ 57 Nr, 2), erwirbt für den Fall des Zurücktretens in den Ruhestand den Anspruch auf Gewährung einer nach Maßgabe seiner nunmehrigen verlängerten Dienstzeit und des in der neuen Stellung bezogenen Diensteinkommens berechtigten Pension nur dann, wenn die neu hinzutretende Dienstzeit wenigstens ein Jahr betragen hat.

Neben einer hiernach neu berechneten Pension ist die alte Pension nur bis zur Erreichung desjenigen Pensionsbetrages zu zahlen, welcher sich für die Gesamtdienstzeit aus dem der Festsetzung der alten Pension zugrunde gelegten Diensteinkommen ergibt.

§ 59.

Erdient ein Pensionär außerhalb des Reichsdienstes in einer der im § 57 Nr. 2 bezeichneten Stellen eine Pension, so ist neben ihr die Reichspension nur bis zur Erreichung des im § 58 Abs. 2 angegebenen Betrags zu zahlen.

Die §§ 58 und 59 unterscheiden sich von einander dadurch, daß im Fall des § 58 niemals 2 volle Pensionen nebeneinander gewährt werden, während im Fall des § 59 zwei Pensionen, nämlich die im Reichsdienst erworbene alte und die im Staatsdienst verdiente neue nebeneinander bestehen *können*.

Der § 58 betrifft den Fall, in dem ein Pensionär *wieder* in eine Stelle im Reichsdienst eingetreten ist, mit welcher Pensionsberechtigung nach § 34 RBGes. verbunden ist und aus ihr wiederum in den dauernden Ruhestand versetzt wird. Beträgt in diesem Fall die neue Dienstzeit noch kein Jahr, so lebt die alte Pension unverändert wieder auf, wenn der Beamte in den Ruhestand zurücktritt. Beträgt die neue Dienstzeit mehr als ein Jahr, so ist unter Zugrundlegung des nach § 42 festzustellenden Diensteinkommens auf dem neuen Dienst und der *gesamten Dienstzeit* eine neue Pension zu berechnen.

Eine Kürzung der Reichsdienstpension tritt nicht ein, wenn der Pensionär im Kommunaldienst eine Pension erworben hat.

§ 60.

Die Einziehung oder Kürzung der Pension auf Grund der Bestimmungen in den §§ 57 bis 59 tritt mit dem Ende des Monats ein,[1]) in welchem das eine solche Veränderung bedingende Ereignis sich zugetragen hat, tritt dieses Ereignis am ersten Tage eines Monats ein, so hört die Zahlung mit dem Beginne dieses Monats auf.

Bei vorübergehender Wiederbeschäftigung[2]) gegen Tagegelder oder eine andere Entschädigung beginnt die Einziehung oder Kürzung mit dem Ablaufe von sechs Monaten vom ersten Tage des Monats der Beschäftigung ab gerechnet.

Die Wiedergewährung der Pension hebt mit dem Beginne des Monats an, in welchem das eine solche Veränderung bedingende Ereignis sich zugetragen hat.

1) „mit dem Ende des Monats".

Fällt das Ereignis auf den ersten Tag eines Monats, so erfolgt die Einziehung usw. der Pension mit diesem Tag.

2) „Wiederbeschäftigung".

Gemeint ist eine amtliche Beschäftigung. Eine außeramtliche Beschäftigung ist einflußlos auf den Bezug der Pension (RGZ. 28, 80).

§ 60a.

Sucht ein Beamter, welcher das fünfundsechzigste Lebensjahr vollendet hat,[1]) seine Versetzung in den Ruhestand nicht nach, so kann diese nach Anhörung des Beamten unter Beobachtung der Vorschriften der §§ 53 ff. in der nämlichen Weise verfügt werden, wie wenn der Beamte seine Pensionierung selbst beantragt hätte.[2])

1) Die Vollendung des 65. Lebensjahrs berechtigt den Beamten in den Ruhestand zu treten. Die zwangsweise Versetzung in den Ruhestand erfordert den Nachweis der Dienstunfähigkeit, der nach § 53 zu erbringen ist.

2) Eine richterliche Nachprüfung der Frage, ob bei der Zwangspensionierung die Formvorschriften in den §§ 60a bis 68 eingehalten worden sind, ist durch § 155 RBGes. ausgeschlossen.

Zwangsweise Versetzung in den Ruhestand.

§ 61.

Ein Reichsbeamter, welcher durch Blindheit, Taubheit oder ein sonstiges körperliches Gebrechen oder wegen Schwäche seiner körperlichen oder geistigen Kräfte zu der

Erfüllung seiner Amtspflichten dauernd unfähig ist, soll in den Ruhestand versetzt werden.[1][2])

1) „soll in den Ruhestand versetzt werden". Beim Zutreffen der Voraussetzungen des § 61 besteht für die vorgesetzte Behörde die Verpflichtung, eventuell das Verfahren für die Zwangspensionierung einzuleiten.

2) Ob die Voraussetzungen des § 61 vorliegen, oder nicht, unterliegt nicht der richterlichen Nachprüfung.

§ 62.

Sucht der Beamte in einem solchen Falle seine Versetzung in den Ruhestand nicht nach, so wird ihm oder seinem nötigenfalls hierzu besonders zu bestellenden Kurator von der vorgesetzten Dienstbehörde unter Angabe der Gründe der Pensionierung und des zu gewährenden Pensionsbetrags eröffnet, daß der Fall seiner Versetzung in den Ruhestand vorliege.[1][2])

1) Hat der Beamte einen Antrag auf Versetzung in den Ruhestand gestellt, so ist nach §§ 53 und 54 RBGes. zu verfahren.

2) „Kurator".
Dem Kurator entspricht nach heutigem Recht ein Pfleger nach § 1910 BGB., dessen Bestellung dem Vormundschaftsgericht zukommt.

§ 63.

Wenn der Beamte gegen die ihm gemachte Eröffnung (§ 62) innerhalb sechs Wochen[1]) keine Einwendung erhoben hat, so wird in derselben Weise verfügt, als wenn er seine Pensionierung selbst nachgesucht hätte.

Die Zahlung des vollen Gehalts dauert bis zum Ablaufe desjenigen Vierteljahrs,[2]) welches auf den Monat folgt, in dem ihm die Verfügung über die erfolgte Versetzung in den Ruhestand mitgeteilt ist.[3])

1) „innerhalb von sechs Wochen".
Siehe hierzu die §§ 186, 187 Abs. 1, 188 Abs. 2 und wegen der Sonn- und Feiertage § 193 BGB.

2) „bis zum Ablauf desjenigen Vierteljahrs"
Ist ein früherer Zeitpunkt für den Eintritt der Pensionierung mit Zustimmung des Beamten nach § 55 RBGes. festgesetzt worden, so hört auch die Zahlung des vollen Gehalts schon mit diesem Zeitpunkt auf.

3) Die Ansprüche auf Grund des Abs. 2 können im Rechtsweg verfolgt werden.

Zu dem vollen Gehalt gehören alle dem Beamten gewährten Gehaltsteile, auch die Repräsentations- und sonstigen Dienstaufwandsgelder.

§ 64.

Werden von dem Beamten gegen die Versetzung in den Ruhestand Einwendungen erhoben, so beschließt die oberste Reichsbehörde, ob dem Verfahren Fortgang zu geben sei.

In diesem Falle hat der damit von der obersten Reichsbehörde zu beauftragende Beamte die streitigen Tatsachen zu erörtern, die erforderlichen Zeugen und Sachverständigen eidlich zu vernehmen und dem zu pensionierenden Beamten oder dessen Kurator zu gestatten, den Vernehmungen beizuwohnen.[1][2]

Zum Schlusse ist der zu pensionierende Beamte oder dessen Kurator über das Ergebnis der Ermittelungen mit seiner Erklärung und seinem Antrage zu hören.

Zu den Verhandlungen ist ein vereideter Protokollführer zuzuziehen.[3][4]

1) Die Durchführung des Erörterungsverfahrens nach § 64 erfolgt ausschließlich durch den beauftragten Untersuchungsbeamten.

2) Die Beweisaufnahme erfolgt im allgemeinen nach den Regeln des Strafprozesses.

3) Für die Verhandlung besteht Protokollierungszwang.

4) Bezüglich der Kosten des Verfahrens siehe § 65 RBGes.

§ 65.

Die geschlossenen Akten werden der obersten Reichsbehörde eingereicht, welche geeigneten Falles eine Vervollständigung der Ermittelungen anordnet.

Die baren Auslagen für die durch die Schuld des zu pensionierenden Beamten veranlaßten erfolglosen Ermittelungen fallen demselben zur Last.[1][2]

1) „fallen demselben zur Last".
Über die Kostenpflicht entscheidet die Oberste Reichsbehörde. Der Rechtsweg ist ausgeschlossen.

2) Das Erörterungsverfahren ist gebühren- und stempelfrei.

§ 66.

Hat der Beamte eine Kaiserliche Bestallung erhalten, so erfolgt die Entscheidung über die Versetzung in den Ruhestand vom Kaiser im Einvernehmen mit dem Bundesrate.

In betreff der übrigen Beamten steht die Entscheidung der obersten Reichsbehörde zu. Gegen diese Entscheidung hat der Beamte binnen einer Frist von vier Wochen nach deren Empfange den Rekurs an den Bundesrat. Des Rekursrechts ungeachtet kann der Beamte von der obersten Reichsbehörde sofort der weiteren Amtsverwaltung vorläufig enthoben werden.

§ 67.

Die Zahlung des vollen Gehalts dauert bis zum Ablaufe des Vierteljahrs, das auf den Monat folgt, in welchem dem in Ruhestand versetzten Beamten die Entscheidung des Kaisers oder der obersten Reichsbehörde zugestellt worden ist.

§ 68.[1])

Ist ein Beamter vor dem Zeitpunkte, mit welchem die Pensionsberechtigung für ihn eingetreten sein würde, dienstunfähig geworden, so kann er gegen seinen Willen, nur unter Beobachtung derjenigen Formen, welche für das förmliche Disziplinarverfahren vorgeschrieben sind, in den Ruhestand versetzt werden.[2])

Wird es jedoch von der obersten Reichsbehörde mit Zustimmung des Bundesrats angemessen befunden, dem Beamten eine Pension zu dem Betrage zu bewilligen, welcher ihm bei Erreichung des vorgedachten Zeitpunkts zustehen würde, so kann die Pensionierung desselben nach den Vorschriften der §§ 61—67 erfolgen.[3])[4])[5])

1) Der § 68 findet nur Anwendung auf lebenslänglich angestellte Beamte, welche bei mindestens zehnjähriger Dienstzeit ein Recht auf Pension erwerben würden.

2) In dem einzuleitenden Disziplinarverfahren ist nur über die Frage zu entscheiden, ob der Fall der Versetzung in den Ruhestand wegen Dienstunfähigkeit vorliege oder nicht.

3) Im Fall der Gewährung einer Pension nach Abs. 2 braucht die Pensionierung nach den Vorschriften des förmlichen Disziplinarverfahrens nicht zu erfolgen, sondern es kann sich das Verfahren nach den §§ 61 bis 67 RBGes. vollziehen.

4) Keines Verfahrens bedarf es, wenn der Beamte freiwillig ohne Pension aus dem Dienste ausscheidet.

5) Tritt während des Verfahrens die Pensionsberechtigung ein, so übt dies auf den Fortgang des Verfahrens keinen Einfluß aus. Dem Beamten bleibt es diesfalls überlassen, seinen Pensionsanspruch nötigenfalls im Rechtsweg geltend zu machen.

2. Gesetz über die Pensionierung der Offiziere einschließlich Sanitätsoffiziere des Reichsheeres, der Kaiserlichen Marine und der Kaiserlichen Schutztruppen. Vom 31. Mai 1909.

Wir **Wilhelm,**

von Gottes Gnaden Deutscher Kaiser, König von Preußen rc.

verordnen im Namen des Reichs, nach erfolgter Zustimmung des Bundesrats und des Reichstags, was folgt:

Erster Teil.

Reichsheer.

A. Offiziere einschließlich Sanitätsoffiziere des Friedensstandes.

Anspruch auf Pension.

§ 1.

I. Die Offiziere des Friedensstandes[1]) haben Anspruch auf eine lebenslängliche Pension[2]), wenn sie nach einer Dienstzeit von mindestens zehn Jahren zur Fortsetzung des aktiven Militärdienstes dauernd unfähig geworden sind[3]) und deshalb aus diesem Dienste ausscheiden müssen.

II. Bei kürzerer als zehnjähriger Dienstzeit[4]) haben die Offiziere des Friedensstandes Anspruch auf Pension, wenn sie infolge einer Dienstbeschädigung[5]) zu jedem Militärdienst unfähig[6]) werden. Die Pension wird jedoch nur solange gewährt, wie die Dienstfähigkeit infolge der Dienstbeschädigung aufgehoben ist[7])[8])[9]).

1) Alle Vorschriften dieses Gesetzes für Offiziere beziehen sich ohne weiteres auch auf die Sanitätsoffiziere.

Unter Offizieren des Friedensstandes des Reichsheers sind die Offiziere des aktiven Dienststandes zu verstehen.

2) „haben Anspruch auf eine lebenslängliche Pension“.

Es handelt sich hier um einen auf dem ordentlichen Rechtsweg verfolgbaren rechtlichen Anspruch. Da die Pension als eine lebenslängliche gewährt wird, erlischt das Bezugsrecht mit dem Tode des Pensionärs.

3) „dauernd unfähig geworden".

Ein vorübergehend dienstunfähig gewordener Offizier kann keine lebenslängliche Pension erhalten. Dauernde Dienstunfähigkeit setzt voraus, daß eine Wiederherstellung in absehbarer Zeit nicht in Aussicht zu nehmen ist.

4) „Bei kürzerer als zehnjähriger Dienstzeit."

Bezüglich der Berechnung der Dienstzeit siehe die §§ 14 bis 18, hinsichtlich der Marine und der Schutztruppe außerdem die §§ 52 ff. und 69 ff.

5) „infolge einer Dienstbeschädigung".

Wegen des Begriffs „Dienstbeschädigung" siehe § 5.

Bezüglich der Frage, ob im einzelnen Falle eine Dienstbeschädigung vorliege, ist gemäß § 40 Abs. 1 Ziff. 1 die Entscheidung der Obersten Militärverwaltungsbehörde des Kontingents maßgebend bezüglich der Marine die der Obersten Marineverwaltungsbehörde (§ 60 Abs. 1), bezüglich der Schutztruppen die der Kolonial-Zentralverwaltung (§ 73 Abs. 1).

6) „zu jedem Militärdienst".

d. h. zum Feld- und Garnisondienst.

7) „solange die Dienstfähigkeit aufgehoben ist."

Die Pension fällt weg bei Eintritt voller Felddienstfähigkeit, und ist wieder zu gewähren bei Wiedereintritt der Dienstunfähigkeit. Während in Abs. 1 für die Gewährung einer lebenslänglichen Pension dauernde Unfähigkeit zu jedem Militärdienst verlangt ist, wird in Abs. 2 für die Gewährung einer Pension auf Zeit Feld- und Garnisondienstunfähigkeit gefordert. Die Pension wird letzteren Falles solange gewährt, als der Offizier nicht voll felddienstfähig ist.

8) Auf die Offiziere des Beurlaubtenstandes, sowie auf die Offiziere welche ohne Pension ausgeschieden sind und zum aktiven Dienst wieder vorübergehend herangezogen werden, findet § 1 keine Anwendung; dieselben haben ohne Rücksicht auf die Dauer der Dienstzeit nur und solange Anspruch auf Pension, als sie infolge von Dienstbeschädigungen feld- und garnisondienstunfähig sind (§ 28 des Ges.).

9) Durch die Vorschriften des § 1 wird das Recht der Krone, Offiziere zu verabschieden und zu pensionieren, nicht berührt.

§ 2.

I. Der Anspruch auf Pension muß vor dem Ausscheiden[1]) erhoben werden, es sei denn, daß die Dienst-

unfähigkeit die Folge einer Dienstbeschädigung ist. In diesem Falle kann der Anspruch erhoben werden:

1. bei Friedensdienstbeschädigungen bis zum Ablaufe von zwei Jahren nach dem Ausscheiden. Die Dienstbeschädigung muß vor dem Ausscheiden festgestellt worden sein[2];
2. bei Kriegsverwundungen ohne Zeitbeschränkung[3];
3. bei sonstigen Kriegsdienstbeschädigungen[4] bis zum Ablaufe von zehn Jahren nach dem Friedensschlusse. Beim Fehlen eines Friedensschlusses beginnt der Lauf der zehnjährigen Frist mit dem Schlusse des Jahres, in welchem der Krieg beendigt worden ist[5].

II. Von den im Abs. 1 Nr. 1, 3 aufgeführten Einschränkungen ist nur dann abzusehen[5], wenn der Nachweis erbracht worden ist[6], daß die Folgen einer Dienstbeschädigung erst nach dem Ausscheiden bemerkbar geworden sind oder daß der Offizier von der Erhebung seines Anspruchs durch außerhalb seines Willens liegende Verhältnisse[7] abgehalten worden ist. Die Erhebung des Anspruchs muß jedoch bis zum Ablaufe von drei Monaten[8] erfolgt sein, nachdem die Folgen der Dienstbeschädigung bemerkbar geworden sind[9] oder das Hindernis für die Erhebung des Anspruchs weggefallen ist[10][11].

1) „vor dem Ausscheiden".

Maßgebend für den Zeitpunkt des Ausscheidens ist der Tag, an dem die Allerhöchste Verabschiedungsordre ergangen ist.

Wird der Anspruch auf Pension vor dem Ausscheiden erhoben, so muß auch die Dienstunfähigkeit vor dem Ausscheiden dargetan werden; wird der Anspruch auf Pension nach dem Ausscheiden geltend gemacht, so sind bezüglich des Nachweises der Dienstunfähigkeit zur Zeit der Anmeldung des Anspruchs die Fristen in § 2 Ziff. 1 und 3 einzuhalten, welche Fristen nur gelten für die Zeit nach dem Ausscheiden. Für die Erhebung eines Pensionsanspruchs vor dem Ausscheiden besteht keine Fristbestimmung.

2) „Die Dienstbeschädigung muß vor dem Ausscheiden festgestellt worden sein".

Nicht verlangt ist, daß die Dienstbeschädigung vor dem Ausscheiden auch anerkannt sei. Bezüglich der Schutztruppen siehe die Sondervorschrift in § 64 Abs. 1.

Für die Fälle unter den Ziffern 2 und 3 ist eine Feststellung der Dienstbeschädigung nicht verlangt.

3) „bei Kriegsverwundungen".

Die Kriegsverwundung stellt sich als eine besondere Art der Dienstbeschädigung dar; sie setzt ein militärisches Unternehmen, welches nach der Bestimmung des Kaisers als Krieg anzusehen ist, voraus. Jede während eines Krieges im Dienste durch die feindlichen Waffen erlittene Verletzung ist als Kriegsverwendung anzusehen; der Begriff „Waffen" ist hierbei im weitesten Sinn aufzufassen. Ohne Bedeutung ist es, ob es sich um eine innere oder äußere Verletzung handelt oder ob dieselbe durch mittelbare oder unmittelbare Einwirkung der feindlichen Waffen verursacht wurde.

4) „bei sonstigen Kriegsdienstbeschädigungen".

Gemeint sind die nicht durch Waffen bewirkten Dienstbeschädigungen, welche unmittelbar oder mittelbar auf den Krieg zurückzuführen sind. Es muß in diesen Fällen erwiesen sein, daß bei den Beschädigten Einflüsse zur Geltung gekommen sind, welche dem Kriege ihre Entstehung verdanken, daß also die Beschädigten der durch den Krieg gesteigerten Möglichkeit der Beschädigung erlegen sind. Es kommen in Betracht Krankheiten, klimatische, Witterungs- und Verpflegungseinflüsse, Beschädigungen auf dem Marsch außerhalb der feindlichen Waffenwirkung.

Werden solche Ansprüche gerichtlich geltend gemacht, so ist für die Entscheidung darüber, ob eine Dienstbeschädigung als Kriegsverwundung oder sonstige Kriegsdienstbeschädigung anzusehen ist, die oberste Militärverwaltungsbehörde des Kontingents maßgebend (§ 40 Ziff. 3 des Ges.).

5) Das Unterlassen der Geltendmachung des Anspruchs auf Pension vor dem Ausscheiden oder bei Dienstbeschädigungen in den Fällen der Ziff. 1 und 3 innerhalb der vorgeschriebenen Fristen hat den Verlust des Rechtsanspruchs zur Folge. Nur dann, wenn nachgewiesen wird, daß die Folgen einer Dienstbeschädigung erst nach dem Ausscheiden bemerkbar geworden sind, oder daß außerhalb des Willens des Offiziers liegende Umstände denselben von der Anspruchserhebung abgehalten haben, bleibt der Rechtsanspruch erhalten.

6) „wenn der Nachweis erbracht worden ist".

Für die Führung dieses Nachweises ist eine bestimmte Form nicht vorgeschrieben.

7) „durch außerhalb seines Willens liegende Verhältnisse".

Als solche Verhältnisse sind nur tatsächliche zu berücksichtigen, wie z. B. Geisteskrankheit oder andere schwere langdauernde Krankheitszustände, Gefangenschaft usw., nicht aber Unkenntnis des Gesetzes.

8) „bis zum Ablauf von 3 Monaten".

Bei Vermeidung des Verlusts des Anspruchs.

9) „nachdem die Folgen der Dienstbeschädigung bemerkbar geworden sind".

Die Dienstbeschädigung selbst kann schon länger bekannt sein. Nicht beeinflußt wird durch diese Fristbestimmung das Gnadenrecht der Krone.

10) Bezüglich der Anwendbarkeit der Vorschrift des § 2 Abs. 2 auf die Pensionserhöhung der Marineoffiziere siehe § 49 Abs. 5; bezüglich der Friedensdienstbeschädigung der Schutztruppenoffiziere siehe § 64 des Ges.

11) Nach § 12 Abs. 3 finden die Vorschriften des § 2 auf die Gewährung der Kriegszulage und nach § 31 Abs. 1 auch auf die Offiziere des Beurlaubtenstandes, sowie die im § 28 bezeichneten ohne Pension ausgeschiedenen Offiziere, nach den §§ 45 und 62 auch auf die Marine und die Schutztruppen und nach den §§ 32 bis 35 auch auf die dort bezeichneten Beamten entsprechende Anwendung.

§ 3[1].

Eine Pension kann auch bei der Stellung zur Disposition gewährt werden[2]). In diesem Falle finden die Bestimmungen dieses Gesetzes entsprechende Anwendung[3]).

1) Offiziere zur Disposition zu stellen ist ein Recht des Kontingentsherrn; diese Offiziere können im Mobilmachungsfall einberufen werden, sind einer gewissen militärischen Kontrolle unterworfen (Meldung von Aufenthaltswechseln) und unterstehen der Militärgerichtsbarkeit und den Ehrengerichten.

2) „eine Pension kann gewährt werden".

Ein Rechtsanspruch auf Pension ist ausgeschlossen; die Gewährung einer Pension ist unabhängig von dem Nachweis einer Dienstbeschädigung oder einer Dienstunfähigkeit, dagegen finden die Vorschriften des § 6 entsprechende Anwendung.

3) Nach den §§ 45 und 62 finden die Bestimmungen des § 3 auch Anwendung auf die Offiziere der Marine und der Schutztruppen.

§ 4[1].

I. Zum Nachweise der Dienstunfähigkeit eines die Pensionierung nachsuchenden Offiziers, der eine zehnjährige Dienstzeit zurückgelegt hat, ist die mit Gründen versehene Erklärung der zuständigen Vorgesetzten[2]) und, falls die Pensionierung auf Grund eines körperlichen Leidens[3]) nachgesucht wird, ein Gutachten der zuständigen Ärzte erforderlich, daß sie nach pflichtmäßigem Ermessen den Offizier zur Fortsetzung des aktiven Militärdienstes für dauernd unfähig halten[4]).

II. Bei Offizieren mit kürzerer als zehnjähriger Dienstzeit ist in gleicher Weise der Nachweis zu führen, daß sie zu jedem Militärdienst unfähig sind[5]).

III. Inwieweit noch andere Beweismittel beizubringen sind, bestimmt die oberste Militärverwaltungsbehörde des Kontingents[6]).

IV. Offiziere, die das fünfundsechzigste Lebensjahr vollendet haben, sind von dem Nachweise der Dienstunfähigkeit befreit[7])[8]).

1) § 4 findet nur Anwendung, wenn seitens eines Offiziers um die Pensionierung nachgesucht wird; nur in diesem Falle sind die Gründe für die Dienstunfähigkeit anzugeben.

2) „der zuständigen Vorgesetzten".

Als zuständige Vorgesetzte kommen in Betracht für regimentierte Offiziere der Regiments- bezw. selbständige Bataillonskommandeur, der Brigade-, Divisions- und Korpskommandeur.

3) „auf Grund eines körperlichen Leidens".

Das Zeugnis der Ärzte ist nur bei körperlichen Leiden erforderlich; nur in diesen Fällen ist neben der Erklärung der zuständigen Vorgesetzten das Gutachten der zuständigen Militärärzte erforderlich.

Geben nur andere Gründe, z. B. Mangel an Entschlußfähigkeit, an militärischer Fähigkeit Anlaß zur Pensionierung, so ist nur eine mit Gründen versehene Erklärung der zuständigen Vorgesetzten erforderlich.

Bezüglich der Ausstellung der Dienstunfähigkeitszeugnisse siehe die preuß. Pensionsvorschrift vom 8. April 1877 Ziff. 17 S. 72; bezüglich des militärärztlichen Dienstunfähigkeitszeugnisses siehe ebendaselbst S. 2 II b.

4) „dauernd unfähig zur Fortsetzung des aktiven Militärdienstes".

Gemeint ist Felddienstunfähigkeit.

Die in § 4 vorgesehene Dienstunfähigkeitserklärung soll nicht deswegen ausgesprochen werden, weil der Offizier den gesetzlichen Bestimmungen gemäß eine Herausforderung zum Zweikampf abgelehnt hat (KommBer. S. 26, 27 und 206).

5) „zu jedem Militärdienst unfähig".

Gemeint ist hier Feld- und Garnisondienstunfähigkeit.

6) „die oberste Militärverwaltungsbehörde des Kontingents"

d. h. die preußischen, bayerischen, sächsischen, württembergischen Kriegsministerien. Für die Marine ist das Reichsmarineamt, für die Schutztruppen das Reichskolonialamt die oberste Militärverwaltungsbehörde. Die oberste Militärverwaltungsbehörde entscheidet auch über die Frage, ob eine Dienstbeschädigung vorhanden sei, nicht der Rechtsweg.

7) „sind von dem Nachweis der Dienstunfähigkeit befreit“.

Aber nicht für bezüglich des Anspruchs auf Kriegs-, Verstümmelungs- oder Alterszulage (zu vgl. die §§ 11, 12 und 13 des Ges.).

Bezüglich der Offiziere bei den Schutztruppen siehe § 63 Abs. 2 des Ges.

8) Die Abs. 1 bis 3 finden nach § 31 Abs. 1 auch Anwendung auf die in § 28 genannten Offiziere.

Dienstbeschädigung.

§ 5.

I. Als Dienstbeschädigungen gelten Gesundheitsstörungen, welche infolge einer Dienstverrichtung oder durch einen Unfall während der Ausübung des Dienstes eingetreten oder durch die dem Militärdienst eigentümlichen Verhältnisse [1]) verursacht oder verschlimmert sind [2]) [3]).

II. Eine Gesundheitsstörung, die von dem Verletzten vorsätzlich herbeigeführt worden [4]) oder infolge eines Zweikampfs [5]) eingetreten ist, gilt nicht als Dienstbeschädigung [6]) [7]) [8]).

1) „durch die dem Militärdienst eigentümlichen Verhältnisse“.

Zu den dem Militärdienst eigentümlichen Verhältnissen gehören auch die epidemischen und endemischen Krankheiten, sowie die besonders bei den Schutztruppen vorkommenden Schädigungen durch klimatische Einflüsse (Begr. S. 28). Zu den dem Marinedienst eigentümlichen Verhältnissen sind auch zu rechnen die zeitweise ungenügende und unbekömmliche Verköstigung bei Offizieren und Mannschaften bei Blokaden, oder bei längerem Aufenthalt in Gegenden, welche ohne Verbindung mit der Außenwelt sind (KommBer. S. 30). Zu vgl. auch § 20 Ziff. 7b und § 22 Ziff. 3 Abs. 2 und 3 der Dienstanweisung zur Beurteilung der Militärdienstfähigkeit vom 8. April 1877.

2) Für die Annahme einer Dienstbeschädigung genügt eine einfache Gesundheitsstörung; aufgehobene Feld- und Garnisondienstunfähigkeit ist nicht als Regel vorausgesetzt. Die Störung muß aber derart sein, daß sie die Erwerbsfähigkeit des

Beschädigten beeinträchtigt. Dies ist auch für Personen der Unterklassen anerkannt.

Von der Dienstbeschädigung nicht zu unterscheiden und ihr völlig gleichstehend ist die Beschädigung infolge eines in einem Betriebe der Militärverwaltung erlittenen Betriebsunfalls. Das Unfallfürsorgegesetz für Beamte und Personen des Soldatenstandes vom 18. Juni 1901 ist, soweit sich dasselbe auf Offiziere, Sanitätsoffiziere und ihre Hinterbliebenen bezieht, aufgehoben (§ 77 Ziff. 2 des Ges.).

Demgemäß werden Unfälle in Betrieben der Militärverwaltung wie andere Dienstbeschädigungen behandelt.

Bezüglich des Begriffs der Dienstbeschädigung siehe auch die genannte Dienstanweisung zur Beurteilung der Militärdienstfähigkeit vom 8. April 1877.

3) Voraussetzung für den erstmaligen Pensionsanspruch aus einer Dienstbeschädigung ist bei Offizieren mit mindestens zehnjähriger Dienstzeit Aufhebung der Felddienstfähigkeit, bei Offizieren mit kürzerer als zehnjähriger Dienstzeit und bei Offizieren des Beurlaubtenstandes Aufhebung der Feld- und Garnisondienstfähigkeit.

Die Dienstbeschädigung ist nachzuweisen für den Pensionsanspruch der Offiziere des Friedensstandes mit kürzerer als zehnjähriger Dienstzeit, sowie der Offiziere des Beurlaubtenstandes und der ohne Pension ausgeschiedenen Offiziere (§ 1 Abs. 2 und § 28 des Ges.), sodann für die Bemessung der Pension nach dem Diensteinkommen aus einer Dienststelle, welche der Offizier noch nicht ein Jahr bekleidet hat (§ 6 Abs. 2 des Ges.), sowie für den Anspruch auf Verstümmelungs- und auf Kriegszulage (§§ 11 und 12 des Ges.).

4) „Eine Gesundheitsstörung, die vom Verletzten vorsätzlich herbeigeführt worden".

Der vorsätzlichen Herbeiführung einer Gesundheitsstörung steht eine Herbeiführung durch grobe Fahrlässigkeit gleich.

5) „oder infolge eines Zweikampfes".

Die Bestimmung des Abs. 2 findet auch Anwendung auf Gesundheitsstörungen, welche sich ein Offizier als Sekundant, als Zeuge beim Zweikampf zugezogen hat.

6) Im Falle der gerichtlichen Geltendmachung eines Anspruchs auf Pension wegen einer erlittenen Dienstbeschädigung ist bezüglich der Frage über das Vorliegen einer Dienstbeschädigung die Entscheidung der obersten Militärverwaltungsbehörde des Kontingents, der obersten Marineverwaltungsbehörde und der Kolonialzentralverwaltung maßgebend; diese Entscheidung unterliegt nicht der richterlichen Nachprüfung. Bezüglich dieser obersten Militärverwaltungsbehörde siehe oben Anm. 6 zu § 4.

7) Die Bestimmungen des § 5 finden auch Anwendung auf die Marine (§ 45 des Ges.), auf die Schutztruppen (§ 62 des Ges.) und auf die Offiziere des Beurlaubtenstandes, sowie auf die ohne Pension ausgeschiedenen in § 28 des Ges. bezeichneten Offiziere (§ 31 Abs. 1 des Ges.).

8) Nach § 30 des Ges. bleibt zwar die Teilnahme an Kontrollversammlungen bei der Berechnung der Dienstzeit außer Berücksichtigung. Nichtsdestoweniger ist aber die Teilnahme als eine Dienstverrichtung im Sinn des § 5 anzusehen, weshalb Gesundheitsstörungen, welche infolge dieser Teilnahme oder durch einen Unfall während des Dienstes erwachsen oder verschlimmert wurden, als Dienstbeschädigungen im Sinn didses Paragraphen zu würdigen sind.

Betrag der Pension[1]).

§ 6.

I. Die Pension beträgt bei vollendeter zehnjähriger oder kürzerer Dienstzeit jährlich $^{20}/_{60}$ und steigt nach vollendetem zehnten Dienstjahre mit jedem weiteren Dienstjahr um $^{1}/_{60}$ bis auf $^{45}/_{60}$ des zuletzt bezogenen pensionsfähigen Diensteinkommens[2]), jedoch mit der Maßgabe, daß in Stellen mit dem Diensteinkommen eines Regimentskommandeurs einschließlich aufwärts die Pension nach dem 30. Dienstjahre nur um $^{1}/_{120}$ mit jedem weiteren Dienstjahre steigt[3]).

II. Die Dienststelle, aus welcher dieses Diensteinkommen bezogen worden ist, muß jedoch von dem Offizier mindestens ein Jahr bekleidet worden sein[4]), es sei denn, daß die Pensionierung die Folge einer Dienstbeschädigung ist.

III. Hat ein Offizier früher eine Stelle mit einem höheren pensionsfähigen Militärdiensteinkommen bekleidet und ist er von dem Einrücken in diese Stelle ab mindestens noch ein Jahr im aktiven Dienste verblieben, so wird die Pension nach dem höheren Diensteinkommen bemessen[5]).

IV. Der Betrag der Jahrespension ist nach oben so abzurunden, daß bei Teilung durch drei sich volle Markbeträge ergeben.

V. Für die ersten beiden Monate des Pensionsbezugs ist zu der Pension ein Zuschuß (Pensionszuschuß) soweit zu gewähren[6]), daß der Betrag der zuletzt bezogenen Gebührnisse an Gehalt und Wohnungsgeldzuschuß erreicht wird. Pensionierten Offizieren, welche in den im Militär- oder Marineetat für pensionierte Offiziere vorgesehenen Stellen (§ 8) Verwendung finden, sind die für diese Stellen im Etat ausgeworfenen Gebührnisse auf den Pensionszuschuß anzurechnen.

1) Bei den Offizieren ist für die Höhe der Pension die Dauer der Dienstzeit maßgebend, bei den Mannschaften richtet sich die Versorgung nach der Erwerbsunfähigkeit.

Bezüglich der Berechnung der Dienstzeit der Offiziere und Sanitätsoffiziere des Heeres siehe die §§ 14—18, der Marine die §§ 52—56, der Schutztruppen die §§ 69—71, der Offiziere des Beurlaubtenstandes und der ohne Pension ausgeschiedenen, zum aktiven Militärdienst vorübergehend wieder einberufenen Offiziere die §§ 30, 45 und 62 des Ges.

2) „des zuletzt bezogenen pensionsfähigen Diensteinkommens".

Welche Einkommensbezüge als pensionsfähiges Diensteinkommen zur Anrechnung kommen, bestimmen die §§ 9, 10, 48 und 65 des Ges.

Die Begründung des Entwurfs für das Pensionsgesetz führt hierzu aus: „Als Grundlage für die Pensionsbemessung war im Gesetz von 1871 das Diensteinkommen des Dienstgrades festgesetzt. Da aber das Diensteinkommen für einzelne Dienstgrade verschieden ist, je nach den Stellen, in welchen sie sich befinden (z. B. ist das Diensteinkommen eines Obersten als Brigadekommandeur höher als das eines Obersten als Regimentskommandeur), so soll zur Vermeidung von Zweifeln das zuletzt bezogene Diensteinkommen der Pensionsbemessung zu Grund gelegt werden."

Ohne Einfluß auf die Bemessung der Pension ist die Vordatierung des Patentes und die Verleihung eines höheren Charakters.

3) Infolge der Bestimmung, wonach bei Stellen mit dem Diensteinkommen eines Regimentskommandeurs einschließlich aufwärts die Pension nach dem 30. Dienstjahr nur um 1/120 mit jedem weiteren Dienstjahr steigt, erreichen diese oberen Chargen die Höchstpension erst wie bisher in 40 Jahren (KommBer. S. 37).

4) „die Dienststelle muß jedoch ein Jahr bekleidet worden sein".

Ist dies nicht der Fall, so wird die Pension nach dem Diensteinkommen der unmittelbar vorher bekleideten Stelle bemessen, wenn die Pensionierung nicht infolge von Dienstbeschädigung eingetreten ist.

5) Der Fall des Abs. 3 kann eintreten z. B. im Fall der Bestellung eines Kriegsministers zum Korpskommandeur oder eines Korpskommandeurs zum Gouverneur.

6) „ist zu der Pension ein Zuschuß (Pensionszuschuß) soweit zu gewähren".

Es handelt sich hier um einen klagbaren Rechtsanspruch. Nicht gewährt wird der Pensionszuschuß den Offizieren und Sanitätsoffizieren des Beurlaubtenstandes, sowie den ohne Pension ausgeschiedenen, im aktiven Militärdienst vorübergehend wieder verwendeten Offizieren (§ 31 Abs. 1 des Ges.). Bezüglich der Bemessung des Pensionszuschusses für Offiziere der Schutztruppe siehe § 65 Abs. 2 des Ges.

Der Pensionszuschuß ist nach § 6 Abs. 5 und § 20 Abs. 1 an diejenigen Offiziere zu zahlen, die am 1. Juli 1907 oder später die erste Pensionsrate beziehen. Durch die Gewährung des Pensionszuschusses soll dem verabschiedeten Offizier der meist plötzlich erfolgende Übertritt in den Pensionsstand erleichtert werden. Ein Pensionszuschuß wird nach § 21 Abs. 2 nicht gewährt, wenn der Anspruch auf Pensionsgebührnisse erst nach dem Ausscheiden aus dem aktiven Dienst erhoben worden ist.

Pensionsbeihilfe und Pensionsgewährung im Falle der Bedürftigkeit.

§ 7.

I. Erreicht das jährliche Gesamteinkommen [1]) eines pensionierten Leutnants nicht 1200 Mark, eines pensionierten Oberleutnants nicht 1800 Mark, eines pensionierten Hauptmanns nicht 2400 Mark, so kann im Falle besonderer Bedürftigkeit [3]) die oberste Militärverwaltungsbehörde des Kontingents eine Pensionsbeihilfe bis zur Erreichung dieser Beträge gewähren [2]) [4]).

II. [5])Scheidet ein Offizier vor vollendeter zehnjähriger Dienstzeit wegen Dienstunfähigkeit ohne Pensionsberechtigung aus, so kann ihm für die Dauer und nach dem Grade einer festgestellten Bedürftigkeit eine Pension bis zum Betrage von 20/60 des zuletzt bezogenen pensionsfähigen Diensteinkommens [6]) gewährt werden [7]) [8]) [9]).

1) „Das jährliche Gesamteinkommen".

Unter dem Gesamteinkommen sind hier alle Einkommensbezüge zu verstehen, ohne Rücksicht auf die Quelle, aus der sie fließen (Begr. S, 31).

2) „so kann gewähren".

Die Gewährung der Pensionsbeihilfe ist in das freie Ermessen der obersten Militärverwaltungsbehörde des Kontingents gestellt;

sie setzt das Bestehen eines Anspruchs auf die Pension voraus. Ein Rechtsanspruch auf die Beihilfe besteht nicht. Ausgeschlossen von dem Bezug einer Pensionsbeihilfe sind alle ohne Pension verabschiedeten Offiziere, ferner Offiziere, welche nach einer Dienstzeit unter zehn Jahren nur eine Gnadenpension (§ 7 Abs. 2 des Ges.) genießen, welche Alimentationsansprüche gegen Verwandte geltend machen können, oder welche sich ihres Vermögens zugunsten anderer entschlagen haben.

Falls über die gezogenen Grenzen hinaus ein Unterstützungsbedürfnis anzuerkennen ist, könnte auf zur Verfügung stehende Unterstützungsfonds zurückgegriffen werden.

Die Gewährung der Beihilfe erfolgt nicht auf Lebenszeit, sondern nur auf die Dauer der Bedürftigkeit.

3) „im Falle besonderer Bedürftigkeit".

Die Bedürftigkeit ist glaubhaft nachzuweisen und zwar möglichst auf amtlicher Grundlage.

4) „bis zur Erreichung dieser Beträge".

Ein Mehr ist gesetzlich ausgeschlossen. Im übrigen kann die Beihilfe je nach den Verhältnissen verschieden bemessen werden. Durch die Gewährung der Beihilfe soll der Übergang zu einem anderen Beruf erleichtert oder zu den Kosten des Lebensunterhaltes beigetragen werden, falls die hilfsbedürftigen Offiziere ohne Anspruch auf Verstümmelungszulage infolge körperlicher Gebrechen dauernd außerstande sind, sich einen anderen Erwerb zu verschaffen.

5) In den Fällen des Abs. 2 handelt es sich um eine Gnadenpension, welche auf die Dauer der festgestellten Bedürftigkeit gewährt werden kann.

6) „des zuletzt bezogenen pensionsfähigen Diensteinkommens".

Bezüglich des pensionsfähigen Diensteinkammens siehe § 9 des Ges.

7) „kann gewährt werden".

Die Gewährung der Gnadenpension erfolgt auf Ansuchen; weder für das Gesuch um Pensionsbeihilfe noch für das um Verwilligung einer Gnadenpension ist gesetzlich eine Frist bestimmt. Nach den Verwaltungsgrundsätzen für Gewährung solcher Beihilfen können Pensionsbeihilfen aber längstens bis zum Ablauf des zweiten Jahres nach der Verabschiedung gewährt werden.

Die Gnadenpensionen werden nach den genannten Verwaltungsgrundsätzen erst von dem auf die Bewilligungsverfügung folgenden Monat ab zahlbar gemacht.

8) Nach § 31 Abs. 1 des Ges. findet die Vorschrift des Abs. 2 auch auf die Offiziere des Beurlaubtenstandes, sowie auf die ohne Pension ausgeschiedenen, zum aktiven Militärdienst wieder vorübergehend herangezogenen Offiziere Anwendung, es ist aber nach § 31 Abs. 3 die Gewährung einer Pension nach § 7 Abs. 2 nur zulässig,

wenn die Dienstunfähigkeit während der Einziehung zum aktiven Militärdienst verursacht wurde und eingetreten ist.

9) Der Ausschluß von der Besteuerung und der Pfändung nach § 37 Abs. 1 des Ges. findet auf die Pensionsbeihilfe und die Gnadenpension keine Anwendung.

Steigen der Pension der wiederverwendeten Offiziere.

§ 8.

I. Die Pension derjenigen Offiziere, welche in den im Militär- oder Marineetat für pensionierte Offiziere vorgesehenen Stellen Verwendung finden, steigt bei einer Gesamtdienstzeit[1]) von mindestens 10 Jahren mit jedem weiteren Dienstjahre nach Maßgabe des § 6 Abs. 1 um $^{1}/_{60}$ oder $^{1}/_{120}$ bis auf $^{45}/_{60}$ des der Pensionsberechnung zu Grunde liegenden Diensteinkommens[2]).

II. In gleicher Weise erhöht sich die Pension der aus Veranlassung einer Mobilmachung zum aktiven Militärdienst oder zum Dienste in der Militär- oder Marineverwaltung wieder herangezogenen pensionierten Offiziere. Hat die Verwendung mindestens 60 Tage gedauert, so tritt eine gleiche Erhöhung der Pension um $^{1}/_{60}$ oder $^{1}/_{120}$ des der Pensionsberechnung zu Grunde liegenden Diensteinkommens auch dann ein, wenn durch die Zeit der Verwendung ein weiteres Dienstjahr nicht vollendet ist[3])[4]).

1) „bei einer Gesamtdienstzeit".
Für die Berechnung der Gesamtdienstzeit kommt die bei der Pensionsberechnung festgestellte pensionsfähige Dienstzeit unter Hinzurechnung der Dienstzeit als wiederverwendeter Offizier in Betracht.

2) „des der Pensionsberechnung zugrunde liegenden Diensteinkommens"
d. h. des Diensteinkommens, welches der Offizier zur Zeit seiner Pensionierung bezog.

3) Für die Pensionserhöhung nach Abs. 2 genügt jede Art von Verwendung im aktiven Militärdienst, oder bei der Militär- bezw. Marineverwaltung.

4) Auf die ohne Pension ausgeschiedenen, zum aktiven Dienst vorübergehend wieder herangezogenen Offiziere, sowie auf die Offiziere des Beurlaubtenstandes findet § 8 keine Anwendung (§ 3 Abs. 1 des Ges.).

Pensionsfähiges Diensteinkommen.

§ 9[1]).

I. Als pensionsfähiges Diensteinkommen werden angerechnet:

1. das etatsmäßige Gehalt (§ 6); den Leutnants — mit Ausnahme der Zeug-, Feuerwerks-, Festungsbau- und Traindepotleutnants sowie der im Offizierrange stehenden Verwalter des Kadettenkorps — jedoch nur das etatsmäßige Gehalt für Leutnants der Infanterie[2]);
2. der Wohnungsgeldzuschuß nach den hierfür geltenden gesetzlichen Vorschriften; den Inhabern solcher Dienststellen, für welche in dem Reichshaushalts-Etat freie Dienstwohnung vorgesehen ist, der dafür in diesem Etat etwa vermerkte pensionsfähige Wert[3])[4]);
3. den Offizieren in Stellen vom Brigadekommandeur einschließlich abwärts eine Entschädigung für Bedienung von 500 Mark;
4. den Offizieren in Brigadekommandeur- und höheren Stellen die im Etat ausgeworfenen Dienstzulagen, bei Dienstzulagen über 900 Mark jedoch nur $^{2}/_{3}$ dieser Zulagen[5]);
5. den Oberleutnants und Leutnants eine Berechtigung zur Teilnahme an dem gemeinschaftlichen Offiziertische mit 108 Mark, eine Berechtigung zur Aufnahme in das Lazarett mit 100 Mark.

II. Das pensionsfähige Jahresdiensteinkommen ist nach oben auf volle Mark abzurunden[6])[7]).

1) Die Anwendung des § 9 ist durch die Verweisung auf das nach den bisherigen Gesetzen (27. Juni 1871) anzurechnende pensionsfähige Diensteinkommen ausgeschlossen (JW. 1908 532).

2) Da die Leutnants aller Waffengattungen nach dem BesoldGes. vom 15. Juli 1909 eine Besoldungsgemeinschaft mit aufsteigenden Gehältern bilden (BesoldOrd. III), kommt nunmehr gleichmäßig das BesoldGes. und das nach demselben festzusetzende Gehalt in Betracht.

3) Bezüglich des Wohnungsgeldzuschusses siehe die §§ 28 ff. des BesoldGes. oben S. 67.

4) Bezüglich der freien Dienstwohnung siehe die §§ 34 u. 35 des BesoldGes., oben S. 86 bis 88.

5) Bezüglich der Dienstzulagen im Allgemeinen siehe oben § 1 Anmerkung 5.

Außer Berechnung bleiben die für Repräsentationszwecke ausgeworfenen Dienstzulagen.

6) Bezüglich des pensionsfähigen Diensteinkommens der Offiziere, Ingenieure und Sanitätsoffiziere des Friedensstandes der Marine, siehe § 48 des Ges.

7) Nach § 31 Abs. 1 des Ges. sind die Bestimmungen des § 9 auf die Offiziere des Beurlaubtenstandes, sowie auf die ohne Pension ausgeschiedenen im aktiven Militärdienst vorübergehend wieder verwendeten Offiziere anzuwenden.

§ 10[1]).

I. Während der Dauer eines Krieges[2]) sind als pensionsfähiges Diensteinkommen die Gebührnisse derjenigen Friedensstelle anzurechnen, welche der Kriegsstelle entspricht[3]), deren Inhaber der Offizier zuletzt gewesen ist[4]). Auch nach der Beendigung des Krieges sind diese Gebührnisse anzurechnen, wenn die Dienstunfähigkeit durch den Krieg entstanden und ein höheres pensionsfähiges Friedensdiensteinkommen noch nicht erreicht worden ist.

II. Den Inhabern solcher Stellen, für welche im Frieden mehrere Gehaltsklassen bestehen[5]), ist das Gehalt der höchsten Klasse anzurechnen, sofern im Kriege nur eine Gehaltsklasse besteht; jedoch kommt das Gehalt der niedrigsten Klasse zum Ansatze, wenn der Inhaber der Kriegsstelle einem niederen als dem dieser Stelle im Frieden entsprechenden Dienstgrad angehört[6]).

1) Zu § 10 enthält die Begründung zum Gesetzesentwurf folgende Ausführungen (S. 31):

„Es hat sich das Bedürfnis herausgestellt, besonders im Hinblick auf die Bemessung der Gebührnisse der Hinterbliebenen der im Kriege gefallenen oder gestorbenen Offiziere, eine Festsetzung darüber zu treffen, welches Einkommen während der Dauer eines Krieges der Pensionsberechnung zugrunde gelegt werden soll; hierzu hat nur das Friedenseinkommen bestimmt werden können, weil die Kriegsbesoldungen je nach der häufig wechselnden Verwendung der Offiziere zu verschiedenartig sind und keine sichere gleichmäßige Grundlage bieten.

Die Vorschrift, daß bei Dienstgraden, für welche im Frieden mehrere Gehaltsklassen vorgesehen sind, die höchste derselben als pensionsfähiges Diensteinkommen angerechnet werden soll, ist notwendig, weil eine Trennung in verschiedene Gehaltsklassen unter den besonderen Verhältnissen des Kriegs nicht möglich ist".

2) „Während der Dauer eines Kriegs".

Vom Kaiser wird bestimmt, welche militärischen Unternehmungen als Krieg anzusehen sind (§ 17 des Ges.).

3) „welche der Kriegsstelle entspricht".

Diejenigen Offiziere kommen als Inhaber einer Kriegsstelle im Sinn des § 10 in Betracht, welche auf Grund der für den Kriegsfall bestehenden Bestimmungen mit einer Kriegsstelle beliehen werden und welche zum Bezug der Gebührnisse der Stelle berechtigt sind.

Hierzu gehören nicht diejenigen Offiziere, welche in Ermangelung der Behinderung der Stelleninhaber die Geschäfte einer Stelle wahrnehmen, denn diese sind nur Stellvertreter und haben auf die Gebührnisse der Stelle keinen Anspruch (KommBer. S. 44).

4) „deren Inhaber der Offizier zuletzt gewesen ist".

Daß die Offiziere nach Abs. 1 noch ein Jahr im aktiven Dienst verblieben sind, ist nicht erfordert, da Dienstbeschädigung vorliegen muß. An die Stelle des für die höheren Ausgaben im Kriege bemessenen Kriegsdiensteinkommens tritt das Friedensdiensteinkommen.

5) Bezüglich der Stellen, für welche im Frieden mehrere Gehaltsklassen bestehen siehe nunmehr die BesoldOrdn. III zum Besold.-Gesetz.

6) Bezüglich der Anwendbarkeit des § 10 auf die Offiziere des Beurlaubtenstandes und auf die ohne Pension ausgeschiedenen zum aktiven Militärdienst herangezogenen Offiziere siehe § 31 Abs. 1 des Ges.

Verstümmelungszulage.

§ 11[1]).

I. Offiziere, die durch Dienstbeschädigung in der nachstehenden Weise an der Gesundheit schwer geschädigt worden sind, haben für die Dauer dieses Zustandes neben dem Anspruch auf Pension Anspruch auf eine Verstümmelungszulage.

II. Die Verstümmelungszulage beträgt bei dem Verlust einer Hand, eines Fußes, der Sprache, des Gehörs auf beiden Ohren jährlich je 900 Mark[2]) und bei Verlust oder Erblindung beider Augen jährlich 1800 Mark[3]).

III. Die Verstümmelungszulage von je 900 Mark kann ferner mit Genehmigung der obersten Militärverwaltungsbehörde des Kontingents bewilligt werden[4]) bei

Störung der Bewegungs- und Gebrauchsfähigkeit einer Hand, eines Armes, eines Fußes oder eines Beines, wenn die Störung so hochgradig ist, daß sie dem Verluste des Gliedes gleich zu achten ist, bei Verlust oder Erblindung eines Auges im Falle nicht völliger Gebrauchsfähigkeit des anderen Auges, bei anderen schweren Gesundheitsstörungen, wenn sie fremde Pflege und Wartung nötig machen[5]).

IV. Wird durch eine der vorstehend angegebenen Gesundheitsschädigungen schweres Siechtum verursacht in dem Grade, daß der Pensionär dauernd an das Krankenlager gefesselt ist, oder besteht die Gesundheitsschädigung in Geisteskrankheit, so kann mit Genehmigung der obersten Militärverwaltungsbehörde des Kontingents die einfache Verstümmelungszulage[6]) bis zum Betrage von 1800 Mark jährlich erhöht werden[7])[8])[9])[10]).

1) Der Erhalt der Verstümmelungszulage setzt schwere Schädigung der Gesundheit, verursacht durch Dienstbeschädigung, sowie das Bestehen eines Pensionsanspruchs voraus: der Anspruch auf dauernde Pensionsgewährung begründet aber an sich nicht den Anspruch auf dauernde Gewährung der Verstümmelungszulage (zu vgl. Ziff. 72 des Nachtrags I zur Dienstanweisung der Militärdiensttauglichkeit). Ob die Dienstbeschädigung im Krieg oder im Frieden entstanden ist begründet keinen Unterschied.

Ein Rechtsanspruch auf die Verstümmelungszulage besteht nur in den Fällen des Abs. 1 und 2; derselbe kann nach Maßgabe der §§ 39 und 40 des Ges. geltend gemacht werden.

Die Gewährung der Verstümmelungszulage erfolgt je nach Umständen dauernd oder auf Zeit (zu vgl. Nachtrag I S. 22 Ziff. 49 der Dienstanweisung für die Beurteilung der Militärdienstfähigkeit.

2) „je 900 Mark“.

Eine mehrfache Verstümmelungszulage kann beim Vorliegen mehrerer Verlustfälle gewährt werden.

3) „bei Verlust oder Erblindung beider Augen“.

Nach dem KommBer. S. 45 war bei der Kommissionsberatung angeregt worden, auch für den Verlust eines Auges einen Anspruch auf Verstümmelungszulage zu gewähren. Die Anregung wurde aber zurückgezogen als darauf hingewiesen wurde, daß es wiederholt vorgekommen sei, daß einäugige Offiziere noch Dienst getan hätten; es erscheine nicht als angängig, daß einem aktiven Offizier eine Verstümmelungszulage gewährt werde.

4) „kann bewilligt werden“.

Ein Rechtsanspruch ist im Ablehnungsfall ausgeschlossen.

In den Fällen des Abs. 3 ist die fakultative Gewährung der Verstümmelungszulage vorgesehen, weil sich wiederholt Meinungsverschiedenheiten darüber zeigten, ob die Gebrauchsstörung eines Glieds dem Verlust desselben gleichzuachten sei.

5) „wenn sie fremde Pflege und Wartung nötig machen“.

Unter fremder Pflege und Wartung ist nicht die von Hausangehörigen geleistete Hilfe zu einzelnen Verrichtungen, z. B. zum An- und Auskleiden zu verstehen (KommBer. S. 45).

6) „die einfache Verstümmelungszulage“.

Die Erhöhung der einfachen Verstümmelungszulage bis zum Betrag von 1800 Mark im Falle schweren Siechtums ist nur beim Bezug einer Verstümmelungszulage zulässig.

7) Auch der Anspruch nach Abs. 4 ist der richterlichen Entscheidung entzogen.

8) Da die Verstümmelungszulage zu den Pensionsgebührnissen gehört, erlischt und ruht der Anspruch auf dieselbe in den Fällen der §§ 22 und 23 des Ges.

9) Die Verstümmelungszulage ist ganz steuerfrei und der Pfändung entzogen (§ 37 des Ges.).

10) Das Vorhandensein und die Dauer der den Anspruch auf eine Verstümmelungszulage begründenden schweren Gesundheitsstörungen ist nach Ziff. 40 bis 49 der Dienstanweisung zur Beurteilung der Militärdienstfähigkeit zu beurteilen (Ziff. 72 des Nachtrags I dieser Dienstanweisung).

Kriegszulage.

§ 12[1]).

I. Offiziere, die infolge einer durch den Krieg erlittenen Dienstbeschädigung[2]) pensionsberechtigt geworden sind (Kriegspensionäre), haben neben dem Anspruch auf Pension Anspruch auf eine Kriegszulage[3])[4]). Diese beträgt jährlich:

1. 1200 Mark, wenn die Pension von dem Diensteinkommen eines Hauptmanns I. Klasse oder von einem niedrigeren Diensteinkommen bemessen ist;
2. 720 Mark, wenn die Pension von einem höheren Diensteinkommen bemessen ist.

II. Pensionierte Offiziere, die aus Veranlassung einer Mobilmachung zum Militärdienst oder zum Dienste in der Militärverwaltung wieder herangezogen werden, haben nur dann Anspruch auf die Kriegszulage, wenn ihre Gesundheit infolge einer durch den Krieg herbeigeführten Dienstbeschädigung dauernd gestört worden ist.

III. Auf die Gewährung der Kriegszulage finden die Vorschriften des § 2 entsprechende Anwendung[5])[6])[7])[8])[9]).

1) Der Anspruch auf Kriegszulage setzt eine durch im Krieg erlittene Dienstbeschädigung erlangte Pension voraus; die Kriegszulage ist eine Erhöhung der Pension; ohne Pension kann sie nicht erlangt werden. Da die Kriegszulage zu den Pensionsgebührnissen gehört, erlischt und ruht das Recht auf ihren Bezug in den Fällen der §§ 22 und 23 des Ges.

2) „infolge einer durch den Krieg erlittenen Dienstbeschädigung".

Bezüglich des Begriffs „Kriegsdienstbeschädigung" siehe oben § 2 Anm. 4.

Die Ausdrucksweise „durch den Krieg" ist gebraucht, weil sich die Folgen der Dienstbeschädigung auch erst nach dem Krieg bemerkbar machen können.

3) „haben Anspruch auf eine Kriegszulage".

Der Anspruch ist im Rechtsweg nach Maßgabe der §§ 39 und 40 des Ges. verfolgbar.

Die Entscheidung darüber, ob eine Dienstbeschädigung als durch den Krieg herbeigeführt anzusehen ist, kommt den Gerichten nicht zu (§ 40 Ziff. 3 des Ges.).

4) Bezüglich der Kriegszulage für solche Offiziere, welche zwar eine Dienstbeschädigung durch den Krieg erlitten haben, bei deren Verabschiedung aber eine Friedensbeschädigung als Ursache der Dienstunfähigkeit angegeben wurde, wurde seitens eines Vertreters der Militärverwaltung bei der Kommissionsberatung folgende Erklärung zu Protokoll gegeben:

„Die Kriegszulage ist nach dem § 12 MilitärPensGes. von 1871 eine Erhöhung der Pension.

Ist eine Pension nicht zuständig, so kann auch Kriegszulage nicht gewährt werden.

In Anerkennung der Härten, die aus der Nichtgewährung der Kriegszulage an solche invalide Kriegsteilnehmer entstehen, welche zwar eine Kriegsdienstbeschädigung erlitten haben, bei deren Verabschiedung aber eine der Zeit nach näher liegende Friedensbeschädigung als Ursache der Dienstunfähigkeit angegeben ist, hat sich die Militärverwaltung veranlaßt gesehen, den in der Reichstagssitzung vom 16. Januar 1902 eingenommenen Standpunkt aufzugeben und auf Antrag in eine Ergänzungsprüfung der bei der Verabschiedung obwaltenden Verhältnisse einzutreten.

Hat sich hierbei der Nachweis ergeben, daß eine Kriegsdienstbeschädigung vorlag, durch welche die Dienstfähigkeit zur Zeit der Verabschiedung tatsächlich aufgehoben war, so ist nachträglich Kriegsinvalidität anerkannt und die Kriegszulage gewährt worden.

Als Kriegsinvalide können aber nicht solche Offiziere anerkannt werden, welche entweder eine Kriegsdienstbeschädigung nicht nachweisen können, oder eine solche zwar erlitten haben, deren Dienstunfähigkeit beim Ausscheiden aber auch nach dem Ergebnis einer Ergänzungsprüfung mit der Kriegsdienstbeschädigung nicht zusammenhängt, denn die Kriegszulage gebührt nicht jedem Kriegsteilnehmer, auch nicht jedem, der eine Kriegsbeschädigung erlitten hat, sondern nach § 12 Ges./71 nur demjenigen, der nachweislich durch den Krieg invalide und zur Fortsetzung des aktiven Militärdienstes unfähig geworden ist.

Den Offizieren des Beurlaubtenstandes, welche als Feldzugsteilnehmer, ohne Pension ausgeschieden sind und denen den gesetzlichen Bestimmungen gemäß eine Pension nachträglich nicht gewährt werden kann, — wird — wenn sie durch Beschädigungen oder schädliche Einwirkungen des Krieges in hilfsbedürftige Lage geraten sind — nach wie vor durch Gnadenunterstützung aus dem Allerhöchsten Dispositionsfonds geholfen werden".

5) „Auf die Gewährung der Kriegszulage finden die Vorschriften des § 2 entsprechende Anwendung".

Hieraus ergibt sich, daß die Kriegszulage beim Ausscheiden und wenn die Kriegsdienstbeschädigung die Folge von Verwundung ist, jederzeit beantragt werden kann.

6) Nach § 37 des Ges. ist die Kriegszulage steuerfrei und der Pfändung entzogen; sie unterliegt in den Fällen des § 24 des Ges. auch nicht der Kürzung.

7) Die Bestimmungen des § 12 finden nach § 31 Abs. 1 des Ges. auch Anwendung auf die Offiziere des Beurlaubtenstandes, sowie auf die ohne Pension ausgeschiedenen, zum aktiven Militärdienst vorübergehend wieder herangezogenen Offiziere.

8) Bezüglich der Kriegszulage bei der Marine und bei den Schutztruppen siehe die §§ 49, 66 ff. des Ges.

9) Die Kriegszulage wird Inhabern einer etatsmäßigen Stelle in einem Invalideninstitut für die Dauer der Versorgung weiter gewährt (§ 24 Ziff. 1 des Ges.).

Alterszulage.

§ 13.

Erreicht das jährliche Gesamteinkommen [2]) eines Kriegspensionärs [1]) (§ 12) nicht 3000 Mark, so kann ihm vom ersten Tage des Monats ab, in welchem er das fünfundfünfzigste

Lebensjahr vollendet, eine Zulage (Alterszulage) bis zur Erreichung dieses Betrags gewährt werden[2]). Die Zulage kann bereits früher gewährt werden, wenn dauernde völlige Erwerbsunfähigkeit[4]) festgestellt worden ist[5])[6])[7])[8])[9]).

1) „eines Kriegspensionärs".

Die Alterszulage kann, wie die Verstümmelungs- und Kriegszulage, nur neben einer Pension gewährt werden.

2) Zuständig für die Gewährung der Alterszulage ist die Oberste Militärverwaltungsbehörde des Kontingents, für die Marine die Oberste Marineverwaltungsbehörde (§ 60 Abs. 1 des Ges.).

3) „Das jährliche Gesamteinkommen".

Unter Gesamteinkommen ist jede Art von Einkommen des Pensionärs zu verstehen, ohne Rücksicht auf die Quelle, aus der es fließt (Begr. S. 31).

4) Bei der Gewährung der Alterszulage kommt, wenn die sonstigen Pflichten des Gesetzes erfüllt sind, die politische Gesinnung nicht in Betracht (KommBer. S. 51).

5) Die Alterszulage ist gänzlich steuerfrei und der Pfändung entzogen (§ 37 des Ges.).

4) „Dauernde völlige Erwerbsunfähigkeit"

Bei der Kommissionsberatung wurde darauf hingewiesen, daß die Vorschrift im Schlußsatz, wonach die Zulage schon früher gewährt werden kann, wenn dauernde völlige Erwerbsunfähigkeit vorhanden ist, wohl zu vielen Härten führen könne. Man sehe dies am deutlichsten in der Gewährung der Veteranenbeihilfen. Es sei allerdings schwer, eine andere Fassung zu finden; denn wenn das Wort „dauernd" gestrichen sei, so werde die Alterszulage zu einer Art Krankenversicherung.

Seitens der Militärverwaltung wurde erklärt, völlige Erwerbsunfähigkeit würde in Übereinstimmung mit der Auslegung des Gesetzes von 1901 dann anzunehmen sein, wenn der Kriegspensionär infolge körperlicher und geistiger Gebrechen nicht imstande sei, einem Erwerbe nachzugehen (KommBer. S. 51).

7) Nach § 24 Ziff. 1 des Ges. wird die Alterszulage Inhabern einer etatsmäßigen Stelle in einem Invalideninstitute auch für die Dauer der Versorgung weiter gewährt.

8) Nach § 31 Abs. 1 finden die Bestimmungen des § 13 auch auf Offiziere des Beurlaubtenstandes, sowie auf die ohne Pension vorübergehend zum aktiven Militärdienst wieder herangezogenen Offiziere Anwendung.

9) Da ein Recht auf den Bezug der Alterszulage nicht besteht, findet § 24 des Ges. auf dieselbe keine Anwendung; dagegen beziehen sich die §§ 22 und 23 des Ges. über das Erlöschen und das Ruhen des Rechts auf den Bezug der Pensionsgebührnisse auch auf die Alterszulage.

Berechnung der Dienstzeit.

§ 14.

I. Die Dienstzeit wird vom Tage des Eintritts in den aktiven Militärdienst bis zum Schlusse des Monats gerechnet, in welchem das Ausscheiden erfolgt[1]).

II. Die Dienstzeit vor dem Beginne des achtzehnten Lebensjahres[2]) wird nicht angerechnet[3]); nur im Kriegsfalle wird die Dienstzeit vom Beginne des Krieges[4]) beim Eintritt in den Militärdienst während des Krieges vom Tage des Eintritts ab gerechnet.

III. Als Kriegszeit gilt die Zeit vom Tage der Mobilmachung, auf welche ein Krieg folgt, bis zum Tage der Demobilmachung[5])[6])[7])[8]).

1) „Die Dienstzeit wird gerechnet".

Als Reichsdienst im Sinn des § 14 gilt auch der Landesdienst in Elsaß-Lothringen und der Dienst in den Schutzgebieten.

Die aktive Dienstzeit wird auch durch Urlaubserteilungen für längere Zeit nicht unterbrochen (RGZ. 41, 110); auch die à la suite ihrer Truppenteile gestellten, d. h. ohne Gehalt beurlaubten Offiziere gehören zum aktiven Heer. Diese Zeit ist daher als pensionsfähige Dienstzeit anzurechnen.

2) „vor dem Beginn des 18. Lebensjahrs".

Bei der Kommissionsberatung wurde der Antrag gestellt, anstatt des Wortes „achtzehnten" zu setzen „einundzwanzigsten".

Zur Begründung dieses Antrages wurde darauf hingewiesen, daß möglichst gleiche Grundsätze für die Pensionierung der Militär- und Zivilbeamten einerseits und der Offiziere andererseits geboten seien. Rechne man die Zeit schon vom zurückgelegten 18. Lebensjahr für die Pension an, so seien jene Offiziere benachteiligt, die das Abiturientenexamen abgelegt hätten und deshalb später in das Heer einträten. Die Zeit, die die jungen Leute auf der Kriegsschule zubrächten, sei gleich zu erachten dem Studium der Zivilbeamten, das auch nicht auf die pensionsfähige Dienstzeit angerechnet werden könne.

Die Militärverwaltung erklärte den Antrag für schlechthin unannehmbar, schon deshalb, weil mit dem 17. Lebensjahr es jedem Deutschen gestattet sei, in das Heer einzutreten; es müsse daher auch Fürsorge getroffen werden für den Fall der Erwerbsunfähigkeit. Setze man für die Offiziere das 21. Lebensjahr, so würde man die Verhältnisse der Militäranwärter und Unteroffiziere ganz wesentlich verschlechtern (KommBer. S. 51).

3) „Die Dienstzeit vor dem Beginn des 18. Lebensjahrs wird nicht angerechnet".

Bei Reichsbeamten bleibt die Dienstzeit, welche vor dem Beginn des 21. Lebensjahrs liegt, bei der Feststellung der pensionsfähigen Dienstzeit außer Berechnung (§ 49 RBG.).

Die Anrechnung der Dienstzeit vom 18. Lebensjahre ab für Offiziere hat ihre Berechtigung darin, daß der Offizier schon leichter in jungen Jahren sehr viel in verantwortliche Stellen und Situationen kommt als der Beamte. Ferner würde für die Offiziere die Möglichkeit, die Höchstpension zu erreichen, noch viel ungünstiger im Verhältnis zu dem Beamten werden, als sie es jetzt schon ist. Von der Anrechnung der Studienzeit für Sanitätsoffiziere ist abgesehen, weil sie während der Studienzeit nicht zum aktiven Heere gehören, und weil auch den Beamten die Studienzeit nicht angerechnet wird. Auch erreichen die Sanitätsoffziere in viel jüngeren Jahren eine leidlich auskömmliche Pension als die Offiziere; auch verliert der Sanitätsoffizier nicht wie der Offizier beim Ausscheiden aus dem Dienst seinen Lebensberuf, sondern setzt mit den durch den Militärdienst bereicherten Erfahrungen und Kenntnissen seinen Beruf als Arzt fort (Begr.).

4) „vom Beginn des Kriegs".

Von der vor dem Beginn des 18. Lebensjahres liegenden Dienstzeit durfte seither nur die in die Dauer eines Kriegs fallende Dienstzeit, falls sie bei einem mobilen oder Ersatztruppenteil abgeleistet wurde, gerechnet werden. Nunmehr darf die Dienstzeit im Kriegsfalle vom Beginn des Kriegs, beim Eintritt während des Kriegs vom Tag des Eintritts ab fortlaufend gerechnet werden, ohne Rücksicht darauf, ob die Dienstzeit bei einem mobilen Ersatztruppenteil oder bei einem immobilen abgeleistet worden ist.

5) „bis zum Tage der Demobilmachung".

Falls bei einem als Krieg anzusehenden Unternehmen eine Mobilmachung und Demobilmachung nicht erfolgt ist, so würde als Mobilmachungstag im Sinn des Abs. 3 der Tag des Beginns und als Demobilmachungstag der Tag der Beendigung der kriegerischen Unternehmungen anzusehen sein (Begr. S. 32). Welche Zeit als Kriegszeit zu rechnen ist, wenn keine Mobilmachung und Demobilmachung stattgefunden hat, bestimmt der Kaiser (§ 17 des Ges.).

6) Über sämtliche Fragen, welche die Berechnung der Dienstzeit betreffen, kann im Rechtsweg gestritten werden. Die Beschreitung des Rechtswegs, d. h. die Verfolgung des bestrittenen subjektiven Rechts auf dem Wege des Zivilprozesses vor den ordentlichen Gerichten erfolgt durch Erhebung einer Klage gemäß § 253 ZPO.

7) Nach den §§ 45 und 62 des Ges. finden die Vorschriften des § 14 auch auf die Marine und die Schutztruppen entsprechende Anwendung.

8) Keine Anwendung finden die Bestimmungen des § 14 nach § 31 Abs. 1 des Ges. auf die Offiziere des Beurlaubtenstandes und

die ohne Pension ausgeschiedenen, zum aktiven Militärdienst vorübergehend wieder herangezogenen Offiziere. Auf diese Offiziere findet vielmehr § 30 des Ges. Anwendung.

§ 15.

I. Die im Zivildienste des Reichs oder eines Bundesstaats zugebrachte Zeit wird angerechnet[1]).

II. Die im Dienste eines dem Reiche nicht angehörenden Staates, die im Inland oder Ausland[3]) im Kommunal-[4]), Kirchen- oder Schuldienst oder im Dienste einer landesherrlichen Haus- oder Hofverwaltung[5]) zugebrachte Dienstzeit kann mit Genehmigung der obersten Militärverwaltungsbehörde des Kontingents angerechnet werden[6]).

1) „wird angerechnet“, d. h. muß angerechnet werden. Der Landesdienst in Elsaß-Lothringen und der Dienst in den Schutztruppen gilt im Sinn dieses Gesetzes als Reichsdienst (Begr. S. 32). Durch die Anrechnung der Zivildienstzeit kann auch die zur Begründung eines Anspruchs auf Pension nach § 1 des Ges. erforderliche 10 jährige Dienstzeit vollgemacht werden.

2) In den Fällen des Abs. 2 besteht ein Anspruch auf Anrechnung nicht; die Oberste Militärverwaltungsbehörde entscheidet nach freiem Ermessen. Die Anrechnung kann sich in diesen Fällen auch auf einen Teil der Dienstzeit beschränken.

3) „im Inland oder Ausland“.
Inland ist das deutsche Reichsgebiet, Ausland jedes nicht zum Deutschen Reich gehörige Gebiet.
Die Schutzgebiete gelten im Sinn dieses Gesetzes als Inland (zu vgl. v. Stengel, Rechtsverhältnisse der deutschen Schutzgebiete 1901 S. 35; Meyer, Die staatsrechtliche Stellung der deutschen Schutzgebiete 1885 S. 88, 103 ff.).

4) „im Kommunaldienst“.
Unter diesem ist der Dienst bei den größeren Kommunalverbänden der Ämter, Kreise und Provinzen, Gemeinden, sowie der landständische Dienst zu verstehen. Der Dienst bei den Handels- und Gewerbekammern gehört nicht hierher (Perels-Spilling, RBGes. §. 52 Anm. 5; Pieper, RBGes. § 52 Anm. 5; Brand, RBGes. § 52 Anm. 5).

5) „im Dienst einer landesherrlichen Haus- oder Hofverwaltung“.
Von den Haus- oder Hofdiensten können nur die bei den in Deutschland regierenden Fürstenfamilien geleisteten Dienste zur Anrechnung kommen. Die Bestimmung kann nicht auf Dienste

bei den mediatisierten und standesherrlichen Familien ausgedehnt werden (Perels-Spilling, RBGes. § 52 Anm. 6).

6) Die vorgesehene Anrechnung ist erfolgt, um eine Übereinstimmung mit den Zivilpensionsgesetzen zu erreichen (Begr.).

§ 16.

I. Für jeden Krieg, an welchem ein Offizier im Reichsheere teilgenommen hat[1]), wird zu der wirklichen Dauer der Dienstzeit ein Jahr (Kriegsjahr) hinzugerechnet[2]), jedoch ist für mehrere in ein Kalenderjahr fallende Kriege die Anrechnung nur eines Kriegsjahrs zulässig.

II. Offizieren, die sich in außereuropäischen Ländern[3]) mindestens ein Jahr ohne Unterbrechung dienstlich aufgehalten haben, wird die dort zugebrachte Dienstzeit doppelt gerechnet, falls eine solche Doppelrechnung den Beamten des Auswärtigen Amtes bewilligt ist. Ausgenommen von dieser Doppelrechnung ist die in solche Jahre fallende Dienstzeit, welche bereits als Kriegsjahre zu erhöhtem Ansatze kommen[4]).

1) „an welchem ein Offizier im Reichsheer teilgenommen hat".

Nicht gefordert ist, daß der Pensionär in der Eigenschaft als Offizier am Kriege teilgenommen hat, oder daß der Offizier wirklich vor den Feind gekommen ist.

2) „wird ein Jahr (Kriegsjahr) hinzugerechnet".

Die Zurechnung eines Jahrs erfolgt ohne Rücksicht auf die Dauer des Kriegs.

3) „in außereuropäischen Ländern".

Diese Bestimmung wurde in das Gesetz aufgenommen, weil auch Offiziere des Reichsheeres in außereuropäischen Ländern Verwendung finden, z. B. der Militärbevollmächtigte in Tokio (Begr. S. 32).

Durch die Doppelrechnung sollen die in außereuropäischen Ländern beschäftigten Offizieren und Beamte für die Gefahren des Klimas und die weite Entfernung von der Heimat entschädigt werden.

Bezüglich der Marine und der Schutztruppen siehe die §§ 45, 53, 62 und 69 des Ges.; eine Ausnahmevorschrift enthält bezüglich der Schutztruppen § 63 Abs. 2 des Ges. Bezüglich der Anwendbarkeit des Abs. 2 auf die Beamten des Reichsheeres siehe § 36 Abs. 2 des Ges.

4) Nach § 31 Abs. 2 des Ges. findet § 16 auch auf die Offiziere des Beurlaubtenstandes, sowie auf die ohne Pension ausgeschiedenen, zum aktiven Dienst vorübergehend wieder einberufenen Offiziere Anwendung.

§ 17.

Der Kaiser bestimmt, wer als Teilnehmer an einem Kriege anzusehen ist, unter welchen Voraussetzungen bei Kriegen von längerer Dauer mehrere Kriegsjahre anzurechnen sind, und ob denjenigen Offizieren Kriegsjahre anzurechnen sind, welche auf Befehl einem Kriege ausländischer Truppen beigewohnt haben; ferner welche militärische Unternehmung als ein Krieg im Sinne dieses Gesetzes anzusehen und welche Zeit als Kriegszeit zu rechnen ist, wenn keine Mobilmachung oder Demobilmachung stattgefunden hat. Für die Vergangenheit bewendet es bei den getroffenen Bestimmungen.

Die Bestimmung erfolgt im Wege Kaiserlicher Verordnung von Fall zu Fall.

Die allgemeine Voraussetzung für die Hinzurechnung von Kriegsjahren ist die Teilnahme an einem Kriege im Reichsheer, bei der Marine oder bei den Schutztruppen.

In den Kaiserlichen Verordnungen wird bestimmt a) welche militärische Unternehmungen als Kriege anzusehen sind; b) für den Fall, daß keine Mobilmachung und Demobilmachung stattfindet, welche Zeit als Kriegszeit anzusehen ist; c) bei Kriegen, welche sich auf mehr als ein Kalenderjahr erstrecken, unter welchen Voraussetzungen mehrere Kriegsjahre hinzuzurechnen sind; d) wer als Kriegsteilnehmer anzusehen ist.

Die ältere Fassung des RBGes. verlangte eine derartige Teilnahme, daß der Beamte wirklich vor den Feind gekommen, oder in dienstlicher Stellung den mobilen Truppen in das Feld gefolgt. oder auf einem zur Verwendung gegen den Feind bestimmten Schiffe oder Fahrzeuge der Kaiserlichen Marine eingeschifft war.

Die hierdurch für das Kaiserliche Verordnungsrecht gegebene Beschränkung ist nunmehr weggefallen (Nov. z. RBGes. v. 17. Mai 1907, RGesBl. S. 208).

§ 18.

I. Von der Anrechnung als Dienstzeit ist die Zeit einer Freiheitsstrafe von mindestens einjähriger Dauer[1]) sowie die Zeit einer Kriegsgefangenschaft ausgeschlossen.

II. Unter besonderen Umständen kann die Zeit der Freiheitsstrafe mit Genehmigung des Kontingentsherrn, die

Zeit der Kriegsgefangenschaft[2]) mit Genehmigung des Kaisers angerechnet werden[3]).

1) „einer Freiheitsstrafe von mindestens einjähriger Dauer".

In Betracht kommt nur die tatsächlich abgebüßte Strafe. Als Freiheitsstrafe kommt hier nicht in Betracht die Zuchthausstrafe, da dieselbe nach § 31 StGB. die dauernde Unfähigkeit zum Dienst im Heere und in der Marine und nach den §§ 31, 32 Ziff. 1 MilStGB. die Entfernung aus dem Heere oder der Marine ohne Pensionsanspruch zur Folge hat.

Gefängnis- oder Festungshaftstrafe unter einem Jahr sind auf die Dienstzeit anzurechnen. Eine angerechnete Untersuchungshaft gilt als verbüßte Strafe (Loewe, Komm. zur StPO., 11. Aufl. S. 1009 Anm. 1c zu § 1 des Ges. vom 20. Mai 1898).

2) „die Zeit der Kriegsgefangenschaft".

Eine Doppelrechnung der Zeit der Kriegsgefangenschaft findet nicht statt.

3) § 18 ist nach den §§ 45 und 62 des Ges. auch auf die Marine und die Schutztruppen anzuwenden (zu vgl. hierzu aber die §§ 54 und 70 des Ges.).

Verfahren.

§ 19.

Die Feststellung und Anweisung der Pensionsgebührnisse[1]) erfolgt durch die oberste Militärverwaltungsbehörde des Kontingents[2]); diese kann ihre Befugnisse auf andere Behörden übertragen[3]), wenn sie ihr nicht durch dieses Gesetz ausdrücklich vorbehalten sind[4]).

1) „der Pensionsgebührnisse".

Zu diesen gehören die Pension, der Pensionszuschuß (§ 6 Abs. 5 und § 65 Abs. 2), die Pensionsbeihilfe (§ 7), die Verstümmelungs- Kriegs- und Alterszulagen (§§ 11, 12, 13 und 50), der Zuschuß nach § 43, bei der Marine die Pensionserhöhung (§§ 49 und 59) und bei den Schutztruppen die Tropenzulage (§§ 66 ff.).

2) „durch die oberste Verwaltungsbehörde des Kontingents".

In Preußen wird die Zahlung und Verrechnung durch besondere Pensionsregelungsbehörden veranlaßt, in Sachsen, Bayern und Württemberg durch die Kriegsministerien.

3) „diese kann ihre Befugnisse auf andere Behörden übertragen".

Diese Befugnis ist eingeräumt, damit erforderlichen Falles eine Entlastung der obersten Militärverwaltungsbehörde erfolgen kann.

Die Feststellung und Anweisung der Pensionsgebührnisse von Präsidenten des Reichsmilitärgerichts und ihrer Hinterbliebenen hat durch den jeweiligen Präsidenten des letzteren zu erfolgen (Begr. S. 52).

4) Nach § 41 Abs. 1 Ziff. 6 des Ges. findet der § 19 auch auf die pensionierten Offiziere Anwendung.

§ 20.

I. Die Pensionsgebührnisse[1]) werden monatlich im voraus gezahlt[2]); jedoch ist der Pensionszuschuß (§ 6 Abs. 5) mit der ersten Pensionsrate in einer Summe zu zahlen[3]).

II. Die Zahlung beginnt mit dem Ablaufe des Monats, für welchen zuletzt Besoldungsgebührnisse gezahlt worden sind[4])[5])[6])[7]).

III. Stehen dem Pensionsberechtigten für den Monat nach Bekanntmachung der Pensionierung Besoldungsgebührnisse zu, deren Betrag geringer ist als die Pensionsgebührnisse, so wird ihm der Unterschied vergütet.

1) Bezüglich der Pensionsgebührnisse siehe Anm. 1 zu § 19.

2) „werden im voraus bezahlt".

Die Vorschrift der Vorauszahlung ist zwingend. Damit, daß der Pensionär den Beginn des Monats erlebt, erwirbt er auch einen Anspruch auf die Pensionsgebührnisse für den Monat.

Wegen der Verjährung des Anspruchs auf rückständige Pension binnen 4 Kalenderjahren nach der Fälligkeit siehe BGB. §§ 197 und 201.

3) § 20 findet vom Inkrafttreten des Ges. ab (1. Juli 1906) auch auf die bereits pensionierten Offiziere Anwendung (§ 41 Abs. 1 Ziff. 6 des Ges.).

4) Nach den Friedensbesoldungsvorschriften (§ 10) beginnt bei denjenigen Offizieren, welche ein Gnadengehalt zu beziehen haben, der Bezug der Pension mit Ablauf desjenigen Monats, für welchen das Gnadengehalt zuständig ist.

5) Bezüglich der Zahlungs- und Verrechnungsbehörden siehe oben Anm. 2 zu § 19.

6) Bezüglich der Einstellung der Zahlung der Pension nach Erlöschen des Bezugsrechts siehe § 25 des Ges. und Anm. 6 zu § 22.

7) Bezüglich der Bezahlung der Pensionsgebührnisse an sich im Ausland aufhaltende Pensionäre siehe Anm. 2a zu § 23 des Ges.

§ 21.

I. Ist der Anspruch auf Pensionsgebührnisse erst nach dem Ausscheiden[1]) aus dem aktiven Militärdienst erhoben worden, so beginnt die Zahlung mit dem ersten Tage des Monats, in welchem die Bedingungen für den Anspruch erfüllt sind, frühestens jedoch mit dem ersten Tage des Monats, in welchem der Anspruch erhoben worden ist.

II. Ein Pensionszuschuß (§ 6 Abs. 5) wird in diesem Falle nicht gewährt.[2])

1) „erst nach dem Ausscheiden".
Gemeint ist die Entlassung nach Beendigung der Dienstleistung, während welcher die Dienstbeschädigung stattgefunden hat.

2) „ein Pensionszuschuß wird in diesem Falle nicht gewährt".
Dieser Ausschluß ist berechtigt, weil das Ausscheiden aus dem aktiven Militärdienst nicht wegen Dienstunfähigkeit, sondern aus irgend welchen anderen Gründen erfolgt ist und ein Anspruch auf die Besoldungsgebührnisse für den auf die Verabschiedung folgenden Monat nicht besteht (§ 10 der FriedensbesVorschr.).

Erlöschen und Ruhen des Rechtes auf den Bezug der Pensionsgebührnisse.

§ 22.

Das Recht auf den Bezug der Pensionsgebührnisse erlischt[1]):

1. mit der Wiederanstellung in Stellen des aktiven Militärdienstes, mit welchen der Bezug von Gehalt verbunden ist[2]);
2. durch rechtskräftige Verurteilung[3]) zu Zuchthausstrafe wegen Hochverrats, Landesverrats, Kriegsverrats oder wegen Verrats militärischer Geheimnisse[4])[5])[6]).

1) „das Recht — erlischt".
In den Fällen des § 22 geht das Recht auf Pension dauernd ganz verloren.

2) „mit der Wiederanstellung".
Nach der Wiederanstellung wird demnächst für den Fall erneuter Dienstunfähigkeit das Recht auf eine anderweit zu berechnende Pension neu erworben (Begr.).

3) „durch rechtskräftige Verurteilung".

Rechtskräftig ist ein Strafurteil, wenn es nicht mehr durch ein ordentliches Rechtsmittel angefochten werden kann.

Die Wiederaufnahme des Verfahrens gemäß §§ 436 ff. MilStrGO. und §§ 399 ff. StPO. ist kein ordentliches Rechtsmittel.

4) Die Bestimmung in Ziff. 2 wurde durch das Gesetz vom 22. Mai 1893, RGesBl. S. 171 in das Pensionsges. vom 27. Juni 1871 unter § 32b eingefügt.

Die Begründung zum Entwurf des Ges. vom 22. Mai 1893 enthält zu dieser Änderung folgende Ausführungen:

Seit dem Erlaß des Strafgesetzbuchs für das Deutsche Reich tritt der Verlust des Rechts auf Bezug einer schon zuerkannten Pension infolge gerichtlichen Urteils nicht mehr ein. Es trägt indessen im höchsten Grad zur Verwirrung des Rechtsgefühls bei, wenn einem Offizier, dessen Beruf der Schutz des Vaterlands ist, die Pension fortbezahlt werden muß, nachdem er sich soweit vergessen hat, daß er verräterische Handlungen unternimmt, welche geeignet sind, die Wohlfahrt des Reichs zu gefährden. Es wird daher als ein dringendes Bedürfnis empfunden, wenigstens für die, wenn auch seltenen Fälle, in denen sich ehemalige Militärpersonen des Hochverrats, Landesverrats oder eines Verrats militärischer Geheimnisse schuldig machen, den früheren Rechtszustand wieder herzustellen mit der Maßgabe, daß auch die Pensionszulagen der §§ 12 und 13 des MilPensGes. in Fortfall kommen (Begr. S. 13). Bezüglich des Hochverrats, Landesverrats, Kriegsverrats siehe die §§ 80 bis 90 des StGB. und §§ 56 bis 60 des MilStGB. und bezüglich des Verrats militärischer Geheimnisse die §§ 1 und 3 des Ges. vom 3. Juli 1893, RGesBl. S. 205.

5) „durch rechtskräftige Verurteilung zur Zuchthausstrafe".

Wird wegen der genannten Reate auf eine andere Strafart erkannt, so tritt der Verlust der Pensionsgebührnisse nicht ein, wohl aber wenn die erkannte Todesstrafe im Wege der Gnade in Zuchthausstrafe umgewandelt oder eine erkannte Zuchthausstrafe im Wege der Gnade erlassen wurde. Das Ruhen des Bezugsrechts kann nach § 23 Ziff. 2 des Ges. nach Einleitung der Strafverfolgung wegen eines der in Ziff. 2 genannten Verbrechen eintreten.

6) Bezüglich der Einstellung der Zahlung der Pension nach Erlöschen des Bezugsrechts siehe unten § 25 des Ges.

Nach den Ausführungsbestimmungen des Bundesrats zu den §§ 22 bis 26 und 57 vom 19. Juni 1906 erfolgt die Pensionszahlung beim Erlöschen, Ruhen oder Wiederaufleben des Rechts auf den Bezug der Pensionsgebührnisse für die Offiziere des preuß. Kontingents und der Marine durch die Pensionsregelungsbehörde, für die Offiziere des bayer., sächs. und württ. Kontingents durch das betr. Kriegsministerium.

§ 23.

Das Recht auf den Bezug der Pensionsgebührnisse **ruht**[1]:

1. solange der Pensionsberechtigte nicht Reichsangehöriger ist[2][3];
2. wenn gegen den Pensionär wegen Hochverrats, Landesverrats, Kriegsverrats oder wegen Verrats militärischer Geheimnisse von einem Zivilgerichte die öffentliche Klage erhoben oder im militärgerichtlichen Verfahren die Einleitung der Strafverfolgung angeordnet worden ist[4], solange der Pensionär sich im Ausland aufhält[5] oder sein Aufenthalt unbekannt ist. Die einbehaltenen Gebührnisse werden ausgezahlt[8], wenn der Pensionär rechtskräftig freigesprochen[6] oder zu geringerer als Zuchthausstrafe verurteilt worden ist oder wenn dem strafgerichtlichen Verfahren wegen unzureichender Verdachtsgründe oder wegen mangelnder Strafbarkeit keine weitere Folge gegeben wird[7][9][10].

1) „das Recht auf den Bezug der Pensionsgebührnisse ruht".

Im Fall des Ruhens des Bezugsrechts lebt dasselbe nach Beseitigung der Umstände, welche das Ruhen bewirkt haben, von selbst wieder auf.

Soweit das Bezugsrecht ruht, kann es nicht geltend gemacht werden, bis es durch den Wegfall des Grundes für das Ruhen von selbst wieder auflebt.

2) „solange der Pensionsberechtigte nicht Reichsangehöriger ist".

Die Reichsangehörigkeit ist stillschweigende Voraussetzung für den Bezug der Pensionsgebührnisse.

Bezüglich der Frage, ob einem Pensionär die Eigenschaft als Reichsangehöriger zukommt, sind die Bestimmungen des ReichsGes. über die Erwerbung und den Verlust der Bundes- und Staatsangehörigkeit vom 1. Juni 1870 (BGesBl. S. 355) zum ReichsGes. erklärt durch § 2 des Ges., betr. die Verfassung des deutschen Rechts vom 16. April 1871 (BGesBl. 1871 S. 63) maßgebend.

Geht die Reichsangehörigkeit während des Bezugs der Pension verloren, so ruht das Bezugsrecht solange, bis der Pensionär die Reichsangehörigkeit wieder erworben hat. Die deutsche Reichsangehörigkeit geht verloren:

a) auf Antrag des Pensionärs durch die Aushändigung der Entlassungsurkunde;

b) durch einen zehnjährigen Aufenthalt im Auslande, wozu aber in diesem Falle die Schutzgebiete nicht gerechnet werden dürfen (SchutzgebietGes. vom 25. Juli 1900 S. 9 Abs. 3, RGesBl. S. 815). Wegen des Aufenthalts in den Vereinigten Staaten von Nordamerika siehe den Vertrag vom 22. Februar 1868.

c) durch Ausspruch der Zentralbehörde seines Heimatstaats, wenn er bei Krieg oder Kriegsgefahr dem Rückkehrsgebote des Kaisers keine Folge leistet;

d) durch den Ausspruch derselben Behörde, wenn er ohne die Erlaubnis seiner Regierung in ausländische Staatsdienste tritt und einer ausdrücklichen Aufforderung zum Wiederaustritt aus diesen Diensten keine Folge leistet.

Die Reichsangehörigkeit wird wieder erlangt durch die Naturalisation, durch die Renaturalisation in den Fällen des § 21 Abs. 4 und durch Wiederaufnahme in den Fällen des § 21 Abs. 5 des oben genannten ReichsGes. über die Erwerbung und den Verlust der Bundes- und Staatsangehörigkeit vom 1. Juni 1870.

Bloße Wohnsitz- oder Aufenthaltsnahme im Ausland seitens des Pensionärs, ohne daß dadurch die Reichsangehörigkeit verloren geht, begründet kein Ruhen des Bezugsrechts für die Pensionsgebührnisse, da dem Pensionär die Wahl seines Wohnsitzes bezw. Aufenthalts frei steht, es müssen aber Pensionäre, welche sich im Ausland aufhalten, ihre Pensionsgebührnisse im Inland entweder in eigener Person oder durch Bevollmächtigte erheben und den Nachweis der Reichsangehörigkeit erbringen, sowie den Nachweis des Lebens, falls sie ihre Gebührnisse nicht persönlich erheben. Nur ausnahmsweise kann im Einverständnis des auswärtigen Amtes die Zahlung durch das zuständige Konsulat erfolgen. Vorübergehend z. B. zum Kurgebrauch im Ausland sich Aufhaltende, aber im Inland wohnhafte Pensionäre sind von dem Nachweis der Reichsangehörigkeit befreit (AusfBest. des Bundesrats vom 19. Juni 1906 Ziff. 4).

3) Die Ziff. 2 wurde schon durch das ReichsGes. vom 22. Mai 1893 (RGesBl. S. 171) in das PensGes. vom 27. Juni 1871 in § 33d eingefügt. Die Begründung zu dem Entwurf des Ges. vom 22. Mai 1893 enthält hierüber folgende Ausführungen:

„Die zu § 32 vorgeschlagene Änderung würde diejenigen des Hochverrats usw. angeschuldigter Pensionäre nicht treffen, welche sich durch die Flucht ins Ausland dem Arme der Gerechtigkeit zu entziehen wissen. Es erscheint daher gerechtfertigt, in Fällen dieser Art den Anspruch auf den Pensionsbezug solange ruhen zu lassen, als das der Gerechtigkeitspflege bereitete Hindernis dauert" (Begr. S. 15).

4) „wenn die öffentliche Klage erhoben, oder im militärgerichtlichen Verfahren die Einleitung der Strafverfolgung angeordnet worden ist".

Soll das Bezugsrecht ruhen, so muß die betreffende Tat mit Zuchthaus bedroht sein.

Bezüglich der Erhebung der öffentlichen Klage im bürgerlichen Strafverfahren siehe § 168 StPO.; bezüglich der der Erhebung der öffentlichen Klage im bürgerlichen Verfahren gleichstehenden Verfügung der Anklage im militärgerichtlichen Verfahren siehe § 250 MilStGO.

5) „solange der Pensionär sich im Ausland aufhält".

Die Schutzgebiete gelten hier als Reichsinland. Ist der Pensionär ins Inland zurückgekehrt und ist sein Aufenthalt im Inland behördlich bekannt, so hört das Ruhen des Bezugsrechts auf.

6) „wenn der Pensionär rechtskräftig freigesprochen".

Zur Einlegung eines Rechtsmittels ist auch die die Klage erhebende Behörde berechtigt.

Der Freisprechung steht gleich die Einstellung des Verfahrens oder ein auf Unzulässigkeit der Strafverfolgung, z. B. wegen eingetretener Verjährung lautendes Urteil (zu vgl. Loewe, StPO., 11. Aufl. Anm. 4 zu § 259).

7) „oder wenn dem strafgerichtlichen Verfahren keine weitere Folge gegeben wird".

Zu vgl. hierzu die §§ 202 und 209 Abs. 2 StPO. und § 272 MilStGO.

8) „werden ausbezahlt".

Bezüglich der Verpflichtung zur Leistung von Verzugszinsen aus Anlaß der Ausbezahlung der infolge des Ruhens des Anspruchs einbehaltenen Pensionsgebührnisse siehe §§ 284 Abs. 2 u. § 288 BGB.

9) Die Bestimmungen des § 23 finden nach § 31 Abs. 1 des Ges. auch auf die Offiziere des Beurlaubtenstandes, sowie auf die ohne Pension ausgeschiedenen, vorübergehend zum aktiven Dienst wieder herangezogenen Offiziere (§ 28 des Ges.) und nach § 41 Ziff. 6 vom Inkrafttreten des Pensionsgesetzes ab auch auf die schon pensionierten Offiziere Anwendung.

10) Bezüglich des Beginns der Zahlung der Pensionsgebührnisse nach erfolgtem Aufleben des Rechts zum Bezug derselben siehe § 25 Abs. 3 des Ges.

§ 24.

I. Das Recht auf den Bezug der Pension und des Pensionszuschusses (§ 6 Abs. 5) ruht[1]):

1. für die Dauer der Versorgung in einem Invalideninstitute[2]) durch Verleihung einer etatsmäßigen Stelle;

2. bei vorübergehender Heranziehung zum aktiven Militärdienst[3]) in Stellen, mit welchen der Bezug von Gehalt verbunden ist, in Höhe des zustehenden Diensteinkommens[4]);

3. während einer Anstellung oder Beschäftigung im Zivil- oder Gendarmeriedienste[5]) soweit das Einkommen aus diesem Dienste unter Hinzurechnung der Pension den Betrag des früheren pensionsfähigen Diensteinkommens oder, sofern es für den Pensionär günstiger ist, folgende Beträge übersteigt[6]):

bei einer Gesamt-Militär- und Zivildienstzeit von weniger als	21 Jahren	4000	Mark,
bei einer solchen von wenigstens	21 „	4400	„
„ „ „ „ „	24 „	4800	„
„ „ „ „ „	27 „	5100	„
„ „ „ „ „	30 „	5400	„
„ „ „ „ „	33 „	5700	„
„ „ „ „ „	36 „	6000	„

II. Als Zivildienst gilt jede Anstellung oder Beschäftigung als Beamter oder in der Eigenschaft eines Beamten im Reichs-, Staats- oder Kommunaldienste[7]), bei den Versicherungsanstalten für die Invalidenversicherung oder bei ständischen oder solchen Instituten, welche ganz oder zum Teil aus Mitteln des Reichs, Staates oder der Gemeinden unterhalten werden.

III. Bei Berechnung des Zivildiensteinkommens sind diejenigen Beträge, welche für die Bestreitung eines Dienstaufwandes[8]) sowie zur Entschädigung für außergewöhnliche Teuerungsverhältnisse[9]) gewährt werden, nicht in Ansatz zu bringen; die Dienstwohnung[10]) ist mit dem pensionsfähigen oder sonst hierfür festgesetzten Werte, der Wohnungsgeldzuschuß[11]) oder eine dementsprechende Zulage mit dem pensionsfähigen Betrag oder, sofern er nicht pensionsfähig ist, mit dem Durchschnittssatz anzurechnen. Ist der wirkliche Betrag des Wohnungsgeldzuschusses oder der Zulage jedoch geringer, so ist nur dieser anzurechnen.

IV. Bei Feststellung der Gesamt-Militär- und Zivildienstzeit findet eine Hinzurechnung von Kriegsjahren oder eine Doppelrechnung von Dienstzeit nicht statt[12]).

V. Der dem Pensionär verbleibende Jahresbetrag der Militärpension ist nach oben so abzurunden[14]), daß bei Teilung durch drei sich volle Markbeträge ergeben[15])[16]).

1) „das Recht auf den Bezug der Pension und des Pensionszuschusses ruht".

Verstümmelungszulagen und Kriegszulagen fallen nicht unter § 24, wie dies in den Fällen des § 23 des Ges. zutrifft. Verstümmelungszulage und Kriegszulage sind in den Fällen des § 24 zahlbar (KommBer. S. 67).

Da ein Bezugsrecht auf Pensionsbeihilfe (§ 7 Abs. 1) und Alterszulage überhaupt nicht besteht, so scheiden diese von der Anwendbarkeit des § 24 von vornherein aus.

2) „in einem Invalideninstitute".

Bezüglich der Versorgung von Offizieren in Invalideninstituten siehe die Bestimmungen des preußischen Kriegsministeriums vom 19. Juni 1906, ArmeeVBl. 1906 S. 232.

Ein Anspruch auf Erhöhung der Pension wird durch den Dienst in einem Invalidenhause nicht erworben.

Die Versorgung in einem Invalidenhaus kann nicht als Wiederanstellung im aktiven Dienst in Betracht kommen, weil die in einem Invalidenhaus wieder angestellten Offiziere im Sinn des § 38 des ReichsmilGes. vom 2. Mai 1874 nicht zum aktiven Heer gehören.

3) „bei vorübergehender Heranziehung".

Im Gegensatz zu der dauernden Wiederanstellung in einer etatsmäßigen Stelle (§ 22 Ziff. 1 des Ges.), welche das Erlöschen des Rechts auf den Bezug der Pensionsgebührnisse zur Folge hat.

Eine Kürzung der Pension von wiederverwendeten Offizieren kann in keinem Fall eintreten, solange dieselben Pension beziehen, da § 24 Ziff. 2 fordert, daß mit der Heranziehung zum aktiven Militärdienst der Bezug von Gehalt verbunden ist.

4) „in Höhe des zustehenden Diensteinkommens".

Gemeint ist das gesamte Diensteinkommen nach Abzug der Dienstaufwandsentschädigung und unter Hinzurechnung der Naturalbezüge nicht bloß das Gehalt.

5) „oder Beschäftigung im Zivildienst".

Die Beschäftigung muß in der Eigenschaft eines Beamten stattfinden; bei privatrechtlichen Dienstverhältnissen ist eine Kürzung der Offizierspension ausgeschlossen.

Darüber, ob ein Pensionär im Zivildienst als Beamter angestellt oder in der Eigenschaft eines solchen beschäftigt ist, oder ob nur ein privatrechtliches Dienstverhältnis vorliege, entscheidet zunächst die dem Pensionär im Zivildienst vorgesetzte Behörde, ihre Entscheidung unterliegt aber der Nachprüfung durch die Pensionsregelungsbehörde, bezw. die oberste Militärverwaltungsbehörde.

6) „soweit das Einkommen den Betrag des früheren pensionsfähigen Diensteinkommens übersteigt".

Als pensionsfähiges Diensteinkommen gilt hier das beim Ausscheiden aus dem aktiven Heere der Pensionierung zugrunde gelegte Diensteinkommen, nicht das zuletzt bezogene. Durch die Fassung der Ziff. 3 Abs. 1 sollen die Beamten, welche die gleichen Rechte und Pflichten wie die Reichs- und Staatsbeamten haben, wenn schon sie ihr Diensteinkommen nicht aus Reichs- oder Staatsmitteln beziehen, der Kürzung unterworfen werden, wie z. B. die Reichsbankbeamten, die Beamten der Seehandlung usw. (Begr. Seite 33).

7) „im Kommunaldienst".

Was unter Kommunaldienst zu verstehen ist, siehe oben Anm. 4 zu § 15 des Ges.

Die Einbeziehung der im Kommunaldienst angestellten Offiziere in die Pensionskürzung ist neu, ebenso die stufenweise Erhöhung des Einkommens, mit dessen Erreichung die Kürzung der Pension einzutreten hat. „Die bisherige Freilassung der im Kommunal- usw. Dienst angestellten Offiziere von jeder Pensionskürzung kann nicht mehr als notwendig anerkannt werden, da diese Offiziere in ihrem Zivildiensteinkommen im allgemeinen nicht ungünstiger gestellt sind, als die im Reichs- und Staatsdienst angestellten" (Begr. S. 33).

8) „für die Bestreitung des Dienstaufwands".

Zu dem sachlichen Diensteinkommen gehören die Repräsentationsgelder, die Taggelder und Fuhrkosten, die Bureaukostenentschädigung, die Ortszulagen der im Ausland verwendeten Offiziere.

9) „Entschädigung für außergewöhnliche Teuerungsverhältnisse".

Durch die Vorschrift soll vermieden werden, daß die zum Ausgleich der Teuerungsverhältnisse in den verschiedenen Orten bestimmten Gebührnisse den als Beamten angestellten Offizieren durch einen entsprechenden Abzug von der Pension wieder entzogen werden (Begr. S. 33).

10) „Die Dienstwohnung ist anzurechnen".

Offizieren, welche eine Dienstwohnung innehaben, wird der Wohnungsgeldzuschuß nicht gewährt (nähree Bestimmungen siehe in § 34 BesoldGes. vom 15. Juli 1909).

11) „Der Wohnungsgeldzuschuß ist anzurechnen".

Bezüglich der Wohnungsgeldzuschüsse siehe die §§ 28 ff. Besold.-Ges.; bezüglich der Anrechnung des Wohnungsgeldzuschusses bei Berechnung der Pension siehe § 35 BesoldGes.

12) „findet eine Hinzurechnung von Kriegsjahren nicht statt".

Bezüglich des Kriegsjahrs siehe oben § 16 Abs. 1 des Ges.

13) „findet eine Doppelanrechnung der Dienstzeit nicht statt“.

Bezüglich der Doppelanrechnung der Dienstzeit siehe § 16 Abs. 2 des Ges.

14) „ist nach oben abzurunden“.

Über die Abrundung der Jahrespension siehe § 6 Abs. 4 des Ges.

15) Bezüglich der Anwendung des § 24 auf die Marine und die Schutztruppen siehe die §§ 45 und 62; auf die Offiziere des Beurlaubtenstandes, sowie auf die ohne Pension ausgeschiedenen, zum aktiven Militärdienst vorübergehend wieder herangezogenen Offiziere (§ 28 des Ges.) siehe § 31 Abs. 1; auf die Deckoffiziere siehe § 57 des Ges.

16) Die Gendarmerieoffiziere werden nach Landesrecht pensioniert teils wie die Offiziere des Reichsheeres (Preußen, Bayern, Mecklenburg-Schwerin, Elsaß-Lothringen), teils wie die Offiziere des vormaligen Kontingents (Mecklenburg-Strelitz, Braunschweig), teils wie Beamte (Sachsen, Württemberg, Baden, Hessen, Sachsen-Weimar, Sachsen-Altenburg, Sachsen-Anhalt), teils überhaupt nicht (Oldenburg, Schwarzburg-Rudolstadt, Lippe). In den letztgenannten Bundesstaaten erhalten die Gendarmerieoffiziere teils nicht pensionsfähige Zulagen, teils Dienstaufwandsentschädigung.

§ 25 [1]).

I. Tritt das Erlöschen oder Ruhen des Rechtes auf den Bezug der Pensionsgebührnisse gemäß §§ 22 bis 24 im Laufe eines Monats ein, so wird die Zahlung mit dem Ende des Monats eingestellt; tritt es am ersten Tage eines Monats ein [2]), so hört die Zahlung mit dem Beginne des Monats auf.

II. Bei vorübergehender Beschäftigung gegen Tagegelder oder eine andere Entschädigung [3]) beginnt das Ruhen des Rechtes auf den Bezug der Pension nach § 24 Nr. 3 mit dem Ablaufe von sechs Monaten vom ersten Tage des Monats der Beschäftigung an gerechnet [4]) [5]).

III. Lebt das Recht auf den Bezug der Pensionsgebührnisse nach den §§ 23, 24 wieder auf, so hebt die Zahlung mit dem Beginne des Monats an.

1) Die §§ 22—24 des Ges. betreffen die Fälle, in welchen das Recht auf den Bezug der Pensionsgebührnisse zu erlöschen oder zu ruhen hat; § 25 bestimmt den Zeitpunkt, zu welchem dies, bezw. die Wiedergewährung der Pensionsgebührnisse zu erfolgen hat.

Die Vorschriften in Abs. 1 und 3 gehen von dem Grundsatz aus, die Pension bei Veränderungen nur in vollen Monatsbeträgen zu belassen und wiederzugewähren (Begr. S. 33).

2) „tritt es am ersten Tage eines Monats ein, so hört die Zahlung mit dem Beginn des Monats auf".

Der erste Tag des Monats bleibt diesfalls außer Berechnung.

3) „oder eine andere Entschädigung".

Hierunter sind zu verstehen: Remunerationen, Schreibgebühren, stückweise Vergütungen, Stellenzulagen usw., nicht aber Dienstaufwandsentschädigungen, Unterstützungen usw. (KommBer. S. 68).

4) Bezüglich der Anwendung des § 25 auf die Offiziere des Beurlaubtenstandes, sowie auf die ohne Pension ausgeschiedenen, zum aktiven Militärdienst vorübergehend wieder herangezogenen Offiziere (§ 28 des Ges.) siehe § 31 Abs. 1 des Ges.

5) Bezüglich der Regelung der Pensionszahlung siehe die Ausf.-Best. des Bundesrats vom 19. Juni 1906 und oben Anm. 6 zu § 22 des Ges."

§ 26[1])[2]).

I. Hat ein pensionierter Offizier in einer der im § 24 Nr. 3 genannten Stellen eine Zivilpension erdient, so ist neben ihr die Militärpension an den Pensionär bis zur Erreichung desjenigen Pensionsbetrags zu zahlen, welcher sich für die Gesamtdienstzeit aus dem pensionsfähigen Militärdiensteinkommen[3]) oder, sofern es für den Pensionär günstiger ist, aus den in dem § 24 Nr. 3 dieses Gesetzes festgesetzten Beträgen nach Maßgabe des Reichsbeamtengesetzes ergibt. Ist dieser Pensionsbetrag geringer[4]) als die erdiente Militärpension, so ist dem Pensionär neben der Zivilpension[5]) von der Militärpension soviel zu zahlen, daß deren Betrag erreicht wird.

II. Bei Berechnung der Gesamtdienstzeit[6]) wird die nach den Vorschriften dieses Gesetzes festgestellte pensionsfähige Militärdienstzeit angerechnet.

III. Der an den Pensionär nicht zu zahlende Pensionsbetrag wird dem Zivilpensionsfonds erstattet[7]), wenn bei Bemessung der Zivilpension die Militärdienstzeit nach Maßgabe des Reichsbeamtengesetzes oder doch mindestenes soweit angerechnet worden ist, als die Zivildienstzeit nach den Vorschriften des Landesrechts angerechnet wird[8])[9]).

1) Zu § 26 enthält die Begründung zum Gesetzesentwurf folgende Ausführungen:

„Pensionierte Offiziere können sich in Beamtenstellen häufig keine höhere Pension als ihre frühere Militärpension erdienen, weil sie in diesen Stellen ein geringeres als das zuletzt in der Armee bezogene Diensteinkommen haben. Da nun nach den Vorschriften des Ges. von 1871 neben der Militärpension nur derjenige Betrag der Zivilpension bezahlt wird, um welchen letztere höher ist, so treten diese Offiziere nach mehrjährigem Zivildienst auf ihre Militärpension zurück und haben aus dem Zivildienst für das Pensionsverhältnis keinerlei Vorteil erlangt. Die Unbilligkeit, welche hierin liegt, soll in der Weise beseitigt werden, daß die Militärpension neben der Zivilpension soweit gezahlt wird, bis eine Gesamtpension erreicht wird, welche aus dem nach § 24 Ziff. 3 während der Dauer der Anstellung zu erreichenden Diensteinkommen unter Zugrundlegung der Gesamtdienstzeit ermittelt wird. Die Vorschrift des § 26 Ziff. 3 macht die Erstattung des an den Pensionär nicht zahlbaren Pensionsbetrags davon abhängig, daß die Anrechnung der Militärzeit bei der Pensionierung aus dem Zivildienste nach dem RBGes. erfolgt, unbeschadet der über die Anrechnung von Militärdienstzeit in einzelnen Bundesstaaten bestehenden günstigeren Vorschriften. Wo indessen in den Pensionierungsvorschriften einzelner Bundesstaaten ein späterer Zeitpunkt für den Beginn der pensionsfähigen Zivildienstzeit festgesetzt ist, soll eine Erstattung auch dann eintreten, wenn die Militärdienstzeit bei Bemessung der Zivilpension von diesem Zeitpunkt ab mitberücksichtigt ist".

2) Durch § 26 ist die bisher bestandene Härte, wonach es dem pensionierten Offizier nicht möglich war, sich im Reichs- und Staatsdienst eine höhere Pension zu erdienen, weil das der Pensionsbemessung zugrunde liegende Zivildiensteinkommen in der Regel geringer war als das frühere Militärdiensteinkommen, beseitigt. Während bisher die Pension ohne Zugrundlegung der gesamten Zivil- und Militärdienstzeit ausbezahlt wurde, bringt das Gesetz nun eine Erhöhung der Pension in der Weise, daß die gesamte Dienstzeit zugrunde gelegt wird.

Hierbei werden die im Kommunaldienst angestellten Offiziere, abgesehen von den für die Übergangszeit geltenden Vorschriften des § 43 des Ges., hinsichtlich des Bezugs der Militärpension neben einer Zivilpension den im Reichs- und Staatsdienst angestellten Offizieren gleichgestellt.

Aus der Mitte der Kommission wurde darauf hingewiesen, daß § 26 eine wesentliche Verbesserung für jene Offiziere bringe, die nach ihrem Ausscheiden aus dem Militärdienst in den Zivildienst übertreten und dann auch in diesem pensioniert würden. Während bisher die Pension ohne Zugrundelegung der gesamten Zivil- und Militärdienstzeit ausbezahlt worden sei, bringe der Entwurf nun eine Erhöhung der Pension solcher Offiziere in der Weise, daß die gesamte Dienstzeit zugrunde gelegt werde. Welche praktische

Wirkung dieser Artikel besitze, sei am besten aus folgendem Beispiele ersichtlich. Ein Hauptmann erster Klasse mit einem pensionsfähigen Einkommen von 5613 Mark scheide nach 24 Militärdienstjahren aus, und trete in den Zivildienst über, in welchem er ein Einkommen von 6000 Mark beziehe, und nach 18 Zivildienstjahren in Pension trete. Nach den bisherigen Bestimmungen würde ein solcher Offizier trotz seiner gesamten Dienstzeit von 42 Jahren nur seine Militärpension für 24 Jahre in der Höhe von 3183 Mark erhalten. Im Zivildienst habe er eine Pension von 2300 Mark erdient. Nun werden freilich nicht Militärpension und Zivilpension zusammen gezählt und ausbezahlt, sondern es werde die Dienstzeit im Militär- und Zivildienst addiert und hieraus die Pension errechnet. Die Militärpension von dem Einkommen von 5613 Mark betrage bei 42 Dienstjahren 4208 Mark, die Zivilpension bei einer 42 jährigen Dienstzeit aus einem pensionsfähigen Einkommen von 6000 Mark jedoch 4500 Mark. Der Offizier würde also in diesem Falle die letztere wählen können (KommBer. S. 69).

3) „Aus dem pensionsfähigen Militärdiensteinkommen".

Siehe hierüber die §§ 9 und 10 des Ges.

4) „Ist dieser Pensionsbetrag geringer".

Dieser Fall konnte bei kürzerer als fünfjähriger Zivildienstzeit eintreten, weil für die ersten Dienstjahre nach § 6 Abs. 1 dieses Ges. $^{20}/_{60}$, nach § 41 Abs. 2 RBGes. in der Fassung der Novelle vom 21. April 1886 aber nur $^{15}/_{16}$ des Diensteinkommens gewährt wurden. Durch die Novelle zum RBGes. vom 17. Mai 1907, RGesBl. S. 208 Art. 1 Ziff. X wurde die Pension für die Reichsbeamten bei vollendeter 10 jähriger Dienstzeit aber ebenfalls auf $^{20}/_{60}$ des Diensteinkommens festgesetzt.

5) „neben der Zivilpension".

Die Zivilpension ist lediglich nach den für die betreffende Zivildienststelle maßgebenden gesetzlichen Vorschriften, eventuell unter Anrechnung der Militärdienstzeit zu berechnen und mit dem vollen Betrag, ohne Rücksicht darauf, an den Pensionär zu zahlen, ob und inwieweit neben ihr die Militärpension zu zahlen ist. Hierbei gilt als Zivilpension auch die in einer Militär- oder Marinebeamtenstelle, oder in der Gendarmerie erdiente Pension.

6) „Bei Berechnung der Gesamtdienstzeit".

Als Gesamtdienstzeit gilt die pensionsfähige Zivildienstzeit unter Hinzurechnung der bei Berechnung der Militärpension gemäß den §§ 14 bis 18 des Ges. festgestellten militärpensionsfähigen Dienstzeit. Als pensionsfähiges Militärdiensteinkommen, aus welchem der Pensionsbetrag für die Gesamtdienstzeit gemäß § 41 Abs. 1 und 2 RBGes. zu berechnen ist, gilt das der Berechnung der Militärpension zugrunde gelegte Einkommen.

7) „Der an den Pensionär nicht zu zahlende Pensionsbetrag wird erstattet".

Diese Erstattung hängt davon ab, daß die Anrechnung der Militärdienstzeit bei der Pensionierung aus dem Zivildienst nach dem RBGes. erfolgt, unbeschadet der über die Anrechnung von Militärdienstzeit in einzelnen Bundesstaaten bestehenden günstigeren Vorschriften. Wo indessen in den Pensionsvorschriften einzelner Bundesstaaten ein späterer Zeitpunkt für den Beginn der pensionsfähigen Zivildienstzeit festgesetzt ist, soll eine Erstattung auch dann eintreten, wenn die Militärdienstzeit bei Bemessung der Zivilpension von diesem Zeitpunkt ab mitberücksichtigt ist (Begr. S. 34).

Siehe hierüber auch oben Anm. 4.

8) Nach § 41 Abs. 1 Ziff. 2 Abs. 2 des Ges. ist den vor dem 1. Juli 1906 aus dem Zivildienst mit einer Zivilpension ausgeschiedenen pensionierten Offizieren der Mehrbetrag der Militärpension auf die Zivilpension nicht anzurechnen und es finden die Vorschriften des § 26 nach § 41 Abs. 1 Ziff. 7 auch auf diejenigen pensionierten Offiziere Anwendung, welche nach dem 1. Juli 1906 aus den in § 24 Ziff. 3 des Ges. bezeichneten Stellen ausscheiden.

9) Bezüglich der Anwendung der Bestimmungen des § 26 auf die Offiziere des Beurlaubtenstandes, sowie auf die ohne Pension ausgeschiedenen, zum aktiven Militärdienst vorübergehend wieder herangezogenen Offiziere (§ 28 des Ges.) siehe § 31 Abs. 1 des Ges.

Anspruch der Hinterbliebenen.

§ 27.

I. Hinterläßt ein pensionierter Offizier[1]) eine Witwe[2]) oder eheliche oder legitimierte Abkömmlinge[3]), so werden für die auf den Sterbemonat folgenden drei Monate (Gnadenvierteljahr)[4]) noch diejenigen Pensionsgebührnisse[5]) gezahlt, welche dem Verstorbenen nach diesem Gesetze zu zahlen gewesen wären. Die Gebührnisse werden im voraus in einer Summe[6]) gezahlt[7]).

II. An wen die Zahlung erfolgen soll, bestimmt die oberste Militärverwaltungsbehörde des Kontingents; die Befugnis zu solcher Bestimmung kann von ihr auf andere Behörden übertragen werden.

III. Die Zahlung kann mit Genehmigung dieser Behörden auch dann erfolgen[8]), wenn der Verstorbene Verwandte der aufsteigenden Linie, Geschwister, Geschwisterkinder oder Pflegekinder[9]), deren Ernährer er ganz oder

überwiegend gewesen ist, in Bedürftigkeit hinterläßt, oder wenn und soweit der Nachlaß nicht ausreicht, um die Kosten der letzten Krankheit und der Beerdigung zu decken[10][11][12][13][14][15].

1) „Hinterläßt ein Offizier".

Auf die Todesursache kommt es nicht an. Anspruch auf das Gnadenvierteljahr besteht auch in Selbstmordfällen.

2) „Witwe".

Als Witwe kommt die Ehefrau, welche der Offizier zur Zeit seines Todes gehabt hat, in Betracht; nicht aber die rechtskräftig geschiedene Ehefrau. Auch dann kommt die Ehefrau eines Offziers nicht in Betracht, wenn ihre eheliche Gemeinschaft mit ihm nach § 1575 BGB. rechtskräftig aufgehoben worden ist, denn nach § 1586 BGB. sind damit vor allem die vermögensrechtlichen Wirkungen der Scheidung eingetreten.

Der Anspruch der Witwe besteht auch dann, wenn die Ehe erst nach der Pensionierung geschlossen wurde.

3) „eheliche Abkömmlinge".

Bezüglich der Ehelichkeit eines Abkömmlings siehe die §§ 1591 bis 1600 BGB.

Uneheliche, nicht legitimierte Kinder, Stiefkinder eines Offiziers, kommen in diesem Fall nicht in Betracht, ebensowenig Adoptivkinder trotz des § 1757 BGB., da die analoge Anwendung dieses Paragraphen nicht möglich ist, weil sich aus der ausdrücklichen Hervorhebung der Legitimierten ergibt, daß § 27 nicht alle Abkömmlinge treffen will, welche das BGB. den ehelichen Kindern gleichstellt.

Als legitimierte Abkömmlinge kommen sowohl die durch nachfolgende Ehe, als die durch Ehelichkeitserklärung legitimierten unehelichen Kinder in Betracht (BGB. §§ 1719 ff. und 1723 ff.) Komm.-Ber. S. 72).

Ob die Hinterbliebenen zugleich die Erben des Offiziers sind, ist gleichgültig; sie erhalten also das Gnadenvierteljahr auch wenn sie enterbt sind, oder den Nachlaß ausschlagen. Auf ihre Bedürftigkeit kommt es nicht an.

Zu den Abkömmlingen gehören auch die Enkelkinder, wenn sie beim Tode des Offiziers elternlos sind und ihr Lebensunterhalt ganz oder überwiegend durch ihn bestritten worden ist. Dahin ist § 27 aus der ratio legis heraus einschränkend auszulegen.

Wie viel von dem Gnadenvierteljahr den einzelnen Hinterbliebenen zukommt, ist vom öffentlich rechtlichen Standpunkt aus gleichgültig. Deshalb äußert sich das Gesetz nicht darüber, sondern bestimmt nur — zugleich im Interesse der Vereinfachung und Beschleunigung der Ausbezahlung —, daß die Oberste Militärverwaltungsbehörde des Kontingents zu bestimmen habe, an wen die Zahlung erfolgen solle. Durch eine solche Bestimmung wird eine Entscheidung über die Berechtigung nicht getroffen. Der Zahlungsempfänger muß zu den Hinterbliebenen gehören, oder zu ihrer Vertretung berechtigt sein, sonst wird das Reich durch die Zahlung nicht befreit.

Die Auseinandersetzung zwischen den einzelnen Hinterbliebenen über das Gnadenvierteljahr muß nach dem Grade der Unterhaltungsbedürftigkeit, nicht nach den Grundsätzen des Erbrechts erfolgen. Sobald die Hinterbliebenen den Anspruch auf das Gnadenvierteljahr entweder im Zeitpunkt des Todes des Offiziers, oder durch Zustellung der Bewilligungsverfügung erworben haben, geht er auf die Erben über.

4) „Gnadenvierteljahr".

Dasselbe endet nicht notwendig mit dem Kalendervierteljahr. Beim Tode eines im Zivildienst angestellten pensionierten Offiziers würde den Hinterbliebenen neben dem aus der Zivilstelle etwa zahlbaren Gnadengehalt nur der nach § 24 Ziff. 3 des Ges. sich ergebende Betrag der Militärpension zu zahlen sein; ebenso würde den Hinterbliebenen eines aus dem Zivildienste mit Pension ausgeschiedenen pensionierten Offiziers neben der aus der Zivilstelle etwa zahlbaren Gnadenpension nur der nach § 26 des Ges. sich ergebende Betrag der Militärpension zustehen. Dagegen würde den Hinterbliebenen für diejenigen Monate des Gnadenvierteljahrs, für welche Gnadengehalt oder Gnadenpension aus einer Zivilstelle nicht gewährt wird, der volle Betrag der Militärpension zu zahlen sein (Begr.).

5) „Pensionsgebührnisse".

Siehe hierüber Anm. 1 zu § 19 des Ges.

6) „in einer Summe", d. h. ohne Ausscheidung der in Betracht kommenden Bezugsanteile.

7) „werden gezahlt".

Es besteht ein gesetzlicher klagbarer Rechtsanspruch auf diese Leistung.

8) „Die Zahlung kann erfolgen".

Ein gesetzlicher, nach Maßgabe der §§ 39 und 40 des Ges. verfolgbarer Rechtsanspruch besteht diesfalls nicht, es gründen sich in diesen Fällen die Zuwendungen vielmehr auf das freie Ermessen der Obersten Militärverwaltungsbehörde des Kontingents. Die Anweisung der Pensionsgebührnisse erfolgt in den Fällen der Abs.2 und 3 für das Gnadenvierteljahr, in Preußen durch die Pensionsregelungsbehörden, in Bayern, Sachsen und Württemberg je durch das Kriegsministerium.

9) „Pflegekinder".

Den Begriff „Pflegekinder“ kennt das heutige bürgerliche Recht nicht mehr, es muß daher für die Auslegung desselben die Auffassung des täglichen Lebens herangezogen und damit festgestellt werden, daß ein Verwandtschaftsverhältnis des Pflegekindes zu dem verstorbenen Offizier nicht bestanden zu haben braucht.

Gemeint sind alle Personen, welche Kindern gleich gehalten werden, ohne Rücksicht darauf, ob sie durch Verfügung der Staatsgewalt legitimiert, ob an Kindesstatt angenommen sind oder nicht (Begr.).

Den Pflegekindern stehen die Stief- und Adoptivkinder gleich; nicht gleich stehen die Pflege-, Adoptiv- und Stiefkinder den ehelichen Kindern.

Siehe hierüber oben Anm. 3.

10) Daß die für das Gnadenvierteljahr zu bezahlenden Pensionsgebührnisse der Pfändung nicht unterworfen sind, bestimmt § 37 Abs. 3 des Ges.

11) „Verwandte der aufsteigenden Linie“.

Stief- und Schwiegereltern gehören nicht dazu, da sie mit dem Offizier nicht verwandt, sondern nur verschwägert waren (§§ 1589 und 1590 BGB.).

12) „deren Ernährer er ganz oder überwiegend gewesen ist“.

Daß er hierzu rechtlich verpflichtet war, ist nicht gefordert.

13) Hat der Offizier zur Zeit seines Todes seinen dienstlichen Wohnsitz im Ausland gehabt, so sind seine Hinterbliebenen auf Kosten des Reichs in die Heimat zurückzubefördern.

Dieser zunächst nur für die „Familie“ der Berufskonsuln ausgesprochene Rechtssatz (Ges. vom 8. November 1867 § 8 Abs. 3 BGBl. S. 137; Abänderungen RGesBl. 1879 S. 205; EGzBGB. Art. 38) ist durch das Gesetz vom 1. April 1888 (RGesBl. S. 131) auf die Hinterbliebenen sämtlicher aus der Reichskasse besoldeter pensionsberechtigter Reichsbeamter und Personen des Soldatenstandes, deren dienstlicher Wohnsitz sich im Ausland befindet, ausgedehnt worden. Die Hinterbliebenen erhalten die tatsächlich entstandenen Umzugskosten erstattet und nicht die Sätze der Verordn. vom 25. Juni 1901 (RGesBl. S. 241).

14) Bezüglich der Anwendung des § 27 auf die Hinterbliebenen derjenigen pensionierten Offiziere, deren Tod nach dem Inkrafttreten dieses Gesetzes (1. Juli 1906) eintrat, siehe § 41 Abs. 1 Ziff. 8 und bezüglich der Anwendung auf die Offiziere des Beurlaubtenstandes, sowie auf die ohne Pension ausgeschiedenen, zum aktiven Militärdienst vorübergehend wieder herangezogenen Offiziere (§ 28 des Ges.) siehe § 31 Abs. 1 des Ges.

15) Sind Empfangsberechtigte im Sinn des Abs. 1 nicht vorhanden, so können die Pensionsgebührnisse für das Gnadenvierteljahr — soweit der Nachlaß hierzu nicht ausreicht — zur Deckung der Kosten der letzten Krankheit und der Beerdigung verwendet und sowohl an einzelne Personen, gleichviel ob sie mit dem Verstorbenen verwandt gewesen sind oder nicht, als auch an Gemeinden, Anstalten, Körperschaften gezahlt werden, welche diese Kosten nachweislich bestritten haben.

Unter Beerdigungskosten sind die Kosten der standesmäßigen Beerdigung zu verstehen (vgl. BGB. § 1968), wozu auch die Kosten für die Errichtung eines angemessenen Grabmals, nicht aber die Kosten der dauernden Unterhaltung und Pflege der Grabstätte gehören (siehe die Zeitschrift „Das Recht", 6, 324).

B. Offiziere einschließlich Sanitätsoffiziere des Beurlaubtenstandes.

Anspruch auf Pension.

§ 28[1])[2]).

Die Offiziere des Beurlaubtenstandes[3]), die als solche aktiven Militärdienst geleistet haben[4]), sowie die ohne Pension ausgeschiedenen, zum aktiven Militärdienste vorübergehend wieder herangezogenen Offiziere haben Anspruch[5]) auf Pension, wenn sie infolge einer Dienstbeschädigung zu jedem Militärdienst unfähig werden[6]). Die Pension wird jedoch nur gewährt, solange die Dienstfähigkeit infolge der Dienstbeschädigung aufgehoben ist[7]).

1) Die Vorschriften über die Pensionsansprüche der Offiziere des Beurlaubtenstandes schließen sich in den Hauptgrundsätzen denen für die aktiven Offiziere an; nur wird, wie bisher bei ersteren ein Anspruch auf Pension allein durch die Folgen einer Dienstbeschädigung, nicht auch durch die Dienstunfähigkeit infolge einer längeren Dienstzeit begründet. Der § 28 beschränkt den Pensionsanspruch nach Maßgabe dieses Gesetzes auf die Offiziere des Beurlaubtenstandes, die als solche aktiven Militärdienst geleistet haben; in den Ausnahmefällen, in welchen diese Voraussetzung nicht zutrifft, kommt gegebenenfalls das Gesetz für die Versorgung der Unterklassen zur Anwendung (Begr.).

2) Die Vorschriften der §§ 28 bis 31 finden auch Anwendung auf die Offiziere und Sanitätsoffiziere des Beurlaubtenstandes,

der Marine und der Schutztruppen (§§ 45 und 62 des Ges.), sowie auf die ohne Pension ausgeschiedenen, zum aktiven Militärdienst vorübergehend wieder herangezogenen Offiziere.

3) „Die Offiziere des Beurlaubtenstands".

Zum Beurlaubtenstande des Heeres und der Marine gehören nach § 58 Ziff. 1 des ReichsmilGes. vom 2. Mai 1874 in der nunmehr giltigen Fassung gemäß den Abänderungsgesetzen vom 6. Mai 1880, vom 31. Dezember 1885, vom 27. Januar 1890 und 25. März 1899 und § 109 Ziff. 4 der WehrOrd. die Offiziere und Sanitätsoffiziere der Reserve und der Landwehr, der Marinereserve und der Seewehr.

4) „die als solche aktiven Militärdienst geleistet haben".

In den Ausnahmefällen, in denen diese Voraussetzung nicht zutrifft, kommt gegebenenfalls das Gesetz für die Versorgung der Unterklassen zur Anwendung (Begr.).

Unter dem aktiven Militär- oder Marinedienst ist nur der Dienst in der Eigenschaft als Person des Soldatenstandes zu verstehen, nicht auch der als Militärbeamter geleistete Dienst (Begr.).

5) „haben Anspruch".

Es handelt sich auch hier um einen klagbaren Rechtsanspruch.

6) „wenn sie infolge einer Dienstbeschädigung zu jedem Militärdienst unfähig werden".

Der Pensionsanspruch wird nicht erworben durch die Dauer der Dienstzeit.

Bezüglich des Begriffs „Dienstbeschädigung" siehe oben § 5 und die Anmerkungen dazu; siehe auch § 40 Abs. 1 Ziff. 1 des Ges.

Die Unfähigkeit zu jeden Militärdienst setzt Feld- und Garnisonsdienstunfähigkeit voraus.

Da das Ausscheiden aus dem Militärdienst für die Offiziere des Beurlaubtenstandes an sich keinen Nachteil zur Folge hat, weil sie neben den militärischen Verhältnissen noch anderen Berufs- oder Erwerbskreisen angehören, so kann dem Militärfiskus nur dann eine Verpflichtung zu ihrer Pensionierung erwachsen, wenn sie im aktiven Militärdienst eine Beschädigung und als Folgen derselben Nachteile in ihrem Berufs- und Erwerbsleben erfahren.

Bei der Verschiedenheit der Berufe und des Einkommens aus denselben ist es aber nicht möglich, eine allen Verhältnissen Rechnung tragende Grundlage für eine Versorgung zu finden, weshalb die Pensionierung nach den Grundsätzen für die Offiziere des Friedensstandes beibehalten wurde (Begr.).

Es kommt daher nur Dienstunfähigkeit in Frage; auf den Grad der Störung der Erwerbsfähigkeit kommt es nicht an. Auch die Dienstunfähigkeit muß keine dauernde sein, weshalb auch die Pension nicht lebenslänglich, sondern nur für solange gewährt wird, als die Dienstfähigkeit infolge der

Dienstbeschädigung aufgehoben ist. Die Pension kommt daher in Wegfall mit dem Wiedereintritt der Felddienstfähigkeit.

Bezüglich des Nachweises der Dienstunfähigkeit gelten nach § 31 Abs. 1 des Ges. die Bestimmungen in § 4 Abs. 1 bis 3 des Ges.

Handelt es sich um die gerichtliche Geltendmachung des Anspruchs, so kommt § 40 Abs. 1 Ziff. 2 des Ges. zur Anwendung.

Ein Wiederaufleben des Pensionsanspruchs tritt ein, wenn nach erfolgtem Erlöschen desselben erneut Garnisons- und Felddienstunfähigkeit eingetreten ist.

7) Bezüglich der Behörden, welche die Zahlung und Verrechnung der Pensionsgebührnisse veranlassen, siehe § 19 des Ges. und die Anmerkungen dazu.

Bezüglich der Steuerfreiheit und Unpfändbarkeit dieser Ansprüche siehe § 37 des Ges.

Betrag der Pension.

§ 29.

I. Die Höhe der Pension[1]) wird nach dem pensionsfähigen Diensteinkommen eines Infanterieoffiziers desjenigen Dienstgrads bemessen, den der Offizier am Schlusse der letzten Dienstleistung[2]) bekleidet hat. Charaktererhöhungen[3]) begründen keinen höheren Pensionsanspruch.

II. Den Offizieren solcher Dienstgrade, für welche mehrere Gehaltsklassen bestehen[4]), wird das Gehalt der höheren Klasse angerechnet, wenn ein dem Patente nach jüngerer Offizier des Friedensstandes derselben Waffengattung bis zum Schlusse der letzten Dienstleistung in die höhere Gehaltsklasse eingerückt ist[5]).

1) „Die Höhe der Pension wird nach dem pensionsfähigen Diensteinkommen eines Infanterieoffiziers bemessen".

Bezüglich der Berechnung des pensionsfähigen Diensteinkommens siehe die §§ 9 und 10 des Ges.

Das Diensteinkommen eines Infanterieoffiziers ist maßgebend auch wenn der die Pension beanspruchende Offizier einer anderen Waffengattung angehört.

2) „der letzten Dienstleistung".

Die letzte Dienstleistung muß nicht diejenige sein, bei welcher die Dienstbeschädigung vorgekommen ist.

3) „Charaktererhöhungen".

Als solche kommen Patentsverleihungen ohne gleichzeitige Übertragung einer etatsmäßigen Stelle in Betracht.

4) „Dienstgrade, für welche mehrere Gehaltsklassen bestehen".

Als solche kommen die Kategorien der Leutnants, Hauptleute, Rittmeister, Assistenzärzte und Stabsärzte in Betracht.

Siehe die BesoldOrd. III und für Bayern die BesoldOrd. B.

5) Bezüglich der Berechnung des Besoldungsdienstalters für Offiziere des Beurlaubtenstandes, welche im aktiven Dienst wieder angestellt werden, siehe § 20 des BesoldGes.; bezüglich der Festsetzung des Besoldungsdienstalters patentierter Hauptleute oder Rittmeister, welchen eine etatsmäßige Stelle nicht sogleich dauernd übertragen werden konnte, siehe § 19 des BesoldGes. oben S. 57.

Berechnung der Dienstzeit.

§ 30.

Als Dienstzeit wird nur die im aktiven Heere abgeleistete Dienstzeit[1][2]) gerechnet. Die Teilnahme an Kontrollversammlungen bleibt außer Ansatz[3]).

1) „nur die im aktiven Heere abgeleistete Dienstzeit".

Bezüglich der Grundsätze für die Berechnung der aktiven Dienstzeit siehe Anm. 2 zu § 26 des BesoldGes.

2) Bezüglich der Berechnung der Kriegsjahre, der Anrechnung der Freiheitsstrafen usw. auf die Dienstzeit siehe § 31 Abs. 1 dieses Gesetzes.

3) „Die Teilnahme an Kontrollversammlungen bleibt außer Ansatz"

d. h. wird nicht als Dienstzeit gerechnet.

Bezüglich der Dienstbeschädigungen aus Anlaß von Kontrollversammlungen siehe Anm. 8 zu § 5 dieses Gesetzes.

Anwendung von Bestimmungen des Abschnitts A.

§ 31.

1. Die §§ 2, 4 Abs. 1 bis 3, §§ 5, 6 Abs. 1 bis 4, § 7 Abs. 2, §§ 9 bis 13, 16 bis 19, 20 Abs. 1, 2, §§ 21 bis 27 finden auf die im § 28 genannten Offiziere Anwendung, § 4 Abs. 2 auch auf die Offiziere mit zehnjähriger oder längerer Dienstzeit[1][2]).

II. Als Ausscheiden im Sinne des § 2 gilt die Entlassung nach Beendigung der Dienstleistung, während welcher die Dienstbeschädigung stattgefunden hat[3]).

III. Die Gewährung einer Pension nach § 7 Abs. 2 ist nur zulässig, wenn die Dienstunfähigkeit während der Einziehung zum aktiven Militärdienste verursacht und eingetreten ist[4]).

1) Auf die Offiziere einschließlich der Sanitätsoffiziere des Beurlaubtenstandes finden außer den in § 31 genannten Bestimmungen noch Anwendung: die §§ 37, 38, 39 und 40 und auf diejenigen der Marine außerdem die §§ 49 bis 51, 53 u. 57 dieses Ges.

2) Bezüglich der Anwendung des § 2 kommt in Betracht, daß eine Dienstbeschädigung vor der Entlassung von der Dienstleistung festgestellt sein muß.

3) „Als Ausscheiden gilt die Entlassung".
Die Entlassung erfolgt durch Allerhöchste Verabschiedung, deren Datum für den Zeitpunkt der Entlassung maßgebend ist.

4) „Die Gewährung einer Pension nach § 7 Abs. 2".
Die Gewährung einer Pension wegen Bedürftigkeit war vor dem Inkrafttreten des PensGes. (1. Juli 1906) nur an aktive Offiziere zulässig. Es kommen bei den Offizieren des Beurlaubtenstandes diesfalls diejenigen in Betracht, deren Dienstunfähigkeit zwar während einer Dienstleistung, aber nicht in zweifelsfreiem Zusammenhang mit einer Dienstbeschädigung eintritt, vorausgesetzt, daß Bedürftigkeit gegeben ist (Begr.).

C. Beamte und Personen, die zum Heere im privatrechtlichen Vertragsverhältnis eines Dienstverpflichteten stehen[1])[2]).

§ 32.

I. Den Beamten des Reichsheeres wird neben der ihnen auf Grund des Reichsbeamtengesetzes zustehenden Pension Verstümmelungszulage, Kriegszulage und Alterszulage nach den Vorschriften der §§ 11 bis 13 gewährt[3]), den Zivilbeamten der Militärverwaltung Verstümmelungszulage aber nur, wenn sie die Dienstbeschädigung[4]) als Militärpensionen erlitten oder wenn die besonderen Fährlichkeiten des Militärverwaltungsdienstes die Dienstbeschädigung verursacht oder ihre Folgen verschlimmert haben. Die Vorschrift findet keine Anwendung auf Beamte, denen infolge derselben Dienstbeschädigung aus einem früheren Dienstverhältnisse nach den Militärpensionsgesetzen Versorgungsansprüche schon zuerkannt worden sind.

II. Für den Anspruch auf Pension finden die Vorschriften der §§ 2, 21 entsprechende Anwendung[5]).

III. Als pensionsfähiges Diensteinkommen sind während der Dauer eines Krieges die niedrigsten Gebührnisse derjenigen Friedensstelle anzurechnen, welche der Kriegsstelle entspricht, deren Inhaber der Beamte zuletzt gewesen ist; falls der Beamte jedoch im Frieden bereits ein höheres pensionsfähiges Diensteinkommen hatte oder nach seinem Dienstalter im Frieden eine höhere Gehaltsstufe erreicht hätte oder in ein höheres Amt befördert worden wäre, ist das pensionsfähige Diensteinkommen der höheren Gehaltsstufe oder des höheren Amtes anzurechnen[6]).

IV. Auch nach Beendigung des Krieges[7]) sind die im Abs. 3 bezeichneten Gebührnisse anzurechnen, wenn die Dienstunfähigkeit durch den Krieg entstanden ist[8]).

V. Den Beamten des Reichsheeres, die zur Zeit des Eintritts in den Militärdienst[9]) das zur Pension berechtigende Lebensalter[10]) noch nicht erreicht haben, wird im Kriegsfalle die Dienstzeit vom Beginne des Krieges[11]), beim Eintritt in den Militärdienst während des Krieges vom Tage des Eintritts ab gerechnet[12]).

VI. Für pensionierte Beamte, die aus Veranlassung einer Mobilmachung zum Dienste in der Militärverwaltung wieder herangezogen werden, gilt die für pensionierte Offiziere im § 12 Abs. 2 gegebene Vorschrift[13]).

VII. Die Kriegszulage beträgt jährlich:

1200 Mark für die oberen Beamten[14]), deren pensionsfähiges Diensteinkommen nicht höher ist als der Durchschnitt aus dem pensionsfähigen Diensteinkommen eines Bataillonskommandeurs[15]) und dem eines Hauptmanns I. Klasse[16]);

720 Mark für die übrigen oberen Beamten;

300 Mark für die Unterbeamten[18]).

VIII. Verstümmelungszulage und Alterszulage[17]) werden den oberen Beamten nach den Sätzen für Offiziere gewährt; den Unterbeamten[18]) wird Verstümmelungszulage im Betrage von jährlich je 324 Mark, Alterszulage bis zur Erreichung eines jährlichen Gesamteinkommens von 900 Mark gewährt.

IX. Für die Unterbeamten sind Verstümmelungszulage, Kriegszulage und Alterszulage keine Bezüge im Sinne des § 48 Abs. 1 Nr. 2 des Invalidenversicherungsgesetzes vom 13. Juli 1899[19]).

X. Die Pensionen derjenigen Beamten des Reichsheeres, welche an einem der von deutschen Staaten vor 1871 oder von dem Deutschen Reiche geführten Kriege als Heeresbeamte oder als Anwärter[22]) auf eine Beamtenstellung in der Heeresverwaltung teilgenommen haben[20]) oder welche als solche kriegsinvalide geworden sind, werden in der Weise festgesetzt, daß die Pension bei vollendeter zehnjähriger oder kürzerer Dienstzeit 20/60 des zuletzt bezogenen pensionsfähigen Diensteinkommens beträgt und nach vollendetem zehnten Dienstjahre mit jedem weiter zurückgelegten Dienstjahre bis zum vollendeten dreißigsten Dienstjahr um 1/60 und von da ab mit jedem weiter zurückgelegten Dienstjahr um 1/120 des zuletzt bezogenen pensionsfähigen Diensteinkommens steigt. Über den Betrag von 45/60 dieses Einkommens hinaus findet eine Steigerung nicht statt. In dem im § 39 des Reichsbeamtengesetzes erwähnten Falle kann den vorbezeichneten Beamten eine Pension bis zu 20/60 des zuletzt bezogenen pensionsfähigen Diensteinkommens gewährt werden[22]). Im übrigen finden auf die erhöhten Pensionen dieser Beamten die Vorschriften des Reichsbeamtengesetzes Anwendung. Neben der erhöhten Pension wird die Verstümmelungszulage in Grenzen des Abs. 8 gewährt[23])[24])[25]).

1) Bezüglich der Militärbeamten und der Zivilbeamten des Heeres und der Marine kommen im Fall ihrer Pensionierung in erster Linie die Vorschriften des RBG. vom 31. März 1873 in der Fassung durch die Novelle vom 17. Mai 1907 (RGesBl. S. 208) zur Anwendung.

Durch das gegenwärtige Gesetz werden nur die neben der Pension zu gewährenden Bezüge geregelt. Kommen Dienstbeschädigungen in Frage, welche in einem reichsgesetzlich der Unfallversicherung unterliegenden Betriebe erlitten werden, so kommen die Bestimmungen des Ges. vom 18. Juni 1901 über die Unfallfürsorge für Beamte und für Personen des Soldatenstandes (RGesBl. S. 211) zur Anwendung.

2) „Beamte und Personen, die zum Heere im privatrechtlichen Vertragsverhältnis eines Dienstverpflichteten stehen".

I. Die Eigenschaft eines Reichsbeamten wird erworben durch den Abschluß eines dem öffentlichen Rechte angehörenden Vertrags mit dem zuständigen Vertreter des Reichs. Durch den Anstellungsvertrag wird ein Gewaltverhältnis begründet, auf Grund dessen der Angestellte einerseits zum Reich in ein Pflichtverhältnis tritt, auf Grund dessen er anderseits das Reich zur Gewährung für die Wahrnehmung der amtlichen Befugnisse erforderlichen Schutzes, sowie des vereinbarten Diensteinkommens verpflichtet wird.

Der Anstellungsvertrag wird schriftlich durch Ausstellung einer Anstellungsurkunde abgeschlossen; er wird perfekt durch die vorbehaltslose Entgegennahme desselben seitens des Anzustellenden. Von dem Dienstvertrag des bürgerlichen Rechts (BGB. §§ 611 ff.) unterscheidet sich der Anstellungsvertrag dadurch, daß durch letzteren ein Gewaltverhältnis begründet wird, vermöge dessen der Beamte, falls er seinen Dienstpflichten nicht nachkommt, mit Disziplinarstrafen belegt werden kann, während der Staat gegen diejenigen Personen, mit welchen er Dienstverträge abgeschlossen hat, um persönliche Arbeitskräfte seinen Zwecken dienstbar zu machen, nur und allein im Wege der Klage vorgehen kann, um die Leistung der Dienste zu erzwingen; ein solches Vorgehen ist gegenüber von Beamten ausgeschlossen.

II. Weil der Anstellungsvertrag ein Gewaltverhältnis begründet, gehört derselbe dem öffentlichen Rechte an.

Anderseits muß aber anerkannt werden, daß das einmal begründete Beamtenverhältnis unter seinen Rechtswirkungen auch privatrechtliche, z. B. den Anspruch des Beamten auf das Gehalt, begründet und daß sich für deren Konstruktion die Benützung der Analogie der entsprechenden privatrechtlichen Dienstvertäge völlig rechtfertigt (RGZ. 18, 173). Die Grundlage der Ansprüche aus dem Anstellungsvertrag, besonders der vermögensrechtlichen, derentwegen nach § 149 RBGes. der Rechtsweg zulässig ist, bleibt aber der öffentlichrechtliche Tatbestand des Anstellungsvertrags.

III. Die Pensionierung der Reichsbeamten und die Bewilligungen für deren Hinterbliebene sind geregelt durch die §§ 34 bis 69 RBGes.

IV. Bis zum Inkrafttreten des gegenwärtigen Gesetzes (1. Juli 1906) hatten nur die Militärbeamten, nicht aber die Zivilbeamten der Militärverwaltung Anspruch auf Kriegszulage und Verstümmelungszulage.

Nachdem aber durch § 38 RMilGes. bestimmt wurde, daß auch die Zivilbeamten der Militärverwaltung gleich den Militärbeamten zum aktiven Heere gehören und da dieselben gleich diesen als Feldbeamte verwendet werden können, erschien es als berechtigt auch ihnen Anspruch auf Kriegszulage und Verstümmelungszulage einzuräumen (Begr. S. 35).

Als Militärbeamte kommen nach dem als Anlage zum MilStGB. veröffentlichten „Verzeichnis der zum deutschen Heere und zur Kaiserlichen Marine gehörenden Militärpersonen" alle im Heere und in der Marine für das Bedürfnis des Heeres oder der Marine dauernd oder auf Zeit angestellten, nicht zum Soldatenstand gehörenden und unter dem Kriegsminister oder dem Chef der Admiralität als Verwaltungschef stehenden Personen, welche einen Militärrang haben, in Betracht.

Alle übrigen im Heere oder in der Marine angestellten Beamten, die nicht als Militärbeamte zu gelten haben, gelten als Zivilbeamte der Militärverwaltung.

Die Gewährung der Verstümmelungszulage an die Zivilbeamten der Militärverwaltung im Frieden ist auf die Fälle beschränkt, in welchen sie die Dienstbeschädigung als Militärpersonen erlitten, oder in welchen die besonderen Fährlichkeiten des Militärverwaltungsdienstes die Dienstbeschädigung verursacht oder ihre Folgen verschlimmert haben, um bei Friedensbeschädigungen eine Bevorzugung der Zivilbeamten der Militärverwaltung vor den übrigen Zivilbeamten zu vermeiden (Begr. S. 35).

Unter den Begriff „Militärpersonen" fallen die Personen des Soldatenstandes und die Militärbeamten.

3) „den Beamten — wird gewährt".

Es handelt sich hier um einen klagbaren Rechtsanspruch.

4) „wenn sie die Dienstbeschädigung".

Bezüglich des Begriffs „Dienstbeschädigung" siehe § 5 des Ges. Für die Entscheidung der Frage, ob eine Gesundheitsstörung als Dienstbeschädigung anzusehen sei, ist nach § 40 Abs. 1 Ziff. 1 des Ges. die oberste Militärverwaltungsbehörde des Kontingents zuständig. Die Entscheidung unterliegt nicht der richterlichen Nachprüfung.

5) Die entsprechende Anwendung der in den §§ 2 und 21 für Offiziere gegebenen Vorschriften auf die Beamten des Reichsheers ist gerechtfertigt, da die Begründung zu denselben auch für die Beamten zutrifft (Begr.).

6) Der Abs. 3 und 4 trifft gegenüber dem § 10 des Ges. abweichende Bestimmungen.

Diese Abweichungen sind in dem für die Beamten bestehenden Dienstaltersstufensystem begründet oder, soweit das Diensteinkommen eines höheren Amtes angerechnet werden soll, der Billigkeit entsprechend. Durch die Vorschrift, daß das pensionsfähige Diensteinkommen des höheren Amtes anzurechnen ist, falls der Beamte nach seinem Dienstalter im Frieden in ein höheres Amt befördert worden wäre, soll kein Anspruch auf Beförderung gegeben, überhaupt an den Voraussetzungen für eine solche nichts geändert werden (Begr.).

7) „Auch nach Beendigung des Kriegs".

Ob ein militärisches Unternehmen als Krieg anzusehen sei, bestimmt der Kaiser (§ 17 des Ges.). Der Krieg gilt als beendet mit der Anordnung der Demobilmachung (§ 14 Abs. 3 des Ges.).

8) „wenn die Dienstunfähigkeit durch den Krieg entstanden ist".

Zu vgl. hierüber Anm. 2 zu § 12 des Ges.

9) „den Beamten, die zur Zeit des Eintritts in den Militärdienst".

Bezüglich des Mindestalters für den Eintritt in den aktiven Militärdienst siehe auch § 24 Ziff. 1 der WehrOrd.

10) „das zur Pension berechtigende Lebensalter".

Zu vgl. hierüber § 14 Abs. 2 des Ges.

11) „vom Beginn des Kriegs".

Siehe hierüber § 14 Abs. 3 des Ges.

12) „vom Tag des Eintritts ab gerechnet".

Die Vorschrift des Abs. 5 bezweckt die Herbeiführung einer Gleichmäßigkeit mit den Vorschriften, nach welchen den Beamten der Kaiserlichen Marine die Dienstzeit vor Beginn des 21. Lebensjahrs nicht für die Dauer des Aufenthalts an Bord, sondern vom Tag der Einschiffung an Bord ab zurechnen ist (Begr.).

Nach § 48 Abs. 1 RBGes. bleibt die Dienstzeit, welche vor dem 18. Lebensjahr liegt, außer Berechnung.

Im Kriegsfalle wird also auch die vor dem 18. Lebensjahr im Militärdienst verbrachte Zeit als Dienstzeit angerechnet.

Das Lebensjahr beginnt mit dem Beginn des Geburtstages (BGB. § 17 Abs. 2 Satz 2).

Bezüglich der Anrechnung von Kriegsjahren und des Aufenthalts in außereuropäischen Ländern siehe § 36 Abs. 1 u. 2 des Ges.

13) „Für pensionierte Beamte gilt die im § 12 Abs. 2 gegebene Vorschrift".

Diesen Beamten steht ein Anspruch auf die Kriegszulage nur dann zu, wenn ihre Gesundheit infolge einer durch die Krieg herbeigeführten Dienstbeschädigung dauernd gestört worden ist.

14) „die oberen Beamten".

Gemeint sind die im Offiziersrang stehenden Beamten.

15) Bezüglich des pensionsfähigen Diensteinkommens eines Bataillonskommandeurs siehe nunmehr BesoldOrd. III Ziff. 8.

16) „eines Hauptmanns I. Klasse".

Für die Hauptleute ist durch die BesoldOrd. III nunmehr das Dienstaltersstufensystem eingeführt.

17) Bezüglich der Verstümmelungs- und Alterszulage für Offiziere siehe die §§ 11 und 13 des Ges.

18) „für die Unterbeamten".

Unterbeamte sind die im Mannschaftsrange vom Feldwebel ab stehenden Beamten.

Das RBGes. kennt die Bezeichnung „Unterbeamte" nicht.

19) Diese Bezüge dürfen daher bei Prüfung der Frage, ob und inwieweit das Recht auf Bezug der Invalidenrente wegen anderer Bezüge ruhen soll, nicht in Berechnung genommen werden.

Die Vorschrift des Abs. 9 soll verhindern, daß einer nach dem Invalidenversicherungsgesetze vom 13. Juli 1899 etwa zuständige Invalidenrente infolge Verwilligung von Verstümmelungs-, Kriegs- oder Alterszulage nach § 48 Abs. 1 Ziff. 2 JVGes. gekürzt wird (Begr.).

20) „welche teilgenommen haben".

Der Kaiser bestimmt, welche militärische Unternehmungen als Krieg zu gelten haben und wer als Kriegsteilnehmer anzusehen ist (§ 17 des Ges.).

21) „oder als Anwärter auf eine Beamtenstellung".

Als solche kommen nur die Personen in Betracht, die nach Erfüllung der Bedingungen (Ablegung des Examens usw.) als Anwärter für eine Heeresbeamtenstelle notiert waren und als solche (nicht als Frontoffiziere) an einem Feldzug teilgenommen haben, z. B. Zahlmeisteradspiranten.

22) „kann gewährt werden".

Ein Rechtsanspruch ist nicht eingeräumt.

23) Nach den §§ 42 Abs. 2 und 61 Abs. 2 des Ges. finden die Vorschriften des Abs. 10 auch Anwendung auf die vor dem Inkrafttreten des gegenwärtigen Ges. (1. Juli 1906) ausgeschiedenenen Beamten des Heeres und der Marine.

24) Bezüglich der Unpfändbarkeit und der Steuerfreiheit der Kriegsverstümmelungs- und Alterszulage siehe § 41 Abs. 1 Ziff. 6 des Gesetzes.

25) Die Vorschriften über das Erlöschen und Ruhen des Rechts auf den Bezug der Pensionsgebührnisse (§§ 22, 23 und 25 Abs. 1 des Ges.) finden auch Anwendung auf den Bezug der nach § 32 zu zahlenden Gebührnisse (§ 36 Abs. 3 des Ges.).

§ 33[1]).

1. Die Heeresbeamten des Beurlaubtenstandes[2]) haben Anspruch auf Pensionsgebührnisse nach den Vorschriften für die Heeresbeamten des Friedensstandes, wenn sie infolge einer Dienstbeschädigung dienstunfähig geworden sind[3]). Die Pension wird nur gewährt, solange die Dienstfähigkeit infolge der Dienstbeschädigung aufgehoben ist[4]).

II. Die Pension wird nach dem pensionsfähigen Diensteinkommen der der Amtsstellung des Beamten am Schlusse seiner letzten Dienstleistung entsprechenden Beamtenklasse des Friedensstandes bemessen. Bestehen mehrere Gehaltsklassen, so wird das Gehalt der höheren Klasse angerechnet, wenn ein dem Dienstalter nach jüngerer Beamter des Friedensstandes bis zum Schlusse der letzten Dienstleistung in die höhere Gehaltsklasse eingerückt ist.

III. Die §§ 19, 20 Abs. 1, 2, §§ 21, 30, 31 Abs. 2 finden Anwendung [5]) [6]) [7]) [8]).

1) Zu § 33 enthält die Begründung zum Gesetzesentwurf folgende Ausführungen:

Die Heeresbeamten des Beurlaubtenstandes haben nach dem RBG. keinen Anspruch auf Pension, wenn sie infolge einer Dienstbeschädigung bei Übungen usw. dienstunfähig werden. Es erscheint jedoch geboten, ihnen in gleicher Weise wie den Offizieren des Beurlaubtenstandes einen Pensionsanspruch einzuräumen. Die Vorschriften schließen sich hinsichtlich des Pensionsanspruchs und der Pensionszahlung denjenigen für die Offiziere des Beurlaubtenstandes an, hinsichtlich der Pensionsbemessung denjenigen für die Heeresbeamten des Friedensstandes. Die Kürzung bei Wiederanstellungen ist im § 36 Abs. 4 vorgeschrieben (Begr.).

2) Bezüglich der Zugehörigkeit der Beamten zum Beurlaubtenstand des Heeres siehe § 56 Ziff. 1 RMilGes. und § 109 Ziff. 4 WehrO.

3) „wenn sie dienstunfähig geworden sind"

Als dienstunfähig im Sinn des Abs. 1 kommen Heeresbeamte in Betracht, wenn sie in ihrer Eigenschaft als Beamte dienstunfähig geworden sind. Die Feststellung der Dienstunfähigkeit der Beamten der Militärverwaltung erfolgt durch ihre vorgesetzte Dienstbehörde.

4) „solange die Dienstfähigkeit aufgehoben ist"

Da eine dauernde Dienstunfähigkeit für den Anspruch auf Pension nicht gefordert ist, wird die Pension auch nicht dauernd gewährt.

Der Anspruch fällt weg mit der Wiederherstellung der Dienstfähigkeit, er lebt aber wieder auf, wenn infolge der Dienstbeschädigung erneut Dienstunfähigkeit eingetreten ist.

5) Die Bestimmungen über Unpfändbarkeit und Steuerfreiheit finden auch auf diese Pensionsgebührnisse Anwendung (§ 37 des Ges.).

6) Bezüglich der Anrechnung von Kriegsjahren und bezüglich des Ruhens und des Erlöschens des Rechts auf den Bezug der Pensionsgebührnisse siehe § 36 Abs. 1, 3 und 4 dieses Gesetzes.

7) Den Vorschriften des § 33 kommt rückwirkende Kraft nicht zu.

8) Bezüglich der Anwendung des § 33 auf die Beamten des Beurlaubtenstandes, der Marine und der Schutztruppen siehe die §§ 45, 62 und 72 des Ges.

§ 34[1]).

I. Beamte der Zivilverwaltung[2]), Geistliche und andere kirchliche Beamte, die während der Dauer eines Krieges[3]) bei dem Feld- oder Besatzungsheer als Heeresbeamte verwendet werden und nicht zu den Heeresbeamten des Beurlaubtenstandes (§ 33) gehören, haben gegen den Militärfiskus Anspruch[4]) auf Pension, wenn sie durch eine im Dienste als Heeresbeamte erlittene Dienstbeschädigung zur Fortführung des Zivildienstes dauernd unfähig geworden sind[5]) und deshalb aus dem Zivildienst ausscheiden müssen.

II. Für die Bemessung und Zahlung der Pension gelten die Vorschriften des Reichsbeamtengesetzes[6]).

III. Der Berechnung der Pension wird das pensionsfähige Zivildiensteinkommen zu Grunde gelegt, welches dem Beamten zur Zeit des Ausscheidens aus dem Zivildienste zusteht. Steht ihm ein pensionsfähiges Zivildiensteinkommen nicht zu, so erfolgt die Festsetzung eines solchen nach den vom Bundesrate festzustellenden Grundsätzen[6]).

IV. Die aus Militärfonds gewährte Pension tritt bei Beamten der Reichszivilverwaltung an die Stelle der Zivilpension und wird bei den übrigen Beamten auf die Zivilpension angerechnet[6]).

V. Die Vorschriften des § 2 finden mit der Maßgabe entsprechende Anwendung, daß an Stelle des Ausscheidens aus dem aktiven Militärdienste die Entlassung aus der Heeresbeamtenstelle tritt.

VI. Verstümmelungszulage, Kriegszulage und Alterszulage werden nach den Vorschriften des § 32 gewährt[7])[8])[9])[10]).

1) Der § 34 handelt von den Feldbeamten.

Die Begründung zum Entwurf des PensGes. enthält hierzu folgende Ausführungen: „Diejenigen Beamten, welche nicht militärdienstpflichtig sind, sich aber gleichwohl im Kriegsfall als Feldbeamte zur Verfügung stellen, werden gleich den Beamten des Reichsheeres Feldbeamte; hieraus ergibt sich die Notwendigkeit, ihnen einen Anspruch auf Pension, Verstümmelungszulage, Kriegszulage und Alterszulage zuzubilligen, wenn sie durch eine im Dienst als Heeresbeamte erlittene Dienstbeschädigung zur Fortführung des Zivildienstes unfähig werden und deshalb aus dem Zivildienst ausscheiden müssen. Soweit die Beamten noch militärpflichtig sind, werden sie in der Regel zu Beamtenstellvertretern ernannt, gehören als solche zu den Personen des Soldatenstandes und sind daher wie die Militärpersonen ihres militärischen Dienstgrads zu versorgen (Begr.).

2) „Beamte der Zivilverwaltung".

Als solche kommen im vorliegenden Fall in Betracht sowohl Beamte des Reichs, als der Einzelstaaten.

3) „während der Dauer eines Krieges".

Als Kriegszeit gilt die Zeit vom Tage der Mobilmachung auf welche der Krieg folgt, bis zum Tage der Demobilmachung (§ 14 Abs. 3 des Ges.).

4) „haben gegen den Militärfiskus Anspruch".

Dieser Anspruch kann nur gegründet werden auf eine im Dienst als Heeresbeamter erlittene Dienstbeschädigung, durch welche der Beamte zum Ausscheiden aus dem Zivildienst wegen dauernder Unfähigkeit für denselben genötigt wurde. Die Dienstzeit im Feld- oder Besatzungsheer kommt hierbei nicht in Betracht.

Bezüglich der Bezeichnung „Militärfiskus" siehe Laband in „Das öffentliche Recht der Gegenwart" Bd. 1 § 44 S. 360.

5) „zur Fortführung des Zivildienstes dauernd unfähig geworden ist".

Der Beamte muß dauernd unfähig zur Erfüllung seiner Amtspflichten geworden sein; er muß also unfähig geworden sein, das von ihm vor seinem Eintritt als Heeresbeamter bekleidete Amt, bezw. ein demselben im Rang und Diensteinkommen durchaus ebenbürtiges (§ 23 RBGes.) wieder zu übernehmen und fortzuführen. Das Gesetz verlangt nur diese relative Dienstunfähigkeit, nicht die absolute Unfähigkeit, irgend ein Reichsamt zu bekleiden (zu vgl. auch RGZ. 44, 42).

Für die Beamten der kaiserlichen Schutztruppen ist Voraussetzung für einen Pensionsanspruch dauernde Unfähigkeit zur Fortsetzung des Dienstes in der Heimat, Tropendienstunfähigkeit allein ist nicht genügend (§ 72 Ziff. 1 des Ges.). Die Dienstbeschädigung, welche dauernde Dienstunfähigkeit zur Fortführung des Zivildienstes veranlaßt hat, muß regelmäßig vor der Entlassung aus der Heeresbeamtenstelle festgestellt worden sein. Die Feststellung der Dienstunfähigkeit für den Zivildienst hat von der dem Beamten vorgesetzten Zivilbehörde auszugehen.

Anträge auf Gewährung von Pensionsgebührnissen aus Militär- bezw. Marine- oder Schutztruppenfonds an Beamte der Zivilverwaltung sind von der die Zivilpension feststellenden Behörde der Obersten Militärverwaltungsbehörde des Kontingents, bezw. der Obersten Marineverwaltungsbehörde oder dem Kolonialamt vorzulegen.

Steht dem Beamten zur Zeit des Ausscheidens aus dem Zivildienst ein pensionsfähiges Diensteinkommen nicht zu, so ist als solches das niedrigste pensionsfähige Diensteinkommen derjenigen Dienststelle anzunehmen, in welcher der Beamte beim Fortbestehen seiner Dienstfähigkeit zuerst eine Anstellung mit Pensionsfähigkeit hätte erwarten können. Hatte der Beamte keine Anwartschaft auf das Einrücken in eine bestimmte Dienststelle mit Pensionsberechtigung, so wird das pensionsfähige Diensteinkommen vom Reichskanzler, für das bayerische Kontingent von der bayerischen Staatsregierung bestimmt (AusfBest. des Bundesrats vom 19. Juni 1906 Ziff. 6).

6) „Für die Bemessung und Zahlung der Pension gelten die Vorschriften des RBGes.". In Betracht kommen die §§ 41 ff., 55 und 56 RBGes. Siehe hierüber unten Teil II.

Die Pension soll nach dem RBGes. berechnet und der Berechnung das Zivildiensteinkommen zugrunde gelegt werden, weil hierdurch eine gerechte Grundlage für die Pensionsbemessung gewonnen werde. Die Gewährung dieser Pension aus Militärfonds schließt aber einen höheren Anspruch nicht aus. Der Mehrbetrag würde aus Zivilfonds zu zahlen sein.

7) Für die Gewährung von Verstümmelungszulage, Kriegs- und Alterszulage an die Beamten der Zivilverwaltung sprechen dieselben Gründe wie für deren Gewährung an Beamte des Reichsheers.

Bezüglich der Verpfändbarkeit und Steuerfreiheit dieser Zulagen siehe § 37 des Ges.

8) Außer den in § 34 genannten Ansprüchen haben die Feldbeamten im Fall einer Dienstbeschädigung gegen die Militärverwaltung keine weiteren Ansprüche zu erheben.

9) Hinsichtlich des Erlöschens und Ruhens des Anspruchs auf den Bezug der Pensionsgebührnisse kommen nach § 36 Abs. 3 und 4 des Ges. die Vorschriften der §§ 22, 23, 25 Abs. 1, außerdem die Vorschriften des § 57 Ziff. 2 und der §§ 58 bis 60 RBGes. über die Kürzung, Einziehung und Wiedergewährung der Pensionen zur Anwendung.

10) Die Anrechnung von Kriegsjahren erfolgt nach den Vorschriften der §§ 16 Abs. 1 und 17 (§ 36 Abs. 1 des Ges.).

§ 35[1]).

I. Andere, als die in den §§ 32 bis 34 bezeichneten Personen, die während der Dauer eines Krieges bei dem

Feld- oder Besatzungsheer als Heeresbeamte verwendet werden oder zum Heere im privatrechtlichen Vertragsverhältnis[2]) eines Dienstverpflichteten stehen, erwerben Anspruch auf Pensionsgebührnisse[3]), wenn infolge einer durch den Krieg herbeigeführten Dienstbeschädigung ihre Erwerbsfähigkeit aufgehoben[4]) oder um wenigstens zehn Prozent gemindert worden ist. Die Bemessung und die Zahlung der Pensionsgebührnisse erfolgt nach den vom Bundesrate festzustellenden Grundsätzen, die dem Reichstage zur Kenntnisnahme vorzulegen sind und außer Kraft treten, falls sie die Genehmigung des Reichstags nicht finden.

II. Die Vorschriften des § 2 finden entsprechende Anwendung[5]).

1) Die in § 35 genannten Personen erhalten nach Ziff. 7 und 8 der vom Bundesrat erlassenen AusfBest. vom 16. Juni 1906 Pensionen nach folgenden Grundsätzen:

Als pensionsfähiges Diensteinkommen gelten 7/10 der baren Vergütung, welche den genannten Personen als Entschädigung für die Dienstleistungen bei dem Feld- oder Besatzungsheer, oder bei der kaiserlichen Marine für die Dauer eines Jahres zu zahlen ist. Ist eine bare Vergütung nicht zu zahlen, so bestimmt der Reichskanzler, für das bayerische Kontingent die bayerische Staatsregierung, den Betrag des pensionsfähigen Diensteinkommens. Die Pension beträgt für die Dauer der Erwerbsunfähigkeit 75 % des pensionsfähigen Diensteinkommens; sie beträgt bei teilweiser Erwerbsunfähigkeit je nach dem Grade derselben einen in Hundertsteln auszudrückenden Teil des bei völliger Erwerbsunfähigkeit zu gewährenden Betrags.

Nach Bestimmung der obersten Militärverwaltungsbehörde des Kontingents, bezw. der obersten Marineverwaltungsbehörde oder des Kolonialamts ist der Grad der Erwerbsunfähigkeit eines Pensionärs von Zeit zu Zeit zu prüfen und die Pension entsprechend festzulegen. Die Pension ist dauernd zu gewähren, sobald ausgeschlossen ist, daß in dem Grad der Erwerbsunfähigkeit eine Änderung eintritt. Der Jahresbetrag der Pension ist entsprechend dem § 6 Abs. 4 des Ges. abzurunden.

Neben der Pension ist Verstümmelungszulage, Kriegszulage, Pensionserhöhung und Tropenzulage nach den Vorschriften der §§ 32, 59, 72 OffiziersPensGes. zu gewähren, je nachdem die Pensionäre den oberen oder unteren Beamten gleichzuachten sind. Die Entscheidung hierüber trifft die oberste Militärverwaltungsbehörde des Kontingents, bezw. die oberste Marineverwaltungsbehörde oder das Kolonialamt.

Die Vorschriften der §§ 32, 35, 36 und 38 MannschaftsversGes. (siehe hierüber unter S. 413) finden entsprechende Anwendung.

Die Ausstellung der Quittungen erfolgt nach den Bestimmungen für die Zahlung von Pensionsgebührnissen an die Beamten des Reichsheers bezw. der kaiserlichen Marine oder der Schutztruppen.

Bei Ermittlung der Pensionen für Personen, welche in einem im § 35 bezeichneten Verhältnisse zu einer kaiserlichen Schutztruppe stehen, ist das pensionsfähige Diensteinkommen eines in unterster Gehaltsstufe stehenden Beamten derjenigen heimischen Beamtenklasse zugrunde zu legen, in welche sie nach ihrer Dienststellung und Diensttätigkeit einzureihen sind. Der Reichskanzler ist ermächtigt, nach Maßgabe der Dienstzeit des zu Versorgenden zu bestimmen, daß der Betrag einer höheren Gehaltsstufe der Berechnung des pensionsfähigen Diensteinkommens zugrunde zu legen ist.

Ist eine Beamtenklasse, in welche der zu Versorgende einzureihen wäre, nicht vorhanden, so bestimmt der Reichskanzler den Betrag des pensionsfähigen Diensteinkommens.

2) „im privatrechtlichen Vertragsverhältnisse".

Durch diese Fassung soll jeder Zweifel darüber ausgeschlossen werden, daß nur solche Personen im § 35 gemeint sind, mit denen die Heeresverwaltung einen Dienstvertrag im Sinn des BGB. abgeschlossen hat.

Siehe hierzu auch Anm. 2 zu § 32 des Ges.

Nicht unter den § 35 fallen Personen, welche auf Grund des Kriegsleistungsgesetzes für die bewaffnete Macht vom 13. Juni 1873 (RGesBl. S. 129) zu Dienstleistungen wirtschaftlicher Art gezwungen werden und hierbei infolge einer Dienstbeschädigung in ihrer Erwerbsfähigkeit geschädigt werden; dieselben sind, als im Wirtschaftsbetrieb der Heeresverwaltung stehend, nach den Bestimmungen des UnfallVersGes. von der Heeresverwaltung zu entschädigen (Begr.).

Bezüglich der Unterscheidungsmerkmale zwischen dem öffentlich-rechtlichen Anstellungsvertrag und dem privatrechtlichen Dienstvertrag siehe auch Anm. 2 zu § 32.

3) „erwerben Anspruch auf Pensionsgebührnisse".

Es handelt sich hier um einen im Zivilrechtsweg verfolgbaren Anspruch. Bezüglich des Erlöschens und des Ruhens eines solchen Anspruchs kommen die §§ 22, 23 und 25 Abs. 1 des Ges. zur Anwendung (§ 36 Abs. 3 des Ges.). Als Pensionsgebührnisse kommen Verstümmelungszulage, Kriegszulage, Pensionserhöhung und Tropenzulage in Betracht; rückwirkende Kraft kommt dem § 35 nicht zu.

4) „wenn ihre Erwerbsfähigkeit aufgehoben ist".

Erwerbsunfähigkeit ist dann anzunehmen, wenn die einzelne Person infolge ihres durch die Dienstbeschädigung verursachten körperlichen oder geistigen Zustandes nicht mehr imstande ist, die vor dem Eintritt der Dienstbeschädigung möglichen Arbeiten zu verrichten. Die Wiedererlangung der Erwerbsfähigkeit ist nicht anzunehmen, solange der bisher Erwerbsunfähige noch der Schonung bedarf, und die Arbeiten ohne Gefährdung seiner Gesundheit noch nicht wieder aufnehmen kann.

5) Bezüglich der Anwendbarkeit des § 35 auf die Marine und die Schutztruppen siehe die §§ 45 und 62 des Ges.

§ 36.

I. Die Anrechnung von Kriegsjahren erfolgt nach den Vorschriften des § 16 Abs. 1 und des § 17[1]).

II. Auf die Beamten des Reichsheeres[2]) (§ 32) findet außerdem die Vorschrift des § 16 Abs. 2 Anwendung.

III. Die Vorschriften der §§ 22, 23, 25 Abs. 1 finden auf den Bezug der nach den §§ 32 bis 35 zu zahlenden Pensionsgebührnisse Anwendung.

IV. Die Vorschriften des § 57 Nr. 2 und der §§ 58 bis 60 des Reichsbeamtengesetzes finden auf den Bezug der nach den §§ 33, 34 zu zahlenden Pensionen Anwendung[3]).

1) Im Interesse der Einheitlichkeit des Verfahrens ist es erwünscht, daß die Anrechnung von Kriegsjahren im Bereich der Heeresverwaltung nach gleichen Grundsätzen erfolgt (Begr.). Demgemäß findet Abs. 1 Anwendung auf sämtliche in den §§ 32 bis 35 des Ges. bezeichneten Beamten und Personen.

2) „Auf die Beamten des Reichsheers".
Abs. 2 findet nur Anwendung auf die nach § 38 RMilGes. zum Reichsheer gehörenden Militärbeamten des Friedensstandes und auf die Zivilbeamten der Militärverwaltung.

3) Die §§ 57 Ziff. 2, 58 bis 60 RBGes. über die Kürzung, Einziehung und Wiedergewährung der Personen treten bezüglich der auf Grund der §§ 33 und 34 pensionsberechtigten Personen an die Stelle des § 24 dieses Gesetzes.

Bezüglich der oben genannten Bestimmungen des RBGes siehe unten Teil II.

D. Sonstige Vorschriften.

Ausschluß von der Besteuerung und Pfändung.

§ 37.

I. Die Verstümmelungszulage, die Kriegszulage und die Alterszulage bleiben bei der Veranlagung zu den Steuern und anderen öffentlichen Abgaben jeder Art außer Ansatz; auch sind sie der Pfändung nicht unterworfen und bleiben bei der Ermittelung, ob und zu welchem Betrag ein Einkommen der Pfändung unterliegt, außer Ansatz[1]).

II. Wegen des Anspruchs des Militärfiskus auf Rückzahlung zu Unrecht erhobener Pensionsgebührnisse ist die Pfändung von Pensionsansprüchen ohne Beschränkung zulässig[2]).

III. Die für das Gnadenvierteljahr an Hinterbliebene zu zahlenden Pensionsgebührnisse (§ 27) sind der Pfändung nicht unterworfen[3]).

1) „bleiben außer Ansatz".

Diese Zulagen sind lediglich und ausschließlich dem Empfänger zuzuwenden und daher von jeder Besteuerung und von der Verpfändung ausgeschlossen (Begr.).

Die Bestimmungen des Abs. 1 finden gemäß § 49 Abs. 5 und § 67 Abs. 2 des Ges. auch Anwendung auf die Pensionserhöhung der Marineoffiziere und auf die Tropenzulage der Offiziere bei den Schutztruppen, sowie auf die nach § 27 des Ges. den Hinterbliebenen für das Gnadenvierteljahr zustehenden Pensionsgebührnisse.

Bezüglich der Unpfändbarkeit der Pension und deren Unübertragbarkeit siehe ZPO. § 850 Abs. 1 Ziff. 8, Abs. 2 und 4 und §§ 394 und 400 BGB.

Die Nichtpfändbarkeit bewirkt Nichtübertragbarkeit.

Die Unpfändbarkeit ist nicht im Wege der Klage oder Beschwerde, sondern durch Einwendung bei dem Vollstreckungsgericht geltend zu machen; erst gegen dessen Entscheidung findet die sofortige Beschwerde gemäß § 793 ZPO. statt (RGZ. 40, 365; 54, 308).

Nach § 45 Abs. 2 RMilGes. vom 2. Mai 1874 (RGesBl. S. 45) können die Militärpersonen den Anspruch auf Zahlung von Diensteinkünften oder Pensionen nur insoweit abtreten, verpfänden oder sonst übertragen, als eine Beschlagnahme im Falle einer Zwangsvollstreckung zulässig gewesen wäre.

Nach § 400 BGB. kann eine Forderung nicht abgetreten werden, soweit sie der Pfändung nicht unterworfen ist. Nach § 304 BGB. findet, soweit eine Forderung der Pfändung nicht unterworfen ist, auch keine Aufrechnung gegen die Forderung statt.

2) „wegen des Anspruchs auf Rückzahlung". Zu Unrecht erhobene Pensionsgebührnisse, welche nicht alsbald zurückgezahlt werden können, sind durch Anrechnung auf die fälligen Gebührnisse von der Pensionsregelungsbehörde einzuziehen. Die Höhe der Abzüge ist nach Lage der Verhältnisse des Pensionärs von der obersten Militärverwaltungsbehörde des Kontingents oder dem Kolonialamt festzusetzen. Dabei ist indes nicht außer Acht zu lassen, daß die vollständige Rückzahlung des überhobenen Betrags nach Möglichkeit sicher gestellt werden muß (AusfBest. des Bundesrats vom 19. Juni 1906 Ziff. 9).

3) Die Vorschrift des Abs. 3 ist lediglich aus Zweckmäßigkeitsgründen aufgenommen; derjenige, welcher ihm nicht zukommende Pensionsgebührnisse erhebt, haftet dem Fiskus gegenüber schon nach den §§ 812 bis 822 BGB. wegen ungerechtfertigter Bereicherung (Begr.).

Schadensersatz.

§ 38.

I. Die nach Maßgabe dieses Gesetzes pensionsberechtigten Personen[1]) haben aus dem Grunde einer Dienstbeschädigung gegen die Militärverwaltung nur auf diesem Gesetze beruhenden Ansprüche[2]).

II. Soweit den nach Maßgabe dieses Gesetzes pensionsberechtigten Personen ein gesetzlicher Anspruch auf Ersatz des ihnen durch die Dienstbeschädigung verursachten Schadens gegen Dritte[3]) zusteht, geht dieser Anspruch im Umfange der durch dieses Gesetz begründeten Pflicht zur Gewährung von Pensionsgebührnissen auf die Militärverwaltung über.

1) „Die nach Maßgabe dieses Gesetzes pensionsberechtigten Personen".
Es kommen also in Betracht außer den Offizieren und Sanitätsoffizieren die Beamten und die als Beamte verwendeten Personen.

2) „nur die auf diesem Gesetz beruhenden Ansprüche".
Alle auf andere gesetzliche Bestimmungen etwa zu gründende Schadensersatzansprüche sind ausgeschlossen.

3) „gegen Dritte zusteht".
Ein solcher Ersatzanspruch kann sich gründen auf die §§ 823, 833, 836, 843 ff. BGB.
In solchen Fällen erwirbt die Militärverwaltung den Ersatzanspruch ohne weiteres und ohne daß es einer Abtretung seitens der berechtigten Personen bedurfte

Rechtsweg.

§ 39.

I. Wegen der Ansprüche aus diesem Gesetz[1]) ist der Rechtsweg mit folgenden Maßgaben zulässig:

1. Der Militärfiskus wird durch die oberste Militärverwaltungsbehörde[2]) des Kontingents vertreten.
2. Die Entscheidung der obersten Militärverwaltungsbehörde des Kontingents muß der Klage vorhergehen; das Klagerecht geht verloren, wenn die Klage nicht bis zum Ablaufe von sechs Monaten[4]) nach Zustellung dieser Entscheidnng erhoben wird[3]).

   Hat gemäß §§ 19, 27 eine andere Behörde Entscheidung getroffen, so tritt der Verlust des Klagerechts auch dann ein, wenn gegen diese Entscheidung von den Beteiligten nicht bis zum Ablaufe von sechs Monaten nach der Zustellung Einspruch bei der obersten Militärverwaltungsbehörde des Kontingents eingelegt ist[5])[6]).

   Auf die Frist von sechs Monaten finden die Vorschriften der §§ 203, 206 BGB. entsprechende Anwendung.

   Die Form der Zustellung bestimmt die oberste Militärverwaltungsbehörde des Kontingents.

II. Für die Ansprüche aus diesem Gesetze sind d e Landgerichte ohne Rücksicht auf den Wert des Streitgegenstandes ausschließlich zuständig[7])[8]).

1) „Wegen der Ansprüche aus diesem Gesetz".
Gemeint sind nur die Rechtsansprüche, welche im Wege der Klage gemäß § 253 ZPO. nicht nur für die Pensionsberechtigten selbst, sondern auch für deren Rechtsnachfolger verfolgbar sind, im Gegensatz von Verwilligungen oder Zuwendungen, welche aus Gründen der Billigkeit oder Zweckmäßigkeit gewährt werden können, und bei welchen das freie Ermessen der obersten Militärver-

waltungsbehörden oder der von diesen ermächtigten Behörden entscheidet.

Zu den Rechtsansprüchen gehören die Ansprüche auf die sämtlichen Pensionsgebührnisse, und zwar ist in diesen Fällen der Rechtsweg nicht nur zulässig in Fällen vollständiger Ablehnung, sondern auch bei Streitigkeiten über deren Höhe, über die Berechnung der der Pension zugrunde zu legenden Dienstzeit, oder über die Frage, ob das Bezugsrecht erloschen sei, ob dasselbe ruhe, ob eine Forderung der Pension eintreten darf, sowie bezüglich aller incidenten Fragen, welche sich auf die Gewährung der Pensionsgebührnisse beziehen (zu vgl. RGZ. 36, 78; 31, 129).

Diejenigen Fragen, bezüglich welcher der Rechtsweg ausgeschlossen ist, bezeichnet § 40 des Ges.

2) „durch die oberste Militärverwaltungsbehörde".

Siehe hierüber oben § 4 Anm. 6.

3) „wenn die Klage nicht erhoben wird".

Die Klage wird erhoben durch Zustellung eines Schriftsatzes. Über den erforderlichen Inhalt dieses Schriftsatzes siehe ZPO. S. 253 Abs. 2 und 3.

Bezüglich der Wirkungen der Klagerhebung siehe ZPO. §§ 263 und 267, sowie die §§ 209 ff. BGB.

Ist die Klage nicht ordnungsmäßig zugestellt, so ist sie wegen Mangels einer Prozeßvoraussetzung von vornherein abzuweisen (RGZ. 14, 338; 21, 388).

4) „nicht bis zum Ablauf von sechs Monaten".

Bezüglich der Fristberechnung siehe BGB. §§ 188 und 193.

Die Fristberechnung geht von der Zustellung der Entscheidung der obersten Militärverwaltungsbehörde an; die sechsmonatliche Frist ist eine Präklusivfrist, keine Verjährungsfrist; eine Verlängerung derselben durch Vereinbarung der Parteien ist ausgeschlossen, ebenso die Wiedereinsetzung in den vorigen Stand.

Die Klage darf in allen Fällen erst erhoben werden, nachdem bezüglich des Rechtsanspruchs zuvor eine Entscheidung der Obersten Militärverwaltungsbehörde, bezüglich welcher eine besondere Form nicht vorgeschrieben ist, ergangen ist, welche auf dem Rechtsweg angefochten werden soll (RGZ. 7, 65). Das Fehlen einer solchen Entscheidung begründet die Einrede der Unzulässigkeit des Rechtswegs (§ 274 Abs. 2 Ziff. 2 ZPO.; RG. 7, 65).

Die Ablehnung einer Entscheidung seitens der Obersten Militärverwaltungsbehörde anlangend, so gilt auch diese Ablehnung als Entscheidung im Sinn des § 39, ebenso die völlige, oder teilweise Einstellung der Zahlung (RGZ. 12, 62; 36, 81; 42, 283).

5) „wenn nicht eingelegt ist".

Die Zahlung der Pensionsgebührnisse erfolgt im preuß. Kontingent durch die Pensionsregelungsbehörde. Vor

Beschreitung des Rechtswegs ist hier zuerst gegen die Entscheidung der Pensionsregelungsbehörde binnen 6 Monaten nach ihrer Zustellung Einsprache bei dem Kriegsministerium als der Obersten Militärverwaltungsbehörde des Kontingents einzulegen, um dessen Entscheidung herbeizuführen.

Die Einsprache, für welche eine bestimmte Form gesetzlich nicht vorgeschrieben ist, muß bei der Obersten Militärverwaltungsbehörde fristgemäß, sei es unmittelbar, sei es durch Vermittlung anderer Behörden eingelaufen sein; der Nachweis des fristgemäßen Einlaufs wird in der Regel durch eine Bescheinigung der Postbehörde bezw. durch den Präsentationsvermerk erbracht. Eine wegen Mangels der erforderlichen Vorentscheidung abgewiesene Klage kann erneuert werden, sobald diesem Erfordernis genügt ist. Die Fristwahrung ist vom Richter von Amts wegen zu prüfen. Die Fristversäumnis bewirkt ein Erlöschen des Klagrechts und hat Abweisung der Klage wegen Unzulässigkeit des Prozeßwegs zur Folge (RGZ. 36, 74).

6) Eine Verjährung tritt bei den Pensionsgebührnissen und bei den Ansprüchen auf das Gnadenvierteljahr (§ 27 des Ges.) in 4 Jahren (§§ 197, 201 BGB.) ein; die Verjährungsfrist beginnt mit dem Schluß des Jahres zu laufen, in welchem der Anspruch auf dieselben entstanden ist.

Bezüglich der Unterbrechung der Verjährung siehe die §§ 208 bis 210 BGB.

7) Die Vorschrift in Abs. 5 bezweckt die Sicherung einer einheitlichen Rechtsprechung; sie entspricht der gleichartigen Vorschrift in § 70 Ziff. 2 GVG. vom 27. Januar 1877 und 17. Mai 1898 für die Ansprüche auf Grund über die Rechtsverhältnisse der Reichsbeamten vom 31. März 1873 gegen den Reichsfiskus (Begr.).

8) „sind ausschließlich zuständig".

Nach § 40 Abs. 2 ZPO. sind Vereinbarungen auf ein anderes Gericht (Amtsgericht) in solchen Fällen ausgeschlossen.

Die ausschließliche Zuständigkeit der Landgerichte begründet für alle Fälle den Anwaltszwang (§ 78 ZPO.). Nach § 547 Ziff. 2 ZPO. findet in Rechtsstreitigkeiten über Ansprüche, für welche die Landgerichte ohne Rücksicht auf den Wert des Streitgegenstandes ausschließlich zuständig sind, ohne Rücksicht auf den Wert des Beschwerdegegenstandes die Revision an da Reichsgericht statt.

§ 40.

I. Für die Beurteilung der vor Gericht geltend gemachten Ansprüche sind die Entscheidungen der obersten Militärverwaltungsbehörde des Kontingents darüber maßgebend [1]):

1. ob eine Gesundheitsstörung als eine Dienstbeschädigung anzusehen ist (§§ 5, 32 bis 34);
2. ob und in welchem Grade Dienstunfähigkeit vorliegt (§§ 1, 4, 28);
3. ob eine Dienstbeschädigung oder Aufhebung oder Minderung der Erwerbsfähigkeit als durch den Krieg herbeigeführt anzusehen ist (§§ 12, 35).

II. Über die in Ziffer 1 bis 3 genannten Fragen entscheidet innerhalb der obersten Militärverwaltungsbehörde des Kontingents ein aus drei Offizieren oder Beamten der Heeresverwaltung gebildetes Kollegium endgültig[2])[3]).

1) „sind maßgebend"
d. h. die Entscheidungen der Obersten Militärverwaltungsbehörde unterliegt nicht der richterlichen Nachprüfung (vgl. auch RGZ. 12, 71; 26, 26). Bezüglich der Marine und der Schutztruppen siehe die §§ 60 Abs. 2 und 73 Abs. 2 des Ges.

2) „entscheidet endgültig".
Beschwerden gegen diese Entscheidungen sind ausgeschlossen.

3) Die Bildung eines Kollegiums innerhalb der Obersten Militärverwaltungsbehörde zur endgültigen Entscheidung der in § 40 Ziff. 1 bis 3 genannten Fragen wurde auf Antrag der Kommission für den Reichshaushaltetat beschlossen.

Zur Begründung des Antrags wurde ins Feld geführt, in den nunmehrigen Ziff. 1 bis 3 werde sehr viel in das Ermessen der Verwaltung gestellt. Der Rechtsweg über diese Frage selbst sei damit ausgeschlossen. Darin liege ein ganz außergewöhnliches Vorgehen, das gegenüber keiner anderen Verwaltungsstreitfrage bis jetzt anerkannt worden sei. Wenn nun auch zugegeben werden müsse, daß die Militärverwaltungsbehörde alle diese Fragen mit großem Wohlwollen und weitgehendem Entgegenkommen entscheide, so erfordere doch das Rechtsgefühl, auch hier größere Garantien zu geben. Diese Fragen allesamt der ordentlichen Gerichtsbarkeit zu unterstellen, sei nicht angängig; denn einmal handle es sich um rein militärisch-technische Fragen und dann andererseits auch um Fragen, welche mit der Disziplin in engster Verbindung stehen, und in welche nicht jedes Zivilgericht hineinregieren könne. Den Interessen der Militärverwaltung einerseits, wie denen der Pensionäre andererseits könne aber dadurch Rechnung getragen werden, daß man eine Behörde innerhalb der Heeresorganisation mit der endgültigen Entscheidung dieser Frage beauftrage. Zunächst könnte man an das Reichsmilitärgericht denken; aber gegen eine solche Regelung erhebe sich das Bedenken, daß neben der Militär**straf**prozeßordnung dann auch noch eine Militär**zivil**proezßordnung geschaffen werden müsse, und das sei gewiß nicht wünschenswert. Anders aber sei es, wenn man die Entscheidung dieser Frage einem besonderen Kollegium mit Richterqualität im Kriegsministerium übertrage. Dieses Kollegium solle aus drei Personen bestehen, welche, um nach jeder Richtung vollkommen unabhängig zu sein, unabsetzbar sein müßten (KommBer. S. 74).

Übergangsvorschriften.

§ 41.

I. Für die vor dem Inkrafttreten dieses Gesetzes aus dem aktiven Militärdienst ausgeschiedenen Offiziere einschließlich Sanitätsoffiziere und für die Militärbeamten bleiben die bisherigen Gesetzesvorschriften mit folgenden Ausnahmen in Kraft:[1])

1. Die Pensionsgebührnisse der seit dem 1. April 1905 aus dem aktiven Militärdienst ausgeschiedenen Offiziere sind nach den Vorschriften dieses Gesetzes festzustellen.

   Die Versorgungsgebührnisse der versorgungsberechtigten Hinterbliebenen von Offizieren, die seit dem 1. April 1905 verstorben sind, denen aber nach Maßgabe dieses Paragraphen, wenn sie beim Inkrafttreten dieses Gesetzes gelebt hätten, höhere Pensionsgebührnisse zustehen würden, sind unter Zugrundelegung der höheren Pensionssätze festzustellen. Dasselbe gilt für die Versorgungsgebührnisse der versorgungsberechtigten Hinterbliebenen von den seit dem 1. April 1905 im aktiven Dienste verstorbenen Offizieren[2]).

2. Die Pensionsgebührnisse derjenigen Offiziere, welche an einem der von deutschen Staaten vor 1871 oder von dem Deutschen Reiche geführten Kriege teilgenommen haben oder die Kriegsinvalide geworden sind, sind nach den Vorschriften dieses Gesetzes unter Zugrundelegung des vor dem Ausscheiden bezogenen und nach den bisherigen Gesetzen anzurechnenden pensionsfähigen Diensteinkommens festzustellen.

   Den vor dem Inkrafttreten dieses Gesetzes aus dem Zivildienste mit einer Zivilpension ausgeschiedenen pensionierten Offizieren ist der Mehrbetrag an Militärpension auf die Zivilpension nicht anzurechnen[3]).

3. Offizieren, die nach den bisherigen Vorschriften keinen Anspruch auf Pension hatten, wird ein Anspruch nach § 2 Nr. 2 dieses Gesetzes eingeräumt[4]).
4. Die Pension derjenigen Offiziere, welche sich zur Zeit des Inkrafttretens dieses Gesetzes in einer der im § 8 bezeichneten Stellen befinden oder später in einer solchen verwendet werden, ist nach den Vorschriften dieses Gesetzes unter Zugrundelegung des vor dem Ausscheiden bezogenen und nach den bisherigen Gesetzen anzurechnenden pensionsfähige Diensteinkommens festzustellen[5]).
5. Die Verstümmelungszulage der friedensinvaliden Offiziere und Militärbeamten ist nach den Vorschriften des § 11 dieses Gesetzes festzustellen[6]).
6. Die Vorschriften der §§ 19 bis 25 und 37 finden vom Inkrafttreten dieses Gesetzes ab auf die bereits pensionierten Offiziere, § 37 auch auf die bereits pensionierten Beamten Anwendung. Die vor dem Inkrafttreten dieses Gesetzes erfolgten Pfändungen und Veranlagungen zu den Steuern und anderen öffentlichen Abgaben jeder Art werden hierdurch nicht berührt[7]).
7. Die Vorschriften des § 26 finden auf diejenigen pensionierten Offiziere Anwendung, welche nach dem Inkrafttreten dieses Gesetzes aus den im § 24 Nr. 3 genannten Stellen ausscheiden[7]).
8. Die Vorschriften des § 27 finden auf die Hinterbliebenen derjenigen pensionierten Offiziere entsprechende Anwendung, deren Tod nach dem Inkrafttreten dieses Gesetzes eintritt[8]).

II. Den nicht unter 1, 2, 4 genannten pensionierten Offizieren kann, wenn ihr jährliches Gesamteinkommen unter 3000 Mark bleibt, im Falle der Bedürftigkeit zu ihrer Pension eine Beihilfe in Grenzen von 5/60 ihres vor dem Ausscheiden bezogenen und nach den bisherigen Gesetzen anzurechnenden pensionsfähigen Diensteinkommens gewährt werden[9]).

1) „bleiben die bisherigen Gesetzesvorschriften in Kraft".

Die Begründung zum Gesetzesentwurf enthält zu § 41 (§ 42 des Entw.) folgende Ausführung:

„Eine allgemeine rückwirkende Kraft kann dem Gesetze, den hierfür maßgebenden Grundsätzen entsprechend, nicht gegeben werden; etwaige Härten sind vielmehr im Bedürfnisfall, wie dies auch früher z. B. 1886 geschehen ist, im Unterstützungswege auszugleichen."

Nach dem KommBer. soll das Gesetz nur ausnahmsweise rückwirkende Kraft erhalten. Die Ausnahmen beziehen sich regelmäßig auf die vor dem Inkrafttreten des Pensionsgesetzes aus dem aktiven Dienst ausgeschiedenen Offiziere und Sanitätsoffiziere; bezüglich der vor dem 1. Juli 1906 ausgeschiedenen Offiziere des Beurlaubtenstandes kann nur Abs. 1 Ziff. 2 des § 41 in Betracht kommen.

Als bisherige, für die vor dem 1. Juli 1906 ausgeschiedenen Offiziere in Kraft bleibende Gesetze kommen folgende in Betracht:

a) Das Gesetz vom 27. Juni 1871 (RGesBl. S. 275) nebst den Abänderungsgesetzen vom 4. April 1874 (RGesBl. S. 25), vom 1. April 1886 (RGesBl. S. 78), vom 24. März 1887 (RGesBl. S. 149), vom 22. Mai 1893 (RGesBl. S. 171), betr. die Pensionierung und Versorgung der Militärpersonen des Reichsheeres und der Kaiserlichen Marine, sowie die Bewilligungen für die Hinterbliebenen solcher Personen;

b) das Gesetz vom 14. Januar 1894 (RGesBl. S. 107), betr. die Gewährung von Unterstützungen an Invalide aus den Kriegen vor 1870 und an deren Hinterbliebene;

c) das Gesetz vom 22. Mai 1895 (RGesBl. S. 270) wegen Abänderung des Gesetzes vom 23. Mai 1873, betr. die Gründung und Verwaltung des Reichsinvalidenfonds;

d) das Gesetz vom 1. Juli 1899 (RGesBl. S. 339), betr. die Verwendung von Mitteln des Reichsinvalidenfonds;

e) das Gesetz vom 17. Juni 1887 (RGesBl. S. 237), betr. die Fürsorge für Witwen und Waisen von Angehörigen des Reichsheers und der Kaiserlichen Marine;

f) das Gesetz vom 17. Mai 1897 (RGesBl. S. 455), betr. anderweite Bemessung der Witwen- und Waisengelder;

g) das Gesetz vom 31. Mai 1901 (RGesBl. S. 193), betr. die Versorgung der Kriegsinvaliden und der Kriegshinterbliebenen;

h) das Gesetz vom 15. März 1886 (RGesBl. S. 53), betr. die Fürsorge für Beamte und Personen des Soldatenstandes infolge von Betriebsunfällen;

i) das Unfallfürsorgegesetz vom 18. Juni 1901 (RGesBl. S. 211) für Beamte und Personen des Soldatenstandes;

k) das Gesetz vom 18. Juli 1896 (RGesBl. S. 653), betr. die Kaiserlichen Schutztruppen in den afrikanischen Schutzgebieten und die Wehrpflicht daselbst;

l) das Reichsbeamtengesetz vom 31. März 1873 (RGesBl. S. 61).

Bezüglich der Anregung auf Verleihung einer allgemein rückwirkenden Kraft für das Offizierspensionsgesetz vom 31. Mai 1906 enthält der KommBer. S. 77 folgende Ausführung: „Von mehreren Seiten wurde aus der Kommission erklärt, daß es unmöglich sei, dem Gesetz allgemeine rückwirkende Kraft zu geben, daß eine solche mit dem Wesen der Pensionierung, die eine endgültige Abfindung bedeute, im Widerspruch stehe. So oft man noch Pensionsgesetze verbessert habe, nie seien die Verbesserungen im Wege des Gesetzes den bereits ausgeschiedenen Beamten zugeflossen. Man erinnere nur an die Verbesserungen der Pensionsverhältnisse der Volksschullehrer in Preußen, Württemberg und anderen Staaten. Würde man die Verbesserungen eines Pensionsgesetzes rückwirkend machen, so würde es die Konsequenz erheischen, sie auch betreffs der Gehaltserhöhungen und der Fürsorge für die Hinterbliebenen eintreten zu lassen und man komme dann auf eine Bahn, deren Endpunkt gar nicht abzusehen sei. Neben diesen prinzipiellen Bedenken erheben sich aber auch noch große finanzielle Bedenken."

Nach den AusfBest. des preuß. Kriegsministeriums zu den Ziff. 1, 2, 4 und 5 erfolgt die Feststellung und Anweisung der höheren Pensionsgebührnisse für die seit dem 1. April 1895 pensionierten Offiziere, für die Kriegsinvaliden, Kriegsteilnehmer und wiederverwendeten, sowie für die im Frieden verstümmelten Offiziere ohne Antrag der Beteiligten durch das Kriegsministerium; dieselben Bestimmungen sind von dem bayer., sächs. und württ. Kriegsministerium getroffen.

2) Zu Ziff. 1 bemerkt der KommBer. S. 77: „Nummer 1 des Kommissionsantrages ist eine Konsequenz der Beschlüsse zum Unterklassengesetz, den vorliegenden Gesetzentwurf mit Wirkung vom 1. Juli 1906 in Kraft treten zu lassen, aber die Wohltaten desselben allen jenen Offizieren und Mannschaften zufließen zu lassen, welche seit 1. April 1905 verabschiedet resp. als Rentenempfänger anerkannt worden sind. In der Kommission wurde betont, daß es unbillig sein würde, die infolge der Vertagung des Reichstags im Jahre 1905 eintretende Verzögerung in der Verabschiedung des Entwurfes die seither verabschiedeten Offiziere büßen zu lassen. Schon im Jahre 1886 habe der Reichstag eine ähnliche Zurückdatierung um 4 Jahre beschlossen. Da der Servis mit dem 1. April 1906 weggefallen sei, so sei im § 9 Nr. 3 die Vorschrift über die Anrechnung des Servises gestrichen worden. Es sei hierdurch im Gesetz eine Lücke entstanden insofern, als nicht festgesetzt ist, ob und in welcher Weise den im Rechnungsjahr 1905 pensionierten und auf Grund der Nr. 1 nach den Vorschriften dieses Gesetzes umzupensionierenden Offizieren der Servis, oder was

ihnen an dessen Stelle anzurechnen sei. Die Kommission sei der Ansicht, daß es einer besonderen gesetzlichen Vorschrift hierüber nicht bedürfe, da es der Billigkeit entspreche, daß diesen Offizieren der Betrag an Gehalt und Wohnungsgeldzuschuß angerechnet werde, welcher seit dem 1. April 1906 an Stelle des Servises getreten."

3) Zu Ziff. 2 Abs. 2 bemerkt der KommBer. S. 82:

„Für die vor dem Inkrafttreten dieses Gesetzes aus dem Zivildienst mit Pension ausgeschiedenen pensionierten Offiziere könne eine Regelung ihrer Pensionszahlung nach § 26 dieses Gesetzes nicht erfolgen, weil die Militärpension auf Grund des § 35 des Gesetzes vom 27. Juni 1871 auf die Zivilpension angerechnet worden sei. Damit nun der nach Abs. 1 des Ges. sich ergebende Mehrbetrag an Militärpension nicht auch noch auf die Zivilpension angerechnet werde, soll die Anrechnung hier ausdrücklich ausgeschlossen werden."

Bezüglich derjenigen Offiziere, welche unter die Ziff. 2 fallen, hat das Pensionsgesetz allgemein rückwirkende Kraft (Begr. S. 37).

4) Die Vorschrift in Ziff. 3 bezweckt, denjenigen verwundeten Offizieren, die bisher wegen Fristablauf (§ 29 des Ges. vom 27. Juni 1871) einen Pensionsanspruch nicht erheben konnten, einen solchen Anspruch einzuräumen und hierdurch eine Ungleichheit gegenüber den verwundeten Mannschaften, die schon bisher ohne Zeitbeschränkung einen Pensionsanspruch erheben konnten (§ 82 des Ges. vom 27. Juni 1871) zu beseitigen (KommBer. S. 82).

5) Zu Ziff. 4.

Die im aktiven Militärdienst wieder verwendeten Offiziere (Bezirkskommandeure usw.) sind den aktiven Offizieren gleich zu achten, da sie in solchen Stellen Dienst tun, welche sonst zur Wahrung der Autorität der militärischen Vorgesetzten mit aktiven Offizieren besetzt werden müßten. Es erscheint daher gerechtfertigt, die Pensionen dieser Offiziere nach den Vorschriften dieses Gesetzes unter Zugrundlegung ihres früheren pensionsfähigen Diensteinkommens festzusetzen (Begr.).

6) Zu Ziff. 5.

Die Ziff. 5 wurde auf Antrag der Kommission in das Gesetz eingefügt. Zur Begründung dieses Antrags wurde darauf hingewiesen, daß der bisherige Unterschied zwischen dem Friedens- und Kriegsverstümmelten nicht gerechtfertigt sei. Ersterer erhalte z. B. für eine verlorene Hand 600 Mark, letzterer 1080 Mark. Es sei aber doch für den verletzten Mann gleichgültig, ob er den Arm oder das Bein im Kriege oder im Frieden verloren habe. Hier müsse dem Gesetz rückwirkende Kraft verliehen werden, zumal die Kosten nicht erheblich seien (KommBer. S. 83).

7) Zu den Ziff. 6 und 7.

Die Ausdehnung der Vorschriften über das Verfahren, sowie über das Erlöschen und Ruhen des Rechts auf den Bezug der Pensionsgebührnisse auf die bereits pensionierten Offiziere erscheint als geboten, um auf diesem Gebiete ein gleichmäßiges Recht für alle Offiziere zu schaffen (Begr.).

8 Zu Ziff. 8.

Die Gewährung des Gnadenvierteljahrs an die Hinterbliebenen der bereits pensionierten Offiziere ist zur Vermeidung von Härten notwendig (Begr.).

9 Der Abs. 2 wurde auf Antrag der Kommission beigefügt. Zur Begründung des Antrags wurde darauf hingewiesen, daß den alten Offizieren doch eine gewisse Aussicht eröffnet werden müsse, daß sie etwas an Verbesserung ihrer Pensionsbezüge noch erhalten könnten. Wolle man nicht im Wege des Rechtsanspruchs eine allgemeine rückwirkende Kraft geben, s erfordere es die Billigkeit, hier durch Unterstützungen einzugreifen.

Der Vertreter des Reichsschatzamts erklärte unter Hinweis auf seine früheren Erklärungen zu diesem Punkte, die verbündeten Regierungen hätten hier durch den Ausgleichsfonds helfen wollen. Werde eine Regelung allein durch den Etat nicht beliebt, so sei es besser, in dem Antrag statt des Wortes „Zuschuß" zu setzen „Beihilfe", sowie hinter dem Worte „Bedürftigkeit" einzuschalten: „und wenn ihr jährliches Gesamteinkommen unter 3000 Mark bleibt", damit die etatsrechtlich notwendige Scheidung zwischen den zu Lasten des Pensionsfonds und den zu Lasten des Unterstützungsfonds zu zahlenden Unterstützungen geschaffen werde (KommBer. S. 86).

§ 42.

I. Die Kriegszulage der Unterbeamten ist nach § 32 festzustellen[1]).

II. Die Vorschriften des § 32 Abs. 10 finden auf die vor dem Inkrafttreten dieses Gesetzes ausgeschiedenen Beamten der Heeresverwaltung Anwendung, welche in der dort angegebenen Eigenschaft an einem Kriege teilgenommen haben oder kriegsinvalide geworden sind[2]).

1) Zu Abs. 1, welcher von der Kommission eingefügt wurde, bemerkt der KommBer. S. 86:

Der Antrag wurde damit begründet, daß die erhöhte Kriegszulage den Kriegsinvaliden gemäß den im Gesetzentwurfe ausgesprochenen Prinzipien der rückwirkenden Kraft gegeben werden müsse. Der Antrag fand als eine Konsequenz der gefaßten Beschlüsse Annahme.

2) Bezüglich der Anwendbarkeit des § 42 auf die Marine und die Schutztruppen siehe die §§ 45 und 62 des Ges.

§ 43).

I. Der auf Grund dieses Gesetzes den bereits pensionierten Offizieren zu zahlende Gesamtbetrag an Pensionsgebührnissen darf nicht hinter demjenigen zurückbleiben, welche ihnen nach den früheren Gesetzen zusteht. Ergibt sich nach diesen ein Mehrbetrag an Verstümmelungszulage, so wird er als Zuschuß gewährt. Dieser Zuschuß bleibt bei Anwendung der Vorschrift des § 24 Nr. 3 sowie bei Bemessung von Witwen- und Waisengeld außer Betracht; die Vorschrift des § 37 findet auf ihn Anwendung[1]).

II. Nachzahlungen für eine vor dem Inkrafttreten dieses Gesetzes liegende Zeit finden nicht statt[2]).

1) Die Vorschrift des Abs. 1 ist zur Vermeidung von Härten, die des Abs. 2 zur ausdrücklichen Klarlegung der Gesetzeslage geboten. Der Zuschuß besteht aus dem Mehrbetrage der Kriegs- oder Verstümmelungszulage nach dem Gesetze von 1901 gegenüber den gleichen Zulagen nach dem Entwurf abzüglich des nach dem letzteren etwa zu gewährenden Mehrbetrags an Pension. Der Zuschuß muß deshalb entsprechend den für diese Gebührnisse geltenden gesetzlichen Vorschriften bei Anwendung des § 24 Ziff. 3 des Ges. sowie bei Bemessung von Witwen- und Waisengeld außer Betracht bleiben, auch muß § 37 (Steuerfreiheit und Unpfändbarkeit) auf ihn Anwendung finden (Begr.).

2) Die Vorschrift des § 34 bezieht sich nur auf Offiziere, dagegen nicht auf Militärbeamte.

Anwendung von Vorschriften des zweiten und dritten Teiles dieses Gesetzes.

§ 44[1]).

Werden Offiziere oder Beamte des Reichsheeres[2]) oder die in den §§ 33 bis 35 bezeichneten Personen auf dienstlichen Seereisen oder in außereuropäischen Ländern verwendet, so finden auf sie die Vorschriften des zweiten Teiles dieses Gesetzes, werden sie gleich den Kaiserlichen Schutztruppen in den Schutzgebieten[3]) verwendet, so finden auf sie die Vorschriften des dritten Teiles dieses Gesetzes entsprechende Anwendung.

1) Die Ausdehnung der überseeischen Interessen Deutschlands wird zur Folge haben, daß Offiziere und Beamte des Reichsheeres, sowie die in den §§ 33 bis 35 bezeichneten Personen, gleich denen der Marine und der Schutztruppen, dienstliche Seereisen auszuführen haben, in den Schutzgebieten oder in anderen außereuropäischen Ländern verwendet werden. Daher scheint es geboten, die Vor-

schriften des zweiten und dritten Teils dieses Gesetzes entsprechend anzuwenden (Begr.).

2) „oder Beamte des Reichsheeres".

Gemeint sind sowohl die Militärbeamten des Friedensstandes, als die Zivilbeamten der Militärverwaltung ohne Rücksicht auf Rangverhältnisse.

3) „in den Schutzgebieten".

Gemeint sind die gesamten deutschen Schutzgebiete.

Zweiter Teil.

Kaiserliche Marine.

Allgemeine Vorschriften.

§ 45.

Auf die Kaiserliche Marine finden die §§ 1 bis 43 und, falls Offiziere oder Beamte der Kaiserlichen Marine oder die in §§ 33 bis 35 bezeichneten Personen gleich den Kaiserlichen Schutztruppen in den Schutzgebieten verwendet werden, auch die Vorschriften des dritten Teiles dieses Gesetzes mit den nachfolgenden Maßgaben entsprechende Anwendung [1] [2].

1) Die Pensionierungsvorschriften für die Offiziere des Reichsheers müssen in ihren Grundzügen auch für die Offiziere der Kaiserlichen Marine gelten. Der § 45 dehnt daher grundlegend die Vorschriften des ersten Teiles auf die Kaiserliche Marine aus; die nächsten Paragraphen geben sodann diejenigen Vorschriften wieder, die durch die besonderen Verhältnisse des Marinepersonals und des Marinedienstes bedingt sind (Begr.).

2) Die §§ 45 und 46 beziehen sich auch auf die Offiziere des Beurlaubtenstandes.

§ 46.

Im Sinne dieses Gesetzes stehen den Offizieren die Deckoffiziere der Kaiserlichen Marine vorbehaltlich der Vorschriften der §§ 48 Abs. 2 II, 51 und 57 gleich.

Die Deckoffiziere stehen zwar nicht im Offiziersrang; sie werden aber nach dem geltenden Recht in allen Pensionsangelegenheiten wie Offiziere behandelt.

In § 50 des Mannschaftsversorgungsgesetzes ist demgemäß ausdrücklich bestimmt, daß die Deckoffiziere nicht zu den Personen der Unterklassen des Soldatenstandes im Sinne des gegenwärtigen Gesetzes gehören.

A. Offiziere einschließlich Ingenieure der Kaiserlichen Marine und Sanitätsoffiziere des Friedenstandes.[1])

Pensionsbeihilfe.

§ 47[2]).

Eine Pensionsbeihilfe nach § 7 Abs. 1 kann pensionierten Deckoffizieren bis zur Erreichung[4]) eines jährlichen Gesamteinkommens von 1800 Mark gewährt werden[3]).

1) Zu den Offizieren im Sinn der für die Marine gegebenen Sondervorschriften gehören: die Seeoffiziere, die Offiziere der Marineinfanterie, die Marineingenieure, die Torpedoingenieure, die Feuerwerks-, Zeug- und Torpedooffiziere, die Sanitätsoffiziere. Sie sind überall da gemeint, wo von Offizieren die Rede ist (Begr.).

2) Der § 47 wurde durch die Kommission in das Gesetz eingefügt. Zur Begründung des Antrags wurde darauf hingewiesen, daß, nachdem die Kommission im § 7 Abs. 1 für die unteren Chargen des Landheeres eine Pensionsbeihilfe ausgesprochen habe, dies auch für die Deckoffiziere erforderlich sei. Die Summe von 1800 Mark scheine den tatsächlichen Verhältnissen entsprechend.

Der Vertreter der Marineverwaltung erklärte sich hiermit einverstanden. Bei den Verhandlungen über den Ausgleichsfonds seien die beteiligten Stellen dahin übereingekommen, daß man die Deckoffiziere den Oberleutnants um deswillen gleichstellen müsse, weil sie meistens verheiratet und Familienväter seien. Damals sei allerdings als Höchstgrenze für die Oberleutnants der Satz von 1500 Mark in Aussicht genommen worden. Ob die verbündeten Regierungen nun gegenüber dem jetzt gestellten Antrag den Nachdruck auf die Gleichstellung mit den Oberleutnants legen werden, so daß die Höchstgrenze von 1800 Mark annehmbar erscheine, oder ob das Schwergewicht auf der Summe von 1500 Mark ruhen solle, so daß sich die Bildung einer besonderen Stufe für die Deckoffiziere in diesem Betrag empfehle, lasse sich noch nicht sagen (KommBer. S. 88).

3) Die Gewährung der Pensionsbeihilfe ist in das freie Ermessen des Reichsmarineamts gelegt; die Bestimmungen des § 37 des Ges. über Steuerfreiheit und Unpfändbarkeit finden auf die Pensionsbeihilfe keine Anwendung.

4) „bis zur Erreichung".
Die Pensionsbeihilfe kann nach dem Grade der Bedürftigkeit verschieden bemessen werden.

Pensionsfähiges Diensteinkommen.

§ 48.

An Stelle des § 9 Abs. 1 treten folgende Vorschriften.

Als pensionsfähiges Diensteinkommen werden angerechnet

I. den Offizieren:

1. das etatsmäßige Gehalt (§ 6);
2. den Offizieren vom etatsmäßigen Vizeadmiral einschließlich abwärts der Wohnungsgeldzuschuß nach den hierfür geltenden gesetzlichen Vorschriften; den Inhabern solcher Dienststellen, für welche in dem Reichshaushalts-Etat freie Dienstwohnung vorgesehen ist, der dafür in diesem Etat etwa vermerkte pensionsfähige Wert;
3. den Offizieren vom etatsmäßigen Kontreadmiral einschließlich abwärts eine Entschädigung für Bedienung von 500 Mark;
4. den Offizieren vom etatsmäßigen Kontreadmiral einschließlich aufwärts die im Etat ausgeworfenen Dienstzulagen, bei Dienstzulagen über 900 Mark jedoch nur ⅔ dieser Zulagen;
5. die Besoldungszuschüsse, bei solchen über 900 Mark jedoch nur ⅔ dieser Zuschüsse[1]);
6. den Oberleutnants und Leutnants eine Berechtigung zur Teilnahme an dem gemeinschaftlichen Offiziertische mit 108 Mark, eine Berechtigung zur Aufnahme in das Lazarett mit 100 Mark;
7. den Sanitätsoffizieren die beim Ausscheiden bezogenen Dienstalters- und Seefahrzulagen.

II. den Deckoffizieren:

1. das etatsmäßige Gehalt;
2. die beim Ausscheiden bezogene Seefahr- und Fachzulage[2]);
3. eine Berechtigung zur Aufnahme in das Lazarett mit 100 Mark.

1) „die Besoldungszuschüsse".
Dieselben stehen den pensionsfähigen Dienstzulagen vollständig gleich, werden an deren Stelle gezahlt und sind daher auch wie die Dienstzulagen pensionsfähig (Begr.).

2) „Fachzulage".

Die Fachzulage, welche für Deckoffiziere mit wenigen Ausnahmen 180 Mark jährlich beträgt, kommt fast ausschließlich dem Maschinenpersonal (Obermaschinisten und Maschinisten) zugute. Sonstige Empfänger der Zulage sind nur noch die Obermechaniker, Mechaniker, sowie die Oberfeuermeister und Feuermeister. Ernennungen zu den beiden letztgenannten Deckoffizierklassen finden nicht mehr statt. Die diesen Dienstzweigen angehörenden Personen müssen in Bezug auf Pensionierung günstiger gestellt werden als die übrigen Deckoffiziere zwecks Sicherung des notwendigen Ersatzes, weil der Kräfteverschleiß der Fachzulagenempfänger besonders groß ist (Begr.).

Pensionserhöhung.

§ 49.

I. Auf eine Pensionserhöhung im Betrage der Kriegszulage (§ 12) haben diejenigen Offiziere der Kaiserlichen Marine Anspruch, welche entweder

1. durch im Dienste[1]) erlittenen Schiffbruch oder infolge einer militärischen Unternehmung auf einer dienstlichen[1]) Seereise[2]) oder
2. infolge außerordentlicher Einflüsse des Klimas während eines dienstlichen Aufenthalts in einem außereuropäischen Lande oder während einer dienstlichen Seereise

pensionsberechtigt geworden sind, falls nicht ihre Dienstbeschädigung eine Folge ihres Vorsatzes ist[3]).

II. Der Kaiser bestimmt, welche Unternehmung als eine militärische Unternehmung im Sinne des Abs. 1 Nr. 1 anzusehen ist.

III. Kriegszulage und Pensionserhöhung werden nicht nebeneinander gewährt.

IV. Der Anspruch auf Pensionserhöhung muß innerhalb zehn Jahren[4]) erhoben werden; der Lauf der Frist beginnt mit der Rückkehr in die Heimat[5]) oder mit der im Ausland erfolgten Entlassung.

V. Die Vorschriften des § 2 Abs. 2 und des § 37 Abs. 1 finden auf die Pensionserhöhung entsprechende Anwendung[6]).

1) „im Dienste", „dienstlich".

Im Gegensatz zu Dienstbeschädigungen, welche auf außerdienstlichen Seereisen geltend gemacht werden. Durch Dienstbeschädigungen der letzteren Art wird eine Pensionsberechtigung nicht begründet.

2) „Seereise".

Ein Schiff befindet sich auf einer Seereise, wenn es auf See in Fahrt ist oder wenn es ohne auf Fahrt zu sein in Dienst gestellt zum ersten Mal Anker auf gegangen ist bis zur Außerdienststellung.

3) „eine Folge ihres Vorsatzes war"

d. h. vorsätzlich herbeigeführt wurde. Bloße Fahrlässigkeit entzieht die Pensionsberechtigung nicht.

4) „innerhalb zehn Jahren":

Bezüglich der Kriegsdienstbeschädigungen siehe oben § 2 Ziff. 3 des Gesetzes.

Da Dienstbeschädigungen durch Schiffbruch, militärische Unternehmungen usw. den Kriegsdienstbeschädigungen im allgemeinen nach dem bisherigen Recht gleichstehen und auch jetzt insofern gleichgestellt sind, als für beide eine Entschädigung in gleicher Höhe und unter denselben Zahlungsbedingungen gewährt wird, so müssen auch die Fristen für die Erhebung der Ansprüche dieselben sein (Begr.).

5) „mit der Rückkehr in die Heimat".

Als Zeitpunkt der Rückkehr in die Heimat wird bei der Rückkehr auf dem Seewege der Tag der Ausschiffung in dem ersten heimatlichen Hafen, bei Rückkehr auf dem Landwege der Tag zu gelten haben, an dem die Grenze des Deutschen Reichs überschritten wird (Begr.).

Der Unterlassung der Erhebung des Anspruchs auf Pensionserhöhung innerhalb der Frist von 10 Jahren hat den Verlust des Anspruchs zur Folge, es sei denn, daß nachgewiesen wird, daß die Folgen der Dienstbeschädigung erst nach der Rückkehr in die Heimat oder nach dem Ausscheiden entstanden sind, oder daß der Offizier durch außerhalb seines Willens liegende Umstände an der fristzeitigen Geltendmachung seines Anspruchs gehindert wurde.

6) Nach § 37 Abs. 1 des Ges. sind diese Pensionsansprüche unpfändbar und steuerfrei.

Weiter finden die Bestimmungen des § 49 nach den §§ 58 und 59 Abs. 1 auch auf Offiziere des Beurlaubtenstandes und die ohne Pension ausgeschiedenen, zum aktiven Marinedienst vorübergehend wieder herangezogenen Offziere Anwendung.

Alterszulage.

§ 50[1]).

Den im § 49 Abs. 1 Nr. 1 bezeichneten Personen kann unter den Voraussetzungen des § 13 auch die Alterszulage gewährt werden[2])[3]).

1) Die Zulässigkeit der Gewährung von Alterszulagen ist auf die Fälle eingeschränkt worden, welche durch das Gesetz von 1901 als dem Kriege völlig gleichstehend anerkannt worden sind (Begr.).

2) Die Alterszulage ist unpfändbar und steuerfrei (§ 37 Abs. 1 des Ges.).

3) Der § 50 findet nach den §§ 58 und 59 Abs. 1 des Ges. auch Anwendung auf die Offiziere des Beurlaubtenstandes der Marine, sowie auf die ohne Pension ausgeschiedenen zum aktiven Marinedienst vorübergehend wieder herangezogenen Offiziere, sowie auf die Marinebeamten.

Aufrechterhaltung der Ansprüche aus dem Invalidenversicherungsgesetze.

§ 51[1][2].

Für die Deckoffiziere sind Verstümmelungszulage, Kriegszulage, Alterszulage und Pensionserhöhung keine Bezüge im Sinne des § 48 Abs. 1 Nr. 2 des Invalidenversicherungsgesetzes vom 13. Juli 1899.

1) Der § 51 betrifft die Nichtanrechnung der Zulagen für Deckoffiziere auf die Invalidenrente; er wurde auf Antrag der Kommission in das Gesetz eingefügt.

Zur Begründung des Antrages wurde darauf hingewiesen, daß im Unterklassengesetz die im Antrage genannten Zulagen ausdrücklich als solche Bezüge bezeichnet wurden, welche auf die Invalidenversicherungsrente nicht anzurechnen seien. Nun sei eine Anzahl von Fällen bekannt, in welchen Deckoffiziere nach ihrem Ausscheiden aus der Marine als Arbeiter oder Werkführer in Betrieben tätig gewesen seien und dort ebenso der Versicherungspflicht unterliegen wie die Angehörigen der Unterklassen der Armee und Marine, und es erscheine deshalb gerechtfertigt, diesen früheren Deckoffizieren die gleichen Wohltaten einzuräumen, wie sie den Unterklassen gegeben würden.

Der Antrag fand einstimmige Annahme, nur wurde darauf hingewiesen, daß ihm eine gesonderte Überschrift zu geben sei, da er mit der vorausgehenden Überschrift „Altersklassen" nichts gemein habe.

2) Der § 51 findet auch Anwendung auf die Deckoffiziere des Beurlaubtenstandes, sowie auf die ohne Pension ausgeschiedenen, zum aktiven Marinedienst vorübergehend wieder herangezogenen Offiziere (§ 58 des Ges.).

Berechnung der Dienstzeit.

§ 52[1][2].

Den mit Pension aus dem Marinedienst ausscheidenden Offizieren[3] der Kaiserlichen Marine wird, wenn sie

vor dem Termine, der für den Beginn der zur Pension berechtigenden Dienstzeit vorgeschrieben ist, an Bord eines Schiffes der Kaiserlichen Marine, gleichgültig in welcher Eigenschaft, dienstlich eingeschifft gewesen sind[4]), die im Marinedienste zugebrachte Zeit vom Tage der ersten Einschiffung ab als zur Pension berechtigende Dienstzeit angerechnet[5]).

1) Bezüglich der Berechnung der Dienstzeit für die Marine siehe § 45 des Ges.

2) Die Vergünstigung des § 52 tritt nur ein, wenn der Betreffende aus der Marine ausscheidet (Begr.).

3) „den mit Pension ausscheidenden Offizieren".

Hierunter sind sowohl die verabschiedeten, als auch die zur Disposition gestellten zu verstehen.

Die à la suite gestellten Offiziere sind ohne Gehalt beurlaubt und gehören zu den aktiven Offizieren.

4) „wenn sie dienstlich eingeschifft gewesen sind".

Unter Einschiffung im Sinn dieses Paragraphen kann nicht die vorübergehende Unterbringung an Bord, etwa mangels eines geeigneten Unterbringungsraumes am Land, sondern nur die Einschiffung unter Eingliederung in die Schiffsbesatzung verstanden werden.

Daß der ersten Einschiffung an Bord eines Schiffes der Kaiserlichen Marine, diejenige an Bord eines Schiffes der ehemaligen K. preuß. Marine, der Schleswig-Holstein'schen Marine, und der norddeutschen Bundesmarine gleichgestellt ist, bedurfte keiner Hervorhebung im Gesetzestexte (Begr.). In welcher Eigenschaft die Einschiffung erfolgt, ist gleichgültig.

Bezüglich der Schiffsjungen siehe § 59 Abs. 2 des Ges.

Die Begründung zu § 52 des Entwurfs enthält bezüglich der Anrechnung der Dienstzeit vom Tage der ersten Einschiffung ab, folgende Ausführungen: „Auch nach den bisherigen Pensionsgesetzen rechnete die Dienstzeit vom ersten Tage der Einschiffung ab, falls sie vor Beginn des 18. Lebensjahres stattfand. Diese Bestimmung hat ihren Grund darin, daß eine Einstellung in möglichst jungen Jahren den Marineinteressen entspricht, und daß die eingeschifften Personen vom Tag der Einschiffung ab den Gefahren des seemännischen Berufs ausgesetzt sind, mithin ihre Zukunft für den Fall, daß sie dieser Gefahr erliegen, sichergestellt werden muß" (Begr.).

5) Bezüglich der Berechnung der aktiven Dienstzeit sowie der doppelt in Anrechnung kommenden Kriegsdienstzeit, Seedienstzeit und der Dienstzeit in den deutschen Schutzgebieten oder deren

Hinterländern siehe die vom Staatssekretär des Reichsmarineamts durch Verf. vom 25. Juli 1906 (MVBl. S. 281) aufgestellten Grundsätze.

§ 53.

I. Die in der Kaiserlichen Marine auf einer Seereise [1]) in außerheimischen Gewässern bei ununterbrochenem Bordkommando [2]) zugebrachte Dienstzeit wird, sofern ihre Dauer mindestens sechs Monate beträgt, doppelt gerechnet. [3])

II. Hat eine Seereise von kürzerer Dauer sich als besonders schädigend und nachteilig für die Gesundheit der Schiffsbesatzung erwiesen, so kann die Dienstzeit mit Genehmigung des Kaisers doppelt gerechnet werden.

III. Offizieren [4]) der Kaiserlichen Marine, welche, ohne zur Besatzung eines Schiffes der Kaiserlichen Marine zu gehören, in den deutschen Schutzgebieten [5]) oder deren Hinterländern sich einschließlich der damit in Verbindung stehenden Reisen in außerheimischen Gewässern mindestens sechs Monate ohne Unterbrechung dienstlich aufgehalten haben, wird die dort zugebrachte Dienstzeit doppelt gerechnet.

IV. Ausgenommen von dieser Doppelrechnung ist die in solche Jahre fallende Dienstzeit, welche bereits als Kriegsjahre zu erhöhtem Ansatze kommen.

V. Außerheimisch sind die Gewässer, welche weder zur Ostsee noch zur Nordsee gehören, diese gerechnet bis zur Linie Dover-Calais, längs der Ostküste Englands bis zu 3 Grad Westlänge von Greenwich und bis zum Breitenparallel von 60 Grad Nordbreite [6]).

1) Bezüglich des Begriffs „Seereise" siehe oben Anm. 2 zu § 49 des Ges.

2) „bei ununterbrochenem Bordkommando" Dem ununterbrochenen sechsmonatlichen Bordkommando in außerheimischen Gewässern ist in Abs. 3 ein ebenso gearteter Dienstaufenthalt in den deutschen Schutzgebieten oder deren Hinterländern gleichgestellt.

Bezüglich der Unterbrechung eines Bordkommandos infolge von Krankheit, gab der Vertreter der Marineverwaltung anläßlich der Kommissionsberatung folgende Erklärung ab:

„Werde nun ein Offizier oder eine Person der Unterklasse krank und in ein außerheimisches Lazarett aufgenommen, so erfahre dadurch weder das Bordkommando noch der dienstliche Aufenthalt im Schutzgebiet eine Unterbrechung, und der Aufenthalt im Lazarett werde bei der Doppelrechnung mitgezählt. Werde der Erkrankte aber nach Deutschland zurückgeschickt, so ende die Doppelberechnung mit dem Zeitpunkt der Rückkehr in die heimischen Gewässer, bei der Rückkehr auf dem Landwege mit dem Tage, wo die Grenze des Deutschen Reiches überschritten werde. Unterbreche aber jemand die Rückreise, begebe er sich z. B. von Genua direkt zu Heilzwecken nach der Riviera, so werde berechnet, an welchem Tage bei Fortsetzung der Reise die Doppelrechnung aufgehört haben würde, und mit diesem Tage werde die Doppelrechnung eingestellt" (KommBer. S. 94).

3) „wird die zugebrachte Dienstzeit doppelt gerechnet".

Nach einem Erlaß des Chefs der Admiralität vom 10. Oktober 1887 (MVBl. S. 260) ist auch die Dienstzeit außerhalb der Nord- und Ostsee bisher doppelt gerechnet worden, sofern ihre Dauer mindestens 6 Monate betragen hat: a) bei Umkommandierungen im Ausland von Schiff zu Schiff; b) auf Schiffen, welche abwechselnd im Ausland und in heimischen Gewässern während einer Indiensthaltung sich befanden, bei ununterbrochenem Bordkommando; c) auf Privatschiffen bei Dienstreisen einzelner Marinepersonen, sowie beim Transport von Kommandos.

Hieran soll durch die Bestimmungen des § 53 nichts geändert werden. Insbesondere ist im Falle zu lit. c die Forderung, daß das Bordkommando ein ununterbrochenes sein muß, bisher schon gestellt worden; diese Voraussetzung muß nach dem Wortlaut des § 52 auch für die Folge erfüllt werden.

Bezüglich des Begriffs „außerheimisch" siehe § 53 Abs. 5 des Ges.

4) „Offizieren".

Siehe hierüber oben § 47 Anm. 1.

5) „in den deutschen Schutzgebieten".

Siehe hierüber oben § 44 Anm. 3.

6) Hinsichtlich der Anwendbarkeit des § 53 auf die Offiziere des Beurlaubtenstandes der Marine, sowie die ohne Pension ausgeschiedenen, zum aktiven Marinedienste vorübergehend wieder herangezogenen Offiziere und auf die Marinebeamten siehe die §§ 58 und 59 Abs. 1 des Ges.

§ 54[1]).

Die im § 18 Abs. 1 bezeichneten Freiheitsstrafen[2]) können mit Genehmigung des Kaisers als Dienstzeit angerechnet werden[3]).

1) Die Vorschrift des § 54 stellt eine Ergänzung des § 18 des Ges. dar. Es soll hierdurch zum Ausdruck gebracht werden, daß bei der

Marine die Anrechnung einer Freiheitsstrafe von einjähriger und längerer Dauer als Dienstzeit von der Genehmigung des Kaisers abhängt (Begr.).

2) Bezüglich der Freiheitsstrafen siehe oben Anm. 1 zu § 18.

3) „können als Dienstzeit angerechnet werden". Es kann sich um eine ganze oder teilweise Anrechnung handeln.

§ 55 [1]).

I. Den mit Pension ausscheidenden Ingenieuren [2]), Obermaschinisten und Maschinisten [3]) der Kaiserlichen Marine wird die Zeit, in welcher sie sich vor ihrer etatsmäßigen Anstellung ununterbrochen in einem Vertragsverhältnisse bei der Kaiserlichen Marine befunden haben, als Dienstzeit angerechnet, soweit sie nicht vor den Beginn des achtzehnten Lebensjahrs fällt.

II. Hat vor dem Beginne des achtzehnten Lebensjahrs eine dienstliche Einschiffung [4]) an Bord eines Schiffes der Kaiserlichen Marine stattgefunden, so wird die Zeit vom Tage der ersten Einschiffung ab gerechnet.

1) Die Begründung enthält folgende Ausführungen:

„Die Vorschrift entspricht dem § 53 des Ges. von 1871. Sie wird in Zukunft nicht mehr die praktische Bedeutung haben, die ihr während der rückliegenden Zeit innegewohnt hat, da die vertragsmäßige Verpflichtung von Personal für den Marinedienst zum Zweck der Verstärkung des Ersatzes jetzt im allgemeinen nicht mehr erforderlich ist. Jedoch ist im Hinblick auf die schnell fortschreitende Entwicklung der Technik nicht ausgeschlossen, daß die vertragsmäßige Übernahme einer der genannten Personen auch künftig sich als im Interesse der Marine liegend erweist" (Begr.).

2) „Ingenieuren".
Gemeint sind die Marine- und Torpedoingenieure.

3) „Obermaschinisten und Maschinisten".
Diese gehören zu den Oberdeck- und Deckoffizieren.

4) „eine dienstliche Einschiffung".
Hierüber siehe oben § 52 Anm. 4.

§ 56.

Den Offizieren der Kaiserlichen Marine, welche früher der Handelsflotte angehört haben, wird die dort vom Beginne des achtzehnten Lebensjahres an zurückgelegte Fahrzeit zur Hälfte als zur Pension berechtigende Dienstzeit angerechnet [1]) [2]).

1) „wird als — Dienstzeit angerechnet".

Die Anrechnung beruht darauf, daß die in der Handelsflotte erworbenen Erfahrungen beim Übertritt in die Kaiserliche Marine dieser zugute kommen (Begr.).

2) Der § 56 findet auch Anwendung auf die Marinebeamten (zu vgl. § 59 Abs. 1 des Ges.).

Ruhen des Rechtes auf den Bezug der Pension und des Pensionszuschusses.

§ 57[1]).

I. Wird ein pensionierter Deckoffizier nach Maßgabe des § 24 Nr. 3 als Beamter angestellt oder in der Eigenschaft eines Beamten beschäftigt, so ruht das Recht auf den Bezug der Pension und des Pensionszuschusses[2]), soweit sein Einkommen aus diesem Dienste unter Hinzurechnung der Pension den Betrag des früheren pensionsfähigen Diensteinkommens oder, sofern es für ihn günstiger ist, folgende Beträge übersteigt:

bei einer Gesamt-Militär- und Zivildienstzeit

von weniger als	21	Jahren	3000	Mark,
bei einer solchen von wenigstens	21	"	3300	"
" " " " "	24	"	3600	"
" " " " "	27	"	3900	"
" " " " "	30	"	4100	"
" " " " "	33	"	4300	"
" " " " "	36	"	4500	"[3]).

II. Die Vorschriften des § 24 Nr. 3 Abs. 2 bis 5 finden Anwendung[4]).

1) Die Bestimmungen in § 57 ergänzen diejenigen in § 24. Diese besonderen Bestimmungen bezüglich der Deckoffiziere waren geboten, weil dieser Dienstgrad im Reichsheer nicht vertreten ist (Begr.).

2) „so ruht das Recht auf den Bezug der Pension und des Pensionszuschusses".

Außer Betracht bleiben die Verstümmelungs- und Kriegszulage (§§ 11 und 12 des Ges.) und die Pensionserhöhung (§ 49); (Begr.).

3) Die Staffel ist aus Zweckmäßigkeitsgründen an die Stelle des früheren festen Betrags gesetzt (Begr.).

4) Der § 57 findet auch auf die Deckoffiziere des Beurlaubtenstandes, sowie auf die ohne Pension ausgeschiedenen, zum aktiven Marinedienst vorübergehend wieder herangezogenen Deckoffiziere Anwendung (§ 58 des Ges.).

B. Offiziere einschließlich Ingenieure der Kaiserlichen Marine und Sanitätsoffiziere des Beurlaubtenstandes.

§ 58.

Auf die Offiziere des Beurlaubtenstandes[1]) sowie die ohne Pension ausgeschiedenen, zum aktiven Marinedienste[2]) vorübergehend wieder herangezogenen Offiziere finden die Vorschriften der §§ 49 bis 51, 53, 57 entsprechende Anwendung.

1) „Auf die Offiziere des Beurlaubtenstandes".

Hierzu gehören die Offiziere der Marinereserve und der Seewehr. Auf die Offiziere des Beurlaubtenstandes, sowie die ohne Pension aus dem aktiven Dienst ausgeschiedenen, zum aktiven Marinedienst vorübergehend wieder herangezogenen Offiziere finden nach § 45 des Ges. außerdem Anwendung die §§ 28 bis 31 des Ges.

Zu den Offizieren sind auch die Deckoffiziere zu rechnen.

2) „zum aktiven Marinedienst".

Hierunter ist nur der in der Eigenschaft als Person des Soldatenstandes geleistete Dienst zu verstehen, nicht auch der im Marinedienst als Beamter zugebrachte (Begr.).

C. Beamte.

§ 59.

I. Auf die Marinebeamten finden die §§ 49, 50, 53, 56 Anwendung[1])[2]).

II. Den Marinebeamten wird, wenn sie vor dem Termine, der für den Beginn der zur Pension berechtigenden Dienstzeit vorgeschrieben ist, an Bord eines Schiffes der Kaiserlichen Marine dienstlich eingeschifft gewesen sind, die im aktiven Marinedienst oder als Schiffsjunge zugebrachte Zeit vom Tage der ersten Einschiffung ab als zur Pension berechtigende Dienstzeit angerechnet[3]).

III. Die Kriegszulage nach § 12 und die Pensionserhöhung[4]) nach § 49 Abs. 1 betragen jährlich:

1200 Mark für die oberen Beamten[5]), deren pensionsfähiges Diensteinkommen nicht höher ist als der Durchschnitt aus dem pensionsfähigen Diensteinkommen eines Korvettenkapitäns und dem eines Kapitänleutnants I. Klasse;

720 Mark für die übrigen oberen Beamten[5]);
300 Mark für die Unterbeamten[5]).

1) Nach den §§ 32 und 45 dieses Gesetzes kommen bezüglich der Pensionierung der Marinebeamten in erster Linie die §§ 34 ff. RBGes. vom 31. März 1873 in Betracht. Im gegenwärtigen Gesetz sind die neben der Pension zur Verwilligung kommenden Pensionsgebührnisse geregelt.

2) „Auf die Marinebeamten".
Unter Marinebeamten sind sowohl die Militärbeamten, als die Zivilbeamten der Marineverwaltung zu verstehen.

3) Der Abs. 2 des § 58 gibt die gleichartige Vorschrift des § 54 des Ges. von 1871 wieder. Sie muß hier im Wortlaut wiederholt werden, weil für Beamte nur die im aktiven Marinedienst, d. h. als Personen des Soldatenstandes zugebrachte Dienstzeit rechnen kann und nicht auch die Zeit der Einschiffung als Beamter (Begr.)

4) „die Kriegszulage und die Pensionserhöhung".
Diese Gebührnisse werden nicht nebeneinander gewährt (§ 49 Abs. 3 des Ges.).

5) „Obere Beamte", „Unterbeamte".
Siehe hierüber oben Anm. 14 und 18 zu § 32.

D. Sonstige Vorschriften.

Zuständigkeit und Rechtsweg.

§ 60.

I. Die Befugnisse, die im ersten Teile dieses Gesetzes der obersten Militärverwaltungsbehörde des Kontingents übertragen sind, werden für den Bereich der Kaiserlichen Marine von der obersten Marineverwaltungsbehörde[1]) ausgeübt.

II. Die Entscheidung der obersten Marineverwaltungsbehörde ist für die Beurteilung der vor Gericht geltend gemachten Ansprüche auch darüber maßgebend[2]), ob die Voraussetzungen des § 49 Abs. 1 Nr. 1, 2 erfüllt sind[3]).

1) „von der Obersten Marineverwaltungsbehörde".
Als solche kommt das Reichsmarineamt in Betracht.
Bezüglich der Entscheidungsbefugnis des Reichsmarineamts siehe MVBl. 1906 S. 281.

2) „Die Entscheidung ist maßgebend", d. h. sie ist der richterlichen Nachprüfung entzogen.

3) Wird im einzelnen Fall der Rechtsweg beschritten, so finden die Vorschriften der §§ 39 und 40 des Ges. sinngemäße Anwendung. Der Klage hat die Entscheidung des Reichsmarineamts voranzugehen. Zu § 60 wurde seitens der Marineverwaltung erklärt, daß das nach § 40 zu bildende Kollegium im Bereich der Marineverwaltung auch ohne Wiederholung der Gesetzesvorschrift im zweiten Teil die in Betracht kommenden Fragen entscheiden müsse (KommBer. S. 92).

Übergangsvorschriften.

§ 61.

I. Die Pensionsgebührnisse derjenigen vor dem Inkrafttreten dieses Gesetzes aus dem Marinedienst ausgeschiedenen Offiziere, welche im Dienste einen Schiffbruch erlitten oder an einer als Feldzug erklärten militärischen Unternehmung auf einer dienstlichen Seereise teilgenommen haben oder infolge einer solchen Unternehmung oder eines Schiffsbruchs pensionsberechtigt geworden sind, sind nach den Vorschriften dieses Gesetzes festzustellen unter Zugrundelegung des vor dem Ausscheiden bezogenen und nach den bisherigen Gesetzen anzurechnenden pensionsfähigen Diensteinkommens.

II. Die Vorschrift des § 42 Abs. 2 findet auf die vor dem Inkrafttreten dieses Gesetzes ausgeschiedenen Marinebeamten Anwendung, welche zur Zeit des Schiffbruchs oder der militärischen Unternehmung (Abs. 1) Beamte oder Anwärter auf eine Beamtenstellung in der Marineverwaltung gewesen sind.

III. In den Fällen der Abs. 1, 2 findet die Vorschrift des § 41 Nr. 2 Abs. 2 Anwendung.

IV. Die Vorschrift des § 41 Nr. 6 findet, soweit sie auf § 37 Bezug nimmt, vom Inkrafttreten dieses Gesetzes ab auf die bereits pensionierten Offiziere, die Pensionserhöhung beziehen, Anwendung.

V. Die Pensionserhöhung der Unterbeamten ist nach § 59 Abs. 3 festzustellen.

Dritter Teil.

Kaiserliche Schutztruppen in den afrikanischen Schutzgebieten.

Allgemeine Vorschriften.

§ 62.

Die §§ 1 bis 44 finden auf die aus dem Reichsheer oder der Kaiserlichen Marine übernommenen Offiziere der Kaiserlichen Schutztruppen mit den nachfolgenden Maßgaben entsprechende Anwendung.

Für die Schutztruppen kommen die Deckoffiziere nicht mehr in Betracht.

Bezüglich der Beamten der Schutztruppen siehe die besonderen Bestimmungen in § 72 des Ges.

Anspruch auf Pension.

§ 63[1].

Zur Begründung des Anspruchs auf Pension ist die dauernde Unfähigkeit zur Fortsetzung des aktiven Militärdienstes in der Heimat erforderlich; Unfähigkeit zur Fortsetzung des aktiven Militärdienstes bei den Kaiserlichen Schutztruppen in den Schutzgebieten allein begründet nicht den Anspruch auf Pension.

Ein seine Pensionierung nachsuchender Offizier der Kaiserlichen Schutztruppen, welcher den Schutztruppen in den Schutzgebieten mindestens zwölf Jahre angehört hat, ist von dem Nachweise der Dienstunfähigkeit befreit. Bei der Berechnung dieses Zeitraums von zwölf Jahren findet keine Doppelrechnung statt[2].

1. Nachdem in § 62 der Grundsatz aufgestellt ist, daß die in den §§ 1 bis 44 für das Reichsheer gegebenen Vorschriften auch auf die Offiziere der Schutztruppen Anwendung finden, soweit nicht in den §§ 63 ff. mit Rücksicht auf die besonderen Verhältnisse der Schutztruppen besondere Bestimmungen gegeben seien, statuiert § 63 Abs. 2 eine Sonderbestimmung. Hiernach bedarf die Dienstunfähig-

keit keines besonderen Nachweises, wenn der die Pensionierung nachsuchende Offizier den Schutztruppen in den Schutzgebieten mindestens 12 Jahre angehört hat.

2) „findet keine Doppelrechnung statt".

Die Zugehörigkeit muß in den Schutztruppen selbst volle 12 Jahre gedauert haben. Von dieser Dienstzeit werden die Urlaubszeiten nicht in Abrechnung gebracht.

Fristen.

§ 64[1]).

I. Ist die Dienstunfähigkeit die Folge einer Friedensdienstbeschädigung, welche durch die besonderen Fährlichkeiten des Dienstes[2]) bei den Kaiserlichen Schutztruppen in den Schutzgebieten verursacht worden ist, so kann die Dienstbeschädigung auch nach dem Ausscheiden festgestellt und der Anspruch auf Pension bis zum Ablaufe von zehn Jahren geltend gemacht werden. Der Lauf der Frist beginnt mit der Rückkehr in die Heimat[3]) oder mit dem im Ausland erfolgten Ausscheiden[4])[5]).

II. Die Vorschrift des § 2 Abs. 2 findet entsprechende Anwendung.

1) Zu Abs. 1 bemerkt die Begründung zum Gesetzesentwurf: „In § 2 dieses Gesetzes ist für die Geltendmachung von Pensionsansprüchen bei Kriegsdienstbeschädigung die Frist von 6 Jahren auf 10 Jahre erhöht worden. Dementsprechend erscheint es als billig auch zur Geltendmachung von Ansprüchen bei den durch die besonderen Fährlichkeiten des Schutztruppendienstes verursachten Dienstbeschädigungen, für welche nach dem bisherigen Recht ebenfalls eine sechsjährige, nach ärztlichem Gutachten nicht ausreichende Anmeldefrist bestand, letztere auf 10 Jahre festzusetzen".

2) „durch die besonderen Fährlichkeiten".

Als solche kommen hauptsächlich in Betracht ungünstige klimatische und Ernährungsverhältnisse, deren Folgen sich langsam schleichend entwickeln und sich oft erst nach Jahren, nach Rückkehr in europäisches Klima bemerkbar machen (Begr.).

3) „mit der Rückkehr in die Heimat".

Siehe hierüber oben Anm. 5 zu § 49.

4) Bezüglich der Entscheidungsbefugnisse des Reichskolonialamts siehe oben Anm. 1 bis 3 zu § 40 des Ges.

5) Die Versäumung der zehnjährigen Frist bis zur Geltendmachung des Anspruchs hat den Verlust desselben zur Folge.

Pensionsfähiges Diensteinkommen. Höhe des Pensionszuschusses.

§ 65.

I. Bei Bemessung der Höhe der Pension[1]) bleiben die für den Aufenthalt in Afrika festgesetzten Bezüge außer Betracht. Als pensionsfähiges Diensteinkommen gelten die pensionsfähigen Gebührnisse der Offiziere des Reichsheeres oder der Kaiserlichen Marine, je nachdem der Offizier aus dem Reichsheer oder der Kaiserlichen Marine hervorgegangen ist, und zwar nach Maßgabe des Dienstgrads und der Dienststelle, welche der Offizier in der Schutztruppe bekleidet hat.

II. Der nach § 6 Abs. 5 für die ersten beiden Monate des Pensionsbezugs zu gewährende Pensionszuschuß[3]) ist so zu bemessen, daß die im Falle eines Heimatsurlaubs während dieser Monate zu zahlenden Beträge erreicht werden.[2])

1) Bezüglich der Höhe des pensionsfähigen Diensteinkommens der Offiziere des Reichsheers und der Marine siehe die §§ 9, 10, 48 und 49 des Gesetzes.

2) „daß die im Falle des Heimatsurlaubs zu zahlenden Beträge erreicht werden".

Die Angehörigen der Schutztruppen haben innerhalb der Dauer ihrer Dienstverpflichtung, welche für die Schutztruppen von Kamerun und Togo 2 Jahre, für die ostafrikanische Schutztruppe 3½ Jahre beträgt, Anspruch auf einen Heimatsurlaub von 4 Monaten, unter Belassung der vollen Geldbezüge. In den Urlaub wird die zur Hin- und Rückreise von und nach dem nächsten europäischen Hafen im Durchschnitt erforderliche, vom Reichskanzler festzusetzende Zeit nicht eingerechnet (SchutztruppenOrdn. vom 25. Juli 1898 § 18).

Der Abs. 2 verfolgt den Zweck, dem Ausscheidenden im Übergangsvierteljahr diejenigen Gebührnisse zu gewähren, welche ihm bei Fortsetzung des aktiven Dienstes während dieser Zeit zugestanden hätten, so daß bei einem Ausscheiden während einer Beurlaubung in die Heimat das volle afrikanische Gehalt im Übergangsvierteljahre nur für die Zeit gewährt wird, für welche es auch bei Fortsetzung des Dienstes während der Beurlaubung zuständig gewesen wäre (Begr.).

3) „der zu gewährende Pensionszuschuß".

Es handelt sich hier um einen im Zivilrechtsweg verfolgbaren Rechtsanspruch.

Tropenzulage[1]).

§ 66.

I. Auf eine Tropenzulage im Betrage der Kriegszulage (§ 12) haben diejenigen Offiziere der Kaiserlichen Schutztruppen Anspruch, welche entweder infolge außerordentlicher Einflüsse des Klimas während eines dienstlichen Aufenthalts in den Schutzgebieten[2]) oder infolge der besonderen Fährlichkeiten des Dienstes in den Schutzgebieten pensionsberechtigt geworden sind, falls nicht ihre Dienstbeschädignng eine Folge ihres Vorsatzes ist[3]).

II. Kriegszulage, Pensionserhöhung (§ 49) und Tropenzulage werden nicht nebeneinander gewährt[4])[5]).

1) Die Gewährung der Tropenzulage, welche sich als eine Erhöhung der Pension darstellt, setzt das Bestehen eines Pensionsanspruchs voraus.

Die Begründung zum Gesetzesentwurf enthält zu § 66 folgende Ausführungen: Nach § 12 erhalten Offiziere die infolge einer durch den Krieg erlittenen Dienstbeschädigung pensionsberechtigt geworden sind (Kriegspensionäre) neben der Pension eine Kriegszulage; ferner erhalten Offiziere der Kaiserlichen Marine die im Hinblick auf die Eigentümlichkeiten des Seedienstes unter den im § 49 Abs. 1 Nr. 1 und 2 aufgeführten Voraussetzungen pensionsberechtigt werden eine Pensionserhöhung. Die eigentümlichen Verhältnisse des Schutztruppendienstes: beständige Gefahr für Leben und Gesundheit, hervorgerufen durch klimatische Einflüsse und stete Kriegsbereitschaft, die dadurch bedingte große Zahl schwerer Erkrankungen, die erfahrungsgemäß jeden Europäer in den Tropen befallen, lassen es als geboten erscheinen, diese Vergünstigungen auch auf die Offiziere und Beamten der Schutztruppen unter den hier aufgestellten Voraussetzungen auszudehnen (Begr.).

2) „während eines dienstlichen Aufenthalts".

Bezüglich der Begriffe „im Dienst und dienstlicher Aufenthalt" siehe auch Anm. 1 zu § 49 des Ges. und Begr. S. 41.

3) „falls nicht die Dienstbeschädigung eine Folge ihres Vorsatzes ist".

Siehe auch Anm. 3 zu § 49 des Ges.

Der § 36 RBGes. schließt die Pensionsberechtigung aus, wenn sich der Beamte die Dienstunfähigkeit durch eigenes Verschulden zugezogen hat, wenn das Verschulden auch nur darin bestand, daß er die im Verkehr erforderliche Sorgfalt außer Acht gelassen hat.

4) Die Tropenzulage entspricht ihrer Höhe nach der Kriegszulage (zu vgl. hierüber § 12 des Ges.); der Anspruch auf dieselbe ist binnen 10 Jahren geltend zu machen und ist unpfändbar und steuerfrei (zu vgl. § 67 Abs. 2 des Ges.).

5) Keinen Anspruch auf Tropenzulage haben Offiziere des Beurlaubtenstandes des Reichsheers und der Kaiserlichen Marine, welche sich in den Schutzgebieten dauernd aufhalten und daselbst bei den Schutztruppen Übungen ableisten (§ 68 Abs. 2 des Ges.).

§ 67[1]).

I. Die Tropenzulage derjenigen Offiziere, welche ohne Unterbrechung länger als drei Jahre in den Schutzgebieten verwendet worden sind, steigt[2]) mit jedem weiteren vollen, wenn auch nicht im Anschluß an die frühere Dienstzeit in den Schutzgebieten geleisteten Dienstjahr um ein Sechstel bis zur Erreichung des Doppelbetrags. Eine Doppelrechnung von Dienstzeit findet hierbei nicht statt.

II. Die Vorschriften des § 64 und des § 37 Abs. 1 finden auf die Tropenzulage entsprechende Anwendung[3]).

1) Um die außergewöhnlichen Schwierigkeiten des Ersatzes zu überwinden und tüchtige und erfahrene Leute länger dem Dienste der Schutztruppe zu erhalten und zum späteren Wiedereintritt zu veranlassen, ist die Steigerung der Pensionserhöhung (Tropenzulage) unumgänglich notwendig. Aus diesen Gründen ist es ferner erforderlich geworden, in Erweiterung des bestehenden Rechts die Steigerung der Pensionserhöhung (Tropenzulage), auch für diejenige Dienstzeit zu gewähren, welche nicht im Anschluß an die frühere Dienstzeit in den Schutzgebieten geleistet wird. Als Unterbrechung des Dienstes in den Schutzgebieten ist der dem Offizier bestimmungsgemäß zustehende Urlaub nicht anzusehen (Begr.).

2) „die Tropenzulage steigt".
Beim Zutreffen der in § 67 Abs. 1 gesetzten Voraussetzungen besteht ein Rechtsanspruch auf Steigerung der Tropenzulage; eine Doppelrechnung der Dienstzeit findet bezüglich der Tropenzulage nicht statt, wohl aber nach § 69 des Ges. bezüglich des Pensionsanspruchs.

3) Zu Abs. 2 siehe Anm. 4 zu § 66 des Ges.

§ 68.

I. Auf Tropenzulage haben auch diejenigen Offiziere Anspruch, welche früher den Kaiserlichen Schutztruppen angehört haben und nach ihrem Wiedereintritt in das Reichsheer oder in die Kaiserliche Marine innerhalb der im § 64 gegebenen Frist wegen der Folgen einer im Dienste bei den Kaiserlichen Schutztruppen in den Schutzgebieten erlittenen Dienstbeschädigung pensionsberechtigt geworden sind.

II. Die Offiziere des Beurlaubtenstandes des Reichsheeres oder der Kaiserlichen Marine, die sich in den Schutzgebieten dauernd aufhalten und daselbst bei den Kaiserlichen Schutztruppen Übungen ableisten oder in Fällen von Gefahr zu notwendigen Verstärkungen der Kaiserlichen Schutztruppen herangezogen werden, haben keinen Anspruch auf Tropenzulage.

Es ist durchaus billig, Offizieren, welche im Dienst der Kaiserlichen Schutztruppen eine Dienstbeschädigung erlitten haben, auch wenn deren Folgen erst nach dem Rücktritt in das Reichsheer oder die Kaiserliche Marine zutage treten, die auf Grund dieses Gesetzes zuzubilligenden besonderen Wohltaten nicht zu entziehen, sofern die Ansprüche innerhalb der gesetzlichen Frist erhoben werden. Dagegen erscheint es nicht erforderlich, diese Wohltaten demjenigen zu gewähren, welche im Schutzgebiete wohnhaft sind und nur gelegentlich einer vorübergehenden Dienstleistung bei den Schutztruppen Verwendung gefunden haben (Begr.).

Berechnung der Dienstzeit.

§ 69 [1]).

I. Die Dienstzeit bei den Kaiserlichen Schutztruppen in den Schutzgebieten wird, sofern sie mindestens sechs Monate ohne Unterbrechung gedauert hat, doppelt gerechnet [2]). Seereisen in außerheimischen Gewässern (§ 53 Abs. 5) rechnen hierbei der Verwendung in den Schutzgebieten gleich.

II. Ausgenommen von dieser Doppelrechnung ist die in solche Jahre fallende Dienstzeit, welche bereits als Kriegsjahre zu erhöhtem Ansatze kommen.

III. Die Dienstzeit bei den Kaiserlichen Schutztruppen in den Schutzgebieten ist auch denjenigen Offizieren doppelt zu rechnen, welche aus den Kaiserlichen Schutztruppen in ihr früheres Dienstverhältnis zurücktreten und demnächst aus diesem pensioniert werden.

IV. Die im § 68 Abs. 2 genannten Offiziere haben nur in den Fällen der §§ 16 und 17 Anspruch auf höhere Anrechnung der Dienstzeit [3]).

1) Durch § 69 erfahren die §§ 14 ff., 30, 52 des Ges. eine nur für die Offiziere der Schutztruppen geltende Ergänzung.

2) „wird doppelt gerechnet".

Auf die Doppelrechnung besteht ein Rechtsanspruch.

Seitens des Vertreters des Oberkommandos der Schutztruppen wurde erklärt, die Zeit eines Heimatsurlaubs werde bei der Pensionierung nicht als Tropendienstzeit angerechnet, sondern nur einfach. Dem erkrankten Offizier könne während seines Aufenthalts in der Heimat auf die Dauer von 6 Monaten das Afrikagehalt weiter bewilligt werden. Doppelt gerechnet wird aber im Fall einer Erkrankung der Aufenthalt in einem außerheimischen Lazarett. Wird der Kranke aber nach Deutschland zurückgeschickt, so endet die Doppelrechnung mit dem Zeitpunkt der Rückkehr in die heimischen Gewässer.

Unter welchen Bedingungen in der Kaiserlichen Marine eine Doppelrechnung stattfindet, besagt der § 53 des Ges. Danach wird ein mindestens sechs Monate dauerndes ununterbrochenes Bordkommando in außerheimischen Gewässern oder ein ebenso gearteter Dienstaufenthalt in den deutschen Schutzgebieten oder deren Hinterländern verlangt (KommBer. S. 94).

3) In den Fällen des Abs. 4 begründet nur die Teilnahme an einem Kriege oder an einer militärischen Unternehmung, die als Krieg in Betracht kommt, den Anspruch auf Doppelrechnung der Dienstzeit (Begr.).

§ 70.

Die im § 18 Abs. 1 bezeichneten Freiheitsstrafen können mit Genehmigung des Kaisers als Dienstzeit angerechnet werden.

Der § 70 bildet eine Ergänzung des § 18.

Die Anrechnung von Freiheitsstrafen auf die Dienstzeit kann ganz oder teilweise erfolgen.

§ 71.

Werden Offiziere nach dem Ausscheiden aus den Kaiserlichen Schutztruppen wegen der Folgen einer im Dienste bei den Kaiserlichen Schutztruppen in den Schutzgebieten erlittenen Dienstbeschädigung pensionsberechtigt, nachdem sie in das Reichsheer oder in die Kaiserliche Marine wieder eingetreten sind, so fällt die gesamte von ihnen erdiente Pension dem Pensionsfonds des Reichsheeres oder der Kaiserlichen Marine zur Last[1][2]).

1. „dem Pensionsfonds des Reichsheeres und der Kaiserlichen Marine".
Nicht in Betracht kommt der Schutzgebietsfonds.

2. Da der größte Teil der Gesamtdienstzeit in den weitaus meisten Fällen in die Zeit des Dienstes im Reichsheer oder in der Kaiserlichen Marine fällt, erscheint es auch berechtigt, daß diesen Fonds die ganze Pension zur Last fällt (Begr.).

Beamte der Kaiserlichen Schutztruppen.

§ 72.

I. Für die Versorgungsansprüche der Beamten den Kaiserlichen Schutztruppen[1]) gelten, soweit die Beamten aus dem Reichsheer entnommen sind, die jeweilig für die Beamten des Reichsheeres, und insoweit sie aus der Kaiserlichen Marine übernommen sind, die jeweilig für die Beamten der Kaiserlichen Marine gegebenen Vorschriften[2]) mit folgenden Maßgaben:

1. Zur Begründung des Anspruchs auf Pension ist die dauernde Unfähigkeit zur Fortsetzung des Dienstes in der Heimat erforderlich; Unfähigkeit zur Fortsetzung des Dienstes in den Schutzgebieten allein begründet nicht den Anspruch auf Pension[3]).
2. Als pensionsfähiges Diensteinkommen gelten die pensionsfähigen Gebührnisse der Beamten des Reichsheeres oder der Kaiserlichen Marine nach Maßgabe der Dienststellung und des Dienstalters, welche der Beamte in der Schutztruppe erreicht hat. Den Betrag dieser Gebührnisse und den Betrag des pensionsfähigen Diensteinkommens bestimmt der Reichskanzler, wenn keine entsprechenden Stellungen im Reichsheer oder in der Kaiserlichen Marine bestehen[4]).
3. Wo in jenen Vorschriften von dem Reiche, dem Reichsdienste, der Reichskasse, den Reichsfonds und anderen Einrichtungen des Reichs die Rede ist, sind das betreffende Schutzgebiet und dessen entsprechende Einrichtungen zu verstehen.

4. Bei Berechnung der Dienstzeit wird dem Dienste in einem Bundesstaate der Dienst in einem anderen Schutzgebiet oder der Reichsdienst gleichgestellt.

5. Hinsichtlich der Kürzung, Einziehung und Wiedergewährung der aus Schutzgebietsfonds zu zahlenden Pensionen hat der Bezug des Diensteinkommens aus Fonds eines anderen Schutzgebiets oder aus Reichsfonds dieselben rechtlichen Folgen, wie der Bezug eines Diensteinkommens aus Staatsfonds oder aus Fonds des betreffenden Schutzgebiets selbst.

6. Insoweit bei Bestimmungen und Entscheidungen eine Mitwirkung des Bundesrats vorgesehen ist, ist der Reichskanzler allein zuständig.

7. Der Reichskanzler bestimmt, inwieweit einem in den Ruhestand versetzten Beamten der Kaiserlichen Schutztruppen die Kosten des Umzugs nach dem innerhalb des Reichs von ihm gewählten Wohnorte zu gewähren sind[5]).

8. Die §§ 63 Abs. 2, 66 bis 69, 71 finden entsprechende Anwendung.

II. Die Tropenzulage für die Unterbeamten beträgt 300 Mark und steigt entsprechend der Vorschrift des § 67[6]).

1) „der Beamten der Kaiserlichen Schutztruppen".
Die Rechtsverhältnisse der Landesbeamten der Schutzgebiete sind geregelt durch die Kaiserl. VerOrd. vom 9. Aug. 1896 (RGesBl. S. 691).

2) „gelten die jeweilig für die Beamten des Reichsheers und für die Beamten der Kaiserlichen Marine gegebenen Vorschriften".
Nach den §§ 32 und 45 des Ges. kommen daher bezüglich der Versorgungsansprüche der Beamten der Schutztruppen zunächst die Vorschriften des RBGes. vom 31. März 1873 (§§ 34 ff.) zur Anwendung; außerdem die besonderen Bestimmungen in den §§ 32 ff., 59 und 72 dieses Ges.

3) Zu Ziff. 1.
Diese Vorschrift entspricht derjenigen in § 63 Abs. 1 des Ges.
4) Zu Ziff. 2.
Diese Vorschrift entspricht derjenigen in § 65 Abs. 1 des Ges.
5) Zu Ziff. 7.

Es stellt sich diese Bestimmung als eine Konsequenz der für Nichtpensionäre schon bestehenden Vorschriften dar (KommBer. S. 95).

6) Über die Versorgungsansprüche der Militärbeamten der Schutzgebiete entscheidet der Reichskanzler; Pensionsregelungsbehörde ist das Reichskolonialamt.

Zuständigkeit und Rechtsweg.

§ 73.

I. Die Befugnisse, die im ersten Teile dieses Gesetzes der obersten Militärverwaltungsbehörde oder nach den im § 72 bezeichneten Vorschriften der obersten Reichsbehörde zustehen, werden für den Bereich der Kaiserlichen Schutztruppen von der Kolonialzentralverwaltung ausgeübt [1]).

II. Die Entscheidung der Kolonialzentralverwaltung ist für die Beurteilung der vor Gericht geltend gemachten Ansprüche darüber maßgebend, ob die Voraussetzungen des § 66 Abs. 1 erfüllt sind [2]).

1) „Kolonialzentralverwaltung".

Diese ist das Reichskolonialamt (Allerh. Erlaß vom 17. Mai 1907, RGesBl. S. 239).

2) Der Abs. 2 des § 40 des Ges. hat auch für die Schutztruppen Geltung (KommBer. S. 95).

Übergangsvorschriften.

§ 74.

I. Der nach Maßgabe des gegenwärtigen Gesetzes zu zahlende Gesamtbetrag an Pensionsgebührnissen für die zur Zeit des Inkrafttreten dieses Gesetzes den Schutztruppen angehörenden Offiziere und Beamte darf nicht hinter der Summe derjenigen Beträge zurückbleiben, welche ihnen im Falle der Pensionierung zur Zeit des Inkrafttretens dieses Gesetzes zugestanden haben würden. Bei Ermittelung dieser Beträge ist das Dienstalter und der Dienstgrad zu Grunde zu legen, welche die Offiziere und Beamten bei Fortsetzung ihres Dienstverhältnisses in der Heimat erreicht haben würden [1]).

II. Die Pensionsgebührnisse derjenigen vor dem Inkrafttreten dieses Gesetzes aus dem Schutztruppendienste, dem aktiven Militärdienst oder Marinedienst ausgeschiedenen Offiziere, welche bei den Kaiserlichen Schutztruppen an einer als Feldzug erklärten militärischen Unternehmung teilgenommen haben oder infolge einer solchen Unternehmung pensionsberechtigt geworden sind, sind nach den Vorschriften dieses Gesetzes festzustellen unter Zugrundelegung des vor dem Ausscheiden bezogenen und nach den bisherigen Gesetzen anzurechnenden pensionsfähigen Diensteinkommens[2]).

III. Die Vorschrift des § 42 Abs. 2 findet auf die vor dem Inkrafttreten dieses Gesetzes ausgeschiedenen Beamten der Kaiserlichen Schutztruppen Anwendung, welche zur Zeit der militärischen Unternehmung (Abs. 2) Beamte oder Anwärter auf eine Beamtenstellung in der Schutztruppenverwaltung gewesen sind[3]).

IV. In den Fällen der Abs. 2, 3 findet die Vorschrift des § 41 Nr. 2 Abs. 2 Anwendung[3]).

V. Die Vorschrift des § 41 Nr. 6 findet, insoweit sie auf § 37 Bezug nimmt, vom Inkrafttreten dieses Gesetzes ab auf die Tropenzulagen der bereits pensionierten Offiziere und Beamten Anwendung[4]).

1) Der erste Satz des Abs. 1 trägt der Billigkeit Rechnung, die zur Zeit des Inkrafttretens dieses Gesetzes den Schutztruppen angehörenden Offiziere und Beamten vor einer Benachteiligung durch das neue Gesetz zu schützen (Begr.).

Nach Satz 2 des Abs. 2 kommt dem Dienstalter und dem Dienstgrad in der Schutztruppe keine Bedeutung für die Pensionsansprüche zu.

2) Der Abs. 2 entspricht den §§ 41 Ziff. 2 u. 61 Abs. 1 des Ges.

3) Die Abs. 3 und 4 entsprechen den Abs. 2 und 3 des § 61 des Gesetzes.

4) Nach Abs. 5 sind vom 1. Juli 1906 ab die Tropenzulagen der schon pensionierten Offiziere und Beamten steuerfrei und unpfändbar; Pfändungen und Steuerveranlagungen vor dem 1. Juli 1906 fallen nicht unter Abs. 5.

§ 75.

Die Vorschriften des dritten Teiles dieses Gesetzes finden auf diejenigen Offiziere des Reichsheeres, der Kaiserlichen Marine und der Kaiserlichen Schutztruppen Anwendung, welche zwecks Verwendung in den Schutzgebieten bei Expeditionen, Stationen oder Polizeitruppen

zur Kolonialverwaltung kommandiert sind und durch den Dienst in den Schutzgebieten pensionsberechtigt werden.

Aus der Kommission wurden Bedenken geäußert, ob nicht für den Fall der Annahme dieses Paragraphen die vom Reichstage verlangte Trennung der Zivil- und Militärverwaltung in den Kolonien gehemmt würde.

Der Vertreter der Kolonialverwaltung erklärte, es handele sich in dem vorliegenden Paragraphen um Offiziere, die im Zivildienst der Schutzgebiete verwendet werden, mit der Schutztruppe selbst stehen sie in keinem Zusammenhang; die gehegte Befürchtung sei deshalb durch Annahme des § 75 nicht gerechtfertigt (KommBer. Seite 96).

Da diese Offiziere dieselbe Tätigkeit ausüben und denselben Fährlichkeiten unterliegen, wie die Offiziere der Schutztruppen, so erfordert es die Billigkeit, sie den letzteren in Bezug auf Versorgungsansprüche gleichzustellen (Begr.).

Schlußvorschrift.

§ 76.

I. Die Pensionsgebührnisse derjenigen Personen, deren Bezüge nach den bestehenden Bestimmungen aus den Mitteln des Reichs-Invalidenfonds zu decken sind, werden aus dem Reichs-Invalidenfonds bestritten.

II. Dem Königreiche Bayern wird zur Bestreitung der gleichartigen Ausgaben, mit Ausnahme der infolge des Krieges 1870/71 erwachsenen, alljährlich eine Summe überwiesen, welche sich nach der Höhe des tatsächlichen Aufwandes für Angehörige des Reichsheeres und deren Hinterbliebene im Verhältnisse der Kopfstärke des Königlich Bayerischen Militärkontingents zu jener der übrigen Teile des Reichsheeres bemißt.

§ 77.

Dieses Gesetz tritt am 1. Juli 1906 in Kraft.

Außer Kraft treten alsdann:

1. die bisherigen Militärpensionsgesetze, soweit sie die Offiziere, Sanitätsoffiziere, Beamten und die im § 35 bezeichneten Personen betreffen, mit Ausschluß der Vorschriften für Hinterbliebene;

2. das Unfallfürsorgegesetz für Beamte und für Personen des Soldatenstandes vom 18. Juni 1901, soweit es die Offiziere, Sanitätsoffiziere und deren Hinterbliebene betrifft;
3. die Vorschriften des Gesetzes, betreffend die Kaiserlichen Schutztruppen in den afrikanischen Schutzgebieten und die Wehrpflicht daselbst, vom 7./18. Juli 1896, soweit sie die Versorgung der Offiziere und Beamten regeln, mit Ausschluß der Vorschriften für Hinterbliebene.

Urkundlich unter Unserer Höchsteigenhändigen Unterschrift und beigedrucktem Kaiserlichen Insiegel.

Gegeben Berlin im Schloß, den 31. Mai 1906.

(L. S.) **Wilhelm.**

Graf von Posadowsky.

3. Gesetz über die Versorgung der Personen der Unterklassen vom 31. Mai 1906.

Wir Wilhelm,

von Gottes Gnaden Deutscher Kaiser, König von Preußen ꝛc.

verordnen im Namen des Reichs, nach erfolgter Zustimmung des Bundesrats und des Reichstags, was folgt:

Erster Teil.

Reichsheer.

Anspruch auf Rente.

§ 1.[1])

Die zur Klasse der Unteroffiziere und Gemeinen gehörenden Personen des Soldatenstandes haben bei der Entlassung aus dem aktiven Dienste Anspruch auf eine Rente (Militärrente), wenn und solange ihre Erwerbsfähigkeit infolge einer Dienstbeschädigung aufgehoben oder um wenigstens zehn Prozent gemindert ist.[2])[3])[4])

Kapitulanten[5]) mit einer Dienstzeit von mindestens acht Jahren haben bei der Entlassung aus dem aktiven Dienste ohne Nachweis einer Dienstbeschädigung Anspruch auf eine Rente, wenn und solange ihre Erwerbsfähigkeit infolge von Gesundheitsstörungen, die während der Dienstzeit eingetreten sind aufgehoben oder um wenigstens zehn Prozent gemindert ist.[6])[7])

Kapitulanten mit einer Dienstzeit von mindestens achtzehn Jahren haben beim Ausscheiden aus dem Dienste ohne den Nachweis verminderter Erwerbsfähigkeit Anspruch auf eine lebenslängliche Rente; im Falle der Doppelrechnung von Dienstzeit muß deren wirkliche Dauer mindestens zwölf Jahre betragen.[8])

Als Kapitulanten gelten diejenigen Unteroffiziere und Gemeinen, welche sich über die gesetzliche Dienstzeit hinaus[9]) zum aktiven Dienste verpflichtet haben und in dessen Ableistung begriffen sind.[10]) Ferner rechnen zu den Kapitulanten im Sinne dieses Gesetzes die zur Klasse der Unteroffiziere gehörenden Gehaltsempfänger,[11]) mit Einschluß

der im Range der Unteroffiziere stehenden Verwalter bei dem Kadettenkorps.[12][13][14])

1) Zu § 1 enthält die Begründung zum Gesetzesentwurf folgende Ausführungen:

Der § 1 enthält die allgemeinen Voraussetzungen unter denen der Anspruch auf Rente erworben wird. Sie ergeben sich aus folgenden Grundlagen für die Versorgung:

Die Versorgung der Personen des Soldatenstandes im Range vom Feldwebel abwärts ist zurzeit durch das grundlegende Reichsgesetz vom 27. Juni 1871 und durch die ergänzenden Reichsgesetze vom 4. April 1874 22. Mai 1893 14. Januar 1894 22. Mai 1895 und vom 31. Mai 1901 geregelt.

Eine den heutigen Lebens- und Erwerbsverhältnissen Rechnung tragende Versorgung ist jedoch bisher nur für einen Teil der Invaliden durch das Gesetz vom 31. Mai 1901, betreffend die Versorgung der Kriegsinvaliden und der Kriegshinterbliebenen, erreicht worden; die Friedensinvaliden haben eine nennenswerte Besserstellung seit dem Jahre 1871 nicht erfahren. Das Bedürfnis einer anderweiten Regelung des Mannschaftspensionswesens ist allgemein anerkannt.

Daß diese Aufgabe durch ein weiteres Ergänzungsgesetz in befriedigender Weise gelöst werden könnte, erscheint ausgeschlossen. Vielmehr ist die Aufstellung eines neuen grundlegenden Gesetzes notwendig.

Bei der Verschiedenheit der grundsätzlichen Vorbedingungen für die Versorgung der Mannschaften und die Pensionierung der Offiziere ist der Entwurf für erstere getrennt von dem für die Oberklassen aufgestellt; es ist jedoch, soweit Gleichmäßigkeit der Vorschriften möglich ist, solche angestrebt. Anlangend das Pensionssystem und die Höhe der Pensionen so fordert das Gesetz vom 27. Juni 1871 als Bedingung für den Anspruch auf Pension in erster Linie „militärische Dienstunfähigkeit", erst in zweiter Linie tritt als Bedingung „Einschränkung der Erwerbsfähigkeit" hinzu.

Hierdurch ist die Gewährung einer Entschädigung in den Fällen ausgeschlossen, in welchen eine Minderung der Erwerbsfähigkeit eingetreten ist, ohne daß zugleich eine Beschränkung der Dienstfähigkeit besteht. Es bleibt daher der Soldat, dessen Erwerbsfähigkeit gemindert ist, für den ihm daraus entstehenden wirtschaftlichen Schaden ohne Entschädigung, wenn er noch zum Militärdienste völlig tauglich ist. Anderseits kann ein zum Militärdienst untauglicher Soldat eine Versorgung erhalten, ohne in seiner bürgerlichen Erwerbsfähigkeit irgendwie beschränkt zu sein.

Weitere Unzuträglichkeiten entstehen durch das bisherige Gesetz auch insofern, als es die Höhe der Pension in erster Linie von dem Grade der Dienstunfähigkeit abhängig macht und erst bei Ganzinvalidität in zweiter Linie den Grad der Erwerbsunfähigkeit mit berücksichtigt. Hierdurch hat der felddienstunfähige Soldat (Halbinvalide) stets nur auf die niedrigste Pension (5. Klasse) Anspruch, also auch dann, wenn der ihm durch die Verletzung erwachsende wirtschaftliche Schaden ein erheblicher ist.

Ein Übelstand des bisherigen Gesetzes ist ferner, daß für die Bemessung des Grades der Erwerbsunfähigkeit nur drei Stufen — teilweise, größtenteils und gänzlich — festgesetzt sind, so daß es nicht möglich ist, im Einzelfalle den Grad der Erwerbsunfähigkeit zutreffend zu bemessen und eine der tatsächlichen Einbuße an Erwerbsfähigkeit entsprechende Entschädigung zu gewähren.

Schließlich entspricht die Höhe der bisherigen Pensionssätze nicht mehr den heutigen Zeitverhältnissen. Während die Fürsorge für die in ihrem bürgerlichen Berufe beschädigten Arbeiter auf dem Wege der Gesetzgebung durch wesentliche Erhöhung der Abfindungen stetig erweitert worden ist, haben die Pensionssätze der Militärinvaliden des Friedensstandes seit dem Erlasse des Gesetzes vom 27. Juni 1871 eine Erhöhung nicht mehr erfahren, obgleich seit jener Zeit die gesamte Lebenshaltung sich erheblich verteuert hat.

Zur Beseitigung aller dieser Mängel wird in dem Entwurfe vorgeschlagen, daß ein Anspruch auf Entschädigung (Rente) allein durch Verminderung der Erwerbsfähigkeit erwächst.

Der Grundsatz des bisherigen Gesetzes, die Dienstunfähigkeit bei der Pensionsbemessung mit zu berücksichtigen, ist verlassen worden. Dies erschien umsomehr gerechtfertigt, als bereits jetzt schon für die Gewährung der 4. bis 2. Pensionsklasse der Grad der Erwerbsunfähigkeit entscheidend war. Durch das im Entwurfe vorgesehene Verfahren werden die Grundsätze für die Rentengewährung nicht nur vereinfacht, sondern auch gerechter gestaltet.

Die Vollrentensätze entsprechen den bei gänzlicher Erwerbsunfähigkeit zuständigen Pensionssätzen der 2. Klasse des Kriegsinvalidengesetzes vom 31. Mai 1901. Es kann nicht bestritten werden, daß der wirtschaftliche Schaden, welchen ein Soldat durch Schädigungen des Friedensdienstes erleidet, der gleiche ist wie der durch Schädigungen des Kriegsdienstes. Die besondere Entschädigung für die letzteren erfolgt durch die Kriegszulage. Hiernach ist es begründet, die gleichen Pensionssätze der Abfindung sowohl der Friedens- wie der Kriegsinvaliden zugrunde zu legen.

Die bei den Beratungen des Kriegsinvalidengesetzes vom 31. Mai 1901 in Aussicht gestellte Anlehnung des neuen Versorgungsgesetzes an die bürgerlichen Unfallversicherungsgesetze hat sich nur teilweise als durchführbar erwiesen, da die hauptsächlichsten Vorschriften dieser Gesetze auf die eigenartigen Verhältnisse der Armee nicht übertragen werden konnten.

Die bürgerlichen Gesetze machen den Rentenanspruch davon abhängig, daß die Erwerbsbeschränkung durch einen Unfall hervorgerufen ist. Die militärischen Verhältnisse fordern jedoch eine Entschädigungspflicht in allen Fällen der Schädigung durch den militärischen Dienst ohne Rücksicht darauf, ob das Leiden durch einen Unfall hervorgerufen ist oder ob seine Entstehung auf die besonderen Eigentümlichkeiten des Militärdienstes, Witterungseinflüsse, außergewöhnliche Anstrengungen oder Ansteckungen usw. zurückgeführt werden muß.

Die Festsetzungen der Renten schließen sich den bisher gültigen Hauptgrundsätzen an.

Eine Änderung ist insofern vorgenommen, als durch Dienstzeit ein dauernder Anspruch nur noch durch mindestens achtzehnjährige Dienstzeit erworben werden kann.

Die weitgehende Fürsorge des bisherigen Gesetzes, einen dauernden Versorgungsanspruch bereits nach achtjähriger Dienstzeit anzuerkennen, übersteigt erfahrungsgemäß häufig das tatsächliche Bedürfnis. Denn es kommt öfters vor, daß bei den Unteroffizieren, welche nach achtjähriger oder längerer Dienstzeit als Invaliden ausscheiden, später die volle Wiederherstellung der Erwerbsfähigkeit eintritt, so daß sie einer Versorgung nicht mehr benötigen.

Die Doppelrechnung von Dienstzeit ist bei Berechnung der achtzehnjährigen Dienstzeit insofern beschränkt, als die wirkliche Dauer der Dienstzeit mindestens zwölf Jahre betragen muß. Es würde auch hier das Bedürfnis übersteigen, eine erhebliche Rente bereits nach neunjähriger Dienstzeit, wie sie z. B. in den Schutztruppen zurückgelegt werden kann, zu bewilligen.

Für die zum Zeug- und Festungsbaupersonale (Gehaltsempfänger) gehörenden Personen des Soldatenstandes und die Registratoren bei den Generalkommandos sowie die im Range der Unteroffiziere stehenden Verwalter des Kadettenkorps ist die bisherige wahlweise Versorgung nach dem Militärpensionsgesetz oder nach dem Reichsbeamtengesetze, je nachdem die eine oder die andere sich im Einzelfalle günstiger gestaltete, aufgegeben, weil sie vielfache Übelstände und Unsicherheiten im Gefolge hat. Dagegen konnte nunmehr bei der vorgesehenen vorteilhafteren Versorgung der Kapitulanten die gleichmäßige Versorgung dieser Personen nach den für die Kapitulanten maßgebenden Grundsätzen festgesetzt werden (Begr.).

2) „solange ihre Erwerbsfähigkeit aufgehoben oder vermindert ist".

Hiernach kann die Rente auch auf Zeit zugebilligt werden. Ist die Rente infolge Wiedereintritts der Erwerbsfähigkeit erloschen, so lebt der Rentenanspruch ohne Rücksicht auf die seit der Einstellung der Rentenzahlung verflossene Zeit wieder auf, wenn durch das Wiederauftreten des früheren Leidens die Erwerbsfähigkeit von neuem wieder aufgehoben oder vermindert wird.

3) „um wenigstens 10 Prozent".

Eine Beschränkung der Erwerbsfähigkeit unter 10 Prozent pflegt im allgemeinen so gering zu sein, daß sie im wirtschaftlichen Leben nicht zum Ausdruck kommt. Aus diesem Grunde ist eine Versorgung für so geringe Entschädigungen nicht vorgesehen (Begr.).

Von dieser Auffassung geht auch das Reichsversicherungsamt aus. Dasselbe hat wiederholt ausgesprochen, daß in der Regel Renten unter 10 Prozent der Vollrente, insbesondere solche von nur 5 und 7½ Prozent überhaupt nicht gewährt werden sollen, da die Erfahrung lehre, daß Grade der Erwerbsunfähigkeit, welche auf weniger als 10 Prozent geschätzt werden müßten, im wirtschaftlichen Leben als meßbare Schäden nicht zum Ausdruck kommen.

4) In den Fällen des Abs. 1 ist der Nachweis, daß die den Rentenanspruch begründende Erwerbsunfähigkeit durch eine Dienstbeschädigung hervorgerufen wurde, von demjenigen zu erbringen, welcher den Rentenanspruch erhebt.

Bezüglich des Begriffs „Dienstbeschädigung" siehe § 3 des Ges.

Zu den Fällen nach Abs. 1 zählen auch die Rentenansprüche, welche von Angehörigen des Beurlaubtenstandes auf Grund von Gesundheitsstörungen, welche während der Ableistung einer militärischen Übung eingetreten sind, erhoben werden.

5) „Kapitulanten".

Bezüglich der Dauer der Zugehörigkeit der Kapitulanten zum aktiven Heer siehe § 38 Ziff. 2 RMilGes. vom 2. Mai 1784; § 109 Ziff. 2 A b WehrOrdn.

Ehemalige Kapitulanten, welche zu einer militärischen Übung einberufen wurden und einen Rentenanspruch auf Grund einer während der Ableistung der militärischen Übung erlittenen Gesundheitsstörung erheben, fallen unter Abs. 1; die von denselben tatsächlich zurückgelegte Dienstzeit bleibt daher bei Beurteilung des Versorgungsanspruchs ohne Einfluß.

Schiffsjungen, deren Erwerbsfähigkeit durch Krieg oder durch Dienstbeschädigung auf einer Seereise aufgehoben oder gemindert ist, werden wie Gemeine, Nichtkapitulanten, versorgt (§ 52 des Ges.). Dasselbe trifft zu bei Personen der freiwilligen Krankenpflege im Krieg (§ 44 des Ges.).

6) „wenn und solange ihre Erwerbsfähigkeit gemindert oder aufgehoben ist".

Siehe hierüber oben Anm. 2.

Einen Anspruch auf dauernde Versorgung haben nur die Kapitulanten, welche lediglich auf Grund einer 18jährigen aktiven Dienstzeit aus dem Dienste ausscheiden.

7) „ohne Nachweis einer Dienstbeschädigung".

Wenn bei Kapitulanten mit einer Dienstzeit von mindestens 8 Jahren, welche einen Rentenanspruch auch ohne Nachweis einer

Dienstbeschädigung erworben haben, später eine Steigerung der Erwerbsbeschränkung eintritt, so können dieselben eine entsprechende Erhöhung ihrer Rente beanspruchen.

Bei Berechnung der Dienstzeit der Kapitulanten mit einer Dienstzeit von mindestens 8 Jahren kommen die Bestimmungen der §§ 5 bis 8 des Ges. zur Anwendung.

Liegt eine vorsätzliche Gesundheitsschädigung bei Kapitulanten mit einer Dienstzeit von mindestens 8 Jahren vor, so wird ein Versorgungsanspruch nach Abs. 2 dadurch nicht ausgeschlossen; dagegen ist in solchen Fällen die Gewährung einer Verstümmelungszulage (§ 13 des Ges.) ausgeschlossen, weil die Verstümmelungszulage den Nachweis einer Dienstbeschädigung voraussetzt.

8) In den Fällen des Abs. 3 begründet die Tatsache der mindestens 18jährigen Dienstzeit einen dauernden (lebenslänglichen) Versorgungsanspruch; liegt in diesen Fällen noch ein die Erwerbsfähigkeit beschränkendes Leiden vor, so ist der Anspruch auf Versorgung ohne Rücksicht auf die Folgen des Alters zu beurteilen; für die Höhe der Rente ist derjenige Anspruch maßgebend, welcher die höchste Rente begründet. Die nach dem Grade der Erwerbsbeschränkung zustehende Rente muß auch bei Regelung des Rentenbezugs während einer Anstellung im Zivildienst berücksichtigt werden. Eine Doppelrechnung der 18jährigen Dienstzeit darf nur mit der Einschränkung in Abs. 3 Platz greifen.

9) „über die gesetzliche Dienstzeit hinaus“. Bezüglich der gesetzlichen Dienstzeit siehe die §§ 6 ff. WehrOrdn.

10) „und in dessen Ableistung begriffen sind“. Die Kapitulanten gehören vom Beginn bis zum Ablauf oder bis zur Aufhebung der Kapitulation zu den Militärpersonen des Friedensstandes und zum aktiven Heer (§ 38 RMilGes.).

11) Bezüglich der zu der Klasse der Löhnungsempfänger gehörenden Unteroffiziere siehe die BesoldOrdn. IV und für Bayern die BesoldOrdn. C zu dem BesoldGes.

12) Zu den Kapitulanten gehören auch die Militärkrankenwärter, welche sich zum Weiterdienen über die gesetzliche Dienstzeit von 2 Jahren hinaus verpflichten (ABBl. 1902 Nr. 171). Dagegen kommen ehemalige Kapitulanten nicht als Kapitulanten im Sinn des Abs. 4 in Betracht.

Bezüglich der zum Zeug- und Festungsbaupersonal gehörenden Personen des Soldatenstandes, der Registratoren bei Generalkommandos siehe oben Anm. 1.

13) Nach den §§ 49 bezw. 63 dieses Gesetzes finden die Vorschriften des § 1 auch auf die Angehörigen der Unterklassen der Kaiserlichen Marine und der Kaiserlichen Schutztruppen entsprechende Anwendung.

14) Die Rentenansprüche auf Grund des § 1 sind im Zivilrechtsweg verfolgbar.

Fristen.

§ 2.[1])

Der Anspruch auf Rente muß vor der Entlassung[3]) angemeldet werden,[2]) es sei denn, daß der Verlust oder die Minderung der Erwerbsfähigkeit die Folge einer Dienstbeschädigung ist.[4]) In diesem Falle kann der Anspruch angemeldet werden:

1. bei Friedensdienstbeschädigungen bis zum Ablaufe von zwei Jahren nach der Entlassung. Die Dienstbeschädigung muß vor der Entlassung festgestellt worden sein;[5])
2. bei Kriegsverwundungen ohne Zeitbeschränkung;[6]) [7])
3. bei sonstigen Kriegsdienstbeschädigungen bis zum Ablaufe von zehn Jahren nach dem Friedensschlusse. Beim Fehlen eines Friedensschlusses beginnt der Lauf der zehnjährigen Frist mit dem Schlusse des Jahres, in welchem der Krieg beendigt worden ist.

Von den im Abs. 1 Nr. 1, 3 aufgeführten Einschränkungen ist nur dann abzusehen,[8]) wenn der Nachweis erbracht worden ist,[9]) daß die Folgen einer Dienstbeschädigung erst nach der Entlassung bemerkbar geworden sind oder daß der Verletzte von der Anmeldung seines Anspruchs durch außerhalb seines Willens liegende Verhältnisse[10]) abgehalten worden ist. Die Anmeldung des Anspruchs muß jedoch bis zum Ablaufe von drei Monaten[11]) erfolgt sein, nachdem die Folgen der Dienstbeschädigung bemerkbar geworden sind[12]) oder das Hindernis für die Anmeldung weggefallen ist[13]).

1) Zu § 2 enthält die Begründung zum Gesetzesentwurf folgende Ausführungen:

„Die Frist für die Geltendmachung eines Versorgungsanspruchs auf Grund einer Friedensdienstbeschädigung ist dem Bedürfnis entsprechend auf zwei Jahre erweitert. Die Erfahrung hat gelehrt, daß für manche Fälle die bisherige Frist von einem Jahre zu kurz bemessen ist.

Hinsichtlich der Geltendmachung von Versorgungsansprüchen auf Grund von Kriegsdienstbeschädigungen muß, nachdem die Unterscheidung zwischen äußerer und innerer Dienstbeschädigung in dem Entwurfe fortgefallen ist, für alle Beschädigungen die Frist gleichmäßig festgesetzt werden und zwar wird eine solche von zehn Jahren nach den gemachten Erfahrungen als äußerste Grenze erachtet. Die Frist ganz fortfallen zu lassen, kann nicht empfohlen werden, weil nach einer längeren Reihe von Jahren seit dem Eintritte der Beschädigung es erfahrungsmäßig in vielen Fällen nicht mehr möglich ist, festzustellen, daß ein in die Erscheinung getretenes neueres Leiden mit einer solchen Beschädigung ursächlich zusammenhängt.

Im übrigen darf die Annahme der vorgeschlagenen Fristen um so weniger bedenklich erscheinen, als durch die Vorschrift im letzten Absatze die Gewähr geboten wird, daß auch noch nach dem Ablaufe der Frist berechtigte Ansprüche zur Anerkennung gelangen werden.

Bei Verwundungen soll auch fernerhin die Anmeldung von Ansprüchen ohne jede Fristbeschränkung erfolgen können".

2) „muß angemeldet werden".

Ähnliche Bestimmungen sind in § 2 OPG. bezüglich der Anmeldung der Pensionsansprüche der Offiziere getroffen, weshalb auch auf die diesem Paragraph beigefügten Anmerkungen verwiesen wird. Die Fristen des § 2 gelten nur für die erstmalige Anmeldung eines Versorgungsanspruchs. Bezüglich der Fristen für die Weiterverfolgung von Versorgungsansprüchen im Wege der Einspruchserhebung siehe § 29 des Ges.

Maßgebend für den Lauf der Anmeldungsfrist für diese Versorgungsansprüche ist der Tag des Ausscheidens aus der Verpflegung des Truppenteils oder des Lazaretts; die Frist beginnt zu laufen mit dem auf den Ausscheidungstag folgenden Tag; ihre Nichteinhaltung hat den Verlust des Anspruchs zur Folge. Für die Fristberechnung kommen die Bestimmungen der §§ 186 bis 193 BGB. zur Anwendung.

Hinsichtlich des Verfahrens bei Anmeldung solcher Versorgungsansprüche siehe die §§ 27 bis 31 des Ges.

3) „vor der Entlassung".

Bezüglich der Entlassung aus dem aktiven Dienst siehe § 82 WehrOrdn. und die §§ 13, 15 und 17 HeerOrdn.

4) „es sei denn, daß der Verlust oder die Minderung der Erwerbsfähigkeit die Folge einer Dienstbeschädigung ist".

In diesem Fall kann die Anmeldung des Anspruchs nach der Entlassung innerhalb der in Abs. 1 bezeichneten Fristen erfolgen.

Bezüglich des Begriffs der Dienstbeschädigung siehe § 3 des Gesetzes.

5) „Die Dienstbeschädigung muß vor der Entlassung festgestellt worden sein".

Eine Anerkennung des Anspruchs schon vor der Entlassung ist nicht gefordert.

6) „bei Kriegsverwundungen".

Welche militärische Unternehmungen als Krieg anzusehen sind, bestimmt der Kaiser.

Im Falle der gerichtlichen Geltendmachung des Anspruchs wird die Frage, ob eine Dienstbeschädigung als Kriegsverwundung oder sonstige Kriegsdienstbeschädigung anzusehen sei, von der Obersten Militärverwaltungsbehörde des Kontingents in einer die Gerichte bindenden Weise entschieden.

7) „ohne Zeitbeschränkung".

Es ist davon ausgegangen, daß Verwundungen wohl stets ein bleibendes Erinnerungsmal zurücklassen werden und daß die Feststellung der Kriegsverwundungen daher auch in späteren Jahren anstandslos werde erfolgen können.

8) „Von den Einschränkungen ist nur dann abzusehen".

Der Abs. 2 läßt eine Prüfung solcher Versorgungsansprüche zu, welche erst nach Ablauf der in Abs. 1 unter den Ziff. 1 und 3 gestellten Fristen geltend gemacht werden. Vorausgesetzt ist hierbei, daß die Folgen einer Dienstbeschädigung erst nach der Entlassung bemerkbar geworden sind, oder daß der Verletzte durch Umstände der in Abs. 2 bezeichneten Art von der fristgemäßen Anmeldung seines Anspruchs abgehalten wurde.

Aus der Bestimmung „ist abzusehen" folgt, daß die Prüfung nachträglich erfolgen muß.

9) „wenn der Nachweis erbracht worden ist".

Diesen Nachweis hat der Verletzte zu erbringen; als Beweismittel kommen besonders ärztliche Zeugnisse in Betracht. Im übrigen ist der Nachweis an eine bestimmte Form nicht gebunden und kann auf jede Art erbracht werden.

10) „durch außerhalb seines Willens liegende Verhältnisse".

Als solche kommen nur unverschuldete Hindernisse tatsächlicher Natur in Betracht.

11) „Bis zum Ablauf von 3 Monaten".

Die Versäumung dieser Frist schließt jeden Anspruch aus.

12) „nachdem die Folgen der Dienstbeschädigung bemerkbar geworden sind".

Daß hierbei die Anmeldung fristgemäß erfolgt ist, hat der Verletzte nachzuweisen.

13) Nach den §§ 49 und 63 des Ges. findet § 2 auch auf die Angehörigen der Marine und der Schutztruppen entsprechende Anwendung.

Dienstbeschädigung.

§ 3.[1])

Als Dienstbeschädigungen gelten Gesundheitsstörungen, welche infolge einer Dienstverrichtuung oder durch einen Unfall während der Ausübung des Dienstes[2]) eingetreten oder durch die dem Militärdienst eigentümlichen Verhältnisse[3]) verursacht oder verschlimmert sind.

Eine von dem Verletzten vorsätzlich[4]) herbeigeführte Gesundheitsstörung gilt nicht als Dienstbeschädigung.[5])[6])

1) Maßgebend für den Versorgungsanspruch ist allein der Grad der Erwerbsunfähigkeit. Ob die Ursache der Dienstbeschädigung in einer äußeren Verletzung oder in einer inneren Erkrankung liegt, ist gleichgültig.

Zu dem Begriff „Dienstbeschädigung" siehe die Dienstanweisung zur Beurteilung der Militärdienstfähigkeit Ziff. 97 bis 104.

Zu den Dienstbeschädigungen, welche infolge einer Dienstverrichtung eintreten, gehören alle Gesundheitsstörungen, welche nach Zeit und Ort mit einer dienstlichen Veranlassung in ursächlichem Zusammenhang stehen.

2) „durch einen Unfall während der Ausübung des Dienstes".

Der Unfall muß nicht mit dem Dienst zusammenhängen, kann vielmehr auch in einem Ereignis bestehen, welches nicht in der Dienstverrichtung selbst seinen Grund hat. Mißhandlung im Dienst gilt als Dienstbeschädigung.

3) „durch die dem Militärdienst eigentümlichen Verhältnisse".

Hierzu gehören auch die epidemischen und endemischen Krankheiten und schädigende klimatische Einflüsse.

4) „vorsätzlich".

Gesundheitsstörungen, welche auf grobe Fahrlässigkeit des Verletzten zurückzuführen sind, sind als Dienstbeschädigungen ebenfalls nicht anzusehen (Begr.).

Bezüglich des Begriffs „fahrlässig" siehe BGB. § 276.

Bezüglich der Kapitulanten mit einer Dienstzeit von mindestens 8 Jahren siehe oben Anm. 7 zu § 1.

5) Die Bestimmungen in § 3 haben keine rückwirkende Kraft; für die vor dem 1. Juli 1906 aus dem aktiven Dienst entlassenen Militärpersonen gelten daher die Bestimmungen des Ges. von 1871.

6) Die Bestimmungen des § 3 finden auch Anwendung auf die Angehörigen der Marine und der Schutztruppen (§§ 49 und 63 des Ges.).

Erwerbsunfähigkeit.

§ 4.[1])

Bei der Beurteilung des Grades der Erwerbsunfähigkeit ist der von dem Verletzten vor seiner Einstellung in den Militärdienst ausgeübte Beruf[2]) zu berücksichtigen. Hat der Verletzte keinen besonderen Beruf ausgeübt, so erfolgt die Beurteilung nach der allgemeinen Erwerbsfähigkeit.[3])

Der Besitz des Zivilversorgungsscheins[4]) gemäß § 15 oder der Bezug der laufenden Geldentschädigung[5]) (§ 19) oder die Abfindung mit der einmaligen Geldentschädigung für den Zivilversorgungsschein (§ 21) schließt die Berücksichtigung der beruflichen Erwerbsunfähigkeit aus.[6]) Das Gleiche gilt bei dem Besitze des Zivilversorgungsscheins gemäß § 16 oder des Anstellungsscheins (§ 17) mit dem Beginne der Anstellung oder Beschäftigung im Zivildienste (§ 36).[7])

1) Zu § 4 enthält die Begründung zum Gesetzesentwurf folgende Ausführungen:

„Die Beurteilung der Erwerbsunfähigkeit geschieht im Gebiete der Militärpensionsgesetzgebung bisher lediglich unter dem Gesichtspunkt der allgemeinen Erwerbsfähigkeit, eine Berücksichtigung der Erwerbsfähigkeit in dem eine besondere Vorbildung erfordernden Berufe findet dagegen nicht statt. Dies Verfahren führt erfahrungsmäßig dann zu Härten, wenn durch die Verletzung die allgemeine Erwerbsfähigkeit gar nicht oder nur unbedeutend vermindert, dagegen eine erhebliche Beeinträchtigung der beruflichen Erwerbsfähigkeit bewirkt wird. Ein Feinmechaniker oder Uhrmacher z. B., der durch eine unerhebliche Fingerverletzung an der rechten Hand die Fähigkeit verloren hat, die feineren Arbeiten seines Berufs auszuführen, wird dadurch in der Regel eine beträchtliche Schmälerung seines Verdienstes erleiden, unter Umständen sogar zur Aufgabe seines Berufs gezwungen sein; ein gewöhnlicher Arbeiter wird durch die gleiche Verletzung in seiner Erwerbsfähigkeit nicht einmal in geringem Grade gehindert sein.

In derartigen Fällen erfordert es die Billigkeit, vorwiegend die berufliche Erwerbsunfähigkeit zu berücksichtigen. Ganz besonders kommen hier diejenigen Personen in Betracht, welche ihren früheren Beruf im Militärdienste weiter ausüben und dabei zu Schaden kommen. Namentlich im Marinedienst übt eine erhebliche Zahl von Professionisten ihre frühere Berufstätigkeit weiter aus, z. B. Maschinen- und Heizerpersonal, Elektrotechniker, Mechaniker, Segelmacher, Taucher, Böttcher, Zimmerleute, Maler, Mannschaftsköche, Kellner als Stewardsmaate.

Zu einer derartigen besonderen Berücksichtigung liegt aber bei denjenigen Kapitulanten kein Grund mehr vor, welche durch zwölfjährige Dienstzeit in den Besitz des Zivilversorgungsscheins, oder der für diesen Schein gewährten laufenden oder einmaligen Geldentschädigung gelangt sind oder welche durch den Zivilversorgungsschein eine Versorgung im Zivildienst erreicht haben. Dies letztere gilt auch für die Inhaber des Anstellungsscheins.

In welcher Weise der Grad der Erwerbsunfähigkeit zu beurteilen sein wird, darüber sollen allgemeine Grundsätze von der Obersten Militärverwaltungsbehörde aufgestellt werden, damit in dem Bereiche der ganzen Armee eine möglichst gleichmäßige Beurteilung stattfindet. Diese Grundsätze werden sich an den Gebrauch im Bereiche der bürgerlichen Unfallversicherung anschließen".

2) „der ausgeübte Beruf".

Hat der Verletzte vor seiner Einstellung zum aktiven Dienst seinen Beruf mehrfach gewechselt, so ist nach Entscheidungen des Reichsversicherungsamtes der letzte Beruf nicht allein für die Bemessung der Versorgung ausschlaggebend, da derjenige, welcher in mehreren Berufen Erfahrungen und Fähigkeiten gesammelt hat, wirtschaftlich besser dasteht, als andere Personen, welchen die vielfache Ausbildung abgeht (Amtl. Nachrichten, RVA. 1891 S. 277).

Der Beruf des einzelnen aktiv Dienenden ist in den Truppenstammrollen vorzumerken.

3) Bezüglich der Feststellung des Grades der Erwerbsunfähigkeit siehe § 28 des Ges.

Bezüglich der Grundsätze für die Beurteilung der Erwerbsunfähigkeit siehe die Ziff. 116 bis 129 der Anweisung für die Beurteilung der Militärdienstfähigkeit.

Die Feststellung des Grads der Erwerbsunfähigkeit erfolgt durch die Militärbehörde in erster Linie auf der Grundlage der militärärztlichen Gutachten.

Als erwerbfähig gelten alle Personen, welche in ihrer Erwerbsfähigkeit um weniger als 10 Prozent beschränkt sind. Das Zusammenwirken mehrerer gleichzeitig vorhandener geringfügiger Gesundheitsstörungen, deren jede einzelne eine Erwerbsbeeinträchtigung von mindestens 10 Prozent nicht begründet, bedingt dann Versorgungsberechtigung, wenn durch die Gesamtheit jener Gesundheitsstörungen die Erwerbsfähigkeit um wenigstens 10 Prozent vermindert wird, vorausgesetzt, daß die Gesundheitsstörungen überhaupt gesetzlich bei der Abschätzung des Grades der Erwerbsbeeinträchtigung zu berücksichtigen sind (Ziff. 120 der Anweisung).

4) „der Besitz des Zivilversorgungsscheins".

Ein Anspruch auf den Zivilversorgungsschein ist nur den Kapitulanten eingeräumt, da die Aussicht auf Erlangung einer Anstellung im Zivildienst den Hauptanreiz zur Kapitulation bildet, und da dieses Mittel als sehr wesentliches zur Gewinnung eines ausreichenden und geeigneten Unteroffiziersersatzes in Betracht kommt.

5) „oder der Bezug der laufenden Geldentschädigung".

Die Gewährung einer Geldentschädigung für Nichtbenützung des Zivilversorgungsscheins kommt nur noch für Kapitulanten in Frage, welche den Schein durch mindestens 12 jährige aktive Dienstzeit erlangt haben.

6) „schließt die Berücksichtigung der beruflichen Erwerbsunfähigkeit aus".

Mit Rücksicht darauf, daß die Kapitulanten ihren früheren Beruf aufgegeben und den Militärberuf gewählt haben, liegt kein Grund mehr vor, bei der Beurteilung der Erwerbsbeschränkung den früheren Beruf zu berücksichtigen; in diesen Fällen handelt es sich nur um die Berücksichtigung der allgemeinen Erwerbsfähigkeit. Haben dagegen Kapitulanten wegen körperlicher Gebrechen vor Beendigung der zwölfjährigen Dienstzeit aus dem aktiven Militärdienst auszuscheiden (§ 16 des Ges.), so ist deren berufliche Erwerbsbeschränkung bis zu dem Zeitpunkt zu berücksichtigen, zu welchen sie eine Anstellung oder Beschäftigung im Zivildienst gefunden haben.

7) Nach den §§ 49 und 63 des Ges. findet § 4 auch Anwendung auf die Angehörigen der Marine und der Schutztruppen.

Berechnung der Dienstzeit.

§ 5.[1]

Die Dienstzeit wird vom Tage des Eintritts in den aktiven Militärdienst bis zum Ablaufe des Tages gerechnet, an welchem die Entlassung erfolgt.

Mit Genehmigung der obersten Militärverwaltungsbehörde des Kontingents[2]) kann auch die Zeit angerechnet werden,[3]) welche im Militärdienst eines dem Reiche nicht angehörenden Staates zugebracht ist.

Die Dienstzeit vor dem Beginne des achtzehnten Lebensjahres wird nicht angerechnet,[4]) nur im Kriegsfalle wird die Dienstzeit vom Beginne des Krieges, beim Eintritt in den Militärdienst während des Krieges vom Tage des Eintritts ab gerechnet.

Als Kriegszeit gilt die Zeit vom Tage der Mobilmachung, auf welche ein Krieg folgt, bis zum Tage der Demobilmachung.[5])[6])

1) Entscheidend für die Berechnung der Dienstzeit ist im allgemeinen der Tag des wirklichen Eintritts in den aktiven Militär-

dienst. Durch Urlaubszeiten wird die aktive Dienstzeit nicht unterbrochen. Als aktive Dienstzeit gilt auch der Dienst in einer Unteroffizierschule und als Arbeitssoldat.

2) „Mit Genehmigung der Obersten Militärverwaltungsbehörde"

d. h. der Kriegsministerien in Preußen, Bayern und Württemberg, für die Marine des Reichsmarineamts und für die Kaiserlichen Schutztruppen des Reichskolonialamts.

3) „kann auch die Zeit angerechnet werden".

Die Entscheidungen erfolgen von Fall zu Fall.

4) „Die Zeit vor Beginn des achtzehnten Lebensjahrs wird nicht angerechnet".

Diese Bestimmung ist getroffen worden zwecks Herbeiführung einer Gleichmäßigkeit mit der Vorschrift bezüglich der Angehörigen der Marine in § 53 des Ges., nach welcher die Dienstzeit vor Beginn des 18. Lebensjahrs nicht für die Dauer des Aufenthalts an Bord, sondern vom Tag der Einschiffung an Bord ab zu rechnen ist (Begr.).

5) Ist bei einer als Krieg anzusehenden militärischen Unternehmung eine Mobilmachung und Demobilmachung nicht erfolgt, so würde im Sinn des Abs. 4 als Mobilmachungstag der Tag des Beginns und als Demobilmachungstag der Tag der Beendigung der kriegerischen Unternehmungen anzusehen sein (Begr.).

Welche Zeit als Kriegszeit zu rechnen ist, wenn keine Mobilmachung oder Demobilmachung stattgefunden hat, bestimmt der Kaiser.

6) Über die richtige Berechnung der Dienstzeit ist der Rechtsweg zulässig.

§ 6.[1]

Für jeden Krieg, an welchem ein Unteroffizier oder Gemeiner im Reichsheere teilgenommen hat,[2] wird zu der wirklichen Dauer der Dienstzeit ein Jahr (Kriegsjahr) hinzugerechnet; jedoch ist für mehrere in ein Kalenderjahr fallende Kriege die Anrechnung nur eines Kriegsjahrs zulässig.

Unteroffizieren und Gemeinen, die sich in außereuropäischen Ländern[3]) mindestens ein Jahr ohne Unterbrechung dienstlich[4]) aufgehalten haben, wird die dort zugebrachte Dienstzeit doppelt gerechnet, falls eine solche Doppelrechnung den Beamten des Auswärtigen Amtes bewilligt ist. Ausgenommen von dieser Doppelrechnung ist die in solche Jahre fallende Dienstzeit, welche bereits als Kriegsjahre zu erhöhtem Ansatze kommen.[5])

1) Der § 6 findet seine Ergänzung in § 7.

2) „teilgenommen hat".

Für die Teilnahme wird nicht gefordert, daß der Einzelne wirklich vor den Feind gekommen ist.

3) „welche sich in außereuropäischen Ländern aufgehalten haben".

Als solche Fälle wurden in der Kommission bezeichnet: Bau von Militärbahnen in den Schutzgebieten unter Verwendung von Soldaten, welche den Schutztruppen nicht angehören, Verwendung bei der Schutzwache in Peking, Verwendung als Bursche eines Militärbevollmächtigten.|

4) „welche sich dienstlich aufgehalten haben."

Hierdurch soll besonders betont werden, daß eine Doppelrechnung nicht eintritt, wenn es sich im einzelnen Fall um einen außerdienstlichen Aufenthalt in außereuropäischen Ländern handelt.

5) Bezüglich der Doppelrechnung für Angehörige der Marine und der Schutztruppen siehe die §§ 54 und 65 des Ges.

§ 7.

Der Kaiser bestimmt, wer als Teilnehmer an einem Kriege anzusehen ist, unter welchen Voraussetzungen bei Kriegen von längerer Dauer mehrere Kriegsjahre anzurechnen sind und ob denjenigen Unteroffizieren und Gemeinen Kriegsjahre anzurechnen sind, welche auf Befehl einem Kriege ausländischer Truppen beigewohnt haben; ferner welche militärische Unternehmung als ein Krieg im Sinne dieses Gesetzes anzusehen und welche Zeit als Kriegszeit zu rechnen ist, wenn keine Mobilmachung oder Demobilmachung stattgefunden hat. Für die Vergangenheit bewendet es bei den getroffenen Bestimmungen.

§ 8.

Von der Anrechnung als Dienstzeit ist die Zeit einer Freiheitsstrafe von mindestens einjähriger Dauer sowie die Zeit einer Kriegsgefangenschaft ausgeschlossen.

Unter besonderen Umständen kann die Zeit der Freiheitsstrafe mit Genehmigung des Kontingentsherrn, die Zeit der Kriegsgefangenschaft mit Genehmigung des Kaisers angerechnet werden.

Der § 8 trifft dieselben Bestimmungen, wie § 18 des OPG., weshalb auf die Anmerkungen zu diesem Paragraphen verwiesen wird.

Betrag der Rente.

§ 9.

Die Rente beträgt jährlich für die Dauer völliger Erwerbsunfähigkeit[1)][2)] für:

Feldwebel	900	Mark (Vollrente),
Sergeanten	720	" "
Unteroffiziere	600	" "
Gemeine	540	" "

Für den Anspruch ist der Dienstgrad maßgebend, dessen Gebührnisse der Versorgungsberechtigte zuletzt bezogen hat.[3)]

Die Rente beträgt für die Dauer teilweiser Erwerbsunfähigkeit denjenigen in Hundertsteln auszudrückenden Teil der Vollrente,[4)] welcher dem Maße der Einbuße an Erwerbsfähigkeit entspricht (Teilrente).[4)]

1) „für die Dauer völliger Erwerbsunfähigkeit".

Bezüglich der Feststellung der Erwerbsunfähigkeit siehe oben Anm. 3 zu § 4.

Völlige Erwerbsunfähigkeit liegt vor bei Personen,

a) welche auch nach Abschluß der ärztlichen Behandlung um mehr als 90 % in ihrer Erwerbsfähigkeit beeinträchtigt oder überhaupt zu jeder Arbeit unfähig sind;

b) bei denen mit der Wiederaufnahme der Erwerbstätigkeit auch bei Beobachtung der erforderlichen Vorsicht unmittelbar Gefahr für den Körperzustand oder eine Verschlimmerung des Leidens zu gewärtigen ist;

c) welche geisteskrank sind und dabei ständiger Beaufsichtigung bedürfen. Durch Verstümmelung infolge Verlusts usw. von Gliedmaßen wird die Erwerbsfähigkeit nicht ohne weiteres völlig aufgehoben, wohl aber durch die Notwendigkeit fremder Pflege und Wartung. Bei Feststellung des Grades der Erwerbsunfähigkeit ist die Wirkung künstlicher Hilfsmittel mit in Betracht zu ziehen.

Teilweise Erwerbsunfähigkeit liegt bei Personen vor, die in ihrer Erwerbsfähigkeit um 10 bis 90 % beeinträchtigt sind. Zu vgl. die Ziff. 121 bis 124 der Anweisung für die Beurteilung der Militärdienstfähigkeit.

2) Die Grundlagen für die Beurteilung der Erwerbsunfähigkeit bilden in erster Linie die militärärztlichen Gutachten. Hierbei steht es dem Verletzten frei, weitere Beweismittel beizubringen.

3) „für den Anspruch ist der Dienstgrad maßgebend, dessen Gebührnisse der Versorgungsberechtigte zuletzt bezogen hat"

Hierbei begründet es keinen Unterschied, ob die Versorgungsberechtigung auf Grund von Dienstbeschädigung, oder nach achtjähriger Dienstzeit infolge einer Gesundheitsstörung während der Dienstzeit oder auf Grund mindestens achtzehnjähriger Dienstzeit eingetreten ist.

Einem mit der Entfernung aus dem Heere bestraften Unteroffizier ist bei begründetem Versorgungsanspruche die Rente desjenigen Dienstgrads zuzugestehen, dessen Gebührnisse er vor seiner Bestrafung zuletzt bezogen hat.

4) „Vollrente, Teilrente".

Die Vollrente entspricht der völligen, die Teilrente der teilweisen Erwerbsunfähigkeit.

Die Vollrente ist nach Dienstgraden fixiert, bezüglich der Bemessung der Teilrente trifft Abs. 3 Bestimmungen.

§ 10.

Die Vollrente erhöht sich für diejenigen Personen, welche im Etat als pensionsfähig bezeichnete Löhnungszuschüsse [1] [2]) oder Zulagen beziehen, um 75/100 der zuletzt bezogenen Löhnungszuschüsse oder Zulagen.

Für die zur Klasse der Unteroffiziere gehörenden Gehaltsempfänger, [3]) mit Einschluß der im Range der Unteroffiziere stehenden Verwalter bei dem Kadettenkorps, beträgt die Vollrente 75/100 des nach Maßgabe der Vorschriften des Gesetzes über die Rechtsverhältnisse der Reichsbeamten vom 31. März 1873 festzustellenden pensionsfähigen Diensteinkommens. [4]) Ist die Vollrente für Löhnungsempfänger desselben Dienstgrads höher, so wird diese gewährt. [5])

1) Nach der Begründung zum Gesetzesentwurf werden die Löhnungszuschüsse der Stabshoboisten, Stabshornisten und Stabstrompeter sowie die Dienstzulagen der zur Klasse der Unteroffiziere gehörenden Registratoren schon jetzt der Bemessung der Pension zugrunde gelegt. Bei Festsetzung der Vollrenten dieser Personen müssen die genannten Gebührnisse daher mitberücksichtigt werden (Begr.).

2) Bei Bemessung der Rente dürfen die Löhnungszuschüsse nur dann berücksichtigt werden, wenn sie tatsächlich bezogen worden sind.

3) Bezüglich der zur Klasse der Unteroffiziere gehörenden Gehaltsempfänger siehe oben Anm. 1 zu § 24 des BesoldGes. und die BesoldOrd. IV für Bayern die BesoldOrd. C.,

4) Bezüglich des pensionsfähigen Diensteinkommens der Reichsbeamten siehe § 42 RBGes., oben S. 290.

5) Nicht zu den Personen der Unterklassen des Soldatenstandes im Sinne dieses Ges. gehören die Deckoffiziere (§ 50 des Ges.) Bei den Schutztruppen ist die Bezeichnung „Deckoffiziere" in Wegfall gekommen.

Schiffsjungen, deren Erwerbsfähigkeit durch Krieg oder durch Dienstbeschädigung auf einer Seereise aufgehoben oder gemindert ist, werden wie Gemeine (Nichtkapitulanten) versorgt (§ 52 des Ges.).

§ 11.[1][2]

Die Rente beträgt für Kapitulanten bei vollendeter achtzehnjähriger Dienstzeit (§ 1), unbeschadet des auf Grund der §§ 9, 10 etwa zustehenden höheren Anspruchs, 50/100 der Vollrente und steigt mit jedem weiteren Dienstjahr um 3/100 der Vollrente bis auf ihren vollen Betrag.[3]

1) Zu § 10 enthält die Begründung des Gesetzesentwurfs folgende Ausführungen:

„Den Kapitulanten, welche 18 Jahre und länger im Militärdienste verblieben sind, gelingt es wegen ihres vorgeschrittenen Lebensalters meist nicht mehr, Unterkommen im Zivildienst und dadurch eine gesicherte Lebensstellung zu finden. Aber auch diejenigen, welche noch eine Beamtenstelle erlangen, bleiben in ihrem Diensteinkommen wesentlich hinter den gleichaltrigen ehemaligen Kameraden zurück, welche mehrere Jahre früher aus dem Militärdienst in eine solche übergetreten sind. Meist erreichen sie nicht mehr das Höchstgehalt ihrer Stelle und infolgedessen auch nicht die Höchstpension.

Es besteht daher das Bedürfnis, diese Unteroffiziere, die ihre Kräfte solange Jahre dem aufreibenden Militärdienste gewidmet haben, ausreichend zu entschädigen und die Rente höher zu bemessen, als die nach dem bisherigen Gesetze gewährte Pension.

Bei Bewilligung von 50/100 der Vollrente nach vollendetem 18. Dienstjahr und Steigerung dieser Rente um 3/100 der Vollrente für jedes weitere Dienstjahr wird die letztere mit 35 Dienstjahren erreicht."

2) Bezüglich der Doppelrechnung von Dienstzeit siehe oben § 1 Abs. 3.

3) Der Anspruch auf Rente wird in diesem Fall lediglich durch die Dauer der Dienstzeit begründet. Besteht neben der Dienstzeit noch Erwerbsunfähigkeit und begründet dieselbe eine die Dienst-

zeitrente übersteigende Rente, so kommt die Rente für Erwerbsunfähigkeit zur Verwilligung. Während aber der Anspruch auf Dienstzeitrente ein dauernder, lebenslänglicher ist, ist der Anspruch auf die Erwerbsunfähigkeitsrente ein zeitiger.

§ 12.

Die Rente ist in Monatsbeträgen zuzuerkennen.[1])[2]) Die Monatsbeträge sind auf volle fünf Pfennig nach oben abzurunden.

1) Bezüglich der Vorauszahlung der Monatsbeiträge siehe § 32 des Ges.

2) Bezüglich der Feststellung und Anweisung der Versorgungsgebührnisse siehe § 27 des Ges.

Verstümmelungszulage.

§ 13.[1])[2])

Unteroffiziere und Gemeine, die durch Dienstbeschädigung in der nachstehenden Weise an der Gesundheit schwer geschädigt worden sind, haben für die Dauer dieses Zustandes neben dem Anspruch auf Rente Anspruch auf Verstümmelungszulage.

Die Verstümmelungszulage beträgt bei dem Verlust einer Hand, eines Fußes,[3]) der Sprache, des Gehörs auf beiden Ohren monatlich je 27 Mark und bei Verlust oder Erblindung beider Augen[4]) monatlich je 54 Mark.

Die Verstümmelungszulage von je 27 Mark kann ferner bewilligt werden bei Störung der Bewegungs- und Gebrauchsfähigkeit einer Hand, eines Armes, eines Fußes oder eines Beines,[5]) wenn die Störung so hochgradig ist, daß sie dem Verluste des Gliedes gleich zu achten ist, bei Verlust oder Erblindung eines Auges im Falle nicht völliger Gebrauchsfähigkeit des anderen Auges, bei anderen schweren Gesundheitsstörungen, wenn sie fremde Pflege und Wartung nötig machen.

Wird durch eine der vorstehend angegebenen Gesundheitsschädigungen schweres Siechtum verursacht in dem Grade, daß der Verletzte dauernd an das Krankenlager gefesselt ist, oder besteht die Gesundheitsschädigung in Geisteskrankheit, so kann die einfache Verstümmelungszulage bis zum Betrage von 54 Mark monatlich erhöht werden.[6])

Die Verstümmelungszulage ist kein Bezug im Sinne des § 48 Abs. 1 Nr. 2 des Invalidenversicherungsgesetzes vom 13. Juli 1899.[7])[8])[9])

1) Der § 11 OPG. enthält ähnliche Bestimmungen bezüglich der Verstümmelungszulagen für Offiziere. Zu vgl. daher auch die Anmerkungen zu diesen Bestimmungen.

Die in der Verstümmelungszulage liegende besondere Entschädigung für solche Invaliden, welche durch Verwundung oder Schädigungen aller Art im Kriege oder Frieden so schwer betroffen sind, daß sie des Gebrauchs einzelner Körperteile beraubt oder besonderer Pflege bedürftig sind, ist der Militärpensionsgesetzgebung seit mehreren Gesetzesperioden eigen.

Nachdem das Kriegsinvalidengesetz vom 31. Mai 1901 diese besondere Abfindung unter Erhöhung der Sätze und neben den gleichfalls erhöhten Pensionen beibehalten hat, mußten diese höheren Sätze der Verstümmelungszulage auch in den Entwurf übernommen werden, da es keineswegs gerechtfertigt erscheint, einen Unterschied zwischen Kriegs- oder Friedensverstümmelung zu machen.

Der bisherige Grundsatz, daß die als einfach verstümmelt anerkannten Invaliden stets als gänzlich erwerbsunfähig anzusehen sind, ist verlassen worden. Dies erschien jedoch nur neben der Erhöhung des Betrags der Verstümmelungszulage möglich, da die Beibehaltung dieser Zulage in der bisherigen Höhe oder das gänzliche Fallenlassen derselben zu einer Schlechterstellung der Verstümmelten führen würde.

Gleichzeitig ist durch den Entwurf die bisher vorhandene Härte beseitigt worden, daß der pflegebedürftige Invalide geringere Bezüge erhielt als der einfach verstümmelte Invalide (Begr.).

2) Die Verstümmelungszulage setzt Dienstbeschädigung und Erwerbsunfähigkeitsrente voraus; ihre Verwilligung ist an keine Frist gebunden. Soll die Verstümmelungszulage neben eine Dienstzeitrente gewährt werden (§ 1 Abs. 2 und 3 des Ges.), so muß letztere höher sein als die Dienstunfähigkeitsrente, welche die Voraussetzung für die Gewährung der Verstümmelungszulage gebildet hat. Ausgeschlossen ist die Gewährung einer Verstümmelungszulage neben einer bedingten Rente im Sinne des § 25 des Ges. Der Anspruch auf eine Verstümmelungszulage ist im Rechtsweg verfolgbar. Ihrer Höhe nach ist die Zulage auf bestimmte Beträge fixiert je nach der Art der Gesundheitsschädigung.

Bezüglich des Begriffs „Verstümmelung" siehe die Ziff. 131 bis 144 der Anweisung für die Beurteilung der Militärdienstfähigkeit.

Unterschieden wird zwischen der einfachen und der erhöhten Verstümmelungszulage. Eine Erhöhung bis zum doppelten Betrage der einfachen Zulage kann eintreten, wenn durch eine der in Abs. 2 und 3 des § 13 genannten Gesundheitsstörungen ein schweres Siechtum verursacht wird, welches den Verletzten dauernd an das Krankenlager fesselt (Siechtumszulage bei Siechtumspflegebedürfnis), oder wenn die Gesundheitsstörung in Geisteskrankheit besteht, welche Anstaltspflege oder besondere Beaufsichtigung erforderlich macht.

3) „bei dem Verlust einer Hand, eines Fußes". Der Verlust eines oder mehrerer Finger, oder einer oder mehrerer Zehen ist nicht als Verstümmelung im Sinn dieses Gesetzes anzusehen.

4) „bei Verlust oder Erblindung beider Augen". Verstümmelung bei Erblindung eines Auges liegt in der Regel erst dann vor, wenn die Sehleistung auch des anderen Auges nur die Hälfte der normalen oder weniger beträgt, oder wenn andere Zustände, auch nervöser Art, die Gebrauchsfähigkeit des nicht erblindeten Auges nachweisbar dauernd und erheblich beeinträchtigen.

5) „bei Störung der Bewegungs- und Gebrauchsfähigkeit einer Hand usw."

d. h., wenn der Gebrauch der Hand usw. infolge von Lähmung, Gelenksteifigkeit usw. in so hohem Grad beschränkt ist, daß dem Kranken aus dem Vorhandensein des Glieds kein Nutzen mehr erwächst.

6) „kann erhöht werden".

Ein Anspruch auf eine solche Erhöhung besteht nicht; die Erhöhung kann auch unterhalb des doppelten Betrags der Verstümmelungszulage erfolgen.

7) „ist kein Bezug im Sinn des § 48 Abs. 1 Ziff. 2 InvalidenVersGes."

d. h., die Verwilligung der Verstümmelungszulage bewirkt keine Kürzung einer bisher bezogenen Invalidenrente.

8) Die Verstümmelungszulage und ihre Erhöhung ist steuer- und pfändungsfrei (§ 40 des Ges.).

9) Nach den §§ 49 und 63 dieses Ges. findet § 13 auch Anwendung auf die Angehörigen der Marine und der Schutztruppen.

Kriegszulage.

§ 14.

Unteroffiziere und Gemeine, deren Erwerbsfähigkeit infolge einer durch den Krieg herbeigeführten Dienstbeschädigung aufgehoben oder gemindert ist, haben neben

dem Anspruch auf Rente Anspruch auf eine Kriegszulage. Diese beträgt monatlich 15 Mark.[1)][2)]

Auf die Gewährung der Kriegszulage finden die Vorschriften des § 2 entsprechende Anwendung.

Die Kriegszulage ist kein Bezug im Sinne des § 48 Abs. 1 Nr. 2 des Invalidenversicherungsgesetzes vom 13. Juli 1899.[3)]

1) „durch den Krieg".

In Betracht kommen auch Dienstbeschädigungen, welche aus Anlaß eines Kriegs, z. B. durch Märsche, Gefangenenbewachung usw. erlitten werden. Die Beurteilung der Frage, ob eine Dienstbeschädigung als durch den Krieg veranlaßt anzusehen ist, kommt endgültig der Obersten Militärverwaltungsbehörde zu.

Bezüglich der Feststellung der Kriegsdienstbeschädigungen siehe die Ziff. 150 bis 154 der Anweisung für die Beurteilung der Militärdienstfähigkeit.

2) Die Kriegszulage setzt den Bezug einer Rente auf Grund einer Dienstbeschädigung voraus; sie ist steuer- und pfändungsfrei (§ 40 des Ges.) und für alle Kriegsinvaliden auf den monatlichen Betrag von 15 Mark festgesetzt.

3) Die Vorschriften des § 14 finden auch Anwendung auf die Angehörigen der Marine und der Schutztruppen (§§ 49 und 63 des Gesetzes).

Zivilversorgung.

§ 15.

Kapitulanten[1)] erwerben durch zwölfjährige Dienstzeit[2)] den Anspruch auf den Zivilversorgungsschein, wenn sie zum Beamten würdig und brauchbar erscheinen.[3)][4)]

Eine Hinzurechnung von Kriegsjahren und eine Doppelrechnung von Dienstzeit (§ 6) findet hierbei nicht statt.[5)][6)]

1) Einen Anspruch auf Verleihung eines Zivilversorgungsscheins haben nur die Kapitulanten.

2) „erwerben durch zwölfjährige Dienstzeit".

Der Erwerb erfolgt mit dem Tage der Zurücklegung der zwölfjährigen Dienstzeit.

3) „wenn sie zum Beamten würdig erscheinen.

Die Beurteilung der Würdigkeit zum Beamten kommt in erster Stelle den Generalkommandos zu, in letzter Stelle und endgültig den Obersten Militärverwaltungsbehörden gemäß § 43 Ziff. 3 des Gesetzes.

Bezüglich der Beurteilung der Brauchbarkeit zum Beamten kommt allein der Körperzustand, also nicht die geistige Befähigung in Betracht.

4) Bezüglich der Bewilligung einer Geldentschädigung für den Fall der Versagung des Zivilversorgungsscheins siehe § 19 des Ges.

5) Bezüglich der Personen, welche als Kapitulanten anzusehen sind, siehe § 1 Abs. 4 und bezüglich der Angehörigen der Marine § 51 Abs. 1 des Ges.

6) „Eine Hinzurechnung von Kriegsjahren usw. findet nicht statt".

Eine solche Hinzurechnung hätte zur wesentlichen Benachteiligung der Kapitulanten des Reichsheeres gegenüber denjenigen der Marine und Schutztruppen geführt. Auch die Dienstzeit vor dem Beginn des 18. Lebensjahrs wird bei der Berechnung der zwölfjährigen nur im Kriegsfall berücksichtigt (§ 5 Abs. 3 des Ges.).

§ 16.

Kapitulanten mit kürzerer als zwölfjähriger Dienstzeit, die wegen körperlicher Gebrechen im aktiven Dienste[2]) nicht mehr verwendet werden können[3]) und deshalb von der Militärbehörde entlassen werden, haben Anspruch[1]) auf den Zivilversorgungsschein, wenn sie zum Beamten würdig und brauchbar erscheinen.[4])[5])

1) „haben Anspruch".

Dieser Anspruch besteht auch, wenn ein Anspruch auf eine Rente nicht besteht.

2) „im aktiven Dienst".

Auch der Garnisondienst kommt in Betracht.

3) „nicht mehr verwendet werden können".

Ein Anspruch auf einen Zivilversorgungsschein besteht demnach nicht bei einem freiwilligen Ausscheiden vor zurückgelegter zwölfjähriger Dienstzeit, z. B. zwecks Eintritts in die Schutzmannschaft.

4) Die Ausstellung des Zivilversorgungsscheins erfolgt durch die Generalkommandos.

5) Bezüglich des Erlöschens eines Zivilversorgungsscheins siehe § 34 des Ges.

§ 17.

Den nicht zu den Kapitulanten gehörenden Unteroffizieren und Gemeinen kann auf ihren Antrag[3]) neben der Rente[1]) ein Anstellungsschein für den Unterbeamtendienst

verliehen werden, wenn[2]) sie zum Beamten würdig und brauchbar erscheinen.[3])

1) „neben der Rente".

Die Ausstellung eines Anstellungsscheins setzt den zeitigen oder dauernden Bezug einer Rente wegen Dienstbeschädigung voraus. Nach Wegfall der Rente wegen Wiedereintritts der Erwerbsfähigkeit kann die Entziehung des Anstellungsscheins nicht eintreten (§ 31 des Ges.).

2) „kann verliehen werden".

Ein Rechtsanspruch auf Verleihung eines Anstellungsscheins besteht nicht.

3) „auf ihren Antrag".

Für die Antragsstellung ist weder eine Form, noch eine Frist vorgeschrieben.

§ 18.

Die mittleren Kanzlei- und Unterbeamtenstellen bei den Reichs-, Staats- und Kommunalbehörden,[1]) bei den Versicherungsanstalten für die Invalidenversicherung sowie bei den ständischen oder solchen Instituten, welche ganz oder zum Teil aus Mitteln des Reichs, Staates oder der Gemeinden unterhalten werden, jedoch mit Ausschluß des Forstdienstes, sollen nach Maßgabe der vom Bundesrate[2]) festzusetzenden allgemeinen Grundsätze vorzugsweise mit Inhabern des Zivilversorgungsscheins (Militäranwärter)[3]) und Inhabern des Anstellungsscheins[3]) besetzt[4]) werden.

Diese Grundsätze sind dem Reichstage zur Kenntnisnahme vorzulegen.

1) „Kommunalbehörden".

Zu diesen gehören die Gemeinde-, Kreis- und Provinzialbehörden.

2) Bezüglich der vom Bundesrat erlassenen Anstellungsgrundsätze siehe ArmeeVBl. 1907 Nr. 269.

3) „Militäranwärter".

Als solche kommen nur die Inhaber von Zivilversorgungsscheinen in Betracht; dieselben haben sich um die einzelnen Stellen zu bewerben; die Bewerbungen sind, solange eine Zivilversorgung nicht gefunden ist, alljährlich auf 1. Dezember zu wiederholen. Nicht zu den Militäranwärtern gehören die Inhaber eines Anstellungsscheins.

4) Nach den §§ 49 und 63 des Ges. finden die Bestimmungen der §§ 15 bis 18 auch Anwendung auf die Angehörigen der Marine und der Schutztruppen.

§ 19.

Die im § 15 bezeichneten Kapitulanten[1]), denen der Zivilversorgungsschein wegen mangelnder Brauchbarkeit zum Beamten nicht erteilt wird, erhalten[2]) bei der Entlassung aus dem aktiven Dienste eine laufende Geldentschädigung (Zivilversorgungsentschädigung) von 12 Mark monatlich.

Wird ihnen der Anspruch auf den Zivilversorgungsschein wegen mangelnder Würdigkeit zum Beamten[3]) nicht zuerkannt, so kann die Zivilversorgungsentschädigung bewilligt werden, sofern sie nicht durch ihr Verhalten einen Mangel an ehrliebender Gesinnung[4]) bekundet haben.

1) Die Gewährung einer Geldentschädigung im Sinn des § 19 kommt nur bei Kapitulanten in Frage, welche den Zivilversorgungsschein durch mindstens zwölfjährige Dienstzeit erdient haben, denselben aber nicht ausgestellt erhalten wegen mangelnder Brauchbarkeit zum Beamten.

2) „erhalten".

Es handelt sich um einen im Rechtsweg verfolgbaren Anspruch.

3) „wegen mangelnder Würdigkeit zum Beamten".

Der Mangel der Würdigkeit gründet sich in diesen Fällen nicht auf ein Verhalten, welches die Ehre des Kapitulanten zu schädigen geeignet ist, sondern auf mangelhafte dienstliche Führung, nicht vorwurfsfreien Lebenswandel, erlittene geringere Bestrafungen usw. Ist jedoch der Zivilversorgungsschein wegen Mangels an ehrliebender Gesinnung versagt worden, so soll auch die Zivilversorgungsentschädigung versagt werden (Begr.).

4) „einen Mangel an ehrliebender Gesinnung".

Ob ein solcher Mangel gegeben sei, ist von Fall zu Fall zu entscheiden; zur Entscheidung berufen ist die Militärbehörde, welche über die Erteilung des Zivilversorgungsscheins zu erkennen hat; diese Behörden sind für das Reichsheer das Generalkommando, für die Marine die Stationskommandos und für die Schutztruppen das Kommando der Schutztruppen im Reichskolonialamt.

Entscheidung im Rechtswege ist ausgeschlossen.

§ 20.

Die im § 15 bezeichneten Kapitulanten können bei der Entlassung und bis zum Ablaufe von vier Jahren[1]) nach der Entlassung aus dem aktiven Militärdienst an Stelle des Scheines die Zivilversorgungsentschädigung von 12 Mark monatlich wählen, sofern sie nicht in einer Stelle des Zivildienstes (§ 36) schon endgültig angestellt worden sind.[2]) Eine spätere Wahl der Zivilversorgungsentschädigung ist zulässig, sofern der Kapitulant wegen Unbrauchbarkeit aus dem Zivildienst ohne Zivilpension ausgeschieden ist.

Die einmalige Wiederwahl des Zivilversorgungsscheins ist zulässig.[3])

Das Wahlrecht erlischt mit dem Verluste der Würdigkeit zum Beamten.[4])[5])[6])

1) „bis zum Ablauf von 4 Jahren".
Die vierjährige Frist beginnt mit dem auf das Ausscheiden aus der Verpflegung des Truppenteils oder des Lazaretts folgenden Tage an.

2) „sofern sie nicht schon im Zivildienst endgültig angestellt worden sind".
Durch die endgültige Anstellung im Zivildienst wird die Wahl der Zivilversorgungsentschädigung ausgeschlossen.

3) „die einmalige Wiederwahl ist zulässig".
Eine Frist für diese Wiederwahl ist nicht gesetzt.

4) Durch die Vorschrift im letzten Absatz soll verhindert werden, daß Inhaber des Zivilversorgungsscheins, welche zum Beamten unwürdig geworden sind, sodaß sie keine Aussicht haben von einer Anstellungsbehörde angenommen zu werden, alsdann noch in den Genuß der Zivilversorgungsentschädigung gelangen (Begr.).

5) Die Zivilversorgungsentschädigung ist gemäß § 40 des Gsetzes unpfändbar nicht aber steuer- und abgabenfrei.

6) Bezüglich des Ruhens der Zivilversorgungsentschädigung siehe den § 37 des Ges.

§ 21.[1])

Den im § 15 bezeichneten Kapitulanten, welche auf den Zivilversorgungsschein oder auf die Zivilversorgungsentschädigung Anspruch haben, kann bei der Entlassung und bis zum Ablauf eines Jahres nach der Entlassung aus dem aktiven Militärdienst auf ihren Antrag, gegen Verzicht auf den Schein und auf die Zivilversorgungsentschädigung, durch die oberste Militärverwaltungsbehörde des Kontingents eine einmalige Geldabfindung von 1500 Mark bewilligt werden, wenn sie für eine nützliche Verwendung des Geldes Gewähr bieten.[2])

Soweit die Zivilversorgungsentschädigung schon bezogen ist, sind die gezahlten Beträge auf die einmalige Abfindung anzurechnen.[3])

1) Die einmalige Geldabfindung von 1500 Mark soll denjenigen Kapitulanten zum besseren Fortkommen im bürgerlichen Leben gewährt werden können, welche genötigt sind oder für die es vorteilhafter ist, auf die Zivilversorgung zu verzichten. Die Bewilligung soll nur erfolgen dürfen, wenn der Kapitulant in seiner Persönlichkeit für eine nützliche Verwendung des Kapitals die Gewähr bietet.

Ein Anspruch auf diese Bewilligung soll nicht eingeräumt werden.

Für die Höhe der einmaligen Geldabfindung ist maßgebend gewesen einerseits, daß es sich nicht empfiehlt, die Kapitulanten zu veranlassen, allein aus dem Grunde auf eine sichere Zivilversorgung zu verzichten, um in den Besitz des Kapitals zu gelangen und anderseits, daß letzteres zusammen mit der Dienstprämie von 1000 Mark doch ausreichend sein muß zur Begründung eines kleinen kaufmännischen Geschäfts, einer kleinen Landwirtschaft oder sonst zur Erlangung einer gesicherten Lebenshaltung (Begr.).

2) „wenn sie — Gewähr bieten".

Hierfür muß der Charakter und die bisherige Führung des Kapitulanten, sowie die beabsichtigte Verwendung des Geldes Anhaltspunkte ergeben. Als nützliche Verwendung ist auch die Anlegung in zinstragenden Werten anzusehen. Die Bewilligung der Geldabfindung an Kapitulanten ist aus dem Militärpaß zu ersehen.

3) „sind anzurechnen".

Die Höhe der Abzüge von den fälligen Gebührnissen ist nach Lage der Verhältnisse des Betreffenden festzusetzen.

§ 22.[1])

Kapitulanten, welche die einmalige Geldabfindung gemäß § 21 erhalten haben, sind zur Rückzahlung des Betrags verpflichtet, wenn sie in einer Stelle des Zivildienstes (§ 36) angestellt oder ohne Unterbrechung länger als sechs Monate beschäftigt werden.[2])[3])

Ein Anspruch auf Aushändigung des Zivilversorgungsscheins entsteht erst nach völliger Rückzahlung der einmaligen Geldentschädigung.

1) Durch diese Vorschrift soll etwaigen Umgehungen des Gesetzes vorgebeugt werden. Sie ist erforderlich, weil andernfalls die Kapitulanten, welche die einmalige Geldabfindung erhalten haben, gegen-

über den Inhabern des Zivilversorgungsscheins und den Empfängern der Zivilversorgungsentschädigung eine unberechtigte Bevorzugung erfahren würden (Begr.).

2) Die Wiedereinziehung der Geldabfindung ist durch die Pensionsregelungsbehörde zu veranlassen.

3) Bezüglich der Pfändbarkeit der Geldabfindung siehe § 40 des Ges.

§ 23.

Den im Zivilstaatsdienste sowie im Kommunal- und Institutendienst usw. angestellten Militäranwärtern und forstversorgungsberechtigten Personen des Jägerkorps wird die Militärdienstzeit bei Ermittelung der Pension als pensionsfähige Dienstzeit nach Maßgabe des Reichsbeamtengesetzes oder doch mindestens soweit angerechnet, als die Zivildienstzeit nach den Vorschriften des Landesrechts angerechnet wird.[1][2])

Landersechtliche Vorschriften, welche hinsichtlich der Anrechnung der Militärdienstzeit günstiger sind, bleiben unberührt.

1) Bezüglich der Ausnahme für Bayern siehe § 76 Abs. 2 des Ges. Diese Ausnahme ist beseitigt durch das bayer. BeamtGes. vom 16. August 1908 (GVBl. S. 581 ff.).

2) Durch die Novelle zum RBGes. vom 17. Mai 1907 wurde ein Teil der Pensionierungsvorschriften des RBGes. vom 31. März 1873 abgeändert. Auf Grund des Art. 3 Abs. 2 der Novelle vom 17. Mai 1907 haben die neuen Vorschriften des RBGes. zur Anwendung zu kommen.

Hiernach bleibt die Dienstzeit vor Beginn des 18. Lebensjahrs außer Berechnung; nur im Kriegsfalle wird die Militärdienstzeit vom Beginn des Krieges, beim Eintritt in den Militärdienst während des Krieges vom Tag des Eintritts ab gerechnet.

Bezüglich der Anrechnung der Militärdienstzeit bei Militäranwärtern siehe die §§ 7, 8 und 40 BesGes. vom 15. Juli 1909, und die Ziff. 14 bis 20 der GehVorschr.

Bedingte Rente und Rentenzuschüsse.

§ 24.[1][2])

Den im § 16 bezeichneten Kapitulanten, welche mit dem Zivilversorgungsschein entlassen werden,[3]) aber nicht alsbald im Zivildienst (§ 36) Anstellung oder Beschäftigung finden, kann im Falle des Bedürfnisses eine Rente oder, falls sie eine solche beziehen, ein Rentenzuschuß zur bis Erreichung der Vollrente ihres Dienstgrads (§ 9 Abs. 1)[5])[6]) gewährt werden,[4]) jedoch längstens auf die Dauer eines Jahres von der Entlassung ab.

1) Durch diese Vorschrift soll der wirtschaftlichen Notlage abgeholfen werden, in die erfahrungsmäßig diejenigen Kapitulanten häufig geraten, welche vor Erreichung der 12 jährigen Dienstzeit wegen körperlicher Gebrechen mit dem Zivilversorgungsschein ausscheiden, aber nicht sofort Unterkommen im Zivildienste finden. Durch die Gewährung einer Rente oder eines Zuschusses längstens auf die Dauer eines Jahres von der Entlassung ab wird dem Bedürfnisse hinreichend Rechnung getragen sein (Begr.).

2) Die bedingte Rente oder der Rentenzuschuß kommt nur bei Kapitulanten mit weniger als zwölfjähriger Dienstzeit in Betracht. Die Kapitulanten mit zwölfjähriger und längerer Dienstzeit erhalten bei ihrem Ausscheiden aus dem Militärdienste die Dienstprämie von 1000 Mark, außerdem können dieselben zur Aufsuchung einer Zivilstelle mit Löhnungs- usw. Gebührnissen beurlaubt oder kommandiert werden.

3) „welche mit dem Zivilversorgungsschein entlassen werden".

Diejenigen Kapitulanten, welche nach § 16 des Ges. ohne Zivilversorgungsschein entlassen werden, kommen daher für die bedingte Rente oder für den Rentenzuschuß nicht in Betracht; es kann in den letzteren Fällen der Zuschuß aber dann später noch gewährt werden, wenn sie den Zivilversorgungsschein nach eingetretener Brauchbarkeit erhalten.

4) „kann gewährt werden".

Ein Rechtsanspruch ist nicht eingeräumt.

5) „im Falle eines Bedürfnisses".

Bedürftigkeit im eigentlichen Sinn bildet nicht die Voraussetzung. Die bedingte Rente oder der Rentenzuschuß ist zur Unterstützung derjenigen Kapitulanten bestimmt, welche nach ihrer Entlassung aus dem aktiven Militärdienst nicht alsbald eine Anstellung oder Beschäftigung zu finden vermögen und infolge Fehlens eines anderen Lebensunterhalts ohne diese Zuwendung in eine wirtschaftliche Notlage geraten würden.

6) „bis zur Erreichung der Vollrente ihres Dienstgrads".

Eine etwa gewährte Kriegszulage ist daher auf den Rentenzuschuß anzurechnen.

§ 25.

Unteroffizieren und Gemeinen, die wegen körperlicher Gebrechen aus dem aktiven Dienste entlassen werden und auf Rente keinen Anspruch haben,[1]) kann eine solche im Falle dringender Bedürftigkeit[2]) vorübergehend bis zum Betrage von $^{50}/_{100}$ der Vollrente ihres Dienstgrads (§ 9 Abs. 1) gewährt werden.

Die erstmalige Gewährung ist nur bis zum Ablaufe von zwei Jahren nach der Entlassung zulässig.[3])

1) „und auf Rente keinen Anspruch haben".

Dies trifft zu, wenn das körperliche Gebrechen, welches Veranlassung zum Ausscheiden aus dem aktiven Dienste gibt, nicht auf eine Dienstbeschädigung zurückzuführen ist.

Für diejenigen Unteroffiziere und Gemeinen, welche mit erheblich geminderter Erwerbsfähigkeit aus dem Dienste entlassen werden, ist es erfahrungsmäßig mit Schwierigkeit verknüpft, im bürgerlichen Leben wieder Arbeit und Erwerb zu finden. Haben sie auf Rente keinen Anspruch und stehen ihnen Privatmittel nicht zur Verfügung, so fehlt ihnen häufig das Nötigste zum Lebensunterhalte.

In derartigen Fällen soll die Vorschrift die Möglichkeit gewähren, eine dem Grade der Hilfsbedürftigkeit angemessene Rente vorübergehend bewilligen zu können, wie solches schon nach den bisherigen gesetzlichen Vorschriften geschieht (Begr.).

2) „im Falle dringender Bedürftigkeit".

Bei der Beurteilung der Frage, ob eine solche Bedürftigkeit im einzelnen Fall gegeben sei, kommen sowohl der Grad der Erwerbsunfähigkeit des Entlassenen, als auch dessen allgemeine bürgerlichen Verhältnisse in Betracht. Da diese Verhältnisse einer periodischen Prüfung bedürfen, haben diese Verwilligungen nur vorübergehend, also auf Zeit zu erfolgen und es ist vor der Weiterbewilligung jeweilig erneut in die Prüfung der Bedürfnisfrage einzutreten.

3) „ist nur bis zum Ablauf von 2 Jahren zulässig".

Ein Gesuch um erstmalige Bewilligung der Rente muß also vor Ablauf von 2 Jahren gestellt werden. Es können übrigens die Gebührnisse gemäß den §§ 24 und 25 des Ges. auch ohne Antrag des aus dem aktiven Dienst Entlassenen dann gewährt werden, wenn die sonstigen Voraussetzungen erfüllt sind. Ein Rechtsanspruch auf die Rente nach § 25 ist nicht eingeräumt.

Alterszulage.

§ 26.[1])

Erreicht das jährliche Gesamteinkommen eines Empfängers der Kriegszulage (§ 14) nicht 600 Mark,[2]) so kann ihm vom ersten Tage des Monats ab, in welchem er das fünfundfünfzigste Lebensjahr vollendet, eine Zulage (Alterszulage) bis zur Erreichung dieses Betrages gewährt werden. Die Zulage kann bereits früher gewährt werden,[3]) wenn dauernde völlige Erwerbsunfähigkeit festgestellt worden ist.[4])

Die Alterszulage ist kein Bezug im Sinne des § 48 Abs. 1 Nr. 2 des Invalidenversicherungsgesetzes vom 13. Juli 1899.[5])[6])

1) Die fakultative Gewährung der Alterszulage ist vorgesehen im Hinblick auf mehrfache Unzuträglichkeiten, welche infolge der bisher obligatorischen Gewährung zutage getreten sind.

Unter Gesamteinkommen soll jede Art von Einkommen des Rentenberechtigten verstanden sein, ohne Rücksicht auf die Quelle aus der es fließt (Begr.).

2) „Erreicht des Gesamteinkommen nicht 600 Mark".

Daß das Gesamteinkommen diese Höhe nicht erreicht, hat der um eine Alterszulage Nachsuchende darzutun. Überschreitet das Gesamteinkommen während des Bezugs der Alterszulage die gesetzlich festgesetzte Grenze, so sind auch die Voraussetzung für den Bezug der Alterszulage nicht mehr gegeben.

Zufällige Schwankungen haben indessen außer Betracht zu bleiben. Anlaß zur Entziehung der Zulage ist erst bei einer nachhaltigen Überschreitung der gesetzlichen Grenze gegeben.

Darüber, ob die Voraussetzungen für die Bewilligung der Alterszulage noch vorliegen, sind alljährlich Ermittlungen anzustellen.

Bezüglich der Wirksamkeit eines auf eine Minderung oder Entziehung der Alterszulage gehenden Bescheids siehe § 32 Abs. 4 des Ges.

3) „die Zulage kann bereits früher gewährt werden"

d. h. ohne Rücksicht auf das Lebensalter.

4) „wenn dauernde völlige Erwerbsunfähigkeit festgestellt worden ist".

Bezüglich der völligen Erwerbsunfähigkeit siehe Ziff. 122 der Anweisung für die Beurteilung der Militärdienstfähigkeit.

5) Siehe hierzu Anm. 7 zu § 13 des Ges.

6) Nach den §§ 49 und 63 des Ges. findet § 26 auch Anwendung auf die Angehörigen der Marine und der Schutztruppen.

Eine besondere Vorschrift für die Marine siehe in § 59 des Ges.

Verfahren.

§ 27.

Die Feststellung und Anweisung der Versorgungsgebührnisse[1]) erfolgt durch die oberste Militärverwaltungsbehörde des Kontingents; diese kann ihre Befugnisse auf andere Behörden übertragen, wenn sie ihr nicht durch dieses Gesetz ausdrücklich vorbehalten sind.[2])

1) „der Versorgungsgebührnisse".

Als solche kommen neben den im Gesetz enthaltenen Geldzuweisungen auch der Zivilversorgungsschein und der Anstellungsschein in Betracht. Für das Verfahren sind die näheren Vorschriften für das preußische Heer, für Bayern, Sachsen und für die Marine durch die Pensionierungsvorschrift für das preußische Heer gegeben.

2) „durch die Oberste Militärverwaltungsbehörde des Kontingents".

Oberste Militärverwaltungsbehörden des Kontingents sind die Kriegsministerien von Preußen, Bayern, Sachsen und Württemberg, das Reichsmarineamt und das Reichskolonialamt.

Als Oberste Militärverwaltungsbehörden sind für das Reichsheer die Generalkommandos, für die Marine die Stationskommandos, für die Schutztruppen das Kommando der Schutztruppen beim Reichskolonialamt beauftragt.

§ 28.

Der Grad der Erwerbsunfähigkeit (§ 4) wird sowohl für sich, als in seinem ursächlichen Zusammenhange mit einer erlittenen Dienstbeschädigung durch die dazu verordneten Militärbehörden festgestellt.[1]) Dem Verletzten steht es frei, Beweismittel beizubringen.[2])

Die auf Grund der Feststellungen getroffene Entscheidung ist dem Verletzten schriftlich mitzuteilen.

1) Bezüglich der Feststellung des Grads der Erwerbsunfähigkeit siehe oben Anm. 3 zu § 4.

2) „Dem Verletzten steht es frei, Beweismittel beizubringen".

Als solche Beweismittel kommen besonders in Betracht Zeugnisse der behandelnden Ärzte, der Anstellungsbehörden oder Arbeitgeber über die Art der Beschäftigung.

Im Fall der Transportunfähigkeit des zu Untersuchenden kann die Untersuchung in seiner Wohnung veranlaßt werden (Ziff. 58 PensVorschr.).

Bezüglich der Prüfung der Versorgungsansprüche der im Ausland lebenden Unteroffiziere und Mannschaften siehe die Ziff. 71 der Pensionsvorschriften.

§ 29.

Gegen die Entscheidung einer niederen Behörde kann bei der nächsthöheren zuständigen Behörde, an letzter Stelle bei der obersten Militärverwaltungsbehörde des Kontingents, Einspruch eingelegt werden.

Für das geschäftliche Verfahren sind die von der obersten Militärverwaltungsbehörde des Kontingents zu erlassenden Vorschriften maßgebend.[1])

Der Einspruch muß bis zum Ablaufe von drei Monaten nach Zustellung der Vorentscheidung eingelegt werden.[2])

Die Form der Zustellung bestimmt die oberste Militärverwaltungsbehörde des Kontingents.

Jede Entscheidung muß die Bezeichnung der für den Einspruch zuständigen Behörde sowie die Belehrung über die einzuhaltende Frist enthalten.

1) Maßgebend sind die Bestimmungen der PensVorschr. Vgl. insbesondere die Ziff. 42, 98 und 100.

2) „bis zum Ablauf von 3 Monaten". Zu vgl. hierzu die §§ 186 bis 193 BGB. Bei der Berechnung der Einspruchsfrist wird der Tag der Zustellung nicht gerechnet.

§ 30.[1])

Die Versorgungsgebührnisse werden auf Antrag oder von Amts wegen anders festgesetzt oder entzogen, wenn in den Verhältnissen, welche für die Bewilligung maßgebend gewesen sind, eine wesentliche Veränderung eintritt.[2])

Die Prüfung von Anträgen auf andere Festsetzung der Versorgungsgebührnisse findet alljährlich nur einmal statt.[3]) Die Militärbehörde kann bei Anmeldung eines höheren Anspruchs sowie in den Fällen der §§ 24, 25 von dieser Einschränkung absehen.

1) Zu § 30 enthält die Begründung des Gesetzesentwurfes folgende Ausführungen:

„Wenn in den Verhältnissen, insbesondere in dem Körperzustande, von welchem die Versorgungsberechnung oder die Höhe der zuerkannten Versorgungsgebührnisse abhängt, eine wesentliche Änderung eintritt, muß sowohl dem Versorgungsberechtigten wie der Militärverwaltung die Möglichkeit der Aufnahme eines erneuten Prüfungsverfahrens gegeben werden, damit die Versorgungsgebührnisse in ihrer Höhe und Art jederzeit dem tatsächlich bestehenden Grade der Beschränkung der Erwerbsfähigkeit entsprechen.

Für die Aufrechterhaltung eines geregelten Dienstbetriebs bei den mit der Prüfung der Versorgungsansprüche beauftragten Militärbehörden mußte eine Vorschrift dahin getroffen werden, daß die Prüfung solcher Gesuche von den Behörden alljährlich nur einmal vorzunehmen ist. Eine Abweichung hiervon wird wie bisher in besonderen Fällen eintreten können".

2) „wenn eine wesentliche Veränderung eintritt".

Als wesentliche Veränderungen gelten nur Änderungen im Grade der Erwerbsunfähigkeit von 10 % und darüber.

Zu vgl. hierzu die Ziff. 344 bis 350 der Anweisung für die Beurteilung der Militärdienstfähigkeit.

3) „Die Prüfung von Anträgen findet alljährlich nur einmal statt".

Zu vgl. hierzu die Ziff. 60 und 79 der PensVorschr.

§ 31.

Die Versorgungsgebührnisse werden von Amts wegen anders festgesetzt oder entzogen, sobald erwiesen ist, daß die Voraussetzungen, unter denen sie bewilligt worden waren, den tatsächlichen Verhältnissen nicht entsprochen haben. Die Vorschriften über die Anfechtung gerichtlicher Urteile bleiben unbreührt.[1])[2])

1) Es kommen erfahrungsmäßig Fälle vor, in denen es Militärpersonen gelingt, die Vorgesetzten und den untersuchenden Arzt über ihren Körperzustand zu täuschen und auf diese Weise unberechtigt in den Genuß einer zu hohen Versorgung oder überhaupt zu einer Versorgung zu gelangen. Es muß ferner mit dem Falle gerechnet werden, daß die Bewilligung der Gebührnisse durch einen Irrtum oder ein Versehen der Militärbehörde nicht den gesetzlichen Vorschriften gemäß stattgefunden hat.

Für derartige Fälle soll die Vorschrift der Militärverwaltung die Handhabe geben, die zuerkannten Versorgungsgebührnisse anderweit festsetzen bezw. entziehen zu können (Begr.).

2) Nach den §§ 49 und 63 des Ges. finden die in den §§ 27 bis 31 gegebenen Vorschriften auch auf die Angehörigen der Marine und der Schutztruppen entsprechende Anwendung.

Zahlung der Versorgungsgebührnisse.

§ 32.[1])

Die Versorgungsgebührnisse werden monatlich im voraus gezahlt.[2])

Die Zahlung beginnt, wenn der Anspruch vor der Entlassung aus dem Dienste angemeldet worden ist, mit dem ersten Tage des auf die Entlassung folgenden Monats und bei den Empfängern von Gnadengehalt mit dessen Wegfall.

Ist der Anspruch erst nach der Entlassung aus dem Dienste angemeldet worden, so beginnt die Zahlung mit dem Monat, in welchem die Bedingungen für die Gewährung der Versorgungsgebührnisse erfüllt sind, frühestens mit dem Monat, in welchem die Anmeldung erfolgt ist.[3]) Das Gleiche gilt bei Anmeldung eines höheren Anspruchs.

Eine Minderung oder Entziehung der Versorgungsgebührnisse (§ 30) tritt mit dem Ablaufe des Monats in Wirksamkeit, in welchem der die Veränderung aussprechende Bescheid zugestellt worden ist.[4])[5])[6])

1) Die Vorschriften entsprechen im wesentlichen den bisherigen Festsetzungen, jedoch mit der Änderung, daß, wenn der Versorgungsanspruch nach der Entlassung aus dem Dienste geltend gemacht wird, die Gebührnisse nicht erst vom ersten des auf die Anmeldung des Anspruchs folgenden Monats, sondern schon vom ersten des Monats gezahlt werden sollen, in welchem die Anmeldung des Anspruchs erfolgt ist. Das Gleiche gilt bei der Anmeldung eines höheren Anspruchs. Dieses Verfahren wird den Verhältnissen besser gerecht.

Da die Renten monatlich im voraus gezahlt werden, so kann die Herabsetzung oder Einstellung der Zahlung von Versorgungsgebührnissen nur mit dem Ablaufe des Monats eintreten, in welchem der entsprechende Bescheid zugestellt worden ist. Dieses Verfahren beseitigt auch die überall schwer empfundenen wirtschaftlichen Nachteile der Rückzahlung einmal empfangener Beträge; es soll sich jedoch nicht auf diejenigen Fälle des § 31 erstrecken, in denen von einer Rückzahlung zu Unrecht erhobener Beträge nicht abgesehen werden kann (Begr.).

2) Als Versorgungsgebührnisse, welche monatlich im voraus gezahlt werden, kommen in Betracht die Rente, die bedingte Rente, der Rentenzuschuß, die Verstümmelungs- und Kriegszulage. die laufende Geldentschädigung, die Alterszulage und die Beihilfe nach § 46 des Ges.

Bezüglich der Zuerkennung der Rente siehe § 12, bezüglich der bedingten Rente und des Rentenzuschusses die §§ 24 und 25, bezüglich der Verstümmelungs- und Kriegszulage die §§ 13 und 14, bezüglich der laufenden Geldentschädigung die §§ 19 und 20, bezüglich der laufenden Geldentschädigung die §§ 19 und 20, bezüglich der Alterszulage § 26 des Ges.

Die Alterszulage und die Beihilfe gemäß § 46 des Ges. werden nicht auf volle 5 Pfennig abgerundet, sondern genau in dem zur Erreichung des jährlichen Einkommens erforderlichen Betrage festgesetzt.

Die Versorgungsgebührnisse für Hinterbliebene gemäß § 39 des Ges. (Gnadenvierteljahr) werden zum voraus in Einer Summe bezahlt.

3) „frühestens mit dem Monat, in welchem die Anmeldung erfolgt ist".

Dieser Fall tritt ein, wenn durch ärztliche Untersuchung festgestellt wird, daß der Körperzustand, welcher einen Anspruch auf Rente begründet, schon bei der Anmeldung des Anspruchs bestanden hat.

4) Gegenüber einem eine Minderung oder Entziehung der Versorgungsgebührnisse aussprechenden Bescheid kann der Rechtsweg nicht beschritten werden.

5) Bezüglich der Verjährung der Ansprüche auf rückständige Pensionen siehe die §§ 197, 198, 201 und 208 bis 210 BGB.

6) Bezüglich der Erhebung der Versorgungsgebührnisse durch im Ausland sich aufhaltende Invaliden und Rentenempfänger siehe die Ziff. 9 der AusfBest. des Bundesrats zum Gesetz vom 31. Mai 1906 und vom 19. Juni 1906.

Erlöschen und Ruhen des Rechtes auf den Bezug der Versorgungsgebührnisse.

§ 33.[1])

Das Recht auf den Bezug der Versorgungsgebührnisse erlischt:[2])

1. mit dem Wiedereintritt in den aktiven Militärdienst;[3])

2. durch rechtskräftige Verurteilung zu Zuchthausstrafe wegen Hochverrats, Landesverrats, Kriegsverrats oder wegen Verrats militärischer Geheimnisse.[4][5])

Das Recht auf den Bezug der Zivilversorgungsentschädigung erlischt außerdem in den Fällen des § 34.

1) Nach § 33 Nr. 1 sollen die Versorgungsgebührnisse bei dem Wiedereintritt in den aktiven Militärdienst nicht ruhen, sondern erlöschen, weil in diesem Falle der Grund für eine Versorgung nicht mehr besteht.

2) Der § 22 des OPG. trifft bezüglich des Erlöschens des Rechts der Offiziere auf den Bezug der Pensionsgebührnisse ähnliche, bezw. gleiche Bestimmungen, weshalb auch auf Anmerkungen zu diesem Paragraphen hingewiesen wird.

3) Der Zivilversorgungsschein (§ 15 des Ges.) verbleibt auch beim weiteren Verbleiben des Inhabers nach Vollendung einer zwölfjährigen Dienstzeit im aktiven Dienst in dessen Händen und erlischt daher im Falle des Wiedereintritts in den aktiven Dienst nicht. Dies gilt aber nicht bei dem gemäß § 16 erhaltenen Zivilversorgungsschein und dem Anstellungsschein nach § 17 des Ges.

4) Bezüglich der Mitteilung der Verurteilungen an die Pensionsregelungsbehörde siehe die Ziff. 4 der AusfBest. des Bundesrats vom 19. Juni 1906.

5) Bezüglich des Zeitpunkts des Erlöschens der Versorgungsgebührnisse siehe § 38 Abs. 1 des Ges.

§ 34.

Der Zivilversorgungsschein[1]) erlischt, sobald der Inhaber aus dem Zivildienste (§ 36) mit einer Pension in den Ruhestand tritt. Er ist verwirkt, wenn gegen den Inhaber rechtskräftig auf eine Strafe erkannt worden ist, welche die dauernde Unfähigkeit zur Bekleidung öffentlicher Ämter von Rechts wegen zur Folge hat.

Das Gleiche gilt von dem Anstellungsscheine.[2])[3])

1) Dasselbe gilt bezüglich des Anstellungsscheins nach § 17 und der Zivilversorgungsentschädigung nach § 19 des Ges.

2) Bezüglich der Verwirkung des Zivilversorgungsscheins und des Anstellungsscheins infolge Aberkennung der Befähigung zur Bekleidung öffentlicher Ämter siehe auch § 26 der Grundsätze für die Besetzung der mittleren Kanzlei- und Unterbeamtenstellen bei den Reichs- und Staatsbehörden vom 20. Juni 1907.

3) Nach den §§ 49 und 63 des Ges. gelten die Bestimmungen in den §§ 33 bis 38 auch entsprechend für die Angehörigen der Marine und der Schutztruppen.

§ 35.

Das Recht auf den Bezug der Versorgungsgebührnisse ruht:[1])

1. solange der Versorgungsberechtigte nicht Reichsangehöriger ist;
2. wenn gegen den Versorgungsberechtigten wegen Hochverrats, Landesverrats, Kriegsverrats oder wegen Verrats militärischer Geheimnisse vor einem Zivilgerichte die öffentliche Klage erhoben oder im militärgerichtlichen Verfahren die Einleitung der Strafverfolgung angeordnet worden ist, solange der Versorgungsberechtigte sich im Ausland aufhält oder sein Aufenthalt unbekannt ist.[2]) Die einbehaltenen Gebührnisse werden ausgezahlt, wenn der Versorgungsberechtigte rechtskräftig freigesprochen oder zu geringerer als Zuchthausstrafe verurteilt worden ist oder wenn dem strafgerichtlichen Verfahren wegen unzureichender Verdachtsgründe oder wegen mangelnder Strafbarkeit keine weitere Folge gegeben wird.[3])

1) Der § 23 OPG. trifft bezüglich des Ruhens des Rechts auf den Bezug der Pensionsgebührnisse der Offiziere usw. dieselben Bestimmungen, weshalb auf die Anmerkungen zu diesem Paragraphen hingewiesen wird.

2) „solange der Versorgungsberechtigte sich im Ausland aufhält, oder sein Aufenthalt unbekannt ist".

Die Ausbezahlung der Gebührnisse an den Berechtigten muß erfolgen, wenn diese Voraussetzungen nicht zutreffen.

3) Bezüglich der Benachrichtigung der Pensionsregelungsbehörde siehe oben Anm. 4 zu § 33 des Ges.

§ 36.

Das Recht auf den Bezug der Rente (§§ 9 bis 11) und der Gebührnisse aus den §§ 24, 25 ruht:[1])

1. solange der Rentenberechtigte sich in einem Invalideninstitut[2]) oder in einer militärischen Kranken-, Heil- oder Pflegeanstalt befindet.

   Bei dem Aufenthalt in einer Kranken-, Heil- oder Pflegeanstalt[3]) ist denjenigen Rentenberechtigten, welche die Ernährer von Familien sind, die Rente nach Bedürfnis ganz oder[4]) zum Teil zur Bestreitung des Unterhalts ihrer Familie zu gewähren;

2. bei vorübergehender Heranziehung zum aktiven Militärdienst[5]) in Höhe des gewährten Diensteinkommens;

3. während einer Anstellung oder Beschäftigung im Zivildienste[6]) nach Maßgabe folgender Vorschriften:

   a) es ruhen alle unter $^{21}/_{100}$ der Vollrente zu erkannten Rententeile;

   b) von höheren Renten ruhen außerdem alle $^{60}/_{100}$ der Vollrente übersteigenden Rententeile;

   c) Renten, die Kapitulanten lediglich auf Grund des § 1 Abs. 3 zuerkannt worden sind, ruhen, soweit als Zivildiensteinkommen und nach § 9 bemessene Rente zusammen den jährlichen Betrag von 2000 Mark übersteigen. Rententeile, die sich aus der Erhöhung der Vollrente gemäß §§ 10, 56 ergeben, bleiben hierbei außer Ansatz und ruhen nur nach der Vorschrift unter b;

4. neben dem Bezug einer im Zivildienst[6]) erdienten Pension, soweit als Zivilpension und zuerkannte Rente zusammen den in der zuletzt bekleideten Stelle erreichbaren Höchstpensionsbetrag[7]) oder, wenn es für den Pensionär günstiger ist, soweit als die tatsächlich erdiente Zivilpension und die nach Nr. 3b nicht ruhenden Rententeile zusammen den Betrag von 2000 Mark übersteigen. Der an den Pensionär nicht zu zahlende Rentenbetrag wird dem Zivilpensionsfonds erstattet.

Als Zivildienst[6]) gilt jede Anstellung[8]) oder Beschäftigung als Beamter oder in der Eigenschaft eines Beamten im Reichs-, Staats- oder Kommunaldienste, bei den Versicherungsanstalten für die Invalidenversicherung, bei ständischen oder solchen Instituten, welche ganz oder zum Teil aus Mitteln des Reichs, Staates oder der Gemeinden unterhalten werden, oder in solchen zu den vorbezeichneten nicht gehörenden Zivilstellen, welche ganz oder zum Teil den Militäranwärtern und den Inhabern des Anstellungsscheins vorbehalten sind, wenn und solange der Angestellte oder Beschäftigte durch diesen Dienst ein Einkommen bezieht.[9])

Bei Berechnung des Zivildiensteinkommens sind diejenigen Beträge, welche für die Bestreitung eines Dienstaufwandes[10]) sowie zur Entschädigung für außergewöhnliche Teuerungsverhältnisse[11]) gewährt werden, nicht in Ansatz zu bringen; die Dienstwohnung ist mit dem pensionsfähigen oder sonst hierfür festgesetzten Werte, der Wohnungsgeldzuschuß[12]) oder eine dementsprechende Zulage mit dem pensionsfähigen Betrag oder, sofern er nicht pensionsfähig ist, mit dem Durchschnittssatz anzurechnen. Ist der wirkliche Betrag des Wohnungsgeldzuschusses oder der Zulage jedoch geringer, so ist nur dieser anzurechnen.

1) Bezüglich des zeitlichen Umfangs des Ruhens der Gebührnisse des Abs. 1 siehe § 38 des Ges.

2) Bezüglich der Bestimmungen für die Invalideninstitute siehe ArmeeVBl. 1906 Nr. 18.

3) „Bei dem Aufenthalt in einer Kranken-, Heil- oder Pflegeanstalt".

Gemeint sind militärische Anstalten dieser Art.

4) „ganz oder zum Teil".

Die Entscheidung liegt bei den Militärbehörden (Generalkommando bezw. Stationskommando oder Kommando der Schutztruppen).

Zu vgl. Ziff. 4 Abs. 2 und Ziff. 6 der AusfBest. des Bundesrats.

5) „Bei vorübergehender Heranziehung zum aktiven Militärdienst".

Gemeint ist eine solche über einen vollen Kalendermonat (Ziff. 4 Abs. 2 der AusfBest. des Bundesrats).

6) „im Zivildienst".

Ob eine solche Anstellung oder Beschäftigung vorliegt, darüber entscheidet zunächst die dem Angestellten oder Beschäftigten vorgesetzte Behörde, es unterliegt aber die Entscheidung der Nachprüfung durch die Pensionsregelungsbehörde (Ziff. 8 der AusfBest. des Bundesrats).

7) „Höchstpensionsbetrag".

Derselbe ergibt sich bei Berücksichtigung der Höchstdienstzeit (40 Jahre) und des höchsten Gehaltssatzes der zur Zeit der Pensionierung bekleideten Stelle.

8) „jede Anstellung".

Die Anstellung erfolgt im Wege des Dienstvertrags. Daß durch den Anstellungsvertrag ein Gewaltverhältnis begründet wird, ist das Charakteristische desselben (RGZ. 28, 85). Andere wesentliche Merkmale für den Begriff des Beamten gibt es nicht, insbesondere ist es gleichgültig, ob ein Diensteid geleistet worden ist oder nicht.

Durch die Begründung des Gewaltverhältnisses unterscheidet sich der Anstellungsvertrag vom Dienstvertrag des bürgerlichen Rechts (BGB. §§ 611 ff.).

9) Als Zivildienst im Sinn des § 36 kommen nicht in Betracht der Dienst bei den Handels- und Gewerbekammern und der Hofdienst. Eine Anstellung oder Beschäftigung ohne ein Einkommen kann als Zivildienst im Sinn dieses Ges. nicht angesehen werden.

10) „zur Bestreitung eines Dienstaufwands". Hierher gehören Tag- und Repräsentationsgelder, Bureaukostenentschädigungen, Ortszulagen.

11) Bezüglich der Teuerungsbeihilfe siehe auch § 46 BesoldGes. Ziff. 4 der Grundsätze für die Neufestsetzung des Besoldungsdienstalters der Beamten oben Beil. V.

12) Bezüglich der Wohnungsgeldzuschüsse siehe auch §§ 28 ff. des BesoldGes.

§ 37.

Das Recht auf den Bezug der Zivilversorgungsentschädigung (§ 19) ruht in den Fällen, in welchen nach § 36 Nr. 3 das Recht auf den Bezug der Rente im Zivildienste ganz oder teilweise zu ruhen hat.

§ 38.

Tritt das Erlöschen oder das Ruhen des Rechtes auf den Bezug der Versorgungsgebührnisse gemäß § 33, 35, 36 Nr. 1, 2, 4 im Laufe eines Monats ein, so wird die Zahlung mit dem Ende des Monats [1]) eingestellt; tritt es am ersten Tage eines Monats ein, so hört die Zahlung mit dem Beginne des Monats auf.

Das Ruhen des Rechtes auf den Bezug der Versorgungsgebührnisse gemäß § 36 Nr. 3, § 37 beginnt mit dem Ablaufe von sechs Monaten vom ersten Tage des Monats der Anstellung oder Beschäftigung an gerechnet. [2])

Lebt das Recht auf den Bezug der Versorgungsgebührnisse nach den §§ 35 bis 37 wieder auf, so hebt die Zahlung mit dem Beginne des Monats an. [3])

1) „mit dem Ende des Monats".
Die Versorgungsgebührnisse sind in vollen Monatsbeträgen zu zahlen (Begr.).

2) Der zweite Anstellungsmonat kommt als Anfang für die Berechnung der sechs Monate dann in Betracht, wenn die Gewährung des Einkommens erst mit dem zweiten Monat der Anstellung beginnt.

3) Ein Wiederaufleben des Rechts auf den Bezug der Versorgungsgebührnisse tritt ein, wenn die Gründe für das Ruhen derselben weggefallen sind. Wird das Einkommen aus dem Zivildienst bis zum Schlusse des Monats des Wegfalls gewährt, so treten die Folgen des Wiederauflebens des Bezugsrechts für die Versorgungsgebührnisse mit dem Beginn des nächstfolgenden Monats ein; erfolgt dagegen die Bezahlung des Einkommens nicht bis zum Schlusse des Wegfallmonats, so sind die Versorgungsgebührnisse vom Anfang des Monats an zu bezahlen, in dessen Lauf das Aufhören der Einkommenszahlung eintritt.

Anspruch der Hinterbliebenen.

§ 39.[1][2]

Hinterläßt ein Rentenempfänger eine Witwe oder eheliche oder legitimierte Abkömmlinge, so werden für die auf den Sterbemonat folgenden drei Monate (Gnadenvierteljahr) noch diejenigen Versorgungsgebührnisse gezahlt, welche dem Verstorbenen nach diesem Gesetze zu zahlen gewesen wären.[3] Die Versorgungsgebührnisse werden im voraus in einer Summe gezahlt.[4][5]

An wen die Zahlung erfolgen soll, bestimmt die oberste Militärverwaltungsbehörde des Kontingents; die Befugnis zu solcher Bestimmung kann von ihr auf andere Behörden übertragen werden.[6]

Die Zahlung kann mit Genehmigung dieser Behörden auch dann erfolgen, wenn der Verstorbene Verwandte der aufsteigenden Linie, Geschwister, Geschwisterkinder oder Pflegekinder, deren Ernährer er ganz oder überwiegend gewesen ist, in Bedürftigkeit hinterläßt, oder wenn und soweit der Nachlaß nicht ausreicht, um die Kosten der letzten Krankheit und der Beerdigung zu decken.[7][8]

1) Die Gewährung der Versorgungsgebührnisse an Hinterbliebene für ein Vierteljahr statt wie bisher für einen Monat, soll der mißlichen Lage gerecht werden, in welche die Hinterbliebenen unmittelbar nach dem Tode des Ernährers infolge der erheblichen, meist sofort zu deckenden Kosten für Beerdigung, Arzt, Heilmittel, für Beschaffung von Trauerkleidern, für Auflösung der Mietsverbindlichkeiten, Umzug usw. oft geraten.

Auf Grund des Abs. 1 würde bei dem Tode eines im Zivildienst angestellten Rentenempfängers den Hinterbliebenen neben dem aus der Zivilstelle etwa zahlbaren Gnadengehalte von der zuerkannten Renten nur der nach § 36 Nr. 3 sich ergebende Betrag zu zahlen sein; ebenso würde den Hinterbliebenen eines aus dem Zivildienst mit einer Zivilpension ausgeschiedenen Rentenempfängers neben der aus der Zivilstelle etwa zahlbaren Gnadenpension nur der nach § 36 Nr. 4 sich ergebende Rentenbetrag zustehen. Dagegen würde den Hinterbliebenen für diejenigen Monate des Gnadenvierteljahrs, für welche Gnadengehalt oder Gnadenpension aus einer Zivilstelle nicht gewährt wird, der volle Betrag der zuerkannten Rente zu zahlen sein.

Die sonstigen Festsetzungen entsprechen den jetzt gültigen Vorschriften.

Der Ausdruck Pflegekinder soll ebenso wie im früheren Gesetze kein rechtliches, sondern ein rein tatsächliches Verhältnis bezeichnen und umfaßt alle Personen, die Kindern gleich gehalten werden ohne Rücksicht darauf, ob sie durch Verfügung der Staatsgewalt legitimiert, an Kindes Statt angenommen sind oder nicht (Begr.).

2) Dieselben Bestimmungen wie § 39 trifft für Offiziere usw. und deren Hinterbliebenen § 27 OPG. Es wird daher auch auf die Anmerkungen zu diesem Paragraphen verwiesen.

3) „es werden noch diejenigen Versorgungsgebührnisse bezahlt".

Als Versorgungsgebührnisse für das Gnadenvierteljahr kommen in Betracht die Rente (§§ 9 bis 11), die Verstümmelungszulage (§ 13), die Kriegszulage (§ 14), die laufende Zivilversorgungsentschädigung (§ 19), die bedingte Rente und der Rentenzuschuß (§§ 24 u. 25), die Alterszulage (§ 26) und die Beihilfe (§ 46 des Ges.). Nicht in Betracht kommen für das Gnadenvierteljahr fortlaufende Gnadenunterstützungen und der Anspruch auf eine vor dem Tode des Kapitulanten zwar bewilligte, aber nicht ausbezahlte Geldabfindung von 1500 Mark für den Zivilversorgungsschein. Es haben aber die gesetzlichen Erben eines zum Empfang der Dienstprämie von 1000 Mark berechtigten Unteroffiziers, welcher vor dem Ausscheiden verstorben ist, Anspruch auf die Dienstprämie (§ 75 Abs. 4 Friedens-BesoldVorschr.). Da sodann jeder Bezug von Pension unter den Voraussetzungen des Abs. 1 des § 39 den Anspruch auf das Gnadenvierteljahr zur Rechtsfolge hat, so ist auch von dem im Falle des § 75 RBGes. seitens der Disziplinarbehörde belassenen Teile des gesetzlichen Pensionsbetrags das Gnadenvierteljahr zu bezahlen. Wenn eine Pensionsgebühr nur auf eine bestimmte Zeit gewährt worden ist, und der Versorgungsberechtigte noch innerhalb der Bewilligungsfrist stirbt, so gebührt den Hinterbliebenen das Gnadenvierteljahr auch wenn die Bewilligungsfrist vor Ablauf des Vierteljahrs zu Ende geht. Ebenso sind höhere Gebührnisse, welche für einen Versorgungsberechtigten schon vom ersten Tag des auf den Sterbemonat folgenden Monats ab festgestellt worden sind, für das Gnadenvierteljahr zu berücksichtigen.

4) „werden gezahlt".

Es handelt sich in diesen Fällen um einen gerichtlich verfolgbaren Rechtsanspruch.

5) „werden im voraus in einer Summe gezahlt".

Der dreimonatige Betrag soll den Hinterbliebenen die sofortige Bezahlung der Kosten des Todesfalls ermöglichen.

Die Anweisung der Versorgungsgebührnisse für das Gnadenvierteljahr erfolgt in Preußen und Sachsen durch die Pensionsregelungsbehörde; in Bayern durch die Generalkommandos, in Württemberg durch die Korpsintendantur.

6) Das Gnadenvierteljahr ist unpfändbar, woraus sich ergibt, daß es nicht abgetreten oder belastet und dagegen nicht die Aufrechnung erklärt werden kann.

7) Zu den Beerdigungskosten gehört auch die Erstellung eines dem Stande des Verstorbenen entsprechenden Grabdenkmals.

8) „Nachlaß".

Gemeint ist der Überschuß des Vermögens nach Abzug der Schulden. Ausgeschlossen ist die Bezahlung der Gnadengebührnisse diesfalls, wenn der Nachlaß zur Deckung der Kosten der letzten Krankheit und der Beerdigung ausreicht.

Ausschluß von der Pfändung und Besteuerung.

§ 40.[1][2])

Die Versorgungsgebührnisse und der Anspruch der Kapitulanten auf die in den Dienstvorschriften der Militärverwaltung ausgesetzte Dienstprämie sind der Pfändung nicht unterworfen. Das Gleiche gilt für einen der Dienstprämie und der einmaligen Geldabfindung für den Zivilversorgungsschein (§ 21) gleichkommenden Geldbetrag bis zum Ablaufe von drei Monaten nach Auszahlung dieser Beträge. Die Vorschrift des § 850 Abs. 4 der Zivilprozeßordnung findet auf die Dienstprämie entsprechende Anwendung.

Wegen des Anspruchs des Militärfiskus auf Rückzahlung zu Unrecht erhobener Beträge ist die Pfändung von Versorgungsgebührnissen ohne Beschränkung zulässig;[3]) jedoch sind die für das Gnadenvierteljahr an Hinterbliebene zu zahlenden Versorgungsgebührnisse (§ 39) der Pfändung nicht unterworfen.

Die Verstümmelungszulage, die Kriegszulage und die Alterszulage bleiben bei der Veranlagung zu den Steuern und anderen öffentlichen Abgaben jeder Art außer Ansatz.

1) Die Begründung zu dem Gesetzentwurf enthält zu § 40 folgende Ausführungen.:

„In der ZPO. ist durch § 850 Nr. 5 bestimmt, daß die Invalidenpension der Unteroffiziere und Soldaten der Pfändung nicht unterworfen ist.

Zu der Pension ist bisher auch die Kriegszulage, die Dienstzulage sowie die Zulage für Nichtbenutzung des Zivilversorgungsscheins und die Anstellungsentschädigung gerechnet worden. Diesen Zulagen tritt jetzt noch die Alterszulage hinzu.

Die Verstümmelungszulage und die Dienstprämie der Unteroffiziere war nach Art. 18 des Ges. vom 22. Mai 1893 mit der Einschränkung von der Pfändung ausgenommen, daß eine solche durch die Ehefrau, Kinder usw. zulässig war. Diese Einschränkung ist jedoch nicht mehr gerechtfertigt, da die Verstümmelungszulage ausschließlich dem Beschädigten verbleiben muß. Ebenso ist die Dienstprämie und die einmalige Geldabfindung für den Zivilversorgungsschein in den festgesetzten Grenzen jeglicher Pfändung entzogen worden, weil durch eine solche der Zweck beider Gebührnisse illusorisch gemacht werden würde. Bezüglich der Dienstprämie für Unteroffiziere ist das Pfändungsrecht der Ehefrau, der Kinder usw. gewahrt geblieben.

Der Ausschluß der Verstümmelungszulage von der Heranziehung zur Besteuerung entspricht den bisherigen Vorschriften. Eine gleiche Berücksichtigung wird der für Dienstbeschädigungen vor dem Feinde gewährten Kriegszulage und der Alterszulage zuteil werden müssen."

2) Der § 37 OPG. enthält ziemlich gleiche Bestimmungen wie § 40, weshalb auch auf die Anmerkungen zu § 37 OPG. hingewiesen wird.

3) Zu Unrecht erhobene Versorgungsgebührnisse, welche nicht alsbald zurückgezahlt werden können, sind durch Anrechnung auf die fälligen Gebührnisse von der Pensionsregelungsbehörde einzuziehen. Die Höhe der Abzüge ist unter Berücksichtigung der Verhältnisse des Invaliden oder Rentenempfängers zu bestimmen (Ziff. 11 der AusfBest. des Bundesrats vom 19. Juni 1906).

Schadensersatz.

§ 41.[1])

Die nach Maßgabe dieses Gesetzes versorgungsberechtigten Personen haben aus dem Grunde einer Dienst-

beschädigung gegen die Militärverwaltung nur die auf diesem Gesetze beruhenden Ansprüche.[2])

Soweit den nach Maßgabe dieses Gesetzes versorgungsberechtigten Personen ein gesetzlicher Anspruch auf Ersatz des ihnen durch die Dienstbeschädigung verursachten Schadens gegen Dritte zusteht, geht dieser Anspruch im Umfange der durch dieses Gesetz begründeten Pflicht zur Gewährung von Versorgungsgebührnissen auf die Militärverwaltung über.[3])

1) Der § 38 OPG. enthält bezüglich der pensionsberechtigten Offiziere usw. dieselben Bestimmungen wie § 41.

2) „haben nur die auf diesem Gesetz beruhenden Ansprüche".

Nach Art. 20 des Reichsges. vom 22. Mai 1893, betr. einige Abänderungen und Ergänzungen der Militärpensionsgesetze vom 27. Juni 1871 und 4. April 1874 (RGesBl. S. 171) hatten Militärpersonen, welche eine Dienstbeschädigung erlitten haben, oder deren Hinterbliebenen gegen die Militär- und die Marineverwaltung nur die auf den Pensionsgesetzen oder dem Gesetze, betr. die Fürsorge für Beamte und Personen des Soldatenstandes infolge von Betriebsunfällen vom 15. März 1886, neuere Fassung vom 18. Juni 1901 (RGesBl. S. 211) beruhenden Ansprüche. Nach dem nunmehr geltenden Recht haben sämtliche Personen, welche als versorgungsberechtigt in Betracht kommen, wegen einer Dienstbeschädigung gegen die Militär- (Marine-) verwaltung nur die ihnen in diesem Gesetze gewährten Ansprüche, aber keinerlei weitere Schadensersatzansprüche. Dieser Bestimmung kommt rückwirkende Kraft nicht zu.

Der Abs. 2 entspricht den Vorschriften des § 12 des Unfallfürsorgeges. vom 18. Juni 1901, § 140 des Gewerbeunfallversicherungsgesetzes § 151 Unfallversicherungsgesetzes für Land- und Forstwirtschaft, § 45 Abs. 2 des Bauunfallversicherungsgesetzes und § 138 Abs. 2 des Seeunfallversicherungsgesetzes in der Fassung vom 5. Juli 1900 (Begr. zu § 38 des Entw. des OPG.).

3) „geht dieser Anspruch auf die Militärverwaltung über".

Die Militärverwaltung erwirbt den Ersatzanspruch in dem vom Gesetz bestimmten Umfang gegen die gesetzlich verpflichteten Dritten ohne weiteres und ohne daß es einer Abtretung seitens der berechtigten Personen bedürfte.

Die Verfolgung der Ersatzansprüche aus § 41 Abs. 2 liegt in Preußen, Sachsen und Württemberg den Korpsintendanturen bezw. soweit Angehörige der Marine in Betracht kommen den Marineintendanturen ob, in Bayern ist sie dem Kriegsministerium vorbehalten.

Rechtsweg.

§ 42.

Wegen der Ansprüche aus diesem Gesetz ist der Rechtsweg mit folgenden Maßgaben zulässig:[1])

1. Der Militärfiskus wird durch die oberste Militärverwaltungsbehörde des Kontingents vertreten.[2])
2. Die Entscheidung der obersten Militärverwaltungsbehörde des Kontingents muß der Klage vorhergehen; das Klagerecht geht verloren, wenn gegen die Entscheidung einer der im § 29 angeführten Behörden nicht rechtzeitig Einspruch eingelegt oder wenn die Klage nicht bis zum Ablaufe von sechs Monaten nach Zustellung der Entscheidung der obersten Militärverwaltungsbehörde des Kontingents erhoben wird.

   Auf die Frist von sechs Monaten finden die Vorschriften der §§ 203, 206 des BGB. entsprechende Anwendung.

Für die Ansprüche aus diesem Gesetze sind die Landgerichte ohne Rücksicht auf den Wert des Streitgegenstandes ausschließlich zuständig.[3])

1) Ziemlich gleiche Bestimmungen trifft bezüglich der Ansprüche der Offiziere usw. § 39 OPG., weshalb auch auf die Anmerkungen zu diesem Paragraphen verwiesen wird.

Als Ansprüche, für welche der Rechtsweg als zulässig erklärt wird, kommen nur Rechtsansprüche in Betracht, deren Erfüllung gefordert werden kann.

Das Gesetz gebraucht in diesen Fällen die Bezeichnungen: „Anspruch haben", „Anspruch erwerben", „wird gewährt", „wird bezahlt", „wird bemessen", „sind anzurechnen", „werden angerechnet", „sind festgestellt" usw.

Ausgeschlossen ist der Rechtsweg in Fällen, in welchen es sich um Bewilligungen oder Zuwendungen aus Zweckmäßigkeitsgründen handelt und die Bezeichnungen gebraucht werden „können gewährt werden", „können erhöht werden", „kann bewilligt werden", „kann erhöht werden", „kann angerechnet werden",. In diesen Fällen handelt es sich um sog. Anwartschaften. Der Rechtsweg ist im einzelnen Fall nicht nur zulässig bei Verneinung von Ansprüchen, sondern auch bei Streitigkeiten über ihre Höhe, wegen Berechnung der Dienstzeit, bei Streitigkeiten darüber, ob ein Anspruch ruhe oder erloschen ist und über Incidentfragen (zu vgl. RGZ. 36, 78; 31, 129).

Ausgeschlossen ist der Rechtsweg in Fällen, in welchen es sich um die Frage handelt, ob eine Gesundheitsstörung als eine Dienstbeschädigung anzusehen sei, ob, bezw. in welchem Grade Dienstunfähigkeit vorliege, ob eine solche als durch einen Krieg verursacht anzusehen ist.

Der Rechtsweg wird betreten durch die Klagerhebung gemäß § 253 ZPO.

In Fällen, in welchen der Rechtsweg zugelassen ist, steht derselbe regelmäßig auch den Erben und sonstigen Rechtsnachfolgern zu (RGZ. 14, 366).

2) „Durch die Oberste Militärverwaltungsbehörde des Kontingents“.

Als solche kommt in Preußen, Bayern, Sachsen und Württemberg je das Kriegsministerium, bezüglich der Marine das Reichsmarineamt und bezüglich der Schutztruppen das Reichskolonialamt in Betracht. Eine Klage ist gegen die betreffende Oberste Militärverwaltungsbehörde zu richten.

3) Bezüglich der Zulassung zum Armenrecht siehe die §§ 114 und 118 ZPO.

§ 43.

Für die Beurteilung der vor Gericht geltend gemachten Ansprüche sind die Entscheidungen der obersten Militärverwaltungsbehörde des Kontingents darüber maßgebend:[1])

1. ob eine Gesundheitsstörung als eine Dienstbeschädigung anzusehen ist (§ 3);
2. ob eine Dienstbeschädigung als durch den Krieg erlitten anzusehen ist (§ 14);
3. ob Brauchbarkeit und Würdigkeit zum Beamten besteht (§§ 15 bis 17, 20).[2])

Über die im Abs. 1 Nr. 1 bis 3 genannten Fragen entscheidet innerhalb der obersten Militärverwaltungsbehörde des Kontingents ein aus drei Offizieren oder Beamten der Heeresverwaltung gebildetes Kollegium endgültig.[3])

1) „Für die Beurteilung sind maßgebend“. Siehe hierzu oben Anm. 1 zu § 42.

Die Gerichte sind nicht berechtigt, diese Entscheidungen einer Nachprüfung zu unterwerfen.

2) Die Beurteilung über die Brauchbarkeit und Würdigkeit einer Militärperson zum Beamten muß der Militärbehörde überlassen bleiben, weil sie durch die meist langjährige Beobachtung des Betreffenden allein in der Lage ist, diese Frage zu entscheiden (Begr.).

3) „entscheidet endgültig".

Beschwerden gegen die Entscheidung des Kollegiums etwa an den vorgesetzten Kriegsminister, oder den Staatssekretär des Reichsmarineamts, oder an den Reichskanzler, sind ausgeschlossen.

Personen der freiwilligen Krankenpflege im Kriege.

§ 44.

Die vorstehenden Vorschriften finden entsprechende Anwendung auf das auf dem Kriegsschauplatze verwendete Personal der freiwilligen Krankenpflege.

Soweit diesen Personen nicht ein höherer militärischer Rang verliehen ist, erhalten sie die Rente der Gemeinen.

Zu § 44 enthält die Begründung u. a. folgende Ausführungen: „Die freiwillige Krankenpflege ist militärisch organisiert; ihr Personal ist auf dem Kriegsschauplatz den Kriegsgesetzen und der Disziplinarstrafordnung für das Heer unterworfen und es werden von demselben zum Teil Dienstverrichtungen gefordert, die mit erhöhter Gefahr für Leben und Gesundheit verbunden sind. Sowohl in Berücksichtigung dieser Verhältnisse, als auch in Anbetracht des hohen Werts der Krankenpflege für das Heer im Kriege und wegen des Bedürfnisses einer gesteigerten Beteiligung von geeigneten Kräften an der Tätigkeit der freiwilligen Krankenpflege auf dem Kriegsschauplatz muß die gesetzliche Regelung der Versorgung dieser Personen geboten erscheinen".

Bezüglich der Vorschriften über die Aufgaben und den Wirkungskreis der freiwilligen Krankenpflege siehe die Dienstvorschrift für die freiwillige Krankenpflege vom 12. März 1907.

Übergangsvorschriften.

§ 45.

Für die vor dem Inkrafttreten dieses Gesetzes aus dem aktiven Militärdienst entlassenen Personen bleiben die bisherigen Gesetzesvorschriften mit folgenden Ausnahmen in Kraft:

1. Die Versorgungsgebührnisse der seit dem 1. April 1905 aus dem aktiven Militärdienst entlassenen Personen sind nach den Vorschriften dieses Gesetzes festzustellen.

Die Versorgungsgebührnisse der versorgungsberechtigten Hinterbliebenen solcher Personen, die seit dem 1. April 1905 verstorben sind, denen aber, wenn sie beim Inkrafttreten dieses Gesetzes gelebt hätten, nach Maßgabe dieses Paragraphen höhere Versorgungsgebührnisse zustehen würden, sind unter Zugrundelegung der höheren Versorgungssätze festzustellen. Dasselbe gilt für die Versorgungsgebührnisse der versorgungsberechtigten Hinterbliebenen von den seit dem 1. April 1905 im aktiven Dienst verstorbenen Personen.

2. Die Versorgungsgebührnisse derjenigen Friedensinvaliden, welche an einem der von den deutschen Staaten vor 1871 oder von dem Deutschen Reiche geführten Kriege teilgenommen haben, sind nach den Vorschriften dieses Gesetzes festzustellen.

   Den vor dem Inkrafttreten dieses Gesetzes aus dem Zivildienste mit einer Zivilpension ausgeschiedenen Invaliden ist der gegen die bisherige Pension nebst Dienstzulage bei Neufeststellung der Versorgungsgebührnisse sich ergebende Mehrbetrag in Grenzen des § 36 Nr. 4 zu zahlen und auf die Zivilpension nicht anzurechnen. Nicht zu zahlende Rentenbeträge werden dem Zivilpensionsfonds nicht erstattet.

3. Die als halbinvalide anerkannten Kriegsinvaliden erhalten die Kriegszulage im Betrage von 15 Mark monatlich, auch kann ihnen unter den Voraussetzungen des § 26 die Alterszulage gewährt werden.

4. Die Vorschriften der §§ 27, 29 bis 36 Nr. 1, 2, §§ 37, 38, 40 finden auf die aus dem aktiven Militärdienste bereits entlassenen Personen entsprechende Anwendung. Die vor dem Inkrafttreten dieses Gesetzes erfolgten Pfändungen und Veranlagungen zu den Steuern und anderen öffentlichen Abgaben jeder Art werden hierdurch nicht berührt.

Während der Anstellung oder Beschäftigung im Zivildienst ist die zuerkannte Militärpension nebst Dienstzulage soweit zu gewähren, als ihr Betrag nach der Vorschrift des § 36 Nr. 3 zu zahlen ist; für das Ruhen der den Kapitulanten lediglich auf Grund achtzehnjähriger und längerer Dienstzeit zuerkannten Pensionen nebst Dienstzulagen gilt die Vorschrift im § 36 Nr. 3c.

5. Die als verstümmelt oder pflegebedürftig anerkannten Invaliden erhalten Verstümmelungszulage nach den Vorschriften des § 13 dieses Gesetzes. Neben dieser Zulage ist jedoch nur die nach den bisherigen Gesetzen für gänzliche Erwerbsunfähigkeit zustehende Pension zu gewähren.
6. Den nach dem Inkrafttreten dieses Gesetzes aus dem Zivildienste mit einer Beamtenpension ausscheidenden Invaliden ist die zuerkannte Militärpension nebst Dienstzulage soweit zu gewähren, als ihr Betrag nach der Vorschrift des § 36 Nr. 4 neben dem Bezug einer Zivilpension zu zahlen ist.
7. Die Vorschriften des § 39 finden auf die Hinterbliebenen derjenigen Invaliden entsprechende Anwendung, deren Tod nach dem Inkrafttreten dieses Gesetzes eintritt.

§ 46.

Den nicht im § 45 Nr. 1, 2 genannten Friedensinvaliden, die als gänzlich erwerbsunfähig anerkannt sind, kann im Falle der Bedürftigkeit eine Beihilfe bis zur Erreichung eines jährlichen Gesamteinkommens von 540 Mark gewährt werden.

Unter den gleichen Voraussetzungen kann den als größtenteils erwerbsunfähig zur Pension dritter Klasse und zum Zivilversorgungsschein anerkannten Friedensinvaliden, welche von dem Zivilversorgungsscheine wegen körperlicher Untauglichkeit keinen Gebrauch gemacht haben, oder welche nur die Zulage für Nichtbenutzung des Zivilversorgungsscheins in Höhe von 9 Mark beziehen, eine jährliche Beihilfe bis zum Betrage von 144 Mark oder 36 Mark bewilligt werden.

§ 47.

Die Vorschriften des § 45 finden auf die daselbst bezeichneten Personen nur insoweit Anwendung, als die nach den bisherigen Gesetzesvorschriften zustehende Versorgung nicht günstiger ist.

Nachzahlungen für eine vor dem Inkrafttreten dieses Gesetzes liegende Zeit finden nicht statt.

Anwendung von Vorschriften des zweiten und dritten Teiles dieses Gesetzes.

§ 48.

Werden Unteroffiziere und Gemeine des Reichsheeres sowie die im § 44 bezeichneten Personen der freiwilligen Krankenpflege auf dienstlichen Seereisen oder in außereuropäischen Ländern verwendet, so finden auf sie die Vorschriften des zweiten Teiles dieses Gesetzes, werden sie gleich den Kaiserlichen Schutztruppen in den Schutzgebieten verwendet, so finden auf sie die Vorschriften des dritten Teiles dieses Gesetzes entsprechende Anwendung.

Zweiter Teil.

Kaiserliche Marine.

Allgemeine Vorschriften.

§ 49.

Auf die Kaiserliche Marine finden die §§ 1 bis 47 und, falls Unteroffiziere oder Gemeine der Kaiserlichen Marine oder die im § 44 bezeichneten Personen der freiwilligen Krankenpflege gleich den Kaiserlichen Schutztruppen in den Schutzgebieten verwendet werden, auch die Vorschriften des dritten Teiles dieses Gesetzes mit den nachfolgenden Maßgaben entsprechende Anwendung.

Bezüglich der Feststellung und Anweisung der Versorgungsgebührnisse für die Angehörigen der Marine siehe die Pensionierungsvorschrift für die Kaiserliche Marine.

§ 50.

Zu den Personen der Unterklassen des Soldatenstandes im Sinne dieses Gesetzes gehören nicht die Deckoffiziere.

Organisatorisch gehören die Deckoffiziere zu den Personen der Unterklassen des Soldatenstandes; ihre Pensionsansprüche sind durch das OPG. vom 31. Mai 1906 (§§ 45 bis 48, 51, 57) geregelt.

Anspruch auf Rente.

§ 51.

Die für Schiffe der Kaiserlichen Marine angestellten Personen gelten, sofern sie zu den Personen des Soldatenstandes zählen und Angehörige des Deutschen Reichs sind, als Kapitulanten im Sinne des § 1 Abs. 4.

Ihre Dienstzeit wird jedesmal vom Tage des Dienstantritts oder des Anschlusses an ein ausreisendes Ablösungskommando bis zum Tage des Aufhörens des Dienstes, bei Anschluß an ein heimkehrendes Ablösungskommando bis zum Tage des Abganges von dem Ablösungskommando berechnet. Die aktive Militärdienstzeit wird auf die Gesamtdienstzeit angerechnet; die Vorschriften der §§ 5, 53 finden hierbei entsprechende Anwendung.

Unter diese Vorschrift fallen zurzeit die Köche, Kellner und Barbiere, welche für in Dienst gestellte Schiffe vertragsmäßig bestellt werden.

Da diese Personen über ihre gesetzliche Pflicht hinaus und zwar zum Teil jahrelang dienen, rechtfertigt sich ihre Einreihung unter die Kapitulanten. Diese mit der bisherigen Übung in Übereinstimmung stehende Maßnahme ist auch geboten, um geeigneten Ersatz zu sichern (Begr.).

§ 52

Schiffsjungen, deren Erwerbsfähigkeit durch Krieg oder durch Dienstbeschädigung auf einer Seereise aufgehoben oder gemindert ist, werden wie Gemeine (Nichtkapitulanten) versorgt.

Die Schiffsjungen sind als solche nicht Personen des Soldatenstandes, sondern Zöglinge.

Daß nur für Dienstbeschädigungen auf einer Seereise und nicht auch für solche, die durch den Dienst am Lande herbeigeführt sind, eine Entschädigung vorgesehen ist, beruht darauf, daß auch den in derselben Lage befindlichen Zöglingen der Armee eine Rente nicht gewährt wird.

Berechnung der Dienstzeit.

§ 53.[1])

Den Personen der Unterklassen des Soldatenstandes welche vor ihrem Eintritt in den aktiven Marinedienst zur

Besatzung eines in Dienst gestellten Schiffes der Kaiserlichen Marine gehört haben,[3]) wird die Dienstzeit vom Tage der ersten Einschiffung[2]) an Bord eines Schiffes der Kaiserlichen Marine ab gerechnet.

1) Die Berechnung der Dienstzeit für Personen der Unterklassen der Marine erfolgt billigerweise nach denselben Grundsätzen, die für Offiziere der Marine in den §§ 51, 52, 53 OffizierpensGes. niedergelegt sind.

2) Unter Einschiffung im Sinn des § 53 ist nicht die vorübergehende Unterbringung an Bord etwa wegen Mangels eines geeigneten Unterbringungsraumes an Land, sondern nur die Einschiffung unter Eingliederung in die Schiffsbesatzung zu verstehen (Begr. zu § 51 OPG.).

3) „welche angehört haben".

In welcher Eigenschaft ist gleichgültig; auch die Einschiffung als Schiffsjunge genügt.

§ 54.

Die in der Kaiserlichen Marine auf einer Seereise in außerheimischen Gewässern bei ununterbrochenem Bordkommando zugebrachte Dienstzeit wird, sofern ihre Dauer mindestens sechs Monate beträgt, doppelt gerechnet.

Hat eine Seereise von kürzerer Dauer sich als besonders schädigend und nachteilig für die Gesundheit der Schiffsbesatzung erwiesen, so kann die Dienstzeit mit Genehmigung des Kaisers doppelt gerechnet werden.

Personen der Unterklassen der Kaiserlichen Marine, welche, ohne zur Besatzung eines Schiffes der Kaiserlichen Marine zu gehören, in den deutschen Schutzgebieten oder deren Hinterländern sich einschließlich der damit in Verbindung stehenden Reisen in außerheimischen Gewässern mindestens sechs Monate ohne Unterbrechung dienstlich aufgehalten haben, wird die dort zugebrachte Dienstzeit doppelt gerechnet.

Ausgenommen von dieser Doppelrechnung ist die in solche Jahre fallende Dienstzeit, welche bereits als Kriegsjahre zu erhöhtem Ansatze kommen.

Diese Doppelrechnung ist ausgeschlossen bei Berechnung der Dienstzeit zwecks Erlangung des Anspruchs auf den Zivilversorgungsschein (§ 15).

Außerheimisch sind die Gewässer, welche weder zur Ostsee noch zur Nordsee gehören, diese gerechnet bis zur

Linie Dover—Calais, längs der Ostküste Englands bis zu 3 Grad Westlänge von Greenwich und bis zum Breitenparallel von 60 Grad Nordbreite.

Siehe hierzu die Bemerkungen zu § 53 OPG.

Bezüglich der Berechnung der Dienstzeit siehe die Ziff. 7 Pens.-Vorschr. für die Kaiserliche Marine.

§ 55.

Die im § 8 Abs. 1 bezeichneten Freiheitsstrafen können mit Genehmigung des Kaisers als Dienstzeit angerechnet werden.

Siehe hierzu die Anmerkungen zu § 54 OPG.

Betrag der Rente.

§ 56.

Eine Erhöhung der Vollrente tritt außer in den Fällen des § 10 Abs. 1 für die Kapitulanten der Kaiserlichen Marine ein:

1. um $^{70}/_{100}$ der beim Ausscheiden bezogenen Dienstalters- und Seefahrzulage, soweit als die Erhöhung die Hälfte der Vollrentenbeträge des § 9 Abs. 1 nicht überschreitet, und
2. um $^{75}/_{100}$ der beim Ausscheiden bezogenen Fachzulage.

Zu § 56 enthält die Begründung folgende Ausführungen:

Die Dienstalterszulage wird den Personen der Unterklassen, welche Kapitulanten sind, gewährt und beträgt während des ersten Kapitulationsjahrs 3 Mark monatlich. Sie steigt mit jedem weiteren vollen Dienstjahr um 3 Mark bis auf 36 Mark monatlich.

Die Seefahrzulage wird von den Personen der Unterklassen, soweit sie Kapitulanten sind, erworben. Sie beträgt für das erste volle Jahr Fahrzeit auf einem in Dienst gestellten Schiffe der Marine monatlich 3 Mark und steigt mit jedem weiter erworbenen Jahre Fahrzeit um je 3 Mark bis auf 30 Mark monatlich.

Die Fachzulage wird den Unterklassen des Maschinen- und Torpedomechanikerpersonals, sowie den Torpedo-Oberbootsmannsmaaten, welche Kapitulanten sind, gewährt. Sie beträgt 300 Mark jährlich. Ferner erhalten die Ober-Büchsenmachersmaate und die Büchsenmachersmaate als Kapitulanten eine Fachzulage von 216 Mark jährlich.

Alle diese Zulagen sind bei der Bemessung der Invalidenpensionen nach den Militärpensionsgesetzen bisher nicht berücksichtigt worden. Wohl aber ist dies der Fall bei einer Abfindung auf Grund des Unfallfürsorgegesetzes für Beamte und für Personen des Soldatenstandes. Nach dem letzteren Gesetz erhalten diejenigen Militärpersonen der Unterklassen der Marine, die einen Betriebsunfall erlitten haben, bei dauernder Dienstunfähigkeit (Ganzinvalidität) 66²/₃ Prozent des Jahresdiensteinkommens oder, falls es günstiger für den Betreffenden ist, des Arbeitsverdienstes nach dem ortsüblichen Tagelohne des Stationsortes.

Zu dem Jahresdiensteinkommen rechnet nicht nur die Löhnung, sondern es kommt bei dessen Festsetzung auch noch in Betracht:

der Durchschnittssatz für Bekleidung, ärztliche Behandlung in Krankheitsfällen, freier Schulbesuch der Kinder und für die aus der Zugehörigkeit zur Militärgemeinde und aus der Teilnahme an der gemeinsamen Menge erwachsenden Vorteile;

der Durchschnittssatz des Beköstigungsgeldes;

die Kosten der Brotportion;

der Durchschnittsservis;

die Dienstalterszulage;

die Seefahrzulage;

die Fachzulage;

das Kapitulationsgeld.

Der 300fache Betrag des ortsüblichen Tagelohns betrug in Kiel 810 Mark, in Wilhelmshaven 660 Mark, in Lehe 900 Mark.

Von diesen Sätzen ist die Unfallpension berechnet. Sie betrug daher für Gemeine in der Regel 66²/₃ Prozent von dem 300fachen Betrage des ortsüblichen Tagelohns, gleich 540 Mark für Angehörige der Marinestation der Ostsee und 440 Mark für Angehörige der Marinestation der Nordsee.

Für die durch Unfall seit 1886 invalide gewordenen Unteroffiziere ist die Unfallpension nach dem vollen Diensteinkommen berechnet worden. Für Maate hat das volle Diensteinkommen durchschnittlich 1154,85 Mark betragen und die Unfallpension 744,38 Mark, für Obermaate das volle Diensteinkommen durchschnittlich 1568,65 Mark und die Unfallpension 1053,31 Mark.

Daß diese Unfallrenten den infolge Betriebsunfalls als ganzinvalide Anerkannten lediglich im Hinblick auf die dauernde militärische Dienstunbrauchbarkeit ohne Rücksicht auf den Grad der geminderten Erwerbsfähigkeit in voller Höhe gezahlt werden, entbehrt der inneren Begründung und ist daher zweckmäßig auch für die Marine durch Aufhebung des Unfallfürsorgegesetzes für die Militärpersonen der Unterklassen zu beseitigen.

Auf der anderen Seite ist zu berücksichtigen, daß die Angehörigen der Kaiserlichen Marine durch die Einschiffung auf den Kriegsschiffen in ungleich höherem Maße der Möglichkeit eines Betriebsunfalls ausgesetzt sind als die Angehörigen des Landheeres in ihrem Dienstverhältnisse. An Bord befinden sich die Angehörigen der Marine in einem verwickelten, umfangreichen, technischen und seemännischen Betriebe, sozusagen in einem großen maschinellen und technischen Etablissement, in welchem sie sowohl den mannigfachen Gefahren des Werkstattbetriebs, wie den Unglücksfällen des Seemannsberufs im allgemeinen ausgesetzt sind. Dementsprechend sind auch die Fälle, in denen die Versorgung unter Bewilligung der Unfallrenten stattgefunden hat, in der Marine verhältnismäßig zahlreich. Die Marine hat deshalb ein erhebliches Interesse daran, daß namentlich den altgedienten Unteroffizieren wenigstens im Falle völliger Erwerbsunfähigkeit nach den neuen Bestimmungen Renten gewährt werden, welche der Unfallrente annähernd gleichkommen. Dies läßt sich erreichen, wenn die Vollrenten nach dem Vorgange des § 10 Abs. 3 um 75/100 der beim Ausscheiden aus dem Marinedienste zuständigen, eingangs erwähnten Zulagen erhöht werden.

Eine solche Maßnahme ist auch deshalb angezeigt, weil durch die Invalidisierung einer der Kaiserlichen Marine angehörenden Person der Unterklassen des Soldatenstandes ein sehr großer Abstand in dem Einkommen während der aktiven Dienstzeit und dem Einkommen nach dem Ausscheiden entstehen würde, wenn die während der Dienstzeit gezahlten Zulagen bei der Festsetzung der Höhe der Rente nicht in Betracht kommen. Besonders groß würde dieser Unterschied bei der Versorgung eines Unteroffiziers mit längerer Dienstzeit sein und bei dem allmählichen Steigen der Zulagen um so beträchtlicher, je länger der Betreffende im Dienste der Marine gestanden hat.

Die Unterlassung dieser Maßnahme würde um so härter empfunden werden, als die Dienstalters- und die Seefahrzulage ihrer Entstehungsgeschichte nach einen Bestandteil der Besoldung darstellen. Bei der Schaffung der Seefahrzulage ist seinerzeit die Löhnung herabgesetzt worden, um den älteren Mannschaften das Ergreifen der Laufbahn eines Kapitulanten begehrenswerter zu machen. Zugleich soll sie eine Entschädigung für die infolge der Seefahrt früher als sonst eintretende Invalidität sein. Wegen der Bedeutung, welche die Fachzulage für die Marine hat, wird auf die diesbezüglichen Ausführungen zu § 47 des Offizierpensionsgesetz-Entwurfs Bezug genommen.

Die Nichtberücksichtigung der Zulagen in den bisherigen Militärpensionsgesetzen ist als ein Übelstand empfunden worden.

Zur Vermeidung übermäßiger Gewährungen erscheint es hierbei angängig, die Dienstalters- und die Seefahrzulage, anders als die Fachzulage, nur insoweit mit 75/100 anzurechnen, als dadurch die Hälfte der Vollrentenbeträge nicht überschritten wird. Diese verschiedenartige Behandlung der Zulagen rechtfertigt sich daraus, daß die in ihrem Betrag ein für allemal feststehende Fachzulage den Besitz von besonderen Fachkenntnissen zur Voraussetzung hat, während die beiden anderen Zulagen hiervon unabhängig nach äußeren Vorbedingungen wachsen (Begr.).

Rentenerhöhung.

§ 57.[1])

Auf eine Rentenerhöhung im Betrage der Kriegszulage (§ 14) haben diejenigen Personen der Unterklassen der Kaiserlichen Marine Anspruch, welche entweder:

1. durch im Dienste erlittenen Schiffbruch[2]) oder infolge einer militärischen Unternehmung auf einer dienstlichen Seereise oder
2. infolge außerordentlicher Einflüsse des Klimas während eines dienstlichen Aufenthalts in einem außereuropäischen Lande oder während einer dienstlichen Seereise

rentenberechtigt geworden sind, falls nicht die Verminderung ihrer Erwerbsfähigkeit eine Folge ihres Vorsatzes ist.[3])

Der Kaiser bestimmt, welche Unternehmung als eine militärische Unternehmung im Sinne des Abs. 1 Nr. 1 anzusehen ist.

Kriegszulage und Rentenerhöhung werden nicht nebeneinander gewährt.[4])

1) Der § 57 entspricht dem § 49 OPG. Siehe auch die Anmerkungen zu diesem Paragraphen.

2) „durch einen im Dienst erlittenen Schiffbruch".

Die Entscheidung über Anerkennung von Schiffbrüchen im Sinn dieses Gesetzes kommt in die Gerichte bindender Weise dem Reichsmarineamt zu (Ziff. 11 PensVorschr. für die Kaiserliche Marine).

3) „infolge ihres Vorsatzes".

Siehe hierzu oben Anm. 4 zu § 3 des Ges.

4) „Kriegszulage und Rentenerhöhung".

Es handelt sich hier um gleichartige Zulagen, weshalb sie nicht gleichzeitig gewährt werden können.

Bezüglich der Tropenzulage siehe § 67 Abs. 4.

§ 58.[1])

Der Anspruch auf Rentenerhöhung ist innerhalb zehn Jahren anzumelden; der Lauf der Frist beginnt mit der

Rückkehr in die Heimat [2]) oder mit der im Ausland erfolgten Entlassung.

Die Vorschriften des § 2 Abs. 2 und des § 40 Abs. 3 finden auf die Rentenerhöhung entsprechende Anwendung.

Die Rentenerhöhung ist kein Bezug im Sinne des § 48 Abs. 1 Nr. 2 des Invalidenversicherungsgesetzes vom 13. Juli 1899. [3])

1) Siehe zu § 58 auch § 49 Abs. 4 OPG.

2) „mit der Rückkehr in die Heimat“.

Als Zeitpunkt der Rückkehr in die Heimat hat bei der Rückkehr auf dem Seewege der Tag der Ausschiffung in dem ersten heimatlichen Hafen, bei Rückkehr auf dem Landweg der Tag zu gelten, an welchem die Grenze des deutschen Reichs überschritten wird (Begr. zu § 49 OPG.).

3) Siehe hierzu oben Anm. 7 zu § 13 des Ges.

Alterszulage.

§ 59.

Den im § 57 Abs. 1 Nr. 1 bezeichneten Personen kann unter den Voraussetzungen des § 26 auch die Alterszulage gewährt werden.

Siehe hierzu § 50 OPG. und die Anmerkungen zu diesem Paragraphen.

Die Billigkeit gebietet, die Versorgung von Offizieren und Mannschaften in dieser Hinsicht nach denselben Grundsätzen zu regeln (Begr.).

Bezüglich der Alterszulage siehe oben § 26 des Ges.

Bezüglich der Steuerfreiheit der Alterszulage siehe oben § 40 Abs. 3 des Ges.

Zuständigkeit und Rechtsweg.

§ 60.

Die Befugnisse, die im ersten Teile dieses Gesetzes der obersten Militärverwaltungsbehörde des Kontingents übertragen sind, werden für den Bereich der Kaiserlichen Marine von der obersten Marineverwaltungsbehörde ausgeübt.

Der § 60 entspricht dem § 60 OPG.

Als Oberste Marineverwaltungsbehörde kommt das Reichsmarineamt in Betracht. Bezüglich der demselben übertragenen

Befugnisse siehe die §§ 5 Abs. 2, 21, 27, 29, 39 Abs. 1 und 2, 42 und 43 dieses Ges.

Zu § 60 siehe auch die Ziff. 8 AusfBest. des Reichsmarineamts vom 18. August 1906.

§ 61.

Die Entscheidung der obersten Marineverwaltungsbehörde ist für die Beurteilung der vor Gericht geltend gemachten Ansprüche auch darüber maßgebend, ob die Voraussetzungen des § 57 Abs. 1 Nr. 1, 2 erfüllt sind.

Die Entscheidung innerhalb des Reichsmarineamts kommt einem aus 3 Offizieren oder Beamten der Marineverwaltung gebildeten Kollegium zu.

Übergangsvorschriften.

§ 62.

Die Versorgungsgebührnisse derjenigen Friedensinvaliden, welche im Dienste an einem Schiffbruch oder an einer als Feldzug erklärten militärischen Unternehmung auf einer dienstlichen Seereise teilgenommen haben, sind nach den Vorschriften dieses Gesetzes festzustellen.

Die Vorschrift des § 45 Nr. 2 Abs. 2 findet hierbei Anwendung.

Bei Berechnung des Teiles der Pension und der Dienstzulage, welcher den bereits anerkannten Invaliden der Kaiserlichen Marine im Falle des § 45 Nr. 4 Abs. 2 zu gewähren ist, ist nur die Vollrente aus § 9 Abs. 1, § 10 Abs. 1 zugrunde zu legen, für Invalide, welche gemäß den Unfallfürsorgegesetzen für Beamte und für Personen des Soldatenstandes vom 15. März 1886 oder vom 18. Juni 1901 anerkannt sind, dagegen die aus § 56 sich ergebende erhöhte Vollrente.

Abs. 1 und 2 sind eine Ergänzung des § 45 Nr. 1 des Ges. Die Personen der Unterklassen, welche durch Schiffbruch oder infolge einer als Feldzug erklärten militärischen Unternehmung invalide geworden sind, sind bereits nach dem Gesetze vom 31. Mai 1901 gleich den Kriegsinvaliden abgefunden.

Abs. 3 ist eine Ergänzung des § 45 Nr. 2, 3 des Ges.

Zu der „Vollrente" im Sinne dieses Entwurfs rechnen nicht nur die Beträge des § 10 Abs. 1, 3, sondern diese Beträge nebst dem Zuschlage, welcher sich durch die Anrechnung der Zulagen gemäß § 56 ergibt. Der in den Fällen des § 45 Nr. 2, Abs. 2, Nr. 3 von der zuerkannten Militärpension ruhende Betrag würde somit, ohne die Sondervorschrift des § 62, nicht nur aus den Sätzen des § 10 Abs. 1, 3, sondern auch aus jenem Zuschlage zu berechnen sein. Das ist jedoch nicht angängig, da bei der Berechnung der Pension, welche jene Altpensionäre beziehen, die Zulagen außer Betracht geblieben sind. Sie müssen daher auch bei der Berechnung des ruhenden Betrags außer Ansatz bleiben.

Nur den Unfallpensionsempfängern sind die sämtlichen Zulagen bereits bei der Versorgung zugute gekommen. Bei der Berechnung des einem Unfallpensionsempfänger verbleibenden Pensionsbetrags ist daher auch die sich aus § 56 ergebende höhere Vollrente zu berücksichtigen (Begr.).

Dritter Teil.

Kaiserliche Schutztruppen in den afrikanischen Schutzgebieten.

Allgemeine Vorschriften.

§ 63.[1])

Die §§ 1 bis 48 finden auf die Personen der Unterklassen der Kaiserlichen Schutztruppen, welche

1. aus dem Reichsheer übernommen sind

   oder

2. ihrer aktiven Dienstpflicht bei den Kaiserlichen Schutztruppen Genüge leisten

   oder [2])

3. aus dem Beurlaubtenstand in Fällen von Gefahr zu notwendigen Verstärkungen der Kaiserlichen Schutztruppen herangezogen werden

   oder [3])

4. nach Ableistung ihrer aktiven Dienstpflicht in einem Schutzgebiet als Kapitulanten der Kaiserlichen Schutztruppe angehören,

sowie auf die Personen der Unterklassen der Kaiserlichen Schutztruppen, welche aus der Kaiserlichen Marine übernommen sind, auf diese außerdem die §§ 54 bis 58 mit den nachfolgenden Maßgaben entsprechende Anwendung.

1) Mit dem 1. Juli 1906 tritt das Gesetz vom 7./18. Juli 1906, betreffend die Kaiserlichen Schutztruppen in den afrikanischen Schutzgebieten und die Wehrpflicht daselbst, soweit es die Versorgung der Unterklassen regelt, außer Kraft (§ 76 Ziff. 3 des gegenwärtigen Gesetzes). Es kommen nunmehr die Bestimmungen des dritten Teiles dieses Gesetzes zur Anwendung.

Für diejenigen Personen, welche am 1. Juli 1906 den Kaiserlichen Schutztruppen angehört haben, darf aber der nach dem gegenwärtigen Gesetz zu zahlende Gesamtbetrag an Versorgungsgebührnissen hinter der Summe derjenigen Beträge nicht zurückbleiben, welche ihnen im Falle der Pensionierung nach dem Schutztruppengesetz zugestanden hätte.

2) Bezüglich der Erledigung der aktiven Dienstpflicht bei den Schutztruppen siehe § 18 SchutztruppenGes. vom 7./18. Juli 1906 und die Kaiserl. Verordn. vom 5. Dezember 1902 (RGesBl. S. 297).

3) Siehe hierzu § 19 SchutztruppenGes.

Fristen.

§ 64.[1])

Ist der Verlust oder die Minderung der Erwerbsfähigkeit die Folge einer Friedensdienstbeschädigung, welche durch die besonderen Fährlichkeiten des Dienstes bei den Kaiserlichen Schutztruppen in den Schutzgebieten verursacht worden ist, so kann die Dienstbeschädigung auch nach der Entlassung festgestellt und der Anspruch auf Rente bis zum Ablaufe von zehn Jahren geltend gemacht werden. Der Lauf der Frist beginnt mit der Rückkehr in die Heimat[2]) oder mit der im Ausland erfolgten Entlassung.

Die Vorschrift des § 2 Abs. 2 findet entsprechende Anwendung.

1) Im § 2 dieses Gesetzes ist für die Geltendmachung von Rentenansprüchen bei Kriegsdienstbeschädigung die Frist von 6 Jahren auf 10 Jahre erhöht worden. Dementsprechend erscheint es billig, auch zur Geltendmachung von Ansprüchen auf Grund von Dienstbeschädigungen, welche durch die besonderen Fährlichkeiten des Schutztruppendienstes verursacht worden sind, eine Frist von 10 Jahren festzusetzen, zumal nach ärztlichem Gutachten eine Frist von 6 Jahren nicht ausreicht (Begr.).

Siehe auch § 64 OPG.

2) Siehe hierzu oben Anm. 1 zu § 58.

Berechnung der Dienstzeit.

§ 65.[1])

Die bei den Kaiserlichen Schutztruppen in den Schutzgebieten zugebrachte Dienstzeit wird, sofern sie mindestens 6 Monate ohne Unterbrechung[2]) gedauert hat, doppelt gerechnet. Seereisen in außerheimischen[3]) Gewässern (§ 54 Abs. 6) rechnen hierbei der Verwendung bei den Kaiserlichen Schutztruppen in den Schutzgebieten gleich.

Ausgenommen von dieser Doppelrechnung ist die in solche Jahre fallende Dienstzeit, welche bereits als Kriegsjahre zu erhöhtem Ansatze kommen.

Die Dienstzeit bei den Kaiserlichen Schutztruppen in den Schutzgebieten ist auch für diejenigen Personen der Unterklassen doppelt zu rechnen, welche aus den Kaiserlichen Schutztruppen in ihr früheres Dienstverhältnis zurücktreten und demnächst aus diesem mit Anspruch auf Rente entlassen werden.[4])

Die im § 69 Abs. 2 aufgeführten Personen der Unterklassen haben nur im Falle der §§ 6 und 7 Anspruch auf höhere Anrechnung von Dienstzeit.

1) Die Vorschrift gibt das bestehende Recht wieder. Bei den im § 69 Abs. 2 aufgeführten Personen der Unterklassen kann nur die Teilnahme an einem Kriege oder an einer militärischen Unternehmung, welche im Sinne dieses Gesetzes als ein Krieg anzusehen ist, den Anspruch auf Doppelrechnung der Dienstzeit begründen (Begr.).

2) „ohne Unterbrechung".
Keine Unterbrechung erleidet die Dienstzeit durch einen Heimatsurlaub. Bezüglich des Heimatsurlaubs siehe die §§ 6 und 18 SchutztruppenOrdn. vom 25. Juli 1898.

3) Bezüglich des Begriffs „außerheimisch" siehe § 53 Abs. 5 des OPG.

4) „und demnächst entlassen werden".
Bei einem späteren Ausscheiden findet bei Berechnung der Dienstzeit der § 65 in Verbindung mit § 1 Abs. 3 des Ges. Anwendung.

§ 66.

Die im § 8 Abs. 1 bezeichneten Freiheitsstrafen können mit Genehmigung des Kaisers als Dienstzeit angerechnet werden.

Zu vgl. hierzu § 54 des OPG.

Tropenzulage.

§ 67.

Auf eine Tropenzulage haben diejenigen Personen der Unterklassen der Kaiserlichen Schutztruppen Anspruch, welche entweder infolge außerordentlicher Einflüsse des Klimas während eines dienstlichen Aufenthalts in den Schutzgebieten oder infolge der besonderen Fährlichkeiten des Dienstes in den Schutzgebieten rentenberechtigt geworden sind,[1]) falls nicht die Verminderung ihrer Erwerbsfähigkeit eine Folge ihres Vorsatzes ist.[2])

Die Tropenzulage beträgt monatlich 25 Mark.[3])

Kriegszulage (§ 14), Rentenerhöhung (§ 57) und Tropenzulage werden nicht nebeneinander gewährt.[4])

Die Tropenzulage ist kein Bezug im Sinne des § 48 Abs. 1 Nr. 2 des Invalidenversicherungsgesetzes vom 13. Juli 1899.[5])

1) Die Tropenzulage setzt das Bestehen eines Rentenanspruchs voraus, welcher sich auf eine Dienstbeschädigung gründet. Die Länge der Dienstzeit in den Schutzgebieten allein kann mit Anspruch auf die Tropenzulage nicht erworben werden.

2) „eine Folge ihres Vorsatzes ist".
Siehe hierüber oben die Anm. 4 zu § 3 des Gesetzes.

3) Bezüglich der Zahlung der Tropenzulage gilt § 32 des Ges. Bei der Aufnahme in ein Invalidenhaus, in eine militärische Kranken-, Heil- und Pflegeanstalt während der Anstellung und Beschäftigung im Zivildienst und nach dem Ausscheiden aus diesem Dienste wird die Tropenzulage neben einer Zivilpension ohne Einschränkung weiter bezahlt; sie ist pfändungs- und steuerfrei.

4) „werden nicht nebeneinander gewährt". Die Gleichartigkeit dieser Bezüge schließt die gleichzeitige Bezahlung derselben aus.

5) Siehe hierzu oben Anm. 7 zu § 13 des Ges.

§ 68.[1])

Sind Personen der Unterklassen der Kaiserlichen Schutztruppen in den Schutzgebieten länger als drei Jahre dienstlich verwendet worden,[2]) so steigt mit jedem weiteren vollen, wenn auch nicht im Anschluß an die frühere Dienstzeit in den Schutzgebieten geleisteten Dienstjahre[3]) die Tropenzulage um ein Sechstel bis zur Erreichung des

Doppelbetrags. Eine Doppelrechnung von Dienstzeit findet hierbei nicht statt.

Die Vorschriften der §§ 64 und 40 Abs. 3 finden auf die Tropenzulage entsprechende Anwendung.[4])

1) Die Begründung des Gesetzentwurfs enthält zu § 68 folgende Ausführungen:

„Um die außergewöhnlichen Schwierigkeiten des Ersatzes zu überwinden und tüchtige und erfahrene Leute länger dem Dienste der Schutztruppen zu erhalten und zum späteren Wiedereintritt zu veranlassen, ist die Steigerung der Rentenerhöhung (Tropenzulage) unumgänglich notwendig. Aus diesen Gründen ist es ferner erforderlich geworden, in Erweiterung des bestehenden Rechts die Steigerung der Rentenerhöhung (Tropenzulage) auch für diejenige Dienstzeit zu gewähren, welche nicht im Anschluß an die frühere Dienstzeit in den Schutzgebieten geleistet wird. Als eine Unterbrechung des Dienstes in den Schutzgebieten ist der den Personen der Unterklassen bestimmungsgemäß zustehende Heimatsurlaub nicht anzusehen."

2) „länger als 3 Jahre".

Mindestens dreijährige Dienstzeit in den Schutzgebieten bildet die Voraussetzung für die Steigerung der Tropenzulage; ihr Höchstbetrag von 50 Mk. wird durch eine Dienstzeit von 9 Jahren erreicht. Unterbrochen wird die Dienstzeit in den Schutzgebieten durch den Wiedereintritt in das Heer.

Eine Doppelrechnung von Dienstzeit tritt bei der Berechnung der Dienstzeit für die Tropenzulage nicht ein, wohl aber bei Berechnung der pensionsfähigen Gesamtdienstzeit nach § 65 dieses Gesetzes.

3) „steigt mit jedem weiteren vollen Dienstjahr".

Die Dienstzeit berechnet sich mit dem Tage des Eintritts. Ein volles Dienstjahr setzt eine Zeit von 365 Tagen voraus.

4) Bezüglich der Pfändbarkeit der Tropenzulage siehe § 40 Abs. 1 und 2 des Ges.

§ 69.[1])

Auf Tropenzulage haben auch diejenigen Personen der Unterklassen Anspruch,[2]) welche früher den Kaiserlichen Schutztruppen angehört haben und nach ihrem Wiedereintritt in das Reichsheer oder in die Kaiserliche Marine innerhalb der im § 64 festgesetzten Frist wegen der Folgen einer im Dienste bei den Kaiserlichen Schutztruppen in den Schutzgebieten erlittenen Dienstbeschädigung rentenberechtigt geworden sind.

Wehrpflichtige Reichsangehörige,[3]) die ihrer aktiven Dienstpflicht bei den Kaiserlichen Schutztruppen genügen, sowie in den Schutzgebieten sich dauernd aufhaltende Personen des Beurlaubtenstandes[4]) des Reichsheeres und der Kaiserlichen Marine, die in Fällen von Gefahr zu notwendigen Verstärkungen der Kaiserlichen Schutztruppen herangezogen werden, haben keinen Anspruch auf Tropenzulage.

1) Zu § 69 siehe auch § 69 des OPG.

Die Begründung des Gesetzesentwurfs enthält zu § 69 des gegenwärtigen Gesetzes folgende Ausführungen:

„Es ist durchaus billig, Militärpersonen der Unterklassen, welche im Dienst der Kaiserlichen Schutztruppen Dienstbeschädigungen erlitten haben, auch wenn deren Folge erst zutage tritt, nachdem sie wieder in das Reichsheer, bezw. die Kaiserliche Marine zurückgetreten sind, die auf Grund dieses Gesetzes zuzubilligenden höheren Wohltaten nicht zu entziehen, sofern die Ansprüche innerhalb der gesetzlichen Fristen erhoben werden.

Dagegen erscheint es nicht erforderlich, diese besonderen Wohltaten denjenigen zuzubilligen, welche im Schutzgebiet wohnhaft sind und daselbst ihrer aktiven Dienstpflicht genügen oder nur gelegentlich einer vorübergehenden Dienstleistung bei den Schutztruppen Verwendung finden."

2) Im Fall der Verfolgung des Anspruchs im Zivilrechtsweg entscheidet über die Frage, ob eine Gesundheitsstörung als Dienstbeschädigung im Sinn des § 39 vorliege, das Reichskolonialamt endgültig.

3) „Wehrpflichtige Reichsangehörige".

Bezüglich der Wehrpflicht siehe die §§ 4 ff. der deutschen WehrO.,

Bezüglich der Erfüllung der Dienstpflicht bei den Kaiserlichen Schutztruppen in Südwestafrika siehe die Kaiserl. Verordn. vom 5. Dezember 1902 (RGesBl. S. 297). Bezüglich der Vorschriften über die Wehrpflicht von Reichsangehörigen, welche in den Schutzgebieten ihren Wohnsitz haben, siehe Abschn. III des Schutztruppengesetzes vom 7./18. Juli 1896.

4) „Personen des Beurlaubtenstandes".

Bezüglich der Personen, welche zum Beurlaubtenstande gehören, siehe § 109 Ziff. 4 der WehrO. Bezüglich der Heranziehung von Personen des Beurlaubtenstandes zu notwendigen Verstärkungen der Kaiserlichen Schutztruppen siehe § 19 des Schutztruppengeſ. von 1896.

§ 70.

Werden Personen der Unterklassen nach dem Ausscheiden aus den Kaiserlichen Schutztruppen wegen der

Folgen einer im Dienste bei den Kaiserlichen Schutztruppen in den Schutzgebieten erlittenen Dienstbeschädigung rentenberechtigt, nachdem sie in das Reichsheer oder in die Kaiserliche Marine wieder eingetreten sind, so fallen die gesamten Versorgungsgebührnisse dem Pensionsfonds des Reichsheeres oder der Kaiserlichen Marine zur Last.

Zu § 70 siehe auch § 71 OPG. Diese Vorschrift ist aus der Erwägung heraus entstanden, daß, wenn diese Personen nach ihrem Ausscheiden aus dem Schutzgebietsdienst im Heere oder in der Marine weiter dienen und wenn während dieses Dienstes Versorgungsgebührnisse zu reichen sind, die genaue Festsetzung des auf die Schutzgebietsetats zu bringenden Teiles der Versorgungsgebührnisse großen Schwierigkeiten unterliegen würde.

Zahlung der Versorgungsgebührnisse.

§ 71.

Scheiden Personen der Unterklassen aus den Kaiserlichen Schutztruppen mit Anspruch auf Rente aus, so beginnt die Zahlung der Versorgungsgebührnisse mit dem Ablaufe des auf den Monat der Entlassung folgenden Vierteljahrs.[1][2]

1) Siehe zu diesem Paragraphen auch die Bestimmung des § 55 RVGes.

Unter einem Vierteljahr ist nicht das Kalendervierteljahr, sondern ein Zeitraum von 3 Kalendermonaten zu verstehen.

2) Nach § 29 der Schutztruppenordnung werden für das der Entlassung folgende Vierteljahr Gnadengebührnisse bewilligt.

Zuständigkeit und Rechtsweg.

§ 72.[1]

Die Befugnisse, die im ersten Teile dieses Gesetzes der obersten Militärverwaltungsbehörde des Kontingents übertragen sind, werden für den Bereich der Kaiserlichen Schutztruppen von der Kolonialzentralverwaltung ausgeübt.[2][3]

1) Zu § 72 siehe auch § 73 Abs. 1 OPG.

2) „Kolonialzentralverwaltung“.

Dieselbe wird durch das Reichskolonialamt versehen.

3) Bezüglich der im ersten Teil des Ges. der Obersten Militärverwaltungsbehörde übertragenen Befugnisse ist besonders hinzuweisen auf die §§ 5 Abs. 2, 21, 27, 29, 39 Abs. 2 und 3, 42 und 43 dieses Gesetzes.

§ 73.[1])

Die Entscheidung der Kolonialzentralverwaltung[2]) ist für die Beurteilung der vor Gericht geltend gemachten Ansprüche auch darüber maßgebend, ob die Voraussetzungen des § 67 Abs. 1 erfüllt sind.[3])

1) Zu § 73 siehe auch § 73 Abs. 2 OPG.

2) Der Abs. 2 des § 43 dieses Ges. hat auch für die Schutztruppen Geltung (KommBer. zu § 40 OPG. S. 92 und 95). Die Entscheidung des Kollegiums ist unanfechtbar; Beschwerden gegen dieselbe sind ausgeschlossen.

3) Falls es sich bei einer Klage um etatsmäßige Personen des Kommandos der Schutztruppen beim Reichskolonialamt handelt, ist dieselbe gegen das Reichskolonialamt, andernfalls gegen den Landesfiskus des betreffenden Schutzgebiets zu richten.

Übergangsvorschriften.

§ 74[1])[2]).

Der nach Maßgabe des gegenwärtigen Gesetzes zu zahlende Gesamtbetrag an Versorgungsgebührnissen für die zur Zeit des Inkrafttretens dieses Gesetzes den Kaiserlichen Schutztruppen angehörenden Personen der Unterklassen darf nicht hinter der Summe derjenigen Beträge zurückbleiben, welche ihnen im Falle der Pensionierung zur Zeit des Inkrafttretens dieses Gesetzes an Pension und Pensionserhöhung zugestanden haben würden. Bei Ermittelung dieser Beträge ist für Deckoffiziere das Dienstalter und der Dienstgrad zugrunde zu legen, welche sie bei Fortsetzung ihres Dienstverhältnisses in der Heimat erreicht haben würden.

Die Versorgungsgebührnisse derjenigen Friedensinvaliden, welche an einer als Feldzug erklärten militärischen Unternehmung teilgenommen haben, sind nach den Vorschriften dieses Gesetzes festzustellen.

Die Vorschrift des § 45 Nr. 2 Abs. 2 findet hierbei Anwendung.

1) Der Abs. 1 trägt der Billigkeit Rechnung, die zur Zeit des Inkrafttretens dieses Gesetzes der Schutztruppe angehörende Militärpersonen vor Benachteiligung durch das neue Gesetz zu schützen (Begr.).

2) Die Abs. 2 und 3 ergänzen den § 45 Ziff. 2 des Gesetzes.

Schlußvorschrift.

§ 75.

Die Versorgungsgebührnisse derjenigen Personen, deren Bezüge nach den bestehenden Vorschriften aus den Mitteln des Reichs-Invalidenfonds zu decken sind, werden aus dem Reichs-Invalidenfonds bestritten.

Dem Königreiche Bayern wird zur Bestreitung der gleichartigen Ausgaben, mit Ausnahme der infolge des Krieges 1870/71 erwachsenen, alljährlich eine Summe überwiesen, welche sich nach der Höhe des tatsächlichen Aufwandes für Angehörige des Reichsheeres und deren Hinterbliebene im Verhältnisse der Kopfstärke des Königlich Bayerischen Militärkontingents zu jener der übrigen Teile des Reichsheeres bemißt.

§ 76.

Dieses Gesetz tritt mit dem 1. Juli 1906 in Kraft.

Außer Kraft treten alsdann:

1. die bisherigen Militärpensionsgesetze, soweit sie die Militärpersonen der Unterklassen und die im § 44 bezeichneten Personen betreffen, mit Ausschluß der Vorschriften für Hinterbliebene;
2. das Unfallfürsorgegesetz für Beamte und für Personen des Soldatenstandes vom 18. Juni 1901, soweit es die Militärpersonen der Unterklassen und deren Hinterbliebene betrifft;
3. die Vorschriften des Gesetzes, betreffend die Kaiserlichen Schutztruppen in den afrikanischen Schutzgebieten und die Wehrpflicht daselbst, vom 7./18. Juli 1896, soweit sie die Versorgung der Personen der Unterklassen regeln, mit Ausschluß der Vorschriften für Hinterbliebene.

Für das Königreich Bayern tritt § 23 erst mit dem Erlaß eines neuen Beamtenpensionsgesetzes in Kraft. Bis dahin werden die an den Pensionär gemäß § 36 Nr. 4 nicht zu zahlenden Rentenbeträge den Zivilpensionsfonds nicht erstattet.

Urkundlich unter Unserer Höchsteigenhändigen Unterschrift und beigedrucktem Kaiserlichen Insiegel.

Gegeben Berlin im Schloß, den 31. Mai 1906.

(L. S.) **Wilhelm.**

Graf von Posadowsky.

Sachregister.

(Die Zahlen weisen auf die Seiten hin.)

B.

C.

Siehe K und Z.

D.

F.

G.

H.

J.

K.

L.

M.

N.

V.

W.

FSC
www.fsc.org
MIX
Papier | Fördert gute Waldnutzung
FSC® C083411

Kolibri 360 GmbH
Ferdinand-Jühlke-Straße 7
99095 Erfurt, Deutschland
produktsicherheit@kolibri360.de